Die lateinische Sprache

LEONARD R. PALMER

# Die lateinische Sprache

## Grundzüge der Sprachgeschichte und der historisch-vergleichenden Grammatik

Aus dem Englischen übersetzt
von
*Johannes Kramer*

HELMUT BUSKE VERLAG
HAMBURG

Die Deutsche Bibliothek – CIP-Einheitsaufnahme

**Palmer, Leonard R.:**
Die lateinische Sprache : Grundzüge der Sprachgeschichte und der historisch-vergleichenden Grammatik / Leonard R. Palmer. Aus dem Engl. übers. von Johannes Kramer. –
2., unveränd. Aufl. – Hamburg : Buske, 2000
Einheitssacht.: The Latin language <dt.>
ISBN 3-87548-220-4


Druck und Verarbeitung: J. Ebner Ulm. Werkdruckpapier: alterungsbeständig nach ANSI-Norm resp. DIN-ISO 9706, hergestellt aus 100 % chlorfrei gebleichtem Zellstoff. Printed in Germany.

# Inhalt

# Vorbemerkung des Übersetzers

In der Reihe „The Great Languages", die Handbücher über die wichtigsten Sprachen der Welt für Nichtspezialisten umfaßt, erschien als einer der ersten Bände im Jahre 1954 der Band über das Lateinische, der vom Reihenherausgeber Leonard R. Palmer verfaßt wurde. Seither wurde dieses Buch mit wenigen Korrekturen immer wieder neu aufgelegt und hat Generationen englischsprachiger Studenten in die lateinische Sprachwissenschaft eingeführt. Ein vergleichbares Werk, gleichzeitig vom Elementaren ausgehend und dennoch wissenschaftlichen Ansprüchen genügend, gibt es im deutschen Sprachraum nicht, so daß eine Übersetzung eine gewisse Lücke zu füllen vermag, zumal angesichts der Tatsache, daß heute das Lateinische in der Sprachwissenschaft und die Sprachwissenschaft in der Latinistik eher eine marginale Rolle einnehmen, eine ähnliche Arbeit eines deutschsprachigen Autors kaum so bald zu erwarten sein dürfte.

L. R. Palmer hat seine Darstellung für ein englischsprachiges Publikum mit dem Wissen und den Lesegewohnheiten eines gebildeten Durchschnittsbriten geschrieben. Das impliziert, daß davon ausgegangen wird, daß die Lateinkenntnisse des Lesers groß genug sind, um Textpassagen ohne Übersetzung zu verstehen; Vergleiche werden vornehmlich aus dem Englischen genommen; Fußnoten werden, wie es britischer Tradition entspricht, sparsam gehandhabt, und Sekundärliteratur wird, wenn überhaupt, in recht verkürzter Form angeführt.

Bei der Übersetzung mußte versucht werden, das Buch den Lesegewohnheiten bundesrepublikanischer Intellektueller der Neunzigerjahre anzupassen, ohne dabei den unprätentiösen Ton des Originals zu verwischen. Ein Kunstgriff konnte der italienischen Übersetzung von Maurizio Vitta (L. R. Palmer, *La lingua latina*, Torino 1977) abgeschaut werden, nämlich die Übersetzung lateinischer Passagen in der Form von Fußnoten. Bei der deutschen Übersetzung wurde in starkem Maße auf existierende literarische Übersetzungen zurückgegriffen (Plautus: W. Binder; Terenz: J. J. C. Donner; Vergil: J. H. Voß; Caesar: C. Woyte; usw.), wobei natürlich immer dann von der Vorlage abzuweichen war, wenn es um eine bestimmte lateinische Erscheinung ging, die in der Musterübersetzung nicht zum Ausdruck kam.

Die Anmerkungen sind deutschen Zitiergewohnheiten angepaßt worden (Autorname, voller Titel, Verlagsort, Erscheinungsjahr), und in den Fällen, wo L. R. Palmer im Text ausdrücklich einen modernen Autor benutzt, ohne seine Quelle anzugeben, ist der entsprechende Nachweis als Fußnote beigegeben worden. Es mußte aber darauf verzichtet werden, auch sonst für alle im Text vorgetragenen Auffassungen einen Herkunftsnachweis zu führen; abgesehen davon, daß das ohne einen enormen Aufwand kaum möglich gewesen wäre, hätte es dem Werk von L. R. Palmer einen teutonisch-pedantischen Anstrich gegeben, der sicherlich nicht seinen Intentionen entsprochen hätte.

Beim Anführen von Beispielen aus der Primärliteratur ist L. R. Palmer ziemlich inkonsequent verfahren: Es gibt Passagen in seinem Werke, in denen er jede zitierte Stelle genau angibt, und dann werden wieder auf weiten Strecken Belege angeführt, deren Herkunft nur mit dem Autorennamen ohne Hinweis auf das Werk oder gar dessen Kapitel angedeutet wird. In der vorliegenden Übersetzung ist in weit stärkerem Umfang als im Original versucht worden, genaue Stellenangaben zu machen; alles und jedes konnte aber im nachhinein auch nicht mehr verifiziert werden. Ein Vergleich der Übersetzung mit dem Original kann jedoch zeigen, daß zumindest bei allen längeren Textpassagen eine genaue Herkunftsangabe hinzugefügt wurde.

Die Schreibung des Lateinischen wurde dem heute in der Latinistik üblichen Standard angepaßt, das heißt, es wurde auf die Verwendung der erst von Petrus Ramus im 16. Jh. eingeführten Unterscheidung von vokalischem *i* / *u* und konsonantischem *j* / *v* verzichtet: es werden also die Kleinbuchstaben *i* und *u* und die Großbuchstaben *I* und *V* sowohl mit vokalischem als auch mit konsonantischem Wert verwendet, wie es ja auch in der Antike war. Palmer schrieb immer *i*, unterschied jedoch *u* und *v*, was deutscher und englischer Schultradition entspricht, aber völlig inkonsequent ist. Längenstriche, die ja Phoneme voneinander trennen (vgl. z.B. *cānēre* „grau sein" ~ *canere* „singen"), werden in der Übersetzung in weit stärkerem Umfang als im Original verwendet, wo sie eigentlich nur stehen, wenn konkret die Länge eines Vokals zur Diskussion steht. Natürlich können die Längenstriche, um das Schriftbild nicht zu auffällig zu gestalten, nur bei Einzelwörtern, nicht bei ganzen Textpassagen verwendet werden.

L. R. Palmer hat seine Einführung in die Sprachwissenschaft des Lateinischen vor fünfunddreißig Jahren geschrieben und hätte sicherlich heute das eine oder andere anders dargestellt. Die Forschung der letzten Jahrzehnte hat nicht nur für manches beschriebene Problem eine neue

Lösung gefunden, sondern auch moderne Methoden entwickelt, deren Ansätze sich zwar auch in den Fünfzigerjahren schon zeigten, die aber in die Latinistik erst später Eingang fanden. Dennoch schien es richtig, den vorliegenden Text unverändert zu übersetzen: Er stellt eine gelungene Zusammenfassung dessen dar, was mit den Methoden der traditionellen Latinistik und Indogermanistik ohne Paradigmenwechsel erreicht werden kann. Außerdem wäre es sicher nicht korrekt, ein Werk, das unter dem Namen von L. R. Palmer erscheint, völlig umzugestalten. Man darf davon ausgehen, daß das Buch weitgehend gesichertes Wissen enthält, das beim Leser als Grundvoraussetzung bei der Lektüre spezialisierter neuerer Abhandlungen erwartet werden muß.

Ich habe auch den Abschnitt, der sich auf die *Fibula Praenestina* bezieht, leicht verändert beibehalten, obwohl Margherita Guarducci, *La cosiddetta fibula prenestina*, Memorie della Classe di Scienze morali e storiche dell'Accademia dei Lincei 24, 1980, 413-574 und 28, 1984-1986, 125-177 überzeugend dafür plädiert hat, daß es sich um eine Fälschung von Wolfgang Helbig (1839-1915) handelt. Palmer hat aus dem Text der *Fibula Praenestina* keine weitreichenden Schlüsse gezogen.

Nur an einem Punkt wurde eine Modernisierung vorgenommen: in der abschließenden Bibliographie, die ja dem Leser bei der Vertiefung der im Buch angesprochenen Fragen einen ersten Hinweis geben soll. Hier konnte es wirklich nicht verantwortet werden, daß die jüngste angeführte Literatur das Erscheinungsjahr 1950 trägt. Andererseits zeigt natürlich die Originalbibliographie, auf welchen Werken die Darstellung von L. R. Palmer basiert. Es mußte also in der Übersetzung versucht werden, einen Kompromiß zwischen aktueller bibliographischer Information und Nachweis der Grundlage des Hauptteiles zu finden. Das war angesichts der Tatsache, daß es sich wirklich um eine von L. R. Palmer geschickt ausgewählte Zusammenstellung fundamentaler Werke, die größtenteils auch heute noch unverzichtbar sind, handelt, leichter, als zunächst angenommen. Es konnten fast alle in der Originalbibliographie vorkommenden Werke übernommen werden, wobei selbstverständlich nur die jeweils neueste Auflage und, soweit vorhanden, die deutschsprachige Version zitiert werden. Hinzugefügt wurden die wichtigsten Arbeiten, die seit 1950 erschienen sind, wobei es sich um eine äußerst rigorose Beschränkung auf Standardwerke handelt.

Die Herstellung des komplizierten Manuskriptes der Übersetzung lag in den bewährten Händen meiner Mitarbeiterin Dorothee Zara-Moldenhauer, die auch eine erste Übersetzung der Kapitel 6 und 7 lieferte. Ute Mehren las die Korrekturen und erstellte das Register. Es sei beiden herzlich gedankt für ihre Geduld und Sorgfalt bei der mühsamen Arbeit!

Die vorliegende Übersetzung entstand im wesentlichen in der Sonne des Mittelmeerraumes und erfuhr ihren letzten Schliff angesichts des Regens des Siegerlandes, womit der antike Geltungsbereich des Lateinischen, vom *amoenissimus Italiae ager* (Liv. 22,14,1) über die *aestus maritimi Hispanienses* (Cic.nat.d.3,10,24) zur *Germania informis terris, aspera caelo, tristis cultu aspectuque* (Tac.Germ.2,1), durchaus Berühungspunkte hat.

Siegen, Herbst 1989 Johannes Kramer

# Vorwort

In diesem Buch, das zu einer nicht in erster Linie für Spezialisten bestimmten Reihe gehört, habe ich versucht, die Resultate, die bei der Erforschung der Geschichte der lateinischen Sprache von der Bronzezeit bis zum Zusammenbruch des Imperium Romanum erreicht wurden, für Studenten der klassischen Philologie, für Sprachwissenschaftler mit anderen Schwerpunkten und für interessierte Laien zusammenzustellen. Es wird keine Kenntnis der Prinzipien und Methoden der Vergleichenden Sprachwissenschaft vorausgesetzt, denn diese werden jeweils bei der Besprechung der Probleme, für die sie wichtig werden, mitbehandelt. Mein Ziel war es, die *communis opinio* in allen den Punkten, in denen es eine solche gibt, darzustellen; ansonsten habe ich so objektiv wie möglich die Fakten und die verschiedenen Auffassungen dargelegt, obwohl ich natürlich nicht überall so tun kann, als hätte ich keine persönlichen Ansichten.

Um den Umfang und den Preis des Buches nicht über Gebühr anschwellen zu lassen, war es nötig, eine strenge Auswahl der zu behandelnden Gegenstände zu treffen. Das gilt besonders für die Syntax, die sozusagen als fortlaufender Kommentar zu den üblichen Schulgrammatiken gelesen werden sollte. Für die altlateinische Literatur habe ich in erster Linie auf E. H. Warmingtom, *Remains of Old Latin* (4 Bände in der „Loeb Classical Library“, Text, englische Übersetzung, Kurzkommentar) zurückgegriffen, weil diese Sammlung leicht zugänglich ist und für die Zwecke dieses Buches ausreicht. Einen Eindruck mögen auch die im Anhang zusammengestellten Texte vermitteln.

Viele Freunde und unmittelbare Kollegen halfen mir mit ihrem Wissen und mit ihren Hinweisen. Mein besonderer Dank gilt den Herren J. Crow, Prof. W. D. Elcock, Prof. D. M. Jones, S. A. Handforth, Prof. W. S. Maguinness, A. F. Wells und Prof. E. V. Woodcock, die die Druckfahnen ganz oder teilweise mitlasen und viele faktische und darstellungstechnische Schwächen beseitigten.

Darüber hinaus schulde ich allen Wissenschaftlern insgesamt meinen Dank. In einem Werk wie dem vorliegenden konnte nicht jede Stelle, an der ich fremder Forschung verpflichtet bin, gekennzeichnet werden. Die Bibliographie mag diese Unterlassung in gewisser Weise ausgleichen, aber ihr Hauptziel ist nicht der Nachweis meiner Quellen, sondern eine Hilfestellung für diejenigen, die tiefer in den Gegenstand eindringen möchten und einen Wegweiser für die Spezialliteratur suchen. Als Ausweis dessen, was ich meinen Vorgängern verdanke, ist die Bibliographie unzulänglich, und insgesamt muß ich auf mich die folgenden Worte beziehen: *Si in tanta scriptorum turba mea fama in obscuro sit, nobilitate ac magnitudine eorum, qui nomini officient meo, consoler.*

Oxford, 1954 Leonard R. Palmer

# ERSTER TEIL

# Grundzüge der lateinischen Sprachgeschichte

KAPITEL I

# Latein und Indogermanisch

His constitutis rebus nactus idoneam ad nauigandum tempestatem tertia fere uigilia naues soluit equitesque in ulteriorem portum progredi et naues conscendere et se sequi issuit. a quibus cum paulo tardius esset administratum, ipse hora diei circiter quarta cum primis nauibus Britanniam attigit atque ibi in omnibus collibus expositas hostium copias armatas conspexit. (Caes.bell.Gall.4,23,1–2)[1]

Dieser Abschnitt, in dem der große römische Staatsmann und Stilist C. Iulius Caesar die erste Landung römischer Truppen auf den britischen Inseln beschreibt, bildete für viele Generationen von Engländern den ersten entmutigenden Kontakt mit authentischer lateinischer Sprache. Wenn sich unter den Kriegern, die auf den Hügeln von Kent den Angriff erwarteten, ein gebildeter britischer Patriot befunden hätte, so hätte dieser sich sicher gefragt, was diese Invasoren wohl für Leute sein mochten und woher sie kamen. Weniger als hundert Jahre später wurde ein Britenkönig zur Hauptstadt der Invasoren gebracht, und nach Tacitus (*annales* XII 33) hielt er dort eine Rede von solcher Würde und vollendeter Rhetorik in einem so vollendeten Latein, daß er sich allseits Respekt verschaffte und eine ehrenvolle Gefangenschaft erhielt. In der Stadt seiner Bezwinger hat er vielleicht bei Livius die stolze Geschichte von Roms legendären Anfängen und von seinem Aufstieg zu imperialer Größe gelesen. Obwohl sein moderner Nachkomme aus der Überlegung, daß er seine Forschungen im Lande dieses Königs Caratacus betreibt, etwas Mut schöpfen kann, muß er dennoch die Aufgabe, die Geschichte der Sprache, die diese Römer einem so großen Teile der westlichen Welt gaben, in ihren Grundlinien zu schreiben, mit Bescheidenheit angehen.

[1] Als Caesar diese Anordnungen getroffen und günstigen Fahrtwind bekommen hatte, lichtete er etwa in der dritten Nachtwache (zwischen 12 und 3 Uhr) die Anker; den Reitern befahl er, sich nach dem entfernteren Hafen in Marsch zu setzen, sich dort einzuschiffen und ihm nachzukommen. Während diese aber den Befehl etwas zu langsam ausführten, erschien Caesar selbst ungefähr um die vierte Stunde (10 Uhr) mit den ersten Schiffen an der Küste Britanniens und fand dort auf allen Anhöhen die feindlichen Scharen wie zu einem Schaugepränge aufgestellt.

Der Name dieser Sprache ist Latein, weil es sich im Grunde nur um einen der Dialekte handelt, die von den Latinern gesprochen wurden, einer Gruppe verwandter Stämme, die im Gebiet von Latium wohnten, wo Rom eine beherrschende Stellung einnahm (siehe Kapitel III). Die Aufgabe des Historikers der lateinischen Sprache wird es in erster Linie sein, die verschiedenen aufeinanderfolgenden Formen der Sprache zu beschreiben, wie sie uns in einer Reihe von Texten entgegentreten, die (für unsere Zwecke) von den frühesten erhaltenen Bezeugungen bis zum Ende des Kaiserreiches reichen. Man muß hier gleich festhalten, daß unter einem solchen Gesichtspunkt die lateinische Sprache keine reiche Geschichte hat. Bestimmte Veränderungen der Laute, der Formen, des Satzbaues und der Bedeutung wurden zuverlässig und sorgfältig festgehalten, aber es fehlen nahezu vollständig Texte, die früher als ins 3. Jh. v. Chr. zu datieren wären. Bei Plautus, dessen Komödien für uns das erste größere Corpus des Lateinischen darstellen, taucht die Sprache der Römer in einer Form auf, die sich in ihren Wesenszügen nur wenig von der goldenen Latinität unterscheidet. Es gibt keine Zeugnisse, die für den, der sich mit der Geschichte des Lateinischen beschäftigt, dieselbe Bedeutung hätten, wie Beowulf sie für den Anglisten oder das Hildebrandslied sie für den Germanisten hat. Weil also das historische Studium der Zeugnisse der lateinischen Sprache bei weitem nicht an das legendäre Gründungsjahr Roms, 753 v. Chr., heranreicht, ganz zu schweigen von noch weiter zurückliegenden Epochen, muß man zu einer anderen Methode Zuflucht nehmen, nämlich zur vergleichenden Methode, über die wir zunächst einige Worte sagen müssen.

Sprachen sind im wesentlichen Systeme lautlicher Zeichen, die Menschen verwenden, um miteinander in Kommunikation zu treten. Diese von den Sprechern erzeugten Äußerungen oder Lautkombinationen bewirken bei den Hörern gewisse Reaktionen, die wir Verstehen nennen. Aber nicht jeder Hörer kann auch verstehen, denn das Verstehen einer Sprache erfordert lange und schwierige Übung im Gebrauch dieses bestimmten Zeichensystems. Diese Übung, das Sprachenlernen, wird notwendig gemacht durch eine Tatsache, die von fundamentaler Bedeutung für die Sprachwissenschaft ist: es gibt keine natürliche oder notwendige Verbindung zwischen den lautlichen Zeichen und den Bedeutungen, die sie beinhalten. Die Willkürlichkeit der Zuordnung von Bedeutungen zu lautlichen Zeichen hat eine wichtige theoretische Konsequenz. Wenn zwei (oder mehr) Gruppen von Menschen identische oder ähnliche lautliche Zeichen verwenden, dann ist es als sehr unwahrscheinlich anzusehen, daß diese Ähnlichkeit dem Zufall oder unabhängiger Entwicklung zuzuschreiben ist. Je willkürlicher die Verbindung zwischen Laut und Bedeutung ist und je weitreichender die Ähnlichkeiten zwischen den verglichenen Systemen sind, desto höher ist die Unwahrscheinlichkeit, daß die Übereinstimmung zufälliger Natur sein könnte. Im Falle von Zeichensystemen, die so willkürlich und komplex sind wie Sprachen, muß jede weitgehende Ähnlichkeit zu dem Schluß führen, daß die beiden Systeme historisch verbunden sind, d. h. entweder eines stammt von dem anderen ab oder beide kommen aus einer gemeinsamen Quelle. So haben im Deutschen die Zeichen *Mann, Gras, Hand* usw. etwa dieselbe Bedeutung wie im Englischen *man, grass, hand* usw., und die Hypothese einer unabhängigen Entstehung ist unendlich weniger wahrscheinlich als die Annahme einer historischen Verbindung. Die Ähnlichkeiten des Wortschatzes und der grammatischen Struktur sind so weitgehend, daß man sie nur erklären kann, wenn man einen gemeinsamen Vorfahren annimmt, von dem beide abstammen. Wir wollen nun diese vergleichende Methode anwenden, um mögliche Verwandte der lateinischen Sprache zu finden, wobei wir hoffen, daß uns das in die Lage versetzen wird, die Geschichte weiter als bis zu den frühesten schriftlichen Zeugnissen zurückverfolgen zu können.

## Die italischen Dialekte: Oskisch-Umbrisch

Unter den Inschriften des antiken Italiens ist eine Gruppe in der sogenannten oskischen Sprache geschrieben. *Osci*, aus älterem **Opsci* entstanden, war der Name, den die Römer den Einwohnern Kampaniens gaben, die von den Griechen Ὀπικοί *[Opikoi]* genannt wurden. Weil nun die Sprache der samnitischen Stämme, mit denen Rom später in Konflikt kam, sich als mehr oder weniger identisch mit der der Osker erwies, bezeichneten die Römer die ganze Dialektgruppe mit dem Namen des Stammes, bei dem sie sie zuerst kennengelernt hatten, genauso wie die Franzosen den Namen des Stammes der *Alemanni* benutzen, um die deutsche Sprache zu bezeichnen. Livius schreibt also zum Beispiel in seinem Bericht über den Krieg gegen die Samniten (X 20,8): „gnaros Oscae linguae exploratum, quid agatur, mittit“[2].

[2] Er schickt Kenner der oskischen Sprache, um herauszubekommen, was vorgeht.

Inschriften in oskischer Sprache findet man in den Teilen Italiens, in denen samnitische Stämme wohnten: Samnium, Kampanien, Apulien, Lukanien und Bruttium. Die Sprache wurde auch in Messana (Messina in Sizilien) eingeführt, als es von 'Mamertinern', den von Agathokles angeworbenen Söldnern, eingenommen wurde. Die Inschriften, die einen Zeitraum von etwa fünf Jahrhunderten von den frühesten Münzlegenden bis zu den Graffiti, die in Pompei nach dem ersten Erdbeben von 63 n. Chr. geschrieben wurden, umfassen, sind in verschiedenen Alphabeten abgefaßt. Bei der Mehrzahl handelt es sich um das oskische Alphabet, das über das etruskische auf die chalkidische Variante des griechischen Alphabets zurückzuführen ist. Der umfangreichste Text, die *Tabula Bantina*, eine 1793 in Bantia gefundene Bronzetafel mit Gemeindesatzungen, ist jedoch im lateinischen Alphabet gehalten, und das griechische Alphabet kommt in Inschriften aus Süditalien vor. Das Oskische war die führende Sprache Mittelitaliens bis zur Unterwerfung durch die Römer, und es wurde in offiziellen Schriftstücken bis zum Bundesgenossenkrieg von 90–89 v. Chr. verwendet. Die Tatsache, daß die Inschriften trotz des weiten Verbreitungsgebietes der Sprache kaum Dialektvariationen zeigen, legt den Schluß nahe, daß es sich bei diesem Amtsoskisch um eine standardisierte Koiné gehandelt hat.

Nahe mit dem Oskischen ist das Umbrische verwandt, dessen einziges umfangreicheres Zeugnis die berühmten *Tabulae Iguvinae* darstellen, die 1444 in Gubbio (lat. Iguvium) in Umbrien entdeckt wurden. Es handelt sich um neun Bronzetafeln (von denen zwei seit ihrer Entdeckung wieder verlorengingen), die die Satzungen eines religiösen Bruderbundes enthalten, der mit den römischen *Arvales Fratres* (siehe S. 66f.) zu vergleichen ist. Diese Texte, die teils mit dem lateinischen und teils mit dem einheimischen umbrischen Alphabet (das wie das oskische Alphabet durch etruskische Vermittlung von einem westgriechischen Alphabet stammt) geschrieben sind, sind zwischen 400 v. Chr. und 90 v. Chr. niedergelegt worden. Abgesehen von diesen Tafeln ist die umbrische Sprache nur durch ein paar magere Inschriften aus verschiedenen Städten Umbriens bekannt, aber es läßt sich nachweisen, daß die Umbrer einst ein Gebiet bewohnten, daß bis zur Westküste Italiens ging.

Außer dem Oskischen und dem Umbrischen kennen wir einige spärliche Reste der Dialekte der unbedeutenderen Stämme Mittelitaliens, die manchmal vereinfachend unter dem Namen *sabellisch* zusammengefaßt werden. Hierzu gehören die Dialekte der Paeligner, der Marruciner und der Vestiner, die alle sehr nahe beim Oskischen stehen. Der Dialekt der Volsker, der nur durch eine kurze Inschrift aus der Stadt Velitrae bekannt ist, nimmt eine Zwischenstellung zwischen dem Oskischen und dem Umbrischen ein.

Diese sogenannten „italischen Dialekte“ zeigen zweifellos viele Ähnlichkeiten zum Lateinischen, aber der genaue Grad der Verwandtschaft ist schwer zu bestimmen. Die Forscher sind sich nicht darüber einig, ob man von zwei unterschiedlichen Dialekten ein und derselben Sprache, „Italisch“, oder lieber von zwei verschiedenen Sprachen reden soll. Es handelt sich dabei hauptsächlich um eine Auseinandersetzung um Bezeichnungen, die keine genaue wissenschaftliche Definition haben. Eine Sprache ist ein System lautlicher Zeichen, das von einer bestimmten Gemeinschaft von Menschen verwendet wird. Jeder, der dieses System verständlich anwendet, wird eben dadurch zumindest so lange, wie er das tut, ein Mitglied dieser Sprachgemeinschaft. Der Faktor der Verständlichkeit kann verwendet werden, um eine grobe Definition von „Dialekt“ zu geben. Innerhalb des gegebenen Systems dürfen lokale und individuelle Varietäten vorkommen, aber solange die Verständlichkeit nicht ernsthaft gefährdet ist, bringen sie keinen Ausschluß von der Zugehörigkeit zur Sprachgemeinschaft mit sich. Solche lokalen und individuellen Formen einer Sprache werden einfach als Subvarietäten eines über ein großes Gebiet verbreiteten Systems betrachtet. Der Ausdruck „Dialekt“ beinhaltet also sowohl Unterschied als auch Ähnlichkeit, das heißt, er schließt zugleich ein und aus. Wo das Gefühl für sprachliche Zusammengehörigkeit durch die Zugehörigkeit zu verschiedenen Staaten gebrochen ist, neigen die Sprecher dazu, ihre eigene Sprachform durch die Benennung „Sprache“ zu adeln. So sind Norweger, Schweden und Dänen durchaus in der Lage, einen Kongreß durchzuführen, auf dem jeder seine eigene „Sprache“ verwendet, obwohl bei einem Verstehenstest diese alle als Dialekte des „Skandinavischen“ betrachtet werden könnten. Es bleibt hinzuzufügen, daß Verständlichkeit nur ein sehr grobes und ungefähres Kriterium für die Unterscheidung zwischen Sprache und Dialekt ist: sie kann nämlich je nach dem Redetempo und auch von Satz zu Satz unterschiedlich sein. Außerdem können bei einer Reihe von Dialekten, die in einem bestimmten Raum gesprochen werden, diejenigen, die sich geographisch berühren, gegenseitig verständlich sein, während diejenigen, die die Randpositionen ausfüllen, dieses Kriterium nicht erfüllen. Der wirkliche Unterschied zwischen den beiden Begriffen liegt darin, daß „Sprache“ ein absoluter Begriff ist, während „Dialekt“ das Problem der Beziehung stellt: Dialekt = eine Varietät von *x*.

Wenden wir nun einmal diesen Test auf das Lateinische und die italischen Dialekte an!

I A 7ff.: pusveres Treplanes tref sif kumiaf feitu Trebe Iuvie ukriper Fisiu, tutaper Ikuvina = *post portam Trebulanam tris sues grauidas facito Trebo Iuuio pro arce Fisia pro ciuitate Iguuina*[3].

Aus diesem Beispiel wird sofort klar, daß es sich um zwei gegenseitig nicht verständliche Sprachen handelt. Man hat errechnet, daß etwa 60–70% der Wörter, die in den Iguvinischen Tafeln auftauchen, anders als im Lateinischen lauten, während z.B. beim Griechischen nur 10–15% der Wörter der kretischen Gesetze von Gortyn nicht im Attischen vorkommen. Zu diesen entscheidenden Abweichungen im Wortschatz kommen noch weitreichende Unterschiede im Laut- und Formenbestand.

**Lautlehre**

1. Die labiovelaren Konsonanten (siehe S. 251f.) werden unterschiedlich behandelt: lateinischem *quis* und *uīuus* entspricht oskisches *pis* und *bivus*.

2. Im Inlaut erscheinen die indogermanischen aspirierten Verschlußlaute *bh, dh* im Lateinischen als *b* und *d*, im Italischen als *f*: *tibi, mēdia* = umbrisch *tefe*, oskisch *mefiaí*.

3. Lateinisches *kt* und *pt* erscheinen im Oskisch-Umbrischen als *ht* und *ft*: *Octāuius, scrīptae* = oskisch *Uhtavius, scriftas*.

4. Die Synkope der kurzen Vokale in Inlautsilben (siehe S. 236) ist verbreiteter als im Lateinischen: *agitō* = oskisch *actud, hortus* = oskisch *húrz*.

5. Auslautendes *ā* tritt im Italischen als *ō* auf: *viā* = oskisch *viú, atrā* = umbrisch *atru*.

**Formenlehre**

In der ersten und zweiten Deklination hat das Oskisch-Umbrische die ursprünglichen Nominativ-Plural-Endungen *-ās, -ōs* bewahrt (siehe S. 267f.), die im Lateinischen durch die Pronominalformen *-āi* (> *-ae*) und *-oi* (> *-ī*) ersetzt wurden. Bei der konsonantischen Deklination zeigt das Oskische die ursprüngliche Flexionsendung *-ĕs*, die im Lateinischen durch *-ēs* ersetzt wurde (siehe S. 272). Im Genitiv Singular der *o* Deklination und der konsonantischen Deklination hat das Lateinische *-ī* bzw. *-ĭs*, während das Oskisch-Umbrische beidemale *-eis* hat. Die Verbalkonjugation zeigt ebenfalls merkliche Unterschiede. Das charakteristische *-bo* des lateinischen Futurs ist im Oskisch-Umbrischen unbekannt, wo das Futur aus einer alten Konjunktivform gebildet wurde: *deivast* = *iurabit, ferest* = *feret*. Der italische Infinitiv Präsens Aktiv geht auf *-om* aus: oskisch *ezum*, umbrisch *erom* = *esse*. Das Perfektfutur weist die Bildesilbe *-us* auf: umbrisch *benust* = *uēnerit*.

[3] Hinter dem Trebula-Tor sollst du dem Iuppiter Trebius drei trächtige Säue für die Burg von Fisia und für die Bürgerschaft von Iguvium opfern.

Angesichts dieser großen Unterschiede zwischen dem Lateinischen einerseits und dem Oskisch-Umbrischen andererseits kann es keinen Zweifel geben, daß man sie als zwei verschiedene Sprachen betrachten sollte. Der Grad der gegenseitigen Unverständlichkeit ist weit größer als z. B. zwischen Italienisch und Spanisch. Aber die Verwendung von Begriffen wie „Sprache“ und „Dialekt“ ist wie gesagt eine Definitionsfrage, und Wissenschaftler wie A. Meillet, die das Lateinische und das Oskisch-Umbrische als verschiedene Dialekte des „Italischen“ betrachten, begründen diese Auffassung mit dem Hinweis auf einige wichtige Ähnlichkeiten, die wir jetzt ins Auge fassen müssen.

**Lautlehre** (siehe S. 233 f.)

In beiden Gruppen wird 1) indogerm. *ə* zu *a*, 2) *eu* > *ou*, 3) *r̥* und *l̥* > *or, ol,* 4) *m̥* und *n̥* > *em, en,* 5) die stimmhaften Aspirata *bh, dh, gh* werden zu stimmlosen Frikativen, 6) intervokalisches *s* wird sonorisiert, 7) *t-t* > *ss,* 8) Wörter des Silbenschemas $p\text{-}q^w$ werden zu $q^w\text{-}q^w$ (z. B. $*peng^we$ > *quinque*), 9) auslautendes *-t* > *-d.*

Hinsichtlich dieser Erscheinungen müssen wir uns noch einmal das Grundprinzip der vergleichenden Sprachwissenschaft vor Augen halten: die Verwandtschaft wird festgestellt auf Grund des Vorhandenseins von Ähnlichkeiten, die so beschaffen sind, daß die Möglichkeit unabhängiger Entwicklung ausgeschlossen werden kann. Folglich müßte man, um eine „italische Einheit“, aus der sich das Lateinische und das Oskisch-Umbrische entwickelt hätten, postulieren zu können, überzeugende Gemeinsamkeiten herausfinden, die diese Sprachen im Unterschied zu weitläufiger verwandten Sprachen aufweisen. Nun ist aber 1) eine Entwicklung, die alle indogermanischen Sprachen außer Sanskrit mitgemacht haben, 5) kam unabhängig im hellenistischen Griechisch vor, 6) ist eine weitverbreitete lautliche Erscheinung ohne Bedeutung für die Verwandtschaftsfrage, 7) gibt es auch im Germanischen und Keltischen, und 8) ist ebenfalls eine Eigentümlichkeit des Keltischen. Nach Eliminierung dieser Fälle bleibt eine phonetische Beweisführung eine unsichere Basis für die Annahme einer Verwandtschaft, denn man hat schon oft beobachtet, daß geographisch benachbarte Sprachen Ähnlichkeiten in der Phonetik und in phonetischen Strukturen aufweisen, obwohl sie nicht miteinander verwandt sind. So hat Sapir aufgezeigt, daß einige nicht miteinander verwandte Indianersprachen der Pazifikküste Nordamerikas von Kalifornien bis Südalaska viele wichtige und charakteristische Eigenschaften gemeinsam haben. Der Übergang von *eu* zu *ou* aus der obigen Liste kommt nicht nur im Lateinischen und im Oskisch-Umbrischen vor, sondern auch im Venetischen und Messapischen. Genauso ist auch die Entwicklung von *r̥* und *l̥* zu *or* und *ol* ebenfalls eine Eigentümlichkeit des Venetischen und des Illyrischen. Solche Übereinstimmungen können also eher das Resultat geographischer Nachbarschaft als die Folge von Verwandtschaft sein und haben daher keine zwingende Beweiskraft für die Frage einer italischen Einheit.

Wichtiger sind Ähnlichkeiten in der Formenlehre, weil nur selten Deklinations- und Konjugationsschemata von einer Sprache in eine andere übernommen werden. Nun wurde sowohl im Lateinischen als auch im Oskisch-Umbrischen der Ablativ auf *-d*, der im Indogermanischen auf die *o*-Stämme („zweite Deklination") beschränkt war, auf andere Worttypen ausgedehnt, z. B. lat. *praidad*, osk. *toutad*, lat. *loucarid*, osk. *slaagid* (= *fine*), lat. *castud* usw. Dieselbe Endung tritt auch bei Adjektiven auf, die formal alte Instrumentale auf *-ē* sind, z. B. lat. *facilumed*, osk. *amprufid* (= *improbe*). Die Bildung des Dativs Singular der Personalpronomina ist ebenfalls in beiden Gruppen überraschend ähnlich: altlat. *mihei*, umbrisch *mehe*, altlat. *tibei*, umbrisch *tefe*, altlat. *sibei*, osk. *sífeí*. Wenn man zum Verbalsystem kommt, stellt man fest, daß in beiden Gruppen dieselben Konjugationstypen auftreten, das heißt, die Verben verteilen sich auf vier Konjugationen, wie man es aus der lateinischen Grammatik kennt. Weiter legt osk. *fufans* = *erant* den Schluß nahe, daß das Oskisch-Umbrische ein Imperfekt des Indikativs geschaffen hat, das dem von lat. *amābam* vertretenen Typ entspricht (siehe S. 297). Die Bildung des Imperfekts des Konjunktivs ist ebenfalls identisch: *foret* = osk. *fusíd (*fu-sē-d)*. Ein eigenständiges System der Passivbildung (siehe S. 290 f.) wurde ebenfalls übereinstimmend aus Elementen, die im ältesten Indogermanischen vorhanden waren, gebildet: so entspricht lateinisches *sacrātur* oskischem *sakarater*. Weitere Ähnlichkeiten lassen sich in der Bildung des Supinums (umbrisch *anzeriatu* = *obseruātum*) und des Gerundivums (*sacrandae* = osk. *sakrannas*) beobachten. Schließlich kann man die Verschmelzung des indogermanischen Aorists und Perfekts zu einem einzigen Perfekt nennen, und man darf auch nicht die Fusion des ursprünglichen Konjunktivs und Optativs vergessen, die in den Konjunktivformen des Lateinischen und des Oskisch-Umbrischen deutlich werden.

Derartige weitreichende Ähnlichkeiten in der Umgestaltung der Nominal- und Verbalflexion bringen das Lateinische in nähere Beziehung zu den „italischen Dialekten" als zu irgendeiner anderen indogermanischen

Sprache, obwohl D. M. Jones ausgeführt hat, daß die Fakten besser zu einem Schema westindogermanischer Beziehungen (siehe unten) als zur Entwicklung eines einheitlichen und einförmigen Italischen passen. Die Interpretation dieser engeren Beziehung in historischen Begriffen bleibt jedoch umstritten.

Die einfachste Hypothese, die zu den beobachteten Fakten stimmen würde, besteht darin, anzunehmen, daß es einmal eine „italische" Gemeinschaft gegeben hat, innerhalb derer sich die gemeinsamen Züge, die wir im Lateinischen und in den italischen Dialekten betrachtet haben, herausgebildet haben, während die beachtlichen Unterschiede das Resultat unabhängiger Entwicklungen nach dem Zusammenbruch dieser sprachlichen Gemeinschaft sind. A. Walde, ein deutscher Gelehrter, hat jedoch in einem Aufsatz über die Beziehung zwischen Italisch und Keltisch[4], auf den wir noch zurückkommen werden, behauptet, daß die Ähnlichkeiten zwischen dem Lateinischen und dem Oskisch-Umbrischen aus Konvergenz zu erklären seien, also die sprachliche Auswirkung der Kontakte zwischen den beiden Gruppen in Italien in relativ junger Zeit darstellten. Die italienischen Sprachwissenschaftler neigen mit geringfügigen Unterschieden in der Begeisterung zu dieser These. So hält Devoto fest, daß die Unterschiede zwischen dem Lateinischen und dem Oskisch-Umbrischen alt sind und daß die Ähnlichkeiten sich ziemlich spät herausbildeten, als die Proto-Latiner schon in Latium ansässig waren. Seit dem 8. Jh. (Gründung Roms und Anwesenheit eines sabinischen Stammes auf einem der Hügel der Stadt) gab es Beziehungen, die zum Austausch sprachlicher Elemente zwischen den Proto-Latinern und den Sprechern des Oskisch-Umbrischen führten; dieses Stadium fortschreitender Annäherung sollte als „italische Periode" bezeichnet werden. Aber Devoto unterstreicht, daß man das nicht im genealogischen Sinne, der die einstige Identität der beiden Sprachsysteme implizieren würde, verstehen darf. Demgegenüber kann man einwenden, daß geographische Nachbarschaft und sozio-kulturelle Kontakte zwischen verschiedensprachigen Völkern wohl zu Ähnlichkeiten im Lautsystem und zum Austausch von Lehnwörtern führen kann, daß aber grundlegende strukturelle Eigentümlichkeiten wie Tempus-, Modus- und Kasusbildungsverfahren nicht so leicht übertragbar sind. Sprachliche Entwicklungen müssen in letzter Linie auf Sprechakte zurückgeführt werden, die im wesentlichen soziale Verhaltensformen repräsentieren, und soziale Verhaltensformen der Art, wie sie

[4] A. Walde, *Über älteste sprachliche Beziehungen zwischen Kelten und Italikern*, Innsbruck 1917.

sich etwa in Konjunktiven und ähnlichem bemerkbar machen, können nur unter Bedingungen sprachlicher Nähe, die auf eine Sprachgemeinschaft hinauslaufen, von einer Gruppe Menschen auf die andere übertragen werden. Eine oskische Einrichtung wie eine Garküche kann zu einer wohletablierten Einrichtung römischen Lebens werden und so den oskischen Namen *popīna* mit sich bringen; aber unter welchen Sprechbedingungen soll man sich den Austausch eines Gerundivums, eines Supinums oder eines Konjunktivs des Imperfekts unter Sprechern vorstellen, die nach dieser Konvergenztheorie gegenseitig noch weniger verständlich waren als die späteren Benutzer des Lateinischen und des Oskisch-Umbrischen? Die Vorstellungen von „sprachlichem Austausch“, von „gemeinsamen Denkschemata“, von „Konvergenz“ usw., mit denen Devoto arbeitet, sind zu weit entfernt von der Realität konkreten Sprechens. Die sprachlichen Gegebenheiten verlangen die Ansetzung irgendeiner Form von Gesellschaft, die Vertreter beider großen italischen Gruppen, also Vorfahren der Sprecher des Lateinischen und des Oskisch-Umbrischen, irgendwann und irgendwo umfaßt hat. Das bedeutet aber nicht, daß man eine „italische Einheit“ annehmen muß, die alle Proto-Latiner und alle Proto-Italiker umfaßt hätte. Als Minimalthese würde es ausreichen anzunehmen, daß eine Gruppe der oskisch-umbrischen Invasoren mit den Proto-Latinern verschmolz, und daß diese Aufpfropfung einer fremden Bevölkerung auf den lateinischen Stamm die Ähnlichkeiten zwischen dem Lateinischen und dem Oskisch-Umbrischen bewirkte, von der unsere Erörterung ausging. Die Sagen über den Ursprung Roms (Titus Tatius und der Raub der Sabinerinnen) scheinen historische Ereignisse, wie wir sie postuliert haben, vorauszusetzen (die sabinischen Elemente des Lateinischen werden auf S. 40f. behandelt), und die Existenz nichtrömischer Dialekte Latiums weist in dieselbe Richtung (vgl. Kapitel III). Es bleibt festzuhalten, daß diese Schlußfolgerung in der Hauptsache mit Devoto[5] darin übereinstimmt, daß sie das Vorhandensein einer „italischen“ Gemeinschaft vor der Inbesitznahme der Apenninenhalbinsel durch die Vorfahren dieser beiden Gruppen ausschließt. Auch wir nehmen an, daß die engeren Ähnlichkeiten, die unter der Bezeichnung „italisch“ zusammengefaßt werden, sich auf dem Boden Italiens herausbildeten. Wir haben nur darauf aufmerksam gemacht, daß das Konvergenzkonzept in die Realität des konkreten Sprechens und der Bedingungen der menschlichen Gesellschaft, die dieses voraussetzt, übersetzt werden muß.

[5] G. Devoto, *Geschichte der Sprache Roms*, Heidelberg 1968, 64–67.

**Die italo-keltische Theorie und die „Nordwestkultur"**

Wenn wir nun unseren Blick weiten, können wir sofort kurz festhalten, daß die vergleichende Methode herausgefunden hat, daß das Lateinische zu einer Gruppe von Sprachen gehört, die von Indien im Osten bis zum Keltischen und Germanischen im Westen reicht. In diesen Sprachen hat man Ähnlichkeiten der Struktur und des Grundwortschatzes festgestellt, die so bemerkenswert sind, daß als einzige Erklärungsmöglichkeit die Herkunft von einer gemeinsamen Ausgangssprache, die als Indogermanisch oder Indoeuropäisch bezeichnet wird, übrig bleibt. Dieses Postulat einer mehr oder weniger einheitlichen Ausgangssprache, wodurch die Ähnlichkeiten, die in den miteinander verwandten Sprachen entdeckt wurden, erklärt werden können, muß notwendigerweise die einstige Existenz einer Gruppe von Sprechern, also der Indogermanen, implizieren. Außerdem hat die Analyse des gemeinsamen Grundwortschatzes die Forschung in die Lage versetzt, ein Bild zumindest einiger Aspekte ihrer Kultur zu erstellen. Sie scheinen also das Kupfer und dessen Bearbeitung gekannt zu haben, sie betrieben zumindest eine primitive Landwirtschaft, und sie hatten einige Tiere wie Hund und Schaf domestiziert; sie verehrten einen Gott des hellen Himmels, und sie hatten eine patriarchalische Gesellschaftsform. Wir dürfen sie uns jedoch nicht als Einheitsstaat mit einheitlicher Sprache vorstellen; sie waren eher ein loses Gefüge halbnomadischer Stämme, die einige Zeit seßhaft blieben, um den Boden zu bestellen, und die weiter zogen, wenn er durch ihre primitiven Anbaumethoden ausgelaugt war. Vielleicht kamen sie von Zeit zu Zeit zur Feier religiöser Riten zusammen. Eine solche „Gesellschaft" mußte notwendigerweise Dialektunterschiede aufweisen. Außerdem sind vielleicht während der langen Wanderperiode, die sie schließlich in die weit auseinanderliegenden Gebiete brachte, wo sie in historischer Zeit auftauchen, einige Stämme engere Zusammenschlüsse eingegangen, oder es haben sich möglicherweise Räuberbanden aus Mitgliedern verschiedener Stämme gebildet. Wir müssen daher mit der Möglichkeit rechnen, daß es zwischen der ursprünglichen indogermanischen Periode und dem Auftreten differenzierter Völker in ihren Wohngebieten in historischer Zeit andere „Einheiten" verschiedener Dauer und Intensität gegeben hat. Diese Gemeinschaften hatten sicher Einfluß auf die Sprache, und es ist Aufgabe des Sprachwissenschaftlers, durch Analyse solche näheren Dialektähnlichkeiten innerhalb der größeren Gruppe herauszufinden. Derartige Analysen haben eine Anzahl Eigentümlichkeiten zu Tage gefördert, die das „Italische" und das Keltische gemeinsam haben und die in allen anderen indogermanischen Sprachen fehlen. Wir werden zunächst die Fakten aufzählen, bevor wir ihre Bedeutung untersuchen, denn ihre Interpretation bleibt weiterhin umstritten.

**Lautlehre**

1. Die indogermanischen Labiovelare[6] ($q^w$, $g^w$, $g^w h$) zeigen im Italischen und im Keltischen eine ähnliche Behandlung: sie werden im Britannischen und im Oskisch-Umbrischen zu Labialen und im Lateinischen und Goidelischen zu Velaren (so erscheint z. B. das indogermanische Fragewort *$q^w$is* usw. im irischen als *cia*, im Lateinischen als *quis*, im Walisischen als *pwy* und im Oskischen als *pis*). Man hat die Hypothese geäußert, daß das einstige Dialektbeziehungen innerhalb einer italisch-keltischen Gruppe widerspiegele, d. h. daß in prähistorischer Zeit die sprachlichen Vorfahren der Kelten und der Italiker in enger Nachbarschaft lebten, und zwar in einer Anordnung, die es ermöglichte, daß die Prä-Britannier mit den Prä-Sabellern den Übergang von $q^w$ zu *p* gemeinsam haben. Später müßte sich die ganze Gruppe getrennt und umverteilt haben, in der Art, daß das Prä-Britannische und das Prä-Goidelische zusammen das Gemeinkeltische und das Prä-Lateinische und das Prä-Sabellische zusammen das Gemeinitalische bildeten, wonach das Keltische und das Italische hinfort getrennte Wege gingen. Diese Hypothese wird durch eine einfache Tatsache zunichte gemacht: in allen keltischen Sprachen ist ursprüngliches indogermanisches Anlaut-*p* geschwunden (z. B. irisch *én* „Vogel", walisisch *edn* < **pet-n*, vgl. lat. *penna* usw.); das bedeutet, daß die Entwicklung $q^w$ > *p* im Britannischen nach der gemeinkeltischen Periode stattgefunden haben muß und daher nicht im Zusammenhang mit der entsprechenden oskisch-umbrischen Entwicklung stehen kann. Übrigens fand ein vergleichbarer Lautwechsel auch im äolischen Dialekt des Griechischen statt, wo die Labiovelare ebenfalls als Labiale auftreten (z. B. **pen$q^w$e* > πέμπε). Dieses Phänomen ist also kein schlüssiger Beweis für eine engere Verwandtschaft.

2. Charakteristischer und daher für den Beweis einer engeren Verwandtschaft beweiskräftiger ist der Lautwandel, der sich in Wörtern ereignete, in denen die erste Silbe mit einem Labial und die zweite mit einem Labiovelar begann: in solchen Wörtern finden wir sowohl im Italischen als auch im Keltischen die Assimilation $p - q^w > q^w - q^w$: indogermanisch **pen$q^w$e* „fünf" > italo-keltisch **$q^w$en$q^w$e*, also z. B. altirisch *cóic*, altwalisisch *pimp*, lat. *quīnque*, oskisch-umbrisch **pompe* (vgl. oskisch *púmperiaís* = *quīncuriīs*).

**Formenlehre**

1. Der Genitiv Singular der *o*-Stämme geht auf *-ī* aus: irisch *maqi* „des Sohnes", gallisch *Segomari*, lateinisch *dominī*. Obwohl Spuren eines Adverbialkasus auf *-ī* im Sanskrit gefunden wurden (siehe Seite 268), darf man die Bedeutung dieses Phänomens nicht unterschätzen. Seine Einführung in das regelmäßige Deklinationssystem anstelle des ursprünglichen Genitivs auf *-osyo* ist eine gemeinsame Neue-

[6] Siehe Seite 251f. Die keltischen Sprachen unterscheiden sich nur in der Behandlung des $q^w$.

rung des Keltischen und des Lateinischen (das Oskisch-Umbrische hat *-eis* aus den *i*-Stämmen der dritten Deklination eintreten lassen), aber wir finden dieselbe Erscheinung auch im Venetischen und im messapischen Dialekt des Illyrischen (siehe S. 42f.).

2. Die unpersönlichen Verbformen des Oskisch-Umbrischen und des Keltischen werden durch *-r* charakterisiert: z. B. umbrisch *ferar* „man muß tragen", walisisch *gweler* „man sieht", irisch *berir* „man trägt". Dieses *-r* ist in beiden Gruppen auch Kennzeichen des Deponens und passiver Formen, z. B. lat. *sequor, sequitur*, irisch *sechur, sechithir.* Diese *r*-Endungen lassen sich auch in anderen indogermanischen Sprachen nachweisen, z. B. im Hethitischen, im Tocharischen und im Phrygischen, und daraus ergibt sich die Folgerung, daß die *r*-Endung ursprünglich nur im Singular und in der dritten Person Plural des Präsens vorkam. Wir haben es also wiederum mit einer wichtigen gemeinsamen Weiterentwicklung eines ererbten Charakteristikums zu tun.

3. Verben des Typs *amā-re, monē-re* bilden im Lateinischen ihr Futur mit einem Element *-b- (amābō, monēbō)*, das sich auf die indogermanische Wurzel *bhu* „sein" zurückführen läßt (siehe S. 298): es handelt sich eigentlich um ein periphrastisches Tempus der Grundbedeutung „ich bin im Begriff zu lieben" usw. Wir finden denselben Typ im Keltischen, z. B. irisch *léicfea* „ich werde weggehen". Obwohl es schwierig ist, die bezeugten Formen auf einen einzigen Prototyp zurückzuführen, scheint der Schluß unausweichlich zu sein, daß die Anlage einer Futurbildung mit *-b-* schon in den Dialekten vorhanden war, aus denen sich das Lateinische und das Irische entwickelten. Es handelt sich um eine auffällige Neuerung, die ein wichtiges Indiz für eine einstige enge Beziehung zwischen Italisch und Keltisch darstellt.

4. Im Indogermanischen wurde der Konjunktiv der verschiedenen Tempusstämme durch Hinzufügung oder Längung des Themavokals *e/o* gebildet: im homerischen Griechisch haben wir z. B. zum Indikativ ἴμεν den Konjunktiv ἴομεν oder zum Indikativ λύομεν den Konjunktiv λύωμεν. Im Keltischen ist jedoch der Konjunktiv unabhängig vom Tempusstamm und wird gebildet, indem *-ā* oder *-s* an die Wurzel angefügt wird: irisch *bera* zu *ber* „tragen" oder *tiasu* zu *tiag* „gehen". Dieselben Bildungen gibt es im Italischen (siehe unten, S. 303), z. B. altlat. *aduenat* (Konjunktivbildung von der Wurzel *ven* und nicht vom Präsensstamm *veni-* aus) oder *faxō, capsō* (Konjunktivbildung durch Hinzufügung von *-s-* zu den Wurzeln *fac-* und *cap-*, die vom Präsensstamm *faci-* und *capi-* zu unterscheiden sind). Dieses morphologische Phänomen, das unter den indogermanischen Sprachen nur im Italischen und Keltischen zu finden ist, könnte als entscheidender Beweis für enge Verwandtschaft angesehen werden, aber die Tatsache, daß der Konjunktiv unabhängig vom Tempusstamm gebildet wird und sogar von einer anderen Wurzel ausgehen kann (z. B. *fuam*, Konjunktiv zu *sum*), stimmt zu den archaischsten Charakteristika des indogermanischen Verbalsystems, als es noch keine eigentliche 'Konjugation' gab, sondern jedes Tempus unabhängig von den anderen war. Es ist daher möglich, daß die *ā*-Konjunktive Archaismen sind[7], die in den anderen indogermanischen Sprachen eliminiert wurden und nur im Italischen und Keltischen erhalten blieben. Wenn wir diese Theorie annehmen, so sind die hier behandelten Konjunktive ein weniger zwingender Beweis für enge Verwandtschaft, weil, wie oben

[7] Siehe S. 304.

erwähnt, Archaismen unabhängig voneinander in verschiedenen Sprachen überleben können.

5. Bei der Adjektivsteigerung zeigen das Italische und das Keltische ebenfalls Gemeinsamkeiten, die sie in enge Beziehung setzen. Im Indogermanischen erfolgte die Bildung des 'Komparativs'[8]. 1.) durch Anfügung des Suffixes *-iōs* an den Stamm, z. B. sanskrit *náva-* „neu", *náv-yas* „neuer"; 2.) durch das Suffix *-tero*, das 'kontrastierende' oder 'separative' Funktion hatte wie in *laevus: dexter, magister: minister* usw. Sowohl das Lateinische als auch das Irische hatten das zuerst genannte Verfahren ausgebaut und zur Regel erhoben (z. B. lat. *senior*, irisch *siniu*). Auch im Superlativ lassen sich zwei Typen unterscheiden: 1.) die Bildung mit dem Suffix *-t°mo* (lat. *ultimus, intimus*), dessen ursprüngliche Funktion vielleicht die Bezeichnung des äußersten Punktes eines räumlichen Kontinuums war[9], und 2.) die Bildung auf *-is-to* (englisch *sweetest*, deutsch *süßester*, griechisch ἥδιστος usw.), wodurch wie bei den Ordinalzahlen (z. B. englisch *first*, deutsch *zwanzigster*, griechisch πρῶτος usw.) das höchste oder vollendende Glied einer Gesamtmenge bezeichnet wurde. Dieser zweite Typ fehlt im Italischen und im Keltischen, die jedoch neben dem ersten Typ eine komplexe Form auf *-s°mo* haben, die sich sonst nirgendwo nachweisen läßt: lat. *maximus*, oskisch *nessimas* (= *proximae*), altirisch *nessam*, walisisch *nesaf*.

## Wortschatz

Die Analyse des Wortschatzes zeigt die Existenz einer Anzahl von Wörtern, die nur im Italischen und im Keltischen vorkommen. So haben z. B. die Verben *canō* und *loquor* genaue Entsprechungen im Irischen: *canim* und *-tluchur*. Von den Ackerbautermini erscheint die Wurzel, die in lat. *metere* „ernten" auftaucht, sonst in diesem Sinne nur im Keltischen, z. B. walisisch *medi*; ebenso entspricht lateinisches *seges* „Saat" walisischem *heu* „säen". Bei den Körperteilen kann man Entsprechungen wie *cūlus* = irisch *cúl, dorsum* = irisch *druim, pectus* = irisch *hucht, tālus* = irisch *sál* festhalten. Weiter lassen sich Substantive nennen wie *puluis* = walisisch *ulw, harēna* = irisch *ganem, terra* = irisch *tír, auunculus* = walisisch *ewythr, saeculum* = walisisch *hoedl*, außerdem Adjektive wie *uāstus* = irisch *fota, trux* = irisch *trú, grossus* = irisch *bras, mītis* = irisch *móith; uātēs* „Wahrsager, Dichter" ist zwar mit germanischen Wörtern wie altenglisch *wōþ* „Lied" verwandt, hat aber seine genaue Entsprechung in irisch *fáith* „Dichter".

[8] Wahrscheinlich kannte das Indogermanische keinen echten Komparativ; die Formen auf *-iōs, -isōn* hatten wohl dieselbe Bedeutung wie deutsch *ältlich* oder englisch *biggish*, also relativierende Funktion im Gegensatz zu der 'absoluten' Bedeutung des sogenannten Positivs (siehe S. 279).

[9] Siehe S. 280.

Diese große Anzahl von Übereinstimmungen könnte auf den ersten Blick ein starkes Argument für die einstige Existenz einer Gemeinschaft, die die Vorfahren der lateinischen (italischen) und keltischen Volksgruppen umfaßte, darstellen. Bevor wir jedoch diese Theorie akzeptieren, müssen wir uns vor Augen halten, daß es Elemente gibt, die 1.) dem Keltischen und Germanischen, 2.) dem Italischen und Germanischen, 3.) allen dreien gemeinsam sind und daß 4.) die Wörter, die zu dieser letzten Gruppe gehören, oft auch im Balto-Slavischen nachweisbar sind. Diese Tatsache hat dazu geführt, daß man von einer 'westlichen' Gruppe der indogermanischen Sprachen spricht, die das Keltische, das Germanische, das Italische und das Balto-Slavische umfaßt, aber das Griechische ausschließt. Wir werden diese Übereinstimmungen aufzählen, bevor wir dazu übergehen, sie zu bewerten.

### Keltisch und Germanisch

Altirisch *oeth* = gotisch *aiþs* (englisch *oath*, deutsch *Eid*), altirisch *orbe* = gotisch *arbi* (deutsch *Erbe*), walisisch *rhydd* = gotisch *freis* (englisch *free*, deutsch *frei*), altirisch *rūn* „geheim" = gotisch *rūna*, altirisch *luaide* = altenglisch *lēad* (englisch *lead*, deutsch *leiten*) usw. Es kommt noch eine große Anzahl von Lehnwörtern hinzu, die zwischen diesen beiden Sprachgruppen ausgetauscht wurden, z. B. gotisch *reiks*, das auf das keltische Wort *rīx* zurückgeht.

### Italisch und Germanisch

Die folgenden Fälle wurden aufgezeigt:

1. Die Entwicklung von *t* – *t* zu *s* – *s*; sie gilt jedoch auch für das Keltische (siehe unten).
2. Die Sonorisierung der stimmlosen intervokalischen Frikative (z. B. lat. *aedēs* aus einer indogermanischen Wurzel **aidh*, die auch im griechischen αἴθω vorkommt) tritt in beiden Gruppen auf. Es handelt sich allerdings um eine phonetische Entwicklung, die leicht unabhängig vorkommen kann, und daß das tatsächlich der Fall ist, wird durch die Tatsache nahegelegt, daß dieser Lautwandel im Italischen auf das Lateinische beschränkt ist. Aus dieser Ähnlichkeit darf man also keine Rückschlüsse auf die Verwandtschaftsverhältnisse ziehen.
3. Der indogermanische Aorist und das indogermanische Perfekt sind zu einem einzigen Vergangenheitstempus verschmolzen (siehe Seite 298 f.).
4. Das Paradigma des Verbs „sein" wird in beiden Gruppen (und im Keltischen) aus zwei Wurzeln, *es* und *bhu*, gebildet: lat. *est, fuit,* englisch *is, be,* irisch *is, bíuu.*
5. Das Perfekt *nōuī* entspricht der altenglischen Bildung *cneow*. Allerdings taucht dieses *-u* im Germanischen auch im Präsens *cnāwan* auf, und der Ursprung

des lateinischen *-u*-Perfekts ist eine so umstrittene Frage (siehe S. 300), daß diese Übereinstimmung eine zu unsichere Basis für die Konstruktion von Verwandtschaftshypothesen ist.

6. Perfektformen mit langem Stammvokal (wie *sēdimus*) kommen auch im Germanischen vor, vgl. gotisch *sētum*. Man muß jedoch beachten, daß im Gotischen dieser lange Vokal auf den Plural beschränkt ist, so daß lat. Singularformen wie *sēdī* usw. als analogische Ausgleichsbildungen anzusehen wären (siehe S. 299).

7. Lat. Demonstrativum *is, ea, id* = gotisch *is, ija, ita*.

8. Es kommen viele Übereinstimmungen im Wortschatz hinzu. Viele Verben finden sich z.B. nur im Italischen und im Germanischen: *dūcere* = germ. *tiuhan* (deutsch *ziehen*), *clāmāre* = althochdeutsch *hlamōn; tacēre* = got. *þahan; silēre* = got. *ana-silan*. Außerdem kennen nur diese beiden Gruppen[10] landwirtschaftliche Termini wie *far* = altnordisch *barr* (englisch *barley*), *sulcus* „Furche“ = altenglisch *sulh* „Pflug“, und weiter *haedus* = got. *gaits* (deutsch *Geiß*, englisch *goat*), *ulmus* = *elm, annus* = got. *aþn* „Jahr“.

## Westliche Wörter

Es wurde schon oft darauf hingewiesen, daß das Keltische, Italische, Germanische (und manchmal auch das Balto-Slavische) gemeinsame Wörter aufweisen, die nicht im Griechischen, Armenischen und Indo-Iranischen vorkommen. Diese Wörter sind so zahlreich und nehmen eine so zentrale Stellung im Wortschatz ein, daß nach dieser Argumentation der Zufall nicht für diese Übereinstimmungen verantwortlich gemacht werden kann, sondern daß es sich um das Resultat einer gemeinsamen Kulturperiode handeln muß, die „Nordwestkultur“ genannt wird.

Unter diesen Wörtern finden wir die Adjektive für „wahr“ (*uērus*, irisch *fīr*, althochdeutsch *wār* = altslavisch *věra* „Glaube“), „blind“ *(caecus)*, „glatt“ *(glaber)*; die Vegetationsbezeichnungen *corilus* „Hasel“, *flōs* „Blüte“, *salix* „Weide“, *ulmus* = irisch *lem* „Ulme“; die Tiernamen *porcus* „Ferkel“ nicht „Hausschwein“ im Gegensatz zu *sūs* „Wildschwein“, wie oft behauptet wird), *merula* „Amsel“, *natrix* „Wasserschlange“, *piscis* „Fisch“; Landwirtschaftstermini (Gegenstände und Aktivitäten) wie *grānum* „Korn“, *faba* „Bohne“, *serere* „säen“, *scabere* „kratzen“, *secāre* „schneiden, sägen“, *sūgere* „saugen“, *molere* „mahlen“ (gemeinindogermanisch in der Bedeutung „zerquetschen“), *līra* „Furche“; soziologische Wörter wie *cīuis* „Bürger“, *hostis* „Fremder, Feind“, *homō* „Mensch“ (mit der auf die Bezeichnung menschlicher Wesen eingeengten Wurzel **ghem/ghom* wie in got. *guma*, irisch *duine*, litauisch *žmuõ*), *uas* „Pfand, Sicherheit“; Termini verschiedener Bereiche wie *uerbum* „Wort“ (gotisch und altpreußisch), *nīdus* in der Sonderbedeutung „Nest“, *mare* „Meer“, *uincere* „fesseln“, *ferīre* „durchstoßen“, *cūdere* „schlagen, prägen“, *emere* „nehmen, kaufen“.

[10] In einigen Fällen lassen sich Parallelen in anderen indogermanischen Sprachen finden, aber in der hier genannten Form und Bedeutung sind die Wörter auf das Germanische und Italische beschränkt.

So ausgewählt und so dargestellt scheinen diese Tatsachen den auf ihnen aufgebauten Schlüssen eine starke Untermauerung zu geben: Folglich hätten die Völkerschaften, die später italische Sprachen verwendeten, nach dem Ende der indogermanischen Gemeinschaft in Europa gesiedelt oder zumindest verweilt und wären für einige Zeit zusammen mit den sprachlichen Vorfahren der Kelten, Germanen und Balto-Slaven Angehörige einer gemeinsamen Kultur gewesen. Es gibt jedoch andere Tatsachen, die uns zur Zurückhaltung mahnen sollten. Zu diesen westlichen Wörtern gehört z. B. das wichtige *teutā* „Volk" (oskisch *touto* = lat. *cīuitās*, umbrisch *tota*, irisch *tuath*, gotisch *þiuda*), aber es fehlt im Lateinischen. Dasselbe gilt für das westliche Wort für „Haus", das in irisch *treb*, litauisch *trobà*, englisch *thorp*, deutsch *Dorf*, oskisch *trííbúm*, umbrisch *tremnu* vorliegt, jedoch im Lateinischen fehlt, denn es ist sehr zweifelhaft, ob *trabs* „Balken" zu dieser Gruppe zu stellen ist; andererseits hat das Lateinische mit *domus* ein weitverbreitetes indogermanisches Substantiv erhalten, das im Keltischen, Germanischen oder Baltischen nicht nachweisbar ist. Solche Beispiele unterstreichen die Gefahr, die darin liegt, Schlüsse über den Grad der Verwandtschaft auf Grund von Ähnlichkeiten oder Unterschieden im Wortschatz zu ziehen. In jeder Sprache hängt der Verlust von Wörtern von einer großen Anzahl von Faktoren ab, deren gegenseitige Abhängigkeit so komplex ist, daß das Fehlen eines bestimmten Wortes und gar einer Wortgruppe rein zufällig sein kann. So hat z. B. lat. *īgnis* „Feuer" Verwandte in sanskrit *agnís* und im Balto-Slavischen; im Oskisch-Umbrischen fehlt das Wort jedoch, allerdings findet umbrisch *pir* verwandte Formen in griechisch πῦρ, englisch *fire*, deutsch *Feuer*, außerdem im Hethitischen, Armenischen und Tocharischen. In diesem Fall hat das Lateinische wiederum ein altes indogermanisches Wort verloren und so die Verbindung sogar mit seinen nächsten Verwandten unter den italischen Dialekten zerbrochen. Dasselbe gilt für das Wort für „Wasser", lat. *aqua*, das nur im Germanischen (gotisch *ahwa* „Fluß") und vielleicht im Keltischen Verwandte hat. Nur in der Sonderbedeutung „Welle" hat das Lateinische mit *unda* ein altes indogermanisches Wort bewahrt, das sonst weitverbreitet ist, vgl. z. B. umbrisch *utur*, englisch *water*, deutsch *Wasser*, griechisch ὕδωρ usw. Von den beiden indogermanischen Wörtern für „Mann", 1. **wiro* und 2. **ner*, hat sich im Lateinischen (abgesehen von den sabinischen Eigennamen *Nero*[11], *Nerius*) das zweite nicht erhalten, welches

[11] Nach Sueton (Tib. 1, 2) bedeutet Nero im Sabinischen „stark" und „kräftig" („inter cognomina autem et Neronis assumpsit, quo significatur lingua Sabina fortis et strenuus").

jedoch in oskisch *niír*, umbrisch *nerf* (Akk. Pl.), altirisch *nert*, griechisch ἀνήρ, sanskrit *nár-* usw. vorliegt. Solche Beispiele ließen sich noch viele aufzählen, aber die Gefahr von Argumenten ex silentio in Wortschatzfragen dürfte bereits klar geworden sein. Jedes Wort hat seine eigene Geschichte, und das Bild der Ähnlichkeiten zwischen Sprachen ändert sich bei jedem einzelnen Wort. So findet man *terra* im Keltischen und im Italischen, aber deutsch *Erde* und englisch *earth* finden ihre Entsprechung in griechisch ἔραζ und keltisch *ert*. Es wäre gewiß nicht schwierig, eine Liste von Wörtern aufzustellen, die das Lateinische und das Griechische gemeinsam haben und die in der einen oder anderen Sprache der sogenannten westlichen Gruppe fehlen. So hat von den Bezeichnungen für Körperteile *cutis* „Haut“ Entsprechungen im Griechischen (κύτος), im Germanischen (deutsch *Haut*, englisch *hide*) und im Baltisch (altpreußisch *keuto*); *inguen* „Unterleib“ hat eine genaue Entsprechung in griechisch ἀδήν, und es gibt auch im Germanischen zugehörige Wörter (altnordisch *økkr*); auch *nefrundinēs* „Nieren“ kennt nur im Griechischen (νεφρός) und im Germanischen (deutsch *Niere*) Verwandte; zu *pellis* „Haut“ kann man πέλλα und *Fell* stellen; *pēnis* ist verwandt mit griechisch πέος und sanskrit *pásas*; zu *pūgnus* „Faust“ gehört griechisch πύξ, πυγμή; *iecur* „Leber“, ein Wort ältester morphologischer Bildung, ist im Griechischen (ἧπαρ), Litauischen *(jãknos)* und Indo-Iranischen zu findet, aber es fehlt in den westlichen Sprachen Keltisch und Germanisch; Germanisch und Baltisch haben das Wort für „Knochen“ nicht, das in lateinisch *os*, griechisch ὀστέον, sanskrit *ásthi*, hethitisch *hastāi* usw. vorliegt. Einige landwirtschaftliche und zoologische Wörter zeigen ein vergleichbares Bild: *agnus* „Lamm“ hat eine genaue Entsprechung nur in griechisch ἀμνός (beide < **ag$^{w}$nos*), während die keltischen Formen ursprüngliches Anfangs-*o* voraussetzen (irisch *uan*, walisisch *oen*) und im Slavischen entweder *ō-* oder *ā-* stand *(jagnę)*; *pullus* gehört zu griechisch πῶλος, zu den germanischen Wörtern, die durch englisch *foal* und deutsch *Fohlen* vertreten werden, und zu armenisch *ul*; das Wort für „Ei“, *ōuum*, hat ein Element *-w-*, das nur im Dorischen ὤϝεον und im Iranischen vorkommt, während das Germanische und das Slavische keine Spur dieses inlautenden *-w-* zeigen (z. B. deutsch *Ei* < **aiya); glāns* hat Verwandte im Griechischen (βάλανος), Balto-Slavischen und Armenischen *(kałin); uīrus* „giftiger Pflanzensaft“ ist zu verbinden mit altirisch *fi*, griechisch ιός und sanskrit *viṣám*; zu dieser Gruppe kann man auch die Substantive *termen* und *terminus* „Grenzmarke“ rechnen, die verwandt sind mit griechisch τέρμα, oder *uallus* „Pfahl“, wozu man lediglich griechisch ἧλος (äolisch άλλοι) stellen kann. Man kann noch Verben hinzufügen wie *carpere* „pflücken“, verwandt mit griechisch καρπός, mit germanischen Wörtern wie englisch *harvest* und mit balto-slavischen Wörtern wie litauisch *kerpù*, oder *legere* „aufheben, sammeln", wozu es nur im Griechischen (λέγω usw.) und Albanischen Bezugswörter gibt; ein vergleichbarer terminus technicus, *glūbere* „abschälen", hat exakte Entsprechungen in griechisch γλύφω und in germanischen Wörtern wie deutsch *klauben* und englisch *cleave* (althochdeutsch *klioban*, altenglisch *clēofan*, altnordisch *kljūfa; sarpere* „Bäume beschneiden" hat eine Wurzel *serp*, die in griechisch ὅρπηξ „Schößling, junger Baum", in altslavisch *srŭpŭ* „Gartenmesser" und lettisch *sirpis* wiederkehrt. Auch *creāre* „hervorbringen" kann als ursprünglicher Ackerbauterminus hier genannt werden: es ist verwandt mit *crēscere* „wachsen" und kann gleichgesetzt werden mit armenisch *serem* „ich zeuge", *sermn* „Säen", litauisch *šeriù* „ernähren" und griechisch κόρος „Sättigung". Schließlich sollte auch das Wort für „Bär", *ursus*, unsere Vorsicht gegenüber argumenta ex silentio in Wortschatzfragen verstärken: es ist mit griechich ἄρκτος, sanskrit *ṛ́kṣas*, armenisch *arǰ* und altirisch *art* verwandt, fehlt jedoch im Germanischen und im Balto-Slavischen, wo es durch andere Wörter ersetzt wurde, wobei vielleicht Tabu-Vorstellungen eine Rolle spielen.

Beim Wortschatz der gesellschaftlichen Verhältnisse ist festzuhalten, daß das Wort *uīcus* „Gehöft, Dorf" Verwandte im Germanischen (z. B. gotisch *weihs* „Dorf"), Griechischen (ϝοῖκος „Haus"), Sanskrit *(vēśás)* und Balto-Slavischen (z. B. altbulgarisch *vĭsĭ* „Dorf") hat, während es im Keltischen fehlt, wenn man einmal von Lehnwörtern aus dem Lateinischen wie z. B. irisch *fich* absieht. Das Griechische gehört auch zur Gruppe der Sprachen, die Verwandte von *nurus* „Schwiegertochter" aufweisen (sanskrit *snuṣā́*, armenisch *nu*, altbulgarisch *snŭcha*, althochdeutsch *snur*, griechisch νυός). Das Wort *ianitrīcēs* „Frauen der Brüder" kommt auch im Griechischen (εἰνάτερες), im Sanskrit *(yātar-)*, im Armenischen *(ner)*, im Altlitauischen *(jéntė)* und im Altslavischen *(jętry)* vor, aber in wichtigen Sprachen aus der westlichen Gruppe fehlt das Wort ebenso wie das Wort für „Schwester des Ehemannes", *glōs*, das seinerseits Verwandte in griechisch γαλόως und slavisch *zŭlŭva* (russisch *zólva*) hat. Auch ist es bemerkenswert, daß *līber* „frei" seine einzige exakte Entsprechung in griechisch ἐλευθερός hat, obwohl eine entferntere Verbindung mit althochdeutsch *liuti* = neuhochdeutsch *Leute* möglich ist.

Das Lateinische hat mit dem Griechischen auch wichtige Wörter aus dem Bereich der Religion und der Riten gemeinsam (manchmal ausschließlich). So findet *lībāre* „ein Trankopfer spenden" beispielsweise unmittelbare Verwandte nur in der wichtigen griechischen Gruppe λείβω, λοιβή usw., obwohl eine entferntere Verbindung auch zu litauisch *líethi* „schütten“ besteht. Lateinisch *spondēre* „feierlich versprechen“, das sich vermutlich zunächst auf eine das Versprechen begleitende religiöse Handlung bezog, ist die kausativ-iterative Form einer Wurzel, die in griechisch σπέν- δειν „ein Trankopfer darbringen“ vorliegt – das Alter dieses Wortes kann schon aus der Tatsache geschlossen werden, daß es auch in hethitisch *šipanti* „er bringt ein Trankopfer“ vorliegt. Ein weiterer Terminus des religiösen Wortschatzes ist *uouēre* „geloben“, *uōtum* „Gelübde“: wie aus der umbrischen Entsprechung *vufetes* zu erschließen ist, gehört das Wort zur Wurzel **wŏ̄gʷh*, wozu auch vedisch *vāghát* „ein Gelübde machen“ und weiter griechisch εὔχεσθαι „beten“ gehören. Es gibt keine näheren Verwandten zu *templum* „vom Augur festgelegter Bezirk“ als griechisch τέμενος „heiliger Bezirk“: beide gehören zur Wurzel **tem* „schneiden“. In Form und Bedeutung kommt *nemus* „heiliger Hain“ griechisch νέμος am nächsten, obwohl der religiöse Charakter des Wortes in seinen keltischen Reflexen, irisch *nemed* „heiliger Bezirk“ und gallisch νεμητον[12], stärker zum Vorschein kommt. Andererseits gehört das Keltische nicht zu der Gruppe von Sprachen, die Entsprechungen zum lateinischen religiösen Begriff *daps* „Opfermahl“ haben; dazu gehören das Germanische (altisländisch *tafn* „heiliges Tier“), das Armenische *(tawn)* und vielleicht griechisch δεῖπνον.

Wir können die Bestandsaufnahme abschließen mit einer Reihe Wörter aus unterschiedlichen Bedeutungsbereichen; hierbei treten das Lateinische und das Griechische auf, aber es fehlen immer eine oder mehrere der westlichen Sprachen. Eine genaue Entsprechung für *fāma* „Gerücht, Ruf“ (auch im Italischen) gibt es nur in griechisch φήμη (dorisch φᾱμᾱ); der einzige sichere Verwandte von *frīgus* „Kälte“ ist griechisch ῥῖγος. Was Verben anbelangt, so entspricht *angere* „beengen“ griechisch ἄγχω; die Wurzel *el* „gehen“ kommt in *amb-ul-āre, ex-ul*, in griechisch ἐλθεῖν und in altirisch *lod* „ich ging“ vor; der Präsensstamm *īre, eō* findet sich im Griechischen, Litauischen und Indo-Iranischen, jedoch nicht im Germanischen oder Keltischen; *fugere* „fliehen“ und *fugāre* „in die Flucht schlagen“ haben Verwandte im Griechischen und Litauischen; *iubēre* im Griechischen, Balto-Slavischen und Indo-Iranischen; *merēre* „verdienen“ gehört zu griechisch μέρος „Teil“, μείρεσθαι „zuteilen“ usw., und die Wur-

12 E. Laroche, *Histoire de la racine NEM en grec ancien*, Paris 1948, 259 schreibt: „Le celto-germanique *nemeto-* forme en face du gréco-latin *nemes-* un groupe en apparence homogène”. Er zeigt jedoch, daß die Namenkunde eher für die Existenz eines keltischen *s*-Stammes Belege liefert. Auch hier zeigt sich wieder die Gefahr von Argumenten ex silentio.

zel findet sich auch im Namen einer gallischen Göttin, *Ro-Smerta*, und weiter in hethitisch *mar-k* „ein Opfer zerteilen“; den nächsten Verwandten von *perīculum* „Gefahr“, *perītus* „erfahren“ < *(ex)perīri* „versuchen“ sind in griechisch πεῖρα „Versuch“ usw. zu finden, obwohl es auch im Germanischen Ableitungen – wie z.B. althochdeutsch *fāra* = neuhochdeutsch *Gefahr* – gibt. Das wichtige Verb *dare* „geben“, das im Griechischen, Balto-Slavischen, Armenischen und Indo-Iranischen zu finden ist, fehlt im Keltischen und Germanischen; für *iacere* „werfen“ weist nur das Griechische in ἵημι, ἧκα eine Entsprechung auf. Auch *salīre* „springen“ hat ein direkt zuzuordnendes Wort nur in griechisch ἅλλομαι.

Unter den Adjektiven ist der nächste Verwandte von lateinisch *breuis* „kurz“ griechisch βραχύς, obwohl sich auch im Gotischen und Avestischen Ableitungen nachweisen lassen; *cauus* „hohl“ ist zu griechisch κοῖλος (< *κοϝιλος) und zu irisch *cūa* (< **kou̯io*) zu stellen. Nur in griechisch δεξιτερός finden wir das Suffix, das „zu einem Gegensatzpaar gehörig“ bedeutet, an die Wurzel, die „rechts“ bedeutet und in *dexter* auftaucht, angehängt; auch für *scaeuus* „links“ hat das Griechische mit σκαιϝός die einzige genaue Parallele, während *laeuus* genau mit griechisch λαιϝός und altslavisch *lěvŭ* übereinstimmt; *paucus* „gering“ enthält wie *paullus* „wenig“ und *pauper* „arm“ die Wurzel **pau*, die wir in griechisch παῦρος „wenig“ und gotisch *fawai* „wenig“ wiederfinden; *lēuis* „glatt“ ist mit griechisch λεῖος gleichzusetzen. Schließlich sei noch das Pronomen *ambō* „beide“ genannt, das genau mit griechisch ἄμφω übereinstimmt.

Die in den vorangehenden Abschnitten aufgezählten Beispiele sollen dazu dienen, die Ansicht zu widerlegen, daß das Lateinische zu einer Kultur Nordwesteuropas gehört habe, von der das Griechische ausgeschlossen war. Wir haben festgehalten, daß solche Schlüsse möglicherweise nichts anderes sind als argumenta ex silentio, die nur auf dem zufälligen Verlust vieler dieser „westlichen“ Wörter nach dem Eintritt der griechischsprechenden Völkerschaften in die Balkanhalbinsel beruhen. Als Gegenargument haben wir einige wichtige Wörter angeführt, die das Griechische mit dem Lateinischen gemeinsam hat, die aber in einigen oder allen anderen westlichen Sprachen fehlen. Wir müssen aber betonen, daß unsere Absicht dabei rein destruktiv war. Die griechisch-lateinischen Übereinstimmungen sind wahrscheinlich der unabhängigen Erhaltung von Elementen des ältesten indogermanischen Wortschatzes zu verdanken, sie implizieren jedoch keineswegs notwendigerweise irgendeine enge Beziehung zwischen dem Griechischen und dem Lateinischen, die zum Postulat einer prähistorischen „italo-griechischen Einheit“ führen könnte.

## Italo-Griechische Affinitäten

Eine solche Einheit wurde von einer Anzahl von Forschern gefordert, die auf die folgenden Ähnlichkeiten verwiesen haben:

1. In beiden Sprachen kann der Wortakzent nur bis zur drittletzten Silbe, der Antepaenultima, zurückgezogen werden, während er im Indogermanischen vollkommen frei war. Die Verhältnisse unterscheiden sich jedoch in beiden Sprachen, und die Betonungsregeln des klassischen Lateins sind jedenfalls relativ jung, weil es ursprünglich im ältesten Lateinischen einen starken Wortanfangsakzent gab (siehe S. 235f.).

2. In beiden Sprachen wurden die stimmhaften aspirierten Verschlußlaute stimmlos (z. B. *bh* > *ph*). Selbst wenn es sich hierbei um eine sicher erwiesene Tatsache handelte (für das älteste Italische handelt es sich nur um eine Vermutung), so haben wir es dennoch mit einem so weitverbreiteten phonetischen Phänomen zu tun, daß es leicht in beiden Sprachen unabhängig aufgetreten sein könnte, so wie z. B. im nachklassischen Griechisch die stimmlose Aspirata zu einem Frikativ wurde, so daß φέρω und *ferō* (< **bherō*) in der Aussprache mehr oder weniger identisch wurden.

3. Plausibler sind einige morphologische Gemeinsamkeiten. So ging der Nominativ Plural der *o*-Stämme ursprünglich auf *-ōs* aus, was im Indo-Iranischen, Germanischen und Oskisch-Umbrischen erhalten blieb; sowohl das Lateinische als auch das Griechische haben jedoch stattdessen *-oi*, was ursprünglich das Charakteristikum der Demonstrativa war (siehe S. 269).

In beiden Sprachen ist ebenso der ursprüngliche Nominativ Plural der *a*-Stämme auf *-ās* (z. B. oskisch *aasas* = *ārae* in Analogie zum *-oi* der zweiten Deklination durch *-ai* ersetzt worden. Diese Kontakteinwirkung der Demonstrativa auf nachfolgende Nomina ist jedoch eine nicht seltene Erscheinung, und die Übereinstimmung zwischen dem Lateinischen und dem Griechischen beruht in diesem Falle wahrscheinlich auf unabhängiger Parallelentwicklung. Vergleichbares finden wir bei den Endungen des Genitivs Plural der *a*-Stämme. Im Indogermanischen war die Endung *-ōm* < *ā-* + *-ōm*. Die entsprechende Form des femininen Demonstrativums war jedoch **tāsōm*, vgl. lateinisch *is-tārum*, griechisch τά(σ)ων, und diese Endung wurde auf die entsprechenden femininen Nomina übertragen: *rēgīnārum*, θεά(σ)ων.

In beiden Sprachen finden wir eine vergleichbare gegenseitige Beeinflussung zwischen den *ā*-Stämmen und den *ō*-Stämmen im Akkusativ Plural. Ursprünglich hatten wir im Indogermanischen *ā-ns* und *o-ns*, aber bei den *ā*-Stämmen verschwand aller Wahrscheinlichkeit nach das *-n-*, so daß wir mit *-ās* und *-ons* verschiedenartige Resultate erhielten. Sowohl das Lateinische als auch das Griechische stellten die Regelmäßigkeit wieder her, indem sie in der ersten Deklination *-ans* wiedereinführten; dann verschwand im Lateinischen und in den meisten Dialekten des Griechischen (vgl. aber kretisch τòνς ἐλευθερός usw.) das *n* unter Ersatzdehnung des vorangehenden Vokals wieder, so daß die Endung von *ui-ās* usw. nunmehr identisch mit der von τιμᾱ́ς wurde.

Beim Verb finden wir ebenfalls ein Beispiel für unabhängige Entwicklung, die zu einer täuschenden Gemeinsamkeit führte. Der futurische Imperativ wurde gebildet durch die Anhängung des Ablativs des Demonstrativums *-tōd* an den

Imperativstamm, z. B. *datōd*, griechisch δότω(δ). Diese Formen konnten jede Person und jeden Numerus ausdrücken, aber sowohl das Lateinische als auch das Griechische bildeten Formen für die 3. Ps. Pl. heraus, so daß *feruntō* und φερόντω einander sehr ähnlich sind (siehe S. 303).

4. Ähnlichkeiten des Erbwortschatzes wurden bereits behandelt, aber neue „Isoglossen" (S. 32f.) entstanden in beiden Sprachen durch Lehnwörter aus mittelmeerischen Kulturen, mit denen die Römer und die Griechen in Kontakt traten (siehe S. 58f. zu *cornus, porrum, malua, uaccīnium, eruum* usw.). Solche Wörter tragen natürlich nichts zur Klärung der Frage nach einer prähistorischen italo-griechischen Einheit bei.

Zusammenfassend kann man sagen, daß die Unterschiede zwischen dem Griechischen und dem Lateinischen weit gewichtiger sind als die Ähnlichkeiten, welche größtenteils auf Parallelentwicklungen und auf unabhängige Entlehnungen aus unbekannten mittelmeerischen Sprachen zurückzuführen sind[13]. Übereinstimmungen zwischen dem Lateinischen und dem Griechischen, die auf die Erhaltung alter Elemente aus der indogermanischen Ursprache zurückgehen, können natürlich nicht als Argument für eine besonders nahe Beziehung in der Zeit nach dem Zusammenbruch der indogermanischen Gemeinschaft angeführt werden. Wenn ihre Zahl vergleichsweise groß zu sein scheint, so muß das der Tatsache zugeschrieben werden, daß wir gerade für das Lateinische und Griechische über eine große Masse früher Texte verfügen. Wenn wir Texte vergleichbarer Art und Epoche für das Keltische und Germanische hätten[14], dann würden wir zweifellos ein ganz anderes Bild von den Sprachbeziehungen bekommen.

## Randzonenphänomene

In den vorangehenden Kapiteln haben wir einige Charakteristika betrachtet, die sowohl im Lateinischen als auch in einer oder in mehreren Sprachen des Westens vorkommen; man kann annehmen, daß diese Dialekt-

[13] Der direkte Einfluß des Griechischen auf das Lateinische wird im nächsten Kapitel besprochen werden.

[14] Das Gallische bzw. das Kontinentalkeltische ist uns nur durch einige kurze Inschriften und durch Einzelwörter, die von lateinischen und griechischen Schriftstellern zitiert werden, bekannt. Für das Gälische sind die Ogham-Inschriften das älteste Zeugnis; sie sind ins 5. Jh. n. Chr. zu datieren. Das Germanische taucht zum ersten Male in Runeninschriften aus dem 3. Jh. n. Chr. auf; der erste wirkliche Text ist Bischof Ulfilas gotische Übersetzung der Bibel aus dem 4. Jh. n. Chr. Was das Baltische betrifft, so stammt das erste Zeugnis, die Übersetzung von Luthers Katechismus, erst aus dem 16. Jh.

gruppe wahrscheinlich nach dem Zusammenbruch der indogermanischen Einheit in naher geographischer Nachbarschaft blieb und daher gemeinsame Züge entwickeln konnte. Außerdem hat die Forschung jedoch im Italischen und im Keltischen Eigentümlichkeiten herausstellen können, die in Sprachen am anderen Ende der indogermanischen Welt ebenfalls vorkommen, die jedoch in den dazwischenliegenden Sprachen fehlen. Mit anderen Worten: wir haben eine neue Klassifikation von „peripheren" im Gegensatz zu „zentralen" Charakteristika. Auch in diesem Falle dürfte es das beste sein, wenn eine Aufzählung der Fakten der Diskussion ihrer Bedeutung und den Schlüssen, die man möglicherweise daraus ziehen könnte, vorangeht.

1. Das Lateinische weist eine Form der 3. Ps. Pl. des Indikativ Perfekt auf (z. B. *dīxēre*), der das charakteristische *-nt* fehlt, das in *dīcunt, dīxērunt, dīxerant* usw. vorkommt. Vergleichbare *-r*-Endungen findet man nun in hethitisch *-ir* und in tocharisch *-ar, -are*, und auch im Indo-Iranischen ist die 3. Ps. Pl. im Perfekt und im Optativ durch *-r* charakterisiert (siehe S. 302). Endungen dieser Art fehlen in den „zentralen" Sprachen Griechisch, Germanisch, Baltisch oder Slavisch, die sie in der prähistorischen Zeit eliminiert haben müssen.

Im Lateinischen haben sich zwei weitere Eigentümlichkeiten des Perfekts erhalten, die bis in die archaischste Periode des Indogermanischen zurückverfolgt werden können:

2. Der übliche Typ des Perfekts mit *-u-* wie *amāuit, docuit* wird gemeinhin auf Formen wie *nōuī* zurückgeführt, dessen charakteristisches *-u-* auch im Sanskrit (*jajñau* „er hat gewußt") und im Armenischen (*cnaw* „er ist geboren") vorkommt. Das bemerkenswerte daran ist, daß dieses *-u-* ursprünglich nur in der ersten und dritten Person Singular auftrat: z. B. tocharisch *prakwā* = **prĕcāuī*; auch das Hethitische kennt Vergangenheitsformen auf *-un* für die 1. Ps. Sg., in denen die Endung *-n* an das charakteristische *-u-* angehängt ist. Auch in diesem Falle wurde der Schluß gezogen, daß das Lateinische seine charakteristischste Art der Perfektbildung aus einem alten Typ gebildet hat, von dem es nur noch in „Randzonensprachen" wie Indo-Iranisch, Tocharisch, Hethitisch, Armenisch und vielleicht Keltisch Spuren gibt. Wir sollten jedoch festhalten, daß im Sanskrit die *u*-Endung nur in reduplizierten Perfekta auftritt (z. B. *paprāu* „ich füllte" zum indogermanischen Stamm **plē*), während gerade bei den lateinischen *-u-Perfekta* keine Reduplikation vorkommt (siehe S. 274).

3. Die andere Besonderheit der Flexion im lateinischen Perfekt, die in anderen Sprachen Parallen findet, ist das *-is-*, welches vor den Personalendungen der 2. Ps. Sg. und Pl. auftritt: *dīxistī, dīxistis*. Auch im Hethitischen zeigt die Vergangenheit manchmal ein *-s-* vor den Endungen, die mit *-t-* beginnen, aber nicht vor denen, die vokalisch beginnen, und vergleichbare Tatsachen lassen sich für das Tocharische und Vedische festhalten. Der Schluß liegt nahe, daß auch hier das Lateinische einen archaischen Zug des indogermanischen Flexionssystems beibehalten hat, der sonst nur in den Randzonensprachen auftritt. Dieses *-is-* erscheint im Lateinischen jedoch in allen anderen Tempora und Modi des Perfektes ebenfalls, z. B. *dīxerō, dīxeram, dīxisse* und weiter indirekt in der neuen Endung der 3. Ps. Pl.

*dīxērunt*, die an die Stelle des alten *dīxēre* getreten ist (zu den Einzelheiten siehe S. 302), und viele Wissenschaftler führen diese lateinischen Perfektbildungen auf einen ursprünglichen *-s*-Aorist zurück (siehe S. 302).

4. Noch eine weitere „periphere" Eigentümlichkeit wurde in der Tatsache gesehen, daß andere indogermanische Sprachen eigenständige feminine Formen für die Partizipien des Präsens und des Perfekts haben, während das Lateinische nur eine einzige hat, wie z. B. *ferēns*. Weil auch das Hethische und das Armenische hier keinen Unterschied zwischen dem Maskulinum und dem Femininum machen, hat man den Schluß gezogen, daß das Indogermanische den Prozeß der formalen Genusunterscheidung bei solchen Wörtern nicht vollzogen hatte, bevor sich die Gruppe abtrennte, die aus den sprachlichen Vorfahren der peripheren Sprachen gebildet wurde. Dieser Schluß kann jedoch nur aufrecht erhalten werden, wenn man die andere Erklärungsmöglichkeit mißachtet oder zurückweist, nach der in diesem Falle die Entwicklung des lateinischen Formensystems eine ursprüngliche indogermanische Genusunterscheidung verdunkelt hat. Für das Hethitische konstatiert die jüngste maßgebliche Grammatik: „Das Hethitische unterscheidet zwei Geschlechter, das *genus commune* (Maskulinum-Femininum, persönliches Geschlecht), das die alten Maskulina und Feminina umfaßt, und das *genus neutrum*[15]". Außerdem wird in diesem Falle das Zeugnis anderer Randzonensprachen mißachtet: so weisen z. B. Femininbildungen wie *satī*, das Partizip Präsens von *es* „sein" im Sanskrit, alle Anzeichen einer archaischen Form auf, und doch ist die nächste entsprechende Form im Griechischen, also einer der sogenannten „zentralen" Sprachen, zu finden: ἔασσα (< *esn̥tiə*). Es ist schwierig, diese Tatsachen mit der Annahme einer früheren Trennung des Indo-Iranischen (als einer der Randzonensprachen) von der Hauptmasse der verwandten indogermanischen Sprachen in Einklang zu bringen (zu anderen gemeinsamen Zügen des Griechischen und des Indo-Iranischen wie z. B. Augment und Prohibitivpartikel siehe S. 34).

5. Auch beim Wortschatz gab es Wissenschaftler, die behaupteten, im Lateinischen Randzonenelemente entdeckt zu haben, die sonst nur im Keltischen und in den Sprachen am Ortsrande der indogermanischen Welt vorkommen. Besondere Aufmerksamkeit wurde Wörtern aus dem Bereich Religion und Gesetze geschenkt. Das Wort *rēx* „König" kommt im Westen im Keltischen vor (z. B. irisch *rí*, Femininum *rígaina*, gallisch *Dumno-rīx; ric* im Germanischen ist ein keltisches Lehnwort), sonst aber nur im Indo-Iranischen (z. B. Sanskrit *rājan-*, Femininum *rājñī*). Viele Forscher stellen *flāmen* „Priester" zu Sanskrit *brahmán*, aber hier bereitet die Länge des lateinischen *-ā-* Schwierigkeiten, so daß andere das lateinische Wort auf **bhlād-(s)men* zurückführen und als verwandte Wörter gotisch *blōtan* „verehren" und altnordisch *blōt* „Gabe, Opfer" nennen. So wurde auch *iūs* mit Sanskrit *yōḥ* „heil!" und avestisch *yaož-daδāiti* „es reinigt" verbunden; der rekonstruierten Grundform **yevos* oder **yovos* wurde die ursprüngliche Bedeutung „religiöse Formel, die Gesetzeskraft hat" zugeschrieben; folglich bedeutete *iūdex* „derjenige, der die heilige Formel spricht" und *iūs iūrāre* „die heilige Formel sprechen"; die Bedeutung wurde dann im Lateinischen natürlich säkularisiert, so daß Servius ad Verg. Georg. I 269 in der Spätantike sagen konnte: „ad religionem fas, ad homines iura pertinent"[15]. Ein weiteres Wort aus derselben Sphäre ist *lēx* „Gesetz", womit die einzelnen Bestimmungen benannt werden, aus deren Ge-

15 *fās* bezieht sich auf die Religion, *iūs* auf die Menschen.

samtheit das *iūs* besteht. Die Vertreter der Randzonentheorie bringen dieses Wort mit vedisch *rājani* (Lokativ) „unter dem Gesetz von" und mit avestisch *rāzan-* „religiöses Gesetz" in Verbindung, aber diese indo-iranischen Wörter passen besser zur Wurzel *reg* „ausstrecken, begradigen, regieren", und *lēx* gehört entweder zum Verb *legō* „aufsammeln, wählen" (wobei jedoch die semantische Entwicklung unerklärt bleibt) oder zur Wurzel **legh* „liegen, legen", die in englisch *law* „Gesetz" (altenglisch *lagu* usw.) vorliegt. Plausibler ist die Verbindung eines anderen legal-religiösen Wortes, *crēdere* „vertrauen, glauben", mit Sanskrit *śrád-dadhāti*, zusammengesetzt aus einer Nominalwurzel **kred* und dem Verb **dhē* „setzen, machen"; diese Zusammensetzung liegt auch in avestisch *zrazdā* vor. Das Nomen **kred* ist nach dieser Theorie einmal die Bezeichnung der magischen Kraft eines Gegenstandes gewesen, und die Zusammensetzung **kred-dhē* bedeutete also „magische Kraft in etwas oder jemanden legen", und mit einer solchen Handlung soll ein Gefühl des Glaubens oder Vertrauens erzeugt worden sein. Aber wie bei *iūs* war auch hier der Gebrauch, den die Römer von diesem Wort machten, säkularisiert und entsprach dem Substantiv *fidēs*. Cato schreibt beispielsweise *uilicus credat nemini* „der Hausverwalter soll niemandem Kredit geben". Die Annahme, daß die im Indo-Iranischen erscheinende religiöse Bedeutung die ursprüngliche sei, ist daher eine reine Vermutung, und man könnte mit nicht weniger Wahrscheinlichkeit vorschlagen, daß **kred* zunächst etwas wie „einer anderen Person übergebenes Pfand" bedeutete, wodurch eine Beziehung von Treu und Glauben symbolisiert worden wäre, die durchaus die Sphäre der Götter – vielleicht nach dem Prinzip *do ut des* – nicht ausschließen würde. Ein anderes Wort, das eine typische Randzonensprachen-Verbreitung aufweist, ist *rēs* „Sache". Eine genaue Entsprechung weist das Vedische mit *rām* (Akkusativ) „Reichtum" auf, und diese Bedeutung hat auch mittelwalisisch *rai*. Im Lateinischen ist die Grundbedeutung „Besitz" noch in Ausdrücken wie *rēs familiāris* zu erkennen.

Es dürfte klar sein, daß diese Übereinstimmungen zwischen Sprachen an entgegengesetzten Enden der indogermanischen Welt die Möglichkeit ausschließen, daß es sich um gemeinsame Neuerungen handeln könnte. Die Ähnlichkeiten können nur durch die Annahme erklärt werden, daß die betreffenden Sprachen alte Züge der Ursprache bewahrt haben. Daß eine derartige Bewahrung das Resultat der 'marginalen' Lage dieser Sprachen sein soll, ist schon eine zweifelhaftere Behauptung und involviert eine Methodenfrage, die nähere Erörterung verdient, um so mehr weil besonders die italienischen „Neolinguisten" in weitem Umfang das Prinzip der *marginalità* unkritisch verwendet haben. Dieses Prinzip resultiert aus der sprachgeographischen Betrachtung von Dialekten. Auf einer Sprachkarte, wie z.B. auf der Karte des französischen Sprachatlas (Atlas Linguistique de la France), sehen wir, daß das standardfranzösische Wort für „Stute", *jument*, den größeren Teil von Zentral- und Nordfrankreich einnimmt, während *caualla*, das aus Italien eingedrungen ist, eine kompakte Region im Süden umfaßt und *equa*, das ursprüngliche Wort, nur noch im Massif Central und in einigen wenigen isolierten Punkten in den

Pyrenäen und in den Alpen zu finden ist. Solche Karten haben die Sprachwissenschaftler dazu veranlaßt, zu postulieren, daß Randzonen dazu neigen, archaisch zu sein. Wir dürfen jedoch nicht vergessen, daß in den meisten Ländern, in denen derartige sprachgeographische Studien durchgeführt wurden, die lokalen Gemeinschaften in der Form eines Nationalstaates organisiert sind, in dem die Dialekte dem Einfluß der allesdurchdringenden Standardsprache ausgesetzt sind, welche von einem Kultur- und Verwaltungszentrum ausstrahlt. Es ist wichtig, festzuhalten, daß die Wirkung der Standardsprache auf den Dialektsprecher zu einer Zweisprachigkeitssituation führt – der Dialektsprecher versteht zumindest die Standardsprache. Wenn er in einer abgelegenen Gemeinde zu Hause ist, hat er weniger Kontakt zu Sprechern der Standardsprache und ist daher den Neuerungen, die von dieser Quelle ausgehen, weniger ausgesetzt. Es ist natürlich gleichermaßen wahr, daß er dann auch den konservierenden und abschirmenden Einfluß der Standardsprache nicht genießt. Der grundlegende Aspekt bei der Sprachgeographie ist nun darin zu sehen, daß ein gegebenes Sprachareal ein Feld sprachlicher und sozialer Kräfte darstellt, die in Wirkung treten, weil die Sprache ein mimetischer Prozeß ist. Sie können also dort auftreten, wo a) gegenseitige Verständlichkeit gegeben ist und b) geographische Nachbarschaft und Kommunikationsmittel den notwendigen Kontakt zwischen Sprecher und Hörer sicherstellen. Wenn wir jetzt zu den gegenseitigen Beziehungen zwischen den indogermanischen Sprachen zurückkehren, stellen wir fest, daß den Prinzipien der Dialektgeographie der Boden entzogen ist. In bezug auf welches *Innovationszentrum* kann man Sanskrit eine zentrale oder eine marginale Sprache nennen? Zentral wozu? Marginal wozu? Im zweiten Jahrtausend vor Christus wurden das Indo-Iranische, das Hethitische, das Griechische, das Lateinische, das Keltische usw. in weit voneinander getrennten Gebieten gesprochen, und es handelte sich um gegenseitig nicht verständliche Sprachen. Wo gab es da einen organisierten indogermanischen Staat? Wo gab es eine Standardsprache, die auf der Solidarität einer herrschenden Klasse beruhte? Wo war die Karriere, die einem beredten Talent offenstand? Wo war die alles durchdringende Zweisprachigkeit, der Kontakt von Mensch zu Mensch, der alleine die ununterbrochene Kette mimetischer Prozesse ermöglicht, die der Verbreitung sprachlicher Formen von Innovationszentren aus zugrunde liegt? Einige Beispiele, die aus dem Bereich von Wörtern, die bereits besprochen wurden, gewählt sind, sollen verdeutlichen, wie unzulässig es ist, die Konzepte der dialektorientierten Sprachgeographie auf vollkommen andere linguistische Gegebenheiten anzuwenden. Man hat z.B. gesagt, daß *aqua* (1) archaischer ist als ὕδωρ (2), weil das letztere in der zentralen, also neuernden, Zone zu finden ist, wie die folgende Tafel zeigt:

| | Germanisch | Latein | Osk.-Umbr. | Gr. | Hethit. | Indo-Iran. |
|---|---|---|---|---|---|---|
| 1. | gotisch *ahva* usw. | *aqua* | | | | |
| 2. | gotisch *wato, watins* | *(unda)* | *utur* | ὕδωρ | *watar* | *udnaḥ* (Gen.) |

Nach dieser Theorie ist das Lateinische marginaler als das Umbrische. Die Übereinstimmung zwischen Germanisch, Hethitisch und Indo-Iranisch sowie der sehr archaische Deklinationstyp, der in gotisch *watins*, hethitisch *wetenas*, Sanskrit *udnas* vorliegt, zeigen über jeden vernünftigen Zweifel erhaben, daß dieses Wort zum ältesten Bestand des indogermanischen Wortschatzes gehört. Es bleibt noch hinzuzufügen, daß das Keltische an der äußersten westlichen Peripherie ein neues Wort hat eintreten lassen: irisch *dobur*, walisisch *dwfr*, bretonisch *dour* (auch im germanischen Ortsnamen *Verno-dubrum* „Erlenwasser" zu belegen). Ein zweites Beispiel: *ignis* soll älter sein als πῦρ, weil letzteres sich in der zentralen, also neuernden, Zone findet, wobei folgende Verteilung auftritt:

| | Germanisch | Latein | Osk.-Umbr. | Balto-Slav. | Gr. | Indo-Iran. |
|---|---|---|---|---|---|---|
| 1. | | *ignis* | | lit. *ugnìs* | | *agniḥ* |
| 2. | *Feuer* usw. | | *pir* | | πῦρ | |

Dieses Mal ist das Germanische weniger marginal als das Lateinische, und auch hier geht das Umbrische mit dem Griechischen bei der Bewahrung eines Wortes, das durch seine Existenz im Tocharischen (*puwar* „Feuer") eindeutig zum ältesten Bestand zu rechnen ist. Wiederum geht das (marginale und archaische!) Keltische seinen eigenen Weg: irisch *ten*, walisisch *tân*, bretonisch *tan* (mit avestisch *tafnah* „Hitze" zu verbinden). Die Sache braucht nicht weiter ausgebreitet zu werden: es dürfte klar geworden sein, daß die grundlegenden Konzepte der „Areallinguistik" wie Innovationszentrum, Marginalität usw., die weitgehend aus dem Studium des Verhaltens von Dialekten in zentralistisch organisierten Staaten resultieren, in denen eine gegebene Reihe sozialer Kräfte die Verteilung der sprachlichen Fakten bestimmt, keine Gültigkeit haben, wenn man sie auf eine völlig andere Serie linguistischer Tatsachen anwendet, d. h. auf die Beziehungen von gegenseitig nicht verständlichen Sprachen, die über gewaltige geographische Räume verstreut sind.

Die Methoden und Prinzipien der Sprachgeographie eignen sich streng genommen nur für synchronisches Material, das in eng zusammenhängenden Dialektsystemen gewonnen wurde. Um diese Prinzipien auf die indogermanischen Sprachen anzuwenden, müßte man zunächst das vorhandene Material, das zu verschiedensten Zeiten unter verschiedenen Umständen bezeugt ist, auf eine synchronische Basis reduzieren; man müßte also z.B. zunächst das Keltische des Jahres 2000 v.Chr. rekonstruieren und es dann in die geographische Lage versetzen, die es um diese Zeit innehatte; ebenso müßte man mit allen anderen wichtigeren indogermanischen Gruppierungen verfahren. Es wurde bereits angedeutet, wie schwierig und umstritten solche Rekonstruktionen wären, denn das verfügbare Material ist zu fragmentarisch. Besonders Übereinstimmungen und Unterschiede im Wortschatz zwischen den indogermanischen Sprachen dürfen nur mit der größten Vorsicht angegangen werden. Sprachen ersetzen sehr leicht infolge vieler sprachlicher und geschichtlicher Ereignisse ihren ererbten Wortschatz. So kommt es, daß nur für einen geringen Teil des Gesamtwortschatzes irgendeiner indogermanischen Sprache sichere etymologische Verbindungen nachgewiesen werden können, und nur ganz wenige Wörter sind wirklich in allen indogermanischen Sprachen vertreten. Man könnte die Existenz der Erbwörter in den verschiedenen Sprachen durch Löcher in einer Lochkarte repräsentieren und diese dann maschinell auszählen lassen (wobei eigentlich noch die Größe der Löcher je nach dem Grade der Sicherheit der Etymologie unterschiedlich sein müßte!); so könnte man Statistiken über die verschiedenen wechselseitigen Beziehungen, von denen einige oben behandelt wurden, aufstellen, und erst wenn die Frage der statistischen Signifikanz befriedigend geklärt ist, wird es möglich sein, eine überzeugendere Deutung der Gegebenheiten des Wortschatzes zu geben. Bis dahin ist es legitim, zu bezweifeln, daß wir es im Falle von *rēx, lēx* usw. mit Elementen des archaischen Wortschatzes zu tun haben, die nur von Gruppen bewahrt wurden, die sich früh von der Masse der indogermanischen Nation lösten, während diese Wörter aus dem „Zentrum" verschwanden. Wir müssen uns doch zunächst beispielsweise fragen, wann das fremde Wort βασιλεύς im Griechischen auftauchte und welches einheimische Wort es ersetzte. Wenn es im zweiten Jahrtausend v.Chr. *nach* der Einwanderung der Griechen nach Griechenland *rēx* ersetzte, dann hat diese Innovation nichts zu tun mit der „zentralen" Position des Griechischen unter den indogermanischen Sprachen. Genauso steht es mit der Ersetzung der Wörter für „Wasser" und „Feuer" im „marginalen" Keltischen und mit der Ersetzung des alten Wortes für „Pferd", *equus* usw., durch ein

Ableitungswort **hrossan* „der Läufer" im Westgermanischen (das alte Wort ist erhalten in gotisch *aíhwa*, althochdeutsch *ehu*, altenglisch *eoh*). Der Verlust von *rēx* im Griechischen kann sehr gut lediglich ein später Zufall der Wortschatzentwicklung sein, der nicht aussagekräftiger ist als das Weiterleben nicht weniger wichtiger religiöser Wörter wie σπένδω, λείβω, τέμενος usw. (siehe oben).

Dieselbe Kritik richtet sich gegen andere Versuche, die dialektalen Verwandtschaftsverhältnisse des Lateinischen innerhalb des Indogermanischen festzulegen. So hat man zum Beispiel darauf hingewiesen, daß einige indogermanische Gruppierungen dazu neigen, *o* und *a* zu verwechseln, z.B. indogermanisch **ohtō(u)* „acht" > gotisch *ahtau*, litauisch *aštuonì*, Sanskrit *aṣṭāu*. Diese Tendenz, die im Indo-Iranischen, Balto-Slavischen, Albanischen und Germanischen hervortritt, fehlt im Keltischen, Italischen und Griechischen und wird als wichtige „Isoglosse" für die Gruppierung der indogermanischen Sprachen angesehen. Der Terminus „Isoglosse" stammt aus der Sprachgeographie und wird benutzt, um einen gemeinsamen Zug anzudeuten, den eine Anzahl Sprachen oder Dialekte gemeinsam aufweisen. Auch hier wäre es gut, die Implikationen des Begriffes zu berücksichtigen, bevor man ihn unkritisch auf ein völlig andersartiges Material anwendet. Auf einer Sprachkarte, die die mundartlichen Varianten einer gegebenen sprachlichen Erscheinung wiedergibt, kann man eine Linie ziehen, die die Orte verbindet, die ein und dieselbe Eigentümlichkeit aufweisen. Das kann man machen, weil auf Grund der geographischen Nachbarschaft und der bekannten Fakten der sozialen und politischen Geschichte der Schluß gerechtfertigt ist, daß die getrennt auftretenden Phänomene durch Ketten mimetischer Prozesse verbunden sind. Die Linie, also die Isoglosse, ist der sichtbare Ausdruck dieser *Verbundenheit.* Wenn man aber den Terminus „Isoglosse" auf Ähnlichkeiten anwendet, die in weit voneinander entfernten und gegenseitig nicht verständlichen Sprachen auftreten, dann wird eine wichtige Voraussetzung außer acht gelassen, nämlich daß die Ähnlichkeiten dergestalt sein müssen, daß jede Möglichkeit einer unabhängigen Entwicklung ausgeschlossen werden kann; es muß vielmehr möglich sein, linguistische Kontakte und Nachahmung zu einer bestimmten historischen Epoche anzusetzen. Eine kurze Überlegung zum Wandel von *o* zu *a* reicht aus, um die Unkorrektheit herauszustellen, die in der Verwendung des Terminus „Isoglosse" in diesem Falle liegt. Wir haben es ja mit einer vergleichsweise unbedeutenden phonetischen Entwicklung zu tun, die in der Neuzeit in einigen englischen Mundarten (*strop* und *strap* sind Dialektvarianten) und auch in einigen Varietäten des modernen amerikanischen Englisch aufgetreten sind; ebenso tritt in den meisten Mundarten Bayerns *o* statt *a* ein *(lochen = lachen)*, und umgekehrt haben thüringische Dialekte *a* statt *o (dach = doch)*. Weil das so ist, darf dem Wechsel von *o* zu *a* nicht die Bedeutung zugemessen werden, die er in den Diskussionen um die indogermanischen Verwandtschaftsverhältnisse bekommen hat, und es wäre klüger, den Terminus „Isoglosse“ mit seinen Implikationen einer „Verbundenheit durch Ketten mimetischer Prozesse“ überhaupt zu vermeiden.

Von wahrscheinlich größerer Wichtigkeit als Verwandtschaftskriterium ist der Wandel, der durch das Aufeinanderstoßen zweier dentaler Verschlußlaute in Wörtern wie **vid-tos* hervorgerufen wird, wo das lateinische Ergebnis *uīsus* (< *uīssus*) germanisch *wissan* (< indogermanisch *wid-tan*) ähnelt und im Gegensatz zu griechisch (ϝ)ιστός steht. Dieses *-ss-* findet man im Italischen, Keltischen und Germanischen, während im Griechischen, Slavischen und Iranischen *-st-* steht. Diese letztgenannte Tatsache mindert die Bedeutung des Phänomens, denn indoarisch *sattá* unterscheidet sich vom eng verwandten iranischen *hastō* (beide Formen kommen von indogermanisch **sed-to-*, vgl. lateinisch *sessus*), was dafür spricht, daß die Entwicklung im Iranischen relativ jungen Datums ist und nichts mit dem entsprechenden Wandel im Griechischen und Slavischen zu tun hat. Man hat vorgeschlagen, daß *t-t* im Indogermanischen ursprünglich zu *tst* wurde und daß diese Verbindung in den verschiedenen Sprachen unabhängig voneinander zu einer beschränkten Anzahl von Vereinfachungen führte. Das ist recht plausibel; wenn das aber so ist, dann kann auch dieses Phänomen nicht als „Verbundenheit durch Ketten mimetischer Prozesse“ implizierende „Isoglosse“ betrachtet werden; es ist folglich auch kein Hinweis auf Dialektverwandtschaft.

Die Isoglosse, die sich auf die Behandlung der indogermanischen palatalen Verschlußlaute, die in einer Anzahl Sprachen als Frikative auftauchen, bezieht, ist besser etabliert. Normalerweise wird das Wort für „hundert“ als Beispiel angeführt. Der Palatal erscheint unverändert in lateinisch *centum*, irisch *cet*, griechisch ἑκατόν (gotisch *hund* ist infolge der Wirkung des Grimmschen Gesetzes ein weniger klares Beispiel), während iranisch *satəm*, indisch *çatam*, altslavisch *sŭto*, litauisch *šim̃tas* alle einen stimmlosen Frikativ aufweisen. Das Phänomen, für das dieses Wort als Schibboleth dient, wird normalerweise herangezogen, um die indogermanischen Sprachen in zwei Hauptgruppen einzuteilen: eine *centum*-Gruppe, die das Keltische, Germanische, Italische, Griechische, Hethitische und Tocharische umfaßt, und eine *satəm*-Gruppe, die das Albanische, Balto-Slavische, Armenische und Indo-Iranische umfaßt. Man kann allerdings daran zweifeln, ob diese Tatsache wirklich von so entscheidender Bedeutung ist, denn es gibt andere Isoglossen, die sich nicht mit der genannten decken. So findet man z. B. im Griechischen, Armenischen und Indo-Iranischen das Augment als Vergangenheitszeichen (z. B. griechisch ἔ-φερε, armenisch *e-ber*, indisch *á-bharat*), und in denselben Sprachen wird *mē* als Prohibitivpartikel verwendet: griechisch μή, armenisch *mi*, indo-iranisch *mā*.

Wir können jetzt die Schlüsse zusammenfassen, die durch die vorangehende Erörterung der möglichen Verwandtschaftsverhältnisse des Lateinischen nahegelegt werden. Wenig bleibt übrig von der Formel, daß das Lateinische von einem *centum*-Dialekt abstamme, der zusammen mit dem Germanischen, dem Keltischen und dem „Italischen" sowie außerdem mit dem Balto-Slavischen aus der *satəm*-Gruppe eine Periode gemeinsamer Kultur, von der das Griechische ausgeschlossen blieb, gekannt habe, daß das Lateinische dann mit dem Keltischen eine prähistorische Gemeinschaft gebildet habe und schließlich mit den „italischen Dialekten" ein „Gemeinitalisch" gebildet habe, aus dem das Lateinische sich schließlich herausdifferenziert habe[16]. Was wir behauptet haben, ist, daß das Lateinische eine indogermanische Sprache ist, die komplizierte Verwandtschaftsverhältnisse aufweist, indem sie Ähnlichkeiten, die von Einzelfall zu Einzelfall unterschiedlich gelagert sind, zu den meisten anderen indogermanischen Sprachen aufweist. Wir haben nur gegen wenige der allgemein angenommenen Ähnlichkeiten Einwände erhoben. Wir haben jedoch versucht, das Gewicht dieser Ähnlichkeiten bei der Bestimmung von Verwandtschaftsverhältnissen zur Diskussion zu stellen und die Übertragung unumstrittener sprachlicher Affinitäten in Hypothesen über prähistorische Gemeinschaften oder gar „Völker" zu hinterfragen. Wie kompliziert die historischen Ereignisse, die ihre Spuren in der Sprache hinterlassen, sein können, läßt sich aus dem Beispiel des Englischen ablesen, die in gewisser Weise die Sprache „französisierter Wikinger, die regermanisiert wurden" ist. Wir postulieren ja auch keine germanisch-romanische Einheit, um die beachtlichen Übereinstimmungen zwischen dem Englischen und dem Französischen zu erklären. Ebensowenig implizierten die Gemeinsamkeiten des Lateinischen und des „Italischen" notwendigerweise die einstige Existenz eines „Gemeinitalischen", aus dem sich dann das Lateinische und das Oskisch-Umbrische herausdifferenziert hätten. Die am wenigsten weitgehende Hypothese,

[16] Die letzte Auflage von A. Meillet, *Esquisse d'une histoire de la langue latine*, Paris $^{5}$1948, 127 enthält immer noch die folgende Feststellung: „Le vieil italo-celtique et l'italique constituent des paliers entre l'indo-européen commun et le latin".

die in der Lage ist, die Ähnlichkeiten zwischen den beiden Gruppen zu erklären, ist, wie gesagt, darin zu sehen, daß man die Fusion *einer* „italischsprechenden“ Gruppe mit den Proto-Lateinern annimmt; die nichtsprachlichen Fakten, die diese Minimalhypothese stützen, sollen im folgenden Kapitel erörtert werden. Schließlich haben wir herausgestellt, daß die „Marginalität“ eine „Sondergöttin“ ist, die außerhalb ihrer speziellen Funktionen in der Sprachgeographie zentralistisch organisierter Staaten keine Verehrung beanspruchen kann, und sogar in diesem Bereich besteht Grund zur Annahme, daß es sich um eine falsche Göttin handelt[17].

[17] Dieses Problem behandele ich in meiner Einführung in die Sprachwissenschaft ausführlicher: L. R. Palmer: *Descriptive and Comparative Linguistics*, London 1972, 294–299.

KAPITEL II

# Die Proto-Latiner in Italien

Im vorigen Kapitel haben wir uns mit den Charakteristika des Lateinischen beschäftigt, zu denen sich direkte Parallelen in den anderen indogermanischen Sprachen finden ließen. Diese Ähnlichkeiten führten zu bestimmten Schlüssen bezüglich der ursprünglichen Herkunft des Lateinischen aus einem indogermanischen Dialekt. Aber selbst das Lateinische der früheren Texte hat eine so ausgeprägte Individualität, daß es als eine sogar von seinen engsten Nachbarn, den „italischen Dialekten" Oskisch und Umbrisch, getrennte Sprache anzusehen ist. Diese radikale Umgestaltung eines westlichen indogermanischen Dialektes fand sicherlich nach der Ankunft der „Proto-Latiner" auf der Apenninenhalbinsel statt. Das Lateinische ist das sprachliche Resultat der vielfältigen geschichtlichen Erfahrungen dieser Proto-Latiner in ihrer neuen mediterranen Umgebung. Folglich muß unsere nächste Aufgabe darin bestehen, so weit wie möglich den Verlauf und die Stationen des Weges festzuhalten, der diese indogermanische Völkerschaft zu ihren historischen Siedlungsplätzen in Latium führte, und danach die verschiedenen Bestandteile einzeln zu betrachten, die im Zusammenspiel mit den ererbten indogermanischen Elementen zu dem Amalgam führten, das Latein heißt.

Der Grundstock gemeinsamer Wörter der Lateiner, Kelten und Germanen, der im vorigen Kapitel besprochen wurde, muß die Teilnahme an einer gemeinsamen kulturellen Einheit widerspiegeln. Das impliziert, daß die sprachlichen Vorfahren dieser drei Gruppen einst in mehr oder weniger enger geographischer Nachbarschaft lebten. Folglich führen die Indizien die vergleichende Sprachwissenschaft zu der Annahme, daß das Lateinische von Invasoren aus West- oder Mitteleuropa nach Italien gebracht wurde. Ohne Zuhilfenahme anderer Wissenschaften kann der Philologe diese Vorstellung nicht weiter präzisieren. Eine Völkerwanderung von derartiger historischer Bedeutung muß sich jedoch eigentlich auch in materiellen Zeugnissen niedergeschlagen haben, und hier beginnt der Bereich der Archäologie. Wir müssen uns also mit unseren weiterreichenden Fragen über die Stationen der Südwanderung der Proto-Latiner nach Italien und über ihren Aufenthaltsort zu Beginn der geschichtlichen

Periode an die Archäologen wenden. Wir unsererseits können den Archäologen wenigstens eine wichtige Präzisierung an die Hand geben: das lateinische Wort für „Bronze“, *aes*, ist gemeinindogermanisch, während *ferrum* „Eisen“ nicht einmal unter den am nächsten verwandten westlichen Sprachen Parallelen hat. Das bedeutet in erster Linie, daß die jungsteinzeitlichen Siedlungen Italiens auf gar keinen Fall den Proto-Latinern zugeschrieben werden können.

Bronze wurde in Italien relativ spät – zumindest nach den Maßstäben des östlichen Mittelmeerraumes – aus Mitteleuropa eingeführt. Dieser Prozeß scheint mit dem Eindringen Schweizer Seesiedler begonnen zu haben, die im Gebiet der nordwestlichen italienischen Seen kurz vor 2000 v. Chr. Dörfer auf Pfählen errichteten. Diese Entwicklung war jedoch in der Geschichte der gesamten Halbinsel nicht von großer Bedeutung[1], und viele Forscher suchten den Beginn der Indogermanisierung Italiens in den sogenannten *Terramara*-Siedlungen zu beiden Seiten des Po. Man hat die *Terramara* („schwarze Erde“; diesen Namen tragen im Volksmund die Hügel der Besiedlungsreste) als „eine Art Seesiedlung ohne See“ beschrieben. Die typische Siedlung war von der Form eines Trapezes und umschlossen von einer Befestigung aus Erde und von einem Graben. Die Feuerbestattung weicht von der für das jungsteinzeitliche Italien typischen Begräbnispraxis ab. Die sterblichen Überreste wurden verbrannt und in Urnen gefüllt, die man in auf Pfählen errichteten Friedhöfen außerhalb der Dörfer beisetzte. Die Verwendung des Pferdes ist durch das Vorhandensein von durchbohrten Bißstücken erwiesen; diese Erfindung taucht zunächst in der Tószeg-Kultur Westungarns auf. Kürzlich hat ein Fachmann festgehalten, daß „Töpferkunst, Feuerbestattung und das äußerst wichtige Pferd in dieser Gegend besser als irgendwo sonst nachgewiesen werden können“[2]. Die Eigentümlichkeit der Pfahlstruktur erklärt sich durch die Annahme, daß die *Terremare* auf Einwanderer aus Westungarn zurückgehen, die Urnenfeldbestattung praktizierten und mit Hüttendorfbewohnern und Seesiedlern um 1500 v. Chr. verschmolzen. Eine weitere erwähnenswerte Eigentümlichkeit ist darin zu sehen, daß in der *Terramara* von Fontanellato die Siedlung so angelegt ist, daß die beiden Hauptwege einander im rechten Winkel kreuzen und daß Nebenwege parallel dazu verlaufen und so die Siedlung in rechteckige Sektionen

[1] Einige Forscher schreiben die Pfahlbauten einem einheimischen Mittelmeervolk zu.

[2] C. F. C. Hawkes, *The Prehistoric Foundations of Europe*, London [2]1973, 342; diesem Werk bin ich sehr verpflichtet.

unterteilen. Natürlich hat man nicht gezögert, auf die auffällige Ähnlichkeit mit der Anlage eines römischen Legionslagers mit *fossa, vallum* und dem rechtwinkligen Aufeinanderstoßen der Hauptwege, *cardō* und *decumānus*, hinzuweisen. Andere Analogien zu römischen Gewohnheiten fand man im *templum*, der von einem Graben umgeben war, den man auf der Ostseite der *Terramara* fand, und weiter in dem kleinen Graben, der manchmal am Fuße der die Siedlung umgebenden Befestigung auftrat. Auch die Römer kennzeichneten die Grenzen eines Tempels durch die Furche (Benutzung eines Bronzepfluges deutet auf das Alter der Zeremonie), und auch die Grenzen der Stadt selbst wurden so markiert. Außerdem schien eine solche Pfahlbaukultur eine plausible Erklärung des römischen Wortes für „Priester" zu liefern. Die Brücke über den Graben, die Einlaß in eine solche Siedlung gewährt, war eine gefährdete Stelle, die ebenso wie das Tor der normaleren menschlichen Siedlungen einer magischen Verstärkung bedurfte. So wurde das Wort „Brückenbauer", *pontifex*, dafür verwendet, den Priester zu bezeichnen, der die magischen Zeremonien leitete, die ganz wesentlich zum Brückenbau dazugehörten.

Diese verführerische Hypothese, die die Proto-Latiner über die *Terremare* auf die Urnenfeldkultur Mitteleuropas zurückführen würde, ist unglücklicherweise nicht wenigen Einwänden ausgesetzt. Nach Pigorinis Theorie zogen die *Terramara*-Völker am Ende der Bronzezeit nach Süden und besetzten in der Folge ganz Italien – sie wären also die Vorfahren der Stämme, die italisch sprachen. Wenn das jedoch richtig wäre, würde man erwarten, daß typische *Terremare* südlich der Po-Ebene in chronologisch gestaffelten Reihen aufträten. Es gibt jedoch keine *Terremare* südlich der Po-Ebene. Noch unangenehmer ist die Tatsache, daß die „typische" *Terramara* mit ihrer Ähnlichkeit zum Legionslager eine Generalisierung des ersten bekannt gewordenen Falles darstellt, der sich später als Sonderfall herausstellte, weil die später entdeckten *Terremare* sowohl in der Anlage als auch in der Form Variationen aufweisen. Das sogenannte *vallum* ist vielleicht nicht mehr als eine lokale Gelegenheitslösung für das Hochwasserproblem.

Ein weiterer Einwand wird deutlich, wenn wir uns der archäologischen Geschichte Latiums zuwenden. Latium und der Ort, an dem später Rom entstand, waren in der Jungsteinzeit, wenn überhaupt, nur dünn besiedelt, und die ersten Anzeichen einer nennenswerten Besiedlung stammen aus der Eisenzeit. Diese Eisenzeitkultur steht in enger Beziehung mit der Etruriens und mit der Norditaliens, die Villanova-Kultur heißt. Für die Theorie der Herkunft der Latiner von den *Terramaricoli* ist es also entscheidend, daß die archäologischen Gegebenheiten eine Verbindung zwischen der bronzezeitlichen *Terramara*-Kultur und der eisenzeitlichen *Villanova*-Kultur herzustellen erlauben. Kein überzeugender Beweis für diese Verbindung konnte jedoch erbracht werden, und die Träger der Villanova-Kultur werden heute von einigen Fachleuten als frische Invasorenbanden aus dem Sudetenland und aus Ungarn angesehen, von denen sich ein Teil im 11. Jh. v.Chr. in der Gegend von Bologna niederließen, während andere weiterzogen nach Etrurien und Latium hinein, sogar bis zu den Albaner Bergen. Wie ihre *Terremare*-Vorgänger verbrannten sie ihre Toten, und diese Form der Feuerbestattung kann man in den ältesten eisenzeitlichen Grabstätten des Forum Romanum finden. Dieses einfache Bild wird jedoch verdunkelt durch die Tatsache, daß dort auch Gräber gefunden wurden, in denen der Körper unverbrannt bestattet wurde. Diese Gräber sind späteren Datums, aber es scheint, daß keine lange Zeitspanne zwischen der Ankunft dieser beiden unterschiedlichen Gruppen im Raume Rom lag. Dasselbe Bild wiederholt sich in den Albaner Bergen, wo die Brandgräber sogar noch früher als die des Forum Romanum sind. Das paßt zu den Sagen über die Gründung Roms durch Siedler aus Alba Longa. Aber wenn wir die Vertreter der Villanova-Kultur, die Feuerbestattung ausübten, mit den Proto-Latinern gleichsetzen, wer sind dann die Vertreter der Erdbestattung, die kurz darauf in Latium zu ihnen stießen? Man hat darauf verwiesen, daß ein Wiederaufleben der Erdbestattung auch in der „geometrischen Zeit“ Griechenlands und weiter im Donau-Balkan-Raum nachweisbar ist, wo das Phänomen dem Einfluß der thrako-kimmerischen Reitervölker zugeschrieben wird. Also würde das Auftauchen eines Volkes mit Erdbestattung in Italien sich in eine größere Bevölkerungsverschiebung einreihen, die ihren Ausgangspunkt im Osten hatte. Zu den Resultaten dieses angenommenen östlichen Einflusses gehörten die Verstärkung der Pferdezucht, und des Reitens sowie die Einführung des Eisens. Daß es sich hierbei um verhältnismäßig späte Neuerungen handelt, wird durch das römische rituelle Verbot von Eisen und Reiten nahegelegt. Die Verbindung mit dem Osten wird weiter nahegelegt durch die Etymologie, die für *ferrum* „Eisen“ am wahrscheinlichsten ist. Das Wort wurde von **bherson* oder **ferson* hergeleitet und in Beziehung gesetzt mit den semitischen Wörtern *barzel* (hebräisch-phönizisch), *parzlâ* (syrisch), *parzilla* (assyrisch), die ihrerseits möglicherweise aus einer unbekannten asiatischen Sprache entlehnt sind. Um nach Italien zurückzukehren: Wir können jetzt zunächst anmerken, daß Brandgräber *(pozzi)* in Nord- und Mittelitalien, aber nicht im Süden, zu finden sind, während Erdbestattungsgräber *(fosse)* im Süden sogar bis Kalabrien gefunden wurden, nicht aber weiter nördlich als Populonia. Wenn wir jetzt die sprachlichen Erkenntnisse hinzufügen, dann stellen wir fest, daß die oskisch-umbrischen Dialekte die lateinisch-faliskische Gruppe umfassen und sie von Norditalien abschneiden. Es ist nun schwierig, der Schlußfolgerung zu widerstehen, daß die Sprecher des Oskisch-Umbrischen eine etwas spätere Einwanderungswelle repräsentieren, deren Fehlen in Norditalien eher auf eine Invasion über die Adria als über die nördliche Landroute schließen läßt. Es kann also durchaus sein, daß die Legenden über einen Zusammenschluß der Sabiner und Latiner in den frühen Jahren der Stadt das Weiterleben der Ereignisse, die in den archäologischen Befunden reflektiert werden, im Volksgedächtnis darstellen.

Philologische Beweise für den Beitrag der italischen Dialekte, besonders des „Sabinischen“, zur Entstehung der lateinischen Sprache fehlen nicht. Wir haben zunächst das Zeugnis römischer Schriftsteller dafür, daß *curis* (= *hasta*, Ovid. fast. 2, 477), *dīrus* (= *malus*, Serv. in Vergil. Aen. 3, 235), *cascus* (= *uetus*, Varro L. L. 7, 28) und *februum* (= *puragamentum*, Varro L. L. 6, 13) sabinische Wörter waren. Wir können auf Grund lautlicher Kriterien einige Wörter hinzufügen, die im Wortinnern *-f-* im Gegensatz zu rein römischem *-b-* zeigen[3]: *bufa, būfō, forfex, īnferus, rūfus, scrōfa, uafer.* Der mundartliche Ursprung des letztgenannten Wortes wird unterstützt durch die Tatsache, daß es nur in einigen Dialekten des heutigen Süditaliens fortlebt. Ebenso muß italienisch *bifolco* auf eine alte Dialektform **bufulcus* zurückgehen, die sich lautlich in vergleichbarer Weise vom rein römischen *bubulcus* unterscheiden. Weiter hat indogermanisch $g^w$ im lateinischen Anlaut u ergeben, in anderen italischen Dialekten jedoch b (siehe S. 252). Folglich müssen *bōs* (< *$*g^w$ōus*) und *botulus* aus fremden Mundarten eingedrungen sein und zu erwartendes **uōs* und **uotulus* verdrängt haben. Außerdem ergibt indogermanisches $q^w$ im Lateinischen *qu-*, aber im Italischen *p-*, wodurch *lupus, popa, popīna* (römisch *coquīna*) als nichtlateinische Dialektbestandteile des Wortschatzes erwiesen sind. Von den aspirierten Konsonanten wurde *gh* im Lateinischen zu *h*, jedoch in einigen Dialekten Latiums zu *f*, z.B. sabinisch *fircus* (= *hircus*) „Ziegenbock“, *fēdus* (= *haedus*) „Schafböckchen“, *fasēna* (= *harēna*) „Sand“. Die Zuschreibung von *fel* „Galle“ und *fēnum* „Heu“ an das Sabinische beruht auf unsicheren Etymologien.

Das Sabinische zeichnete sich außerdem durch die Beibehaltung des intervokalischen *-s-* aus, das im Lateinischen zu *-r-* wurde (*ausum* = *aurum* „Gold“, *fasēna* = *harēna* „Sand“). So kann man für lateinische Wörter wie *caesar* „Kaiserschnitt“ und *cāseus* „Käse“ sabinischen Ursprung zumindest

[3] Siehe Seite 252ff.

vermuten. Die unterschiedliche Behandlung der Diphthonge führt zu einer weiteren Reihe von Wörtern vermutlich sabinischen Ursprungs. So ergaben *ou, au* und *ai* im Lateinischen *ū, au, ae,* im Sabinischen jedoch ō, ō und ē. Wir können also Wörter wie *rōbus* „rot", *rōbīgō* „Rost", *lōtus* „gewaschen" (rein römisch *lautus*), *ōlla* „Topf" (rein römisch *aula, aulla*), *lēuir* „Bruder des Ehemannes" (< **daivēr*, vgl. δαήρ) als sabinisch ansehen. Im letztgenannten Wort ist noch ein weiteres lautliches Kriterium enthalten, *l-* statt lat. *d-*. Dieses Phänomen taucht auch in *lingua* „Sprache, Zunge" statt *dingua, lacrima* „Träne" statt *dacrima* und in *olēre* „riechen" im Gegensatz zu *odor* „Geruch" oder *solium* „Boden" im Gegensatz zu *sedēre* „sitzen" auf.

Es bleibt noch hinzuzufügen, daß wir bei den meisten der im vorigen Abschnitt erörterten Phänomene nicht weiter als bis zur Annahme sabinischer Herkunft kommen. Die aufgezählten Wörter können zu sehr verschiedenen Zeiten ins Lateinische eingedrungen sein, und viele der Charakteristika, die wir als Kriterien für sabinische Herkunft benutzt haben, traten auch in den ländlichen Mundarten Latiums auf, so daß die erörterten Wörter ebenso gut auch Latein vom Lande (siehe unten) sein können. Weiter wissen wir wenig von Eigentümlichkeiten des sabinischen Dialektes, die es uns erlauben würden, ihn von der Masse der oskisch-umbrischen Gruppe zu unterscheiden. Die wenigen überlieferten Zeugnisse dieses Dialektes zeigen, daß er bereits sehr früh so stark vom Lateinischen beeinflußt war, daß seine Zuordnung zur oskisch-umbrischen Gruppe an sich bereits Zweifeln unterliegt. Daß die vorgeschlagene Klassifizierung richtig ist, geht jedoch aus sabinischen Namen wie *Pompilius* (mit oskisch-umbrischem *p-* statt lat. *qu-*) und *Clausus* (statt *Claudius* mit der unlateinischen Assibilation des -di-, welche auch im Wort *basus* = *badius* „kastanienbraun" vorkommt) hervor. Im Namen *Sabīnī* läßt sich das ganze Problem zusammenfassen. Wie *Sabellus* (< **Safnolos*) und *Samnium* (< **Safnion*) enthält er die Wurzel *Saf*; man kann annehmen, daß die Eigenbezeichnung *Safini* lautete, während der Name, der uns aus den römischen Schriftstellern geläufig ist, den typisch römischen Lautwandel zu -b- enthält, von dem gerade die Rede war. Trotz den dürftigen Zeugnissen hat man Versuche unternommen, nicht nur eine „sabinische Mode" im Lateinischen anzusetzen, sondern sogar eine „anti-sabinische Reaktion". All dies muß lediglich eine interessante Spekulation bleiben.

Wir können jetzt versuchen, eine provisorische Bilanz zu ziehen. Es scheint sich herauszustellen, daß die indogermanische Sprache, die uns in historischer Zeit als Latein entgegentritt, eine Mischung aus zwei indogermanischen Sprachen darstellt, die um 1000 v. Chr. von zwei Gruppen von Einwanderern nach Latium gebracht wurden, die auf verschiedenen Wegen aus Mitteleuropa gekommen waren. Sie waren zweifellos vor ihrem Einfall nach Italien sprachlich beachtlich differenziert, aber als Folge ihrer Nachbarschaft und Verschmelzung bei der Besiedlung Latiums und besonders Roms fand eine Annäherung statt. Diese komplizierte Serie von Ereignissen liegt den sprachlichen Affinitäten zugrunde, die vergleichende Sprachwissenschaftler in eine mehr oder weniger entfernte Vergangenheit als Zeitalter des „Gemeinitalischen" projiziert haben.

**Illyrisch**

Wir müssen jetzt unser Bild vervollständigen, indem wir kurz andere indogermanische Invasoren erwähnen und erörtern, welche Beiträge zur lateinischen Sprache sie lieferten. Neben der Invasion der Brandbestattung praktizierenden Protolatiner über den nördlichen Landweg und dem wenig später erfolgten Einfall der oskisch-umbrischen „Erdbestatter" über die Adria führen die Archäologen einen dritten Zustrom von Menschen auf, die entschieden östliche Einflüsse zeigen und deren Ankunft die Kenntnis des Reitens (unterschieden von der Benutzung von Pferden als Zugtieren) und die Intensivierung der Pferdezucht mit sich brachte[4]. Der Höhepunkt dieses „östlichen" Einflusses kam in der zweiten Hälfte des 8. Jh. v.Chr. Die philologische Entsprechung dieser archäologischen Fakten liegt in den Resten einiger Dialekte an der Ostküste Italiens, die zum „Illyrischen" gerechnet werden. Der Beweis für die Zugehörigkeit dieser Dialekte zum Illyrischen beruht vor allem auf Ortsnamen und Personen-oder Stammesnamen. So werden die *Iapyges* mit den *Iapydes* Nordillyriens und die *Calabri* mit dem Illyrerstamm Γαλάβριοι gleichgesetzt. Die *Poediculi* werden mit Ποίδικον in Noricum in Verbindung gebracht, die *Apuli* mit *Apulum* in Dakien. Im antiken Apulien und Kalabrien finden wir die stärkste Häufung solcher illyrischer Namen; über die Hälfte der Tier-, Orts-, Fluß-, Berg- und Stammesnamen dieser Gegend wurden dieser Quelle zugewiesen. Ein Beispiel ist *Brundisium*[5], dessen Hafen von Strabo (6,3,6) als einem Hirschkopf vergleichbar beschrieben wird; daher kommt der Name der Stadt, denn die Glosse βρένδον. ἔλαφον findet sich

[4] Vgl. J. Wiesner, Die Welt als Geschichte 8, 1942, 197ff.

[5] Weitere Städtenamen, die durch ein vergleichbares Suffix von Tiernamen abgeleitet wurden, in *Ulcisia* (in Pannonien) < *ulc* „Wolf" und *Tarvisium* (Treviso) < *tarvo* „Stier".

bei Hesych (Nr. 1095, S. 345 Latte) und sonst, und ein Abkömmling des Wortes scheint in albanisch *brį-ni* „Horn" weiterzuleben. *Salapia* und *Salapitani* sind mit den illyrischen *Selepitani* zu verbinden und enthalten die Wörter *sal* „Salz" und *ap* „Wasser". *Odruntum* (Òtranto) enthält das messapische Wort für „Wasser", *odra* (vgl. ὕδωρ usw.). Von ihrem Ausgangspunkt in Apulien und Kalabrien aus scheinen illyrische Siedler Lukanien und den *ager Bruttius* erreicht zu haben, wo beachtliche illyrische Elemente im Wortschatz entdeckt wurden, z.B. *Amantia* und der Flußname *Apsias* (nahe verwandt mit illyrisch *apsus*). Außerdem wurde Kroton in einem Gebiet gegründet, das zuvor den Iapygern gehört haben soll. Ähnliche Zeugnisse finden sich auch in Sizilien, wo z.B. *Segesta* und *Egesta* das charakteristische illyrische Infix *-est-* enthalten (vgl. Τεν-εστ-ῖνοι und *Iad-est-īni* auf dem Balkan). Andererseits scheint es derartige illyrische Spuren in Samnium und in Kampanien nicht gegeben zu haben. In dieser Weise bestätigt der sprachliche Befund das Zeugnis antiker Schriftsteller über die illyrische Herkunft einiger Stämme des alten Italiens (z.B. *Daunii, Peucetii, Paeligni, Liburni*). Direkte Zeugnisse für die „messapische" oder „iapygische" Sprache liegen in etwa 200 Inschriften vor, deren Mehrzahl ausschließlich aus Personennamen bestehende Grabinschriften sind; die meisten dieser Namen sind auch im Veneto nachweisbar (siehe unten). Als grammatische Eigentümlichkeit ist besonders der Genitiv Singular der Nomina auf *-ihi-* und der Dativ Plural auf *-bas* (z.B. *logetibas*) zu nennen; das Verbalsystem kennt mediale Formen, aber kein Augment, und sowohl ein Konjunktiv als auch ein Optativ sind erhalten. Wichtige Punkte der Lautlehre sind der Übergang des indogermanischen *o* zu *a* wie im Germanischen und die Wiedergabe von *bh* und *dh* als *b* und *d*. Ob das Illyrische eine *Centum-* oder eine *Satem*-Sprache ist, ist umstritten; allerdings spricht vieles dafür, daß wir es mit einer *Centum*-Sprache zu tun haben. Diese Ansicht wird dadurch unterstützt, daß indogermanische Labiovelare im Illyrischen als Dentale auftreten.

Eine kleine Anzahl illyrischer, d.h. messapischer, Wörter konnte im Lateinischen nachgewiesen werden: *blatea* (illyrisch *balta*), *deda* „Amme" (griechisch τήθη), *parō* „kleines Schiff" (über παρών, das dem Griechischen Süditaliens angehört, aus dem Messapischen entlehnt) und *hōreia* „kleines Fischerboot". Die Wichtigkeit des Pferdes wird durch das Lehnwort *mannus* „Pony" (illyrisch *manda-*) deutlich gemacht, und dasselbe Wort steckt im Namen des messapischen Gottes *Menzana*, der mit Jupiter gleichgesetzt wurde und dem Pferdeopfer dargebracht wurden (vgl. außerdem Vergil, Aen. 7, 691 *Messapus equum domitor*). Es ist wahrscheinlich, daß Illyrer die Vermittler einiger griechischer Wörter nach Italien waren.

Man hat daran gedacht, daß *Graeci* möglicherweise ein Name war, mit dem die Illyrer einen griechischen Stamm benannten, mit dem sie im Nordepirus Kontakte hatten. Auch die merkwürdige lateinische Form für Odysseus, *Ulixes*, könnte auf diese Art erklärt werden, und in diesem Zusammenhang sollte auch angemerkt werden, daß auch behauptet wurde, daß die Aeneaslegende durch illyrische Vermittlung nach Rom und nach Italien kam. Ebenso kann *lancea* „Wurfspeer“, ein in letzter Analyse keltisches Wort, nicht direkt mit griechisch λόγχη gleichgesetzt werden, obwohl die Ähnlichkeit kaum zufällig sein kann. Der Wandel von *o* zu *a* wäre erklärlich, wenn das Wort über das Illyrische ins Lateinische eingedrungen wäre. Auf diese Weise könnte auch eine etymologische Beziehung zwischen griechisch θώραξ und lateinisch *lōrīca* hergestellt werden, aber letzteres ist mit größerer Wahrscheinlichkeit mit *lōrum* „Riemen, Peitsche“ zu verbinden. Den lautlichen Unterschied zwischen lat. *ballaena* „Wal“ und griechisch φάλλαινα hat man ebenfalls durch messapische Vermittlung zu erklären versucht. Schließlich müssen wir noch erwähnen, daß die Dichter Ennius, sein Neffe Pacuvius und Horaz aus den illyrischen Regionen Ostitaliens nach Rom kamen. In diesem Zusammenhang ist es bemerkenswert, daß *lāma* „Sumpf“, ein nur bei Ennius und Horaz belegtes Wort, in Ortsnamen der illyrischen Gebiete Italiens vorkommt.

## Venetisch

Im Bereich der nördlichen Adria finden wir Spuren eines anderen Volkes, der Veneter, deren Sprache und Kultur enge Ähnlichkeiten zu denen der illyrischen Stämme, von denen wir eben sprachen, zeigt. Sie waren berühmt für ihre Pferdezucht und opferten ihrer Göttin Reitia Bilder von Pferden. Wie die Thraker verehrten sie den Heros Diomedes, dem sie Schimmel opferten. Die hohen Schuhe, die sie trugen, werden ebenfalls thrakischem Einfluß zugeschrieben. Kremation mit nachfolgender Urnenbestattung ist in dieser Kultur vom 9. Jh. v. Chr. an bezeugt, und man hat daran gedacht, daß dieses Volk aus dem Nord-Osten unter dem Druck der Thrako-Kimmerier einwanderte. Onomatologische Studien haben Spuren der Veneter bis Ligurien *(Iadatinus, Crixia, Segesta)* und sogar bis Latium nachgewiesen, wo die *Venetulani* (Plin. hist. nat. 3, 69) das Volk von **Venetulum* sind, ein Name, der „Veneterort“ bedeutet, genauso wie *Tusculum* „der Tuskerort“ ist. Auch *Carventum* wurde mit illyrisch *caravantis* (**karvant-* „felsig“) in Verbindung gebracht, während *Praeneste* das vertraute *-est-* Infix zeigt.

Die Verwandtschaftsverhältnisse des Venetischen waren Gegenstand einiger Diskussionen. Eigennamen sind bekanntlich eine unsichere Basis für die Feststellung sprachlicher Beziehungen, und das Venetische hat ja auch Namenelemente aus dem Keltischen (z.B. *Verkonzara*), Illyrischen (z.B. *φohiios*) und Lateinischen (z.B. *Appioi*) entlehnt. Jüngere Forschungen zeigen, daß das Venetische viele Übereinstimmungen mit dem Lateinischen hatte. Die aspirierten Verschlußlaute *bh* und *dh* wurden wie im Latenischen im Anlaut zu *f* und intervokalisch zu *b* bzw. *d*. Andererseits stimmt das Venetische in der Behandlung des aspirierten Velars *gh* mit dem Illyrischen überein, und dasselbe gilt für die nasalen Sonanten *m̥* und *n̥* (> *am, an*; im Lateinischen > *em, en*). Die liquiden Sonanten *r̥* und *l̥* zeigen jedoch im Venetischen, Illyrischen und Lateinischen die gleiche Behandlung (> *or, ol*). Über das morphologische System wissen wir wenig. Bei den Nomina hat das Venetische einen Dativ Plural auf *-φos, -bos*, der auch im Keltischen, Italischen, Illyrischen und Indo-Iranischen zu belegen ist. Die *o*-Deklination bildet den Genitiv Singular auf *-ī*, in Übereinstimmung mit dem Lateinischen, dem Faliskischen, dem Keltischen und dem Illyrischen. Im Verbalsystem finden wir einen Aorist auf *-to* (z.B. *zonasto = dōnāuit*), der an das Indo-Iranische und an das Griechische (ἔδοτο) erinnert[6]. Im Wortschatz ist die Ähnlichkeit mit dem Lateinischen ganz augenfällig. So entspricht der Name der Göttin *Louzera* der lateinischen *Līberal*, und das Wort für „frei" hat in beiden Sprachen die Sonderbedeutung „Kinder" angenommen (*louzeroφos = līberīs*). Die lateinischen Verben *dōnāre* und *faxō* werden genauso wie venetisch *zonasto* und *vhaχsϑo* konstruiert, während die oben erwähnte Göttin Reitia den Beinamen *śahnate·i* trägt, der als „Heilerin" zu interpretieren ist und nur mit lateinisch *sānāre* in Verbindung gebracht werden kann.

Es gibt jedoch auch Isoglossen, die das Venetische mit dem Germanischen verbinden. Am auffälligsten ist die Tatsache, daß der Akkusativ Singular der ersten Person des Personalpronomens in Analogie zum Nominativ einen Guttural angenommen hat: *eχo, meχo* = gotisch *ik, mik*, deutsch *ich, mich* (auch hethitisch *uk, ammuk*). Auch das Identitätspronomen zeigt in beiden Sprachen eine große Übereinstimmung: venetisch *sselboi sselboi* = althochdeutsch *der selb selbo* (lateinisch *sibī ipsī*). Auch im Wortschatz gibt es eine wichtige Ähnlichkeit: wenn *a·hsu* richtig als *Herma* erklärt ist, dann kann es mit germanisch *ansu-* „Gottheit" verwandt sein.

[6] In *zonas-to* wurde die Personalendung an eine durch *-s* gekennzeichnete Vergangenheitsform angefügt. Mein Kollege T. Burrow macht mich darauf aufmerksam, daß es im Hethitischen ähnliche Formen gibt, z.B. *na-iš-ta* „er führte".

Daß die Veneter einst in enger geographischer Nachbarschaft zu den Germanen wohnten, wird dadurch nahegelegt, daß antike Schriftsteller von *Venedi* in der Gegend der Weichsel sprechen.

Aus diesen verschiedenen Indizien drängt sich der Schluß auf, daß man zunächst einmal in Übereinstimmung mit jüngeren Studien davon ausgehen sollte, daß das Venetische ein unabhängiger Zweig des Indogermanischen ist, der in einem engen Verwandtschaftsverhältnis zum Lateinischen und Illyrischen steht und Berührungspunkte mit dem Germanischen, Keltischen und sogar Balto-Slawischen hat.

## Sikulisch und „West-Italisch"

Vom Illyrischen wenden wir uns nun dem Sikulischen zu, das durch ein paar Inschriften, eine beachtliche Zahl von Glossen sowie durch Personen- und Ortsnamen bezeugt ist. Es herrscht allgemeine Übereinstimmung darüber, daß es sich um eine indogermanische Sprache handelt (durch die Verbform *esti* wird jeder Zweifel aufgehoben), aber die genaueren Verwandtschaftsverhältnisse sind umstritten. Die Namensformen legen Beziehungen zum Illyrischen nahe (z.B. das *-nt-* von *Agrigentum,* Σεργέντιον), wofür auch Hesychs Bemerkung über Sikuler in Dalmatien spricht (vgl. auch Plin. hist. nat. 3, 141). Der Annahme einer Wanderung dieses Volkes vom Balkan über Italien nach Sizilien, die eine notwendige Konsequenz wäre, stehen jedoch die archäologischen Fakten entgegen, denn obwohl in Bruttium sikulische Reste gefunden wurden, ist es doch klar, daß diese Kultur *von* Sizilien über die Meerenge kam. Beachtlicher sind die Zeugnisse für eine enge Verwandtschaft zwischen dem Sikulischen und dem Italischen. Nach einigen antiken Schriftstellern (Varro L. L. 5, 101 und Favorinus ap. Plin. 3, 56) siedelten die Sikuler einst über die ganze Apenninenhalbinsel bis zur Poebene *(Gallia Cisalpina)*, und diese Zeugnisse werden gestützt durch das verbreitete Auftreten gewisser Personen- und Ortsnamen (z.B. *Sicilinum*). Einige sprachliche Indizien scheinen in dieselbe Richtung zu weisen. So zeigt der Name *Siculi* selbst dieselbe Bildungsweise wie andere frühe Ethnika, die zu indogermanischen Stämmen Italiens gehören (z.B. *Rutuli*). Die Glossen (von den Inschriften wollen wir absehen, weil ihre Deutung weitgehend hypothetisch ist, wobei die Unterschiede zwischen den verschiedenen Auffassungen beachtlich sind) legen besonders eine engere Verbindung zum Lateinischen nahe: z.B. ἀρβίνη „Fleisch", vgl. lat. *aruīna*; κάμπος „Pferderennbahn", vgl. *campus*; κάτινος „Hündchen", vgl. *catīnus, catīllus; dōs* „Mitgift", vgl. *dōs*; Δουκέτιος, Name eines Königs der Sikuler, vgl. *dux* „Führer"; γέλα (= πάχνη „Raureif"), vgl. *gelū*; πατάνιον, πατάνα „Schüssel", vgl. *patina*. Eine klare semantische Gruppe bilden die Wörter, die sich auf Geld und Gewichte beziehen: μοῖτον = *mūtuum*, νοῦμμος = *nummus*, λίτρα, vgl. *lībra* (beide von **liϑra*), ὀγκία = *ūncia*. Sikulisch λέπορις wurde trotz seiner iberischen Herkunft von Varro mit lateinisch *lepus* „Hase" verbunden und mit folgendem für unser Thema interessanten Kommentar versehen (L. L. 5, 101):

> „*lepus*, quod Siculi quidam Graeci dicunt λέποριν; a Roma quod orti Siculi, ut annales ueteres nostri dicunt, fortasse hinc illuc tulerunt et hic reliquerunt id nomen."[7]

Diese Annahme, daß einst Sikuler in Latium wohnten, wird durch die Tatsache gestützt, daß zu den dreißig Stämmen, die sich jährlich zur Verehrung des Jupiter Latiaris auf dem Mons Albanus versammelten, auch die *Sicani* gehörten.

Wenn nun eine Völkerschaft aus Latium bis Sizilien gekommen ist, dann sollen wir erwarten, einige Spuren ihres Durchzuges und vielleicht sogar Ansiedlungen im dazwischenliegenden Gebiet zu finden. Wirklich haben einige Forscher[8] an die Existenz einer „westitalischen" Gruppe gedacht, die Lateinisch, Ausonisch, Oenotrisch und Sikulisch umfassen würde. Kampanien war vor der Invasion der Samniten in der Mitte des 5. Jh. v.Chr. von den *Opici* besiedelt, deren Sprache sich in wichtigen Zügen vom Oskischen unterschieden haben soll. So scheint der Ortsname *Liternum*, griechisch Λευτερνο-, auf die Wurzel **leudh* zurückzugehen, die im Oskischen *Louferno* ergeben sollte. Das „Opische" hat weiter wie das Lateinische *sum* „ich bin", während das Oskische *sim* aufweist. Auch ein wichtiges lautliches Kriterium stellt das „Opische" zum Lateinischen und setzt es in Gegensatz zum Oskischen: intervokalisch hat es stimmhafte Verschlußlaute, während das Oskisch-Umbrische stimmlose Frikative hat. So erscheinen die Namen *Stabiae* und *Allibae* in der samnitischen Periode als *Stafia* und *Allifae*. Ebenso taucht das mittelmeerische Wort *teba* „Hügel" später im samnitischen Kampanien als *tifa* auf. Andererseits geht das „Opische" mit dem Sikulischen, wenn es indogermanisches *dh* als *t* (gegen lateinisch *d/b*) wiedergibt: *Liternum*. Die Ausonier nördlich der *Opici* werden auch zur „westitalischen" Gruppe gerechnet, aber der ein-

[7] „Einige sikulische Griechen sagen für 'Hase' λέπορις; das kommt daher, daß die Sikuler nach unseren alten Annalen aus Rom stammen und vielleicht diesen Namen von hier dorthin brachten und ihn hier hinterließen."

[8] G. Devoto, *Geschichte der Sprache Roms*, Heidelberg 1968, 57-60.

zige Beleg ist der Stammesname *Rutuli*, der, wenn er als „Rote" gedeutet wird, dieselben lautlichen Charakteristika *(dh > t)* aufweist wie das Opische. Was die Oenotrier Lukaniens anbelangt, so ist das einzige Sprachzeugnis ebenfalls ein Ortsname, *Ager Teuranus*; hier ist offenbar der alte Diphthong *eu* erhalten geblieben, während er allgemein im Italischen zu *ou* geworden ist.

Die Argumente für die „west-italische" Hypothese sind also äußerst dürftig, und sie sind auch nicht unumstritten. *Rutuli* wird von einigen Gelehrten als illyrisch, Λεύτερνοι als ägeisch angesehen. Es ist sicher eine plausible Annahme, daß sikulisch Αἴτνη „brennender Berg" bedeutet und die indogermanische Wurzel *aidh* enthält, aber die Morphologie des angesetzten Wortes **aidhena* bleibt rätselhaft. Vorindogermanische Ortsnamen wie *Tebae* können auch nicht die Konstitution neuer italischer Dialekte begründen. Das Sikulische selbst ist viel besser bezeugt, aber auch hier sind die Fakten eindeutig. Man hat sogar gesagt, daß die Ähnlichkeiten zwischen dem Lateinischen und dem Sikulischen fast zu stark sind, so daß es schwierig wäre, den Einwurf zurückzuweisen, alle sikulischen Wörter mit klarer Beziehung zu griechischen oder lateinischen Formen seien als reine Entlehnungen anzusehen. Hier haben wir es wieder mit der alten methodologischen Schwierigkeit zu tun: gemeinsamer Wortschatz, besonders im Bereich von Kultur und Handel, impliziert nicht notwendigerweise Verwandtschaft. Die Ähnlichkeiten und Unterschiede zwischen *lībra* und λίτρα können durch verschiedene Hypothesen direkter oder indirekter Kulturkontakte erklärt werden. Auch die gemeinsamen Termini für Maße und Gewichte (*quīncūnx* erscheint z. B. als Lehnübersetzung im Griechischen Siziliens als πεντώγκιον, während τετρᾶς als Umformung von τετράς unter dem Einfluß von *quadrāns* zu erklären ist) können einfach frühe Handelsbeziehungen zwischen Rom, Süditalien und Sizilien widerspiegeln. Man hat sogar angenommen, daß während der Etruskerherrschaft über Rom eine Standardisierung der Maße und Gewichte erfolgte, die andere Staaten Italiens als Folge des Prestiges des etruskischen Roms beeinflußte, was sich z. B. auch in der Verwendung lateinischer Buchstaben und Abkürzungen auf den Münzen Mittel- und Süditaliens zeigt. Vergleichbar ist die Verwendung von *lb.* „Pfund (Gewicht)" und £ „Pfund Sterling" im Englischen als Resultat des italienischen Einflusses auf die britische Handels- und Finanzgeschichte. Den Zeugnissen der sikulischen Glossen geht es in der Hand der Kritiker der „west-italischen" Theorie nicht besser: ἀρβίννη wird zu „Hyper-Latein" erklärt, κάτινος gilt als lateinisches Lehnwort, während *latex* und *patina* griechische Lehnwörter im Lateinischen darstellen. Von den anderen

Wörtern, die oft als Beleg für die sikulisch-lateinische Verbindung zitiert werden, können κάρκαρον und κύβιτον nicht direkt dem Sikulischen zugewiesen werden, und jedenfalls können sie genauso gut lateinische Lehnwörter sein. Begründete Zweifel können sich also auf alle Punkte richten, die als Beleg zur Stützung der „west-italischen" Theorie angeführt werden. Als einzig sicheres Faktum bleibt bestehen, daß das Sikulische eine indogermanische Sprache war.

**Etruskisch**

Wesentlich wichtiger für die Geschichte des Lateinischen als diese Indogermanen Italiens war ein neues Volk, das im 8. Jh. v. Chr. in Italien auftauchte. Es würde den Rahmen dieses Buches überschreiten, wollte man in die Diskussion über den Ursprung der Etrusker eintreten. Es möge reichen, darauf hingewiesen zu haben, daß die beiden Hauptthesen (1. Sie kamen unter Führung von Tyrrhenus aus Lydien [Herodot]; 2. Sie waren Autochthonen, die sich von allen anderen Völkern Italiens in Sprache und Sitten unterschieden [Dionysios von Halikarnassos]) auch heute noch ihre Verfechter haben. Immerhin wird die erste These durch die Tatsache gestützt, daß die Etrusker selbst glaubten, sie seien Lyder, die auf dem Seeweg nach Italien gekommen waren, daß die Chronologie der archäologischen Funde im 8. Jh. das Auftreten einer neuen Zivilisation in der Toscana zeigt, die sich allmählich von Norden nach Süden und von der Küste ins Inland ausdehnte, wobei sie Bologna erst zwei Jahrhunderte nach ihrem ersten Auftreten erreichte, daß matriarchalische Sitten (die z.B. in der Gewohnheit, den Namen der Mutter auf den Grabstein zu schreiben, deutlich werden) ihre Entsprechung in Lydien finden und daß die Wichtigkeit und Technik der Weissagekunst an babylonische Verhältnisse erinnert. Ohne Zweifel erstreckte sich im letzten Viertel des 6. Jh. die etruskische Macht vom Fuße der Alpen bis nach Kampanien (wo der Versuch, Cumae einzunehmen, erfolglos blieb) und von Korsika bis zur Adria. Für unser Thema ist es wichtiger, daß sie sich in der zweiten Hälfte des 7. Jh. in Falerii niederließen und in der Folge einen großen Teil von Latium einschließlich Roms unterwarfen, wo ihre Herrschaft eineinhalb Jahrhunderte dauerte; ihre Herrschaft wird z.B. durch die Stadtnamen *Tusculum* und durch den *uīcus Tuscus* in Rom bezeugt.

Obwohl die etruskische Herrschaft bei der Stadtplanung, bei der politischen Organisation und im Bereich der höheren Kultur von entscheidender Bedeutung war, hinterließ sie erstaunlich wenig Spuren im Lateinischen[9], und zwar sogar in den Bereichen, wo ihr Einfluß auf römische Einrichtungen und Aktivitäten am auffälligsten ist: alle wichtigen politischen und religiösen Beamten haben lateinische Titel. Die enge Verschmelzung der etruskischen und römischen Aristokratie zeigt sich jedoch in der Namengebung. Bei den Römern wurde das indogermanische System eines einzigen zweigliedrigen Namens *(Hipp-archos, Hildebrand, Slavo-mir)* durch die etruskische Sitte der Verwendung von *Praenomen, Nomen (gentile)* und *Cognomen* ersetzt, wobei viele der Namen selbst etruskischer Herkunft sind. Von diesen wollen wir besonders die auf *-na, -erna, -enna, -inna* ausgehenden nennen: *Vibenna, Caecīna, Mastarna, Perperna, Velīna*, vgl. etruskisch *Porsenna, Porsīna.* Eine andere wichtige Gruppe bilden die Namen auf *-o*, die etruskischen Formen auf *-u* entsprechen; dazu gehören so bekannte Namen wie *Cato, Cicero, Piso* und *Varro.* Viele lateinische *Nomina gentilia* auf *-a* haben denselben Ursprung: das Etruskische verwendete dieses Suffix, um *Cognomina* von *Praenomina* abzuleiten (z.B. *Velχa* vom Praenomen *Velχe*, vgl. lat. *Casca: Cascus*). Wenn wir nun bedenken, daß viele Ortschaften nach Familien heißen (*Tarquinii, Falerii, Vei, Corioli* usw.) und daß viele Namen auf *-a* als Gentilicia, Cognomina und Ortsnamen gebraucht wurden (*Atella, Sora, Acenna* usw.), daß weiter viele etruskische Parallelen uns in die Lage versetzen, aus der Serie *Romaeus, Romatius, Rumate, Rumaϑe* die Familiennamensgrundform *Ruma* zu erschließen, dann ist es schwer, dem Schluß auszuweichen, daß auch die Stadt *Roma* wie *Acenna* und andere Orte ihren Namen nach einer alten etruskischen Familie trägt. Diese Schlußfolgerung wird noch verstärkt durch den Namen eines der mythischen Gründer Roms, nämlich *Rĕmus.* Wir wollen zunächst an die Tradition erinnern, die der *habitātio Remī* den Namen *Remōna* gibt; und der Ort, „ubi Remus de urbe condenda fuerat auspicatus“[10], hieß *Remora* (Ennius ann. 82 Vahlen: „certabant urbem Romam Remoramue uocarent“[11]). Nun bedeutet *Remōna* (Ῥεμώνιον) „Niederlassung der **remu* oder *remne*“, so wie Ταρχώνιον die Stadt der *tarχu* oder *tarχna* ist, und *Remoria* zeigt das häufige etruskische *-r-* Infix. Also erweist sich Remus, der eponyme Vorfahre der etruskischen *remne*, als genauso etruskisch wie der Name der Stadt, der die Geschichte seinen Namen verweigerte. Es soll hier betont werden, daß es

[9] H. H. Scullard, *A History of the Roman World*, 37: „Rom war niemals wirklich eine etruskische Stadt; es hatte lediglich zeitweise die Herrschaft einer kleinen Zahl mächtiger Familien zu erdulden“.

[10] „Wo Remus die Auspizien zur Stadtgründung vorgenommen hatte“.

[11] „Sie stritten, ob sie die Stadt Roma oder Remora nennen sollten“.

keine sprachlichen Parallelen gibt, die die Ansicht unterstützen würde, daß *Rĕmus* aus *Rōma* durch „falsche Analogie" gebildet wurde.

Es ist auch möglich, daß wenigstens drei der sieben Hügel Roms nach etruskischen Familien heißen. Für den *mōns Palatīnus* haben wir die Reihe etruskischer Namen *Palla, Palānius, Palinius* usw. (vgl. *Sulla, Sullānius, Sullatius; Volca, Volcānius, Volcātius; Bulla, Bullānius, Bullātius*). Der etruskische Ursprung von *mōns Velius* wird aus der Reihe *vel, velni, velus, velie, Velenius, Vellenius, Velianus* deutlich. Für den *mōns Caelius* haben wir den etruskischen Namen *Caile Vipinas* (vgl. *M. Caelius Tuscus*). Außerdem steht *Subūra*, der Name des Tales zwischen Viminal und Esquilinus, vielleicht in Verbindung mit den etruskischen Namen *Zupre, Supri.*

Die Wichtigkeit des etruskischen Beitrages zur politischen Organisation Roms wird deutlich durch die Tatsache, daß die drei ältesten Zenturien der Ritter etruskische Namen tragen: *Ramnēs, Titiēs, Lucērēs* (*omnia haec vocabula Tusca*, Varro L. L. 5, 55). Etruskischer Ursprung kann auch für drei der „ländlichen" *tribus* wahrscheinlich gemacht werden: *Lemonia, Pupinia, Voltinia.* Wahrscheinlich trugen auch Ritter der Kaiserzeit etruskische Namen: *flexuntes* (auch *flexuntae*), *celeres* (zur Bildungsweise vgl. *Luceres*), *trossuli.* Morphologische und semantische Kriterien sprechen dafür, daß *satelles* „Leibwache" ebenfalls ein etruskisches Lehnwort ist: die Einrichtung der Leibwache wurde von etruskischen Adligen in Rom eingeführt, wobei die Überlieferung sie besonders mit Tarquinius Superbus in Verbindung bringt. Zwei andere Militärtermini ohne indogermanische Anknüpfungspunkte zeigen ähnlich morphologische Charakteristika: *mīlēs*, Gen. *mīlitis* „Soldat" und *vēles*, Gen. *vēlitis* „Leichtbewaffneter" (antike Schriftsteller ordnen das zweite Wort ausdrücklich dem Etruskischen zu).

Abgesehen von diesem semantischen Bereich ist der etruskische Beitrag zum lateinischen Wortschatz bemerkenswert gering. Die folgende Liste umfaßt in erster Linie Wörter, die unwichtige Dinge bezeichnen, wobei Termini aus der Theater- und Unterhaltungsszene bemerkenswert sind: *cacula* „Bursche des Soldaten" (etruskisch **cace, *cacla*), *caeremōnia* (möglicherweise von **caerimo*, das in seiner Bildungsweise an *lucumo* erinnert; vielleicht haben die antiken Schriftsteller recht, die an eine Verbindung mit der etruskischen Stadt Caere denken), *crumīna* „Geldbörse" (vgl. griechisch γρυμέα, siehe unten), *cupencus* „Herkulespriester" (etruskisch *cepen* „Priester"; nach Servius ad Verg. Aen. 12, 539 handelt es sich allerdings um ein sabinisches Wort), *fala* „hölzerner Belagerungsturm", *fenestra* (etruskisch **fnestra*), *genista* „Ginster", *hister* und *histrio* „Schauspieler" („hister Tusco verbo ludio vocabatur", Livius 7, 2, 1), *lanista* „Gladiatorentrainer", *laniēna* „Fleischerbank", *lepista* „Trinkgeschirr", *rabula* „Haarspalter" (etruskisch *rapli*), *satura* „Rede" (< *satir*), *servus* „Sklave" (vgl. die etruskischen Namen *Serui, Serue*), *spurius* „unecht" (vgl. *spurcus* „unrein" und den Namen *Spurinna*), *sūbulo* „Flötenspieler" (subulo dictus, quod ita dicunt tibicines Tusci, Varro L. L. 7, 35). Wir können noch die Götternamen *Angerōna* (von etruskisch *ancaru* „Totengöttin") und *Libitīna* „Leichengöttin", „Totenbeigabe", „Totenbahre" usw. hinzufügen (vgl. etruskisch *lupuce = mortuus est*), außerdem zwei Ableitungen von solchen Namen: *aprīlis* (etruskisch *apru, aprun*) zu griechisch *'Αφρώ*, Kurzform von 'Αφροδίτη, und *autumnus* (von etruskisch *autu*, vgl. lateinisch *Autius*) mit einem weitverbreiteten ägäisch-anatolischen Suffix, das auch in *Picumnus, Vertumnus* und weiter in vorgriechischen Ortsnamen wie Αἴσυμνος, Λάρυμνα usw. vorliegt. Es bleibt hinzuzufügen, daß in diesen Lehnwörtern Bildungselemente, z.B. Suffixe, vorkommen, die in ihrer neuen Umgebung einheimisch wurden und also an rein lateinische Wörter angefügt werden konnten. Von diesen etruskisch-lateinischen Hybriden wollen wir *lev-enna* „leichtsinniger Mensch", *soci-ennus* „Kamerad", *doss-ennus* (eine Figur der atellanischen Possen; das Grundwort ist *dossus*, eine volkssprachliche Nebenform zu *dorsum* „Rücken"), *fau-issa* „Tempelhöhle" (*fauea* + etruskisches Suffix, das auch in *mantissa* „Zugewinn" vorliegt) nennen.

Neben diesen direkten Beiträgen aus ihrer eigenen Sprache, ist der Einfluß der Etrusker auch in den Umformungen zu sehen, die sie griechischen Lehnwörtern, die ins Lateinische eindrangen, gaben. Dieser Vorgang läßt sich am besten im Gesamtzusammenhang des griechischen Beitrages zur frühen Kultur Italiens erörtern.

## Das Griechische

Während der ganzen Geschichte der Römer waren ihre Sprache und ihre Kultur tiefgreifendem griechischen Einfluß ausgesetzt. In den folgenden Kapiteln werden wir Gelegenheit haben, die aufeinanderfolgenden Stufen zu besprechen. An dieser Stelle geht es uns um die früheste Schicht griechischer Elemente im Lateinischen.

Im 8. Jh. begannen die Griechen ihre Kolonisation Süditaliens und Siziliens. Ihre erste Niederlassung – der zweifellos Handelsbeziehungen vorangingen – war kurioserweise die vom Heimatland am weitesten entfernte; Kyme wurde um 750 vor Christus von Kolonisten aus Chalkis (Euböa) gegründet. Andere chalkidische Kolonien folgten bald: Naxos,

Zankle, Rhegion. Diese Kolonisten sprachen einen ionisch-attischen Dialekt. Syrakus wurde jedoch von Korinthern gegründet, Gela von Kretern und Rhodiern; in diesen Fällen haben wir es also mit Doriern zu tun. An der Ostküste Italiens ging die Kolonisierung von den Städten Achäas an der Nordküste der Peloponnes aus; die erste Kolonie war Sybaris, später folgte Kroton. Tarent stellte Spartas einzigen Beitrag zur Kolonisierung im Westen dar; die Überlieferung behauptet, daß die Siedler aus vordorischen Elementen der Bevölkerung Lakoniens zusammengesetzt waren.

Diese griechischen Städte mit ihrer grenzenlosen Energie und mit ihrer höheren Kultur hatten den Völkern Italiens viel zu bieten, und ihr Einfluß wird nicht nur im materiellen Bereich, sondern auch in der Religion, im Mythos und in der Sprache erkennbar. Besonders in der etruskischen Kunst wird deutlich, daß viele Gestalten des griechischen Pantheons und der griechischen Mythologie den Etruskern um 600 v. Chr. bereits vertraut waren. Andererseits hat man festgestellt, daß „es sich in keinem einzigen Falle zeigt, daß eine unmittelbare Berührung Roms mit Griechenland oder einer griechischen Kolonie stattgefunden hat“[12]. Elemente der griechischen Kultur und die dazugehörigen Namen erreichten Rom in dieser frühen Epoche also durch fremde Vermittlung.

Einige sprachliche Kriterien sollen es uns erlauben, grobe chronologische und mundartliche Unterschiede festzustellen. Die ionisch-attische Gruppe unterscheidet sich von anderen griechischen Dialekten durch den Übergang des langen α zu η: μᾱ́τηρ > μήτηρ. Das heißt also, daß die Lehnwörter des Lateinischen, die *ā* aufweisen (z. B. *mācina* < μᾱχάνᾱ), aus den dorischen Mundarten Italienes stammen müssen. Ein weiteres nützliches chronologisches Indiz ist die Behandlung des Diagamma (ϝ, ausgesprochen wie englisch *w*). Dieser Laut war aus dem Ionisch-Attischen bereits vor dem Auftreten der ersten Inschriften geschwunden; in einigen dorischen Dialekten war er jedoch widerstandsfähiger, obwohl er auch hier in intervokalischer Stellung recht früh aufgegeben wurde. Wörter wie *Achīuī* (< Ἀχαιϝοί) und *olīua* (< ἐλαίϝα) müssen daher sehr früh ins Lateinische entlehnt worden sein.

Die Behandlung der inlautenden Vokale und Diphthonge erlaubt weitere zeitliche Schlüsse, denn diese waren im Lateinischen früh, wohl schon im 4. Jh. v.Chr. (siehe S. 243 ff.), Erweichungsprozessen ausgesetzt. Lehnwörter wie *camera* „Zimmer“ (< καμάρα), *phalerae* „Brustpanzer“ (< φαλάρα), *trutina* „Waage“ (< τρυτάνα), *mācina* „Maschine“ (< μαχάνα), *bal(i)neum* „Bad“ (< Βαλανεῖον), *talentum* (< τάλαντον),

[12] F. Altheim, *Römische Religionsgeschichte* 1, Leipzig 1931, 84.

*Tarentum* (< Τάραντον) usw. müssen ins Lateinische gekommen sein, bevor diese Lautveränderungen abgeschlossen waren; man kann sie leicht von späteren Lehnwörtern wie *cerasum* „Kirsche“ (von Lucullus 76 v. Chr. eingeführt) unterscheiden, die dieses Phänomen nicht zeigen.

Wir können auch annehmen, daß griechische Lehnwörter, deren lateinische Form etruskischen Einfluß verrät, der Zeit der etruskischen Vorherrschaft in Latium angehören. Etruskische Vermittlung zeigt sich in der Unsicherheit bei der Wiedergabe von Verschlußlauten (*amurca* „Ölschaum“ < ἀμόργα, mit einem Wechsel beim Inlautvokal, der mit *alumnus* „Zögling“ < **alomnos, gubernāre* „lenken“ < κυβερνᾶν, *Agrigentum* < Ἄκραγας zu vergleichen ist) oder uneinheitlicher Quantitäten – Korrespondenz (*crĕpi̯da* < κρηπῖδα). Auch hier ist wie bei den direkten Lehnwörtern aus dem Etruskischen der einzige Hinweis für etruskische Vermittlung oft nur erschlossen. So ist *sporta* „Korb“ offenkundig mit griechisch σπυρίδα in Verbindung zu bringen. Der Hinweis auf etruskische Vermittlung liegt im Auftreten von *t* statt *d* und von *o* statt *u*, das wir auch in *cotōneum* „Quitte“ < κυδώνιον finden. Ebenso kommt *grūma* „Meßinstrument“ von γνῶμα (vgl. *Memrun* < Μέμνων), *triumpus* „Triumph“ von θρίαμβος und *catamītus* „Lustknabe“ von Γανυμήδης. Im Falle von *cisterna* (< κίστη) und *lanterna* (< λαμπτήρ) verrät das etruskische Suffix den Wanderweg des Wortes. Man kann *crēterra* = κρητῆρα damit vergleichen. Im Falle von *gutturnium* oder *cūturnium* „uas quo in sacrificiis uinum fundebatur“ zeigen Laut- und Formenstand, daß κωθώνιον von etruskischen Sprechern entstellt wurde, bevor es nach Rom kam. Im Falle dieses Wortes kann man auch auf das Bedeutungsfeld verweisen, denn viele Wörter, die Töpferwaren bezeichnen, wurden Römern durch die Etrusker vermittelt. So haben vielleicht auch *urna* und *urceus* eine entfernte Verbindung mit griechisch ὕρχη. Eine andere semantische Gruppe, die man hier erwähnen kann, wird von den Wörtern gebildet, die mit Theateraufführungen in Zusammenhang stehen. Wir haben schon gesehen, daß *hister* und *histriō* aus dem Etruskischen stammen, und es ist wahrscheinlich, daß *persōna* ein etruskisches Wort ist, in dem das Suffix *-ōna* an *φersu* angehängt wurde, das seinerseits möglicherweise eine etruskische Verballhornung von πρόσωπον ist. Sogar *scēna* kann auf diesem Wege gekommen sein, denn es wird zuweilen *scaena* geschrieben; die Etrusker gaben manchmal *ā* durch *ae* wieder, was durch *calaina* < Γαλᾱ́νᾱ und *laena* „Bekleidungsstück“ (falls dies aus lat. *lāna* entlehnt ist) bezeugt wird. Andere Bestätigungen für diesen Lautwandel sind *Saeturnus* und *Aesculāpius* (< Αἰσκλαπιός); der umgekehrte Fall liegt bei *crāpula* für κραιπάλα vor. Komplizierter ist *paelex* für παλλακή, weil dieses Wort dem mittelmeerischen Wortgut angehören könnte. Dasselbe könnte auch für *caupō* „Krämer" gelten, dessen Bedeutung genau mit der von καπηλός übereinstimmt; der Ersatz von *a* durch *au* spricht für etruskische Vermittlung. Das unterschiedliche Suffix schließt jedoch eine Herkunft aus dem Griechischen aus, und es könnte durchaus sein, daß sowohl das Griechische wie das Etruskische das Wort aus dem einheimischen mittelmeerischen Wortschatz übernommen haben, wobei das Etruskische es dann wieder dem Lateinischen weitergab. Interessant ist auch die Herleitung von *elementum* aus griechisch **epanta* „Elfenbeinbuchstabe", in dem der Übergang von *p* zu *m* ein etruskisches Phänomen ist, für das wir im praenestinischen *Melerpanta* für Βελλεροφόντης zumindest eine teilweise Parallele haben. Noch ein weiteres lateinisches Wort zeigt eine vergleichbare Ähnlichkeit zum Griechischen: *fōrma* stammt von μορφή über ein etruskisches **morma* mit Ersatz von φ durch *m* (die Dissimilation von *m* – *m* zu *f* – *m* hat Parallelen in *formīca:* μύρμηξ „Ameise" und *formīdō:* μορμώ „Furcht". Schließlich gibt es auch ein sprachliches Indiz für die Rolle, die Etrurien sogar bei der Bildung römischer Legenden spielte: das Cognomen des Brückenverteidigers Horatius, nämlich *Cocles* „einäugig", ist nichts anderes als die ans Etruskische angepaßte Form von Κύκλωψ, wieder mit *o* statt *u*.

### Das Keltische

Die etruskische Macht, die im Zentrum durch innere Zwietracht geschwächt war, erhielt ihren Todesstoß durch eine weitere Gruppe indogermanischer Invasoren. Die Kelten hatten von ihrer Heimat Oberrhein und Donau aus bereits 900 v.Chr. den Rhein überschritten, um in das Land einzudringen, das später Gallien heißen sollte. Der Kelteneinfall nach Italien erfolgte jedoch am Ende des 5. Jh. v.Chr. nicht über die westlichen Alpen (so Livius 5, 33), sondern über den Brenner, ausgehend vom Oberrheingebiet. In Italien bemächtigten sie sich der Poebene zwischen Apennin und Alpen, wo ihre Relikte die der etruskischen Kultur überlagern. Sie drängten die Etrusker und Umbrier zurück und machten Raubzüge über die ganze Länge der Halbinsel; Rom selbst wurde 390 v.Chr. geplündert. Sie scheinen nirgendwo in Italien feste Siedlungen angelegt zu haben außer in der sogenannten Gallia cisalpina, und sogar dort gingen sie schnell in den Völkerschaften, zwischen denen sie wohnten, auf, so daß bereits um 150 v.Chr. in Italien kein Keltisch mehr gesprochen wurde (Polybios 2, 35, 4). Diese sprachliche Instabilität, verbunden mit fehlender Kenntnis der Schreibkunst, könnte für die Tatsache verantwortlich sein, daß nur drei gallisch abgefaßte Inschriften in Italien gefunden worden sind; nur eine davon stammt aus der Gallia cisalpina.

Die Gallier, die eine Abart des Keltischen sprachen, die Festlandkeltisch genannt wird, und die u.a. durch den Ersatz von indogermanisch $q^w$ durch *p* gekennzeichnet ist, trugen zum lateinischen Wortschatz durch eine Anzahl Wörter bei, die vor allem den folgenden semantischen Kategorien angehören:

*Reiten und Fahren: benna* „zweirädriger Wagen mit geflochtenem Aufsatz", *carpentum* „zweirädriger geschlossener Wagen", *carrus* „vierrädriger Wagen", *cisium* „zweirädriges leichtes Fahrzeug", *covinnus essedum* „Kriegswagen", *petorritum* „vierrädriger Wagen", *rēda* „Reisekutsche", *verēdus* „Pferd" (deutsch *Pferd* ist von der spätlateinischen Hybridbildung *paraverēdus* herzuleiten). Wenn Cosentius *mannus* auch als keltisches Lehnwort ansieht, so ist es doch eher illyrisch (siehe oben, S. 43), und Ernout-Meillet s.u.).
*Kriegswesen: catēia* „eine Art Bumerang", *gaesum* „Wurfspieß", *lancea* (siehe oben), *parma* „leichter Schild", *sparus* „Speer, Lanze". Manchmal wird *caterva* = *legiō* als gallisches Wort im Lateinischen angeführt (Isidor. 9, 3, 46), aber es kann durchaus auch ein echtes lateinisches Wort sein, das zur selben Familie wie *cassis* und *catēna* gehört.
*Kleidung: birrus* „Kapuzenumhang", *brācae* „Hose" (dieses Wort hatten die Kelten von den Germanen entlehnt), *sagus* oder *sagum* „Tunika".
*Verschiedenes: alauda* „Lerche", *betulla* „Birke", *bulga* „Ledertasche" (verwandt mit den germanischen Wörtern, die durch englisch *belly* und durch deutsch *Balg* vertreten werden). Besonders interessant ist *ambactus* „Sklave", ein Wort, das schon Ennius (ann. 605 Vahlen) gebrauchte; es ist mit walisisch *amaeth* „Sklave" verwandt und wurde ins Germanische entlehnt; von gotisch *andbahti* (= niederländisch *ambacht* „Handwerk", deutsch *Amt*) ist französisch *ambassade* herzuleiten.

## Das Lepontische

Auf dem gallischen Gebiet Norditaliens wurden in der Nähe von Bellinzona Spuren eines geheimnisvollen Volkes, das Erdbestattung kannte, gefunden, und bei den Ausgrabungen traten Inschriften in der sogenannten lepontischen Sprache zu Tage. Diese unzweifelhaft indogermanische Sprache gehört zur *centum*-Gruppe und ließ wie das Gallische indogermanisch $q^w$ zu *p* werden (falls das enklitische *-pe* wirklich lateinischem *-que* entspricht). Wie das Keltische und das Lateinische bildet es den Genitiv Singular der *o*-Stämme auf *-ī*. Eine weitere auffällige Eigentümlichkeit ist die mit dem Gallischen übereinstimmende Endung *-u* im Nominativ Singular der *n*-Stämme. Man hat weiter behauptet, daß von etwa siebzig Eigennamen mindestens fünfzig irgendeine Entsprechung im Gallischen haben. Andererseits weisen viele Ortsnamen der Gegend das Suffix *-asca*, *-asco* auf. Das weist zumindest auf ein ligurisches Substrat hin (siehe unten), aber zur Zeit der Abfassung dieser Inschriften (2. Jh. v. Chr.) stand dieser ganze Teil Italiens unter gallischem Einfluß, und eine Anzahl Forscher sind der Ansicht, daß das Lepontische als keltischer Dialekt anzusehen sei. Andere betonen mehr die nicht-keltischen Charakteristika (z. B. die Bewahrung des anlautenden *p-* in *pala* „Grabstein" und die Unterschiede im Personennamensystem) und möchten die Sprache als Keltisch-Ligurisch umschreiben. Der Unterschied zwischen diesen beiden Ansichten liegt abgesehen von Detailfragen eher darin, was man mehr herausstreichen möchte, denn man ist sich ja darüber einig, daß die lepontischen Inschriften einem keltischen Volk zuzuschreiben sind, das in ursprünglich ligurischem Gebiet wohnte.

### Das Ligurische

Zu den antiken Völkern des westlichen Mittelmeerraumes gehören auch die Ligurier. Wir müssen kurz die umstrittene Frage erörtern, ob es sich um Ureinwohner oder um ein weiteres indogermanisches Einwanderervolk handelte. In historischen Zeiten treten sie als ein typisches Reliktvolk auf, das arme unzugängliche Landstriche bewohnte, in die sie durch den Druck mächtigerer Völkerschaften zurückgedrängt worden waren. Sowohl aus den Zeugnissen antiker Autoren als auch aus Ortsnamen geht jedoch klar hervor, daß sie zuvor ein weit größeres Gebiet Westeuropas innehatten und bis zur Poebene, bis Etrurien, nach einigen Schriftstellern sogar bis Rom und Latium zu finden waren. Dieses Gebiet stimmt grob zu der Zone, in der wir Ortsnamen mit dem Suffix *-sc-* finden (z. B. Flußnamen wie *Vinelasca, Tutelasca, Neviasca* usw.). Weiter hören wir von Liguriern in Korsika; es heißt sogar, die Sikuler seien Ligurier gewesen, die von den Umbrern und Pelasgern nach Sizilien getrieben wurden. Sowohl in Sizilien als auch in Ligurien finden wir die Ortsnamen *Entella, Eryx* und *Segesta*. Die ligurische Sprache wurde als „zweifellos indogermanisch"[13] bezeichnet, weil ligurische Wörter wie *asia* „Roggen", λεβηρίς „Kaninchen", *saliunca* „wilde Anemone" alle indogermanisch sind, und weil auch viele Ortsnamen der Gegend als indogermanisch anzusehen sind, so z. B. der Flußname *Porco-bera* „Lachsträger", der Bergname *Berigiema* „Träger des Schnees" und der Stadtname *Bormiae* „warme Quellen"; es handelt sich um Spuren eines Dialektes, der auf Grund seines Lautstandes weder italisch noch keltisch sein kann. Die Ansicht, daß das Ligurische einen indogermanischen Dialekt darstellt, steht jedoch im Wider-

[13] J. Whatmough, *The Foundations of Roman Italy*, London 1937, 129.

spruch zu den archäologischen Funden, denn sie impliziert eine Invasion (vermutlich von den oberitalienischen Seen her), und dafür gibt es in der Vor- und Frühgeschichte keinerlei Anhaltspunkte. Das bringt uns zu der Annahme zurück, daß das Ligurische von Abkömmlingen der jungsteinzeitlichen Bewohner der Region gesprochen wurde. Daß die Ligurier tatsächlich schon früh in ihrer historischen Heimat ansässig waren, wird durch die oben erwähnte sprachliche Verwandtschaft zum Sikulischen nahegelegt. Man hat also auch zuversichtlich die Vermutung geäußert, daß das Ligurische nicht zum Indogermanischen gehöre (H. Krahe), und daß der indogermanische Charakter einiger Ortsnamen durch die Annahme zu erklären sei, daß ein indogermanisches Volk zu einem bestimmten Zeitpunkt die jungsteinzeitliche Bevölkerung überlagert habe. Der springende Punkt bei dieser Diskussion ist offenbar nur eine Definitions- und Datierungsfrage. Die Vertreter des indogermanischen Charakters des Ligurischen würden wahrscheinlich zugeben, daß dies eine Einwanderung und die Unterwerfung der ursprünglichen Bevölkerung voraussetzte, die ihrerseits in der Jungsteinzeit aus Nordafrika über Spanien und Frankreich nach Italien gekommen wäre. Die einzige Frage besteht darin, wem man den Namen „Ligurier" geben soll und wann das Volk kam, dem man die indogermanischen Wörter und Ortsnamen zuschreiben muß, die von beiden Seiten zugegeben werden. Wir lassen diese Frage offen und beschränken uns auf eine Mahnung zur Vorsicht. Die Deutung prähistorischer Ortsnamen ist weitgehend hypothetisch. Wie unsicher sie ist, soll an einem Musterbeispiel erläutert werden. Der in der *Sententia Minuciorum* genannte Bergname *Berigiema* wurde, wie oben erwähnt ist, als *Beri-giema* „Träger von Schnee" *(*bher + *gheiem)* analysiert. Das würde implizieren, daß das Volk, auf den dieser Name zurückgeht, eine *centum*-Sprache sprach, während die Entwicklung des *bh* zu *b* die Zugehörigkeit zur italischen Gruppe ausschließen würde. Diese ganze Argumentation wird jedoch hinfällig, wenn man, wie ebenfalls vorgeschlagen wurde, den Namen als *Berig-iema* analyisiert.

### Das mittelmeerische Substrat

Von den Liguriern kommen wir jetzt zu den sprachlichen Beiträgen der einheimischen mittelmeerischen Völker, in deren Land die Proto-Lateiner sich niederließen. Hier steht uns sofort eine methodische Schwierigkeit im Wege, denn von den vorindogermanischen Sprachen Italiens wissen wir direkt wenig oder gar nichts. Es ist sicher nicht ausreichend, alle lateinischen Wörter ohne indogermanische Etymologie als vorindogermanische anzusehen. Die Entsprechungen in anderen Sprachen könnten ja verlorengegangen sein oder das lateinische Wort könnte durch die zahllosen innovatorischen Kräfte, die in jeder Sprache wirksam sind, umgestaltet worden sein; wir dürfen auch die Möglichkeit einer Entlehnung aus unbekannten Sprachen vor der Ankunft der Proto-Lateiner in Italien nicht außer acht lassen, und schließlich wäre ja auch noch eine unabhängige Neubildung denkbar. Dennoch kann man bei einigen Wortgruppen eine ziemlich große Sicherheit erzielen. Man hat beobachtet, daß Substratwörter, die Bodenbeschaffenheit sowie einheimische Pflanzen und Tiere bezeichnen, besonders widerstandsfähig sind. Solche Wörter treten auch über Sprachgrenzen hinweg auf, und ihr nichtindogermanischer Charakter zeigt sich oft daran, daß sie trotz ihrer Ähnlichkeit nicht auf eine gemeinsame Wurzel zurückgeführt werden können. Ein besonders eindrucksvolles Beispiel stellt das Wort für „Blei" dar. Schon die Variation des griechisches Wortes allein (μόλυβδος, μόλιβδος, μόλιβος, βόλιμος) legt den Schluß nahe, daß wir es mit einem Kulturlehnwort zu tun haben. Eine vage Ähnlichkeit zu lateinisch *plumbum*[14] ist unverkennbar. Im günstigsten Falle zeigen einheimische Wörter auch besondere morphologische Phänomene, die ihre Herkunft über jeden Zweifel erheben. Das ist zum Beispiel beim Worte *uaccīnium* der Fall. Das entsprechende griechische Wort lautet ὑάκινος. Wir finden also eine gewisse Übereinstimmung in der Wurzel, aber die Unterschiede sind zu groß, als daß man an eine Entlehnung in der einen oder anderen Richtung denken könnte. Außerdem weist das griechische Wort das Suffix -ινϑο- auf, welches bei vielen Ortsnamen und Kulturwörtern, die der vorgriechischen Ägäisbevölkerung zugeschrieben werden, auftritt (Κόρινϑος, ἀσάμινϑος „Badewanne"). Man kann also mit einem ziemlich hohen Grade an Sicherheit *uaccīnium* dem mittelmeerischen Substrat zuschreiben. Zur Kategorie botanischer Namen lassen sich weitere Wörter rechnen: *menta* (μίνϑη), *viola* (ϝίον), *līlium* (λείριον), *cupressus* (κυπάρισσος mit dem ebenfalls aus Ortsnamen bekannten Suffix -σσο-), *laurus* (die griechischen Varianten zeigen alle Kennzeichen eines fremden Lehnwortes: δάφνη, δαῦκον, δαύχνα, λάφνη), *fīcus* (σῦκος, τῦκον, armenisch *thūz*), *citrus* (κέδρος).

Wenn man diese Wörter auch zweifellos auf eine gemeinsame mittelmeerische Basis zurückführen kann, so wird es doch auch klar, daß es keine Rechtfertigung für das Postulat einer sprachlichen Uniformität im

[14] *plumbum* ist wahrscheinlich iberisch und kann mit baskisch *berun* verbunden werden. Derartige „Kolonialwörter" können in den entlehnenden Sprachen unterschiedliche Gestalt annehmen.

Rahmen einer „mittelmeerischen Sprache" vor der Ankunft der verschiedenen Indogermanenstämme gibt[15]. Beim Wort für „Rose" besteht z.B. eine merkliche Ähnlichkeit zwischen griechisch ῥόδον und iranisch *wr̥di* (persisch *gul*), das im Armenischen als Lehnwort *(vard)* auftaucht. Im Lateinischen stört bei *rosa* der inlautende Konsonant und setzt eine Vermittlersprache voraus, in der *-d-* assibiliert wurde[16]. Weiter bleibt zu bemerken, daß dieses intervokalische *-s-* nicht dem normalen lateinischen Rhotazismus (siehe S. 255) unterworfen wurde.

Besonders von italienischen Forschern sind zahlreiche Anstrengungen unternommen worden, die Charakteristika der mittelmeerischen Sprachen festzustellen. So wurden z.B. auf Grund von Konsonantenalternationen wie in *Padus: Patavium, Bodincus* oder *Bergomum: Pergamum* Schlußfolgerungen zur Art der mittelmeerischen Verschlußlaute angestellt. Aber das häufige Auftreten solcher Alternationen in anderen Sprachen (z.B. germanisch *Ding/thing/ting*) sollte bei derartigen Höhenflügen der Phantasie bremsend wirken. Was den Wortschatz anbelangt, so wurden die modernen Dialekte – besonders im Alpenraum – nach Spuren vorindogermanischer Wörter durchforstet, und man hat eine ganze Reihe von Vokabeln großer phonetischer Ähnlichkeit gefunden, die sich auf die Bodengestalt beziehen, z.B. *ganda* „Geröllhalde", *alba* „Fels", *balsa* „Sumpf", *gaua* „Wasserlauf". Man hat sie mit etruskischen Wörtern wie *lada* „Frau" verglichen und den Schluß gezogen, daß eine derartige Struktur in den mittelmeerischen Sprachen vorherrschte. So könnte man für lateinisch *bāca* „Beere" an eine solche Herkunft denken, denn Wörter, die in Verbindung mit dem Weinbau stehen, sind, wie wir oben sahen, mittelmeerischen Ursprungs. Varro (L. L. 7, 87) sagt *uinum in Hispania bacca*[17], und die Versuchung liegt nahe, in diesem Zusammenhang an den Namen des Weingottes Βάκχος zu erinnern. Ähnliche Methoden wurden angewendet, um dem Begriff „mittelmeerische Dialektzonen" eine größere Präzision zu geben. So wurde aus Ortsnamen wie *Gaditanus, Iliberritanus*

[15] Nach H. Krahe, *Die Indogermanisierung Griechenlands und Italiens*, Heidelberg 1949, 32–35 sollte man zwei vorindogermanische Sprachzonen in Italien unterscheiden: Mittel- und Süditalien gehöre mit Sizilien nach Ausweis der charakteristischen Ortsnamen mit *-ss-* (*Tylēssus* in Bruttium, *Crimissa* in Süditalien, *Telméssus* in Sizilien) und -νϑ- (*Cocynthus* in Bruttium) zur ägäisch-anatolischen Zone. Krahe verbindet das mit Äußerungen antiker Schriftsteller (z.B. Dionys. Halic. 1, 23) über die Anwesenheit von „Pelasgern" in verschiedenen Teilen Mittel- und Süditaliens. Im westlichen Mittelmeerraum wären die Ligurier (siehe oben) ein vorindogermanisches Volk.

[16] *d* wurde im Oskischen und im Messapischen assibiliert.

[17] „Wein heißt in Spanien *bacca*".

oder *Panormitanus* ein westmittelmeerisches Suffix *-it-* herausgefiltert. Sardische Suffixe auf *-arr, -err, -urr* wurden „in leicht abweichender Form" in sizilianischen Ortsnamen wie Ὕκκαρα, Ἴνδαρα, Λιπάρα gefunden, und weil sich eine Verbindung mit römisch *suburra* herstellen ließ, dachte man daran, die alten lateinischen Wörter *acerra* „Weihrauchkästchen" und *uacerra* „Pflock" einer westmittelmeerischen Quelle zuzuschreiben.

Auf Grund der widersprüchlichen und fragmentarischen Zeugnisse, die auf den vorhergehenden Seiten besprochen wurden, kann man versuchen, ein ungefähres Bild der massiven Bevölkerungsverschiebung zu zeichnen, die zur Indogermanisierung der Apenninenhalbinsel führte, und die vielfältigen Einflüsse zusammenfassen, die die Frühgeschichte der Lateiner und ihrer Sprache in der neuen Heimat prägten.

Die ersten aus Mitteleuropa gekommenen Einwanderer indogermanischer Sprache waren die Vorfahren der Sikuler. Als nächste kamen die Proto-Latiner, denen die Sprecher italischer Dialekte folgten. Auf diese Völkerschaften übten verschiedene Stämme illyrischer Einwanderer Druck aus, der vielleicht dazu führte, daß die Proto-Latiner ihre Ansiedlungen in der Po-Ebene verließen und nach Latium, ihrer Heimat in historischer Zeit, weiterwanderten. Kurz nachdem sie dort mit einem Volk der oskisch-umbrischen Gruppe verschmolzen waren, trat in Gestalt der Etrusker eine neue politische und kulturelle Kraft auf. In welchem Maße verschiedenste Völkerschaften während der Periode der Etruskervorherrschaft zu einer neuen Einheit verschmolzen wurden, kann man, wie wir gesehen haben, aus den Personennamen erschließen.

KAPITEL III

# Die lateinischen Dialekte und die frühesten Texte

Wir haben jetzt die Vorgeschichte der lateinischen Sprache untersucht und sind zu dem vorläufigen Schluß gekommen, daß die Proto-Latiner ein indogermanischer Stamm aus Mitteleuropa waren, die um das Ende des 2. Jahrtausends vor Christus nach Italien eindrangen. Etwa im 10. Jh. v. Chr. kamen sie nach Latium und ließen sich dort in verstreuten ländlichen Ansiedlungen (oder *populi*) nieder, die miteinander lose Bündnisse bildeten. Rom selbst entstand aus einem Synoikismos erdbestattender Latiner und feuerbestattender Sabiner. Politisch waren alle diese latinischen *populi* gleichberechtigt, ein Zustand, der mit Ausnahme der Zeit der Etruskerherrschaft bis zum 4. Jh. v. Chr. dauerte, als Rom sich allmählich gegenüber seinen schwächeren Brüdern durchzusetzen begann und sie schließlich 338 auf den Status unterworfener Verbündeter zurückdrängte. Diese politische Vormachtstellung führte schließlich zur Verdrängung der Dialekte Latiums durch das Lateinische Roms. Daß jedoch die Sprache Roms ursprünglich eine der vielen lateinischen Mundarten war, wird aus den ältesten in Latein abgefaßten Inschriften deutlich.

Eine der Inschriften, die im Gebiet von Falerii (Cività Castellana) gefunden wurden, lautet beipielsweise *foied uino pipafo cra carefo = hodie uinum bibam, cras carebo.* Hier liegt eine lautliche Eigentümlichkeit vor, die das Latein Roms von den Dialekten des Umlandes und auch von den anderen italischen Dialekten unterschied, nämlich die Entwicklung von intervokalischem *-bh-* zu *-b-* im Gegensatz zum auf dem Lande üblichen *-f-*. Ursprüngliches *-dh-* war einer Parallelentwicklung unterworfen, d. h. römisches *-d-* entsprach faliskischem *-f-*, falls die Deutung von *efilis* als *aedīlis* korrekt ist. Trotz der Übereinstimmung des Faliskischen mit dem Oskisch-Umbrischen in diesem Punkte haben wir es mit einem lateinischen Dialekt zu tun, denn $*q^w$ erscheint als *qu* und nicht als *p* wie im Oskisch-Umbrischen (siehe oben). Andere lautliche Erscheinungen, die das Faliskische vom Lateinischen unterscheiden, sind die Behandlung der

Diphthonge (z.B. *ai* > *ē*, also etwa *pretod* = *praetor; ou* > *ō*, also z.B. *loferta*[1] = *līberta*) und der Verlust der Auslautkonsonanten (z.B. *cra* = *crās, zenatuo* = *senātus, sta* = *stat, mate* = *māter*). In der Formenlehre kann man den Dativ Singular der zweiten Deklination auf *-oi (zextoi),* die sekundäre Endung der dritten Person Singular auf *-d (douiad* = *det)*, die Futurbildung mit *-f- (carefo, pipafo)* und die Perfektreduplikation *(fifiked* = *finxit)* herausstellen. Weitreichende Folgerungen wurden an einen angenommenen Genitiv Singular der zweiten Deklination auf *-osio* geknüpft; es gibt jedoch nur ein einziges Beispiel, *kaisiosio*[2], und hier kann der Verdacht einer Dittographie nicht ausgeräumt werden, während es auf der anderen Seite viele Beispiele für den normalen lateinischen Genitiv auf *-i* gibt. Einen interessanten Punkt der Lautlehre haben wir uns für den Schluß aufgespart, nämlich den Wechsel zwischen *f* und *h* am Wortanfang, z.B. *hileo* und *filea, haba* = lat. *faba*, aber *foied* = lat. *hodiē.* Dieses Phänomen findet sich auch im Sabinischen und im Etruskischen, wodurch nahegelegt werden könnte, daß das Faliskische *lingua latina in bocca toscana* ist; jedenfalls taucht dasselbe Phänomen auch im lateinischen Dialekt von Praeneste (Palestrina) auf, wo noch weitere etruskische Einflüsse festgestellt wurden.

Bisher nahm man an, daß aus Praeneste der älteste Text in lateinischer Sprache stammt; es handelt sich jedoch wohl um eine Fälschung (siehe S. IX). Auf einer Fibel, die ins 6. Jh. v.Chr. gehören soll, stehen in griechischen Buchstaben die Worte *Manios*: *med*: *vhe*: *vhaked*: *Numasioi* = *Manius me fecit Numerio.* Wir finden also wiederum einen Dativ auf *-oi* und ein redupliziertes Perfekt *fefaced* für das ererbte *fēcit*, das im Lateinischen Roms erhalten ist. Dieses Perfekt begegnet uns in den oskischen Formen *fefacust, fefakid* wieder. Sowohl *fefaced* als auch *Numasioi* zeigen Bewahrung der Vollvokale im Inlaut im Gegensatz zur charakteristischen Reduzierung der unbetonten Vokale im frühen Latein (siehe S. 243f.). Ein weiteres Kennzeichen des Praenestinischen ist der Übergang des *i* zu *e* vor Vokal *(conea, fileai)* und in offenen Silben im Wortinneren (*Orcevio* = *Orciuius*, vgl. auch Varro R. R. 1, 2, 14: „rustici etiam quoque *uiam ueham* appellant et *uellam* non *uillam*“[3]. Andererseits wurde *e* zu *i* in geschlossener Silbe vor *r* (z.B. *Mirqurios*, vgl. *stircus* in Lukanien und wieder oskisch *amiricatud* = *immercātō*). So ist lat. *firmus* im Gegensatz zu *ferme* viel-

[1] Zu diesem Wort siehe unten, Seite 243.

[2] Vgl. jedoch *eco quto Ievotenosio* „ich (bin) der κώϑων von Ievoteno“ (E. Vetter, Glotta 27, 1939, 163–178.

[3] „Die Bauern nennen auch den Weg *(uia) ueha* und die Hütte *(uilla) uella*“.

leicht eine Dialektform, und auch bei *hircus* kann man ländliche Herkunft annehmen.

In der Behandlung der Diphthonge unterschied sich das Praenestinische wie andere ländliche Dialekte von der Sprache Roms: Auslaut -*āi* > *ā* (z. B. Dat. *Fortuna, primocenia*); *ai* > *ē (Esculapio); ei* > *e* (z. B. *Hercole*); *oi* > *ō (coraveron = cūrāuērunt); eu* > *ou* > *ō* (*Poloces* < Πολυδεύκης); *au* > *ō (Plotia)*. Wie im Faliskischen ist *s* am Wortende verstummt *(nationu = nātiōnis),* aber es ist vor Nasalkonsonanten erhalten, wo es in Rom fehlt *(losna = lūna < *louksnā)*. In der Formenlehre kann man den Nominativ Plural der zweiten Deklination auf *-es* erwähnen, z. B. *magistere(s)*; dieser Bildungstyp läßt sich auch anderswo nachweisen, z. B. in Tibur, Capua und Falerii. Ein anderes Phänomen, das im nicht-römischen Latein sehr verbreitet ist, ist der Genitiv Singular auf *-us (-os)*, wie er in *nationu(s)* vorliegt. Auch im Wortschatz haben wir einige Anhaltspunkte dafür, daß sich die Dialekte des Umlandes von Rom unterschieden. Zum Wort *nefrendes* schreibt Festus: „sunt, qui *nefrendes* testiculos dici putent, quos Lanuuii appellant *nebrundines*, Graeci νεφρούς, Praenestini *nefrones*"[4]. Hier haben wir es mit einem Dialektwort für „Nieren" zu tun, das mit deutsch *Niere* verwandt ist, wofür das Latein Roms *rēnēs* gebrauchte. Die lautlichen Varianten *nefrones, nefrundines, nebrundines* mit ihrem Wechsel zwischen *-f-* und *-b-* sind bemerkenswert. Ein weiteres altes Wort, das im ländlichen Latein erhalten blieb, jedoch im Dialekt Roms fehlt, ist praenestinisch *tongitio*, die Substantivierung des Verbs *tongēre*, das mit deutsch *denken*, englisch *think* verwandt ist. Dazu schreibt Festus: „*tongere* nosse est, nam Praenestini *tongitionem* dicunt notionem"[5]. Auch das Oskische besaß mit *tanginom = sententiam* ein verwandtes Wort.

Die 'archaischen' lateinischen Inschriften aus anderen Ortschaften zeigen auch abgesehen von den praenestinischen und faliskischen Zeugnissen beachtliche Abweichungen vom Latein Roms, die über das hinausgehen, was oben nebenbei erwähnt wurde. Die wichtigsten Fälle sollen hier zusammengefaßt werden.

In der Lautlehre wollen wir den Übergang von *d* zu *r* vor Labial erwähnen, der in *arvorsum, arfuisse* vorliegt (vgl. volskisch *arpatitu = affunditō*, marsisch *apur finem*). Folglich könnte *arbiter* ein Dialektwort sein. Die starke Synkope unbetonter Vokale, die in Formen wie *lubs = lubē(n)s, dedront = dedērunt, cedre = caedere*

[4] „Es gibt Leute, die glauben, *nefrendes* würden die „Hoden" genannt, die die Lanuvier *nebrundines*, die Griechen νεφροί und die Praenestiner *nefrones* nennen".

[5] „*tongere* heißt „kennen", denn die Praenestiner sagen für „Kenntnis" *tongitio*".

auftritt, ist nur scheinbar, denn in vielen dieser Fälle können die Konsonanten silbischen Wert (*b* = *be, d* = *de, c* = *ce)* haben. Die Dialektbehandlung der Diphthonge zeigt sich in der Deklination der Nomina, z.B. in Dativ-Singular-Formen wie *Locina* und *Diane* (beide Male < *āi*), *Marte* (*ē* < *ei*) usw.

In der ersten Deklination ist beim Nominativ Plural oft die alte Endung *-ās* bewahrt geblieben *(matronas, quas)*, während der Dativ Plural zuweilen als *-as* auftaucht (< *-āis*, z.B. *devas Corniscas*). Zum Genitiv Singular auf *-aes* (z.B. *Aquiliaes)* siehe S. 266. Was die Dialekteigentümlichkeiten bei der zweiten Deklination anbetrifft, so taucht der angebliche Plural auf *-ōs* nur in Gentilnamen auf, denen zwei Praenomina vorangehen, die Söhne desselben Vaters bezeichnen. Die Formen auf *-o(s)* können daher als Singular interpretiert werden. Beim Verb erscheint die Endung der zweiten Person Singular Medium oft als *-us* statt *-is* im klassischen Latein, z.B. *spatiarus.* Bei *deda(nt)* in CIL I² 379 haben wir es wie im Umbrischen mit einer reduplizierten Form von *dare* zu tun. Oskischer Einfluß kann in den Imperativformen *fundatid, proiecitad, parentatid* aus Luceria in Apulien gesehen werden (siehe S. 304).

Wir besitzen nur ein paar nichtssagende Fragmente des römischen Lateins vor dem Ende des 3. Jh., als die Texte langsam zahlreicher wurden. Die älteste Inschrift steht auf einem beschädigten Cippus, der 1899 unter einem schwarzen Stein gefunden wurde, der als Markierung des Romulusgrabes angesehen wurde. Auf diesem Cippus, der etwa aus dem 5. Jh. stammt, steht vertikal ein bustrophedon geschriebener Text (Nr. 3), dessen offensichtliches Alter und dessen Wichtigkeit für die Geschichte des Lateinischen den Scharfsinn der Forscher angespornt hat. Er wurde auf verschiedene Arten gedeutet, etwa als Bestimmungen über die Privilegien des *rex sacrorum*, als in Saturniern abgefaßtes Gesetz des Tarquinius Priscus, als ein Gesetz des Tarquinius Superbus über Kriegsbeute usw. Bezüglich der Wörter im erhaltenen Teil des Textes scheint allgemeine Übereinstimmung zu bestehen: *quoi* = *quī, sacros* = *sacer, recei* = *rēgī, iouxmenta* = *iūmenta, iouestod* = *iūstō*. Dadurch erfährt unser Wissen um das Lateinische kaum eine Erweiterung, die man nicht schon durch Rekonstruktion gewonnen hätte. Nicht weniger enttäuschend ist die Inschrift auf einer dreigeteilten Vase, die 1880 in dem Tal zwischen Quirinal und Viminal gefunden wurde (Nr. 2). In der ersten Zeile kann man die Wörter *deiuos, qoi, med, mitat, cosmis, uirco, siet* erkennen, aber der Sinn des Ganzen entgeht uns noch. In der zweiten Zeile ist nichts klar. Die ersten drei Wörter der dritten Zeile, *duenos med feced*, bedeuten offenbar *Bonus mē fēcit* „Bonus hat mich gemacht". Während also die ältesten Texte wenig positive Erkenntnisse zu unserem Wissen über das frühe Latein hinzufügen, so erlauben sie doch den Schluß, daß zwischen dem 5. und 3. Jh. v.Chr. so drastische Veränderungen im Latein stattgefunden haben, daß die Forschung nicht in der Lage ist, Texte aus früherer Zeit zu verstehen. Wahrscheinlich ging es den Römern selbst nicht anders[6], wenn wir aus dem *Carmen Arvale* Rückschlüsse ziehen dürfen, das sich im Protokoll des Tätigkeitsberichtes der *Fratres Arvales* aus dem Jahre 218 v. Chr. findet. Wir haben es hier mit einem rituellen Text aus uralter Zeit zu tun, der von einer Generation religiöser Amtsträger der nächsten weitergegeben wurde, wobei er für die, die ihn sprachen, vollkommen unverständlich geworden war. Dieser Text (Nr. 4) wurde von Eduard Norden folgendermaßen übersetzt[7]:

1. Laren, helft uns!
2. Mars, mögest du nicht das Fortschreiten des Unheils zulassen!
3. Mars, sei satt! Spring auf die Schwelle, steh dort!
4. Die Semonen werdet ihr im Wechselgang herbeirufen.
5. Mars, so hilf uns dann!
6. Triumpe!

Der Hymnus wurde anläßlich einer Zeremonie gesungen, die auf der Grenze (*līmen* in metaphorischem Sinne, vgl. *postlīminium* „Rückkehrrecht") des *ager Rōmānus* gesungen wurde. Zunächst wird die Hilfe der Lares (die *agrī custōdēs* sind, vgl. Tibull 1, 1, 9) angerufen. Dann wird Mars, der nicht nur der wilde Kriegsgott ist, sondern auch der Beschützer der Ernte und Gebäude des Bauern, aufgefordert, seine Stellung auf der „Schwelle" einzunehmen und das Land vor Schaden zu beschützen. Die Semones sind eine Gruppe von Göttern, von denen wenig bekannt ist; Norden nimmt an, daß sie göttliche Mächte, sozusagen Ausführungsorgane der obersten Götter, sind: „Die Semones, Verkörperungen der Mächte, die das Volk schützen, werden helfen." Punkte, die sprachwissenschaftlich interessant sind, sind die Interpretation von *enos* als *ē* (Beteuerungspartikel wie griechisch ἦ) + *nōs* „wir"; das Wortspiel *lue(m) rue(m)* (*ruēs* für späteres *ruīna*; aus derselben semantischen Gruppe können wir *lābēs, strāgēs, tābēs* zitieren); *sins* steht vermutlich für *sinās; fu* ist ein Imperativ, der von der Wurzel **bhu* aus gebildet wurde, die ja am Paradigma des Verbes „sein" so starken Anteil hat; *berber* ist eine reduplizierte

[6] Polybios (3, 22, 3) stellt das ausdrücklich bei der Behandlung des Vertrages zwischen Rom und Karthago fest, der im Jahre nach der Vertreibung der Könige geschlossen wurde: „Wir teilen den Vertrag in möglichst genauer Übersetzung mit, denn so groß ist auch bei den Römern der Unterschied ihrer jetzigen Sprache von der alten, daß auch die Kundigsten manches trotz eingehender Beschäftigung kaum verstehen" (Übers. H. Drexler). Vgl. auch Tenney Frank, *An Economic Survey of Ancient Rome*, Band 1, S. 6–7.

[7] E. Norden, *Aus altrömischen Priesterbüchern*, Lund 1939, 227–228.

Form eines Demonstrativstammes, der auch in der Weissagungsformel *ullaber arbos* (Varro L. L. 7, 8; siehe S. 68) vorkommt; *alternei* ist anscheinend ein Lokativ, der adverbiell in der Bedeutung „abwechselnd" verwendet wird; *aduocapit* ist eine apokopierte Form von *aduocapite*, das Futur ist also imperativisch verwendet. Es ist offenkundig, daß wir es bei diesem Dokument mit einem besonders alten lateinischen Text zu tun haben, der allerdings an einigen Stellen oberflächlich modernisiert wurde (z.B. *pleoris* statt *pleoses*) und möglicherweise kleine Korruptelen aufweist. Er bezieht sich auf eine uralte Zeremonie, die im römischen Staatskult eine zentrale Stellung einnahm. Und doch konnte Norden gewichtige Gründe anführen, die es nahelegen, daß sogar dieses alte Dokument der Latinität Roms in Gedankengang, Struktur und Formulierung vieles griechischen Vorbildern verdankt.

Der Einfluß des Griechischen wird auch in einem anderen Dokument offenkundig, das ins 5. Jh. v.Chr. zurückreicht, nämlich im Zwölftafelgesetz. Wir kommen somit zu einer noch getrübteren Quelle von Informationen über die frühe Latinität, denn für unsere Kenntnis des Zwölftafelgesetzes stehen uns keine inschriftlichen Zeugnisse aus erster Hand zur Verfügung. Ob die originalen Bronzetafeln nun bei der gallischen Plünderung Roms 390 v.Chr. zerstört wurden oder nicht, jedenfalls „existierte am Ende der Republik kein autoritativer Text"[8]. Unsere Kenntnis des Textes beruht auf Zitaten oder Paraphrasen von Autoren seit dem 1. Jh. v.Chr., besonders von Cicero und von den Juristen. Die Römer selbst glaubten, daß zur Zeit, als die Patrizier unter dem Druck der Plebejer gezwungen waren, der Abfassung eines Gesetzbuches zuzustimmen, eine Gesandtschaft nach Athen geschickt wurde, um Solons Gesetzgebung zu studieren, und daß die *decemuirī* nach ihrer Rückkehr den Gesetzestext erstellten, der dann auf zehn Bronzetafeln eingraviert wurde, die dann auf dem Marktplatz aufgestellt wurden (450 v.Chr.). Daß diese Sage ein Körnchen Wahrheit enthält, wird wahrscheinlich gemacht durch die Ähnlichkeiten zu frühen griechischen Gesetzestexten in Inhalt und Form, z.B. zum Gesetz von Gortyna auf Kreta. Ein griechischer Ursprung dieses grundlegenden Dokumentes der römischen Gesetzgebung würde erklären, warum ein so zentrales Wort des Rechtswortschatzes wie lateinisch *poena* aus dem Griechischen entlehnt wurde (ποινή). Die ungeheuere Wichtigkeit der Zwölftafelgesetze für die Entwicklung der literarischen Sprache der Römer kann aus der folgenden Bemerkung Ciceros (*de legi-*

[8] H. F. Jolowicz, *Historical Introduction to the Study of Roman Law*, Cambridge 1952, 106.

*bus* 2, 4, 9) abgeleitet werden: „a paruis enim, Quinte, didicimus *si in ius uocat* atque eiusmodi alias leges nominare"*. Die Bedeutung der Tatsache, daß ein Text, der von den römischen Schulkindern auswendig gelernt wurde, auf griechischen Vorbildern beruhte, soll ausführlicher im folgenden Kapitel über das Wachsen der literarischen Sprache behandelt werden. Die altertümlichen Spracheigentümlichkeiten der Texte, die der Zufall der Überlieferung uns bewahrt hat, sollen im zweiten Teil dieses Buches erörtert werden. Beispiele finden sich im Anhang.

Unter den frühen Texten, die in den Schriften späterer römischer Autoren bewahrt blieben, finden sich neben den Zwölftafelgesetzen auch noch andere, deren offensichtlich hohes Alter sie besonders wertvoll für unsere Kenntnis des vorliterarischen Lateins macht. Dazu gehört die von Varro (L. L. 7, 8) bewahrte Auguralformel. Solche Formeln waren für die Römer der späteren Jahrhunderte größtenteils unverständlich geworden, und sie bildeten daher für Grammatiker und Lexikographen einen beliebten Gegenstand von Interpretationen und Diskussionen, wie aus Varros Kommentar deutlich wird: „quod addit *templa* ut sint *tesca*, aiunt sancta esse qui glossas scripserunt; id est falsum nam . . .". Ich gebe den Text der Formel so wieder, wie er von Norden wiederhergestellt und interpretiert wurde[9]:

templa tescaque m(eae) f(ines) ita sunto
quoad ego easte lingua nuncupauero
ollaner arbos quirquir est quam me sentio dixisse
templum tescumque m(ea) f(inis) esto in sinistrum
ollaber arbos quirquir est quod me sentio dixisse
templum tescumque m(ea) f(inis) esto ⟨in⟩ dextrum
inter ea conregione conspicione cortumione
utique eas rectissime sensi

Der Augur ist dabei, das *templum* zu markieren, und dabei müssen Zeichen beachtet werden. Vor ihm liegt ein Stückchen Land, dem übernatürlicher Charakter zugeschrieben wird (vgl. Accius 557 W. „quis tu es mortalis qui in deserta et tesca te apportes loca"[10], und Varro L. L. 7, 10 „loca quadedam agrestia, quod alicuius dei sunt[11]). Im ersten Teil der Formel

[9] E. Norden, *Aus altrömischen Priesterbüchern*, Lund 1939, 97; vgl. jedoch auch die Kritik von K. Latte, Philologus 97, 1948, 143–159.

[10] „Wer bist du, Sterblicher, der du dich in verlassene und abgesonderte Gebiete begibst?"

[11] „*tesca* sind abgelegene Gebiete, die irgendeinem Gott gehören".

wählt der Augur zwei Bäume zur Rechten und Linken und erklärt beide zum *templum tescumque; templum* hat hier die Bedeutung „Grenze", während *tescum* hervorhebt, daß es sich um heiligen Boden handelt. Vergil scheint mit *limina laurusque* (Aen. 3, 91) auf diese Augurenformel anzuspielen. Die beiden letzten Zeilen sind beschädigt und unklar. Varro paraphrasierte ihren Sinn als „in ihnen sind Zonen festgelegt, in denen die Augen schauen müssen". Die drei Abstrakta auf *-iō* können aktiv wie bei *obsidiō* oder passiv wie bei *regiō, diciō* usw. sein. Das Präfix *con-* bezeichnet bei Verben die Vollendung (z.B. *cōnficere* „fertigstellen"). Zu derselben semantischen Gruppe gehört *condiciō* „Bedingung", das zu der weitverbreitet indogermanischen Wurzel **deik/*dik* „markieren, festlegen" gehört; folglich bedeutete *condiciō* ursprünglich „die Tätigkeit des Markierens" oder „das markierte Gebiet". Das Wort kam natürlich in Zusammenhängen vor, bei denen es um die Beilegung von Gebietsstreitigkeiten ging (z.B. *aquae condiciōnēs*), so daß in bestimmten Kontexten *condiciōnēs* mit *pāx* „Friede", einem weiteren „Grenzmarkierungswort" (zu **pag* „fest machen", vgl. *pāla* „Pfahl"), synonym ist. Folglich könnte *conregiō* usw. den Raum bezeichnen, der sich innerhalb bestimmter Grenzen befindet, die durch einen physischen Akt des Ziehens von Linien *(conregiō)*, durch Gebrauch der Augen *(cōnspiciō)* und durch eine geistige Tätigkeit *(contumeo)* festgelegt wurden. *inter* hat hier seine älteste Bedeutung, nämlich die separative Form von *in* mit dem Suffix *-ter* (siehe S. 279f.). Wie *in* konnte es ursprünglich den lokativischen Ablativ regieren. In der überlieferten Form ist die Formel sicherlich unvollständig; sie endete zweifellos mit einer Götteranrufung in der Art der von Livius 1, 18, 9 verwendeten Formel: „uti tu (Iupiter) signa nobis certa adclarassis inter eos fines quos feci"[12]. Sprachlich interessante Punkte sind abgesehen von dem archaischen Terminus technicus *tesquom* die Demonstrativa *easte* = *istās, ollaner* und *ollaber* (zu *-ner* vgl. oskisch-umbrisch *ner* = *sinister* und griechisch νέρ-τεροι = *īnferī, sinistrī*; zu *-ber* vgl. das oben genannte reduplizierte *berber*); *quirquir* = *ubicumque* (Adverbialbildung auf *-r* wie in englisch *where, there*, litauisch *kur̃*, lat. *quōr, cūr*, siehe S. 308).

Von den anderen religiösen Formeln, die von späteren Autoren überliefert wurden, wollen wir die Gebete erwähnen, die in Catos Bauernregeln enthalten sind (de agricult. 132,1 und 134,3). Die beschriebenen Riten gehören zur ältesten Schicht der römischen Religion, und die im Wortlaut eindrucksvollsten Gebete richten sich an Jupiter Dapalis und

12 „Iupiter, sende uns ein deutliches Zeichen innerhalb der Grenzen, die ich abgesteckt habe".

Janus anläßlich des Opfers von *struēs, fertum* oder Wein. Ein Beispiel: „Postea Iano uinum dato sic: ‘Iane pater uti te strue ommouenda bonas preces precatus sum, eiusdem rei ergo macte uino inferio esto’. Postea Iovi sic: ‘Iuppiter, macte isto ferto esto, macte uino inferio esto’“[13]. Es gibt kaum einen Zweifel daran, daß wir es hier mit einem „unbestreitbar echten altrömischen Gebet zu tun haben, das aus den Priesterbüchern stammt und Wort für Wort im Originalzustand erhalten ist“[14]. Ein Wort, das in diesen Gebeten immer wieder vorkommt, ist das mysteriöse *macte.* Die Bedeutung dieses zweifellos uralten Terminus wurde auch in der Zeit der Republik nur noch vage verstanden, und er war zu einem bloßen Glückwunsch heruntergekommen: *macte virtūte* „bravo“. Die Volksetymologie verband *macte, mactus* mit *māgnus* und erklärte es als *magis auctus.* Diese Erklärung hat auch heute noch Anhänger, und *mactus* wird als Partizip eines Verbs **magere* angesehen. Die Wortreihe *mactus, mactāre, magmentum* kann jedoch zu *aptus, aptāre, ammentum* von *apere* in Parallele gesetzt werden und legt dann eine Basis **macere* nahe. Weitere morphologische Parallelen wie *lacere* von *lax* und *opere* von *ops* machen es wahrscheinlich, daß **macere* ebenso mit einem Substantiv **max*, zu dem *macula* das Diminutiv ist, zu verbinden ist. Die Bedeutung „besprengen“, die auf diese Weise für **macere, mactus, mactāre* herausgestellt wurde, wird bestätigt durch den Zusammenhang, in dem diese Wörter vorzukommen pflegen. So schreibt z.B. Servius (zu Aen. 9, 641):

> *macte*, magis aucte, adfecte gloria; et est sermo tractus a sacris: quotiens enim aut tus aut uinum super fundebatur, dicebant ‘mactus est taurus uino uel ture’[15].

Es ist nichts Erstaunliches an der semantischen Weiterentwicklung zu „opfern, verehren, segnen“ bei einem Wort, das ursprünglich eine besondere rituelle Handlung bezeichnete; es sei ausreichend, aus der großen Zahl von Beispielen aus vielen Sprachen lateinisch *immolāre* zu nennen,

[13] „Danach soll man dem Ianus folgendermaßen Wein opfern: ‘Vater Ianus, wie ich bei der Darbietung des Opferkuchens gute Gebete an dich gerichtet habe, so sei auch geehrt durch den Opferwein’. Dann soll man sich folgendermaßen an Iupiter richten: ‘Iupiter, sei geehrt durch diesen Opferfladen, sei geehrt durch den Opferwein’“.

[14] W. Warde Fowler, *The Religious Experience of the Roman People*, London 1933, 182.

[15] „*macte* kommt von *magis aucte* und bedeutet ‘mit Ruhm ausgestattet’; es handelt sich um ein Wort der Sakralsprache: so oft nämlich Weihrauch oder Wein über das Opfertier gegeben wurde, sagte man ‘der Stier ist durch Wein oder Weihrauch geheiligt’“.

das ursprünglich „Opfermehl über das Opfer streuen“ und dann einfach „opfern“ bedeutete. Vielleicht ist aber die überzeugendste Parallele in englisch *bless* „segnen“ zu sehen, das in vielen Fällen *macte* und *mactāre* wiedergeben kann; *bless* geht (vgl. *Oxford English Dictionary* s.v.) auf angelsächsisch **blôdisôjan*, eine Ableitung von **blôdo* „Blut“; das Wort bedeutete also ursprünglich „mit Opferblut besprengen“, war jedoch zur Zeit der englischen Christianisierung in seiner Bedeutungsentwicklung so weit fortgeschritten, daß es gewählt werden konnte, um lateinisch *benedīcere* mit all seinen Assoziationen von „verehren, segnen, Gott preisen, den Segen herabrufen, Worte guter Vorbedeutung sprechen“ usw. wiederzugeben. In Hinsicht auf den Gebrauch von *macte* in Iupiterriten sind die Bemerkungen des *Oxford English Dictionary* über die ursprüngliche Bedeutung von altenglisch *bloedsian* besonders interessant:

> „Urspüngliche Bedeutung (wahrscheinlich) ‘mit Blut heiligen; durch einen Opferritus, der durchgeführt wurde, um etwas dem profanen Gebrauch durch Menschen und dem bösen Einfluß von Menschen und Dämonen zu entheben, konsekrieren’ (das Bestreichen der Oberschwelle und der Türpfosten mit Blut, um sie Gott zu weihen und für den Engel der Zerstörung unverletzlich zu machen, Exod. 12, 23, war offenbar der Gedanke, der durch *bloedsian* in vorchristlicher Zeit ausgedrückt wurde)“.

Es besteht also allgemeine Übereinkunft darüber, daß die mit *mactāre* bezeichnete zeremonielle Besprengung ebenfalls ein Ritus war, der das Opfer aus der prophanen in die heilige Sphäre beförderte. So wird ein auf diese Art behandeltes Schwein von Varro (Men. 2 Bue.) als *molā mactātus* „mit Opfermehl geheiligt“ beschrieben.

Jetzt müssen wir von den spärlichen Überbleibseln des archaischen Lateins zur Behandlung der Frage kommen, wie allmählich das Lateinische Roms die anderen Mundarten Latiums verdrängte. Dieser sprachgeschichtliche Vorgang war wie immer die Widerspiegelung und die Folge politischer und sozialer Geschehnisse. Um die Mitte des 5. Jh. v.Chr. begannen die sabellischen Bergbewohner ihren Zug in die Ebene. Nach der Überlieferung wurde das Kapitol von den Sabinern und Tusculum von den Aequern besetzt. Angesichts dieser Gefahr sahen sich die Bewohner Roms und die anderen lateinischen Gemeinschaften zu einer politisch-militärischen Kooperation gezwungen, bei der Rom allmählich die führende Rolle übernahm. Bedrohungen durch verschiedene Feinde bewirkten die Allianzen mit den Latinern (358–354), mit den Aequern von Tibur und Praeneste (354–350) und mit den Faliskern (343–339). Schließlich brach zwischen Rom und seinen latinischen Verbündeten ein Konflikt aus, und 335 waren die Latiner unter römischer Kontrolle: die Städte wurden zu *mūnicipia* gemacht, und ihr Gebiet wurde von römischen Kolonien überwacht. Die römische Art der Konsolidierung war jedoch nicht Unterdrückung, sondern Absorbierung. In dieser Zeit sehen wir, wie Familien nicht-römischer Herkunft eine wichtige Rolle in Rom spielten. Gerade die Annektierung von Latium machte das Konsultat für die adligen Familien der eroberten Städte zugänglich, und C. Marcius Rutilus, der erste plebejische Diktator, war volskischer Herkunft. Zweifellos führte dieser Zustrom nicht-römischer Elemente in den römischen Staat und ihre Absorbierung zu dem Prozeß, der aus dem Dialekt Roms hauptstädtisches Latein machte, so wie das Standardenglische das Resultat der Verschmelzung von Elementen verschiedener Mundarten ist, wobei allerdings der Dialekt der gebildeten Geschäftsleute Londons die Grundlage bildet; charakteristisch für die Konsequenzen dieses Prozesses sind Dialektdubletten wie *whole* and *hale, skirt* und *shirt, fox* und *vixen, raid* und *road* usw., während in der Formenlehre die Endung der 3. Ps. Sg. auf *-s*, die erst im 16./17. Jh. *-th* ersetzte, aus dem Norden stammt, ebenso wie die Pronomina *they, them, their.* Das hauptstädtische Latein nahm genauso Wörter und Formen vom Lande an, die auf Grund ihrer abweichenden lautlichen Gestalt leicht als Fremdkörper erkennbar sind. Einige der einschlägigen Kriteria wurden bereits genannt. Der Diphthong *ou* wurde in Rom zu *ū*, aber in einigen ländlichen Mundarten zu *ō*; folglich erweisen sich *rōbus* „rot" und *rōbīgō* „Rost" (< **reudh-*) als ländliche Eindringlinge in der Stadt. Auf Grund desselben Kriteriums läßt sich auch *ōpiliō* „Kleinviehhirt" nennen (für städtisches *ūpiliō* < **ovi-pilio*). Angeblich verwendete Augustus *domōs*, die ländliche Variante des Genitivs Singular von *domus* „Haus", statt *domūs* (< **domous*). Die dialektale Entwicklung von *au* zu *ō* läßt erkennen, daß Wörter wie *clōdus* „lahm", *cōda* „Schwanz", *cōdex* „Buch", *lōtus* „gewaschen", *lōtium* „Urin", *lōmentum* „Waschmittel", *ōlla* „Topf", *ōllula* „Töpfchen", *plōstrārius* „Lastwagenfahrer", *plōstellum* „kleiner Lastwagen" (städtisch *plaustrum*) ländlicher Herkunft sind. Zum ländlichen Übergang von *ae* zu *ē* kann man Varro L. L. 5, 97 zitieren: „in Latio rure *edus* qui in urbe ut in multis *a* addito *haedus*"[16] Einige ländliche Dialekte unterscheiden sich von der Sprache Roms durch das Fehlen des Rhotazismus, durch den intervokalisches *-s-* zu *-r-*wurde *(flōs, flōris)*. Solchen Dialekten sollten wir vielleicht lateinische Wörter wie *adasia* „ouis uetula recentis partus", *cāseus* „Käse" und Eigennamen wie *Caesar, Valesius* usw. zuschreiben. Wenn die Ableitung von **qatịa* richtig ist, dann

[16] „Auf dem Lande sagt man in Latium *edus*, während man in der Stadt wie in vielen Fällen ein *a* hinzufügt und *haedus* sagt".

kommt *casa* „Hütte" aus einem Dialekt, in dem *t* vor *i* assibiliert wurde, vgl. oskisch *Bansae* = *Bantiae*, marsisch *Martses* = *Martiis*. Jedenfalls ist intervokalisches *-s-* unrömisch. Ebenso erweist intervokalisches *-f-* statt stadtlateinischem *-b-* oder *-d-* die folgenden Wörter als dialektale Eindringlinge: *rūfus* „rothaarig" (< **reudhos*, eine weitere Dialektform, die römischem *ruber* < **rudhros* entspricht), *scrōfa* „Muttersau", *uafer* „schlau" (auch *uaber*). Schließlich zeigt die lautliche Gestalt von *furnus* „Ofen" (vgl. *fornāx*) und *ursus* „Bär" (man würde **orsus* erwarten, vgl. S. 240), daß diese Wörter aus Dialekten stammen, in denen *o* vor *-r-* in geschlossener Silbe zu *u* wurde.

Aus der römischen Staatsreligion, die, wie gesagt, die Adaptation eines Bauernkultes ist, und aus dem frühen römischen Recht, das die Interessen und Konflikte bäuerlicher Eigentümer widerspiegelt, wird klar, daß das frühe Rom im wesentlichen eine bäuerliche Gemeinschaft darstellte. In einem anregenden Aufsatz hat J. Marouzeau dargestellt, daß sich eine bäuerliche Weltsicht in vielen römischen Wörtern, Metaphern und Sprichwörtern zeigt[17]. So wird bei *pecūnia* „Geld" der Reichtum in Vieh *(pecus)* ausgedrückt, wie Cicero selbst (de re p. 2, 9, 16) festhält: „tum res erat in pecore, . . . ex quo pecuniosi . . . uocabantur"[18]. So ist *locuplēs* „wohlhabend" jemand, der sein Stück Land *(locus)* voll hat. Auch *ēmolumentum* „Vorteil" war wahrscheinlich ursprünglich ein Bauernterminus, der die Menge des aus einer bestimmten Menge von Getreide ausgemalenen *(molere)* Mehles bezeichnete. Demgegenüber ist die Verbindung des archaischen Wortes *adōria* „Siegesruhm" mit *ador* „Spelt (eine Getreidesorte)" zurückzuweisen. Auch *laetus* „froh" war ein ländliches Wort, das „fett, reich, produktiv" in bezug auf Land, Pflanzen (Verg. G. 1, 1: „quid faciat laetas segetes"; Cato Agr. 61, 2: „ager laetus") und Tiere bedeutete (Verg. 2, 520: „glande sues laeti redeunt"). Dieser recht konkrete Sinn wird deutlich aus den Ableitungen *laetāre* „düngen" und *laetāmen* „Dung". In der Augurensprache war *laetum augūrium* ein Vorzeichen, das Überfluß und Wohlergehen ankündigte, und von da ist die normale Bedeutung „freudig" zu erklären. Auch *fēlīx* bedeutete ursprünglich „was Ernte hervorbringt" (Ableitungen auf *-īc-*, *āc-*, *-ūc-* sind besonders charakteristisch für den ländlichen Wortschatz) und wurde dann in übertragenem Sinne verwendet: „glücklich, von den Göttern begünstigt, günstig". *almus*, eine Ableitung von *alere* „ernähren", zeigt eine ähnliche Richtung in der

[17] J. Marouzeau, „Le latin langue de paysans", *Mélanges J. Vendryes*, Paris 1925, 251–264.

[18] „Damals bestand der Besitz im Vieh, und daher hatten die Reichen ihren Namen".

Bedeutungsentwicklung: es wird als Adjektiv zu *ager* „Acker“, *terra* „Erde“, *uītis* „Weinrebe“ verwendet, und es steht auch bei Fruchtbarkeitsgöttinnen wie Ceres, Maia und Venus. *probus* kommt von **pro-bhu̯os* und bedeutete ursprünglich „was richtig wächst“ (z. B. Accius, trag. 199–200 W: „probae . . . fruges suapte natura enitent“[19]); von daher entwickelte sich eine moralische Bedeutung, „rechtschaffen“. Eine vergleichbare Entwicklung läßt sich bei *frūgī*, dem Dativ von *frūx* „Frucht“, beobachten, der in Ausdrücken wie *esse frūgī bonae* „fähig sein, gute Frucht hervorzubringen“ verwendet wurde; später erfolgte eine Anwendung in moralischem Sinne auf Personen, und schließlich wurde *bonae frūgī* zu *frūgī* verkürzt, das als indeklinables Adjektiv konstruiert wurde. *luxus* und *luxuria* scheinen sich zunächst auf das unkontrollierte, unordentliche Wachstum der Natur bezogen zu haben: „luxuriem segetum tenera depascit in herba“[20] (Verg. georg. 1, 112). Diese Wörter wurden dann wahrscheinlich mit dem Adjektiv *luxus* „verrenkt“ (zum Bedeutungswandel vgl. griechisch λελυγισμένος „verweichlicht“) verbunden, aber andere Wissenschaftler glauben, daß *luxus* von einem Desiderativ abgeleitet sei, das eine erweiterte Form der Wurzel enthält, die in *luere* „sühnen“ vorliegt (vgl. *flūxus, laxus*). Auch *pauper* „arm“ war ursprünglich ein Ackerbauterminus, der in der Bedeutung „wenig erbringend“ auf Tiere und Felder angewendet wurde. Aus dem Wortschatz der Pflüger stammen *dēlīrāre*, wörtlich „von der Furche *(līra)* abkommen“, dann „über die Stränge schlagen, verrückt sein“, und *praeuāricārī*, das eine Ableitung von *uārus* „krummbeinig, gekrümmt, verbogen“ darstellt und beim Pflügen „eine krumme Furche pflügen“ (Plin. nat. hist. 18, 179: „arator praeuaricatur“) bedeutete; das Wort wurde in der Gerichtssprache auf Anwälte angewendet, die in heimlichem Einverständnis mit der Gegenpartei vorgehen. Schäferinteressen werden im Terminus *subigere* „das Weibchen dem Männchen unterlegen“ oder „den Ochsen unters Joch zwingen“ deutlich, woraus sich schließlich „unterwerfen“ entwickelte. *fēnus* „Zinsen“ wurde schon in der Antike von derselben Wurzel wie *fēlīx* hergeleitet; man unterstellte, daß Kapital Nachkommen habe: „fenus . . . a fetu quasi a fetura quadam pecuniae parientis atque increscentis“[21] (Varro ap. Gell. 16, 12, 7), vgl. griechisch τόκος „Kind, Zinsen“. Das Fesseln und Entfesseln von Tierfüßen wurde mit *impedīre* (in klassischer Zeit meist „hindern“) und *expedīre* (klassisch „befreien, erledigen, bereit machen“, die beide zu *pēs* „Fuß“ gehören,

[19] „Richtig wachsende Früchte streben durch ihre eigene Natur nach oben“.

[20] „Die Üppigkeit der Ernte weidet er im zarten Kraute ab“.

[21] „*fenus* „Zinsen“ kommt von *fetus* „Nachwuchs“, gleichsam wie von einem Kind *(fetura)* des Geldes, das gebiert und wächst“.

bezeichnet. Ein lahmes Tier war *peccus*, und davon wurde ein Verb *peccāre* abgeleitet („solue senescentem mature sanus equum, ne peccet ad extremum ridendus et ilia ducat"[22], Hor, ep. 1, 1, 8). *incohāre* „anfangen" bedeutet wörtlich „das *cohum* (Jochteil) anlegen". *stimulāre* und *īnstīgāre* bedeuteten „mit dem Stachel antreiben". *ēgregius* und *eximius* (in klassischer Zeit „hervorragend") bedeuteten beide „aus der Herde herausgenommenes Tier" („eximium inde dici coeptum, quod in sacrificiis optimum pecus e grege eximebatur"[23], Paulus Festus 72, 3). Andererseits wurde *contumāx* „eigensinnig" zunächst auf widerspenstige Tiere angewendet; ähnlich ist es bei *calcitrō* „Raufbold" („equum mordacem, calcitronem", Varro Men. 479). In der Rechtssprache finden wir den Terminus *rīuālis*, eine Ableitung von *rīuus* „Bach, Wasserrinne", die ihre übertragene Bedeutung anläßlich von Streitigkeiten um Wasserrechte bekam (vgl. *Digesta* 43, 20, 1: „si inter riuales, i. e. qui per eundem *riuum* aquam ducunt, sit contentio de usu . . ."[24]). Der Rechtsterminus *stipulārī* „sich etwas ausbedingen" kommt ursprünglich vom symbolischen Zerbrechen eines Strohhalmes *(stipula)* beim Eingehen einer Vereinbarung. Das *forum*, der römische Marktplatz, das Zentrum des öffentlichen Lebens, war ursprünglich das eingezäunte Gebiet um den Bauernhof. Auch *cohors* bezeichnete zunächst den Hof, den Pferch, die Hürde für Vieh, Geflügel, Gerätschaften usw. („*cohortes* sunt uillarum intra maceriam spatia"[25], Nonius 83, 11); das Wort wurde dann vom Volke der Bauern-Soldaten auf eine Unterteilung des Militärlagers und schließlich auf die dort lagernde Einheit übertragen, so daß es die technische Bedeutung „Unterabteilung einer Legion" bekam. Eine *cohors* umfaßte drei *manipulī*; auch diese Bezeichnung kommt aus dem Landbauwortschatz: wörtlich bedeutet sie „eine Hand voll" und wurde für die Garbe verwendet, die der Schnitter mit einer Hand umfaßt und mit einigen gedrehten Halmen zusammenbindet (*manipulōs obligāre, uincīre*, usw.). Eine Heugarbe wurde, wie uns berichtet wird, von einem *manipulus* als sein Feldzeichen getragen, und so wurde schließlich das Wort für die Einheit selbst verwendet (vgl. die griechische Lehnübersetzung σπεῖρα „etwas Zusammengedrehtes"). Zum

[22] „Sofern du bei Sinnen bist, spanne das alte Pferd bei Zeiten aus, damit es nicht zu guter Letzt erlahmt und mit seinen fliegenden Weichen lächerlich wirkt".

[23] „Man begann *eximius* zu sagen, weil das beste Tier beim Opfern aus der Herde herausgenommen wurde".

[24] „Wenn unter Kanalnachbarn, d. h. unter Leuten, die durch denselben Kanal Wasser beziehen, ein Streit um dessen Gebrauch aufkommt" . . .

[25] „*cohortes* heißen die Freiräume der Häuser, die sich zwischen Mauern befinden".

Schluß kann man noch den Militärterminus *agmen* „Marschkolonne" erwähnen, der zunächst „etwas, das getrieben wird; eine Herde" bedeutete. Eine drastische Redeweise, die für Landleute typisch ist, liegt in *trībulāre* „plagen" und *trībulātiō* „Not" vor, die von *trībulum* „Dreschschlitten mit scharfen Zähnen" abgeleitet sind. Auch *aerumna* „Drangsal" muß einmal eine konkrete Bedeutung gehabt haben, wie aus Festus' Bemerkung zum Diminutiv *aerumnula* klar wird: „*aerumnulas* Plautus refert furcillas, quibus religatas sarcinas uiatores gerebant; . . . itaque *aerumnae* labores onerosos significant" *** (Paul. epitom. Fest. 22, 13). Das Wort ist vielleicht angesichts des Suffixes *-umn-* etruskischer Herkunft (vgl. S. 52). Die Grundbedeutung „Last" wird aus den ältesten Beispielen wie *aerumnas ferre* oder *gerere* (Ennius) noch deutlich. Auch *prōmulgāre* „öffentlich ankündigen" ist ein bildhafter Bauernausdruck, der zunächst das Herausdrücken der Milch aus dem Euter bedeutete. Sogar normale Verben wie *cernere* „wahrnehmen" und *putāre* „meinen" bezeichneten ursprünglich die bäuerlichen Tätigkeiten des „Aussonderns" und des „Baumbeschneidens" (*putāre* ist eine Ableitung von *putus* „rein"). *prōpāgāre* ist „einen Sproß oder Ableger" *(prōpāgō)* setzen.

Marouzeau macht auch auf die große Zahl sprichwörtlicher Ausdrücke aufmerksam, die sich im Lateinischen auf das Landleben in seinen vielen Aspekten beziehen. Es ist allerdings noch die Frage, ob das besonders charakteristisch ist, denn wir finden dieselbe Sachlage in den meisten Sprachen. Ausdrücke wie „Man muß Heu machen, dieweil die Sonne scheint" sind auch im Deutschen gar nicht ungewöhnlich. Das Aufkommen der Industrie ist ja eine recht junge Erscheinung, und die übergroße Mehrzahl der Menschen hat sich seit der Steinzeit durch Landwirtschaft oder verwandte Tätigkeiten ernährt, so daß es unvermeidlich ist, daß alle Sprachen bis zu einem gewissen Grade „Bauernsprachen" sind.

Die Sprache Roms hatte also die beschriebenen Eigenheiten. Sie war eine Sprache, die von einem indogermanischen Volk, das nach langen Wanderungen sich schließlich in Latium niederließ, nach Italien gebracht worden war. Dort kreuzte sie sich mit der Sprache eines anderen indogermanischen Volkes und begann ihren mühsamen Weg zur Weltgeltung unter der Tutel des Etruskischen und Griechischen. Als Roms Macht wuchs und es zur politischen Vormachtstellung in Italien aufstieg, erhielt und absorbierte es neue Einwanderer aus Latium und schließlich von der ganzen Halbinsel einschließlich der Magna Graecia, und es war keineswegs nur die regierende Aristokratie, die sich auf diese Weise ergänzte. Bereits im sechsten Jahrhundert war Rom die reichste Stadt Italiens nördlich der Magna Graecia geworden, die Einwanderer anzog und auch willkommen hieß, darunter „eine große Zahl von Handwerkern, von griechischen Künstlern und Baumeistern[26]. Vor einiger Zeit wurde nachdrücklich darauf hingewiesen, daß der Zweck der servianischen Reformen darin zu sehen ist, daß man diese Masse ansässiger Nichtbürger den militärischen Bedürfnissen des römischen Staates nutzbar machen wollte[27]. Der Zustrom dieser neuen Elemente konnte nicht ohne sprachliche Konsequenzen bleiben. In den dicht bevölkerten Vierteln der großen Metropole wucherte die Sprache ohne die Disziplin einer literarischen Norm in ungezügeltem Wachstum. Unser nächstes Ziel muß es daher sein, den Versuch zu unternehmen, uns ein Urteil über die gesprochene Sprache der frühen Republik zu bilden.

[26] Cicero, de re publ. 2, 19, 34: „non tenuis quidam e Graecia riuulus in hanc urbem, sed abundantissimus amnis illarum disciplinarum et artium". Cicero führt als Beispiel Demaratos von Korinth (zweite Hälfte des 4. Jh. v. Chr.) an.
[27] H. Last, *The Servian Reforms*, Journal of Roman Studies 35, 1945, 30–48.

KAPITEL IV

# Das gesprochene Latein – Plautus und Terenz

Es liegt in der Natur der Sache, daß es mangels Tonträger keine direkte Kenntnis der gesprochenen Form irgendeiner nicht zeitgenössischen Sprache geben kann. Wir können lediglich versuchen, aus den uns zugänglichen geschriebenen Dokumenten umgangssprachliche Charakteristika herauszufiltern. Dieses Vorgehen erfordert eine Anzahl Kriterien, die uns in die Lage versetzen sollen, einige Erscheinungen als umgangssprachlich zu charakterisieren. Die gesprochene Sprache ist von der geschriebenen Sprache in erster Linie durch den direkteren und engeren Kontakt zwischen Sprecher und Hörer unterschieden. Das dialogische Hin und Her steigert die emotionale Spannung, die sich in Interjektionen, Ausrufen, Bekräftigungen, Übertreibungen, Hervorhebungen und dauernden Unterbrechungen zeigt. Die Geschwindigkeit und Spontaneität der Unterhaltung schränkt die Reflexion ein. Die Sätze werden nicht zu in sich selbst ruhenden logischen Strukturen geordnet, sondern die Bedeutung hängt von momentanen Launen ab und beginnt mit Parenthesen, nachträglichen Einfällen und Konstruktionswechseln, die von den Grammatikern als Anakoluthe, Kontaminationen u.ä. katalogisiert werden. Am wichtigsten ist vielleicht die Tatsache, daß Unterhaltung immer in einem bestimmten Situationskontext stattfindet, der oftmals detaillierte und explizite sprachliche Bezugnahme unnötig und überflüssig macht. Folglich ist Umgangssprache durch Reichtum an Anspielungen, durch deiktische Elemente, durch Verkürzung, Ellipse und Aposiopese gekennzeichnet. J. B. Hofmann[1] hat Kriterien dieser Art auf die Sprache der römischen Komiker und auf Ciceros Briefe angewendet, und er hat die allgemeine Ansicht bestätigt, daß diese Dokumente die zeitgenössische lateinische Umgangssprache widerspiegeln. Diese These müssen wir jetzt untersuchen.

[1] J. B. Hofmann, *Lateinische Umgangssprache*, Heidelberg $^4$1978 (= $^3$1951), 4–8.

Auf den ersten Blick verleiht die hohe Zahl von Interjektionen dieser Auffassung Wahrscheinlichkeit: *uae tergo meo! heu me miserum! heus tu! hem!* usw. Viele stammen aus dem Griechischen: *attatae, babae, eugepae.* Sogar Fragen können durch Interjektionen eingeleitet werden: 'eho an dormit Sceledrus intus?'[2] (Plaut. Mil. 822). Häufig sind Akkusative des Ausrufs: *lepidum senem, facetum puerum, bono subpromo et promo cellam creditam;* diese Akkusative werden oft mit Interjektionen verbunden: *en ecastor hominem periurium; edepol senem Demaenetum lepidum fuisse nobis* usw. In diesem Zusammenhang kann man auch verkürzte Gebete und Flüche wie *ita me Hercules (iuvet)* erwähnen, weiter den *infinitivus indignantis* wie in 'perii, hoc seruum meum facere esse ausum'[3] und ganz allgemein Sätze exklamatorischen Charakters: 'ut adsimulabat Sauream med esse quam facete!'[4] (Plaut. Asin. 581).

Die emotionale Spannung der Volkssprache wird außerdem in Wiederholungen wie *abi abi, aperite aperite* oder *ut uoles, ut tibi lubebit* und in dem ständigen Insistieren auf der Aufmerksamkeit des Hörers ('tu frater ubi ubi es'[5] oder 'tun, Sceledre, hic scelerum caput'[6]). Dieser „prostaktische" Gebrauch des Pronomens der 2. Pers. Sg. führt manchmal zu offenkundigen Störungen der Syntax: 'tu, si te di amant, agere tuam rem occasiost'[7] (Plaut. Poen. 659); 'sed tu, qui pro tam corrupto dicis causam filio, eademne erat haec disciplina tibi?'[8] (Plaut. Bacch. 420–421); und noch bemerkenswerter: 'eamus, tu in ius'[9] (Plaut. Truc. 840), wofür man die etwas gewundene Erklärung gefunden hat, es handele sich um eine Kontamination von 'eamus ambo in ius' und 'i tu mecum in ius'. Die Umgangssprache verwendet die Personal- und Demonstrativpronomina viel häufiger als das im geschriebenen Latein der Fall ist. Typische Beispiele sind: 'quia si illa inuenta est, quam ille amat, recte ualet'[10] (Plaut. Bacch. 192); 'pallam illam, quam tibi dudum dedi, mihi eam redde'[11]

[2] He, schläft Sceledrus drinnen?
[3] Ich bin verloren! Daß mein eigener Sklave das gewagt hat!
[4] Zum Saurea mich zu machen, hat er verstanden.
[5] Du, Bruder, wo bist du?
[6] Du, Sceledrus, hier, das Haupt der Verbrechen.
[7] Du hast nun, wenn der Himmel will, Gelegenheit, Dein Schäfchen Dir zu scheren.
[8] Aber du, der du so warm für deinen liederlichen Sohn das Wort ergreifst, standst du als junges Bürschchen in der gleichen Zucht?
[9] Gehen wir, du, vor Gericht!
[10] Weil, wenn das Mädchen, das er liebt, gefunden ist, er ganz gesund und glücklich ist.
[11] Jenes Kleid, das ich dir vorhin schenkte, gib es mir zurück.

(Plaut. Men. 678). Dieses 'anaphorische' *is* kann sich sogar auf die angesprochene Person beziehen: 'tu autem, quae pro capite argentum mihi iam iamque semper numeras, ea pacisci modo scis'[12] (Plaut. Pseud. 225–226); 'quod illum ferre uis, qui tibi quoi divitiae domi maxumae sunt, is nummum nullum habes?'[13] (Plaut. Ep. 329–330). Eine derartige Ausdrucksredundanz, Resultat der Besorgnis des Sprechers, seine Ansicht besonders klar zu machen, ist bei Superlativen äußerst häufig: *primumdum omnium* „zu allererst", *hominem omnium minimī pretiī* „nichtswürdigster aller Menschen", *perditissimus egō sum omnium in terrā* „ich bin der Unglücklichste auf Erden"; *quantum est hominum optumōrum optume* „Bester unter den besten Menschen", usw. Auch doppelte Komparative kennzeichnen die Umgangssprache: 'nihil inuenies magis hoc certo certius'[14] (Plaut. Capt. 644); 'inimiciorem nunc utrum credam magis'[15] (Plaut. Bacch. 500); 'magis maiores nugas'[16] (Plaut. Men. 55). Weiter gibt es bei Plautus zahlreiche Beispiele für die universelle Tendenz, negative Konstruktionen zu verstärken: 'neque ego hau committam'[17] (Plaut. Bacch. 1037); 'nec te aleator nullus est sapientior'[18] (Plaut. Rud. 359); 'neque id haud immerito tuo'[19] (Plaut. Men. 371). Oft hat die Verneinung eine vollere Form; so steht z.B. *nūllus* oft für *nōn* (Plaut. Asin. 408; 'is nullus uenit') oder *nē* (Plaut. Bacch. 90: 'tu nullus adfueris'). Statt des farblosen *nēmō* tritt *haud quisquam* ein. Der pleonastische Gebrauch von Pronomina, die „irgendwer, irgendwas" bedeuten, steht damit in enger Verbindung: 'ne quid significem quippiam mulierculis'[20] (Plaut. Rud. 896); 'ne dum quispiam . . . imprudentis aliquis immutauerit'[21] (Plaut. Mil. 431); 'nisi quid ego mei simile aliquid contra consilium paro'[22] (Plaut. Vid. 67). Der Pleonasmus ist in so hohem Maße ein Zug der volkstümlichen Rhetorik, daß wir uns mit einigen wenigen Illustrationen begnügen können:

[12] Du aber, die du dir die Freiheit jetzt und immer mit dem Maule kaufst, stets darum handelst . . .

[13] Wo soll denn er nur Geld auftreiben, da du, der zwischen Haufen Gelds zu Hause sitzt, nicht einen Heller übrig hast?

[14] Du findest nichts Gewisseres in der ganzen Welt.

[15] Wen von den beiden ich für den ärgeren Feind halten soll.

[16] Noch größere Narreteien.

[17] Und ich halte mich zurück.

[18] Kein Würfelspieler spielt so fein wie du.

[19] Und das nicht ohne dein Verdienst.

[20] Damit ich den Mädchen nicht das Geringste bedeute.

[21] Ob nicht einer uns umgewandelt hat.

[22] Wenn ich nicht irgendeinen mir ähnlichen Plan dagegen ins Werk setze.

*ambō . . . duō; idem ūnum; pār idem; repente . . . subito; continuo . . . prōtinam; omnibus . . . ūniuersis; rursum . . . recipimus; exīre foras.*

Im Wortschatz zeigt der Zwang, den Hörer zu beeindrucken, zu überzeugen und zu dominieren seine stärksten Auswirkungen, und hier ist der umgangssprachliche Einschlag bei Plautus am auffälligsten. Farblose Wörter wie *dīcere* haben plastische Substitute wie *narrāre, fābulārī, memorāre* oder im Imperativ *cēde* „heraus damit". Statt *miser sum* finden wir *uīuō miser*, statt *beneuolēns est* haben wir *beneuolēns uīuit.* Das abgedroschene *bonus, bene* wurde ersetzt durch *bellus, pulchrē, lepidus, lautus; minūtus* und *grandis* gehen besser von der Zunge als *paruus* und *māgnus.* Für „sehr" steht eine reiche Auswahl an Wörtern zur Verfügung: *admodum, nimis, oppidō, solidē, probē, strenuē* usw. Den umgangssprachlichen Ton von Sätzen wie 'uerum, si frugi est, usque admutulabit probe'[23] (Plaut. Capt. 269) oder 'epityra estur insanum bene'[24] (Plaut. Mil. 24) kann man nicht übersehen. Plautus zeigt einen großen Reichtum an derartigem pittoreskem Slang: 'me . . . decet curamque adhibere, ut praeolat mihi, quod tu uelis'[25] (Plaut. Mil. 40); 'ea demoritur te'[26] (Plaut. Mil. 970); 'mulierem nimis lepida forma ducit'[27] (Plaut. Mil. 870); 'sed ecqua ancilla est ill? est prime cata'[28] (Plaut. Mil. 794; vgl. Naevius com. 1: 'fabula prime proba'); 'tum igitur ego deruncinatus, deartuatus sum miser'[29] (Plaut. Capt. 641).

Das letzte Beispiel zeigt eine beliebte Ausdrucksweise der Volkssprache, den Ersatz einfacher Verben durch ausdrucksstärkere Komposita. Beispiele mit dem Präfix *dē-* sind *dēasciāre, deamāre, dēlacerāre, dēlūdificāre, dērogitāre, dēluctāre* usw. Dasselbe Präfix verstärkt auch andere Worttypen: *dērepente, dēsubitō.* Die meisten expressiven Komposita sind wahrscheinlich mit dem Präfix *con-* gebildet. Als Beispiel diene *comedere*, welches später das Simplex *edere* „essen" verdrängte; weitere Fälle sind *condecēre, consilēscere, commerēre, commiscēre, commōnstrāre, comperere comprecārī, concalēre, condolēscere, confodere, confulgēre* usw. Weniger häufig sind mit *ad-* präfigierte Verben: *adcrēdere, adformīdāre, adlaudāre,*

23 Aber, wenn's nötig ist, stutzt er ihn tüchtig.
24 Das Vorgericht ist schrecklich gut.
25 Es ist meine Schuldigkeit, dafür zu sorgen, dich durch und durch zu kennen und dafür zu sorgen, daß ich schon im voraus deine Wünsche weiß.
26 Sie stirbt aus Liebe zu dir.
27 Er bringt eine allerliebste Frau.
28 Hat sie eine Magd? Die ist klasse schlau.
29 Da bin ich Armer nun zerschunden, Glied um Glied zerrissen.

*admoderārī*. Auch dieses Präfix kann andere Worttypen verstärken: *apprīmē, approbē, adaequē.*

Auch die Suffigierung spielt eine Rolle bei der Verstärkung einfacher Verben. So erschienen *fodicāre* „stoßen", *fricāre* „reiben", *uellicāre* „rupfen" statt der Simplicia *fodere, friāre, uellere.* Besonders charakteristisch für die Volkssprache ist die Ersetzung von Simplicia durch die entsprechenden Frequentativa, ein Prozeß, der sich während der ganzen Geschichte des Lateinischen bis ins Romanische hinein fortsetzte. Bei Plautus findet man zahlreiche Verben wie *essitāre* „essen", *fugitāre* „fliehen", *scīscitāre* „sich erkundigen", *ductāre* „führen", *monitārī* „mahnen", *quaeritāre* „suchen", *negitāre* „leugnen", *dormītāre* „schlafen", *loquitārī* „sprechen". Die wichtigste Klasse emotionell belasteter Wörter sind jedoch die Diminutiva. Sie bezeichnen natürlich nicht einfach Kleinheit wie bei *catīllus*, was ein kleiner *catīnus* „Schüssel" ist, sondern sie drükken mit zusätzlichen Konnotationen wie „lieber kleiner", „armer kleiner" usw. eine ganze Reihe emotioneller Verhaltensweisen aus – Zuneigung, Spielerei, Vertrautheit und Verachtung. Eine *muliercula* ist nicht eine „kleine Frau", sondern eine „süße Kleine", im allgemeinen auf Kurtisanen bezogen. Wenn Hegio in Plautus' *Captivi* (192) sagt: 'ibo intro atque intus subducam ratiunculam'[30], dann hat das ungefähr den Sinn unseres „Rechnung kommt sofort".

Im *Miles Gloriosus* (852) wird der schlaue und einschmeichelnde Ton Lucrios', der von Palaestrio verhört wird, aus den Diminutiven deutlich: 'sed in cella erat paullum nimis loculi lubrici'[31].

Vertrautheit, die durchaus mit Verachtung gemischt ist, wird klar in: 'quis haec est muliercula et ille grauastellus, qui uenit?'[32] (Plaut. Epid. 620). Die Scheinversteigerungsszene im *Stichus* (228–229) liefert einige Beispiele für den euphemistischen Gebrauch von Diminutiven: man bietet Artikel wie 'cauillationes adsentatiunculas ac peieratinuculas parasiticas'[33] feil. Aber natürlich finden Diminutive in der Liebessprache ihre häufigste und passendste Anwendung als Koseformen: *mi animule* „mein Seelchen", *mea melilla* „meine Süße", *meus ocellus* „mein Augapfel", *meum corculum* „mein Herzchen", *uerculum* „junger Frühling", *o corpusculum malacum* „üppiges Körperchen", *mea uxorcula* „mein Weibchen", *edepol papillam bellulam* „wirklich hübscher Augapfel", *belle belliatula*

[30] Ich will hinein und drinnen meine Rechnung machen.
[31] Sondern im Keller war ein Platz, nur ein bißchen zu schlüpfrig.
[32] Doch wer ist das Frauenzimmer, das dort mit dem kleinen Graukopf kommt?
[33] Spottreden, Schmeicheleien, Parasitenschwüre.

„wunderschöne Frau“. Ein besonders bemerkenswertes Beispiel stellt der vielzitierte Liebesbrief Plaut. Pseud. 64ff. dar:

*nunc nostri amores, mores, consuetudines,*
*iocus, ludus, sermo, suauisauiatio,*
*compressiones artae amantum corporum,*
*teneris labellis molles morsiunculae,*
*nostrorum orgiorum . . . – iunculae,*
*papillarum horridularum oppressiunculae . . .*[34]

Derselbe Stil wird in der *Asinaria* (666ff.) parodiert:

*dic me igitur tuom passerculum, gallinam, coturnicem,*
*agnellum, haedillum me tuom dic esse uel uitellum,*
*prehende auriculis, compara labella cum labellis.*[35]

Es muß festgehalten werden, daß derartige Diminutivbildungen nicht nur bei Substantiven vorkommen, sondern auch bei Adjektiven (z.B. *uetulus* „alt“, *dicāculus* „schnippisch“, *prīmulō dīlūculō* „bei Tagesanbruch“, *minūtulus* „winzig“ usw.), bei Adverbien (*pausillātim* „allmählich“, *pauxillisper* „ein Weilchen lang“ usw.) und besonders bei Komparativen (*plūsculum* „etwas mehr“, *ampliusculē* „zu reichlich“, *liquidiusculus* „etwas sanfter“, *māiusculus* „etwas größer“, *nitidiusculus* „recht glänzend“, *tardiusculus* „etwas langsamer“). Man findet sogar eine Verbalableitung *missiculāre* „oft schicken“ (Plaut. Epid. 132), die mit *pēnsiculāre* „nachdenken“ (Gellius und Apuleius) zu vergleichen ist.

Wir wollen jetzt unsere kurze Übersicht über die kolloquialen Charakteristika des plautinischen Lateins damit beschließen, einige der Phänomene zu beleuchten, die die Geschwindigkeit und die Spontaneität des Dialogs widerspiegeln. Die Aufmerksamkeit des Zuhörers wird durch die Einleitungsphrasen wie *quid ais?, quid uīs?, uidēn?, scīn?, quid tū?* erregt. Die eigentliche Aussage erfolgt dann in kurzen unverbundenen Sätzen ohne ausdrückliche Unterordnungssignale, z.B. *nunc quid uīs? id uolo nos-*

[34] Jetzt ist all unser Lieben, dieses trauliche
Beisammensein, Scherz, Spiel, Geplauder, süßes Küssen,
des Liebespaares innige Verschlingungen,
der zarten Lippen wollustreiche Bisse, des
geschwellten Busens zartes Drücken,
all diese Lust ist mir und so auch dir entrückt.

[35] Nun so nenne mich
Dein Spätzelein, dein Hühnchen, Lämmchen, Wächtelchen,
O sag, ich sei dein Böckchen, Kälbchen, fasse meine Öhrchen
und lege deine Lippen auf die meinen.

*cere; dic mihi, quod lubet*[36] oder *sed uolo scire, eodem consilio quod intus meditati sumus gerimus rem?*[37] (Mil. 612). Derartige Juxtapositionen führten zum unklassischen Gebrauch des Indikativs in indirekten Fragen: *scio iam quid uis dicere*[38] (Mil. 36). Parataktische Konstruktionen dieser Art sind bei Plautus häufig (vgl. Syntax, S. 357f.): *sed taceam, optumum est*[39] (Epid. 59), *iam faxo hic erit*[40] (Mil. 463), *adeamus appellemus*[41] (Mil. 420), *ibo uisam*[42] (Bacch. 235), *hoccine si miles sciat, credo hercle has sustollat aedis totas*[43] (Mil. 309), *hercle opinor, eas uidetur*[44] (Mil. 417). Alle möglichen Arten logischer Unterordnung können durch derartige Juxtapositionen impliziert sein. In den folgenden Sätzen liegt z.B. konsekutiver Sinn vor: *tantas diuitias habet, nescit quid faciat auro*[45] (Bacch. 333), *nam nimi' calebat, amburebat gutturem*[46] (Mil. 835), *sed me excepit: nihili facio quid illis faciat ceteris*[47] (Mil. 168). Bei *opu'ne erit tibi aduocato tristi, iracundo? ecce me!*[48] (Mil. 663) vertritt die Frage einen Konditionalsatz, während die Apodosis durch den folgenden deiktischen Satz ausgedrückt wird.

Oft erfolgt eine Unterbrechung der eigentlichen Aussage durch Parenthesen: *nam uigilante Venere si ueniant eae – ita sunt turpes – credo ecastor Venerem ipsam e fano fugent*[49] (Poen. 322–323). Derartige Parenthesen enthalten besonders häufig Höflichkeitsformeln (*sed, amabo, aduortite animum*[50], Mil. 382) oder Unsicherheitsausdrücke wie *opinor, credo* „ich glaube". Vollständig erklärende Parenthesen scheinen jedoch bei Plautus seltener zu sein als bei Terenz, aus dem Hofmann seine meisten Beispiele

[36] Was willst du jetzt? Das will ich wissen; sag mir irgendwas.

[37] Aber laßt mich wissen, ob wir nach dem gleichem Plane, den wir darin entworfen, unsere Sachen treiben.

[38] Ich weiß schon, was du sagen willst.

[39] Aber ich will schweigen, das ist am besten.

[40] Ich werde sofort dafür sorgen, daß es hier ist.

[41] Komm, reden wir sie an.

[42] Ich gehe nachsehen.

[43] Wenn der Hauptmann das erfährt, fürwahr, ich glaub, er ergriffe dieses ganze Haus.

[44] Beim Herkules, mir scheint, sie ist's.

[45] Sein Reichtum ist so groß, daß er nicht weiß, wohin mit seinem Geld er soll.

[46] Es war mir gar zu heiß.

[47] Jedoch er hat mich ausgenommen. Tu er denn den anderen, was er wolle, mich bekümmert's nicht.

[48] Da bin ich!

[49] Denn erschienen sie, die Schreckgestalten, wenn schon wach die Göttin ist, ich glaube, aus dem eigenen Tempel jagte die Göttin sie selbst.

[50] Doch bitt' ich, höre mich aufmerksam an.

bezieht: *dictum hoc inter nos fuit – ex te adeo ortumst – ne tu curares meum neue ego tuom?*[51] (Ad. 796-798); *minis uiginti tu illam emisti – quae res tibi uortat male; argenti tantum dabitur*[52] (Ad. 191); *nimium inter uos, Demea, ac – non quia ades praesens dico hoc – pernimium interest*[53] (Ad. 392). Es kommt im Gesprächsstil auch häufig vor, daß jemand einen Satz zu Ende bringt und dann eine Reihe von nachträglichen Einfällen folgen läßt, z.B. *ait . .. sese illum amare, meum erum, Athenis qui fuit*[54] (Plaut. Mil. 127); *dedi mercatori quoidam, qui ad illum deferat, meum, erum, qui Athenis fuerat, qui hanc amauerat*[55] (Mil. 131-132). Diese beiden Beispiele stammen aus einer Art Prolog (Akt II, Szene I), aber sie illustrieren doch ein für mündliche Exposition typisches Vorgehen. Die Satzergänzung durch nachfolgende spätere Einfälle ist der Ausgangspunkt für einen besonders häufigen syntaktischen Kolloquialismus, nämlich den proleptischen Akkusativ. Sätze wie *uiden tu hunc quam inimico uultu intuitur?*[56] (Capt. 557) führen ganz natürlich zu Konstruktionen wie *qui nouerit me quis ego sum*[57] (Mil. 925) oder *dic modo hominem qui sit*[58] (Bacch. 555).

Die Spontaneität der Sprache, die für Reflexionen oder Korrekturen wenig Zeit läßt, führt, wie wir gesehen haben, zu Verstößen gegen die Logik und zu syntaktischen Umstellungen, die von den Grammatikern als Anakoluthe klassifiziert werden. Die Sprache hat oft einige Alternativen, um eine gegebene Bedeutung auszudrücken. Im Laufe des Satzes vergißt der Sprecher zuweilen, mit welcher Möglichkeit er begonnen hat, und geht zu einer anderen Konstruktion über. Auf diese Weise entstehen Kontaminationen; dieses Phänomen ist in der Umgangssprache sehr häufig. So hat der Sprecher in dem Satz *triduom non interest aetatis uter maior siet* (Bacch. 461) zwei Ausdrucksweisen kontaminiert: „sie sind altersmäßig nicht mehr als drei Tage auseinander" und „man kann nicht sagen, wer von beiden der Ältere ist". Ebenso dürfte *ut edormiscam hanc crapu-*

[51] Wurden wir nicht eins – und du gabt selbst es an –, du solltest dich um meinen nicht, ich nicht um deinen kümmern.

[52] Du hast mit zwanzig Minen sie bezahlt – der Henker segne dir's – so viel empfängst du wieder.

[53] Ein großer Unterschied ist zwischen euch – ich sage das nicht, weil du just zugegen bist –, ein gar zu großer.

[54] Sie sagte mir, sie liebe jenen, meinen Herrn, der in Athen war.

[55] Ich gab ihn heimlich einem Kaufmann mit, er möcht ihn ihm übergeben, meinem Herrn, der in Athen gewesen war, der sie geliebt hat.

[56] Sieh nur, mit welch wildem Blick er drein schaut.

[57] Wie sollt' er wissen wer ich bin?

[58] Sag nur, wer der Mensch ist.

*lam, quam potaui praeter animi quam libuit sententiam*[59] (Rud. 586) eine Kontamination aus *praeter animi sententiam* und *praeter quam libuit* darstellen. Ein besonders häufiges syntaktisches Anakoluth wird durch den Wunsch des Sprechers hervorgerufen, von Anfang an die Aufmerksamkeit des Hörers auf den im Augenblick wichtigsten Punkt zu lenken; das erreicht er, indem er diesen am Anfang des Satzes nennt, obwohl dann eine andere Konstruktion folgt. Daraus resultieren Anakoluthe des Typs, der *nominativus pendens* genannt wird: *nam unum conclaue, concubinae quod dedit miles . . . in eo conclaui ego perfodi parietem*[60] (Mil. 140); *plerique homines, quos quom nil refert pudet, ubi pudendum est, ibi eos deserit pudor*[61] (Epid. 166). Manchmal hat ein durch *quod* eingeführter substantivischer Satz dieselbe syntaktische neutrale Funktion: *istuc quod das consilium mihi, te cum illa uerba facere de ista re uolo*[62] (Mil. 1114); das entspricht einem umgangssprachlichen deutschen Satz, der mit „zu dem Rat, den du mir gegeben hast . . .“ anfängt, vgl. auch: *quod apud nos fallaciarum sex situmst, certo scio, oppidum quoduis uidetur posse expugnari dolis*[63] (Mil. 1156–1157). Bei diesen beiden Beispielen wird der Gegenstand des *nominativus pendens*, also *de ista re* bzw. *dolis*, später in die Konstruktion eingefügt.

Es dürfte klar geworden sein, daß man auf den ersten Blick zu dem vorläufigen Schluß gelangen kann, daß Plautus' Stücke gesprochene Sprache widerspiegeln, und es ist ganz vernünftig, anzunehmen, daß die Umgangssprache seiner Zeit so aussah. Wir wollen jetzt ihre Hauptcharakteristika zusammenfassen. Der erste Eindruck ist der eines überwältigenden Reichtums im Wortschatz – die *ubertas sermonis Plautini*, für die er im Altertum berühmt war und die Varro zu folgendem Urteil veranlaßte: *in argumentis Caecilius poscit palmam, in ethesin Terentius, in sermonibus Plautus*[64] (Sat. Men. 399 B.). Gesetz, Religion, Kriegskunst, Liebesintri-

[59] Damit ich meinen Rausch ausschlafe, den ich gestern mir ganz gegen meines Herzens Neigung angezecht.

[60] Denn in dem einzigen Zimmer, das der Offizier dem Mädchen eingeräumt . . . hab ich durch die Wand ein Loch gebrochen.

[61] Die Menschen ihrer größten Zahl nach schämen sich, wo's nichts zu schämen gibt; dagegen, wo man sich schämen sollte, weicht die Scham.

[62] Was den Rat angeht, den du mir gibst, so wünsch ich, daß du mit ihr von der Sache sprichst.

[63] Was in uns sechsen an Betrügereien noch vorrätig ist, damit kann, ich bin gewiß, jede Stadt erobert werden.

[64] Bei den Themen ist Caecilius am besten, bei den Charakteren Terenz, bei den Dialogen Plautus.

gen, Tugend und Laster, Luxus und Verschwendung, Schmeichelei und Beschimpfung – über alle Themen verbreitet sich Plautus mit ungestümer Heiterkeit und aggressivem Überschwang. Ohne den Beitrag des Griechischen wäre diese anscheinend unerschöpfliche Flut von Wörtern nicht möglich gewesen. So kann man folgende nautische Termini festhalten: *prōra* „Vorschiff“, *nauta* „Seemann“, *nauclērus* „Schiffseigner“, *celōx* „leichtes Schiff“ (κέλης, infolge volksetymologischer Annäherung an *uēlōx* „schnell“ umgestaltet), *carīna* „Kiel“ (falls es wirklich von καρύϊνος kommt), *lembus* „Kahn“, *stega* „Deck“, *exanclāre* „Ladung löschen (ἀντλεῖν). Vielleicht ist es nützlich, hier einige nautische Termini folgen zu lassen, die zufällig bei Plautus nicht belegt sind: *aplustra* (pl.) „Heckschmuck“, ein Wort, das in der Dichtung seit Ennius vorkommt (< ἄφλαστρον), *campsāre* „ein Kap umrunden“ (< κάμψαι), *pausārius* „Rudermeister“ (derjenige, der das Signal zum Aufhören, παῦσαι, gibt). Das Geschäfts- und Finanzwesen ist bei Plautus durch *danīsta* „Geldverleiher“, *logista* „Kassierer“, *trapessīta* „Geldwechsler“, *symbolum* „Erkennungsmarke“, *syngraphus* „Vertrag“, *exagōga* „Export“ vertreten, Medizin durch *glaucūma* „grauer Star“, Erziehung und Bildung durch *paedagōgus* „Erzieher“, *syllaba* „Silbe“, Technik durch *architectus* „Baumeister“, *ballista* „Steinschleuder“, *machaera* „Säbel“, *pessulus* „Riegel“ (< πάσσαλος). Das Wort *contus* „Stange“ (< κοντός) kommt bei Plautus nicht vor, aber seine Existenz wird durch das umgangssprachliche Wort *percontārī* erwiesen, das ursprünglich „mit einer Stange untersuchen“ hieß. Griechischer Einfluß auf die Organisation städtischen Lebens wird aus Lehnwörtern wie *platea* (wovon unser „Platz“ kommt) und *macellum* „Markt“ deutlich. Das Griechische lieferte auch viele Termini im Bereich der Zoologie: *edepol haec quidem bellulast. – pithecium haec est prae illa et spinturnicium*[65] (Mil. 989). Weitere Wörter: *canthērius* „Reitpferd“, *balanus* „eine Muschelart“, *ballaena* „Wal“, *concha* „Muschel“, *nārīta* „Meerschnecke“ (< νηρίτης), *scomber* „Makrele“. Besonders zahlreich sind die Namen für Weingefäße und Haushaltsgeräte: *ampulla* „bauchiges Gefäß“, *batioca* „Schüssel“ (< βατιάκη), *cadus* „Krug, Urne“, *cantharus* „Henkelkrug“, *cyathus* „Schöpflöffel“, *gaulus* „runde Vase“, *lagōna* „Henkelkrug“ (< λάγυνος), *patina* „Kasserolle“, *scyphus* „Trinkschale“, *cista* „Korb“, *culleus* „Ledersack“ (< κολεός), *marsuppium* „Börse“ usw. Besonders interessant ist das Wort *clātrī* „Türriegel“ (Cato), das auf dorisch κλᾶθρα zurückgeführt werden kann und wahrscheinlich ein sehr altes Lehnwort ist; bei

[65] Beim Pollux, auch ein niedlich Kind! – Ein Affen- und Eulengesicht im Vergleich mit ihrer Herrin!

Plautus kommt eine Ableitung davon vor: *neque fenestra nisi clatrata*[66] (Mil. 379). Die Griechen lieferten jedoch vor allem im Bereich Luxus, Extravaganz und Wohlleben einen Beitrag zum römischen Leben und zur lateinischen Sprache. Römische Frauen schauten in Modedingen ebenso nach Griechenland wie heutige Frauen nach Frankreich schauen; das wird aus Abschnitten wie dem folgenden klar:

*Quid istae quae uestei quotannis nomina inueniunt noua?*
*Tunicam rallam, tunicam spissam, linteolum caesicium,*
*Indusiatam, patagiatam, caltulam aut crocotulam,*
*Subparum aut subnimium, ricam, basilicum aut exoticum,*
*Cumatile aut plumatile, carinum aut cerinum.*[67] (Epid. 229–233)

Zu *cūmatile* kommentiert Nonius: „*cumatilis* aut marinus aut caeruleus; a Graeco tractum, quasi fluctuum similis; *fluctus* enim Graece κύματα dicitur". Weiter können wir die in *Aulularia* 508–516 aufgezählten Namen von Luxusberufen nennen: *Phyrgio, patagiarii, murobatharii, diabathrarii, molocinarii, strophiarii, zonarii, thylacistae, corcotarii.* Auch für Schmuck und Kosmetika werden griechische Wörter verwendet: *spinter* „Oberarmspange" (< σφιγκτῆρ), *fūcus* „Rouge", *cincinnus* und *schoenus* „billiges Parfüm" (vgl. Varro, L. L. 7, 64: *schoenicolae ab schoeno, nugatorio unguento*). Schließlich kann man noch Modeadjektive und -adverbien wie unser *chic* nennen:

*eugae, eugae! Exornatu es basilice.*
*Tiara ornatum lepida concordat schema.*
*Tum hanc hospitam autem crepidula ut graphice decet!*[68] (Pers. 462–464)

Auch im Bereich des Sports *(palaestra, discus, āthleticē, pancraticē)* und im Theaterwesen (*scaena, chorāgium;* bei Wiederholungswünschen rief man πάλιν) und sogar das Wort für „heiter", *hilarus*, ist griechisch. Ein weniger harmloser Einfluß des Griechischen wird bei *sȳcophanta* „Denunziant", *parasītus* „Kostgänger", *moechus* „Ehebrecher", *moechissāre* „Ehebruch treiben", *cōmissārī* „durch Kneipen ziehen" (< κωμάζω) sichtbar, und in welchem Licht die Römer ihre griechischen Lehrmeister im Wohlleben sahen, wird aus der Bedeutung der Wörter *graecārī, pergraecārī* und *con-*

[66] Kein Fenster ohne Gitter.

[67] Und dann die, die neue Namen jedes Jahr erfinden für die Kleider: Florkleid, Dichtgeweb, Schnee-Linnen, safrangelber und geblümter Stoff, Chemisette, Jacke, Robe, skandalösen Schnitts, dachsfarbig, wachsgelb, wasserblau, mit Stickerei.

[68] Toll, toll, königlich hast du dich herausstaffiert! Wie die Tiara dir so allerliebst zu deinem Anzug steht, und wie famos die Sandale unserem Gaste paßt!

*graecāre* deutlich, die aus dem folgenden Abschnitt hervorgeht: *aurum . . . quod dem scortis quodque in lustris comedim congraecem*[69] (Bacch. 743).

Einige dieser griechischen Wörter können natürlich auf die griechischen Originale zurückgehen, denen Plautus folgte. So kommt *exenterāre* „ausleeren" im Epidicus viermal vor, jedoch weder bei Plautus noch Terenz jemals sonst. Aber selbst wenn der Gedanke richtig ist, daß es sich um eine Übernahme von ἐξεντερίζειν handelt, so würde doch kein Komiker ein Wort verwendet haben, das sein Publikum nicht verstand. Es kann natürlich sein, daß das römische Publikum griechische Brocken so lustig fand wie das deutsche Publikum französische Wörter in Boulevardstükken der Jahrhundertwende. Aber dennoch gibt es nur wenig Zweifel an der Fähigkeit des römischen Publikums, wenigstens etwas Griechisch zu verstehen. Das wird deutlich aus Wortspielen, die sich bei Plautus oft auf das Griechische beziehen: *Quis istic est? – Charinus – Euge iam* χάριν τούτῳ ποιῶ[70] (Pseud. 712); *Quis igitur uocare? – Diceae nomen est. – Iniuria's, falsum nomen possidere, Philocomasium, postulas;* ἄδικος *es tu, non* δικαία, *et meo ero facis iniuriam*[71] (Mil. 436–438). Man muß sich vor Augen halten, daß die meisten der zahlreichen griechischen Lehnwörter, die sich im Lateinischen dieser Zeit finden, nicht von den gebildeten Schichten eingeführt wurden. Es gibt nur wenig Zweifel darüber, daß viele Gräzismen von der römischen Plebs in alltäglichem Umgang mit Griechen, die in Rom wohnten, aufgegriffen wurden und einen festen Bestandteil der Alltagssprache der niederen Schichten der Bevölkerung bildeten. Dafür spricht die Tatsache, daß in Plautus' Stücken griechische Wörter und Ausdrücke vor allem in den Abschnitten vorkommen, die von Sklaven und niederen Charakteren gesprochen werden.

Ein weiterer Hinweis liegt im häufigen Gebrauch des Griechischen in Slang-Wörtern und -Ausdrücken: *mōrus* „Narr", *bardus* „langsam von Begriff" (< βραδύς), *blennus* „Tölpel", *logī* „Geschwätz", *graphicus seruus* „ein cleverer Sklave"; *Beneque usque ualuit? – Pancratice atque athletice!* „Und war er bisher stets gesund? – Wie ein Sportler und Athlet!" (Bacch. 248). Auch *māssa* (< gr. μᾶζα „Gerstenbrot", später im Septuagintagriechisch „Masse") kommt schon in einer erstaunlich modernen Verwendung vor: *argenti montes, non massas* „Berge von Geld, nicht nur Haufen"

[69] Dies Geld, damit ich's an die Dirnen hänge, in den Bordellen es verprasse.
[70] Wer ist es denn? – Charinus. – Charis winke freundlich dir, Charin.
[71] Na, wie heißt du denn? – Dicaea ist mein Name. – Wider alles Recht legst du dir da, Philocomasium, einen falschen Namen bei, „Ungerecht" bist du, nicht „gerecht", und zwar tust du Unrecht meinem Herrn.

(Mil. 1065). Im Slang bedeutet *harpagō*, eine Adaption von ἁρπάγη, „Spitzbube“. In dem Satz *aeternum tibi dapinabo uictum, si uera autumas* „auf ewig sei dir freier Tisch gewährt, wenn du die Wahrheit sprachst“ (Capt. 897) entspricht *dapināre* griechischem δαπανᾶν, obwohl die lateinische Bedeutung durch eine falsche Analogie zu *daps* „Schmaus“ beeinflußt sein kann. Das volkstümliche Wort κόλαφος „Kopfnuß“, das bei Epicharmos, dem Verfasser sizilianischer Komödien, als Eigenname bezeugt, fand auch seinen Weg ins Lateinische. Plautus hat die Transkriptionsform *colaphus* „Ohrfeige“, aber es ist klar, daß die Volkssprache **colopus* hatte, denn Petronius kennt eine Ableitung *percolopāre.* Die volkssprachliche Form liegt italienisch *colpo* und französisch *coup* zugrunde. Schließlich können wir als Beleg für die Fähigkeit des römischen Pöbels, auch die merkwürdigsten griechischen Wörter aufzuschnappen, Livius 27, 1 zitieren:

> *quos androgynos uulgus ut pleraque faciliore ad duplicanda uerba Graeco sermone appellat*[72].

Auch ein normales griechisches Verbalsuffix gelangte ins Lateinische und wurde produktiv: *malacissāre* „weich machen“, *cyathissāre* „den Becher füllen“, *purpurissāre* „Rouge auflegen“ usw. sind nach griechischen Lehnwörtern auf -ίζειν gebildet; -ζ- wurde im lateinischen Phonemsystem zu *-ss-* (vgl. *māssa* < μᾶζα. Die unabhängige Weiterentwicklung dieses Suffixes im Lateinischen wird deutlich aus *patrissāre* „auf den Vater kommen“ (allerdings belegt Pollux πατριάζειν in diesem Sinne), *graecissāre* „sich griechisch aufführen“, *drachumissāre* „für eine Drachme dienen“, *cōmissārī* „einen fröhlichen Umzug halten“ (< κωμάζειν).

In der grammatischen Struktur gibt es wenig, das Plautus’ Latein von dem Ciceros unterscheidet. Gewisse syntaktische Wendungen wurden allerdings später vermieden: *utī* mit dem Akkusativ, *ex* und *in* mit Städtenamen, Indikativ in indirekten Fragen, Infinitiv des Zwecks – all das könnte einen Puristen stören, aber nicht völlig aus dem Gleichgewicht bringen. In der Morphologie fallen einige Abweichungen von der klassischen Norm auf: der Vokativ *puere*, der Genitiv Singular des Typs *senātī* bei Substantiven der vierten Deklination, der Lokativ *diē* in der fünften Deklination bei *diē crāstinī*, die fehlende Unterscheidung zwischen *-e* bei Partizipien und *-i* bei Adjektiven im Ablativ Singular (z. B. *maleuolente*).

[72] Das Volk nennt sie Androgynen mit einem Wort aus dem Griechischen, das meistens recht leicht Wörter zusammensetzt.

Die Pronomina weisen Formen wie *ipsus, eumpse, eampse, eapse,* Nominative Plural *hīsce, illīsce*, Ablative Singular *aliquī, quī* (interrogativ, relativ, indefinit) auf. Beim Verb kann man die Imperative *face, dice*, das Perfekt *tetulī*, Konjunktive des Aorists und Optative wie *faxō, capsō, faxim, dixis, indūxis,* den Infinitiv Passiv auf *-ier*, z.B. *addūcier*, herausstellen. Einige Verben, die später zur zweiten Konjugation gehören, zählen noch zur dritten: *olĕre* „riechen", *feruĕre* „kochen", *intuĕrī* „betrachten". Unpersönliche Verben haben einen Perfekt Passiv: *puditum est* (auch Cic. ep. ad Quint. fratr. 1, 2, 4). Einige klassische Deponentien tauchen im Aktiv auf, z.B. *arbitrāre.* Es treten auch periphrastische Formen auf: *carēns fuī, sīs sciēns, audiēns sum* usw. Auch bei den Adverbien finden sich Archaismen: *antid hāc, antehoc* (Plautus verwendet *anteā* nicht), *interdius.* Man kann auch das Verbalpräfix *indo* nennen: *indaudīre, indo-tuērī, indopedīre.*

In der Aussprache war *uor-* noch nicht zu *uer-* geworden (Quintil. 1, 7, 25 sagt, Scipio Africanus habe *uert-* statt *uort-* eingeführt); der Langvokal in Schlußsilben ist erhalten, z.B. *dīcāt, dīcēt, audīt, dīcār, mātēr, ōrātōr*; das Schluß-*s* nach Kurzvokalen wurde nur schwach ausgesprochen und zählte in der Prosodie nicht (aus Cicero or. 48, 161 wissen wir, daß zu seiner Zeit diese Aussprache als *subrūsticum* „ziemlich bäurisch" galt); in *mēd, tēd* usw. wurde das Schluß-*d* noch ausgesprochen; das intervokalische *-u-* wurde in Wörtern wie *oblīscī (= oblīuīscī)* „vergessen", *dīnus = dīuīnus* „göttlich", *contrōrsia = contrōuersia* „Streitigkeit", *aunculus = auunculus* „Oheim" weggelassen.

Einige dieser Abweichungen von der klassischen Norm kann man auch aus Inschriften derselben Zeit belegen. So finden wir im *Senatus Consultum de Bacchanalibus* aus dem Jahre 186 v.Chr. (Anhang 8) *aruorsum, sēd, figier, gnōscier* und periphrastisches *scientes esētis* (vgl. oben *sīs sciēns*). Man könnte darin ein Indiz dafür sehen, daß Plautus in seinen Komödien die gesprochene Sprache seiner Zeit verwendete. Eine nähere Betrachtung der plautinischen Archaismen sollte uns aber stutzig machen: viele sind auf das Versende beschränkt. Die Infinitive auf *-ier* kommen beispielsweise fast unvermeidlich am Versende (168 Beispiele) oder am Ende des Halbverses (6 Beispiele) vor. In den Cantica herrscht größere Freiheit. Dasselbe gilt für die Konjunktive *fuam* und *fuas* und die Optative *duim* und *duis*, die nur am Ende von Senaren vorkommen. Auch *interduim* und *crēduis* kommen nur am Ende längerer Versmaße vor; *antidhāc* ist bei Plautus neunmal belegt, immer am Versende. Derartige Restriktionen in der Verwendung der Archaismen sind zu einem gewissen Maße ein Zeichen für Stilisierung und Künstlichkeit; das würde also unser vorläufiges Urteil, daß Plautus die Umgangssprache widerspiegelt, Lügen strafen.

H. Haffter[73] hat in einer sorgfältigen Untersuchung weniger ausgewählter Phänomene gezeigt, daß es tatsächlich eine klare Unterscheidung zwischen der Sprache der Senare und der längeren Versmaße gibt. So erscheint die *figura etymologica*, die sogar in Ciceros Briefen in einigen gefühlsbeladenen Abschnitten vorkommt (Fam. 15, 20, 3: *cura, ut ualeas meque ames amore illo tuo singulari*[74]), häufiger in langen Versmaßen als in den iambischen Senaren. Auch in den Fällen, wo sie in Senaren auftritt, liegt eindeutig stilistische Absicht vor, um starke Emotionen anzuzeigen: Beschimpfung (Rud. 511: *pulmoneum . . . uelim uomitum uomas*[75]), Spott (Poen. 759: *calidum prandisti prandium*[76]), Fröhlichkeit (Stich. 440: *opsonabo opsonium*[77]), Pathos (Trin. 493–494 *aequo mendicus atque ille opulentissimus censetur censu ad Accheruntem mortuos*[78]). Der Kunstgriff ist natürlich im wesentlichen einer von Plautus' mannigfaltigen komischen Effekten und kommt daher vor allem in den Partien der Hauptträger der Komik vor: Sklaven, Parasiten usw. Die Senare und andere Versmaße unterscheiden sich in ihrer Anwendung ebenfalls von anderen stilistischen Mitteln der frühen lateinischen Literatur. Davon soll im folgenden Kapitel die Rede sein. Im Moment sollen ein paar Beispiele zur Illustration genügen.

Von besonderer Wichtigkeit ist der pompöse Stil, der durch eine Anzahl Mittel erreicht wird. Am auffälligsten ist die Synonymenhäufung: Bacch. 375 *ut celem patrem, Pistoclere, tua flagitia aut damna aut desidiabula?*[79], Capt. 517 *spes opes auxiliaque a me segregant spernuntque se*[80]; Curc. 148 *uos amo, uos uolo, uos peto atque obsecro*[81]; Bacch. 1088 *stulti stolidi, fatui fungi, bardi blenni, buccones*[82]; noch kunstvoller ist ein Caeciliusfragment (fr. 21): *pro deum popularium omnium adulescentium clamo,*

[73] H. Haffter, *Untersuchungen zur altlateinischen Dichtersprache*, Berlin 1934.

[74] Sorge, daß du gesund bleibst und daß du mich mit deiner einzigartigen Liebe liebst.

[75] Ich wollte, du spiest dir die Lunge aus.

[76] Du hast eine warme Speise gespeist.

[77] Ich werde ein Essen essen.

[78] Es wird im Tod der Bettler und der reichste Mann nach gleichem Maßstab eingeschätzt beim Acheron.

[79] Soll ich verhehlen deinem Vater, was du Schlimmes treibst, welchen Schaden du leidest, wo du deine Zeit vergeudest?

[80] Jetzt trennen Hoffnung, Heil und Hilfe sich von mir und lassen mich im Stich.

[81] Euch lieb ich, euch will ich, euch bitt' ich und beschwör' ich.

[82] Toren, Narren, Tölpel, Schafs- und Eselsköpfe und Einfaltspinsel.

*postulo, obsecro, oro, ploro atque imploro fidem*[83]. Dieselben Stilunterschiede zwischen Senaren und langen Versmaßen findet man auch bei Terenz. Im Vers 458 des Phormio finden wir beim Abschiednehmen den förmlichen Ausdruck: *Numquid nos uis?* Im trochaischen Septenar (Vers 563) findet sich jedoch die aufgeblasene Form: *Numquid est quod opera mea uobis opu' sit?*[84] Auch Plautus hat derartige pompöse Ausdrucksweisen oft. So lautet die Variation zu *opportune aduenis* „du kommst gerade richtig", *optuma opportunitate ambo aduenistis*[85] (Merc. 964), womit man Terenz Ad. 322 vergleichen kann: *Te expecto oppido opportune te obtulisti mi obuiam*[86]. Die höfliche Formel *di dent, quae uelis* wird aufgeblasen zu *di tibi omnes omnia optata offerant*[87] (Capt. 355). Diese Beispiele weisen auch ein weiteres beliebtes Stilmittel auf, nämlich Assonanzen verschiedener Art. Sätze mit Alliteration kamen ja schon in der ältesten Latinität vor, wie man an sprichwörtlichen Redewendungen (z.B. Plaut. Ep. 592 *plaustrum perculi* „umgeworfen ist mein Wagen"; Ep. 359 *iam ipse cautor captust* „schon ist der Gewährsmann selbst betrogen") und an Beispielen aus anderen italischen Dialekten erkennen kann (siehe folgendes Kapitel). Beispiele dafür können aus beinahe jeder Seite von Plautus beigebracht werden. Besonders häufig sind alliterative Wortpaare, oft in Asyndeta: *cibatus commeatusque, uictu et uita, nec uola nec uestigium, oleum et operam perdere, uiuus uidens, impetritum in auguratumst, uiuit ualet, obliga obsigna, se adplicant adglutinant, complicandis componendis, labitur liquitur* usw. Außergewöhnlich häufig kommen auch Trikola mit Alliteration vor (Typ *ueni, uidi, vici*): Bacch. 944 *exitium, excidium, exlecebra*[88]; Curc. 115 *screanti, siccae, semisomnae*[89]; Men. 114 *retines, reuocas, rogitas*[90]; Mil. 1052 *compellare et complecti et contrectare*[91]; Pers. 331 *supersit, suppetat, superstitet*[92]. Als Beispiel für ein Trikolon, in dem das Gesetz der wachsenden Glieder vorkommt (siehe folgendes Kapitel), ist Capt. 439 zu nennen: *fac fidele, sis fidelis, caue fidem fluxam geras*[93]. Auch Reimeffekte sind nicht selten:

[83] Bei den bei allen jungen Leuten beliebten Göttern erbitte, fordere, verlange, erflehe, ersehne und erbete ich Vertrauen.
[84] Kann ich euch in irgend etwas dienen.
[85] Ganz wie gerufen kommt ihr zwei mir in den Weg.
[86] Dich such ich ja, nach dir verlang ich; wie gerufen, kommst du mir.
[87] Gewähren mögen dir die Götter jeden Wunsch.
[88] Verheerung, Leerung und Zerstörung.
[89] Hustender, Ausgetrockneter, Schläfriger.
[90] Du hältst mich zurück, rufst und fragst.
[91] Sich unterhalten, sich umarmen, an den Busen drücken.
[92] Was über allem Überfluß noch übrig ist.
[93] Sei dem Treuen treu; vergilt Vertrauen nicht mit Trug!

*Neque ut hinc abeam, neque ut hunc adeam scio, timore torpeo.*[94]
(Truc. 824)

*Pol magi' metuo, ne defuerit mihi in monendo oratio. //*
*Pol quoque metuo lusciniolae, ne defuerit cantio.*[95] (Bacch. 37–38)

*Teneris labellis molles morsiunculae*
*nostrorum orgiorum . . . iunculae,*
*papillarum horridularum oppressiunculae.*[96] (Pseud. 67–69)

*Nemo illum quaerit, qui optumus et carissumust:*
*illum conducunt potius qui uilissumust*[97] (Pseud. 805–806)

Die sorgfältige Stilisierung von Plautus' Sprache zeigt sich deutlich auf beinahe jeder Seite, die man zufällig aufschlägt:

*Liber captiuos aui' ferae consimilis est:*
*semel fugiendi si data est occasio,*
*satis est, numquam postilla possis prendere. //*
*Omnes profecto liberi lubentius*
*sumu' quam seruimus.*[98] (Capt. 116–120)

*Nunc ego omnino occidi,*
*nunc ego inter sacrum saxumque sto.*[99] (Capt. 616–617)

*Incite huic manicas mastigiae. //*
*Quid hoc est negoti? Quid ego deliqui? // Rogas, sator sartorque scelerum et*
*messor maxume?*[100] (Capt. 659–661)

Bezüglich der sorgfältigen Stilisierung der langen Versmaße und der Cantica kann man folgende Beispiele anführen:

*Haec est. Estne ita, ut dixi? Aspecta et contempla, Epidice:*
*usque ab ungiculo ad capillum summumst festiuissuma.*
*Estne consimilis quasi quom signum pictum pulchre aspexeris? //*

[94] Soll ich weg, soll ich hinzu? Die Furcht hat mich ganz starr gemacht.

[95] Ich fürchte mehr, daß mir die Rede ausgehen wird, wenn ich dich erinnern soll.

[96] Der zarten Lippen wollustreiche Bisse, des geschwellten Busens zartes Drükken.

[97] Kein Mensch fragt nach dem Geschicktesten und Teuersten, den mietet man, der sich mit dem geringsten Lohn zufriedengibt.

[98] Der Gefangene, der sich selbst überlassen bleibt, ist einem wilden Vogel gleich; zeigt nur einmal sich Gelegenheit zum Fliehen, so ist's genug; du fängst zum zweitenmal ihn nimmermehr. // Sind wir alle doch weit lieber frei als in der Sklaverei.

[99] Nun ist es ganz vorbei mit mir, jetzt steh' ich zwischen Opferherd und Stein.

[100] Geschwind, legt diesem Schurken hier Handschellen an! // Was soll das sein? Was habe ich denn getan? // Du fragst, der du stets Schurkenstreiche säst, behackst und mähst?

*E tuis uerbis meum futurum corium pulchrum praedicas,*
*quem Apelles ac Zeuxis duo pingent pigmentis ulmeis.*[101] (Ep. 622-626)

*Illic hinc abiit, mihi rem summam credidit cibariam.*
*Di immortales, iam ut ego collos praetruncabo tegoribus!*
*Quanta pernis pestis ueniet, quanta labes larido,*
*quanta sumini apsumedo, quanta callo calamitas,*
*quanta laniis lassitudo, quanta porcinariis.*[102] (Capt. 901-905)

Jetzt wird klar, daß wir unseren ersten Schluß völlig verändern müssen. Plautus' Sprache enthält zweifellos viele umgangssprachliche Elemente, aber das ist nur eines der vielen Bestandteile, aus denen Plautus seine kunstvolle und durchdachte Sprache zusammengefügt hat. Er hat sich ja genauso frei im Bereich der Gesetze, der Religion und der zeitgenössischen Tragödie bedient, und durch die oben angeführten umgangssprachlichen Züge erreichte er eine Würze, die zum komischen Genus paßt. Aber Plautus' Sprache ist auch in den Senaren weit entfernt von der Alltagssprache der Zeit Hannibals. Wie unauflöslich Umgangssprachliches und Stilisiertes miteinander verbunden sind, soll an ein paar abschließenden Beispielen deutlich werden. In der Verbindung *lepida memoratui* „angenehm zu erinnern" (Bacch. 62) wird das umgangssprachliche Adjektiv *lepidus* mit dem Dativ eines Supinums verbunden, was eine sehr seltene und archaische Konstruktion ist. In Bacch. 152

*Magistron quemquam discipulum minitarier.*[103]

sind die Konstruktion und das frequentative Verb umgangssprachlich, während die passive Infinitivendung archaisch ist. In Poen. 308

*Eho tu, uin tu facinus facere lepidum et festiuom?*[104]

ist der umgangssprachliche Klang unverkennbar (Ausruf, wiederholtes *tu*, *lepidus* und *festiuus*), und doch enthält der Vers eine *figura etymologica*.

[101] Sie ist's. Ist sie nicht, wie ich dir sagte? Schau sie doch nur an, Epidicus. Von Kopfe bis zum Fuß ein wunderschönes Kind, nicht wahr? Schau sie nur an: ein Zauberbild. // Du zeigst mit deinen Worten mir ein anderes Bild, das bald aus meinem Felle sich darstellen wird, von Zeuxis' und Apelles' Hand gemalt mit Ulmenpinseln.

[102] Dort geht er hin; zum Oberküchenmeister hat
er mich ernannt. Ihr Himmlischen, wie will ich nun
die Hälfte von den Rückenstücken hauen, wie droht
den Schinken Tod, Schwindsucht dem Speck, dem Eingeweide
Vertilgung, Schwerenot den Schwarten.

[103] Der Schüler wagt es, seinen Lehrer zu bedrohen?

[104] He, willst du nicht eine schöne feine Tat tun?

Zum Schluß wollen wir noch eine amüsante Stelle aus der Anfangsszene[105] der Casina zitieren, in der Olympio Chalinus bedroht:

*Quid facies? – Concludere in fenstram firmiter,*
*unde auscultare possis quom ego illam ausculer:*
*quom mihi illa dicet: „Mi animule, mi Olympio,*
*mea uita, mea mellilla, mea festiuitas,*
*sine tuos oculos deosculer, uoluptas mea,*
*sine amabo ted amari, meu' festus dies,*
*meu' pullus passer, mea columba, mi lepus."*
*quom mihi haec dicentur dicta, tum tu, furcifer,*
*quasi mus in medio parieti vorsabere.*
*nunc ne tu te mihi respondere postules,*
*abeo intro. Taedet tui sermonis.*[106] (Cas. 132–141)

Die Komödien des Terenz, der etwa zwei Generationen nach Plautus schrieb, führen uns in eine ruhigere und sprachlich gedämpftere Welt. Die Überfülle, die Verve und die Kraft von Plautus' lärmenden pikaresken Komödien sind vorbei. Terenz' Effekte sind subtiler: Zurückhaltung, Stille und Selbstbeschränkung charakterisieren seinen Stil. Man hat diese Unterschiedlichkeit sozial interpretiert: nach einigen Gelehrten erklärt sie sich aus Klassenunterschieden, wobei Plautus die Sprache der Unterschicht und Terenz die Sprache der feinen Gesellschaft verwenden würde. Wie weit von der Wahrheit entfernt dieses Urteil im Falle von Plautus ist, haben wir schon gesehen. Jetzt müssen wir noch klären, was sich ergibt, wenn wir dieselben Kriterien und Analysemethoden auf Terenz' Sprache anwenden.

In der Aussprache und in der Grammatik hat die Sprache erwartungsgemäß einige Fortschritte in Richtung auf die klassische Norm gemacht. Der phonetische Wandel, der durch *uotāre* > *uetāre* oder *uortere* > *uertere*

[105] Haffter, hat gezeigt, daß in den Anfangsszenen die Sprache öfter eine höhere Stilisierung aufweist als in den anderen Abschnitten mit iambischen Senaren.

[106] Was soll dann weiter noch geschehen? – Ich will dich auch fest
dann an mein Fenster schließen, daß du hören kannst,
wenn ich sie küsse. Wenn sie zu mir sprechen wird:
„Mein Herzchen, mein Olympio, mein Honigmund,
mein Leben, meine Wonne, meiner Seele Lust,
laß dich umarmen, laß die Äuglein küssen dir,
mein Spätzchen, Täubchen, Haschen" – redet sie zu mir
solch allerliebste Sachen, dann, du Galgenstrick,
verkriechst du, wie eine Maus, dich mitten in der Wand.
Und um die jetzt die Antwort zu ersparen, geh ich nun
ins Haus; denn dein Geschwätz, das ekelt mich.

exemplifiziert wird, ist vollendet (siehe oben). Terenz vermeidet oder verwendet seltener grammatische Formen, die bei Plautus frei vorkommen: z.B. sind metaplastische Formen wie *feruĕre, olĕre* seltener; Terenz sagt nie *dice* oder *duce; tetulī*, das bei Plautus die Regel ist, kommt bei Terenz nur zweimal vor. Die Optativformen auf *-ssim*, die bei Plautus so häufig sind, werden von Terenz als bewußter Archaismus in Abschnitten, die Anklänge an die Rechtssprache zeigen sollen, verwendet. Zwar überleben *faxim* und *faxō*, aber nur in stereotypen Wendungen. In einer Hinsicht ist Terenz archaischer als Plautus: in der zweiten Person des Passivs verwendet er regelmäßig die kürzeren Formen auf *-re*, während Plautus neunmal *-ris* hat, das Cicero im Indikativ Präsens bevorzugt, um eine Verwechslung mit dem Imperativ zu vermeiden. An unklassischen Formen bietet Terenz' Sprache *ipsus* (ebenfalls *ipse*), *hīsce* (auch *hī*), *solae* (Dat. Sg. Fem.), einige Aktivformen wie *luctāre, altercāre*, Imperfekta des Typs *insānībat* und schließlich einige auf den Schluß metrischer Einheiten (Verse oder Halbverse) beschränkte Archaismen: *-ier, siem, attigō, face, duint* usw.

Aus der Betrachtung einiger Wortkategorien, die oben als typisch für die Umgangssprache bezeichnet wurden, wird klar, daß Terenz eine zurückhaltendere und raffiniertere Sprache verwendet. Schimpfworte und Ausfälligkeiten werden sparsamer verwendet und dienen nur zur Charakterisierung. Es gibt weniger Frequentativa, weniger Diminutive, weniger Komposita mit *ad-, con-, dē-* (siehe oben); die meisten von den Formen, die Terenz verwendet, gelangten später in die Literatursprache. Auch in seinen Dialogpartien bemüht sich Terenz, eine größere Nähe zur Alltagssprache zu erzielen. Es ist z.B. von Haffter[107] gezeigt worden, daß Terenz primäre Interjektionen wie *hem, au, uāh* usw. gegenüber sekundären Interjektionen wie *hercle, age* usw. bevorzugt, und viel öfter als bei Plautus bilden Interjektionen allein eine vollständige Aussage:

*Ecquid spei porrost? – Nescio – Ah!*[108] (Phorm. 473–474)

*Geta! – Hem. – Quid egisti?*[109] (Phorm. 682)

*Una omnis nos aut scire aut nescire hoc uolo – Ah. – Quid est?*[110] (Phorm. 809)

*Di obsecro uos, estne hic Stilpo? – Non. – Negas?*
*Concede hinc a foribu' paullum istorsum, sodes, Sophrona.*

[107] H. Haffter, *Untersuchungen zur altlateinischen Dichtersprache*, Berlin 1934.
[108] Und hab' ich weiter Hoffnung? – Weiß nicht. – Ach!
[109] Geta! – Nun? – Was tatest du?
[110] Wir alle müssen das recht wissen oder nicht. – Gemach! – Was hast du?

*Ne me istoc posthac nomine appellassis – Quid? Non, obsecro, es quem semper te esse dictitasti? – St!*[111] (Phorm. 740–743)

Diesem Aufruf folgt bei Plautus unweigerlich ein Imperativ, z. B. *St! Tace!* oder *St! Abi!*. Dieser Abschnitt zeigt noch eine weitere Charakteristik in Terenz' Treue zur Umgangssprache: weit häufiger als bei Plautus steht bei ihm ein isoliertes *non* in einer negativen Antwort, wobei dann das Verb aus dem vorhergehenden Satz zu ergänzen wäre. Das ist nur ein Zeichen für Terenz' engere Verknüpfung der Reden der Dialogpartner, die sich wie in der natürlichen Sprache mit einem Minimum an Wörtern begnügen, wobei der Sinn aus dem Situationszusammenhang klar wird. Die Geschwindigkeit, die so erzielt wird, wird an einigen Beispielen am besten klar werden:

*Quid ago? Dic, Hegio. – Ego? Cratinum censeo si tibi uidetur. – Dic, Cratine. Mene uis? – te.*[112] (Phorm. 447–449)

*Salue, Geta! /*
*Venire saluom uolup est. / Credo. / Quid agitur?*
*Multa aduenienti, ut, fit, noua hic? / Compluria. /*
*Ita. De Antiphone audistin quae facta? / Omnia.*[113] (Phorm. 609–612)

*Quid istuc negotist? / Iamne operuit ostium? / Iam.*[114] (Phorm. 816)

Schließlich:

*Quaeso quid narras? / Quin tu mi argentum cedo. /*
*Immo uero uxorem tu cedo. / In ius ambula. /*
*Enim uero si porro esse odiosi pergitis. /*
*Quid facies? / Egone? Vos me indotatis modo*
*Patrocinari fortasse arbitramini*
*Etiam dotatis soleo. / Quid id nostra? / Nihil.*
*Hic quandam noram quoius uir uxorem. / Hem. / Quid est?*
*Lemni habuit aliam, / Nullu' sum. / ex qua filiam*
*suscepit.*[115] (Phorm. 935–943)

[111] Um alle Götter! Ist das Stilpo? – Nein! – Wie? Nicht? – Sophrona, tritt von der Tür dort ein wenig hier herüber. Bei diesem Namen nenne mich nicht mehr. – Warum? Bist du nicht der, für den du stets dich ausgegeben?

[112] Was soll ich tun? Sprich, Hegio! – Ich? Cratinus, denk' ich, erst, wenn dir's gefällt. – So sprich, Cratinus! – Ich? – Ja, du!

[113] Willkommen, Chremes! / Mich freut's, du bist gesund zurück. / Ich glaub's. / Wie geht's? / Viel Neues hier, wie immer, wenn man von Reisen kommt? / Allerlei. / Ja. Weißt du's schon von Antiphon? / Alles.

[114] Was ist hier los? / Schloß sie schon die Tür? / Ja.

[115] Was sagst du da? / Ich frage. / Gib mir gleich das Geld. / Ja, gib du nur die Frau heraus. / Fort zum Gericht! / Nun, wenn ihr mir noch länger lästig fallen

Hier haben wir ein Beispiel für die naturalistische Verwendung von Einwürfen, die wiederum Terenz von Plautus unterscheidet, der erstaunlich wenig Gebrauch davon macht. Plautus neigt vielmehr dazu, aus jeder Äußerung eine unabhängige Einheit zu machen. Auch in dieser Hinsicht reproduziert Terenz die Verhältnisse wirklicher Sprache getreuer, z.B.

*Si quis me quaeret rufu', / Praestost, desine.*[116] (Phorm. 51)

*Cedo, quid portas, obsecro? Atque id, si potes, uerbo expedi. /*
*Faciam. / Eloquere. / Modo apud portum. / Meumne? /*
*Intellexti. / Occidi. / Hem!*[117] (Phorm. 197–199)

Obwohl Terenz weniger drastisch und lebendig schreibt als Plautus, verwendet er doch reichlich umgangssprachliche Wörter und Wendungen. Wir können aus einer einzigen Komödie, dem Phormio, herausgreifen: *conraditur* (40), *ibi continuo* (101), *non sum apud me* (204), *garris* (210), *deputare* (246); bejahende Antworten wie *admodum, sic, oppido* (315ff.); *tennitur* (330), *atque adeo quid mea?* (389); *cedo* (398), *dicam . . . impingam* (439), *numquid patri subolet?* (474), *hariolare, fabulae, logi* (492f.); *commodum* „gerade jetzt" (614), *facessat* „sie soll sich fortmachen" (635), *effutiretis* „ihr plaudert aus" (746), *dilapidat* „es reißt ein Loch in unsere Habe" (897), *quid id nostra?* „was geht uns das an?" (940), *ogganiat* „er kann ruhig keifen" (1030). Es gibt also keinen Zweifel, daß sich bei Terenz ein starkes umgangssprachliches Element findet, welches, wie wir annehmen dürfen, zeitgenössischem Gebrauch entspricht. Ob es sich dabei auch um die im Scipionenkreis übliche Sprechweise handelt, läßt sich natürlich nicht beweisen. Jedenfalls können Terenzens größere Feinheit und Zurückhaltung als Charakteristika der Oberklassensprache interpretiert werden. Aber ebensogut können die Unterschiede zwischen Plautus und dem jüngeren Komiker Unterschiede literarischer Techniken reflektieren, denn die Sprache von Terenz ist, obwohl weniger verschwenderisch und überquellend im Gebrauch von Ausschmückungen, immer noch weit entfernt sogar von der gepflegtesten und kultiviertesten Form der Alltagssprache. Die Analyse einiger Abschnitte wird das deutlich machen.

---

wollt . . . / Was willst du denn? / Wie? Meint ihr etwa, daß ich nur Frauen ohne Mitgift schütze? Nein, ich schütz' auch die, die welche haben. / Was bekümmert's uns? / Nichts. Hier kannt' ich eine, deren Mann noch eine Frau . . . / Ha! / Wie? / Zu Lemnos hatte. / Weh mir! / Sie gebar ihm eine Tochter.

[116] Wenn mich ein Rotkopf sucht . . . / Laß, er ist schon da.

[117] Was bringst du, bitte? Sage mir's mit einem Worte, wenn du kannst! / Das will ich. / Sprich! / Beim Hafen da . . . / Mein Vater? / Ja. / Weh, weh mir! / Ach!

Alliteration tritt sogar in iambischen Abschnitten umgangssprachlicher Färbung auf:

*abi sis, insciens:*  
*quoius tu fidem in pecunia perspexeris,*  
*uerere uerba ei credere?*[118] (Phormio 59–61)

*persuasumst homini: factumst: uentumst: uincimur:*  
*duxit. / quid narras? / hoc quod audis. / o Geta!*  
*quid te futurumst? / nescio hercle: unum hoc scio,*  
*quod fors feret feremus aequo animo.*[119] (Phormio 135–138)

Bemerkenswert sind das Asyndeton und das Homoioteleuton in der ersten Zeile.

*quin, quod est*  
*ferundum, fers? tuis dignum factis feceris,*  
*ut amici inter nos simus?*[120] (Phormio 429–431)

*neque mi in conspectum prodit, ut saltem sciam,*  
*quid de ea re dicat quidue sit sententiae.*[121] (Phormio 443–444)

*tum pluscula*  
*supellectile opus est; opus est sumptu ad nuptias.*[122] (Phormio 665–666)

Mit diesem Satz, der kunstvoll mit Alliteration, Anapher und Chiasmus aufbereitet ist, kann man auch die folgenden Verse vergleichen, die Parallelismus, Assonanz und Homoioteleuton zeigen:

*qui saepe propter inuidiam adimunt diuiti*  
*aut propter misericordiam addunt pauperi?*[123] (Phormio 276–277)

Abschnitte in Langversen zeigen erwartungsgemäß einen größeren Aufwand an stilistischer Ausschmückung. Einige Beispiele müssen genügen:

[118] Geh doch, Törichter! Beim Gelde fandest du mich treu und scheust dich nun, mir Worte zu vertrauen.

[119] Dem Menschen leuchtet's ein; es ist geschehen, wir kommen, wir verlieren, er heiratet sie. / Was sagst du? / Was du hörst. / O Geta, wie wird dir's gehen? / Weiß ich nicht; das weiß ich nur: wir werden ruhig tragen, was das Schicksal bringt.

[120] Warum trägst du nicht, was man tragen muß? Wär's nicht passend zu deinen Taten, wenn wir Freunde würden?

[121] Er läßt sich gar nicht sehen; dann wüßt' ich doch, was er dazu sagt oder was er willens ist.

[122] Dann gibt es noch Hausgerät, das nötig ist; nötig ist Geld für die Hochzeit.

[123] Aus Neid und Mißgunst nehmen sie's dem Reichen oft  
und schenken's dann dem Armen aus Barmherzigkeit.

*at non cotidiana cura haec angeret animum. / audio. /*
*dum expecto, quam mox ueniat, qui adimat hanc mihi consuetudinem.*
*aliis, quia defit quod amant, aegrest; tibi, quia superest,*
*dolet: amore abundas, Antipho.*
*nam tua quidem hercle certo uita haec expetenda optandaque est.*[124]
(Phormio 160–163)

Neben der elaborierten Alliteration ist hier besonders die abschließende *congeries* mit Homoioteleuton bemerkenswert. Als Beispiele für das asyndetische Trikolon kann man *retinere amare amittere* (Phormio 175), *deserta egens ignota* (751), *orat confitetur purgat* (1035) anführen. Ein Trikolon mit Anapher, Alliteration und „zunehmender Größe" liegt in Phormio 188 vor:

*eius me miseret, ei nunc timeo, is nunc me retinet.*[125]

Als abschließendes Beispiel für durchdachte und gekonnte Anwendung von Stilfiguren mögen die Verse 519–522 des Phomio dienen:

*di tibi omnes id, quod es dignus, duint! /*
*ego te compluris aduorsum ingenium meum mensis tuli*
*pollicitantem et nil ferentem, flentem; nunc contra omnia haec*
*repperi, qui det neque lacrumet: da locum melioribus.*[126]

Die Beispiele zeigen deutlich, daß Terenz dieselben konventionellen Stilmittel der archaischen Literatursprache (siehe Kapitel V) benutzte wie Plautus. Obwohl Terenz subtilere Effekte und eine unaufdringliche Kunst zur Anwendung bringt, ist seine Sprache weit entfernt von irgendeiner natürlichen Sprechweise auch der raffiniertesten Elite. Man hat ja auch schon Zweifel an der Behauptung Suetons in der Lebensbeschreibung des Terenz, daß dieser ein intimer Freund von Scipio Africanus und Laelius gewesen sei, geäußert, und Jachmann hat vermutet, daß die korrekte und reine Sprache, die Cicero dem Scipio und dem Laelius zuschrieb, lediglich ein Rückschluß aus dem Sprachgebrauch des Terenz war, der nach

[124] So litte doch mein Gemüt nicht unablässig diese Qual. / Ich höre! /
Indes ich warte, wann der kommt, der diesem Umgang mich entreißt. /
Ein anderer klagt, weil er nichts zum Lieben hat; dich schmerzt es,
weil du zuviel hast;
du bist überreich an Liebe, Antipho!

[125] Ihn bedaur' ich, für ihn fürcht' ich, er hält mich zurück.

[126] Alle Götter sollen dir's so ergehen lassen, wie du's wert bist!
/ Gegen meine Weise trug ich, Phaedria, dich manchen Monat:
Du versprachst und zahltest nichts und weintest. Jetzt im Gegenteil fand ich
den, der zahlt und nicht weint: mache nun dem Besseren Platz.

Jachmann diese urbane Latinität selbst geschaffen hatte, um eine lateinische Entsprechung zu Menanders vornehmer und zurückhaltender ἀστειότης mit ihren variierten und subtilen Charaktereffekten zu entwickeln. Bei Plautus hingegen haben wir es mit der Sprache der Musikkomödie, der komischen Oper, zu tun. Was die Qualitäten des Stils von Terenz und den Erfolg seiner Bemühungen, die Effekte der griechischen Neuen Komödie zu übertragen, anbetrifft, so kann der fremde, zeitlich und räumlich weit entfernte Beobachter wohl nichts besseres tun als die antiken Zeugnisse zu zitieren, die Sueton (*vita Terentii* 7) den großen Meistern des Lateinischen, Cicero und Caesar, zuschreibt:

*Cicero in Limone hactenus laudat:*
*'Tu quoque, qui solus lecto sermone, Terenti,*
*conuersum expressumque Latina voce Menandrum*
*in medium nobis sedatis uocibus effers*
*quiddam come loquens atque omnia dulcia dicens.'*

*Item C. Caesar:*
*'Tu quoque, tu in summis, o dimidiate Menander,*
*poneris, et merito, puri sermonis amator.*
*Lenibus atque utinam scriptis adiuncta foret uis,*
*comica ut aequato uirtus polleret honore*
*cum Graecis neue hac despectus parte iaceres.*
*Unum hoc maceror ac doleo tibi, deesse, Terenti!'*[127]

Daß auch einige der Zeitgenossen des Terenz einen Mangel an Kraft und Energie konstatierten, wird aus dem Prolog des Phormio (4–5) deutlich:

*qui ita dictitat, quas antehac fecit fabulas,*
*tenui esse oratione et scriptura leui.*[128]

[127] Cicero spricht im Limo folgendes Lob aus: „Auch du, Terenz, der du als einziger bei der Lektüre uns einen übertragenen und auf Lateinisch ausgedrückten Menander mit zurückhaltenden Worten lieferst, indem du einiges zierlich und alles gefällig ausdrückst." Ähnlich drückt sich Caesar aus: „Auch du, halber Menander, auch du wirst zu den Besten gezählt, und das zu Recht, du Freund des reinen Stils. Wenn doch deine sanften Werke auch Kraft hätten, damit deine Fähigkeit als Komiker den gleichen Rang wie die Griechen hätte und du in dieser Hinsicht nicht verachtet würdest. Es ärgert mich und ich bedaure, Terenz, daß dir dieses eine fehlt!"

[128] Er (sc. der Gegner) sagt, die Stücke, die er früher schrieb, seien von mattem Stil und dürftiger Schreibweise.

KAPITEL V

# Die Entwicklung der Literatursprache

## A. Dichtung

Die Sprache, das Instrument der Verständigung der Menschen untereinander, entsteht, paßt sich an und verfeinert sich entsprechend den mannigfaltigen und stetig wechselnden Bedürfnissen der Gesellschaft und der Umgebung, in der sie sich befindet. Folglich ist die Geschichte einer Sprache nichts weniger als die Geschichte einer Kultur. In den vorhergehenden Kapiteln wurde bereits einiges zur Bedeutung der Griechen für die Entwicklung der frühen römischen Sprache und Kultur gesagt. Dieser Einfluß wird übermächtig, wenn wir uns jetzt der Untersuchung der Literatursprache zuwenden. Aus dem Schmelztiegel der Geschichte tauchte ein Volk von zähen und disziplinierten Bauern-Soldaten auf, die vorbestimmten Herren Italiens und des Mittelmeerraumes. Nacheinander unterlagen die griechischen und die hellenisierten Städte und Staaten einer Macht, deren Stärke nicht in zahlenmäßiger oder körperlicher Überlegenheit, nicht in Reichtum oder Geschicklichkeit begründet war, sondern in diszipliniertem Zusammenhalt und in der Ausübung des *ius armorum*. Vegetius, der in dieser Weise die Gründe für die Größe Roms dargelegt hat, erkannte die griechische Überlegenheit in der Kultur an: „Graecorum artibus prudentiaque nos uinci nemo dubitauit“[1] (de re militari 1,1).

Dieser Ausspruch trifft den Nagel auf den Kopf: Zur Zeit des römischen Triumphes über die blühenden Städte der Magna Graecia in der ersten Hälfte des dritten Jahrhunderts gab es in Rom trotz aller Überlegenheit in Reichtum und Macht noch keine einheimische Literatur, die diesen Namen verdient hätte. Die Entdeckung der Kulturschätze, die von den begabtesten Völkern der Welt im Laufe einer langen und ereignisreichen Geschichte angesammelt worden waren, hatte eine überwältigende Wirkung: die römischen Sieger überantworteten sich den Besiegten. Die siegreichen Generäle, die darauf bedacht waren, daß Rom kultu-

[1] Niemand zweifelte daran, daß wir vor dem Wissen und der Klugheit der Griechen zurücktreten müßten.

rell mit den Griechen schritthalten solle, brachten von ihren Feldzügen neben Statuen und Gemälden Philosophen und Rhetoren zur Erziehung ihrer Kinder mit. Typisch für den philhellenischen Eifer in der römischen Aristokratie ist Aemilius Paullus, der 168 Perseus von Makedonien in Pydna überwältigte: als Siegesbeute verlangte er nur die Bibliothek des Königs. In ihren Anfängen ist die lateinische Literatur auch eine reine Raubgeschichte, und die stolzeste Aussage eines römischen Autors war es, sagen zu können, daß er der erste war, der Hand an die Beute legte. Allerdings glimmte die Glut des wesensmäßig römischen Genius unter dieser übergestülpten Masse fremden Materials, und im Laufe der Zeit entwickelte sie sich zu einer Flamme, die es mit dem hellsten griechischen Feuer aufnehmen konnte. Dennoch muß der Sprachhistoriker, der zugleich ein Bewunderer Vergils ist, auch betonen, daß alle lateinischen literarischen Genera mit Ausnahme der Satire („satira tota nostra est"[2]) ist alles, was Quintilian [10, 1, 93] sagen kann) ihre Form und auch einen großen Teil ihres Inhaltes griechischer Praxis und griechischer Theorie verdankten. Wir müssen uns also zunächst der griechischen Literatur zuwenden, um zu einem richtigen Verständnis der Entwicklung der lateinischen Literatursprache zu kommen.

Wer sich näher mit der griechischen Literatur beschäftigt, entdeckt bald, daß er nicht nur eine einzige Sprache, sondern viele Dialekte lernen muß. Das ist eine Folge des Formalismus der griechischen Literatur, denn eine unbestrittene Konvention bestimmte, daß für jedes Genus eine bestimmte Sprachform angemessen sei. So sind die homerischen Dichtungen das Endprodukt einer epischen Tradition, die ihren Ausgang von Sprechern des äolischen Dialektes genommen hatte, jedoch im Laufe der Zeit von Sängern aufgenommen worden war, deren Heimatdialekt das Ionische war; in der poetischen Diktion der homerischen Gedichte findet sich also ein Fundus von Wörtern und Redewendungen, die verschiedenen Epochen und verschiedenen Dialekten angehören. Der epische Dialekt ist ein Kunstprodukt, das wenig mit der normalen Redeweise seiner Schöpfer zu tun hat; aber nachdem die Konvention einmal bestand, bediente sich jeder, der Epen schrieb, bis zum Ende der griechischen Welt dieses Dialektes. Die Chorlyrik entwickelte sich bei den Doriern, und so wurde das Dorische zum Dialekt für dieses Genus, was auch immer die Heimatmundart des jeweiligen Dichters sein mochte. Hierin liegt auch der Grund dafür, daß im athenischen Drama ein abrupter Dialektwechsel vollzogen wird, wenn der iambische Dialog endet und die Chorlyrik

2 Die Satire gehört ganz uns.

beginnt. Dasselbe Prinzip gilt bis zu einem gewissen Grade sogar für die Prosa. Die ersten historischen, naturwissenschaftlichen und medizinischen Schriften stammten von Ioniern; folglich wurde das Ionische als Sprache der wissenschaftlichen Prosa akzeptiert (z.B. im Corpus Hippocraticum), während der Athener Thukydides der Sprache seines Geschichtswerkes zumindest eine leichte ionische Färbung gab.

In dieser Art kann man ganz kurz die Konventionen der griechischen Literatur skizzieren. Bevor wir uns nun aber wieder den römischen Schriftstellern und ihrer Nachahmung griechischer Vorbilder zuwenden, müssen wir uns eine andere Tatsache ins Gedächtnis rufen. Als die Römer ihre literarische Lehrzeit begannen, hatte die griechische Literatur ihren Zenith bereits überschritten. Die Römer stießen auf die hellenistische Welt der Nachfolger Alexanders, und die hellenistische Dichtung war die Schöpfung hochkultivierter Cliquen von Dichter-Gelehrten, die ein übermäßiges Interesse an literarischen Techniken hatten und stolz waren auf dunkle, gelehrte Anspielungen, wobei sie ihre Werke mit ungewöhnlichen Wörtern, den Glossen, also sozusagen bizarren Juwelen aus alten Gewändern, schmückten. Der *doctus poeta* beherrscht die Szene, unermüdlich in seinem Streben, neues, für die Dichtung verwendbares Material auszugraben. In der Sprache hat er eine ausgesprochene Schwäche für seltene Antiquitäten.

Rom begann seine Lehrzeit in der Schriftstellerei in dieser Periode der Entwicklung der griechischen Literatur.

> Initium quoque eius (*sc.* grammaticae) mediocre extitit, siquidem antiquissimi doctorum, qui idem et poetae et semigraeci erant – Livium et Ennium dico, quos utraque lingua domi forisque docuisse adnotatum est – nihil amplius quam Graecos interpretabantur, aut, si quid ipsi Latine composuissent, praelegebant[3] (Suet. gramm. 1).

Das griechische Gefühl für Sprache in verschiedenen Genera ist jedenfalls in der frühesten römischen Literatur spürbar, die mit einer Übersetzung der Odyssee in Saturniern beginnt; ihr Schöpfer ist Livius Andronicus, ein Bürger von Tarent, der 242 als Sklave nach Rom gebracht und von der *gens Livia* adoptiert worden war. Es sind uns nur wenige Fragmente dieses Werkes erhalten, aber eine scharfsinnige Analyse von Ernst Fraen-

[3] Auch der Beginn der Grammatik war bescheiden, denn die ältesten Gelehrten, die zugleich Dichter und Halbgriechen waren – ich meine Livius Andronicus und Ennius, von denen bekannt ist, daß sie in beiden Sprachen zu Hause und in der Öffentlichkeit gelehrt haben – taten nichts anderes, als die Griechen zu übersetzen oder vorzulesen, was sie selbst zuweilen auf Latein verfaßt hatten.

kel[4] hat gezeigt, daß die Konventionen der hellenistischen Dichtung mit ihrer Genusunterscheidung vorherrschten. So enthält der Ausdruck *diua Monetas filia* „die Muse" (fr. 30) den archaischen Genitiv auf *-as*, der im klassischen Latein nur in der Formel *pater familias* überlebt. Auch zu Livius Andronicus' Zeiten handelte es sich schon um einen Archaismus, denn sonst verwendet er *-ai*, das sogar im archaisierenden *Senatus Consultum de Bacchanalibus* herrscht. Es ist bezeichnend, daß von den von Priscian (1, 198–199) zitierten Genitiven auf *-as* drei aus der Odyssee des Livius Andronicus, zwei aus dem *Bellum Poenicum* des Naevius und einer aus den *Annales* des Ennius stammen. Alle Zitate gehören also dem epischen Genus an; Priscian führt keine Stelle aus den Tragödien dieser drei Dichter an, obwohl er sie gut kannte. Andere Züge der Sprache der Fragmente des Livius Andronicus, die der tragischen Diktion fremd sind, sind *filie* (Vokativ), *dextrābus, dusmō (= dumo), homōnem, fitum est,* 3. Ps. Pl. des Typs *nēquinont*, das Adverb *quamde.* Fraenkel zieht folgenden Schluß (RE Supp. 5, 1931, 606): „Immer wieder zeigt es sich, wie Livius Andronicus bemüht ist, gerade mit Hilfe hochaltertümlichen Sprachgutes seinem Epos Würde und Distanz zu geben, Distanz nicht nur von der Alltagsrede, sondern auch vom Stil minder feierlicher poetischer Gattungen. . . . Die gesamte Folgezeit hielt daran fest. Der Sprachform des römischen Epos verblieb vom Anbeginn her das Vorrecht größerer Lebensferne, selbst gegenüber der Tragödie, erst recht im Verhältnis zu anderen poetischen Gattungen".

Man sollte jedoch betonen, daß alle Genera römischer Dichtung, die Tragödie und sogar die Satire, Archaismen als Bestandteile ihrer Diktion verwenden. Die epische Dichtung ist nur durch das Ausmaß dieser Verwendung gekennzeichnet, nicht durch die Verwendung an sich.

Bei ihrem Streben nach archaischer Färbung bedienten sich die Dichter neben altmodischen Wörtern auch ungewöhnlicher Deklinations- und Konjugationsformen, wobei sie sich in weitem Umfang auf die religiöse und juristische Sprache bezogen. Dieses Material kann man am besten unter die beiden Überschriften „Morphologie" und „Wortschatz" einordnen. Beim Erstellen derartiger Listen sollte man jedoch immer daran denken, daß Archaismus ein relativer Begriff ist. Viele Formen der frühen Dichtung, die auf die Autoren der klassischen Zeit einen archaischen Eindruck machten, waren für die Dichter, die sie verwendeten, zeitgenössische Formen. Dazu gehören z.B. Genusabweichungen wie *caelus* statt *caelum* oder feminine Verwendung einiger Kasus von *lapis*, Deklinations-

[4] E. Fraenkel, RE Suppl. 5, 1931, 604–605.

auffälligkeiten wie *exercitī* statt *exercitūs* oder *speres* als Plural zu *spēs*, Konjugationsformen wie *fondantes* statt *fodientes, horitur* statt *horītur, resonunt* statt *resonant*; alle diese Abweichungen wurden im Zuge der Normalisierung, die wir unten besprechen wollen, beseitigt. Wir dürfen auch die Nachahmung der Vorgänger nicht vergessen, die dem Dichter durch die antike Poetik abverlangt wurde. So können nach Ennius schreibende Dichter eine Form oder ein Wort verwenden, nicht weil es ein Archaismus ist, sondern weil es bei Ennius vorkommt. Die Frage der „Ennianismen" wird uns noch bei der Besprechung der Sprache Vergils beschäftigen.

Nach all diesen Einschränkungen kann man die folgenden Phänomene als die wichtigsten morphologischen Archaismen der frühen lateinischen poetischen Diktion ansehen: in der Deklinition der Nomina der Genitiv Singular auf *-āī*, Genitiv Plural auf *-um* (z. B. *factum*); bei den Pronomina und den Demonstrativa *ipsus, ollī*, außerdem der Dativ/Ablativ *quīs*; Adverbien des Typs *superbiter, aequiter, rārenter, concorditer* und des Typs *contemptim, iuxtim, uiscerātim*. Im Verbalsystem sind die wichtigsten Erscheinungen die passiven Infinitive auf *-ier*, die Imperfekta der vierten Konjugation auf *-ībat*, Desiderativstämme auf *-ss-* wie *prohibessis*, Perfekta auf *-erunt* (eine in der Umgangssprache nie untergegangene Form, die jedoch in der Dichtung als Archaismus zu betrachten ist[5], *-ēre* statt *-ērunt*. Schließlich kann man noch Formen wie *fuas* oder *superescit* erwähnen.

Eine angemessene Sprachfärbung wurde jedoch nicht nur durch Lautungen und Formen erreicht; die poetischen Genera waren auch durch den Wortschatz charakterisiert, der in ihnen gestattet war. Aristoteles hatte in dieser Hinsicht die griechische Praxis analysiert und in Worte gefaßt. Er macht einen grundlegenden Unterschied zwischen Wörtern des alltäglichen Gebrauchs (κύρια ὀνόματα) und anderen, die dort nicht vorkommen (τὰ ξενικά); seiner Festlegung nach hängt die literarische Ausdrucksweise von einem maßvollen Gebrauch dieser ξενικά ab, durch die die Sprache über die gewöhnliche Form (ταπεινόν) erhoben wird. Im Bereich der ungewöhnlichen Ausdrücke stellte er besonders die *glossae* (merkwürdige oder seltene Wörter) heraus, weil sie seiner Meinung nach besonders für das epische Genus geeignet seien, obwohl er auch den Gebrauch von Komposita, die er speziell dem Dithyrambus zuschrieb, und von Metaphern, die ein besonderes Kennzeichnen der iambischen Verse sein sollten, zuließ. Die *glossa* war in der Tat vor allem für die grie-

[5] V. Väänänen, *Introduction au latin vulgaire*, Paris ²1967, 151 (§ 330).

chische Epik in der reifen Form, in der sie uns in den homerischen Gedichten begegnet, typisch. Wie wir gesehen haben, war das ein Ergebnis der Geschichte der epischen Dichtung, denn Homer stellt den Höhepunkt einer jahrhundertealten Sängertradition dar, die Formen und Wörter bewahrt hatte, welche in der Alltagssprache nicht mehr geläufig waren. Durch die Autorität Homers wurde alle spätere griechische Dichtung beeinflußt, und seine Werke dienten als unerschöpflicher Steinbruch für dichterischen Rohstoff. Die Pioniere der römischen Literatur hatten keine vergleichbar reiche Quelle zur Verfügung; es sind jedenfalls nur wenige Spuren der Quellen erhalten geblieben, aus denen die frühen Dichter ihre archaischen Wörter bezogen. Derjenige, der eine Geschichte der lateinischen Sprache schreibt, muß ebenso wie Cicero den Verlust der alten *carmina* beklagen:

> atque utinam exstarent illa carmina, quae multis saeculis ante suam aetatem in epulis esse cantitata a singulis conuiuis de clarorum uirorum laudibus in Originibus scriptum reliquit Cato[6] (Brutus 75).

Auch Ennius erwähnt Vorgänger, die im saturnischen Versmaß geschrieben hätten. Es war zweifellos diese traditionelle Dichtung, die Livius Andronicus und seinen Nachfolgern zahlreiche Wörter lieferte, die für die poetische Diktion charakteristisch sind, z.B. *Camēna* „Muse", *celsus* „erhaben", *amnis* „Fluß" (ein altes 'italo-keltisches' Wort, verwandt mit dem englischen Flußnamen *Avon*), *aerumna* „Drangsal" (vielleicht etruskischen Ursprungs), *anguis* (= *serpēns*) „Schlange", *artus* (= *membrum*) „Glied", *lētum* (= *mors*) „Tod", *tellūs* (= *terra*) „Erde", *ūmēre* „feucht sein" und *ūmor* „Feuchtigkeit", weiter archaische Verben wie *dēfit* „es mangelt", *infit* „es fängt an", *clāret* „es ist klar", *cluēre* „gerühmt werden", zahlreiche religiöse Termini wie die Verben *adolēre* „Opferdampf aufsteigen lassen", *parentāre* „ein Totenopfer darbringen", *mactāre* „ein Opfer darbringen", *opitulārī* „Hilfe bieten", *lībāre* „das Erstlingsopfer bringen", die Substantive *nemus* „Hain", *flāmen* „Priester einer einzelnen Gottheit", *uātēs* „Weissager", *epulo* „Vorbereiter des Götterschmauses", *polūbrum* „Waschbecken", *eclūtrum* „Spüle", *sagmen* „heiliger Grasbüschel", *lituus* „Augurenstab", *lībum* „Opferkuchen", *tesca* „unbestelltes Land", die Adjektive *almus* „nährend, gütig", *castus* „züchtig", *dīrus* „unheilvoll" (vielleicht sabinischer Herkunft), *augustus* „erhaben", *obscēnus* „unrein", *tutulātus* „mit einer Haarschleife versehen", *sōlemnis* „feierlich". Die

[6] Wenn doch nur jene Lieder erhalten wären, von denen Cato in seinen „Origines" berichtet, daß sie viele Jahrhunderte vor seiner Zeit bei Gastmählern von einzelnen Teilnehmern zum Lobe berühmter Männer gesungen worden seien.

majestätischen Rechtsformeln waren genau wie die religiösen Wendungen eine Quelle ungewöhnlicher Wörter. Ein Abschnitt aus Varro (de lingua Latina 7, 42) ist in diesem Zusammenhang klärend; er kommentiert den Enniusvers „olli respondit suauis sonus Egeriai" folgendermaßen:

> *olli* ualet dictum *illi* ab *olla* et *ollo*, quod alterum comitiis cum recitatur a praecone dicitur *olla centuria*, non *illa*, alterum apparet in funeribus indictiuis, quo dicitur *ollus leto datus est*[7].

Hier haben wir ein klares Zeugnis dafür, daß sowohl rechtliche als auch religiöse Formeln als Quelle für die Dichtersprache dienten.

Entsprechend griechischer Theorie und Praxis wurden auch Dialektwörter in die Dichtersprache übernommen. Bezüglich des Verses „ueteres Casmenas cascam rem uolo profarier" schreibt Varro (7, 28):

> primum *cascum* significat *uetus*, secundo eius origo Sabina, quae usque radices in Oscam linguam egit[8].

Ähnlich ist sein Kommentar zu *catus* im Enniusvers „iam cata signa ferae sonitum dare uoce parabant":

> *cata* „acuta"; hoc enim uerbo dicunt Sabini[9].

Es ist auch möglich, daß *cohum*, das die Dichter angeblich für *caelum* „Himmel" verwendeten, eine Dialektdublette von *cauum* ist. Andere fremde Glossen sind *meddix* und *famul* (beides oskisch), *ambactus* (gallisch), *sibyna* (illyrisch) und *rumpia* (thrakisch).

Natürlich lieferte das Griechische in dieser Hinsicht am meisten, aber die ernste lateinische Dichtung war viel zurückhaltender in der Anwendung griechischer Wörter als die Komödie oder die Umgangssprache. So verschmähte Livius Andronicus sogar *Mūsa* und ersetzte es durch *Camēna*, ein einheimisches Wort für eine Quellen- und Wassergöttin (wenn wir Macrobius comm. 2, 3, 4 glauben dürfen, handelt es sich um eine Entlehnung aus dem Etruskischen). Naevius verwendete eine Umschreibung, um Μοῦσαι wiederzugeben (bell. Pun. fr. 1 Strzelecki):

> nouem Iouis concordes filiae sorores[10].

[7] *olli* entspricht *illi* und kommt von *olla* und *ollo*; das eine kommt in *olla centuria* vor, wenn der Ausrufer in den Komitien vorliest, das andere taucht bei feierlichen Leichenbegängnissen auf, bei denen es *ollus leto datus est* heißt.

[8] Erstens heißt *cascum* „alt", zweitens kommt es aus dem Sabinischen, das Wurzeln bis ins Oskische treibt.

[9] *cata* „scharf"; dieses Wort verwenden nämlich dafür die Sabiner.

[10] Neun einträchtige Schwestern, Töchter des Iupiter.

Nur Ennius ist so kühn, den fremden Musen das Betreten des lateinischen Olymp zu gestatten (Ann. 1 Vahlen):

> Musae quae pedibus magnum pulsatis Olympum[11].

Ennius ließ auch andere griechische Wörter wie *bradys, charta, coma, lychnus* zu, aber seine Verwendung von *aër* zeigt doch, daß er sich nicht ganz wohl dabei fühlte (Ann. 148 Vahlen):

> uento quem perhibent Graium genus aëra lingua[12].

Seine Nachfolger waren jedenfalls sparsamer im Gebrauch des Griechischen und überhaupt aller fremdsprachigen Glossen. Auch hierin waren die römischen Dichter gehorsame Schüler der Griechen, die sich dessen bewußt waren, daß ein übertriebener Gebrauch dieses stilistischen Mittels zum βαρβαρισμός führen würde.

Ennius' Verehrung seiner griechischen Vorbilder ließ ihn einige geschmackliche Verirrungen begehen, die jedoch keine Folgen für die spätere Dichtung hatten. Aristoteles rechnet zu den „Glossen" auch einige Wortentstellungen, unter anderem apokopierte Formen. Zu einem Teil beruhte diese Theorie auf einem Mißverständnis. Homer kennt noch das alte Wort δῶ, das späteren Generationen wie eine Kurzform von δῶμα „Haus" vorkam. Euphorion vertraute auf die vermeintliche Autorität Homers und wagte ἧλ für ἧλος (153ab Collect. Alex.). Mit solchen Vorbildern vor Augen traute sich Ennius, *cael* für *caelum* (Ann. 575 Vahlen), *do* für *domus* (Ann. 576 Vahlen) und *gau* für *gaudium* (Ann. 574 Vahlen) zu schreiben. Ähnlich ist sein falscher Gebrauch der „Tmesis", die ja auch ein archaischer Zug der homerischen Diktion war, den Ennius legitimerweise mit *dē mē hortātur* (Ann. 381 Vahlen) statt *mē dēhortātur* nachbilden konnte. Aber Monstruositäten wie *cere . . . brum* (Ann. 609 Vahlen: *saxo cere- comminuit -brum*) vergewaltigten die Sprache, obwohl Ennius auch Fürsprecher fand, die seine Unschuld diesem Vorwurf gegenüber betonten. Eine weitere kurzlebige Verirrung war Ennius' Verwendung der epischen Kasusendung *-oeo* in *Metioeo Fufetioeo* (Ann. 126 Vahlen), die Quintilian als dichterische Freiheit verteidigt (1, 5, 12: „Ennius poetico iure defenditur"). Wie wir gesehen haben, ist es nicht ausgeschlossen, daß diese Kasusform im mundartlichen Latein wirklich bestanden hat.

Das Griechische übte jedoch seinen Einfluß auf die Herausbildung der lateinischen Literatursprache nicht nur bei den Grundfragen der Litera-

[11] Musen, die ihr den großen Olymp mit den Füßen stampft.
[12] Mit dem Winde, den das griechische Volk in seiner Sprache *aër* nennt.

turtheorie und der literischen Konvention aus. Die Tatsache, daß ein Großteil der frühen lateinischen Dichtung nicht nur eine Imitation griechischer Vorbilder, sondern sogar eine regelrechte Übersetzung darstellt, bedeutet, daß der griechische Lehrer ständig neben seinem lateinischen Schüler stand. Das kann man bereits an Hand der Zeile, die am Anfang der lateinischen Dichtung steht, nachweisen:

uirum mihi, Camena, insece uersutum (Liv. Andr. Od. 1)

ist eine Übersetzung des ersten Verses der homerischen Odyssee:

ἄνδρα μοι ἔννεπε, Μοῦσα, πολύτροπον,

wobei Livius Andronicus das archaische ἔννεπε durch eine „Glosse" wiedergibt, deren Quelle wir nicht mehr ergründen können (er konnte ja kaum die Erkenntnisse der modernen Sprachwissenschaft vorausgenommen haben, die diese beiden Wörter als etymologisch identisch ansieht: **en-seq$^{w}$e*). Das letzte Wort des griechischen Originals ist typisch für ein Problem, das den lateinischen Übersetzer und Nachahmer einer Prüfung unterwirft. Das Griechische hatte sich ja die Fähigkeit, zusammengesetzte Wörter neu zu bilden, in vollem Umfange bewahrt, und es nutzte diese Möglichkeit in der Dichtung besonders zur Bildung schmückender Beiwörter freizügig; das Lateinische hatte diese Fähigkeit jedoch weitgehend verloren. So stellt die Wiedergabe von πολύτροπος durch *uersūtus* eine idiomatische Lösung dar. Ab und zu erwies sich eine einheimische Ableitung als geeignet, um die Last des griechischen Vorbildes zu tragen. Das gilt z.B. für die Adjektive auf *-ōsus*, die sich als geglückte Entsprechungen für die zahlreichen griechischen Epitheta ornantia erwiesen, die mit πολύ- und -όεις gebildet sind. Einige Beispiele: *frondōsus* (Enn.), *fragōsus, labeōsus* (Lucr.), *piscōsus, lacrimōsus, squāmōsus, spūmōsus* usw. Die Tatsache, daß diese Bildungen Komposita entsprechen, wird durch Ciceros Neubildungen *squāmiger* und *spūmifer* als Entsprechungen für die beiden letztgenannten Wörter nahegelegt, und ebenso fand er in *aestifer* ein Äquivalent zu *aestuōsus; aestifer* wurde von Lukrez und Vergil akzeptiert. Neben *squāmōsus* prägte Vergil eine andere Ersatzform, *squāmeus*, die dazu dienen kann, ein weiteres lateinisches Suffix zu zeigen, das durch den Druck des Griechischen gefördert wurde und das besonders bei den Hexameterdichtern beliebt war, weil es gut ins Metrum paßte (siehe unten). Insgesamt waren jedoch die Möglichkeiten des Lateinischen, die unendliche Bandbreite der griechischen Komposita wiederzugeben, unzureichend. Livius Andronicus ist in schwierigen Fällen bereit, schwache Ersatzlösungen zu akzeptieren: so erscheint χαλκήρει (δουρί) einfach als *celeris (hastā)*, was den Klang, aber keineswegs die Bedeutung wiedergibt. Spätere Dichter ließen sich jedoch auf Grund der Erkenntnis, daß schmückende Komposita ein wesentlicher Bestandteil des epischen Stils sind, zu einer Verfahrensweise bringen, die eigentlich dem Geist ihrer Sprache fremd war. Livius Andronicus' *quinquertio* für πένταθλος war eine Totgeburt, aber erst die Tragiker zeigten die geschmackloseste Kühnheit. Kein Epiker kann es mit Pacuvius' berüchtigtem Vers (408 Ribbeck) aufnehmen:

Nerei repandirostrum incuruiceruicum pecus

(vgl. ἀγκυλοχείλης κυρταύχην) aufnehmen; Livius Andronicus war immerhin mit *sīmum pecus* zufrieden gewesen. Im allgemeinen wurden die Komposita auf einige wenige klar umschriebene Typen beschränkt. Für Naevius' *siluicola* boten Wörter wie *agricola* ein häufiges Vorbild. Seine Schöpfung *arquitenēns* „bogenführend" wurde zum Prototyp einer Wortklasse, die eine wichtige Rolle in der Sprache der römischen Epik spielen sollte: *suāuiloquēns* „lieblich redend", *altitonāns* „hoch donnernd", *omnipotēns* „allmächtig", *sapientipotēns* „durch Weisheit mächtig", *uēliuolāns* „segelbeflügelt" usw. Vergleichbar ist der Typ *suāuisonus* „lieblich klingend", der in einem Tragödienfragment des Naevius (fr. 20) vorkommt, obwohl vielleicht Livius Andronicus mit dem ihm zugeschriebenen *odōrisequus* „der Witterung nachgehend" Priorität beanspruchen kann. Bei den nachfolgenden Dichtern gibt es eine Anzahl derartiger Komposita, bei denen der zweite Teil aus einem Verbalstamm besteht, z.B. *altisonus* „hochtönend" (Ennius), *laetificus* „Freude erregend" (Ennius), *largificus* „freigiebig" (Lukrez), *uēliuolus* „segelbeflügelt" (Ennius), *horrisonus* „schrecklich klingend" (Lukrez), *montiuagus* „Berge durchschweifend" (Lukrez), *frūgiparus* „fruchtbringend" (Lukrez). In Naevius' Werken finden wir drei andere Prototypen, die einen großen Teil der folgenden Neubildungen poetischer Komposita präludieren:

1. *frondifer:* vgl. *dulcifer, frūgifer, flammifer* usw. (Ennius), *aestifer, flōrifer, glandifer* usw. (Lukrez)
2. *tyrsiger:* vgl. *armiger* (Accius), *barbiger, corniger* (Lukrez), *lāniger, nāuiger, saetiger, squāmiger* (Lukrez) usw.
3. *bicorpor:* vgl. *bipēs* (Naevius), *bilinguis* (Ennius), *trifax* (Ennius), *biiugus* (Lukrez), *tripectorus* (Lukrez) usw.

Abgesehen von den genannten Fällen gibt es nur wenige produktive Typen. Aus zwei Nominalstämmen bestehende Komposita wie *dentefaber* „gezähnt" (Ennius), *leuisomnus* „einen leichten Schlaf habend" (Lukrez), *multangulus* „vieleckig" (Lukrez) waren demgegenüber viel seltener. In dieser Gruppe fallen besonders die Komposita mit *-pēs* auf: *ālipēs* „flügelfüßig" (Lukrez), *sonipēs* „mit dem Fuße tönend" (Accius), *capripēs* „ziegenfüßig" (Lukrez), *leuipēs* „leichtfüßig" (Cicero), *mollipēs* „sanftfüßig" (Cicero). Allgemeine Gültigkeit fanden *magnanimus* „großherzig", *grandaeuus* „hochbetagt", *prīmaeuus* „jugendlich".

Die römischen Dichter kämpften nach Kräften mit ihrer widerspenstigen Sprache, um die poetischen Komposita zu schaffen, die nach den Gesetzen des Genus nötig waren, aber in vielen Fällen mußten sie ihre Niederlage eingestehen und entweder die griechischen Komposita ignorieren oder sie durch Umschreibungen wiedergeben: so erscheint τανύφυλλος bei Ennius als *(cupressi stant) rectīs foliīs*, Horaz gibt πολύμοχθος mit *magnī (formīca) labōris* wieder, Cicero hat *lātē fūsa* für εὔρροος und *fīdenti uōce* für θεοπροπέων.

Das Griechische übte noch einen weiteren wichtigen Einfluß auf die Form der lateinischen Literatursprache aus. Ennius brach mit der Sitte seiner Vorgänger und verwendete statt des einheimischen saturnischen Versmaßes in seinen *Annales* ein griechisches Metrum, den Hexameter. Das Lateinische ist nicht reich an daktylischen Wörtern, die für dieses Metrum erforderlich sind, und Ennius mußte eine Menge Kunstgriffe anwenden, um Wörter zu vermeiden, deren rhythmische Struktur eine Verwendung im Hexameter ausschloß. So gebrauchte er statt *imperāre* (– ˘ – ˘), *intuētur* (– ˘ – ˘), *inuolāns* (– ˘ –) Wörter mit einem Präfix *indo-*, das in den Zwölftafelgesetzen vorkommt, aber zu Plautus' Zeit schon veraltet war: *induperāre* (– ˘ ˘ – ˘), *indotuētur* (– ˘ ˘ – ˘), *induuolāns* (– ˘ ˘ –). Späteren Dichtern war dieser Trick zu bizarr; sie lösten das Problem, das von Wörtern wie *imperāre* aufgeworfen wurde, indem sie Frequentativa wie *imperitāre* (– ˘ ˘ – ˘) verwendeten. Metrischer Zwang erklärt auch den Gebrauch des poetischen Plurals wie *gaudia, ōtia* und phonetische Dubletten wie *uincula* neben *uinclīs*. In anderen Fällen griff man zu morphologischen Nebenformen wie bei den „archaischen" Pluralgenitiven *parentum, cadentum, agrestum* usw. Auch die Wahl des Perfektinfinitivs statt des Präsensinfinitivs hatte ihre Wurzel in der archaischen Syntax, erfolgte aber in erster Linie aus metrischen Gründen: *continuisse* (– ˘ ˘ – ˘) statt *continēre* (– ˘ – ˘). Die Suche nach daktylischen Strukturen liegt auch der Bevorzugung gewisser Ableitungstypen zugrunde: Lukrez ersetzte *māgnitūdō* und *differentia* durch *maximitās* und *differitās* (– ˘ ˘ –). Die Neutra auf *-men* haben im Plural einen passenden Daktylus *(fragmina)*, woraus sich vielleicht die Vorliebe der Dichter für diesen Worttyp erklärt, der eigentlich einen Zug der archaischen Sprache darstellte (vgl. Serv. in Verg. Aen. 10, 306: „fragmina: antique dictum").

Wenn man aber den griechischen Anteil an der Herausbildung und Entwicklung der lateinischen Literatur gebührend gewürdigt hat, dann zeigt die Anführung einiger Zeilen aus ihrer Frühzeit doch die wesentliche Latinität der Sprache. Das liegt nicht nur daran, daß der Wortschatz in erster Linie lateinisch ist, wenn man von einem kleinen Prozentsatz an „Glossae“ absieht, die dichterischen Gesetzen zuliebe zugelassen wurden. Nein, die Struktur der Stilisierung ist offenkundig ungriechisch. Das wird sofort klar, wenn wir einen Ennius-Abschnitt dem griechischen Original gegenüberstellen:

> Ὤ μοι, τῇ δή τοι φρένες οἴχονθ', ᾗς τὸ πάρος περ
> ἔκλε' ἐπ' ἀνθρώπους;[13] (Hom. Il. 24, 201-202)
> *Quo uobis mentes, rectae quae stare solebant*
> *antehac, dementes sese flexere uiai?* (Ann. 202-203 Vahlen)

Wir haben hier ein Beispiel für die Liebe zu Wortspielen *(mēntēs – dēmēntēs)* und Assonanzen, besonders Alliterationen, vor uns, die so tief im Lateinischen verwurzelt war, wenn wir nach Sprichwörtern wie „mense Maio malae nubunt“[14] oder nach religiösen Liedern wie „utique tu fruges frumenta uineta uirgultaque grandire beneque euenire siris pastores pecuaque salua seruassis“[15] (siehe oben) urteilen dürfen. Das Auftreten ähnlicher alliterativer Wortpaare bei anderen italischen Völkern (vgl. z.B. das umbrische Gebet: „iovie hostatu anhostatu tursitu tremitu hondu holtu ninctu nepitu sonitu savitu preplotatu previlatu“) zeigt ja, daß Alliteration und Assonanz in Italien zu Hause waren. Beispiele dafür sind bei Ennius zahlreich, z.B.:

> Haec effatus pater, germana, repente recessit
> nec sese dedit in conspectum corde cupitus,
> quamquam multa manus ad caeli caerula templa
> tendebam lacrumans et blanda uoce uocabam.[16] (Ann. 47-50 Vahlen).

[13] „Wehe, wohin doch entfloh der Verstand dir, der so gepriesen / ehmals war bei den Menschen?“

[14] „Im Monat Mai heiraten nur schlechte Frauen“.

[15] Du mögest Feldfrucht, Getreide, Weinberge, Strauchwerk wachsen und alles gut in die Scheuern gelangen lassen sowie die Hirten und die Herde heil bewahren“.

[16] Als Vater das gesagt hatte, Schwester, zog er sich plötzlich zurück / und ließ sich trotz des Verlangens meines Herzens nicht mehr sehen, / obwohl ich häufig weinend die Hände zum blauen Himmelsgewölbe / streckte und mit liebevoller Stimme rief.

Hier ist auch die *figura etymologica* zu beachten. Gelegentlich wurde die Vorliebe für die Alliteration auch zum Exzess getrieben wie in dem bekannten Vers (Ann. 109 Vahlen):

> O Tite tute Tati, tibi tanta tyranne tulisti![17]

Wir finden bei Ennius auch die rhetorischen Stilmittel wie Homoioteleuton *(Romani . . . Campani)*, Paronomasie *(explebant . . . replebant)*, Antithesis und Isokolie (siehe den Abschnitt über die Prosa) bereits voll entwickelt, die von da an der poetischen Sprache der Römer ihren Stempel aufdrückten. Die folgenden Abschnitte mögen sich selbst kommentieren:

> Nec mi aurum posco nec mi pretium dederitis:
> non cauponantes bellum, sed belligerantes,
> ferro, non auro, uitam cernamus utrique.
> Vosne uelit an me regnare era quidue ferat Fors
> uirtute experiamur. Et hoc simul accipe dictum:
> Quorum uirtuti belli fortuna pepercit,
> eorundem libertati me parcere certum est.
> Dono, ducite, doque uolentibus cum magnis dis.[18] (Ann. 194-201 Vahlen)

> Pellitur e medio sapientia, ui geritur res,
> spernitur orator bonus, horridus miles amatur.
> Haud doctis dictis certantes nec maledictis
> miscent inter se inimicitiam agitantes,
> non ex iure manum consertum, sed magis ferro
> rem repetunt regnumque petunt, uadunt solida ui.[19]
> (Ann. 268-273 Vahlen)

Solche Passagen zeigen Ennius als den Schöpfer der Sprache der römischen Epik; wir werden später darüber sprechen, was Vergil ihm verdankte. Ennius' Einfluß auf Lukrez war so tiefgreifend, daß F. Skutsch schreiben konnte: „Man darf wohl sagen, daß, abgesehen von der Abwei-

[17] O Titus Tatius, du Tyrann hast dir sehr vieles herausgenommen!

[18] „Auf Gold verzicht' ich, bin für keinen Preis zu haben: / nicht schachern gilt es, sondern Krieg zu führen, / das Schwert entscheide über beider Leben, nicht das Gold. / Dem Kriegsglück, unser beider Herrin, sei anheimgestellt, / wem es die Herrschaft schenkt, ob euch, ob mir. / Erproben laßt es uns mit Mannesmut! Noch Eins vernimm: / Ich sichere volle Freiheit jedem zu, / den auch das Glück der Waffen schont. / Euch zum Geschenk gegeben, führet als Geschenk ihn heim. / Wie ich's beschlossen, mag's den großen Göttern so gefallen".

[19] „Weisheit wir vertrieben, Gewalt regiert, / gute Redner sind verachtet, rohe Soldaten werden geliebt. / Man streitet nicht mit klugen Worten, und wenn man verfeindet ist, kämpft man nicht mit bösen Worten, / nicht vor Gericht rechtet man, sondern mit Gewalt / kämpft man um sein Gut und um die Herrschaft, man setzt auf Gewalt.

chung im Periodenbau und der Verschiedenheit des Stoffs, nichts besser eine Vorstellung von ennianischem Stil verschaffen kann als eine genaue sprachliche Analyse des Lukrez“[20].

Lukrez' Sprache in „De rerum natura“ ist weitgehend unbeeinflußt von der Reformbewegung der „Urbanisatoren“, deren Reinigungs- und Standardisierungswerk in den strengen Regeln der klassischen Autoren seinen Ausdruck findet. In seiner grammatischen Unschärfe steht Lukrez trotz aller zeitlichen Unterschiede näher an Ennius und Plautus als an den augustäischen Puristen. Wir finden bei ihm ungefähr dieselben Abweichungen im Genus (*fīnis* m. und f.), in der Deklination (*sanguen, sanguis* usw.), in der Konjugation *(sonere)* und in der Syntax (z.B. kausales *cum* mit dem Indikativ), die für das archaische Latein charakteristisch sind. Wir sollten jedoch diese grammatische Unschärfe nicht als „Archaismus“ etikettieren. Lukrez war kein alexandrinischer Dichter auf der ständigen Suche nach Worteffekten, um den Beifall der Salonpretiosität zu gewinnen; er war vielmehr ein rationalistischer Eiferer, der darauf brannte, Seelen vor der Religion zu retten, und gebrauchte daher die Sprache seiner Zeit als wirkungsvollstes Instrument klarer Darlegung, wobei er gelegentlich umgangssprachlichen Formen nicht aus dem Wege ging (z.B. *bellē* „hübsch“, *lepidus* „prächtig“). Aber ein lateinischer Dichter muß sich den Gesetzen seiner Gattung beugen. Natürlich muß er Hexameterformen schaffen (z.B. *indugredī* = *ingredī* „anfangen“, *discrepitant* = *discrepant* „sie stimmen nicht überein“, *inopī* = *inope* „mittellos“ [Ablativ], *disposta* = *disposita* „wohlgeordnet“, *disque supātīs* = *et dissipātīs, sēque gregārī* = *et sēgregārī)*. Lukrez gebraucht sogar in seinen Neologismen (seine Thematik zwang ihn zu vielen Neuschöpfungen, vgl. 1, 136–139: „Nec me animi fallit Graiorum obscura reperta / difficile inlustrare Latinis uersibus esse, / multa nouis uerbis praesertim cum sit agendum / propter egestatem linguae et rerum nouitatem“[21]) die traditionellen Muster, z.B. Adverbien wie *moderātim* und Komposita wie *falcifer.* Auch stilistisch schließt sich Lukrez an die archaischen Dichter an. So bietet er unzählige Beispiele für die *congeriēs*, die Synonymenanhäufung, die Ennius mit seinem „maerentes flentes lacrumantes commiserantes“ (Ann. 103 Vahlen) ad absurdum geführt hatte: *ināne uacānsque* (1, 334), *officere atque obstāre* (1, 337), *saepta et clausa* (1, 354), *sēiunctum sēcrētumque* (1, 431), *leuis exiguusque*

[20] F. Skutsch, RE V 2, 2615.

[21] Und ich täusche mich nicht, daß der Griechen dunkele Funde / schwierig ist im lateinischen Vers nach Bedeutung zu lichten, / da ja vieles zumal mit neuen Worten zu tun ist / wegen der Armut der Sprache sowie der Neuheit der Dinge.

(1, 435), *sēiungī sēque gregārī* (1, 452), *speciem ac formam* (4, 52), *duplicī geminōque* (4, 274), *monstra ac portenta* (4, 590). Für eine Alliterationskette kann man auf 1, 250–264 verweisen, wo auch der dauernde Gebrauch des Epitheton ornans sowie ausgewogene Versschlüsse, die durch Homoioteleuta und Anaphern gekennzeichnet sind, auftauchen. Das Verb *uirēscunt*, das an dieser Stelle zum ersten Male belegt ist, mag die Vorliebe des Dichters für Verben auf *-ēscere* belegen.

Lukrez zeigt gerade in seiner Verwendung von Archaismen und „Glossen", bei der er der Konvention und den Eigenheiten der Dichtersprache treu blieb, welche Wirkung ein begabter Künstler erzielen konnte. Eine bloße Liste der Stilelemente würde Lukrez auf eine Stufe mit einem guten Amateurdichterling wie Cicero stellen, der ja sein Zeitgenosse war: Genitive auf *-āī* und *-um*, Infinitive auf *-ier*, Simplicia statt Composita usw. Seine Genialität zeigt Lukrez aber gerade darin, *wie* er die konventionellen Techniken der traditionellen poetischen Diktion verwendet. Wenn sein Feuer durch das darüberliegende Material der trockenen Naturphilosophie hindurchschlägt, dann leuchten seine Archaismen und „Glossen" in einem geradezu überirdischen Lichte. Von den vielen Passagen dieser Art wollen wir eine herausgreifen (1, 80–101), in der Lukrez das exquisite Pathos einer der bewegendsten Passagen der griechischen Dichtung wiedergab, den Iphigenie-Chor aus dem *Agamemnon.* Eine Analyse wird am wenigsten Schaden anrichten, wenn sie der Dichtung vorausgeht. *scelerōsa* ist eine archaische Bildung auf *-ōsus* (siehe oben) an Stelle des üblicheren *scelerātus*, und es ist in „congeries" mit *impia* verbunden. Weitere Archaismen sind die Genitive auf *-āī*, die Anastrophe von *propter*, das Adjektiv *tremibundus.* Als „Glossen" können wir die Formen *Iphianassāī, Danaum, Hymenaeō* ansehen. Das Thema erfordert die Verwendung alter Ritualwörter wie *īnfula, ministrōs, casta, hostia, mactātū, fēlīx faustusque.* Schließlich kann man noch auf einen syntaktischen Gräzismus, die Lehnübersetzung *prīma uirōrum* nach τῶν ἀνδρῶν τὰ πρῶτα, verweisen. Das Vorhandensein all dieser für das Genus charakteristischen Ausschmükkungen in einer Passage, die ihre großartige Bildhaftigkeit zu einem nicht geringen Teile der Inspiration durch das griechische Vorbild verdankt, beeinträchtigt jedoch keineswegs die grundsätzliche Latinität des Abschnittes, der in allen seinen Phasen den Fortschritt belegen kann, den die Römer in Richtung auf die Schaffung einer effektiven Dichtungssprache gemacht hatten.

Illud in his rebus uereor, ne forte rearis
impia te rationis inire elementa uiamque
indugredi sceleris. Quod contra saepius illa

religio peperit scelerosa atque impia facta.
Aulide quo pacto Triuiai uirginis aram
Iphianassai turparunt sanguine foede
ductores Danaum delecti, prima uirorum.
Cui simul infula uirgineos circumdata comptus
ex utraque pari malarum parte profusast,
et maestum simul ante aras adstare parentem
sensit et hunc propter ferrum celare ministros
aspectuque suo lacrimas effundere ciuis,
muta metu terram genibus summissa petebat.
Nec miserae prodesse in tali tempore quibat
quod patrio princeps donarat nomine regem.
Nam sublata uirum manibus tremebundaque ad aras
deductast, non ut sollemni more sacrorum
perfecto posset claro comitari Hymenaeo,
sed casta inceste, nubendi tempore in ipso,
hostia concideret mactatu maesta parentis,
exitus ut classi felix faustusque daretur.
Tantum religio potuit suadere malorum![22]

Wir sind am Ende unserer Darstellung der Hauptentwicklungslinien der Sprache der römischen Epik angelangt. Bevor wir uns dem größten Meister dieser Gattung zuwenden, müssen wir noch einen kurzen Blick auf die Anstrengungen, einen Tragödienstil zu schaffen, werfen. Im großen und ganzen kann man sagen, daß die sprachlichen und stilistischen Unterschiede zwischen Epos und Tragödie gradueller und nicht prinzipieller Art sind: eine einheitliche stilisierte Sprache hatte sich für die ernste Dichtung herausgebildet, die im Gegensatz zur Sprache der Komö-

[22] Jenes befürcht' ich dabei, daß vielleicht du könntest vermeinen, / ruchlosen Lehrern zu folgen unsrer Vernunft und die Straße / einzuschlagen der Sünde. Demgegenüber hat öfters / jene Furcht vor den Göttern verursacht Frevles und Böses. / So wie in Aulis einst der Trivia Altar befleckten / schmählich mit Blute der Jungfrau, der Iphianassa, / sie, die erlesenen Führer der Danaer, Fürsten der Männer. / Da nun das Opferband um die bräutlichen Locken gewunden / gleich in der Länge zu beiden Seiten der Wange herabfloß / und sie traurigen Blicks vorm Altar stehen den Vater / sah und diesem zu Seite das Eisen verhehlen die Diener, / bei ihrem Anblick indessen Tränen verströmen die Bürger, / stumm vor Furcht in die Knie sank sie da und suchte den Boden. / Und es vermochte der Armen zu nützen in solcher Bedrängnis / nicht, daß sie zuerst schenkt' Vaters Namen dem König. / Denn von den Händen der Männer gepackt wurde zitternd zum Altar / sie geschleift, nicht, daß nach feierlich heiligen Opfers / Ende geleitet sie heim werden könnte von Hochzeitsgesängen, / nein, daß die Reine auf unreine Art, am Tage der Hochzeit / fiele traurig als Opfer gebracht von der Hand ihres Vaters, / daß seiner Flotte ein End mit Glück und Segen bevorstünd./ Soviel hat Furcht vor den Göttern raten können Verbrechen!

die und der Prosa stand. Archaismen, „poetische" und zusammengesetzte Wörter kennzeichnen die Sprache der Tragödie ebenso wie die Sprache des Epos. Vielleicht machte man in der Tragödie einen sparsameren Gebrauch dieses Materials, aber die fragmentarische Überlieferung des Dramas und der frühen Epik macht es uns unmöglich, zuverlässige Statistiken zu erstellen. Die kühnsten Komposita sind allerdings für die Tragödie bezeugt (siehe oben). Die Tragiker liefern auch reiches Material zur Exemplifizierung der stilistischen Kunstgriffe, die in der Epik so häufig sind, also Alliteration, Assonanz, Asyndeton, Trikola und schließlich „congeries", d.h. Synonymenhäufung; sie war ein Charakteristikum der alten *carmina* und der römischen Rechtsformeln. Einige wenige Beispiele werden genügen:

1. Alliteration

quin ut quisque est meritus praesens pretium pro factis ferat
(Naevius, *trag.* 8 Ribbeck)
laetus sum laudari me abs te, pater, a laudato uiro
(Naevius, *trag.* 15 Ribbeck)
Salmacida spolia sine sudore et sanguine
(Ennius, *scenica* 18 Vahlen)
constitit credo Scamander, arbores uento uacant
(Ennius, *scenica* 185 Vahlen)
Interea loci
flucti flacciscunt, silescunt uenti, mollitur mare.
(Pacuvius 76–77 Ribbeck)
cui manus materno sordet sparsa sanguine
(Accius 24 Ribbeck)

2. Asyndetisches Trikolon

urit, populatur, uastat (Naevius *bell. Pun.* 32 Strzelecki)
ibi quid agat, secum cogitat parat, putat (Ennius, *scenica* 340 Vahlen)
constitit, cognouit, sensit, conlocat sese in locum
celsum; hinc manibus rapere raudus saxeum grande et graue
(Accius 437–438 Ribbeck)
miseret lacrimarum luctuum orbitudinis (Accius 94 Ribbeck)

3. „Aufgeplusterter Stil"

ne illa mei feri ingeni atque animi acrem acrimoniam
(Naevius, *trag.* 35 Ribbeck)

more antiquo audibo atque auris tibi contra utendas dabo
(Ennius, *scenica* 315 Vahlen)
id ego ius atque aecum fecisse expedibo atque eloquar
(Ennius, *scenica* 148 Vahlen)
pacem inter se conciliant, conferunt concordiam
(Ennius, *scenica* 343 Vahlen)
ne horum diuidae et discordiae
dissipent et disturbent tantas et tam opimas ciuium
diuitias (Accius 587–589 Ribbeck)

Von dieser Art waren die allgemeinen Charakteristika der voraugustäischen Dichtersprache. Bevor jedoch Vergil die römische Dichtung zur größten Höhe führen sollte, setzte eine Reaktion gegen die archaisierenden Gewohnheiten und Ideale, die von der Ennius-Schule vertreten wurden, ein. Die „moderne Schule", *poetae noui*, wiederholte in Rom den Streit zwischen Traditionalisten und Modernisten, der einst die Literaten Alexandrias in zwei Lager geschieden hatte, als Kallimachos das Großepos, dem z.B. Apollonios Rhodios sich widmete, ablehnte und ein großes Buch als μέγα κακόν, „großes Übel", bezeichnete (fr. 465 Pfeiffer). Catull war der begabteste Vertreter der neuen Richtung, deren Schulhaupt der Grammatiker und Kritiker P. Valerius Cato war. Auch diese Dichter wollten nichts von langatmiger Epik hören (Cicero schreibt über Ennius: „O poetam egregium! Quamquam ab his cantoribus Euphorionis contemnitur"[23] [Tusc. 3, 19, 45]) und widmeten sich lieber Gattungen geringerer Ausdehnung, die Zeit ließen für die allererlesensten Raffinessen in Form, Sprache und Metrum. Bei letzterem, das ja nicht zum Thema des vorliegenden Buches gehört, waren ihre Reformen am wirkungsvollsten. Eine prosodische Erscheinung verdient dennoch Erwähnung, weil sie von linguistischem Interesse ist. Die *poetae noui* ließen die metrische Nichtberücksichtigung des Schluß-*s*, die in der früheren Dichtung möglich gewesen war, nicht mehr zu (Cic. or. 48, 161: „Quin etiam, quod iam subrusticum uidetur, olim autem politius, eorum uerborum, quorum eaedem erant postremae duae litterae, quae sunt in *optumus*, postremam litteram detrahebant nisi uocalis insequebatur. Ita non erat ea offensio in uersibus, quam nunc fugiunt poetae noui"[24]). Das ist nur ein Beispiel für

[23] O hervorragender Dichter! Wenn er auch von den Sängern des Euphorio verachtet wird.

[24] Was heute bereits als ganz bäurisch erscheint, galt einst für sehr gepflegt, nämlich bei den Wörtern, die am Schluß dieselben zwei Buchstaben aufwiesen wie *optumus*, den letzten Buchstaben wegzulassen, sofern kein Vokal folgte. Das erregte in Versen nicht den Anstoß, vor dem sich die Poetae novi heute so hüten.

ihre allgemeine Abneigung gegen Archaismen, welche die *novi* mit *rusticitas*, dem Gegenteil moderner Eleganz und *urbanitas*, gleichsetzten und aus der Sprache der Dichtung verbannen wollten. Dieser Versuch wurde jedoch zu einem großen Teil vereitelt durch die Gesetze, die ein aufrechter alexandrinischer Dichter anerkennen mußte. Die obligatorische Mimesis der Vorgänger führte dazu, daß viel von dem, was man als Archaismus hätte verwerfen können, als poetische Tradition willkommen war. So vermeidet nicht einmal Catull morphologische Archaismen wie *alis, alid, Trōiugenūm, amantum, tetulī, face, citārier, deposiuit, lāuit, recepsō, quīs, quīcum, ūbertim, miseritus* oder archaische Wörter wie *autumant, grātēs agō, oppidō, nasse, illā tempestāte = illō tempore, cupiēns = cupidus, apiscī, auctāre* (in einem Gebet, 67, 2), *postillā*. Auch in der Verwendung von Komposita bleibt Catull der Praxis seiner Vorgänger treu. In seinem zum epischen Genus gehörenden Gedicht *Peleus et Thetis* (64) finden wir z.B. *lētifer* „todbringend“, *corniger* „horntragend“, *caelicola* „Himmelsbewohner“, *raucisonus* „rauhtönend“, *uēridicus* „wahrredend“ usw. Aber in seinen anderen Gedichten prägt er Komposita, die von diesen wohletablierten Typen abweichen, und wetteifert mit seinen alexandrinischen Vorbildern, indem er Bildungen wie *pinnipēs* „an den Füßen geflügelt“, *plūmipēs* „an den Füßen gefiedert“, *siluicultrīx* „waldbewohnend“ wagt. Auch die Stilmittel sind traditioneller Art, wenn er auch vorsichtiger beim Gebrauch der Alliteration ist, die vor allem für besondere Effekte reserviert bleibt:

Thesea cedentem celeri cum classe tuetur[25] (64, 53)

Plangebant aliae proceris tympana palmis
aut tereti tenuis tinnitus aere ciebant[26] (64, 261-262)

Andere Beispiele (*frīgoraque et famem*, 28, 5; *libenter . . . laetus*, 31, 4; *satur supīnus*, 32, 10, man beachte auch das Asyndeton) sind vermutlich althergebrachte Wortpaare der Umgangssprache. Ein stilistischer Trick verdient besondere Erwähnung im Hinblick auf seine Bedeutung für die Praxis Vergils: wenn zwei Substantive in einem Vers auftauchen und eines davon durch ein Adjektiv näher bestimmt werden muß, dann bekommt auch das andere ein Epitheton, um das Gleichgewicht herzustellen. Weiter wird in derartigen Wortgruppen eine höchst artifizielle Wortfolge angewendet,

[25] Hin auf Theseus' schnellentfliehendes Schiff blickt sie.
[26] Andere schlugen das Tympanon hocherhobenen Armes / oder entlockten hellen Klang dem blinkenden Erze.

bei der die Adjektive entweder parallel geordnet sind oder einen Chiasmus bilden, z. B.

a b A B
inrita uentosae linquens promissa procellae[27] (64, 59)

aber:

non flauo retinens subtilem uertice mitram,
non contecta leui uelatum pectus amictu
non tereti strophio lactentis uincta papillas[28] (64, 63–65)

Hier ist die Anordnung in drei aufeinanderfolgenden Zeilen unterschiedlich: 63 abAB, 64 abBa, 65 aAbB. Zum Schluß noch ein Beispiel für chiastische Anordnung (AabB):

ausi sunt uada salsa cita decurrere puppi[29] (64, 6).

Nachdem wir nun also die Hauptströmungen der allmählichen Entwicklung des Instrumentes der Poesie nachgezeichnet haben, das die Römer unter griechischer Anleitung aus einheimischem Material gebaut haben, ist es Zeit, sich Vergil zuzuwenden. Als an der alexandrinischen Tradition geschulter römischer Dichter gewährte er seinen Vorgängern die gebührende Nachahmung. Die Erhabenheit seines Themas und die Gesetze des Genus schrieben eine Sprachform ennianischer Färbung und Ausschmückung vor. Vergils Fundus grundlegender „poetischer" Wörter ist identisch mit dem seiner Vorgänger (*āles, almus, aequor, amnis, arbusta, caelestēs, coma, ēnsis, genetrīx, lētum, mortālēs, prōlēs* usw.), und er teilt ihre Vorliebe für unpräfigierte Verben (*linquere* statt *relinquere* „verlassen", *temnere* statt *contemnere* „verachten", *sīdere* statt *cōnsīdere* „sich niederlassen", *suēscere* statt *assuēscere* „gewohnt werden"). Auch seine Neuschöpfungen bewegen sich im traditionellen Rahmen: z. B. Adjektive auf *-eus* (*arboreus* „zum Baum gehörig", *frondeus* „mit Laub bedeckt", *fūmeus* „rauchig", *fūnereus* „zum Leichenbegängnis gehörig"), auf *-ālis* und *-īlis* (*armentalis* „zum Vieh gehörig", *crīnālis* „zum Haar gehörig", *flexilis* „biegsam", *glaciālis* „eisig", *sūtilis* „zusammengenäht"), auf *-bilis* (*ēnarrābilis* „erzählbar", *immedicābilis* „unheilbar", *inēluctābilis* „unbezwingbar"), auf *-ōsus* (*onerōsus* „beschwerlich", *nimbōsus* „stürmisch", *undōsus*

[27] Die Schwüre vergehen, dem Wind überlassen.

[28] Nicht mehr trägt sie am blonden Haupt die zierliche Mitra, / nicht ist die Brust ihr bedeckt von des Mantels leichtem Gewebe, / nicht vom Busenband sind die weißen Brüste gefesselt.

[29] Sie wagten mit schnellem Schiff das salzige Meer zu durchqueren.

„wellig", *montōsus* „gebirgig"), inchoative Verben auf *-ēscere* (*abolēscere* „erlöschen", *crēbrēscere* „immer wieder auftauchen", *inārdēscere* „entbrennen"), Frequentativa (*conuectāre* „zusammenbringen", *domitāre* „bändigen", *hebetāre* „abstumpfen", *īnsertāre* „hineinstecken"), Nomina agentis auf *-tor* und *-trix* (*fundātor* „Gründer", *lātrātor* „Beller", *pūgnātor* „Kämpfer"), Neutra auf *-men* (*gestāmen* „Schmuck", *lībāmen* „Opferguß", *luctāmen* „Ringen"). Allerdings konnte Vergils feine Sensibilität nicht achtlos an den unbezweifelbaren geschmacklichen und technischen Verfeinerungen vorbeigehen, die durch die Anstrengungen und durch die Versuche der *poetae novi* erzielt worden waren. Andererseits mußte ein tiefernster Dichter notwendigerweise eine drückende und befangene Gelehrsamkeit, die moralische und emotionale Wirkungen zerstörte, ablehnen. Vergil entfernte sich also trotz aller Treue zur epischen Sprache seiner Vorgänger nicht allzu weit von zeitgenössischen Redeweisen. So vermeidet er z. B. Archaismen wie *duōnus* = *bonus, sōs* = *suōs, endo* = *in, danunt* = *dant, escit* = *est* und alte metaplastische Formen wie *caelus* = *caelum, sanguen* = *sanguis, flūctī* = *flūctūs, lauere* = *lauāre*, wobei allerdings manchmal eher eine Zurückweisung des „vulgären" als des archaischen Wortcharakters vorliegt (vgl. Kapitel VI); auch Adverbien des Typs *rārenter* = *rārō, disertim* = *disertē* kommen ebensowenig vor wie dialektale „Glossen" vom Typ *cascus baetere, perbītere*, die Vergil vielleicht „ex ultimis tenebris repetita"[30] (Quintilian. 8, 3, 27) ansah. Allerdings kommen einige Beispiele für den Genitiv auf *-āī*, für *olle* und *quīs*, für die Verbformen *-ier, faxō, fuat*, für die Partikel *ast, ceu,* und für das Adverb *pōne* vor; aber diese Archaismen werden nicht unterschiedslos als leichte poetische Färbung appliziert, sondern einige waren wegen des Versmaßes *(lēnībant, nūtrībant, maerentum)* oder aus Bequemlichkeit (z. B. Infinitive auf *-ier* im fünften Versfuß: *accingier artēs*) angebracht, andere kommen in bewußten Anklängen an Vorgänger vor, wie z. B. in dem auf Lukrez verweisenden Abschnitt Aen. 6, 724–751, wo die logische Struktur sorgfältig unterstrichen wird durch die Gliederungswörter *prīncipiō . . . hinc . . . ergō*, durch den Archaismus *ollīs* (nur in dieser Form von Lukrez verwendet), durch die elaborierte Alliteration (z. B. *mens agitat molem et magno se corpore miscet*, 6, 724), die besonders häufig am Versende auftritt (*uitaeque uolantum*, 6, 728; *moribundaque membra*, 6, 732; *carcere caeco*, 6, 734). Man kann noch auf Pleonasmen wie *reuisant rursus* (6, 750/751) und auf die zahlreichen Reflexe lukretischer oder ennianischer Phraseologie (*globum lunae*, 6, 725; *modis miris*, 6, 738; *uolantum* = *auium*, 6, 728) verweisen.

[30] Aus dem hintersten Dunkel geholt.

Wenn wir aber von der *imitatio* absehen, so verwendete Vergil Archaismen mit geschmackvoller und überlegter Kunstfertigkeit. Es ist z.B. bemerkenswert, daß die Form *fuat* nur in einer Rede Jupiters (Aen. 10, 108) vorkommt; dieser Abschnitt verdient nähere Betrachtung. Die Worte des *pater omnipotēns* werden durch den Archaismus *infit* eingeleitet. Die Szene wird mit Alliterationen ennianischer Intensität skizziert:

100 Tum pater omnipotens, rerum cui prima potestas,
infit; eo dicente deum domus alta silescit
et tremefacta solo tellus, silet arduus aether,
103 tum Zephyri posuere, premit placida aequora pontus.[31]

Die Rede selbst beginnt mit einem eindrucksvollen „dicolon abundans“:

104 Accipite ergo animis atque haec mea figite dicta![32]

Jupiters Urteilsspruch, der mit dem majestätischen mehrsilbigen *quandoquidem* „weil nun einmal“ (niemals in den Reden Ciceros oder bei Caesar) anhebt, hat die ausgewogene binäre Struktur, die in der religiösen und juristischen Sprache verwurzelt ist:

105 Quandoquidem Ausonios coniungi foedere Teucris
haud licitum nec uestra capit discordia finem,
quae cuique est fortuna hodie, quam quisque secat spem,
Tros Rutulsne fuat, nullo discrimine habebo,
seu fatis Italum castra obsidione tenentur
110 siue errore malo Troiae monitisque sinistris.[33]

In der letzten Zeile spürt man noch das *dolo malo* der *leges sacrae* und das *sinister* der Augurensprache. So ist der Archaismus *fuat* eingebettet in einen majestätischen Kontext, wo der Vater der Götter und Menschen auf seinem Richterstuhl sitzt. Marouzeau[34] hat auf eine Anzahl von Stellen hingewiesen, an denen derartige Archaismen die Sprache der Götter zieren: *quianam* wird von Jupiter gebraucht (Aen. 10, 6), *moerōrum* von

[31] Doch der allmächtige Zeus, der des Weltalls höchste Gewalt hat, / hebt nun an. Wie er redet, verstummt der Unsterblichen Wohnung, / unten erbebt aus der Tiefe die Erd', hoch schweiget der Äther, / Zephyre senken den Flug, sanft ruht die geebnete Meerbahn.

[32] Aufmerksam denn vernehmt und prägt mein Wort in die Seele.

[33] Weil das Ausoniervolk durch Bund zu gesellen den Teukrern / nicht mir gelang, noch euch Mißhelligkeit endet und Eifer, / welcherlei Glück heut jedem und welcherlei Hoffnung sich öffnet, / Troer und Rultuler gelte mir gleich ohn' jeglichen Vorzug: / ob durch Italerschicksal die Stadt Belagerung einschließt, / ob durch Trojas täuschenden Wahn und gefälschte Verkündung.

[34] Jules Marouzeau, *Traité de stylistique latine*, Paris ²1946, 180–181.

Venus (10, 24), *ast* von Juno (1, 46). Man kann wohl keine bessere Bestätigung für Quintilians Ausspruch „uerba a uetustate repetita . . . adferunt orationi maiestatem aliquam“[35] finden.

Auch die Sibylle spricht eine Sprache, die nicht von dieser Welt ist (6, 317–336):

321 Olli sic breuiter fata est longaeua sacerdos:
Anchisa generate, deum certissima proles![36]

Die ganze Beschreibung von Aeneas’ Ankunft an der Styx ist besonders archaisch gefärbt: *enim* „in der Tat“ (6, 317), die Assonanz *inops inhumataque* (6, 325), die Anastrophe *haec litora circum* (6, 329), die archaische Bedeutung „nachdenken“ und nicht „meinen“ von *putāns* (6, 332), der Lokativ *animī* (6, 332) und schließlich der Ausdruck *ductōrem classis*, wo ein altes Kleinod in einer neuen Fassung von „Glossen“ einen wunderbaren Vers bildet:

334 Leucaspim et Lyciae ductorem classis Oronten.[37]

In diesem Abschnitt sind weiter bemerkenswert die Ennius-Reminiszenzen *uada uerrunt* (6, 320) und *uestīgia pressit* (6, 331); die patronymischen Ausdrücke *Anchīsa generāte* (6, 322) und *Anchīsa satus* (6, 331), die seit Livius Andronicus ein typischer Zug der lateinischen epischen Sprache waren; die syntaktischen Gräzismen (also „Glossen“) *iūrāre nūmen* (6, 324), und schließlich das unlateinische *-que . . . -que* (6, 336: *nāuemque uirōsque*), das von Ennius als Lehnübersetzung geprägt wurde, um passende Hexameterschlüsse nach der Art homerischer Formeln wie ὀλίγον τε φίλον τε oder πόλεμοί τε μάχαι τε zu bekommen.

Auch wenn Vergil die Feierlichkeit eines Gebetes zum Ausdruck bringen will, bedient er sich des Archaismus (z. B. *alma, nēquīquam*):

6, 116 Natique patrisque,
alma, precor, miserere; potes namque omnia, nec te
nequiquam lucis Hecate praefecit Auernis[38].

Auch im folgenden Beispiel hat ein auf den ersten Blick unwichtiges Détail, das archaische *atque*, das eine Passage einleitet, die das Pathos der unbegrabenen Toten evoziert, eine wichtige Bedeutung:

[35] Aus alter Zeit beigebrachte Wörter geben der Rede eine gewisse Majestät.

[36] Kurz antwortete jenem die Priesterin grauenden Alters: / Held, anchisischer Sproß, unverkennbarer Same der Götter!

[37] Leucaspis und der lykischen Flotte Führer Orontes.

[38] O des Sohns und des Vaters, / Edle, erbarme dich jetzt! Du vermagst ja alles; umsonst nicht / gab auch Hekate dir die avernischen Haine zur Obhut.

6, 162 Atque illi Misenum in litore sicco,
ut uenere, uident indigna morte peremptum
Misenum Aeoliden, quo non praestantior alter
165 aere ciere uiros Martemque accendere cantu.
171 Sed tum, forte caua dum personat aequora concha,
demens, et cantu uocat in certamina diuos,
aemulus exceptum Triton, si credere dignum est,
174 inter saxa uirum spumosa immerserat unda[39].

Diese Zeilen mit ihrer Wiederholung von *Mīsēnum* und der „Glosse" *Aeoliden* sind der Höhepunkt eines Abschnittes, der reich ist an Anspielungen auf Ennius und auf den Vergil seine ganze Sprachkraft verschwenderisch ausgegossen hat.
Schließlich heißt es:

6, 175 Ergo omnes magno circum clamore fremebant,
praecipue pius Aeneas. Tum iussa Sibyllae,
haud mora, festinant flentes aramque sepulcro
congerere arboribus caeloque educere certant.
Itur in antiquam siluam, stabula alta ferarum:
180 procumbunt piceae, sonat icta securibus ilex
fraxineaeque trabes cuneis et fissile robur
scinditur, aduoluunt ingentis montibus ornos[40].

Der Rest der Misenus-Episode kann dazu dienen, eine andere Facette der vergilianischen Kunst zu beleuchten. Wie wir gesehen haben, war die „Glosse" eines der traditionellen Schmuckstücke des epischen Genus und wurde von Vergils Vorgängern in der Art der Griechen verwendet; allerdings war schon Lukrez sparsamer damit umgegangen als Ennius, Cicero oder Catull. Auch Vergil ist zurückhaltend bei diesem Kunstgriff, dessen übertriebener Gebrauch zum Barbarismus führen würde (vgl. S. 110); die

[39] Aber nunmehr den Misenus am trockenen Ufer / schauen die Kommenden dort vom kläglichen Tode getilget, / Äolus' Sohn Misenus, dem nie ein anderer vorging, / Männer zu regen mit Erz und Streit mit Getön' zu entflammen. / . . . Nun, da einst durchhallte die Flut mit gehöhleter Muschel, / Törichter!, und mit Getön' die Unsterblichen einlud zum Wettstreit, / hatte ihn der eifernde Triton belau'rt – wenn glaublich die Sag' ist – / unter Geklipp, und den Mann in die schäumende Woge getauchet.

[40] Alle demnach ringsher wehklageten laut um den Leichnam, / doch der fromme Äneas zumeist. Der Sibylle Gebot nun / ohne Verzug vollziehn sie beträntt, und des Brandes Altar wird / hurtig aus Bäumen erbaut und empor in den Himmel geleitet. / Siehe, man geht in ein altes Gehölz, Berglager des Wildes; / Kiefern krachen im Sturz, es erschallt von den Äxten die Steineich', / auch schlanksteigender Eschen Gebälk und klüftiges Stammholz / spaltet der Keil; man entrollt unmäßige Ornen den Berghöhn.

Glosse wird ebenso wie der Archaismus für besondere Wirkungen reserviert. Wenn wir vernünftigerweise von der Definition der „Glosse" die Wörter ausschließen, die zum normalen Bestand der poetischen Diktion gehören (*lētum, amnis* usw.), dann können wir im vorliegenden Abschnitt die Augurentermini *(ob)seruāre* „beobachten", *agnōscere* „erkennen", *optāre* „wünschen", *laetus* „freudig", die elaborierten Ritualausdrücke der Begräbnisszene mit den „Glossen" *pyra* „Scheiterhaufen" (statt des einheimischen *rogus*) und *cadus* „Krug" (statt *situla*) sowie schließlich die griechische Skandierung des Wortes *crātērēs* (und nicht lateinisch *crātērae*) festhalten.

Es wäre vergeblich, ein Spetogramm von Vergils Sprachmusik mit ihren komplexen Harmonien und wechselnden Assonanzstrukturen erstellen zu wollen. Der rhetorische Aufbau und die rhetorische Ausschmückung sind jedoch für die nachaugustäische Dichtung von großer Bedeutung und verlangen wenigstens eine kurze Behandlung. Im letzten Jahrhundert der Republik war eine gründliche Ausbildung in griechischer Rhetorik zum normalen Bestandteil römischer Erziehung geworden. Hier lernten die Römer, Kunstprosa zu schreiben und komplizierte ausgewogene Perioden zu konstruieren (siehe folgendes Kapitel). Die Adaptation der künstlerischen Periode an die Hexameterdichtung war nicht zuletzt Vergils Verdienst, und darin übertraf er seine Vorgänger. Es war weder dem „archaischen" Lukrez noch dem „neoterischen" Catull gelungen, dieses Problem zu lösen, und die langen Sätze, die sie konstruierten[41], waren ohne innere Harmonie und unausgeglichen, weil sie größtenteils aus Aneinanderreihungen untergeordneter Sätze bestehen. Vergil hatte jedoch von seinen rhetorischen Lehrmeistern gelernt, daß für Prosa mit höherer emotionaler Spannung nicht lange elaborierte Perioden, deren untergeordnete Elemente sorgfältig auf den Hauptgedanken ausgerichtet sind, und nicht Hypotaxe, sondern Parataxe mit Weglassung der logischen Bindepartikel erforderlich sind. Rhetorische Fragen, Ausrufe, kurze, schnelle, gegenseitig ausgewogene Sätze, deren Symmetrie durch Antithesen, Anaphora, Homoioteleuton und Chiasmus erzielt wird – derartige Mittel waren in der Prosa vorgeschrieben, um Kraft, Energie und Nachdruck (δεινότης) zu erzielen[42], und genau diesen Stil führte Vergil in der römischen Epik ein.

[41] F. Skutsch, *Aus Vergils Frühzeit*, Leipzig 1901, 65.

[42] W. Kroll, *Unsere Schätzung der römischen Dichtung*, Neue Jahrbücher für das klassische Alterturn, Geschichte und deutsche Literatur 6 (= 11), 1903, 1-30, bes. 23.

In erster Linie überschreiten Vergils Perioden selten die Länge von vier Hexametern, was dem von Cicero vorgeschriebenen Optimum entspricht (siehe nächster Abschnitt; Cic. or. 66, 222). So beginnt die erzählende Eröffnung des sechsten Buches der Äneis mit zwei Perioden, die jede aus drei koordinierten Kola bestehen (siehe nächster Abschnitt):

6, 1 Sic fatur lacrimans classique immittit habenas
et tandem Euboicis Cumarum adlabitur oris.
Obuertunt pelago proras; tum dente tenaci
ancora fundabat nauis et litora curuae
praetexunt puppes[43].

Solche Einfachheit ist durchweg das Kennzeichen des vergilianischen Erzählstils. Im „asianischen" Stil der pathetischen Prosa stehen jedoch der Einfachheit der syntaktischen Struktur die elaborierten rhetorischen Mittel der „concinnitas" (siehe nächster Abschnitt), der Antithese, der Wortstellung und der Assonanz gegenüber, und so zeigen auch bei Vergil sogar einfache Sätze eine derartige rhetorische Stilisierung. Man kann z. B. auf das Trikolon mit wachsenden Gliedern verweisen:

6, 86 Bella, horrida bella,
et Thybrim multo spumantem sanguine cerno[44].

Trikolon mit Anapher:

6, 46 Cui talia fanti
ante fores subito non uultus, non color unus,
non comptae mansere comae[45].

Der sogenannte κύκλος:

6, 51 Cessas in uota precesque,
Tros, ait, Aenea, cessas?[46]

12, 192 Socer arma Latinus habeto,
imperium sollemne socer[47].

[43] Also ruft er mit Tränen und gibt der Flotte die Zügel, / und zum euböischen Strande gleitet er endlich. / Meerwärts drehn sie die Schnäbel der Schiff', und mit fassendem Zahne / beißt der Anker den Grund; am Gestad' hin stehn die gewölbten / Hinterverdecke gereiht.

[44] Krieg', schaurige Kriege / schau ich, und tief gerötet mit Blut aufschäumenden Thybris

[45] Wie sie solches am Eingang / redete, plötzlich erschien nicht frühere Farbe noch Antlitz, / nicht in geordneten Locken das Haar.

[46] Du säumst, mit Gelübden zu flehen, / rief sie, o Troer Äneas, du säumst?

[47] Die Wehr sei dem Schwäher Latinus, / Obergewalt sei dem Schwäher geweiht.

Das „dicolon abundans" liegt vor in:

6, 68 errantisque deos agitataque numina Troiae[48]

6, 105 Omnia praecepi atque animo mecum ante peregi[49].

Ausgewogene binäre Strukturen sind besonders charakteristisch:

6, 683 fataque fortunasque uirum moresque manusque[50]

6, 428 quos dulcis uitae exsortis et ab ubere raptos
abstulit atra dies et funere mersit acerbo[51]

6, 434 Proxima deinde tenent maesti loca, qui sibi letum
insontes peperere manu lucemque perosi
proiecere animas[52].

6, 128 sed reuocare gradum superasque euadere ad auras,
hoc opus, hic labor est[53]

6, 261 Nunc animis opus, Aenea, nunc pectore firmo[54]

Zwei einander zugeordnete Hauptsätze von je 14 Silben Umfang flankieren im folgenden Beispiel den zentralen Partizipialsatz:

6, 156 Aeneas maesto defixus lumina uultu
ingreditur | linquens antrum | caecosque uolutat
euentus animo secum[55].

Oft wird die Symmetrie durch sorgfältig plazierte Assonanzen unterstrichen. Die folgenden Abschnitte sollen eines der beliebtesten Stilmittel Vergils illustrieren, nämlich das Homoioteleuton bei Verben, die am Anfang und Ende eines Verses stehen:

6, 467 Talibus Aeneas ardentem et torua tuentem
*lenibat* dictis animum lacrimasque *ciebat.*
Illa solo fixos oculos auersa tenebat[56].

[48] und umirrende Götter und flüchtige Mächte von Troja

[49] Alles erwog ich zuvor, und wandt' im Herzen den Vorsatz.

[50] und die Geschick' und Leben und Tat und Sitte der Männer

[51] welche, da kaum sie erblühen mit Lust, von den Busen der Mütter / raubte der dunkele Tag und frühe senkt' in die Grube.

[52] Hierauf halten den Ort die Traurigen, welche den Tod sich / gaben mit eigener Hand schuldlos und, des Lichtes Verächter, / selber die Seel' hinwarfen.

[53] doch umwenden den Schritt und zu oberen Lüften hinaufgehn, / das ist Arbeit und Müh'.

[54] Jetzt ist Mut, Äneas, dir not, jetzt männliche Fassung!

[55] Aber Äneas, den Blick voll Trauer niedergeheftet, / wandelt erst von der Höhle zurück, den verborgenen Ausgang / hin und her überlegend im Geist.

[56] Also versucht Äneas, da wild und düster sie schaute, / ihr durch freundliche Worte das Herz und weint mit Inbrunst. / Jene hält auf den Grund abwärts die gehefteten Augen.

12, 54 At regina noua pugnae conterrita sorte
*flebat* et ardentem generum moritura *tenebat*[57].

6, 212 Nec minus interea Misenum in litore Teucri
*flebant* et cineri ingrato suprema *ferebant*[58].

6, 218 Pars calidos latices et aëna undantia flammis
*expediunt* corspusque lauant frigentis et *unguunt*[59].

12, 409 It tristis ad aethera clamor
*bellantum* iuuenum et duro sub Marte *cadentum*[60].

Natürlich findet man in den Reden die komplexesten Strukturen. Die Rede des Palinurus (6, 347–371) soll als Beispiel dienen. Sie beginnt mit einem koordinierten Paar von Kola gleicher Länge *(parisosis)*, wobei das Gleichgewicht durch ein Homoioteleuton angezeigt wird:

6, 347 Ille autem: Neque te Phoebi cortina fefellit,
dux Anchisiade, nec me deus aequore mersit[61].

Diese „Isokolie" wird durchgehalten und jeweils hervorgehoben, z.B.

6, 350 cui datus haerebam custos cursusque regebam[62]

6, 358 paulatim adnabam terrae, iam tuta tenebam[63]

6, 361 ferro inuasisset praedamque ignara putasset[64]

Im Falle von *spoliāta armīs* (6, 353) und *excussa magistrō* (ib. statt *excussō magistrō*) ist die Konstruktion etwas gezwungen, um den Parallelismus zu bewahren. Bemerkenswert ist noch die Anordnung der Adjektive und Substantive (abBA) in Vers 355:

tris Notus hibernas immensa per aequora noctes[65].

[57] Aber die Königin, innig erschreckt vom befremdenden Kampfe, / weint, und, zu sterben gefaßt, umarmt sie den heftigen Eidam.

[58] Aber indes wehklagten die Teukrer am Strand um Misenus / traurig, die letzte Pflicht undankender Asche bezahlend.

[59] Teils auch siedende Ström' und von Glut aufwallende Kessel, / fertiget man; und den Leib des Erkalteten bähn sie und salben.

[60] In die Luft steigt grauses Geschrei auf, / kämpfender Jünglinge hier, dort fallender unter des Mars Wut.

[61] Jener darauf. Nicht hat dich getäuscht der phöbische Dreifuß, / Sohn des Anchises, o Held, noch ein Gott in das Meer mich gesenket.

[62] als ich, zum Hüter bestellt, anhaftete, lenkend die Meerfahrt

[63] mählich schwamm ich zum Lande hinan, schon Sichres gewann ich

[64] mich mit dem Stahl anrannt' und Beut' unkundig verhoffte

[65] drei der winternden Nächt' unermeßliches Wogengewühl durch

Schließlich ist, wie Norden gezeigt hat[66], die ganze Rede nach den Regeln der rhetorischen Kunst disponiert: ein kurzes *prooemium* (– *mersit*), eine *narratio (namque – in lītore uentī)* und ein Epilog, der die Form einer *commiseratio* annimmt, die in zwei Versen mit wohlüberlegter Alliteration endet:

6, 370 da dextram misero et tecum me tolle per undas,
sedibus ut saltem placidis in morte quiescam[67].

Über den Händen Vergils erreichte der lange Prozeß der Verfeinerung der einheimischen Mittel durch Einbeziehung griechischer Techniken ihren Höhepunkt, und die lateinische Sprache wurde schließlich zu einem machtvollen und empfindsamen Instrument hoher Dichtkunst ausgebildet.

Es liegt nicht in unserer Absicht, Vergils Einfluß als Dichter und Denker näher darzustellen; es sei nur festgehalten, daß die römische Poesie die von ihm erreichte Höhe nicht lange beibehalten konnte. Vergils Einfluß auf die spätere Geschichte der Literatursprache war immens. Er hatte dasselbe Schicksal wie die meisten großen Schriftsteller: er wurde zu einem Schulautor, den man auswendig lernen und aufsagen muß, er wurde zum Opfer von Textinterpretationen, er wurde analysiert und schließlich zum Steinbruch für Beispiele grammatikalischer Regeln. So wurde jeder Schüler und jeder Schreiber ein Vergilianer. Aber wir wollen nicht vorgreifen, und es ist zunächst an der Zeit, die Entwicklung der lateinischen Kunstprosa darzustellen.

## B. Die Sprache der literarischen Prosa

Die schließliche Quelle jeder Literatursprache ist gesprochene Sprache in ihren verschiedenen Formen und Arten. Aus diesem Rohmaterial haben die meisten Gesellschaften vor allem nach der Erfindung der Schrift besondere Formen sprachlichen Ausdruckes geformt, die wir, obwohl im Detail schwer zu definieren, als „literarisch" bezeichnen können. Bei der Aufzeigung der Hauptentwicklungslinien des Wachstums der lateinischen literarischen Prosa müssen wir die folgenden Dinge bedenken. Normalerweise werden in der Sphäre der Religion und der Gesetze die ersten Schritte unternommen, um die literarische Ausdrucksweise von der Umgangssprache abzuheben: es werden Regeln formuliert, um den Men-

[66] E. Norden, *P. Vergilius Maro Aeneis Buch VI*, Darmstadt $^{4}$1957, 232.

[67] reiche mir Armem die Hand und laß durch die Fluten mich mitgehn, / daß ich zum wenigsten tot ausruh' in behaglicher Stille

schen in ihrem Verhalten gegenüber den Göttern und gegenüber den Mitmenschen einen Leitfaden an die Hand zu geben. Derartige religiöse und juristische Formeln, die den *mōs māiōrum* von Generation zu Generation weitergeben, bewahren archaische Sprachformen. Eine Literatursprache, die sich aus ihnen entwickelt, wird also Archaisches und Umgangssprachliches mischen. Dann wollen wir auch die Überredungs- und Überzeugungskünste berücksichtigen, also die natürliche Rhetorik, die durch wachsende Erfahrung und Selbstkritik zu einem zusammenhängenden Lehrgebäude gemacht wird. In diesem Bereich lehnten sich die Römer vor allem an die Griechen an, obwohl einige ihrer Stilmittel auch im Boden Italiens verwurzelt waren. Besonders der Nachdruck auf Klarheit (σαφήνεια) als die Haupttugend wirkungsvoller Äußerungen bedeutet, daß die gegenseitigen Beziehungen von Teilen eines komplexen Gedankens expliziten sprachlichen Ausdruck finden. Entsprechend wird die naive Beiordnung einfacher Sätze allmählich zur komplexen Periode mit sorgfältiger Unterordnung ihrer konstituierenden Teile ausgebaut. Schließlich werden wir im Falle des Lateinischen auch ein Phänomen beobachten können, das überall immer wieder vorkommt: die Zentralisierung der Regierungsgewalt geordneter Staaten, die Herrschaft einer bestimmten Klasse, das Prestige, das deren soziale Verhaltensweisen genießen, von denen ja die Sprachgewohnheiten nicht die unwichtigsten sind, führen zum Entstehen und zur Durchsetzung einer Standardsprache. Im Lateinischen faßt man diesen Ausdruck von Klassensnobismus unter der Bezeichnung *urbānitās* zusammen.

Für die frühen Entwicklungsstufen der lateinischen Prosa sind wir in einer noch schlechteren Lage als im Falle der Dichtung, denn nur wenige Beispiele sind erhalten geblieben. Zwar besitzen wir die Fragmente der Zwölftafelgesetze, die von späteren Autoren zitiert werden, aber sie bestehen in den meisten Fällen aus schmucklosen, prägnanten Befehlen der einfachsten Struktur:

Si in ius uocat, ito. Ni it, antestamino: igitur em capito (I 1).

Das charakteristischste an diesem Stil ist die Tatsache, daß das Subjekt nicht ausdrücklich genannt wird, sondern aus dem Zusammenhang erschlossen werden muß: „Wenn (der Kläger den Beklagten) vor Gericht ruft, muß (der Beklagte) gehen. Wenn er nicht geht, muß (der Kläger) einen Zeugen rufen; sodann muß (der Kläger) ihn (= den Beklagten) ergreifen“. Diese syntaktische Eigentümlichkeit findet wie so vieles andere aus den Zwölftafelgesetzen ihre Entsprechung in den archaischen griechischen Gesetzen. So zeigt sich der alles überflutende Einfluß des

Griechischen sogar in den frühesten und anscheinend römischsten Zeugnissen der lateinischen Sprache (siehe oben).

Die lateinische literarische Prosa beginnt genau wie die Dichtung mit Übersetzungen aus dem Griechischen. Zu den ältesten erhaltenen Beispielen lateinischer Prosaliteratur gehören die Abschnitte, die Laktanz aus Ennius' Übersetzung der Ἱερὰ ἀναγραφή des Euhemeros zitiert. Vor einiger Zeit wurde überzeugend bestätigt, daß Laktanz' Ennius' Sprache (in den Fragmenten I, III, IV, VI–VIII, XI) im wesentlichen genau bewahrt hat. Die Hauptcharakteristika lassen sich aus dem folgenden Abschnitt erkennen (fr. III p. 223–224 Vahlen):

> Exim Saturnus uxorem duxit Opem. Titan, qui maior natu erat, postulat, ut ipse regnaret. Ibi Vesta mater eorum et sorores Ceres atque Ops suadent Saturno, uti de regno ne concedat fratri. Ibi Titan, qui facie deterior esset quam Saturnus, idcirco et quod uidebat matrem atque sorores suas operam dare, uti Saturnus regnaret, concessit ei, ut is regnaret. Itaque pactus est cum Saturno, uti si quid liberum uirile secus ei natus esset, ne quid educaret. Id eius rei causa fecit, uti ad suos gnatos regnum rediret. Tum Saturno filius qui primus natus est, eum necauerunt. Deinde posterius nati sunt gemini, Iuppiter atque Iuno. Tum Iunonem Saturno in conspectum dedere atque Iouem clam abscondunt dantque eum Vestae educandum celantes Saturnum. Item Neptunum clam Saturno Ops parit eumque clanculum absondit. Ad eundem modum tertio partu Ops parit geminos, Plutonem et Glaucam. Pluto Latine est Dis pater, alii Orcum uocant. Ibi filiam Glaucam Saturno ostendunt, at filium Plutonem celant atque abscondunt. Deinde Glauca parua emoritur[68].

In diesem Abschnitt sind besonders die Einfachheit der syntaktischen Struktur bemerkenswert, die Naivität der Satzverknüpfungen (*exim, ibi,*

[68] Dann heiratete Saturn die Ops. Titan, der älter war, fordert, selbst zu regieren. Da raten Vesta, ihre Mutter, und die Schwestern Ceres und Ops dem Saturn, er solle seinem Bruder bezüglich der Herrschaft nicht nachgeben. Da gestand Titan, der weniger gut aussah als Saturn, aus diesem Grunde und weil er sah, daß seine Mutter und seiner Schwestern sich dafür einsetzten, daß Saturn regiere, diesem die Herrschaft zu. Deshalb machte er mit Saturn aus, daß, wenn diesem ein Kind männlichen Geschlechtes geboren würde, es nicht aufgezogen werden solle. Das tat er damit die Herrschaft an seine eignen Kinder zurückfiele. Dann töteten sie den Sohn, der dem Saturn als erster geboren wurde. Danach wurden später Zwillinge geboren, Iupiter und Iuno. Dann zeigten sie die Juno dem Saturn und verbergen den Iupiter und übergeben ihn heimlich vor Saturn der Vesta zur Erziehung. Ebenso gebiert die Ops heimlich dem Saturn den Neptun und verbirgt ihn. Genauso bringt Ops in einer dritten Geburt Zwillinge zur Welt, Pluto und Glauca. Pluto heißt lateinisch Dis pater, andere sagen Orcus. Da zeigen sie die Tochter Glauca dem Saturn, aber den Sohn Pluto verbergen und verstecken sie. Dann stirbt Glauca noch als kleines Kind.

*tum, deinde posterius* usw.) und der redundante Gebrauch des anaphorischen Pronomens *is*.

Obwohl Ennius hier wahrscheinlich getreu den Stil des entsprechenden Abschnittes bei Euhemeros nachahmt, der für seine eigenen Zwecke die Art der frühen griechischen Volkserzählungen imitierte, so ist doch eine derartige Naivität ein universelles Charakteristikum unverbildeter Volkserzählungen, das uns z. B. auch in dem Beispiel für den *sermo inliberalis* beim Auctor ad Herennium (4, 11, 16) begegnet:

> „Hic tuus seruus me plusauit". Postea dicit hic illi: „Considerabo". Post ille conuicium fecit et magis magisque praesente multis clamauit![69]

Wir können auch einen Abschnitt des Annalisten Calpurnius Piso (zitiert von Gellius 7, 9, 2) heranziehen:

> Cn. Flauius patre libertino natus scriptum faciebat, isque in eo tempore aedili curuli apparebat, quo tempore aediles subrogantur, eumque pro tribu aedilem curulem renuntiauerunt[70].

Zu einer Stelle aus einer Rede des C. Gracchus bemerkt Aulus Gellius, dem wir das Zitat verdanken, es handele sich um den Ton der alltäglichen Konversation (10, 3, 5):

> His annis paucis ex Asia missus est, qui per id tempus magistratum non ceperat, homo adulescens pro legato. *Is* in lectica ferebatur. *Ei* obuiam bubulcus de plebe Venusina aduenit . . .[71].

Schließlich noch ein Abschnitt aus Catos praktischem Handbuch der Landwirtschaft (de agr. 156, 2):

> Aluom si uoles deicere superiorem, sumito brassicae, quae leuissima erit, p. IIII. *Inde* facito manipulos aequales tres conligatoque. *Postea* ollam statuito cum aqua. *Ubi* occipiet feruere, paulisper demittito unum manipulum. Feruere desistet. *Postea* ubi occipiet feruere, paulisper demittito ad modum, dum quinque numeres; eximito. Item facito alterum manipulum, item tertium. *Postea* conicito, contundito[72].

[69] „Dieser dein Sklave hat mich geschlagen". Dann sagt dieser zu jenem: „Ich werde nachdenken". Dann machte jener Geschrei und wurde in Gegenwart vieler Leute immer lauter.

[70] Cn. Flavius war Sohn eines Freigelassenen und machte den Schreiber. Er diente nun gerade zu einer Zeit dem kurilischen Aedil, als die Aedilen neu gewählt wurden, und in der Wahlabteilung ernannte man ihn zum kurilischen Aedil.

[71] Vor wenigen Jahren wurde jemand aus Asien geschickt, der zu jener Zeit noch kein Amt bekleidet hatte, ein Jüngling als stellvertretender Gesandter. Er wurde in einer Sänfte getragen. Ihm kam ein Ochsentreiber aus dem Volke von Venusia über den Weg.

[72] Wenn du den oberen Teil des Leibes entleeren willst, nimm von dem Kohl,

Unsere Betrachtungen über den Fortschritt der Prosa, die ja von solchen einfachen Ausdrucksformen ausging, sollten bei Cato ihren Anfang nehmen, der das Ende der archaischen Periode bildet. Trotz all seiner antihellenischen Giftigkeit, trotz seiner Bemerkung, daß diejenigen, die sich mit Dichtung abgeben und zu Gastmählern gehen, nichts anderes als Müßiggänger *(grassātōrēs)* sind, und trotz seines Rezeptes für Schriftsteller *rem tene, uerba sequantur*[73], war er keineswegs völlig unberührt von den Künsten der verachteten Griechen. Die umgangssprachliche Basis seiner Sprache wird deutlich in Erscheinungen wie *nēmō homō*, in den Diminutiven *paucul ōs hominēs, mediocriculum exercitum*, in den Adverbien *dērepente, dēsubitō, nimis* „sehr", *fūtāre = saepius fuisse*, in überflüssigen *is* und *ibi* und in vielen syntaktischen Verrenkungen. Hierher gehören auch die zahlreichen Verbzusammensetzungen, besonders mit *con-*, von denen wir bereits gesagt haben, daß sie für die Umgangssprache charakteristisch sind; in einem Cato-Abschnitt (de agr. 129) finden wir *cōnfodere* „umgraben", *cōnspargere* „benetzen", *combibere* „in Gesellschaft trinken", *comminuere* „vermindern", *coaequāre* „ebnen", und bemerkenswert sind auch die „hypercharakterisierten" *coaddere* „mit hinzutun" und *dishiāscere* „auseinanderklaffen". Zu diesen Archaismen kann man auch das Pronomen *quīs* (Ablativ Plural), die Verbalformen *imposīuī* und *experirus* sowie die Infinitive auf *-ier* rechnen. Natürlich ist es möglich, daß es sich dabei teilweise um zeitgenössische Formen handelte; aber es ist dennoch offenkundig, daß Cato Achaismen als bewußtes Mittel verwendete, um seinem Stil Würde und Feierlichkeit zu verleihen. Wir wollen nur ein Fragment aus der Rede *de sumptu suo* zitieren, die folgendermaßen endet (fr. 282 Schönberger = II Jordan = Fronto 92, 21):

> uide sis quo loco res publica siet, uit quod rei publicae bene fecissem, unde gratiam capiebam, nunc idem illud memorare non audeo, ne inuidiae siet. Ita inductum est male facere impoene, bene facere non impoene licere[74].

der der mildeste ist, vier Pfund. Dann mache drei gleich große Büschel und binde sie zusammen. Danach setze einen Topf mit Wasser auf. Wenn es anfängt zu sieden, senke allmählich ein Büschel hinein. Es wird aufhören zu sieden. Dann, wenn es (wieder) anfängt zu sieden, senke es (wieder) allmählich hinein, bis du bis fünf gezählt hast; nimm es heraus. Ebenso mache es mit dem zweiten Büschel, ebenso mit dem dritten. Dann wirf sie zusammen, zerquetsche sie.

[73] Halte dich an die Sache, die Worte kommen dann von selbst.

[74] Schau, wenn's beliebt, in welchem Zustande sich der Staat befindet, daß ich das, was ich dem Staate Gutes tat und womit ich mir Dank erwarb, nun nicht mehr zu erwähnen wage, damit es keinen Neid errege. So ist es üblich geworden, daß man ungestraft Böses tun kann, aber nicht ungestraft Gutes tun darf.

Hier finden wir neben umgangssprachlichen Elementen wie *uide sīs* „schau, wenn's beliebt" die Form *siet*, die Plautus immer am Versende, also an der typischen Sammelstelle für Archaismen, gebraucht hatte. Immerhin ist *impoene* ein Archaismus, der über den plautinischen Sprachgebrauch hinausgeht (dort bereits immer *impūne*).

Zu Catos Stilmitteln gehören Vorgehensweisen, die uns jetzt bereits von Plautus und aus der Dichtersprache geläufig sind. Der primitive „aufgeblasene" Stil wird klar aus einem Abschnitt der Rede für die Rhodier (fr. 91 Schönberger = orig. V 1 Jordan = Gell. 6, 3, 14):

> Scio solere plerisque hominibus rebus secundis atque prolixis atque prosperis animum excellere atque superbiam atque ferociam augescere atque crescere[75].

Die traditionellen Dikola mit Alliteration kommen in der Rede gegen Galba vor (fr. 112 Schönberger = orig. VII 1 Jordan = Gell. 13, 25, 15):

> Multa me dehortata huc prodire: anni, aetas, uox, uires, senectus[76].

Auch sonst fehlen Beispiele für Alliteration nicht *(asperrimō atque arduissimō),* und es gibt auch andere Assonanzenformen wie z.B. das Homoioteleuton, für dessen Gelingen Cato es zuweilen nicht scheute, neue Wörter zu prägen, z.B. *aestāte frigidō, hieme formidō*
Eine Neuprägung ist auch das Wort *optiōnātus* in folgendem Satz (fr. 136 Schönberger = orat. V 2 Jordan = Fest. 220, 9):

> Maiores seorsum atque diuorsum pretium parauere bonis atque strenuis: decurionatus, optionatus, hastas donaticas aliosque honores[77].

Auch *fugella* in der *figura etymologica fugit . . . fugella* ist ein Beispiel für eine Art von Wortspiel, die ziemlich häufig in diesem etwas primitiven Stil vorkommt, vgl. auch *cōgnōbilior cōgnitiō* (fr. 111 Schönberger = Jordan = Gell. 20, 5, 13) oder *honōrem ēmptitāuēre, malefacta benefactīs nōn redēmptitāuēre*[78] (fr. 212 Schönberger = LXXII Jordan = Fest. 364, 10). Wie

[75] Du weißt, daß die meisten Menschen in angenehmer, günstiger und glücklicher Lage ihren Sinn erheben, ihren Stolz und ihren Trotz verstärken und wachsen lassen.

[76] Vieles, das mir abraten sollte, kommt hier zusammen: Jahre, Alter, Stimme, Kräfte, Vergreisung.

[77] Die Vorfahren haben für Gute und Tüchtige verschiedene unterschiedliche Preise ausgerichtet: Ratsherrenämter, Feldwebelstellen, Geschenkspieße und andere Ehren.

[78] Sie haben die Ehre gekauft, Übeltaten aber nicht durch Wohltaten zurückgekauft.

wir gesehen haben, waren solche Assonanzen in Italien zu Hause. Außerdem muß man mit dem Einfluß der Dichtung des Ennius auf die frühe Prosasprache rechnen. Wir finden ungefähr dieselben Wortbildungsarten: Abstrakta auf *-tūdō* wie Catos *dūritūdō* „Härte“, Adjektive auf *-bundus* (vgl. Quintilian. 1, 6, 42: „neque enim *tuburchinabundum* et *lurchinabundum* iam in nobis quisquam ferat, licet Cato sit auctor“[79]), *-ōsus* (nach Gellius 4, 9, 12 ist Cato der Erfinder von *disciplīnōsus* „diszipliniert“, *cōnsiliōsus* „einsichtsvoll“, *uictōriōsus* „siegreich“), Adverbien auf *-im* und *-ter* (z.B. *pedetemptim* „schrittweise“, *arenter* „dürstend“), Frequentativa auf *-(i)tāre)* (*ēmptitāre* „leeren“). Zweifellos waren viele dieser Wörter das Resultat natürlicher Analogieprozesse, und derartige sprachliche Zufallsübereinstimmungen beweisen noch keineswegs Catos Abhängigkeit von der Sprache der Dichtung. Ennianischer Einfluß ist jedoch unübersehbar in Sätzen wie

> deinde postquam Massiliam praeterimus, inde omnem classem uentus auster lenis fert, mare uelis florere uideres (fr. 147 Schönberger = I 8 Jordan = Charis. 269, 8)[80].

Ähnliches kann man von Sätzen wie

> dum se intempesta nox praecipitat,
> sub tela uolantia[81] (fr. 410 Schönberger = inc. lib. 12 Jordan = Serv. ad Verg. Aen. 4, 293)

und von den *multi mortales* im folgenden Abschnitt aus der Rede gegen Quintus Minucius sagen, aus dem man auch erkennen kann, zu welcher Höhe von Pathos und Kraft die archaische Prosa emporsteigen konnte:

> Dixit a decem uiris parum bene sibi cibaria curata esse. Iussit uestimenta detrahi atque flagro caedi. Decem uiros Bruttiani uerberauere, uidere multi mortales. Quis hanc contumeliam, quis hoc imperium, quis hanc seruitutem ferre potest? Nemo hoc rex ausus est facere: eane fieri bonis, bono genere gnatis boni consulitis? Ubi societas? Ubi fides maiorum? Insignitas iniurias, plagas, uerbera, uibices, eos dolores atque carnificinas per dedecus atque maximam contumeliam inspectantibus popularibus suis atque multis mortalibus te facere ausum esse! Set quantum luctum, quantum gemitum, quid lacrimarum, quantum fletum factum audiui! Serui iniurias nimis aegre

[79] Bei uns würde niemand mehr *tuburchinabundus* „gierig verschlingend“ oder *lurchinabundus* „fressend“ dulden, obwohl beides von Cato stammt.
[80] Als wir dann an Massilia vorbeifuhren, trägt von dort die ganze Flotte ein milder Südwind dahin; du hättest das Meer von Segeln blühen gesehen.
[81] Als sich die tiefe Nacht herabsenkte, unter die fliegenden Geschosse.

> ferunt: quid illos, bono genere gnatos, magna uirtute praeditos, opinamini animi habuisse atque habituros, dum uiuerent?[82] (fr. 176 Schönberger = IX Jordan = Gell. 10, 3, 17).

Zweifellos hatte Cicero Passagen dieser Art im Sinne, als er schrieb (Brut. 85, 294):

> Orationes autem eius ut illis temporibus ualde laudo: significant enim formam quandam ingeni, sed admodum impolitam et plane rudem[83].

Die bisher besprochene Form war typisch für die Sprache der gehobenen lateinischen Prosa um die Mitte des 2. Jh. v. Chr., also eine Mischung aus Umgangssprache und archaischen Wendungen der religiösen *carmina* und der Rechtsformeln, aufgeputzt durch einheimische Kosmetika, durch die *lumina* der griechischen Rhetorik und die Blumen der zeitgenössischen poetischen Dikton. Dieses merkwürdige Amalgam wurde im Laufe des nächsten Jahrhunderts zur Sprache der klassischen Prosa verfeinert. Es handelt sich dabei in erster Linie um einen Prozeß der Auswahl und des Aussonderns: man strebte *Latinitas* unter dem Banner der *urbanitas* an. Wie diese exklusive und wählerische Haltung der Sprache gegenüber sich bei den Römern herausbildete, kann man schwer nachvollziehen. Zweifellos regte das schnelle Wachstum des städtischen Proletariats, dessen von auswärts gekommene Mitglieder Dialekt oder gebrochenes Latein sprachen, den Hochmut und das Klassenbewußtsein der herrschenden Aristokratie an. Sicher schreibt Cicero, der den Verfall der reinen Latinität seit dem Zeitalter der Scipionen beklagt, diesen dem Zustrom neuer Bevölkerungselemente in die Stadt zu:

[82] Er sagte, von den Decemviren sei ihm nicht gut genug Verpflegung besorgt worden. Er befahl, ihnen die Kleider herabzureißen und sie mit der Geißel zu schlagen. Die Bruttier schlugen die Decemviren, viele Menschen haben das gesehen. Wer kann solche Schmach, solche Tyrannei, solche Sklaverei dulden? Kein König hat es gewagt, so etwas zu tun; und ihr habt nichts dagegen, daß es anständigen Menschen von gutem Herkommen geschieht? Wo ist hier die Gesellschaft? Wo die Zuverlässigkeit der Voreltern? Daß du schreiendes Unrecht, Schläge, Geißelung, Striemen, solche Schmerzen und Schindereien in Schande und höchster Schmach vor den Augen ihrer Mitbürger und vieler Menschen zu verursachen gewagt hast! Aber was für eine Trauer, was für ein Seufzen, wie viele Tränen, was für ein Weinen habe ich geschehen hören! Sklaven tragen nur zu schwer an Ungerechtigkeiten; was meint ihr, wie es Leuten aus guter Familie, Männern von großem Verdienst, zumute gewesen ist und sein wird, solange sie leben?

[83] Für die damalige Zeit spreche ich seinen Reden ein großes Lob aus: sie lassen nämlich eine bestimmte Form von Talent erkennen, die allerdings noch ungeschliffen und völlig roh war.

> Sed omnes tum fere, qui nec extra urbem hanc uixerant neque eos aliqua barbaries domestica infuscauerat, recte loquebantur. Sed hanc certe rem deteriorem uetustas fecit et Romae et in Graecia. Confluxerunt enim et Athenas et in hanc urbem multi inquinate loquentes ex diuersis locis; quo magis expurgandus est sermo[84] (Cic. Brut. 74, 258).

Wenn auch die Tatsache, daß dasselbe Phänomen in Griechenland als Attizismus um 60 v. Chr. begonnen hatte, den Verdacht aufkommen lassen muß, daß auch das Konzept der *urbanitas* nur ein weiteres Beispiel für die griechische Herrschaft über das literarische Leben und die literarische Theorie der Römer ist, so waren doch die Folgen des Reinigungsprozesses kräftig und heilsam. Die römischen Intellektuellen, die sich ganz bewußt über das wimmelnde Leben der Hauptstadt erhoben, begannen einen Prozeß sprachlicher ξενηλασία: Verbannung aller ländlichen, provinziellen und fremden Elemente, was Cicero wie folgt umschrieb:

> Neque solum rusticam asperitatem, sed etiam peregrinam insolentiam fugere discamus[85] (Cic. de or. 3, 12, 44).

Aus den vielen erhaltenen programmatischen Erklärungen wollen wir eine herausgreifen, die von Cicero stammt. An einer Stelle bekennt er, daß er auch nicht weiß, wie man *urbanitas* definieren soll, besonders, wenn es um die Aussprache geht:

> Qui est, inquit, iste tandem urbanitatis color? Nescio, inquam; tantum esse quendam scio. Id tu, Brute, iam intelleges cum in Galliam ueneris; audies tum quidem etiam uerba quaedam non trita Romae. Sed haec mutari dediscique possunt; illud est maius, quod in uocibus nostrorum oratorum retinnit quiddam et resonat urbanius[86] (Cic. Brut. 46, 171).

An anderer Stelle gibt Cicero dann doch einige Ratschläge zur Aussprache, zum Beispiel zum Schluß-*s*:

[84] Damals sprachen beinahe alle richtig, sofern sie nicht außerhalb der Stadt gelebt hatten oder durch fremde Einflüsse in der Familie verunsichert wurden. Dieser Zustand hat sich aber in Rom und in Griechenland im Laufe der Zeit verschlechtert. Es kamen nämlich sowohl nach Athen als auch hierher viele Leute verschiedener Herkunft, die nicht einwandfrei sprechen; umso mehr muß man die Sprache reinigen.

[85] Wir wollen nicht bloß die ländliche Rohheit, sondern auch das Auffällige einer fremden Aussprache zu vermeiden lernen.

[86] Wie ist denn jene Färbung von *urbanitas* beschaffen, fragte er. Ich weiß es nicht, antwortete ich; ich weiß nur, daß es sie gibt. Das wirst du schon merken, Brutus, wenn du nach Gallien kommst; dann wirst du nämlich Wörter zu hören bekommen, die in Rom nicht gebräuchlich sind. Aber die kann man ändern und sich abgewöhnen; von mehr Bedeutung ist es, daß in den Stimmen unserer Redner irgendetwas urbaner klingt und schwingt.

> Quin etiam, quod iam subrusticum uidetur, olim autem politius, eorum uerborum, quorum eaedem erant postremae duae litterae, quae sunt in *optimus*, postremam litteram detrahebant, nisi uocalis insequebatur[87] (Cic. orat. 48, 161).

Bezüglich eines anderen Punktes, der Aspiration von Konsonanten, gibt er zu, daß seine eigene dickköpfige Pedanterie schließlich vor dem Sprachgebrauch die Waffen strecken mußte:

> Quin ego ipse, cum scirem ita maiores locutos, ut nusquam nisi in uocali aspiratione uterentur, loquebar sic, ut *pulcros, Cetegos, triumpos, Cartaginem* dicerem; aliquando, idque sero, conuicio aurium cum extorta mihi ueritas esset, usum loquendi populo concessi, scientiam mihi reseruaui[88] (Cic. orat. 48, 160).

In *De oratore* stellt er schließlich die wichtigsten Prinzipien reiner Latinität heraus: korrektes Vokabular und Formen, die Numerus und Genus gebührend berücksichtigen:

> Vt Latine loquamur, non solum uidendum est, ut et uerba efferamus ea, quae nemo iure reprehendat, et ea sic et casibus et temporibus et genere et numero conseruemus, ut ne quid perturbatum ac discrepans aut praeposterum sit, sed etiam lingua et spiritus et uocis sonus est ipse moderandus[89] (Cic. de or. 3, 11, 40).

Es dürfte angemessen sein, die puristische Reinigung und das Entstehen des klassischen Kanons unter diese Überschriften zu stellen.

Wir hatten oben schon Gelegenheit, einige morphologische Uneinheitlichkeiten des archaischen Lateins wie die Vertauschung von Genera, die Fluktuationen der Deklinationen und Konjugationen sowie die uneinheitliche Wortbildung zu erwähnen. Cato konnte sich noch die Genitive *illī, aliī, solī, nūllī* und die femininen Dative *ūnae, eae, illae* erlauben. Weiter

[87] Sie ließen sogar bei den Wörtern, in denen am Ende dieselben beiden Buchstaben wie in *optimus* vorkommen, den letzten Buchstaben wegfallen, wenn kein Vokal folgte; das ist heute ganz bäurisch, galt aber damals als recht fein.

[88] Ich habe ja auch selbst *pulcros, Cetegos, triumpos, Cartaginem* gesagt, weil ich wußte, daß unsere Vorfahren so sprachen und nur bei Vokalen aspirierten; irgendwann, und zwar spät, als mir durch den Anstoß in den Ohren der Verzicht auf die Richtigkeit aufgezwungen wurde, habe ich dem Volke beim Sprachgebrauch Zugeständnisse gemacht und das Wissen um die Richtigkeit mir selbst reserviert.

[89] Um richtig Latein zu sprechen, muß man nicht nur darauf achten, die Wörter zu verwenden, die niemand mit Recht tadeln kann, und sie so in den Kasus, Tempora, Genera und Numeri zu verwenden, daß nichts verwirrt, widersinnig oder verkehrt herauskommt, sondern wir müssen auch selbst die Zunge, den Atem und den Ton der Stimme regulieren.

finden wir *clīuum* statt *clīuus* oder *sagus* statt *sagum*. Weitere unklassische Formen sind die Lokative *diē proximī* und der außergewöhnliche analogisch gebildete Genitiv Plural *bovĕrum* (anderswo kommen auch *regerum, lapiderum, nucerum* und *nāuerum* vor). Bei den Verbformen fungieren *soluī* und *ausī* für anstelle der aus dem klassischen Latein gewohnten Semideponentien *solitus sum* und *ausus sum; fitur* und *fiēbantur* kann man kaum in Gegenwart eines Schülers nennen, der Latein lernt. Was *iussitur* und *possitur* betrifft, so kann man wenigstens als Entschuldigung anführen, daß Ennius und Pacuvius *potestur* verwendet haben.

Auch in der Syntax beschränkten die Puristen die recht große Freiheit der früheren Schriftsteller, die zum Beispiel in der indirekten Rede nicht nur den AcI, sondern auch *quod* und *ut* zur Verfügung hatten (z.B. *narrat, ut uirgo ab se integra etiam nunc siet*[90], Ter. Heaut. 145). Der Indikativ war in indirekten Fragen immer üblich gewesen. In dieser Hinsicht weisen Cicero und Caesar eine merkwürdige Unterschiedlichkeit auf, denn Caesar vermeidet den Indikativ völlig, während Cicero immerhin 54 Belege aufweist, davon die Hälfte in den Briefen. Bei der Kasusverwendung ist die vorübergehende Unterdrückung der Tendenz zum Ersatz reiner Kasusformen durch präpositionale Wendungen seitens der klassischen Autoren zu erwähnen. Man vermied also z.B. ad + Akkusativ als Dativersatz (*ad praetores et consules uinum honorarium dabant*[91], Cato fr. 250 Schönberger = LVI Jordan = Isid. etym. 20, 3, 8), *dē* + Ablativ als Genitiversatz (*si posset auctio fieri de artibus tuis*[92], Cato fr. 303 Schönberger = XLII Jordan = Prisc. 6, 279 H.), *ab* + Ablativ als Genitiversatz.

Bei diesem ganzen Sprachreinigungsprozeß ließen sich die römischen Puristen zweifellos in erster Linie von ihrem gesunden Sprachgefühl leiten. Redner und Anwälte von der Art eines Crassus, den Cicero wegen seiner *Latine loquendi accurata et sine molestia diligens elegantia*[93] (Cic. Brut. 38, 143) lobte, wandten sich sicherlich gegen Archaismen und Künstlichkeiten der Ausdrucksweise aus dem einfachen praktischen Grund, daß sie uneffektiv waren. Ebenso wichtig war der Einfluß der griechischen Rhetoriktheorie, die auf gesunder Praxis basierte und die auf Klarheit (σαφήνεια), Logik und die Vermeidung von Uneindeutigkeit abzielte. Klarheit war sicherlich das Hauptziel, als die römischen Schriftsteller die vielfachen Möglichkeiten der vorklassischen Sprache einschränkten, um das Ideal des richtigen Wortes für jeden Begriff und einer einzigen Konstruk-

[90] Er sagt, das Mädchen sei noch immer unberührt von ihm.
[91] Sie gaben den Prätoren und den Konsuln Ehrenwein.
[92] Wenn eine Auktion mit deinen Künsten abgehalten werden könnte.
[93] Sorgfältige und unaffektiert gewissenhafte Eleganz beim Lateinsprechen.

tion für jede syntaktische Beziehung zu erreichen. So wird von Cicero und Caesar ausschließlich der reine Ablativ zum Ausdruck der Zeitlichkeit verwendet, obwohl frühere Autoren auch *in tempore* gebraucht hatten. Auch die Verfeinerung, daß der instrumentale Ablativ in Ausdrücken wie *maximō clāmōre* ohne *cum* auskommt, ist klassisch; frühere Schriftsteller verwendeten hier die Präposition. Ebenso wurde die Verwendung von *cum* mit einem bloßen modalen Ablativ *(cum salūte)* erst in der klassischen Prosa kanonisch. Zwei weitere Beispiele sollen genügen, um die generelle Tendenz zur Eliminierung syntaktischer Dubletten zu illustrieren. Der Gebrauch von *sī* im Sinne von „ob" in indirekten Fragen, der im frühen Latein häufig war und sicherlich in der klassischen Zeit in der Umgangssprache ebenfalls nicht selten war (Belege in Ciceros Briefen), wird in klassischer Prosa vermieden, wahrscheinlich, weil diese Konjunktion auf die Bedeutung „falls, wenn" festgelegt worden war. In ähnlicher Weise verlor die multifunktionale Konjunktion *ut* bei Cicero folgende Bedeutungen: „weil", „wo", „wie" (außer in Ausrufen wie *uidēs ut*), „als ob" = *quasi quidem*; Cicero verwendet *ut* auch nicht zur Einleitung unabhängiger Wunschsätze[94].

Im Wortschatz kommt jedoch die *elegantia*, die anspruchsvolle Selektivität der Klassik, am deutlichsten zum Ausdruck. Cicero lobte den Geschmack der Athener mit folgenden Worten (Cic. or. 8, 25):

> . . . quorum semper fuit prudens sincerumque iudicium, nihil ut possent nisi incorruptum audire et elegans. Eorum religioni cum seruiret orator, nullum uerbum insolens, nullum odiosum ponere audebat[95].

Ein derartiges unpassendes und anstößiges Wort war z. B. die Präposition *af*:

> Insuauissima praepositio est *af*, quae nunc tantum in accepti tabulis manet ac ne his quidem omnium[96] (Cic. or. 47, 158).

Ebenso lehnt Cicero unlateinische Komposita ab (Cic. or. 49, 164):

> Asperitatem fugiamus: *habeo ego istam perterricrepam* itemque *uersutiloquas malitias*[97].

[94] W. Kroll, *Die Entwicklung der lateinischen Schriftsprache*, Glotta 22, 1933, 1-27, bes. 23-24.

[95] Sie hatten stets ein kluges und aufrichtiges Urteil, so daß sie nur Reines und Elegantes zu hören ertrugen. Wenn sich ein Redner nach ihren Skrupeln richtete, so wagte er es nicht, irgendein unpassendes oder anstößiges Wort zu verwenden.

[96] Die Präposition *af*, die heute nur noch in Rechnungsbüchern, und auch das nicht bei allen, vorkommt, ist äußerst unangenehm.

[97] Schroffheit wollen wir vermeiden, wie sie bei „ich habe diese Schrecklichtönende" oder bei „schlau redende Bosheiten" vorkommt.

Caesar hatte laut Gellius (1, 10, 4) einen ähnlichen programmatischen Ausspruch getan:

> Tamquam scopulum, sic fugias inauditum atque insolens uerbum[98].

Auch Cicero lobte Caesars hervorragendes Sprachgefühl (Cic. Brut. 72, 252):

> Sed tamen, Brute, inquit Atticus, de Caesare et ipse ita iudico . . . illum omnium fere oratorum Latine loqui elegantissime[99].

Diese Sensitivität beruhte nicht nur auf der *domestica consuetudo*, sondern auf extensiver Lektüre und sorgfältigem Studium selbst ausgefallener Werke. Auf Grund derartiger Prinzipien machten sich die klassischen Autoren daran, den Wildwuchs der ererbten Literatursprache auszudünnen. Die Verfasser religiöser und juristischer Texte hatten in ihren ängstlichen Anstrengungen, jede nur denkbare Manifestation göttlichen Wirkens und menschlicher Spitzfindigkeit und Unredlichkeit abzudecken, Formeln wie die folgende erdacht (Senatus Consultum de Bacchanalibus 12–13):

> . . . neue post hac inter sed coniourase neue comuouise neue conspondise neue conpromesise uelet neue quisquam fidem inter sed dedise uelet.

Derartige Synonymenhäufungen, die in der Fachsprache *congeries* heißen, waren, wie wir gesehen haben, zu einem Kennzeichen des gehobenen Stiles geworden; auch Cicero neigte in seinen frühen Werken dazu, bis Molo von Rhodos seinem jugendlichen Überschwang Zügel anlegte (Cic. Brut. 91, 316):

> Is dedit operam, si modo id consequi potuit, ut nimis redundantes nos et suprafluentes iuuenili quadam dicendi impunitate et licentia reprimeret et quasi extra ripas diffluentes coërceret[100].

Schließlich eliminierte die klassische Prosa alle oben vorkommenden Verbalkomposita für „sich verschwören" mit Ausnahme von *coniūrāre*;

[98] Wie eine Klippe soll man ein nie gehörtes und ungewöhnliches Wort vermeiden.

[99] Aber dennoch, Brutus, sagte Atticus, meine auch ich selbst von Caesar, daß er von allen Rednern am elegantesten Latein redet.

[100] Er gab sich, soweit er konnte, Mühe, uns, die wir allzu sehr der Überfülle des Ausdrucks huldigten und in einer bestimmten jugendlichen Zügellosigkeit und Leichtfertigkeit beim Reden befangen waren, zu zügeln und den Strom, der sozusagen über seine Ufer getreten war, wieder zu bändigen.

allerdings kam noch *conspirāre* hinzu, das im obigen Text fehlt. So bildeten die theoretischen Prinzipien bezüglich der *elegantia* eine allgemein akzeptierte Lehrmeinung, aber die praktische Anwendung führte zu Ergebnissen, die für den modernen Leser verwirrend sind. Die Vermeidung von Archaismen wie *topper* „sogleich, vielleicht", *oppidō* „äußerst", *aerumna* „Mühsal" oder *autumāre* „behaupten, sagen" bereitet keine Probleme. Vergil verschmähte sie sogar für die Sprache der archaisierenden Dichtung, wahrscheinlich weil er sie für *ex ultimis tenebris repetita* hielt. Andererseits ist Caesars und Ciceros (nach den frühen Reden) Aversion gegen *dōnec* und ihre Vorliebe für *dum* vielleicht aus der Tatsache zu erklären, daß *dōnec* ein kräftiger Einsatz war, der noch nicht über jeden Verdacht der Vulgarität erhaben war. Dasselbe mag bezüglich *quia* gegenüber dem bevorzugten *quod* gelten. Archaisches und Vulgäres waren Scylla und Charybdis, zwischen denen die klassischen Puristen ihren beschwerlichen Kurs halten mußten.

Empfindsamkeit gegenüber der Tonlage eines Wortes war es vielleicht auch, die Caesar *nōn modō* und *non sōlum* gegenüber *nōn tantum*, das die Fortsetzer seines Werkes mehr schätzten, bevorzugen ließ, denn *tantum* ist ja nicht eindeutig. Man hat auch nachgewiesen, daß Caesar *quōmodō* und *quamquam* vermied, obwohl letzteres viermal in Hirtius' Buch 8 des „Gallischen Krieges" vorkommt. Caecar zeigt auch eine Vorliebe für *priusquam* gegenüber *antequam* und für *posteāquam* gegenüber *postquam*. Unterschiede in der Tonlage, Vulgarismus und Urbanität mögen viele dieser Feinheiten erklären, aber, wie Marouzeau bemerkt[101], sollte man die Faktoren persönliche Vorliebe und Sprachgewohnheit nicht übersehen. Warum sollte Caesar niemals *quandō* oder *mox* verwenden und *igitur* zugunsten von *quārē* und *itaque* hintanstellen? Was könnte seine Vorliebe für *timēre* gegenüber *uerēri* und *metuere* erklären? Was die Sprachgewohnheit anbetrifft, so wird die merkwürdige Tendenz, ein Wort, das einmal eingeführt wurde, mehrmals zu verwenden, durch Caesars Gebrauch der seltenen Wendung *ē regiōne* illustriert, die im siebten Buch des „Galli schen Krieges" nicht weniger als sieben Mal vorkommt, obwohl sich im Rest des Werkes nur ein weiterer Beleg findet.

Trotz allem theoretischen Nachdruck, den man auf die Notwendigkeit der Vermeidung des *inauditum verbum* legte, beklagten sich die römischen Schriftsteller permanent über die *patrii sermonis egestas* im Vergleich zum Griechischen. Es blieb in der Tat noch viel zu tun, bevor das Lateinische als Instrument zum Ausdruck höherer intellektueller Aktivitäten geeig-

[101] J. Marouzeau, *Traité de stylistique latine*, Paris 1946, 198.

net war. Ciceros wichtigster Beitrag zur Entwicklung der lateinischen Sprache resultierte aus seinem erzwungenen Rückzug vom öffentlichen Leben; in dieser Zeit widmete er sich der Übertragung griechischer philosophischer Werke und schuf dabei weitgehend erst das Vokabular abstrakten philosophischen Denkens. Man kann seine Tätigkeit etwa an den verschiedenen Versuchen, eine lateinische Entsprechung für den rhetorischen Terminus περίοδος zu finden, ablesen. Ein Brief an Atticus (13, 21, 3) erlaubt uns ebenfalls einen faszinierenden Blick in Ciceros Werkstatt. Das Problem, das zur Debatte stand, war die Wiedergabe von ἐπέχειν und ἐποχή im Sinne von "philosophische Zurückhaltung des Urteils". Cicero hatte sich für *sustinēre* entschieden, Atticus schlug jedoch *inhibēre* vor, das Cicero zunächst akzeptiert, dann aber doch verworfen hatte:

> Nunc, ad rem ut redeam, *inhibere* illud tuum, quod ualde mihi arriserat, uehementer displicet. Est enim uerbum totum nauticum. Quamquam id quidem sciebam, sed arbitrabar sustineri remos, cum inhibere essent remiges iussi. Id non esse eiusmodi didici heri, cum ad uillam nostram nauis appelleretur. Non enim sustinent, sed alio modo remigant. Id ab ἐποχῆ remotissimum est. Quare facies, ut ita sit in libro, quemadmodum fuit. Dices hoc idem Varroni, si forte mutauit. Nec est melius quidquam quam ut Lucilius
>
> sustineas currum, ut bonus saepe agitator, equosque!
>
> Semperque Carneades προβολὴν pugilis et retentionem aurigae similem facit ἐποχῇ. Inhibitio autem remigum motum habet et uehementiorem quidem remigationis nauem conuertentis ad puppim[102].

Durch derartige länger andauernde Versuche zur Übersetzung griechischer Termini führte Cicero viele neue Wörter *cinctutis non exaudita Cethegis*[103] ins Lateinische ein und schuf so den Grundwortschatz abstrakten Denkens, der dann zum gemeinsamen Besitz der westeuropäischen

[102] Jetzt, um wieder zur Sache zu kommen, gefällt mir dein *inhibere*, das ich zunächst recht ansprechend gefunden hatte, überhaupt nicht mehr. Das ist nämlich ein ausschließlich nautischer Ausdruck. Ich wußte das natürlich, hatte aber gedacht, die Ruderer würden zu rudern aufhören, wenn ihnen der Befehl *inhibere* gegeben wird. Daß das jedoch nicht so ist, habe ich gestern erfahren, als ein Schiff bei meiner Villa landete. Sie hören nämlich nicht auf zu rudern, sondern sie rudern nur anders. Das ist weit entfernt von ἐποχή. Sieh also bitte zu, daß es in meinem Buch wieder so geschrieben wird, wie es vorher war. Sag das auch Varro, falls er vielleicht die Änderung schon durchgeführt hat. Es gibt nichts Besseres als Lucilius' Vers „halte den Wagen und die Pferde stets wie ein guter Lenker zurück!". Carneades setzt ja ebenfalls die Deckung eines Boxers und das Zügelanziehen eines Wagenlenkers immer mit ἐποχή gleich. Die *inhibitio* der Ruderer impliziert jedoch Bewegung, und zwar sogar ein kräftigeres Rudern, wodurch das Schiff nach Achtern gedreht werden soll.

[103] die die altmodischen Cethegi noch nie gehört hatten

Völker wurde: *quālitās* = ποιότης, *quantitās* = ποσότης, *essentia* = οὐσία usw.

Die sorgfältige Wortwahl war sicherlich ein wichtiger Faktor bei der Erzielung der Klarheit des Ausdruckes, die von den klassischen Puristen als erste Tugend angesehen wurde, aber ihre größte Virtuosität zeigten sie erst in der erfolgreichen Konstruktion komplizierter Perioden; hierdurch lieferten sie ihren wichtigsten Beitrag zur Entwicklung der europäischen Prosa. In erster Linie bedeutete das das Ausmerzen der Ungereimtheiten bei der Konstruktion, der unvermeidlichen Anakoluthe, der Kontaminationen, der *constructiones ad sensum*, der fehlerhaften Kongruenzen, des nominativus pendens – mit einem Wort, aller logischer Unklarheiten, die schneller Umgangssprache innewohnen und die oben besprochen wurden. In zweiter Linie ging es um den Einbau unverbundener koordinierter Sätze in größere Einheiten mit sorgfältiger und ausdrücklicher Unterordnung der verschiedenen Bestandteile unter den Hauptgedanken, also um den Ersatz der Parataxe durch die Hypotaxe, was detailliert im zehnten Kapitel besprochen werden soll. Die wichtigste Entdeckung auf der Suche nach Klarheit und Ausgewogenheit in einer langen Periode bestand darin, daß man erkannte, daß niemals Subjektwechsel stattfinden sollte. Die Unbeholfenheit und Unbeständigkeit eines Satzes, der diesem Prinzip nicht folgt, geht aus dem folgenden Abschnitt aus Catos *Origines* hervor (fr. 83 Schönberger = IV 7 Jordan = Gell. 3, 7, 19):

> Nam ita euenit: cum saucius multifariam ibi factus esset, tamen uolnus capiti nullum euenit, eumque inter mortuos defetigatum uolneribus atque, quod sanguen eius defluxerat, cognouere. Eum sustulere, isque conualuit, saepeque postilla operam rei publicae fortem atque strenuam perhibuit; illoque facto, quod illos milites subduxit, exercitum ceterum seruauit[104].

Der dauernde Subjektwechsel macht hier die ermüdende Wiederholung des anaphorischen *is* bzw. *eum* notwendig. Bemerkenswert ist auch, daß das einleitende *ita euenit* keinen Einfluß auf die Konstruktion hat. Die Beibehaltung des Subjektes konnte jedoch vor dem Aufkommen des *participium coniunctum* und des *participium absolutum* nicht erreicht werden. Das Verbaladjektiv auf *-nt-*, das wir als Partizip Präsens kennen, war bereits in der indogermanischen Ursprache vorhanden. In den frühesten

[104] Denn so geschah es: Als er dort vielfach verwundet worden war, bekam er doch keine tödliche Wunde, und sie erkannten ihn unter den Toten, ermattet von Wunden und weil sein Blut geflossen war. Sie hoben ihn auf, und er kam wieder zu Kräften und hat oft danach dem Staate kräftige und tüchtige Dienste geleistet; und durch jene Tat, weil er jene Soldaten hinführte, hat er das übrige Heer gerettet.

lateinischen Texten kam es fast nur in nominaler Funktion vor. Bei Cato und bei den frühen Annalisten hat das Partizip Präsens zum Beispiel nicht die für Verben charakteristische Funktion, ein Objekt im Akkusativ regieren zu können, und ungefähr dasselbe gilt auch für Plautus. Terenz läßt das direkte Objekt zu, aber – von zwei Ausnahmen abgesehen – nur, wenn das Partizip im Nominativ steht. Das ist auch bei Varro der vorherrschende Gebrauch, obwohl er Beispiele hat, bei denen das Partizip im Akkusativ (und in einem Falle sogar im Dativ) steht. Allmählich wurde die Verwendung von Autor zu Autor flexibler (Sallust ist merklich freier als Caesar), bis Cicero in seiner großen Virtuosität das transitive Partizip in allen Kasus verwendete. Auch im *ablativus absolutus* kommen bei Plautus und Terenz wenige Beispiele für das Partizip Präsens vor, wenn man von den Fällen absieht, wo sie adjektivische Funktion haben *(mē praesente, mē sciente)*, und erst Sallust und Caesar machen freien Gebrauch von dieser Konstruktion. Diese neue syntaktische Erfindung machte erst den Bau von so komplexen und dennoch so kohärenten und klaren Perioden möglich, die auf den Seiten Ciceros so zahlreich vorkommen.

Die lange komplexe Periode erforderte nicht nur logisches Arrangement, um verständlich zu bleiben. Man darf nie vergessen, daß der römische Prosastil auf dem gesprochenen Wort basierte und sich in der rednerischen Praxis entwickelte. Cicero erkennt Marcus Aemilius Lepidus die Ehre zu, der erste lateinische Redner gewesen zu sein, denen die Leichtigkeit der Griechen und eine kunstvolle Periode gelang (Cic. Brut. 25, 96):

> Hoc in oratore Latino primum mihi uidetur et leuitas apparuisse illa Graecorum et uerborum comprehensio et iam artifex, ut ita dicam, stilus[105].

Es dürfte klar sein, daß die Bedingungen öffentlicher Rede unter anderem gewisse Beschränkungen bezüglich der Länge der Hauptbestandteile eines Satzes erforderlich machen: es gibt eine maximale Atemlänge. Zweifellos waren es derartige praktische Überlegungen, die in Griechenland zum Aufkommen eines Stils geführt hatten, in dem die Sätze in „Glieder“ (κῶλα) und „Einschnitte“ (κόμματα) (Cicero übersetzte diese Termini als *membra* und *incīsa*, or 62, 211) unterteilt wurden. Im Idealfall bestand eine volle Periode aus vier derartigen *membra*, die ihrerseits etwa die Länge eines Hexameters haben sollten (Cic. or. 66, 222). Der lange

[105] Bei diesem lateinischen Redner scheint mir zum ersten Male jene Leichtigkeit der Griechen, Periodisierung der Wörter und ein sozusagen kunstvoller Stil aufgetreten zu sein.

Perioden bevorzugende Stil paßte jedoch nach Ciceros Meinung (or. 61, 207) besser für historische Abhandlungen und für Prunkreden, während er vor Gericht und auf dem Forum nur sparsam verwendet werden sollte, weil er in übertriebener Form seine Wirkung verfehlt und nur Eindruck von Unaufrichtigkeit hinterläßt. In der Gerichtspraxis sollte der größte Teil der Rede aus Sätzen bestehen, die aus *membra* und *incīsa* aufgebaut sind. Cicero zitiert (or. 66, 222–223) ein Beispiel für diesen Stil aus einer Rede des Crassus:

> Missos faciant patronos, ipsi prodeant! . . . Cur clandestinis consiliis nos oppugnant? Cur de perfugis nostris copias comparant contra nos?[106]

Diesen Abschnitt kommentiert Cicero wie folgt (or. 66, 223):

> Prima sunt illa duo, quae κόμματα Graeci uocant, nos *incisa* dicimus; deinde tertium, κῶλον illi, nos *membrum*; sequitur non longa, ex duobus enim uersibus, id est membris, confecta comprehensio[107].

An einer anderen Stelle wird Crassus' Redeweise wie folgt charakterisiert (Cic. Brut. 44, 162):

> Quin etiam comprehensio et ambitus ille uerborum, si sic περίοδον appellari placet, erat apud illum contractus et breuis, et in membra quaedam, quae κῶλα Graeci uocant, dispertiebat orationem libentius[108].

Cicero hält einen derartigen Stil für besonders wirkungsvoll; in einem Abschnitt, der der Redeweise in Anklage- und Widerlegungsplädoyers gewidmet ist, kommentiert er selbst einen Abschnitt aus seinen eigenen Corneliana (Cic. or. 67, 225):

> *O callidos homines, o rem excogitatam, o ingenia metuenda!* Membratim adhuc; deinde caesim: *Diximis.* Rursus membratim: *Testes dare uolumus.* Extrema sequitur comprehensio, sed ex duobus membris, qua non potest esse breuior: *Quem, quaeso, nostrum fefellit ita uos esse facturos?*[109]

[106] Sie sollen ihre Anwälte wegschicken und selber vortreten! Warum kämpfen sie mit geheimen Plänen gegen uns? Warum stellen sie aus denen, die uns weggelaufen sind, Truppen gegen uns zusammen?

[107] Die ersten beiden Elemente sind das, was die Griechen κόμματα und wir *incīsa* nennen; das dritte ist das, was sie κῶλον und wir *membrum* nennen; dann folgt eine nicht lange, nämlich nur aus zwei Versen, d. h. *membra*, bestehende Periode.

[108] Auch seine Periode war kurz und knapp, und er unterteilte seine Rede recht gerne in bestimmte Glieder, die die Griechen κῶλα nennen.

[109] „O schlaue Menschen, o ausgeklügelte Sache, o furchtbare Charaktere!" Das sind noch Kola; dann folgen ein Komma: „Wir haben gesprochen"; dann wieder in

Die antiken Redner verwendeten raffinierte Kunstgriffe, um die konstituierenden Teile einer *incīsim* und *membrātim* gegliederten Äußerung deutlich hervortreten zu lassen. Auch hier ist es sicher nützlich, Ciceros Analyse seiner eigenen Praxis zu lesen (or. 49, 164):

> Finiuntur aut compositione ipsa et quasi sua sponte aut quodam genere uerborum, in quibus ipsis concinnitas inest; quae siue casus habent in exitu similes siue paribus paria redduntur siue opponuntur contraria suapte natura numerosa sunt, etiamsi nihil est factum de industria[110].

Cicero fährt fort, daß Gorgias der erste war, der *concinnitas* mit derartigen Methoden erreicht hatte, und er zitiert als Beispiel aus seinem eigenen Werk einen Abschnitt aus der Rede für Milo (4, 10):

> Nos etiam in hoc genere frequentes, ut illa sunt in quarto Accusationis (= in Verr. 2, 4, 115): „Conferte hanc pacem cum illo bello, huius praetoris aduentum cum illius imperatoris uictoria, huius cohortem impuram cum illius exercitu inuicto, huius libidines cum illius continentia; ab illo, qui cepit, conditas, ab hoc, qui constitutas accepit, captas dicetis Syracusas“[111].

Das selbstbewußte Theoretisieren, das hinter dem Verfassen harmonisch ausgewogener lateinischer Prosa steht, ist natürlich eine der vielen Gaben, die Griechenland dem literarischen Rom schenkte, aber die Technik selbst war in Italien heimisch[112]. Wir können hier wieder den Einfluß der *carmina* und der Rechtssprache erkennen. In Gebeten und Zaubersprüchen nehmen die *concepta uerba* ganz von selbst eine ausgewogene Form an, in der die Länge der Einheiten durch die Notwendigkeit klarer, majestätischer Ausdrucksweise und passender Atempausen be-

Kola: „Wir wollen Zeugen vorführen“. Am Ende folgt eine Periode, aber aus nur zwei Gliedern – kürzer geht es nicht: „Wem von uns blieb es bitte verborgen, daß ihr so handeln würdet?“

110 Sie schließen entweder durch die Zusammenfügung selbst und geradezu von selbst oder durch eine Wortwahl, der Harmonie innewohnt; ob nun gleiche Kasusausgänge oder parallele Entsprechungen oder Gegensatzpaare vorliegen, es entsteht ein Rhythmus, auch wenn überhaupt nicht auf diesen hingearbeitet wird.

111 Auch wir haben uns dieser Art oft bedient, wie z. B. in der vierten Verresrede: „Nun vergleicht den heutigen Frieden mit dem damaligen Kriege, die Ankunft dieses Statthalters mit dem Siege jenes Feldherren, das liederliche Gesindel des einen mit dem unbesiegbaren Heere des anderen, die Wollüste des einen mit der Enthaltsamkeit des anderen: ihr werdet sagen, daß der, der Syrakus eroberte, es eingerichtet, der aber, der es in eingerichtetem Zustande übernahm, es erobert hat“.

112 Der Parallelismus membrorum soll charakteristisch für die älteste semitische Dichtung sein. J. D. Young, Jahrbuch für kleinasiatische Forschungen 1953, 231.

messen wird. Unter den vielen uns überlieferten Gebeten sei eines ausgewählt, das sich Livius 1, 10, 6 findet:

| | |
|---|---|
| Iuppiter Feretri, | |
| haec tibi uictor Romulus | 8 Silben |
| rex regia arma fero | 8 Silben |
| templumque his regionibus, | 9 Silben |
| quas modo animo metatus sum, | 10 Silben |
| dedico sedem opimis spoliis, | 11 Silben |
| quae regibus ducibusque hostium caesis | 13 Silben |
| me auctorem sequentes posteri ferent[113]. | 12 Silben |

Dieser Stil wird z.B. von Plautus (As. 259–261) nachgeäfft:

Impetratum inauguratumst
quouis admittunt aues
picus et cornix ab laeua
coruos parra ab dextera
consuadent[114].

Die logisch konstruierte Periode mit innerer Harmonie und Ausgewogenheit der konstituierenden Bestandteile *(concinnitās)* erhielt ihre abschließende Verfeinerung, als die Wortstellung einem rhythmischen Prinzip untergeordnet wurde. Cicero hatte festgelegt (or. 59, 201), daß bei der *collocatio verborum* drei Dinge zu beachten waren: *compositio, concinnitas, numerus.* Bei der Behandlung des *numerus* können wir uns wieder von Cicero führen lassen, obwohl er bekanntlich nicht einmal seine eigene rhythmische Praxis vollständig beschrieben hat. Er hält jedenfalls fest, daß die Rede nicht ungebremst wie ein Fluß dahinfließen solle, jedoch auch nicht aus Mangel an Atem plötzlich abbrechen dürfe (or. 68, 228). Wie in Schlag, der von einem trainierten Boxer versetzt wird, so hat auch ein Satz, der rhythmisch gegliedert ist, mehr Schlagkraft. Das kann man beweisen, indem man die Wortfolge eines rhythmisch gut strukturierten Satzes verändert (or. 70, 232–233):

Corrumpatur enim tota res, ut et haec nostra in Corneliana . . .: *Neque me diuitiae mouent, quibus omnes Africanos et Laelios multi uenalicii mercatoresque superarunt.* Immuta paullum, ut sit *multi superarunt mercato-*

[113] Jupiter Feretrius, diese königlichen Waffen bringe ich dir als siegreicher König Romulus dar, und in dem Bezirk, den ich gerade im Geiste abgemessen habe, weihe ich einen Tempel als Wohnstatt der Fürstenbeute, die die Späteren meinem Vorbilde folgend nach Überwindung von Königen und Führern der Feinde darbringen werden".

[114] Das Geschick ist gut, der Vogelflug ist günstig; linksher flog ein Specht und eine Krähe, rechts ließ sich ein Rabe sehen; das stimmt vortrefflich.

> *res uenaliciique:* perierit tota res. . . . Aut si alicuius inconditi arripias dissipatam aliquam sententiam eamque ordine uerborum paullum commutato in quadrum redigas, efficiatum aptum illud, quod fuerit antea diffluens ac solutum. Age, sume de Gracchi apud censores: *Abesse non potest, quin eiusdem hominis sit probos improbare, qui ¯imprŏbōs prŏbēt.* Quanto aptius, si ita dixisset: *quin eiusdem hominis sit, qui improbos probet, probos īmprŏbārĕ*[115].

Wir haben es hier mit einem Beispiel für eine trochäische Klausel zu tun, die von Cicero in der Kadenz einer Periode besonders geschätzt wurde. Dieser Ditrochäus war in der Asianischen Schule sehr beliebt; Cicero berichtet, daß die Menge vor Begeisterung brüllte, als der asianische Redner Gaius Carbo mit *patris dictum sapiens temeriteas fili cōmprŏbāuĭt* endete (Cic. or. 63, 214). Es wurde jedoch als Fehler angesehen, sich zu sehr an ein und denselben Rhythmus zu halten, denn es gibt ja noch mehr gefällige Kadenzen, z.B. den Creticus (– ˘ –) und sein Äquivalent, den Päan, in den beiden Formen – ˘ ˘ ˘ und ˘ ˘ ˘ –, wobei die antiken Redner die erstere am Anfang und die letztere als Schlußkadenz bevorzugten. Cicero lehnte sie nicht völlig ab, aber zog andere vor (or. 64, 215). Moderne Untersuchungen haben gezeigt, daß er Creticus + Trochäus (– ˘ – | – ˘) (mit verschiedenen Auflösungsmöglichkeiten) und doppelten Creticus bevorzugte, während im Zuge der Entwicklung von Ciceros Kunst und Geschmack der doppelte Trochäus, die asianische Klausel also, einiges von ihrer Attraktivität verlor.

Der vollständig entwickelte geschmückte Stil mit seinen typischen Charakteristika in bezug auf *concinnitas* und Rhythmus durfte natürlich nicht bei jeder Gelegenheit verwendet werden. Die Eigentümlichkeiten des Genus mußten berücksichtigt werden (Cic. or. 35–36, 123):

> Nam nec semper nec apud omnes nec contra omnes nec pro omnibus nec cum omnibus eodem modo dicendum arbitror. Is erit ergo eloquens, qui ad id, quodcumque decebit, poterit accommodare orationem[116].

[115] Alles würde verdorben, wie z.B. im folgenden Abschnitt aus meiner Rede für Cornelius: „Reichtümer bewegen mich nicht, in denen viele Sklavenhändler und Kaufleute Männer wie Scipio und Laelius übertreffen". Nimm eine kleine Änderung in der Wortstellung vor, und die ganze Wirkung ist verdorben. . . . Oder wenn man einen ungeordneten Satz eines ungeübten Redners nimmt und ihn durch eine kleine Änderung der Wortfolge in die richtige Ordnung bringt, dann wird das fest geknüpft, was vorher locker und unordentlich war. Nimm ein Beispiel aus Gracchus' Rede vor den Zensoren: „Es muß so sein, daß der, der unanständige Leute lobt, anständige tadelt". Wieviel besser hätte das mit leicht geänderter Wortstellung geklungen.

[116] Man darf meiner Meinung nach nicht immer und nicht bei allen und nicht gegen alle und nicht für alle und nicht mit allen genauso reden. Nur der ist beredt, der seine Redeweise auf das, was gerade passend ist, einstellen kann.

Das *prooemium* sollte zum Beispiel maßvoll im Ton sein, die *narratio* einfach und klar, beinahe im Ton der Alltagssprache. Auch Caesar, den Cicero als hervorragendes Beispiel reiner Latinität lobt (Brut. 72, 252: *illum omnium fere oratorum Latine loqui elegantissime*), strebt verschiedene Stilarten an. Seine *commentarii* sind im strengen Stil eines Tatsachenberichtes geschrieben, mit einigen Eigentümlichkeiten, die an die offizielle Kanzleisprache erinnern; Ciceros Charakteristik (Brut. 75, 262) ist durchaus treffend:

> Nudi enim sunt, recti et uenusti, omni ornatu orationis tamquam ueste detracta[117].

Demgegenüber gilt von seinen Reden anderes (Cic. Brut. 75, 261):

> Ad hanc elegantiam uerborum Latinorum ... adiungit illa oratoria ornamenta dicendi[118].

Norden hat „die Waffen der zierlichen Rhetorik"[119] an einem Zitat aus Caesars *Anticato* nachgewiesen (*putares non ab illis Catonem, sed illos a Catone deprehensos*, ap. Plin. ep. 3, 12, 3), und Löfstedt[120] hat rhythmische Klauseln in einem Fragment aus *de analogia* (ap. Cic. Brut. 72, 253) entdeckt:

> Ac si, ut cogitata praeclare eloqui possent (– ˘ – – –), nonnulli studio et usu elaborauerunt (– – – –), cuius te paene principem copiae (– ˘ – – ˘ –) atque inuentorem (– – – ˘) bene de nomine ac dignitate populi Romani meritum esse existumare debemus (– ˘ – – ˘): hunc facilem et cotidianum nouisse sermonem (– ˘ – – ˘) num pro relicto est habendum (– ˘ – – ˘ – ˘)?[121]

Auch das berühmte Zitat *tamquam scopulum sic fugias inauditum atque insolens uerbum*[122] zeigt eine rhythmische Klausel: – ˘ – – –. Bemerkenswert ist auch die *congeries* bei *inauditum atque insolens.*

[117] Sie sind nackt, aufrecht und anmutig, sie haben jeden Redeschmuck wie ein Kleid abgelegt.

[118] Zur Eleganz der lateinischen Wörter fügt er noch rhetorischen Schmuck.

[119] E. Norden, *Die antike Kunstprosa*, Darmstadt ⁹1983, 209.

[120] E. Löfstedt, *Syntactica* 2, 373 ff.

[121] Und wenn einige mit Eifer und Gewöhnung es dahin brachten, daß Gedanken klar ausgedrückt werden können (wobei wir dich als nahezu ersten aus dieser Schar und als Erfinder, der sich um den Namen und die Würde des römischen Volkes verdient gemacht hat, schätzen müssen): soll man dann etwa die Kenntnis der leichten Alltagssprache für nicht erwähnenswert halten?

[122] Wie eine Klippe fliehe jedes nie gehörte und ungewöhnliche Wort.

Trotz diesen Beschränkungen und Zugeständnissen an die Genusunterscheidung wurden die stilistischen Ideale *(elegantia, concinnitas, numerus)*, in denen Cicero Meister war, nicht allgemein akzeptiert. Es gab die fehlgeleiteten Attizisten, die glaubten, daß nur rauhe und ungepflegte Redeweise einen wirklich attischen Stil darstelle (Cic. or. 9, 28). Noch schlimmer waren die Thukydideaner, *nouum quoddam imperitorum et inauditum gens* (Cic. or. 9, 30), die glaubten, ein regelrechter Thukydides zu sein, wenn sie einige zusammengestoppelte unverbundene Sätze gesprochen hatten (Cic. or. 9, 32: *sed cum mutila quaedam et hiantia locuti sunt, quae uel sine magistro facere potuerunt, germanos se putant esse Thucydidas*). Die kurze und dunkle Ausdrucksweise des athenischen Historikers war ungeeignet für die Redekunst. Cicero leugnete nicht Thukydides' Qualitäten als Historiker, aber seine Alkibiades in den Mund gelegten Reden kritisiert er wie folgt (Cic. Brut. 7, 29):

> Grandes erant uerbis, crebri sententiis, compressione rerum breues et ob eam ipsam causam interdum subobscuri[123].

Ein derartiger Stil, das genaue Gegenteil des ciceronianischen, wurde vom Historiker Sallust geschaffen; er wählte archaische und poetische Wörter, liebte die verkürzte anstatt der vollen Ausdrucksweise, kultivierte bewußt die *inconcinnitas* und lehnte den *numerus* ab. Die Archaismen sind nun schon von den vorangehenden Seiten her bekannt: Parataxe, unbeholfen konstruierte Perioden mit Subjektswechsel und redundantem Gebrauch des anaphorischen *is*, Alliterationen *(laetitia atque lascīuia, mansuētūdine atque misericordiā, clādēs atque calamitās)*, asyndetische Trikola, oft mit Alliterationen verbunden (*animus, aetas, uirtus uostra me hortantur*[124], Cat. 58, 19; *pro pudore, pro abstinentia, pro uirtute audacia, largitio, auaritia uigebant*[125], Cat. 3, 3), seltene Verwendung des Participium coniunctum, Supinum mit direktem Objekt usw. Beim Wortschatz trug ihm sein verschwenderischer Gebrauch veralteter Wörter den Vorwurf ein, er sei *priscorum Catonis uerborum ineruditissimus fur*[126] (Lenaeus ap. Suet. gramm. 15). Typisch ist z.B. das Wort *prōsāpia* „Blutsverwandtschaft" (*homo ueteris prosapiae*, Sall. Jug. 85, 10), das bei Cato vorkommt, von Cicero (Tim. 39) als *uetus uerbum* charakterisiert wird und von Quinti-

[123] Sie waren erhaben in den Worten, voll von Aussagen, durch die gedrängte Darstellung kurz und eben deswegen zuweilen ziemlich unverständlich.

[124] Euere Gesinnung, euer Alter, euere Tapferkeit ermutigen mich.

[125] Statt Anstand, Zurückhaltung, Tüchtigkeit blühten Frechheit, Bestechlichkeit, Habsucht.

[126] Ein ganz roher Dieb der alten Wörter Catos.

lian, der es zu den *uerba iam oblitteratis repetita temporibus . . . et Saliorum carmina uix sacerdotibus suis satis intellecta* (1, 6, 40) rechnet, verurteilt. Außerdem verwendete Sallust die oben erörterten Standardkunstgriffe der Rhetorik, also Isokolia, Homoioteleuton, Alliteration, Chiasmus, Antithese usw. Das Genus Geschichtsschreibung stellte jedoch andere Anforderungen. Cicero (or. 19, 65–20, 66) hatte die Historiographie zum epideiktischen Redestil gestellt, dessen Ziel es eher ist, zu vergnügen als zu überzeugen, so daß weithergeholte Metaphern und Wortarrangements in der Art, wie Maler ihre Farben mischen, zulässig sind. Quintilian (10, 1, 31) geht noch weiter:

> Historia quoque alere oratorem quodam uberi iocundoque suco potest. Verum et ipsa sic est legenda, ut sciamus, plerasque eius uirtutes oratori esse uitandas. Est enim proxima poetis et quodam modo carmen solutum et scribitur ad narrandum, non ad probandum, totumque opus non ad actum rei pugnamque praesentem, sed ad memoriam posteritatis et ingenii famam componitur, ideoque et uerbis remotioribus et liberioribus figuris narrandi taedium euitat[127].

Derartige poetische, dem Genus angemessene Effekte hatte Caelius Antipater, Sallusts Vorgänger als Verfasser historischer Monographien in hellenistischer Machart, den Werken des Ennius entlehnt. Auch die Sprache Sallusts war stark von der alten römischen Dichtung und besonders von den Annalen des Ennius beeinflußt. Dieser Einfluß wird besonders deutlich in der Syntax (z. B. Genitivverbindungen wie *aeuī breuis, nūda gignentium, frūgum laetus ager*), in der Wortbildung *(necessitūdō, uītābundus, harēnōsus, imperitāre, īnsolēscere)*, in Gebrauch von Verbalkomposita und vor allem im Wortschatz, der beständig Anleihen beim üblichen *gradus ad Parnassum* unternimmt (*aequor, prōlēs, suēscere* usw.). Man findet auch ennianische Alliterationen wie *mare magnum* „rauhe See", *multī mortālēs* „viele Menschen", *fortūna fatigat* „das Geschick ermüden" und sogar Hexameterendungen wie z.B. *fortia facta canēbat* „er besang tapfere Taten" (Hist. 2, 92). Schließlich sind noch die thukydideische Gedrängt-

[127] Auch die Geschichtsschreibung kann den Redner sozusagen mit reichlichem und angenehmem Saft nähren. Man muß sie jedoch in dem Wissen lesen, daß der Redner die meisten ihrer Tugenden zu vermeiden hat, denn sie steht der Dichtung sehr nahe und ist geradezu ein Prosagedicht, wird sie doch zum Erzählen und nicht zum Beweisen verfaßt; das ganze Werk dient ja nicht der momentanen Aktion und dem gegenwärtigen Konflikt, sondern der Erinnerung bei der Nachwelt und dem Ruhm des eigenen Talentes. Deswegen vermeidet man in der Geschichtsschreibung auch die beim Erzählen aufkommende Ermüdung durch ungewöhnlichere Wörter und freiere Redefiguren.

heit und die überlegte Variation bei Redewendungen zu nennen: *pars . . . alii; spes amplior quippe uictoribus et aduorsum eos, quos saepe uicerant*[128] (Jug. 105, 4); *in suppliciis deorum magnifici, domi parci, in amicos fideles erant*[129] (Cat. 9, 2); *audacia in bello, ubi pax euenerat, aequitate*[130] (Cat. 9, 3); *quippe, quas honeste habere licebat, abuti per turpitudinem properabant*[131] (Cat. 13, 2).

In diesem durchdachten und höchst kunstvollen Stil, der eines der originellsten Produkte der lateinischen Literatur darstellt, glaubte man lange (und glaubt man teilweise heute noch) zahlreiche Vulgarismen entdecken zu können, weswegen man geneigt war, eine Art „demokratisches Latein" festzustellen, das Sallust etwa in demselben Geiste angestrebt hätte, der einen Demagogen aus der Gens Claudia dazu brachte, seinen Namen in Clodius umzuändern. Diese Fehlinterpretation eines Stiles, der von antiken Fachleuten als „ernste und strenge Redeweise" (Gell. 17, 18: *seria et seuera oratio*) in der Art der σεμνότης des Thukydides bezeichnet wurde, resultiert aus der unterschiedslosen Verwendung der Termini „vulgär", „archaisch", „poetisch" *(archaismes conservés par le peuple)*, die im nächsten Kapitel besprochen werden soll. Um Sallusts Bedeutung für die Geschichte der Literatursprache richtig einschätzen zu können, wird es vielleicht ausreichend sein, die Worte der Bewunderung zu wiederholen, die Tacitus, selbst wahrscheinlich der originellste aller lateinischen Stilisten, über ihn äußerte (Ann. 3, 30, 2): *C. Sallustius rerum Romanarum florentissimus auctor*[132].

Ganz anders war der Stil eines anderen großen Meisters der lateinischen Geschichtsschreibung. Livius lehnte ausdrücklich die stilistischen Prinzipien und die Praxis des Sallust ab und erklärte sich zum Anhänger der ciceronianischen Richtung. In seiner Ausdrucksweise zeigt er reiche Fülle (Quintil. 10, 1, 32: *Liui lactea ubertas*), er vermeidet *illa Sallustiana breuitas* und konstruiert äußerst elaborierte Perioden. Geschichtsschreibung und Redekunst sind jedoch zwei verschiedene Gattungen, und Livius' Ausdrucksweise ist anders als die eines Redners in Versammlungen oder vor Gericht, wo es um Glaubwürdigkeit und nicht um Pracht der

[128] Die Hoffnung war umso froher, da sie ja sieggewohnt waren und Leuten gegenüberstanden, die sie schon oft besiegt hatten.

[129] Bei Dankopfern für die Götter waren sie prachtliebend, zu Hause sparsam, gegen Freunde treu.

[130] Durch Kühnheit im Kriege und durch Gerechtigkeit, wenn es Frieden gegeben hatte.

[131] Denn sie beeilten sich, das, was sie in Ehren hätten behalten können, auf schändliche Weise zu verbrauchen.

[132] Sallust ist der glänzendste römische Historiker.

Darlegung (Quintil. loc. cit.: *species expositionis*) geht. So wird die Klarheit der komplizierten livianischen Perioden durch die Vorliebe für Partizipialkonstruktionen an Stellen, wo Cicero untergeordnete Sätze mit sorgfältiger Kennzeichnung der Beziehungen durch Konjunktionen verwendete, beeinträchtigt. Im allgemeinen ist der Verlauf von Livius' Perioden langsamer und die Konstruktionen sind verwickelter, als es beim großen Meister der klassischen Prosa der Fall war. Damit soll Livius' Talent als origineller Stilist keineswegs in Frage gestellt werden. Der Unterschied zwischen Cicero und Livius liegt wahrscheinlich gar nicht in größerem oder geringerem Können, sondern in Funktion und Genus ihrer Werke: Ciceros Worte wollen Hörer belehren, Livius schreibt ein Prosagedicht *(carmen solutum)* zum Vergnügen von Lesern.

Wie wir gesehen haben, verlangt das historische Genus poetische Färbung. Bei Livius finden wir wie bei Sallust Anklänge an Ennius: 9, 41, 18 *scutis magis quam gladiis geritur res* erinnert an Ennius Ann. 268 Vahlen *ui geritur res* (vgl. auch Sall. Cat. 60, 2 *gladiis res geritur*); 27, 13, 5 *aequis manibus hesterno die diremistis pugnam* ist ein Reflex von Ennius Ann. 167 Vahlen *bellum aequis manibus nox intempesta diremit*; die alliterative Verbindung 6, 17, 4 *plenum sudoris ac sanguinis* paßt zu Ennius scen. 18 Vahlen *sine sudore et sanguine.* Viele an Vergil erinnernde Wendungen bei Livius lassen sich aus gemeinsamer Abhängigkeit von Ennius erklären: 4, 38, 4 *ui uiam faciunt*, vgl. Verg. Aen. 2, 494 *fit uia ui*; 3, 23, 3 *agmen . . . rapit*, ebenso Verg. Aen. 12, 450; 5, 21, 5 *iam in partem praedae suae uocatos deos*, vgl. Verg. Aen. 3, 222 *ipsumque uocamus in partem praedamque Iouem.*

Auch bei Übereinstimmungen zwischen Livius und Lukrez sollte man an ennianische Reminiszenzen denken: 1, 58, 11 *in uolnus moribunda cecidit*, vgl. Lucr. 4, 1049 *omnes plerumque cadunt in uolnus.* Im allgemeinen weist Livius' Wortschatz häufig die üblichen poetischen Wörter (*prōlēs* „Nachkommenschaft", *pūbēs* „Jugend", *procerēs* „Leiter") und Wortbildungen (*lacrimābundus* „weinend") auf. Man darf hier daran erinnern, daß hellenistische Geschichtsschreiber gerne ihre Prosa mit poetischen Wörtern wie κλαυθμός, λαιμός, ἀδηρίτως, μῆνις, λαῖλαψ usw. aufputzten, was Lukian in seiner Spottschrift „Wie man Geschichte schreiben soll" aufs Korn nahm. Bei Livius findet man auch die bereits vertrauten syntaktischen Poetismen wie *incertī rērum, aeger animī, cetera egregius.*

Bereits im vorigen Jahrhundert wurde nachgewiesen[133], daß Livius' Stil in den verschiedenen Abschnitten seines Werkes uneinheitlich ist. Die

[133] S. G. Stacey, *Die Entwicklung des livianischen Stils*, Archiv für lateinische Lexikographie und Grammatik 10, 1898, 17–82.

erste Dekade enthält arachaische und poetische Wörter, während Livius in der dritten und noch mehr in der vierten Dekade zu den strengeren Formen und Normen der Klassik zurückkehrte. So kommt das Wort *regimen* „Leitung", eine für die archaische Sprache typische Form, bei Livius fünf Mal vor, davon vier Mal in der ersten Dekade, während es in der dritten Dekade in der Alliteration *regimen rerum omnium* vorkommt, die man mit Ennius Ann. 224 Vahlen *id meis rebus regimen restitat* vergleichen kann. Ebenso gibt Livius das ennianische *somno reuinctus* (Enn. Ann. 5 Vahlen *somno leni placidoque reuinctus*) nach zweimaliger Verwendung in der ersten Dekade auf. Der Stilwechsel wird besonders deutlich aus den Zahlenwerten zweier anderer Phänomene. In der 3. Person Plural des Indikativ Perfekt Aktiv war die normale, von Caesar und Cicero bevorzugte Form *-ērunt*, während *-ēre* archaisch und dichterisch war. Die letztgenannte Form herrscht in der ersten Dekade vor, besonders in den ersten sechs Büchern (mit 77% im dritten Buch und 73% im zweiten Buch); in den folgenden Büchern liegt jedoch eine ständige Verminderung vor, bis es im einundvierzigsten Buch nur noch zwei Beispiele mit *-ēre* gegen 58 mit *-ērunt* gibt. Bemerkenswert ist der Zwischenanstieg der Kurve im einundzwanzigsten Buch, wo die 42% mit *-ēre* einen Hinweis auf die poetische Färbung dieses ganzen Buches geben. Was die Frequentativa betrifft, so spricht die folgende Tabelle für sich:

| | 1. Dekade | 3. Dekade | 4. Dekade | 5. Dekade |
|---|---|---|---|---|
| *agitāre* | 47 | 25 | 17 | 4 |
| *clāmitāre* | 14 | 1 | 1 | 2 |
| *dictitāre* | 15 | 3 | – | – |
| *imperitāre* | 6 | 4 | – | – |

Hinter diesen Ziffern, die ein allmähliches Zurückkehren zum „modernen" Sprachgebrauch anzeigen, liegt wiederum der Sinn für sprachliche Angemessenheit, der die antiken Schriftsteller vor allem kennzeichnet. Genauso wie Vergil mehr Archaismen verwendet, wenn er sich majestätischen und feierlichen Themen zuwendet, zog auch Livius den Mantel der poetischen Diktion über, als er die legendären Anfänge des großen römischen Staates beschrieb. Er selbst sagte (43, 13, 2):

mihi uetustas res scribenti nescio quo pacto antiquus fit animus[134].

[134] Wenn ich über das Altertum schreibe, wird es mir irgendwie ganz altertümlich zumute.

Gewisse Phänomene bei Livius wurden (wie bei Sallust) als Vulgarismen eingestuft. Es ist kein Zufall, daß man sie besonders in den ersten Büchern fand (z.B. Frequentativa). So wird *(introducti) ad senatum* später durch *in senatum* ersetzt. Die durch *sine* eingeleitete Partizipialkonstruktion (z.B. *sine praeparato commeatu*) verschwindet später zugunsten von *nusquam praeparatis commeatibus.* Nur in der ersten Dekade kommt *qua* . . . *qua* im Sinne von *partim* . . . *partim* „teils . . . teils" vor (belegt bei Plautus und in Ciceros Briefen, aber nie bei Caesar oder Sallust), und zwar neun Mal. Eine ganz andere Interpretation dieser Fakten wird beispielsweise durch Servius Kommentar zu Verg. Aen. 6, 544 *ne saeui* nahegelegt: *antique dictum est* „es ist auf archaische Weise ausgedrückt". Auch Livius kennt diese unklassische Form des negativen Imperativs: *erit copia pugnandi: ne timete* „habt keine Angst, ihr werdet noch Gelegenheit zum Kämpfen haben" (3, 2, 9); auch hier müssen wir zwischen „vulgär" und „archaisch" wählen. Es ist doch sehr unwahrscheinlich, daß ein talentierter römischer Schriftsteller mit seinem Gespür für die Gattungsgesetzmäßigkeiten und mit seiner Empfindsamkeit für Worteigenheiten Vulgarismen gerade in dem Teil seines Werkes zugelassen haben sollte, wo es ihm offenbar und eingestandenermaßen darum geht, die Atmosphäre einer fernen, legendären Vergangenheit zu beschwören. Der Fehler liegt nicht bei Livius (was immer die ihm von Asinius Pollio ap. Quintil. 1, 5, 56 vorgeworfene *patauinitas* gewesen sein mag), sondern in unseren stilistischen Qualifikationen des Wortschatzes (vgl. das folgende Kapitel zum Komplex archaisch – vulgär – poetisch).

## C. Nachklassische Dichtung und Prosa

Bis jetzt haben wir den Entwicklungsgang des literarischen Lateins in getrennten Abschnitten für Dichtung und Prosa verfolgt, einen Entwicklungsgang, der seinen Höhepunkt einerseits in Vergils Epik, andererseits in der reifen Redekunst Ciceros erreichte. Beide literarische Sprachen waren ganz spezifisch, das Ergebnis einer Tradition, die auf die skupulöse Einhaltung der Genuseigentümlichkeiten bedacht war. Cicero und Vergil stellen die Gipfel dar, die die literarische Landschaft des klassischen Latein beherrschten. Natürlich gab es auch eine Art Mittelgebirge: die historische Prosa reckt sich zur Dichtung empor, während die Komödie kaum über das Niveau der Alltagssprache hinauskommt, was auch Cicero auffiel (or. 20, 67):

> Visum est nonnullis Platonis et Democriti locutionem . . . potius poema putandum quam comicorum poetarum, apud quos, nisi quod uersiculi sunt, nihil est aliud cotidiani dissimile sermonis[135].

Im allgemeinen kann man aber sagen, daß das klassische Ideal, das in Ciceros Reden und in Vergils Epen konkretisiert wird, eine scharfe Linie zwischen der Sprache der Prosa und der Sprache der Dichtung zog, und genau diese eindeutige Unterscheidung wurde in der nachklassischen Literatur verwischt. Die Dichtung überwucherte die Prosa, und die Rhetorik beherrschte die Dichtung. Vergils Stil mit seiner durchdachten hochrhetorischen Technik barg bereits den Samen des Unterganges in sich. Macrobius pries Vergil gerade wegen seiner rhetorischen Qualitäten (Sat. 5, 1, 4: *facundia Mantuani multiplex et multiformis est et dicendi genus omne complectitur*[136]), aber sie waren in der Hand weniger begabter Leute gefährlich. Nach Vergil trat kein großer Dichter mehr auf; sein Einfluß blieb unangefochten und allesbeherrschend. Quintilian schreibt von Lukan der vielleicht der begabteste nachklassische Dichter war (10, 1, 90):

> Lucanus ardens et concitatus et sententiis clarrisimus et, ut dicam quod sentio, magis oratoribus quam poetis imitandus[137].

Was die Verderbnis der Prosa anbelangt, so kann man kaum etwas Besseres tun, als die Diagnose zusammenfassen, die das einzige literarische Genie der nachaugustäischen Zeit erstellte. In seinem *Dialogus de oratoribus* erörtert Tacitus die Frage, warum es in seiner Zeit keine nennenswerte Eloquenz gab, während es in früheren Generationen so viele begabte Redner gegeben hatte. Eine der Personen des Dialoges, Marcus Aper, verteidigt die zeitgenössische Redekunst und weist darauf hin (dial. de or. 19), daß das Publikum zur Zeit Ciceros unverbildet und wenig verwöhnt war, so daß es den Auftritt eines Mannes tolerierte und bewunderte, der einen ganzen Tag lang sprechen konnte, indem er alle Kunstgriffe anwendete, die in den staubtrockenen Abhandlungen von Hermagoras und Apollodor zu finden sind. Aber in der eigenen Generation kannte jeder Zuhörer zumindest die wesentlichsten Kunstgriffe, und ein Redner mußte daher nach neuen Effekten suchen und es vermeiden, die Ungeduld seines Publikums zu erregen.

[135] Einige waren der Meinung, daß der Stil von Platon und Demokrit eher als Dichtung anzusehen sei als der Stil der Komiker, bei denen nur das Versmaß sich von der Alltagssprache abhebt.

[136] Die Sprachkunst des Mantuaners ist vielfältig und umfaßt jedes Genus.

[137] Lukan ist feurig, bewegt, hervorragend in seinen Sentenzen und, um meine Meinung zu sagen, eher ein Vorbild für Redner als für Dichter.

> Quis nunc quinque in Verrem libros exspectabit? . . . Praecurrit hoc tempore index dicentem et nisi aut cursu argumentorum aut colore sententiarum aut nitore et cultu descriptionum inuitatus et corruptus est, auersatur dicentem. Vulgus quoque assistentium et affluens et uagus auditor assueuit iam exigere laetitiam et pulchritudinem oratoris. . . . Iam uero iuuenes et in ipsa studiorum incude positi, qui profectus sui causa oratores sectantur, non solum audire, sed etiam referre domum aliquid illustre et dignum memoria uolunt, traduntque in uicem ac saepe in colonias ac prouincias suas scribunt, siue sensus aliquis arguta et breui sententia effulsit siue locus exquisitio et poerico cultu enituit[138] (Tac. dial. de or. 20).

Cicero hatte zugegebenermaßen in seinen späteren Jahren einen derartigen Stil beinahe erreicht, aber seine frühen Reden hatten viele typische Fehler der alten Redekunst, nämlich die schwerfälligen Einleitungen, die weitläufigen Erzählungen und die sorglosen Abschweifungen. Vor allem konnte man nichts exzerpieren und nichts mit nach Hause nehmen (Tac. dial. de or. 22: *nihil excerpere, nihil referre possis*).

Dichterische Färbung und rasche Sentenzen, die epigrammatisch kulminierten – das waren die Ideale des neuen Stils. Seneca wurde sein erster Prophet und sein erster großer Vertreter. Er lehnte die Kindereien der Archaisten, die die Sprache der Zwölftafelgesetze verwendeten, ab und strebte sentenzenhafte Kürze an *(plus significas quam loqueris)*, in der der Haupteffekt durch Antithesen erreicht wurde. Der Ciceronianer Quilian bedauerte Senecas Einfluß auf die Jugend (10, 1, 130: *si rerum pondera minutissimis sententiis non fregisset*[139]); dieser Einfluß war um so verderblicher, weil seine stilistischen Fehler so attraktiv erschienen *(abundant dulcibus uitiis)*. Auch Tacitus legte dem Messala ein Lob Ciceros in den Mund (dial. de or. 30)

[138] Wer würde heute noch die fünf Bücher gegen Verres durchhalten? Heutzutage eilt der Richter dem Redner mit seinen Gedanken voraus und wendet sich ab, wenn er nicht gerade durch die rasche Folge der Argumente, durch die Farbigkeit der Aussprüche oder den Glanz und die Aufmachung der Schilderung angeregt und eingenommen ist. Auch die Menge der Anwesenden und zufällig vorbeikommende Zuhörer sind es schon gewöhnt, von einer Rede Schönheit und Anmut zu verlangen. . . . Auch die noch sozusagen auf dem Amboß der Ausbildung liegenden jungen Leute, die sich um des eigenen Fortschrittes willen den Rednern anschließen, wollen sie nicht nur hören, sondern auch etwas Bedeutsames und Erinnerungswürdiges mit nach Hause tragen und teilen es sich gegenseitig mit und senden oft Schreiben in ihre Landstädte und Provinzen, sei es, daß ein Gedanke in einem scharfsinnigen knappen Satz aufblitzte, sei es, daß ein spezielles Problem in erlesener und dichterischer Ausschmückung hervorleuchtete.

[139] Wenn er die sachliche Gewichtigkeit nur nicht durch zu kurze Sätze zerbrochen hätte.

Ex multa eruditione et plurimis artibus et omnium rerum scientia exundat et exuberat illa admirabilis eloquentia[140],

und er sprach mit Geringschätzung von denen, die (dial. de or. 32)

in paucissimos sensus et angustas sententias detrudunt eloquentiam[141].

Es ist aber offenkundig, daß dieses ciceronianische Ideal nur für die Redekunst galt. Tacitus brachte in seinen eigenen historischen Werken den komprimierten, gewundenen, epigrammatischen und mit archaischer und poetischer Färbung angereicherten Stil, den sein bewunderter Vorgänger Sallust geschaffen hatte, zur Vollendung. Die Intensität und Leidenschaft seiner Gedanken findet Ausdruck in der bewußten Vermeidung der *concinnitas*, in der durchdachten *variatio* des Ausdruckes, von der sich auf jeder Seite Beispiele finden: *minantibus intrepidus, aduersus blandientes incorruptus* „unerschrocken gegen Drohende, unbeeindruckt von Schmeichlern" (hist. 1, 35); *quidam metu, multi per adulationem* „einige aus Furcht, viele infolge Schmeichelei" (hist. 2, 87); *crebris criminationibus, aliquando per facetias* „mit zahlreichen Anschuldigungen, manchmal durch Scherze" (ann. 14, 1); *Suetonio, cuius aduersa prauitati ipsius, prospera ad fortunam referebat* „dem Suetonius, dessen Unfähigkeit er für alle Mißerfolge verantwortlich machte, während er die Erfolge auf den Zufall schob" (ann. 14, 38); *palam laudares, secreta male audiebant* „sein öffentliches Image war positiv, sein Privatleben stand in schlechtem Ruf" (hist. 1, 10); *uir facundus et pacid artibus* „ein beredter Mann, der etwas vom zivilen Bereich verstand" (hist. 1, 8). Im Interesse der Kürze eliminierte Tacitus rücksichtslos jedes überflüssige Wort, wodurch er eine Konzentration erreicht, in der ihm höchstens Horaz in den Oden nahekommt. Die Erhabenheit seines Gegenstandes und die Strenge seiner Persönlichkeit spiegeln sich in der σεμνότης wider, die man in der Antike am Stile des Thukydides bewunderte. Sie wird durch die Verwendung archaischer (*perduellis* „Feind", *bellum patrāre* „einen Krieg zu Ende bringen") und poetischer Ausdrücke und Konstruktion erreicht: z.B. Genitive wie *incertus animī, ambiguus consiliī*, reine Ablativi loci *(campō aut litore)*, Separative *(desertus suīs)*; vor allem ist der Gebrauch poetischer Wörter zu nennen, unter denen wir besonders die Verwendung von Simplicia statt Composita (*apīscī* „erreichen", *ciēre* „in Bewegung setzen", *firmāre* „stärken", *flēre*

[140] Aus großer Gelehrsamkeit, aus vielen Fähigkeiten und aus Sachkenntnis strömt und quillt jene bewundernswerte Beredsamkeit hervor.

[141] Auf sehr wenige allgemeine Gedanken und auf dürftige Wendungen beschränken sie die Beredsamkeit.

„weinen“, *piāre* „besänftigen“, *quatere* „schlagen“, *rapere* „an sich reißen“, *temnere* „verachten“) und von Inchoativen (*ārdēscere* „zu brennen anfangen“, *clārēscere* „klar werden“, *grauēscere* „schwerer werden“, *nōtēscere* „bekannt werden“, *suēscere* „sich gewöhnen“, *ualēscere* „erstarken“) als typisch bezeichnen können. Reminiszenzen an Dichter sind häufig: Germ. 30 *colles paulatim rarescunt* „die Hügel werden allmählich seltener“ (vgl. Verg. Aen. 3, 411 *angusti rarescunt claustra Pelori*), Agric. 29 *quibus cruda ac uiridis senectus* „die ein frisches und tatkräftiges Alter erlebten“ (vgl. Aen. 6, 304 *sed cruda deo uiridisque senectus*), Hist. 2, 35 *uulnera dirigebant* „sie fügten Wunden zu“ (vgl. Aen. 10, 140 *uulnera dirigere*). Es ist symptomatisch, daß Tacitus alltägliche Termini, die der σεμνότης abträglich wären, vermeidet; hier kann man etwa sein beinahe komisches Bemühen nennen, einen Spaten nicht als Spaten zu bezeichnen (Ann. 1, 65 *per quae egeritus humus aut exciditur caespes*[142]); Ackerbau, Hausbau und Handel wird mit *ingemere agris, illaborare domibus, suas alienasque fortunas spe metuque uersare*[143] (Germ. 46) umschrieben. E. Löfstedt[144] macht darauf aufmerksam, daß Tacitus bei der Wahl zwischen Adjektiv und erklärendem Genitiv immer die ungewöhnlichere Variante vorzog. So schreibt er Ann. 1, 7 *per uxorium ambitum et senili adoptione* statt des normalen *per ambitum uxoris et adoptione senis* „durch die Ränke einer Gattin und die Adoption seitens eines Greises“; statt des traditionellen *bellum ciuile* „Bürgerkrieg“ und *uirgines Vestales* „vestalische Jungfrauen“ heißt es aber *bellum ciuium* (Hist. 1, 3) und *uirgines Vestae* (Ann. 1, 8). Diese Verwendung von Formen, die der Alltagssprache fernstehen, erinnert an seinen eigenen epigrammatischen Ausspruch (Ann. 1, 47) *maior ex longinquo reuerentia*[145]. Die poetische Qualität von Tacitus' Stil kommt in der folgenden Beschreibung des Angriffes auf die Insel Mona und der Zerstörung der heiligen Haine gut zum Ausdruck (Ann. 14, 30):

> Stabat pro litore diuersa acies, densa armis uirisque, intercursantibus feminis; in modum Furiarum ueste ferali, crinibus deiectis faces praeferebant; Druidaeque circum, preces diras sublatis ad caelum manibus fundentes, nouitate aspectus perculere militem, ut quasi haerentibus membris immobile corpus uulneribus praeberent. Dein cohortationibus ducis et se ipsi stimulantes, ne muliebre et fanaticum agmen pauescerent, inferunt signa sternuntque obuios et igni suo inuoluunt. Praesidium posthac impositum uictis

[142] Womit die Erde ausgehoben oder der Rasen ausgestochen wird.
[143] Auf Feldern zu stöhnen, an Häusern zu arbeiten, beim Umsatz eigener und fremder Waren zwischen Hoffnung und Furcht zu schweben.
[144] E. Löfstedt, *Syntactica* 1, Lund $^{2}$1956, 122–123.
[145] Ehrfurcht wächst mit der Entfernung.

excisique luci saeuis superstitionibus sacri: nam cruore captiuo adolere aras et hominum fibris consulere deos fas habebant[146].

Unter anderem ist in diesem Abschnitt die Personifizierung von *acies* bemerkenswert, weiter die poetischen Wörter *fundentes, pauescerent, fibris* (statt *extis*), der Ersatz von Adjektiven durch Genitive *(muliebre agmen, cruore captiuo)*, der Archaismus *adolere aras*, die kunstvolle Alliteration im letzten Satz.

Schon vor langer Zeit hat Wölfflin[147] betont, daß Tacitus' reifer Stil das Ergebnis eines allmählichen Wachsens war. So erscheint die archaische Bildung *clāritūdō* nicht in den kleinen Schriften, es erzielt die gleiche Häufigkeit wie *clāritās* in den Historien (3 : 3) und ist in den Annalen fünfzehn Mal so häufig (30 : 2). Genauso macht *omnia* allmählich *cuncta* Platz, *essem* weicht *forem, nōn possum* und *possum* werden durch *nequeō* und *queō* ersetzt, statt *crēscere* tritt *glīscere* ein usw. Von den oben genannten Simplicia kommen *nōtēscere* und *grauēscere* nur in den Annalen vor (sonst *innōtēscere* und *ingrauēscere*). Auch in der Syntax ist das Bild ähnlich: *apīscī* wird erst in den Annalen mit dem Genitiv konstruiert, und dort finden wir auch die einzigen Belege für *id aetātis* und *id temporis* gegen früheres *eō* bzw. *illō tempore* usw. Eine andere Eigentümlichkeit der Annalen ist die wachsende Vorliebe für den Ablativus absolutus ohne Subjekt: *intellēctō, quaesītō, properātō, saepe apud sē pēnsitātō* usw. Derartige Fälle kommen in den kleinen Schriften überhaupt nicht vor und in den ganzen Historien nur sechs Mal. Ein weiterer derartiger Fall ist die Anastrophe der Präposition, die in den Historien nur fünf Mal gegenüber fünfzig Mal in den Annalen belegt ist.

Löfstedt hat nachgewiesen, daß Tacitus von Buch 13 der Annalen an gewissermaßen umkehrte und wieder normalere Ausdrucksweisen bevor-

[146] Die andere Schlachtreihe stand am Ufer mit vielen Männern und Waffen, und die Frauen liefen dazwischen; sie trugen wie Furien ins Totengewandt gekleidet mit gelösten Haaren die Fackeln voran; und die Druiden, die grausige Gebete hören ließen und die Hände zum Himmel streckten, machten die Soldaten durch das Ungewohnte des Anblicks mutlos, so daß sie geradezu mit hängenden Armen sich verwunden ließen, ohne sich zu rühren. Dann gehen sie unter Anfeuerungen ihres Führers vor, wobei sie sich auch selbst ermahnen, keine Angst vor einem Haufen von Frauen und Fanatikern zu haben, sie strecken ihr Gegenüber nieder und hüllen es in seine eigenen Flammen ein. Den Besiegten wurde später eine Besatzung zugeteilt und die grausamen Aberglauben geweihten Haine wurden abgehackt; es war nämlich Sitte, das Blut von Gefangenen an den Altären darzubringen und aus Eingeweiden von Menschen den Willen der Götter zu lesen.

[147] E. Wölfflin, *Tacitus*, Philologus 25, 1867, 92–134; 26, 1867, 92–166; 27, 1868, 113–149; vgl. auch E. Löfstedt, *Roman Literary Portrets*, Oxford 1958, 158–159.

zugte. Das wird aus der Statistik einiger ausgewählter Erscheinungen vollkommen deutlich:

| | Dialogus | Agricola | Germania | Historiae | Annales 1–12 | Annales 13–16 |
|---|---|---|---|---|---|---|
| forem | 0 | 4 | 0 | 51 | 62 | 1 |
| essem | 10 | 8 | 2 | 17 | 31 | 29 |
| quīs | 0 | 1 | 0 | 23 | 54 | 7 |
| quibus | . . | . . | . . | 71 | 45 | 50 |
| quamquam | . . | . . | . . | . . | 44 | 6 |
| quamuis | . . | . . | . . | . . | 4 | 11 |

Diese Beobachtungen zeigen keinen schwerwiegenden Stilwandel an, sondern weisen nur auf kleine Detailveränderungen hin. Wir können sie einem verfeinerten literarischen Geschmack zuschreiben, der sich darüber klar geworden war, daß übertriebenes Archaisieren der angestrebten σεμνότης nicht förderlich war, sondern ihr vielmehr im Wege stand.

Das genaue Gegenteil des komprimierten Stiles von Seneca und der moderneren Richtung war eine Form, die Tacitus im *Orator* (26) angriff:

> Neque enim oratorius iste, immo hercle ne uirilis quidem cultus est, quo plerique temporum nostrorum auctores ita utuntur, ut lasciuia uerborum et leuitate sententiarum et licentia compositionis histrionales modos exprimant[148].

Auch Quintilian tadelt die moderne *lasciuia* (10, 1, 43):

> Alios recens haec lasciuia deliciaeque et omnia ad uoluptatem multitudinis imperitae composita delectant[149].

Die hier gemeinten Stilisten setzten natürlich die lange Tradition des Asianismus fort, die in Rom durch die sogenannte Zweite Sophistik noch gefördert wurde. Als den hervorragendsten Vertreter dieses blütenreichen Stiles mit seiner Überschwenglichkeit *(laetitia)* und mit seinem *poēticus cultus*, mit seiner durchkonstruierten Symmetrie und mit seinen Assonanzeffekten wollen wir Apuleius wählen. Apuleius war ein großer Sprach-

[148] Die Redeweise, die die meisten Autoren unserer Zeit dergestalt verwenden, daß sie durch die Üppigkeit der Worte, die Leichtfertigkeit der Sätze und die Freizügigkeit der Komposition sich wie Schauspieler ausdrücken, ist eines Redners, ja sogar eines Mannes unwürdig.

[149] Andere erfreut jene moderne Leichtfertigkeit und Gefälligkeit sowie alles, was zum Vergnügen der dummen Masse gemacht wird.

virtuose und paßte seinen Stil entsprechend antiker Lehre der jeweiligen Gattung an; das geht von der vergleichsweisen Einfachheit und Nüchternheit der Apologie bis zur erstickenden Üppigkeit der Metamorphosen. In diesem Werk bedient er sich aller Sprachmittel: Archaismen und Modernismen, Umgangston und erhabenster Stil. Vom Anfang der Metamorphosen an herrscht eine ausgeschmückte Artifizialität; so wird z.B. im ersten Kapitel die Heimat wie folgt umschrieben (1, 1, 3):

> Glebae felices aeternum libris felicioribus conditae mea uetus prosapia[150] est[151].

Die Einzelheiten seiner Reise lesen sich fast wie eine Parodie auf die poetische *strata uiarum*-Konstruktion (1, 2, 2):

> Postquam ardua montium et lubrica uallium et roscida cespitum et glebosa camporum ⟨emensus⟩ emersi[152].

Apuleius' Vorliebe für abstrakte Ausdrucksweisen, die so sehr für den erhabenen Stil charakteristisch ist, zeigt sich in folgendem Satz (1, 2, 6):

> Simul iugi, quod insurgimus, aspritudinem fabularum lepida iucunditas leuigabit[153].

Im folgenden Beispiel liegen sowohl abstrakte Ausdrucksweise als auch ein „reiches" Trikolon vor (1, 6, 4):

> Aristomene, ne tu fortunarum lubricas ambages et instabiles incursiones et reciprocas uicissitudines ignoras![154]

Die Elaboriertheit hat ihre größte Wirkung bei der Beschreibung trivialer Vorgänge. „Ich sah mit meinen eigenen Augen, wie ein Gaukler ein Schwert mit der Spitze voran verschluckte" wird z.B. folgendermaßen ausgedrückt (1, 4, 2):

> Isto gemino obtutu circulatorem aspexi equestrem spatham praeacutam mucrone infesto deuorasse.

[150] Zu *prōsāpia* siehe oben, S. 153.
[151] Herrliche Fluren in noch herrlicheren Büchern verewigt sind die Heimat meiner Sippe.
[152] Nachdem ich die Steilheit der Berge und die Sümpfe der Täler und den Tau der Wiesen und die Schollen der Felder durchmessen hatte, stieg ich empor.
[153] Auch wird die gefällige Annehmlichkeit der Geschichten die Steilheit des Passes, den wir ersteigen, mildern.
[154] Aristomenes, du hast ja keine Ahnung vom Lauf der Welt mit seinen Karusselldrehungen, unberechenbaren Ausfällen und ständigen Kehrtwendungen.

Sokrates beginnt eine Erzählung seiner Leiden mit einem Seufzer, was folgendermaßen umschrieben wird (1, 7, 4):

> imo de pectore cruciabilem suspiritum ducens;

es handelt sich hier um eine vergilianische Ausdrucksweise, in der das archaische *suspīritus* mit einem Adjektiv *cruciābilis*, das offenbar von Apuleius selbst geprägt wurde, kombiniert ist. Die dann folgende wörtliche Rede wird durch das archaisch-poetische *īnfit* angezeigt:

> Mi miserum, infit, qui, dum uoluptatem gladiatorii spectaculi satis famigerabilis consector, in has aerumnas incidi[155].

Hier stellt *aerumna* ein poetisch-archaisches Wort dar, während *fāmigerābilis*, das Apuleius liebt (er braucht es beispielsweise 9,5 in ganz typischer Verbindung mit dem spielerisch-umgangssprachlichen *uxorcula*), uns zuvor nur aus einem Zitat bei Varro, *De lingua Latina* 6,55 bekannt ist. Socrates gibt der *anus scitula* eine Beschreibung seiner *domuitio*, was ein Wort ist, das vorher von Accius und Pacuvius verwendet wurde. Sein bescheidener *grabattulus* steht *pōne cardinem* (archaische Präposition), und ein anderes pacuvianisches Wort, *succussus*, gibt an, was damit geschieht (1,13):

> grabattulus etiam succussu meo inquietus[156].

Der *grabattulus* regt sogar zum „tumor tragicus“ an (1,16):

> iam iam grabattule, inquam, animo meo carissime, qui mecum tot aerumnas exanclasti conscius et arbiter, quae nocte gesta sunt[157].

Bei *exanclāre* handelt es sich um eines der Wörter, die Quintilian als „aus uralten Zeiten hervorgekramt“ *oblitteratis repetita temporibus*, verurteilt (1,6,40).

Die Sprache der schlüpfrigen und aufreizenden Liebesszenen ist voll von Diminutiven, die an die *papillarum horridularum oppressiunculae* des Plautus (Pseud. 68) erinnern; als Beispiele diene 2,7:

[155] Ich Unglücksmann, sprach er, der, als ich dem Vergnügen eines vielberedeten Fechtspieles nachgehe, in dieses Elend geraten bin.

[156] Das Bettgestell ist durch mein Rütteln aus der Ruhe gekommen.

[157] Jetzt, jetzt, sprach ich, herzallerliebstes Bettgestell, das du mit mir so viele Leiden erduldet hast als Mitwisser und Zeuge der Dinge, die nachts getan wurden.

ipsa linea tunica mundule amicta et russea fasceola praenitente altiuscule sub ipsas papillas succinctula illud cibarium vasculum floridis palmulis rotabat in circulum[158].

In besonderer Weise wird der asianische Stil jedoch durch nebulöses Wortgeklingel, das reich an rhetorischem Aufputz ist, gekennzeichnet; Quintilian 8,3,56 sprach von *tumida et pusilla et praedulcia*. Man kann sich vielleicht anhand eines Beispieles, des Rates der bösen Schwester an Psyche (5,20), ein Bild davon machen:

nouaculam praeacutam, adpulsu etiam palmulae lenientis, exasperatam, tori qua parte cubare consuesti, latenter absconde, lucernamque concinnem, completam oleo, claro lumine praemicantem subde aliquo claudentis anlulae tegmnine, omnique isto appratu tenacissime dissimulato, postquam sulcatos intrahens gressus cubile solitum conscenderit, iamque porrectus et exordio somni prementis implicitus altum soporem flare coeperit, toro delapsa nudoque uestigio pensilem gradum paullulatim minuens, caecae tenebrae custodia liberata lucerna, praeclari tui facinoris opportunitatem de luminis consilio mutuare et ancipiti telo illo audaciter, prius dextera sursum elata, nisu quam ualido noxii serpentis nodum ceruicis et capitis abscide[159].

Eine derartige *lasciuia, leuitas, licentia* fand keine allgemeine Anerkennung. Gegen diejenigen, die in auffälligem Flitter sich wie stilistische Prostituierte gebärdeten und sich damit brüsteten, daß man ihre Texte singend und tanzend aufführen könne (Tac.or. 26,3: *iactant cantari saltarique commentarios suos*), wurden als vorbildhaft Autoren ins Feld geführt, deren Rede in die rauhe Toge gehüllt war (26,1: *melius est orationem uel hirta toga induere quam fucatis et meretriciis uestibus insignire*). Die Kün-

[158] Sie selbst, hübsch in ein Leinenkleid gehüllt und gegürtet durch ein rötliches Bändchen, das ziemlich hoch angebracht hervorglänzte, drehte jenes Speisegeschirr mit ihren allerliebsten Händchen rundherum.

[159] Ein ganz scharfes Rasiermesser, das durch das Abziehen an der geschmeidigen Handfläche gewetzt ist, verbirg im Geheimen auf der Seite des Bettes, auf der du zu liegen pflegst, und eine geeignete Lampe, die mit Öl gefüllt ist und besonders helles Licht gibt, verbirg im Schutze irgendeines wertlosen Schälchen. Nachdem du alle diese Vorbereitungen sorgfältig verwischt hast, er langsamen Schrittes sein gewohntes Lager aufgesucht hat und schon ausgestreckt im Beginn des ersten Schlafes tiefe Atemzüge zu machen begonnen hat, so gleite vom Bett herab und husche auf nackten Sohlen und Zehenspitzen weiter, befreie die Lampe von ihrer Verdunklung und laß dir von dem Rat des Lichtes die Gelegenheit zu deiner aufsehenerregenden Tat geben: stoß mutig mit der doppeltgeschliffenen Waffe zu, nachdem du zuvor die Rechte hochgeschwungen hast, und trenne mit möglichst festem Stoß die Verbindung zwischen dem Nacken und dem Kopf des bösen Drachen durch.

steleien eines Maecenas (26,1: *calamistri Maecenatis*) wurden abgelehnt zugunsten einer Bewunderung des Alten und Herkömmlichen (15,1: *uetera et antiqua mirari*); man stellte Lucilius über Horaz und Lukrez über Vergil, ja, man suchte geradezu nach jedem „rostüberzogenen Wort" (22,5: *uerbum uelut rubigine infectum*). Als typisches Beispiel für einen Archaisten kann man Fronto nennen, der es an Cicero nicht schätzte, daß man dort kaum ungewöhnliche und unerwartete Wörter finden könne, wo doch deren Verwendung ernsthafte Studien und ein gutes Gedächtnis beweise (Aur. 1, p. 6 = 63 N: *in omnibus eius orationibus paucissima admodum reperias insperata atque inopinata uerba, quae non nisi cum studio atque uigilia atque multa ueterum carminum memoria indagantur*). So war der Zeitgeschmack, der wieder einmal einer griechischen Stilmode nachlief, und so erklärt es sich, wieso der Kaiser Hadrian Cato über Cicero und Ennius über Vergil stellen konnte.

In diesem Konflikt zwischen entgegengesetzten Tendenzen, der die ganze Geschichte der nachklassischen Prosa prägte, gab es natürlich auch Vermittler, zum Beispiel Plinius den Jüngeren, der zu den Bewunderern der archaischen Schriftsteller gehörte, der Cicero nachahmte, aber auch die Talente seiner Zeit keineswegs verachtete. Er konnte gleichermaßen seiner Vorliebe für *uerba quaesita et exculta* Ausdruck verleihen und eine wohldurchdachte *sententia* konstruieren.

Im Verlaufe der Jahrhunderte begann die alternde Welt von ihrer eigenen Vergangenheit zu träumen, und die Prosa wurde zumindest in stilistischer Hinsicht ein Werk von Epigonen, die heute dieses und morgen jenes Modell kritiklos nachahmten. Weil die Dichtungen Vergils zum Schulbuch und zur Grundlage des Grammatikunterrichts geworden waren, ergab sich auch in der Prosa eine Veränderung der normalen Wortstellung. In ihrer Vorliebe für die Vergangenheit wendeten die nostalgischen Epigonen eine falsche Perspektive an und mißachteten Genus- und Stilgrenzen. Die verborgendsten Winkel der lateinischen Literatur wurden durchforstet, um immer neue Archaismen zum Gebrauch bereitzustellen, und die altgewordenen Musen fanden nichts dabei, daß eine Mode herrschte, in der die Verwendung von Schminke und Puder unabdingbar war. Typisch für den vollkommenen Verfall des Geschmacks ist Sidonius Apollinaris, der eine grammatische und rhetorische Ausbildung genossen hatte und im 5. Jh. im Gallien der Gothen und Burgunder in mühsamer Imitation vergangener Größen dem Glanz des sterbenden Rom einen pathetischen Tribut zollte. Das Resultat des wahnwitzigen Archaisierens in Verbindung mit schwer zu durchschauenden Neologismen und hohlem Wortgeklingel war geradezu eine Parodie der lateinischen Sprache. Diese giftige Saat mußte ausgerissen werden und ihre Reste mußten im Feuer des Barbarensturms verbrannt werden, bevor das Feld wieder brauchbare Frucht tragen konnte.

Inzwischen hatte die Alltagssprache, die natürlich den universellen Gesetzen des Sprachwandels unterworfen war, sich an die vielfältigen Erfordernisse der neuen Umstände angepaßt, hatte Erfahrungen verarbeitet und sich ganz entschieden von der künstlichen Literatursprache entfernt, die von Anfang an von einer überlegenen fremden Kultur und Sprache verformt worden war. Auf diesen unterirdischen Strom lebendiger Sprache wollen wir jetzt unsere Aufmerksamkeit richten.

KAPITEL VI

# Das Vulgärlatein

Bei dem Versuch, die weitere Geschichte des gesprochenen Lateins von dem Punkt ab zu verfolgen, an dem wir sie im Kapitel III verlassen haben, treffen wir auf dieselben methodologischen Schwierigkeiten. Der Klassizismus hatte bei seiner anspruchsvollen Suche nach *urbanitas* und *elegantia* strenge Restriktionen der Form, der Syntax und des Wortschatzes über das nationale Sprechen verhängt. Noch weiter entfernt von gewöhnlichen Ausdrucksformen waren der 'moderne' Stil von Seneca und seinen Imitatoren und der Asianismus des Apuleius, der mit Archaismen und Poetizismen herausgeputzt war. Indem der Philologe seine Ohren spitzt, um das Geplauder des Alltags mitzubekommen, wird er sich bewußt, daß er sozusagen eingebunden ist in ein immerwährendes Theater, wo die Sprache zu statuesken Posen erstarrt ist oder sich mit den stilisierten Gesten des Balletts vor einem an Ornamenten reichen Hintergrund bewegt. Solcherart ist die große Masse der Belege, die sich dem Historiker der lateinischen Sprache bietet. Doch außerhalb dieses Theaters, zu Hause, im Klub und auf der Straße änderte sich die gesprochene Sprache, dieses höchst empfindliche und anpassungsfähige Instrument der Kommunikation des Menschen mit seinen Mitmenschen, ständig, bis es im Laufe der Jahrhunderte in den mannigfachen Formen der modernen romanischen Sprachen in Erscheinung trat. Von diesem 'Vulgärlatein', dem vorausgesetzten Vorfahren der modernen Dialekte, die ihrerseits literarische Formen entwickelt haben, können wir nur indirektes Wissen haben. Aber bevor wir fortfahren, die Quellen, aus denen solche Informationen entnommen werden können, zu erörtern, muß der Terminus 'Vulgärlatein' selbst abgeklärt werden.

Jede gesprochene Sprache zeigt sich in einer Vielzahl von Formen, sogar auf den Lippen ein und desselben Sprechers. Wie wir schon oft gesagt haben, ist das Sprechen eine Form sozialen Verhaltens. Unsere sprachlichen Gesten und Haltungen ändern sich entsprechend dem bestimmten Anlaß, indem sie bei einer Konferenz formal, ernst und steif und in der Gesellschaft Vertrauter zwanglos, fröhlich und entspannt werden. Hinzu kommen die Unterschiede des Sprechens zwischen den sozialen Klassen, den gebildeten, den halbgebildeten und den ungebildeten. Doch auch hier verschiebt sich die Grenze ständig. Sogar innerhalb einer bestimmten sozialen Klasse bevorzugen die verschiedenen Generationen ihre eigenen Idiome. Die Vulgarismen der Straße, die von den Jungen aufgelesen und von schwärmerischen Großmüttern angenommen werden, finden ihren Weg in feine Salons. Die 'Eingeweide' von heute werden zum 'Gedärm' von morgen. In der Sprache des Volkes bemühten sich die Demagogen der gens Clodia um Popularität und auch missionierende Christen gewannen mit ihr Anhänger. Von der Sprache aber kann nicht gesagt werden, daß 'omnia fatis in peius ruere'. Der Snobismus ist im Sprechen weit verbreitet, genauso wie in anderen Formen sozialen Verhaltens, und Personen von Geltung werden für Personen, die ihnen untergeordnet sind, zu Objekten der Imitation. Auch der Fortschritt des politischen Lebens ändert das Gefüge einer Gesellschaft, eine neue herrschende Klasse steigt auf, die sich noch nicht vollkommen an allgemein anerkannte verfeinerte Sprechformen angepaßt hat. Dies waren einige der mannigfaltigen Kräfte, die an der graduellen Umformung des Lateinischen beteiligt waren. Wir können nicht hoffen, ein solch vielgestaltiges Phänomen mit einem bestimmten terminologischen Verständnis zu erfassen. Es wurden viele Definitionsversuche unternommen, aber das 'Vulgärlatein' bleibt ein schimmerndes Trugbild. Wir können unsere Aufmerksamkeit auf individuelle Aspekte der Phonologie, der Morphologie, der Syntax und des Vokabulars heften und in den Dokumenten, die uns zugänglich sind, Abweichungen vom klassischen Gebrauch entdecken. Dann postulieren wir, von den romanischen Sprachen ausgehend zeitlich zurückgerichtet, ererbte Formen, die die Ähnlichkeitsmerkmale erklären werden. Die Übereinstimmungen zwischen den Rekonstruktionen und den nicht klassischen Zügen der Dokumente werden es uns ermöglichen, die letzten als Reflektionen des gesprochenen Lateinischen zu identifizieren, und auf diesem Wege können wir ein zusammengesetztes Bild des 'Vulgärlateinischen' formen. Aber die Methode ist im wesentlichen atomistisch, insofern sie gesondert mit individuellen Punkten umgeht, von denen jeder mehr oder weniger zufällig zuerst in den Dokumenten in Erscheinung tritt (siehe unten). Wir haben keinen Text, der ein zuverlässiges Zeugnis wäre, und sei es nur einer einzigen Form des zeitgenössischen Sprechens. Der Meißel des Steinmetz, die Feder der redseligen Nonne und die Kreide, die an die Wand kritzelt, mißachten die gesprochene Sprache und bewegen sich eigensinnig in traditionellen Mustern. Nur durch ihre gelegentliche Unachtsamkeit, beinahe wohl oder übel, geben uns die Autoren Hinweise darauf, daß ihr natürliches Sprechen von der Schulsprache, die sie zu benutzen bemüht sind, abweicht. Es gibt sozusagen in der toten Landschaft des literarischen Lateins seismische Gebiete, wo gelegentliche Eruptionen die heftige unterirdische Aktivität offenbaren, die eines Tages eine neue Sprachwelt schaffen wird.

Einige dieser Gebiete werden wir nun kurz genau betrachten. Für die republikanische Periode zitieren wir zuerst den interessanten Abschnitt aus der rhetorischen Abhandlung *ad Herennium* 4, 14, wo der Autor, indem er die Stilebenen unterscheidet, ein Beispiel des *adtenuatum genus* zitiert – ‘id quod ad infimum et cottidianum sermonem demissum est’.

> nam ut forte hic in balneas uenit, coepit, postquam perfusus est, defricari, deinde ubi uisum est ut in alueum descenderet, ecce tibi iste de trauerso ‘heus’, inquit, ‘adolescens, pueri tui modo me pulsarunt. satis facias oportet’. hic qui id aetatis ab ignoto praeter consuetudinem appellatus esset, erubuit. iste clarius eadem et alia dicere coepit. hic ‘vix tamen’, inquit, ‘sine me considerare’. tum uero iste clamare uoce quae perfacile cuiuis rubores eicere potest. . . . conturbatus est adolescens: nec mirum, cui etiam nunc pedagogi lites ad oriculas versarentur imperito huiusmodi conuiciorum.[1]

Bemerkenswert ist der Ausdruck ‘ecce tibi de traverso’, mit dem wir Ciceros ‘ecce autem de traverso’ (*ad Att.* 15, 4 A I) vergleichen können, während der lebhafte ‘mitfühlende’ Dativ *tibi* in ‘ecce tibi e transverso’ (*Acad.* 2. 121) wieder auftaucht. *id aetatis* kennen wir schon als ein Merkmal des volkstümlichen Sprechens, während das umschreibende *dicere coepit* ein häufiger Ersatz für das aoristische Perfekt im späten Latein werden sollte. Schließlich ist *ōricula* für *auris* das Etymon des französischen *oreille*, italienisch *orecchio*, während *ēicere* in dem abgeschwächten Sinn ‘hervorbringen’ den späteren Gebrauch vorwegnimmt (siehe S. 194).

Die atellanischen Farcen von Pomponius und Novius liefern uns weiteres Material. Varro (*L. L.* 7, 84) bemerkt: ‘in Atellanis licet animadvertere rusticos dicere se adduxisse pro scorto pelliculam’. Von den erhaltenen Fragmenten können wir weiterhin zitieren: die Futurformen *vivebo* und *dicebo*, die Substantive *particulō, mandūcō* ‘Unersättlicher/Vielfraß’ (für

[1] Als dieser einmal ins Bad ging, begann er sich abreiben zu lassen, nachdem er sich mit Wasser bespritzt hatte. Als er dann in die Wanne steigen wollte, ist jener da, der ihm in den Weg tritt und sagt: „Holla, junger Mann, deine Sklaven haben mich gerade geschlagen; ich will Genugtuung“. Dieser, der in seinem Alter von einem Unbekannten entgegen seiner Gewohnheit angesprochen worden war, errötete. Jener begann deutlicher von diesem und jenem zu sprechen, dieser sagte: „Schon gut, laß mich nachdenken!“ Da begann jener in einem Tone zu schreien, der leicht jeden hätte rot werden lassen. . . . Der Jüngling verlor die Fassung; kein Wunder, denn er hatte noch die Zurechtweisungen seines Lehrers in den Ohren und kannte solche Schimpfworte nicht.

*mandūcāre* im Sinne von 'essen', siehe unten) und von den Verben die inchoativen *gallulāscere* (von einem Diminutivum **gallulus*) im Sinne von *pūbēscere, robōrāscere* und die Denominativa *sublabrāre, praelumbāre, incoxāre* 'sich hinhocken'. Unter den griechischen Wörtern erwähnen wir besonders *rhētorissāre*, während *dictēria* 'witzige Bemerkung' eines der vielen griechisch-romanischen Mischworte des vulgären Sprechens ist (s. u.). Schließlich liefern uns die Atellanen anscheinend das früheste Beispiel der Substitution des Akkusativ für den Nominativ von Substantiven im Plural der ersten Deklination (s. u.), *quot laetitias insperates modo mi inrepsere in sinum.* Löfstedt erklärt dieses Beispiel mit dem Einfluß der italischen Dialekte, aber es ist nicht völlig frei von dem Verdacht, eine Kontaminationskonstruktion zu sein, in der das erste Element ein Akkusativ des Ausrufes ist.

Ciceros Briefe, besonders jene an seine intimen Freunde wie z. B. Atticus, spiegeln die Latinität städtischer Konversation in den späten republikanischen Zeiten wider, obwohl er in einem Brief an Paetus vorschlägt, den 'sermo plebeius' zu verwenden; 'uerum tamen quid tibi ego uideor in epistulis? nonne plebeio sermone agere tecum?' (*Ep.* 9, 21, 1). Die klarsten Charakteristika des Stils sind Auslassung (Ellipse) und Geschwindigkeit. Die Verbindung zwischen den Freunden ist so eng, daß der geringste Hinweis ausreichen kann, um die gewünschte Bedeutung zu übermitteln. Gerade dies macht die Korrespondenz so schwierig zu verstehen wie den einen Teil einer telefonischen Unterhaltung: z. B. *itane? nuntiat Brutus illum ad bonos uiros? εὐαγγέλια! sed ubi eos? nisi forte se suspendit';* 'Wirklich? Sagt Brutus, daß er (Caesar) (dabei ist sich) den Patrioten (anzuschließen)? Hervorragende Nachrichten! Aber wo (wird er) sie (finden)? (Er wird sie nicht finden) es sei denn, er erhängt sich' (*ad Att.* 13, 40, 1). Die Syntax weist viele Parataxen und Parenthesen auf mit den gewöhnlichen Interjektionen von Höflichkeitsfloskeln wie z. B. *amabo te.* Man beachte weiterhin den umgangssprachlichen Gebrauch von Adjektiven für Adverbien, z. B. 'ad M. Aelinum nullus tu quidem domum sed sicubi inciderit' 'Auf keinen Fall solltest du bei ihm vorbeischauen [die Angelegenheit zur Sprache bringen] nur falls du ihn zufällig treffen solltest'. Das Vokabular ist mit kraftvollen und bildhaften Wörtern übersät – Diminutive (z. B. *aedificātiuncula, ambulātiuncula, diēcula, vulticulus, bellus, integellus*), frequentative Verbformen und Mischworte (*tocullio* 'ein Shylock', von τόκος 'Zins'). Ein Ton liebevoller Ausgelassenheit und rassigen Slangs spricht aus den Passagen wie z. B. 'hoc litterularum exaraui egrediens e uilla . . . de Atticae febricula scilicet ualde dolui . . . sed quod scribis „igniculum matutinum γεροντικόν" γεροντικώτερον est memoriola uacillare . . . quid ergo opus erat epistula? quid cum coram sumus et garrimus quicquid in buccam?' (*ad. Att.* 12, I), wo wir *inter alia*, die Vorgängerform des romanischen Wortes für 'Mund' (*bouche, bocca* usw.), hervorheben können.

Während Cicero den *sermo cottidianus* gebildeter Römer widerspiegelt, können wir in der Unterhaltung zwischen Gastgeber und Gästen in der *Cena Trimalchionis* des Petronius einen Hauch der Gosse mitbekommen. Es sind Vulgarismen der Aussprache *(cōpōnēs)* zu finden, die Genera sind verwechselt worden *(fātus, uīnus, caelus, librum)*. Wir finden viele Fehler der Deklination *(stips, Iovis, bovis, lacte, schēmam, diibus)*. Es gibt viele Verwechslungen von aktiven Verben und Deponentien *(exhortavit, loquis, loquere, ridentur, somniatur)* und viele 'geregelte' Verbformen *(fefellitus sum, vetuo, mavoluit, plovebat, faciatur)*.

In der Syntax sind die 'wo' und 'wohin' Konstruktionen verwechselt worden *(videbo in publicum), frūnīscor* ist mit einem Akkusativ konstruiert, der Akkusativ und Infinitiv sind durch substantivische Sätze, die durch *quia* eingeleitet werden, ersetzt (*dixi quia mustella comedit*, 'Ich sagte, die Katze habe es gefressen'). Das Vokabular ist kraftvoll, ungeschliffen, oft anstößig und gespickt mit griechischen Wörtern und griechisch-lateinischen Mischworten. Der folgende Abschnitt möge als Illustration dienen.

> uxor, inquit, Trimalchionis, Fortuna appellatur, quae nummos modio metitur. et modo modo quid fuit? ignoscet mihi genius tuus, noluisses de manu illius panem accipere. nunc, nec quid nec quare, in caelum abiit et Trimalchionis topanta est. ad summam, mero meridie si dixerit illi tenebras esse, credet, ipse nescit quid habeat, adeo saplutus est. sed haec lupatria prouidet omnia et ubi non putes. . . . familia uero, babae babae, non mehercules puto decumam partem esse quae dominum suum nouerit. ad summam quemuis ex istis babaecalis in rutae folium coniciet. (37. 2–10)

> „Trimalchios Ehefrau“, sagte er, „heißt Fortuna. Sie wühlt nur so im Geld. Und was war sie noch vor kurzem bloß? Um deine Ehre zu wahren, hättest du keine Brotkruste von ihr annehmen wollen. Und nun, Gott weiß warum, hat sie es geschafft und ist Trimalchios ein und alles. Tatsache ist, daß wenn sie ihm bei hellem Tageslicht sagt, daß es dunkel ist, er es glauben wird. Er weiß selber nicht, was er besitzt, er schwimmt einfach im Geld. Aber diese alte Wölfin hat die Augen vorne und wo man es sich nicht vorstellt. Was die Diener anbelangt, du meine Güte, ich glaube, daß nicht einer von zehn seinen eigenen Herrn kennt. Die Wahrheit ist, daß er jeden dieser Jasager zu Brei schlagen könnte.“

Beachte: *topanta* = τὰ πάντα, *saplūtus* = ζάπλουτος. *lupatria* ist ein Mischwort von *lupus* mit der in πορνεύτρια vorliegenden Endung usw.

und *babaecalus* 'Jasager' ist ein Substantiv, das von dem griechischen Ausruf βαβαὶ καλῶς 'bravo!' geprägt wurde.

Es wurde die Vermutung geäußert, daß das Tischgespräch zwischen Trimalchio und seinen Gästen nicht den *sermo plebeius* der lateinischen Muttersprachler widerspiegelt. Salonius hat darauf hingewiesen, daß das Mittagessen in einer griechischen Stadt, vermutlich in Süd- oder Mittelitalien, stattfindet und daß die Mehrheit der Sprechenden von griechischer Herkunft sind. Darüberhinaus enthalten die Bemerkungen, die von dem gebildeten Eumolpius gemacht werden, keine solchen Aussprachefehler wie die der anderen Sprechenden. Salonius neigt deshalb zu der Ansicht, daß Petronius das gebrochene Latein der griechischen Bewohner Mittel-oder Süditaliens verspottet. Jedoch hat Heraeus gezeigt, daß eine große Anzahl der Vulgarismen der *Cena* in Glossen und anderen Quellen des Vulgärlateins wiederkehren: z.B. *ipsimus* 'der Herr', ein 'Superlativ' von *ipse*, ist die Basis des italienischen *medesimo* < **met ipsimus; expudōrātus* wurde in Glossen gefunden und ist der Vorgänger des italienischen *spudorato;* die Form *vetuo* ist vergleichbar mit ähnlichen analogen Präsensformen *vacuo, consuo, conticuo* usw. Obwohl es also nicht unmöglich ist, daß Sprachsünden wie *loquis* keine authentischen Vulgarismen sind (aber vgl. *sequis* anderswo), enthüllt uns Petronius in der Unterhaltung Trimalchios und seiner Gäste etwas vom *sermo plebeius* des ersten Jahrhunderts v. Chr.

Weniger farbenfroh, aber nicht weniger wertvoll als Quellen des Vulgärlateins sind die Autoren technischer Themen, deren Hauptziel es ist, Informationen mit geringem stilistischen Anspruch zu vermitteln. Derart sind die Werke des älteren Cato, des Vitruvius und in späteren Zeiten die *Mulomedicina Chironis*, die Übersetzung eines griechischen tierärztlichen Werkes aus dem 4. Jahrhundert, *de observatione ciborum* von Anthimus (6. Jahrhundert), der *Oribasius Latinus* in beiden Versionen (6. Jh.) und das landwirtschaftliche Werk des Palladius (5. Jh.). Abgesehen von ihren zahlreichen Vulgarismen der Orthographie und der Grammatik, unterrichten uns diese Werke mit Bezug auf das Vokabular, das natürlicherweise außerhalb der Themenkreise lag, die in gehobener Literatur behandelt wurden. Eine große Anzahl der Themen sind natürlich von eingeschränktem Fachinteresse, aber sie liefern uns oft Zeugnisse der alltäglichen Wörter, die in den modernen romanischen Sprachen überleben. So sind das französische *poulain* und seine anderen romanischen Äquivalente von *pullamen* abgeleitet, das dreimal in der *Mulomedicina Chironis*[2] nachgewiesen ist.

[2] Niedermann, M., *Über einige Quellen unserer Kenntnis des späteren Vulgärlatei-*

Wir haben bereits gesagt, daß sich keiner dieser Texte, trotz ihres anspruchslosen Charakters, als zuverlässiger und unverzerrter Spiegel der gesprochenen Sprache betrachten kann. Dasselbe gilt für die *Peregrinatio Aetheriae*, den Bericht einer Pilgerreise zu den Heiligen Stätten, die ungefähr 400 n.Chr. von einer Nonne unternommen wurde (ihr Name ist Gegenstand einiger Zweifel, da beide Namen *Aetheria* und *Egeria* mit einiger Sicherheit ins Feld geführt werden), die aus Galizien oder Aquitanien kam. Als Dame von hohem sozialen Rang, der folglich große Privilegien zustanden, schreibt sie doch in einem einfachen und ungekünstelten Stil, aber nicht ohne einige ängstliche Zugeständnisse an die Grammatiker zu machen. Es ist zum Beispiel betont worden, daß sie niemals die analytischen Komparativformen mit *magis* und *plus* verwendet, die zu ihrer Zeit sicherlich geläufig waren, während sie bei einer anderen Gelegenheit in eine hyperkorrekte Ausdrucksweise verfällt, indem sie fälschlicherweise den aussterbenden Dativ verwendet; *ingressus est discipulis* (für *ad discipulos*). Ein typisches Beispiel ihres Stils ist (3, 1-5):

> nos ergo sabbato sera ingressi sumus montem. . . . ibi ergo mansimus in ea nocte, et inde maturius die dominica cum ipso presbytero et monachis, qui ibi commorabantur, coepimus ascendere montes singulos. qui montes cum infinito labore ascenduntur, quoniam non eos subis lente et lente per girum, ut dicimus in cochleas, sed totum ad directum subis ac si per parietem. . . . uerum autem in ipsa summitate nullus commanet; nichil enim est ibi aliud nisi sola ecclesia et spelunca, ubi fuit sanctus Moyses[3].

Insofern sie Änderungen des gesprochenen Lateins widerspiegeln, sind weiterhin die zahlreichen von ungebildeten Personen ausgeführten Inschriften wichtig, aus denen wir folgende zur Erwähnung auswählen können: 1) die sogenannten *defixiones* oder Verwünschungstexte, die auf Bleitafeln, magischen Nägeln und derartigem eingeschrieben waren, womit die Autoren hofften, die Vernichtung ihrer Feinde zustande zu bringen; 2) die *graffiti* von Pompei und 3) die Totengedichte auf den

*nischen*, in „Neue Jahrbücher für die klassische Altertumswissenschaft", XV (1912), S. 313f.

[3] Wir sind also den Berg am Samstagabend angegangen. . . . Dort blieben wir in dieser Nacht und von dort begannen wir ganz früh am Sonntag mit dem Priester und mit den Mönchen, die dort waren, die einzelnen Gipfel zu besteigen. Diese besteigt man mit ungeheurer Mühe, weil man nicht ganz allmählich rundherum, sozusagen wie in einer Windung, höherkommt, sondern ganz direkt wie über eine Wand. . . . Auf dem Gipfel selbst wohnt niemand; dort befindet sich nichts anderes als eine einzelne Kirche und die Grotte des heiligen Moses.

Grabsteinen des niederen Volkes. Als ein Beispiel zitieren wir den Herzensaufschrei einer angeblichen 'Zauberin':

> adiuro te demon quicunque es et demando tibi ex anc ora ex anc die ex oc momento ut equos prasini et albi crucies occidas, et agitatore Clarum et Felice et Primulum et Romanum ocidas collida neque spiritum illis lerinquas. (= Dessau 8753, Diehl 861.)
>
> 'Ich beschwöre dich, Dämon, wer auch immer du sein magst, und erflehe von dir, daß du von dieser Stunde, von diesem Tag, von diesem Moment an die Pferde der grünen und weißen (Partei) heimsuchst und tötest und daß du den Fahrer Clorus und Felix und Primulus und Romanus tötest und vernichtest und keinen Lebenshauch in ihnen läßt.'

Bemerkenswert sind der Wechsel von *ae* zu *e (demon)*, der Akkusativ nach *ex*, während die Züge des letzten Wortes *lerinquas* (für *relinquas*) schlimm durcheinandergebracht wurden.[4]

Schließlich möchten wir die ausdrücklichen Stellungnahmen zu 'unkorrektem' und 'vulgärem' Latein erwähnen, die von Grammatikern und Erstellern von Glossaren abgegeben wurden: z.B. in der *Appendix Probi*, so genannt weil es an das Manuskript der *Instituta artium* angehängt ist, das dem Grammatiker Probus zugeschrieben wird. Diese Anmerkungen zu geläufigen Sprechfehlern wurden wahrscheinlich im 3. oder 4. Jh. n.Chr. verfaßt. Viel später sind die Glossen von Reichenau (8. oder 9. Jh.), die frühere lateinische Worte im geläufigen Idiom erklären (z.B. *binas = duas et duas; pulcra = bella; oppidis = castellis vel civitatibus; semel = una vice*). Der Enzyklopädiker Isidor von Sevilla (7. Jh.) zitiert ebenfalls Begriffe, die er als *vulgo* bezeichnet: z.B. 'fimus, id est stercus quod vulgo laetamen vocatur' (17. 2. 3); 'caulis . . . qui vulgo thyrsus dicitur' (man beachte *tursus* 'Stiel', ein griechisches Lehnwort im Vulgärlateinischen, das noch Nachfolger im Romanischen hat). Gelegentlich wird die zeitgenössische Aussprache durch eine falsche Etymologie verraten: z.B. 'tonica [d.h. Mantel/Tunika] vestis antiquissima appellata quia in motu incedentis sonum facit. tonus enim sonus est' (19. 22. 16).

Von solchen Quellen ausgehend konnten Gelehrte einige der Änderungen des Lateinischen während der Übergangsperiode vor dem Aufkommen der romanischen Sprachen klassifizieren.

[4] Solch eine 'Metathese' ist ein häufiges Phänomen des Vulgärlateinischen: z.B. italienisch *padule* < *palude, sudicio* < *sucidus* usw.

## LAUTLEHRE

### Betonung

Es gibt eine allgemeine Übereinkunft, daß das Vulgärlateinische einen Betonungsakzent hatte, der hauptsächlich auf dieselbe Silbe wie im klassischen Latein fiel. Ersichtliche Ausnahmen sind Fälle, die fallende Diphthonge wie *-ie-* in Worten des Typs *paríĕtem* einschließen. Hier wurde der Halbvokal konsonantisch und der Akzent wurde auf den folgenden Vokal *paryétem* übertragen. Paenultima-Vokale vor konsonantischen Gruppen, die auf *-r* endeten, zogen den Akzent an, so daß das Wort *ténebrae* aus dem klassischen Latein im Vulgärlateinischen *tenébrae* ausgesprochen wurde; ähnlich wurde *íntegrum* zu *intégru(m).*

### Vokale

Die wichtigste lautliche Veränderung des Vokalsystems im Vulgärlateinischen war die Beseitigung der auf Quantität beruhenden phonologischen Unterscheidungen, die ein fundamentaler Wesenszug des klassischen Lateins waren (z.B. *mīseram: mĭseram*). Im Vulgärlatein wurden alle betonten Vokale lang, während unbetonte kurz waren. Daß die ursprünglich kurz betonten Vokale verlängert wurden, ist klar u.a. von ihrer Behandlung in den romanischen Sprachen her: so zeigen die französischen, spanischen und italienischen Nachkommen von *fŏ́cum* eine Diphthongierung (*feu, fuego, fuoco* < vulgärlateinisch *fŏ́cum*). Ähnlich erscheint *pĕ́de(m)* als *pied, piede.* Der erste Bruch im antiken Unterscheidungssystem, das im wesentlichen auf Quantität beruhte, vollzog sich, als die langen Vokale eine geschlossenere Aussprache als ihre kurzen Äquivalente erhielten: *fīdus* [fi·dus] aber *fĭdes* [fides]. Folglich, als sich das System derart entwickelte, daß alle betonten Vokale lang und alle unbetonten Vokale kurz wurden, waren es die Unterschiede in der Vokal*qualität*, die zur Grundlage der phonemischen Unterscheidungen wurden. Das neue System umfaßte nun neun Vokale verschiedener Klangfarbe, [e], [ɛ], [i], [ɪ], [o], [ɔ], [u], [ʊ] und [a], ohne daß eine Klangfarbenunterscheidung zwischen *a* und *a* existierte. Das gesamte System, zumindest die betonten Silben, wurde in isolierten Teilen des romanischen Gebietes bewahrt (Dacien und einige sardische Dialekte). Woanders wurde eine Vereinfachung durch die Annäherung von [o] und [ʊ] und von [e] und [ɪ] (siehe unten) eingeführt. Dieses vereinfachte System bildete die Grundlage des westeuropäischen Romanischen. Die drei Stufen können folgendermaßen tabellarisch angeordnet werden:

| | | | | | | | | | |
|---|---|---|---|---|---|---|---|---|---|
| klassisches Latein | *ā̆* | *ĕ* | *ē* | *ĭ* | *ī* | *ŏ* | *ō* | *ŭ* | *ū* |
| frühes Vulgärlatein | *a* | *ɛ* | *e* | *ɪ* | *i* | *ɔ* | *o* | *ʊ* | *u* |
| westeurop. Romanisch | *a* | *ɛ* | *ẹ* | | *i* | *ɔ* | *ọ* | | *u* |

Es ist schwierig, ein präzises Datum für das Erscheinen des neuen Systems anzugeben. So kommt es, daß die Daten der ersten dokumentarischen Zeugnisse der individuellen Änderungen der Vokalqualität von Detail zu Detail variieren. Aber es ist wahrscheinlich, daß sich das System als ganzes änderte und daß die stufenweise Veränderung gleichzeitig alle Bestandteile des phonemischen Systems betraf. Die oben genannten Änderungen werden in unseren Texten und Inschriften von Verwechslungen der Orthographie widergespiegelt, die wir nach dem Prinzip interpretieren, daß phonetische Symbole nicht austauschbar sind, wenn sie nicht dieselben oder streng angenäherten Werte haben. Indem wir dies tun, müssen wir bedenken, daß das lateinische Alphabet im allgemeinen nicht zwischen langen und kurzen Vokalen unterscheidet. Folglich hatte der einzelne Buchstabe *e* nun zwei Werte, [ẹ] von *ē* und [ɛ] von *ĕ*. Ähnlich konnte *i* [i] < *ī* und [ẹ] < *ĭ* bedeuten. Dies bedeutete, daß wenn ein teilweise gebildeter Schreiber mit der Aufgabe konfrontiert wurde, seine eigene Aussprache [ẹ] wiederzugeben, er entweder *e* oder *i* benutzen konnte. Auf diese Art und Weise findet man Buchstabierungen wie *sebe* für *sĭbĭ* und *ficit* für *fēcit*. Die folgenden Beispiele nicht traditioneller Orthographie, die Änderungen der Aussprache reflektieren, werden brauchbar in Rubriken aufgelistet, die die klassischen Laute (z.B. *e* × *i*) wiedergeben, von denen die Entwicklung ausging.

*ē* × *ĭ*

*posuiru (= posuērunt), minsibus (= mēnsibus), filix, crudilitas; sene (= sine), menus (= minus), frecare, elud, elo, semul, enitio, trebuni.*

*ĕ* × *ae*

Die offene Aussprache von *ĕ* wird durch die Schreibweise *ae* angezeigt, da dieser Diphthong sich zu [ɛ] entwickelt hat (siehe unten): *baene, maerentim daeder* (= *dedĕr(unt)*).

*ō* × *ŭ*

*annus = annos, cognusco, nubis, tonecas = tunicas.*
*norus = nurus, con = cum, alonnus = alumnus;* vgl. *'coluber non colober', Appendix Probi.*

Eine Schreibweise wie *frunte* für *fronte* kann aus rein phonetischen Gründen nicht erklärt werden. Die Form ist vermutlich analog, basierend auf dem Nominativ *frō(n)s* > *frūs.*

Auch die Diphthonge wurden beträchtlich verändert. Wir haben bereits oben gesehen, daß in bestimmten ländlichen Dialekten *ae* zu *e* monophthongiert worden war. Dieser Prozeß der Monophthongierung wurde im Lateinischen üblich, wo er mit den unbetonten Silben während der republikanischen Zeit begann und sich auf die betonten Silben im ersten Jh. v. Chr. ausdehnte. Diese Änderung ist durch Schreibweisen, die *ae* und *e* austauschen, bezeugt: z. B. *baene, daeder(unt), braevis* usw.; *que* = *quae, precepto* usw. Vergleichbar wurde aus *oe e:* z. B. *penam* für *poenam, amenus* für *amoenus.* Auf der anderen Seite wurde *au* im Vulgärlateinischen beibehalten trotz der Tatsache, daß es in bestimmten ländlichen lateinischen Dialekten und in den italischen Dialekten Nord- und Mittelitaliens früh monophthongiert worden war; und es überlebt bis zum heutigen Tage im Rumänischen *(aur < aurum).* Auch im Italienischen zeigt der Vergleich zwischen *luogo* und *oro*, daß die Veränderung von *ŏ* zu *uo* vor der Veränderung von *au* < *ō* abgeschlossen sein mußte. Die Beweise aus der spanischen und französischen Sprache unterstützten die Schlußfolgerung, daß *au* im Vulgärlateinischen bewahrt wurde und daß dessen Monophthongierung unabhängig voneinander in den verschiedenen romanischen Sprachen stattfand.

In unbetonten Silben neigten Vokale dazu, instabil zu sein oder vollkommen zu verschwinden. Die Synkope war in Silben, die dem Akzent folgten, besonders häufig. Viele Eintragungen in der *Appendix Probi* belegen solche Synkopen: *speculum non speclum, vetulus non veclus, tabula non tabla,* vgl. Beispiele von Inschriften: *dulcisma, vetrani, Caesri.* In Endsilben, obwohl es qualitative Unsicherheiten (*o* × *u* und *e* × *i*) gab, wurden die Vokale bis lange nach dem Bruch der gemeinsamen romanischen Sprache bewahrt. Es bleiben die Veränderungen von *i* und *u* im Hiatus nach einem Konsonanten zu erwähnen. Daß solche Laute sogar im früheren Latein gelegentlich den Wert eines Konsonanten hatten, ist durch die Skandierung von Worten wie *dormio, facias, abiete* usw. nachgewiesen. Diese Aussprache wurde in der Zeit des Imperiums üblich. Das Alphabet hatte keine Sonderzeichen, um dieses [j] zu unterscheiden, aber die Lautänderung ist in Schreibweisen wie z. B. *abalenare, quetus* inbegriffen. Am Anfang eines Wortes und zwischen zwei Vokalen wurde das konsonantische [j] zuerst ein Reibelaut (eine Spirans) mit dem Wert von *j* und entwickelte sich dann zu einer Affrikata [dj] oder [dʒ], ein Laut, der verschiedentlich als *z* wiedergegeben wird (z. B. *Zanuarius, Zoviano*), als *s (Sustus*

*= Iustus),* als *di (codiugi = coniugi), gi (congiugi)* oder einfach als *g (Troge = Troiae).* Auch dieser Laut war das Endprodukt der Komplexe *de, di, ge, gi* (siehe unten). Das nachkonsonantische *u* hatte auch einen nicht silbischen Wert in lateinischer Dichtkunst (z. B. das disilbische *quattuor* des Ennius) und diese sporadische Sprechweise nahm deren Verallgemeinerung im Vulgärlateinischen vorweg. Auch hier ist der konsonantische Wert in *febrarius* der *Appendix Probi* und der Inschrift *quattor, Ianarius* usw. impliziert.

**Konsonanten**

In den Änderungen des Konsonantensystems sind die wichtigsten Punkte, die hervorzuheben sind:

1. Die Änderung eines intervokalischen *b* zu einem bilabialen Frikativ [β], der in der Aussprache mit dem konsonantischen *v* identisch ist (daher solche Schreibweisen wie *cuuiculo* für *cubiculo*) und die umgestellte Schreibweise von *b* für *u (unibersis, cibitatis, bixit).*

2. Palatalisierung. Vor einem Vokal entwickelte sich die Kombination *ti* zu *ty*, welches vom zweiten Jh. n. Chr. an *ts* wurde, was durch die Schreibweise *Vincentza, sapiensie, tersiu* usw. belegt ist.[5] Die Palatalisierung von *c* fand viel später statt, da es keinen eindeutigen Beleg bis zum 6. Jh. gibt. Im klassischen Latein wurde dieser Laut als Verschlußlaut [k] in allen Positionen ausgesprochen. Vor *i̯* und etwas später vor *i* und *e* wurde der Konsonant palatalisiert und ein Gleichlaut [kj] entstand. Das nächste Stadium, das vorausgesetzt wird, ist [tj], das sich wie oben zu *ts* entwickelte, während die Annäherung von *ci* und *ti* aus der orthographischen Verwechslung ersichtlich wird: *nuncius, amicicia, tercium, nacione* und *conditio, solatium. intcitamento* scheint die Aussprache als Affrikata [ts] oder [tʃ] zu beinhalten, aber die Behandlung ist in verschiedenen Gegenden des romanischen Territoriums unterschiedlich. Es ist bemerkenswert, daß die archaischeren Dialekte des Sardischen dieser Palatalisierung gegenüber immun blieben.

*g* wurde gleichfalls vor einem vorderen Vokal palatalisiert, indem es in einen Laut resultierte, der mit *i̯* identisch wurde; daher die umgekehrten Schreibweisen *gi* usw., die oben aufgeführt sind. In der intervokalischen Position, die dem Akzent vorausging, wurde der palatale Reibelaut (belegt

[5] Eine parallele Erscheinungsform ist die Entwicklung von *di* > *dy* > *dz*, ein Laut, der durch die Schreibweise *z* wiedergegeben wurde (vgl. 'solent Itali dicere *ozie* pro *hodie*' von Isidor): *zes* = *dies, oze* = *hodie, Ziomedes* usw.

durch *septuazinta*) fallengelassen: *trienta, Agrientum, quarranta* (*= quadraginta*). Vor *-m* wurde dieser Laut labialisiert: *fraumenta, sauna,* vgl. 'pegma non peuma' (*Appendix Probi*).

3. Die intervokalischen stimmlosen Verschlußlaute wurden in den westeuropäischen romanischen Sprachen stimmhaft: z. B. *logus, tridicum, fegit, quodannis.* Dieses Phänomen wird auf das fünfte Jh. und später datiert.

4. Das intervokalische *b* wurde ein bilabialer Reibelaut, wie es durch den häufigen Austausch von *b* und *u* belegt wird: z. B. 'plebes non pleuis, tabes non tauis' (*App. Probi*).

5. Das Schluß *-m* wurde von frühesten Zeiten her schwach ausgesprochen, und es gibt unzählige Beispiele seiner Auslassung in Inschriften. Aufgrund der Belege des Romanischen ging es in allen Wörtern außer den einsilbigen (daher französisch *rien* < *rem*) verloren. Das Schluß *-n* war zählebiger, und sein Verschwinden, das die romanischen Sprachen in allen Worten außer einsilbigen belegen, war vermutlich das Ergebnis unabhängiger Entwicklungen nach dem Bruch des gemeinsamen Vulgärlateinischen. Das Schluß *-t* war ebenfalls zu einem frühen Zeitpunkt in bestimmten lateinischen Dialekten verlorengegangen (s. Kap. III). Das Vulgärlateinische zeigt dieselbe Tendenz mit regionalen Unterschieden. Beispiele von Inschriften sind *ama, ualia, fecerun.*

6. Die folgenden Gruppenphänomene verdienen Erwähnung. Unter den zahllosen Beispielen der Assimilation können wir *-nd-* > *-nn-* hervorheben (z.B. 'grundio non grunnio'), was von einigen dem Einfluß des Oskischen zugeschrieben wird. *x* (d. h. *cs*) wurde zu *s(s)* assimiliert (z. B. *visit* = *vixit*). Die phonetische Äquivalenz von *x* und *s(s)* hatte umgekehrte Schreibweisen zur Folge (z. B. 'miles non milex', *App. Probi*). Die entsprechende Assimilation von *ps* wird in Pompei seit dem ersten Jh. gefunden (*isse* für *ipse*). Auch dies findet eine Entsprechung im Oskischen und Umbrischen. Die Änderung von *-rs* zu *-s(s)* offenbarte sich schon früh im Vulgärlateinischen und in lokalen Formen des Lateinischen (*susum, rusum, dossum*). In anderen Konsonantengruppen, in denen das zweite Element eine Liquida oder ein Nasal war, wurde die Aussprache durch das Einfügen einer Anaptyxe vereinfacht: z. B. *ineritia, frateres, omines, nutirices* usw. Auch hier können wir die Entwicklung eines prothetischen Vokals vor *s*, gefolgt von einem stimmlosen Verschlußlaut, klassifizieren: z. B.: *ispose* = *sponsae, iscola* = *schola, ispeculator, istatuam.*

## MORPHOLOGIE

### Das Geschlecht

Die hypothetische urromanische Sprache, die durch Analyse und Vergleich der romanischen Sprachen rekonstruiert wurde, weist ein Nominalsystem mit nur zwei Genera auf. Der Beseitigungsprozeß der Neutra begann zu einem frühen Zeitpunkt. Die Verwechslung des Genus wurde schon oben behandelt. In der Kaiserzeit wurde der Prozeß durch die Beseitigung der meisten der phonetischen Unterscheidungen zwischen Maskulina und Neutra der zweiten Deklination beschleunigt. So finden wir *fatus, caelus, monimentus* usw. Wie es jedoch häufig in Übergangszeiten geschieht, wurden vorübergehende Zunahmen von der Gruppe erzielt, die dazu bestimmt war, zu verschwinden: z.B. *titulum.* Phonetische Entwicklungen hatten dennoch die auffallendste Unterscheidung zwischen Maskulina und Neutren der zweiten Deklination unberührt gelassen – maskulin *-ī, -ōs* und sächlich *-a* im Plural des Nominativ und Akkusativ. Im allgemeinen herrschen *-ī* und *-ōs* in den romanischen Sprachen vor, aber es gab erfolgreiche Übergriffe auf den Plural: z.B. *digita* (< *digitus*), wo es durch die Übereinstimmung mit einer Substantivgruppe, die Teile des Körpers bezeichnet, unterstützt wurde – *bracchia, cubita, genua* usw. In anderen Beispielen wurde der Plural auf *-a* als ein Kollektivsingular behandelt und wurde die Basis neuer femininer Substantive der ersten Deklination: *castra, gaudia, līgna, bracchia, armenta.*

### Die Deklination

Der Verlust des Schluß *-m*, die schwache Aussprache des *-s* in einigen Regionen und der Austausch von *u* und *o* und von *i* und *e* in Schlußsilben trug viel zu der Zerstörung der phonetischen Basis des klassischen Flexionssystems bei, wie aus der folgenden Tabelle ersichtlich sein wird:

| | klass. Latein | Vulg-latein | klass. Latein | Vulg-latein | klass. Latein | Vulg-latein |
|---|---|---|---|---|---|---|
| Nom. | *-ă* | *-a* | *-us* | *-ọ(s)* | *-ĭs* | *-ẹ(s)* |
| Gen. | *-ae* | *-e* | *-ī* | *-i* | *-ĭs* | *-ẹ(s)* |
| Dat. | *-ae* | *-e* | *-ō* | *-o* | *-ī* | *-i* |
| Akk. | *-am* | *-a(m)* | *-um* | *-ọ(m)* | *-em* | *-ẹ(m)* |
| Abl. | *-ā* | *-a* | *-ō* | *-o* | *-e* | *-e* |

Diesen zerstörerischen Kräften können wir syntaktische Entwicklungen hinzufügen, die seit frühester Zeit präpositionale Ausdrücke als Ersatz für die einfachen Kasus geschaffen hatten (z. B. *ad* + Akkusativ für den Dativ, siehe unten). Die Folge dieser Entwicklungen war, daß bis zum achten Jh. die lateinischen Deklinationen auf ein Zwei-Fälle-System reduziert waren.

**Erste Deklination**

Diese Substantive erhielten Unterstützung von einer allgemeinen Tendenz hin zu einer klareren Charakterisierung des Genus. So entledigten sich die Feminina auf *-us* ihres irreführenden Anscheins: z. B. *nura, socra.* Es gab ähnliche Fälle bei anderen Typen: *coniuga, sacerda* (für *sacerdos*), *nepta, tempesta.* Die griechischen sächlichen Lehnwörter auf *-ma* waren auch in dieser Kategorie eingeschrieben, wie bestimmte griechische Substantive der dritten Deklination, die der Römer in der akkusativischen Form annahm: *hebdomada, lampada.*

Bei den Flexionen zeigt der Genitiv im Singular eine Vielzahl von Formen auf *-ae* oder *-e, -as* und *-aes* oder *-es (villaes, Quintiliaes, Prisces, sues, secundes, liberates),* wo das *-s* entweder dem Einfluß der Substantive der dritten Deklination oder der italischen Endung *-as* zuzuschreiben ist (auch erhalten in *paterfamilias*). Dative und Ablative wie *feminabus, filiabus* folgen dem Beispiel von *deabus*, aber diese sind in den romanischen Sprachen beseitigt worden. Eine kuriose Entwicklung, die anscheinend auf griechischen Eigennamen wie *Psyche, Psychenis* beruhte, war die Deklination *Anna: Annanis, mamma: mammanis.* Einige Maskulina auf *-a* wurden ähnlich dekliniert *scriba *scribanis* (> frz. *écrivain*).

**Zweite Deklination**

Auch hier finden wir eine Tendenz hin zu einer besonderen Charakterisierung des Genus in den Neutra: *vas > vasum, os > ossum.* Trotz der Beseitigung der Neutra (s. o.) überlebte die charakteristische Pluralendung *-a* in Süd- und Mittelitalien und in Dakien und wurde sogar von einigen männlichen Substantiven angenommen: *fructa, digita.* In den Flexionen findet man provisorische Abweichungen in den Dativ-Ablativformen wie z. B. *diibus, filibus, alumnibus, amicibus.*

**Dritte Deklination**

Die phonetische Entwicklung annulierte die Unterscheidung zwischen *-es* und *-is*. Daher die häufigen Verwechslungen, die die Grammatiker bemüht waren, zu korrigieren: z.B. *(Appendix Probi)* 'tabes non tauis', 'suboles non subolis', 'lues non luis', 'fames non famis' usw.

Der Nominativ Singular wurde oft unter analogischem Einfluß umgestaltet: frühe Beispiele sind *Iouis, bouis, lacte*. Weiterhin finden wir *carnis* und *stirpis*. Die *Appendix Probi* korrigiert eine Form *gruis*, während *suis* von Prudentius verwendet wird. Solche Nominative führten ein parisyllabisches System ein. Der umgekehrte Prozeß wird an den Formen *orbs* und *nubs* sichtbar, die von der *Appendix Probi* angeprangert werden.

Auch in dieser Deklination wurden die Neutra maskulin (z.B. *frigorem, pectorem, roborem*). Trotzdem registrierten die Neutra einige Gewinne: *cinus* für *cinis, cineris*, während ein **pulvus* von den romanischen Formen nahegelegt wird wie z.B. span. *polvo*. Die analoge Nivellierung hatte früh den Deklinationstyp *sanguis, sanguinis* beeinflußt und den Nominativ *sanguem* geschaffen. Später wird der umgekehrte Prozeß an dem Nominativ *pollis* für *pollen* offenbar. Ein neuer Nominativ *glandis* wurde für *glans* (s.o.) eingesetzt und dann ein neuer Deklinationsstamm *glandinis* geschaffen, mit dem wir *lendis, lendinis* vergleichen können.

An den Flexionen können wir beobachten, daß sich im Ablativ Singular *-ĕ* gegenüber *-ī* durchsetzt und im Akkusativ Plural *-ēs* gegenüber *-īs*. Die pluralischen Genitive wie z.B. *omniorum, parentaliorum* basieren auf dem Nom. Akk. *omnia, parentalia*, während *mensis* unbeständig ist, da es *mensorum* oder *menserum* bildet, je nachdem ob es mehr von *annorum* oder *dierum* angezogen wird.

Die vierte und fünfte Deklination wurden besonders in die zweite und erste übernommen. Auch dieser Prozeß hatte früh begonnen (z.B. *senati*): später weisen Inschriften häufig Formen wie z.B. *portico, mano, introito, sumptis, spirito* usw. auf. In der fünften Deklination vereinfachten die existierenden Paare wie *materies, materia* die Transformation von Wörtern wie *glacia, facia, *rabia*. *spes* und *res* schlossen sich der dritten Deklination an, aber für *spes* gab es auch eine *-n*-Form im Obliquus: *spes, spenem* (vgl. oben, über die erste Deklination).

**Die Adjektive**

Auch hier wird die Tendenz sichtbar, die Charakterisierung des Genus zu unterscheiden. Die *Appendix Probi* zum Beispiel stellt die Formen *pau-*

*pera, acrum, tristus, tetrus (= taeter)* an den Pranger. Andere Formen derselben Art sind *gracilus, sublimus, praecoca.*

Für die Steigerungsformen benutzt das Romanische die analytischen Formen mit *magis* oder *plus* entsprechend der Region (s. u.). Der Beginn des Austauschprozesses kann im Lateinischen weit zurückverfolgt werden, da besonders Komparative und Superlative der populären Tendenz hin zur 'Hypercharakterisierung' ausgesetzt waren: z. B. *magis maiores* bei Plautus. Solche Pleonasmen wurden zunehmend häufiger in der späteren vulgären Sprache, wo wir auch Formen mit doppeltem Suffix antreffen wie z. B. *proximior, extremior, pessimissimus, minimissimus* und sogar die Kombination *plus magis* und *magis plus, magis magisque amplius.*

Der Typ *miserrima* wird auf *miserissima*, vgl. *integrissima*, festgelegt. Man beachte weiter *iuvenior* und *pientissimus.*

### Die Pronomina

Bemerkenswert ist der unterschiedslose Gebrauch von *hic, ille* und *iste*, der Gebrauch von *ipse* als ein anaphorisches Pronomen, das *is* ersetzt, und die Herabsetzung von *ille* auf den Status eines bestimmten Artikels und *unus* auf den eines unbestimmten Artikels. *cuius, cui* beeinflussen weiterhin die Deklination der anderen Pronomen: z. B. *ipsuius* und *illui* (über frühere Formen, siehe S. 281 f.). Für den femininen Dativ im Singular wurden Formen wie *illae* und *illaei* gefunden. Die Demonstrativa werden durch ein vorangestelltes *ecce* gestärkt: daher frz. *cet* < *ecce istum.* Für *ipsimus*, die betonte Form von *ipse*, siehe S. 175.

Die Pronomina liefern ein interessantes Beispiel der immerwährenden Erneuerung linguistischer Elemente. Sogar in vorhistorischen Zeiten hatte das Lateinische den Demonstrativa Stärke verliehen, indem zwei verschiedene Stämme zusammengesetzt wurden: **ol-se, is-te* (s. S. 281 f.). Diese Tendenz besteht im Sprachgebrauch später Schriftsteller fort, die zwei Demonstrativa zusammenfügen: *is ipse, ipse ille.*

Die Adverbien und Präpositionen nehmen an dieser Tendenz zu einer kräftigeren Form hin teil. Es gibt viele Komposita wie z. B. *abante, ab intus, de contra, in ante* usw. und diese wurden oft als Präpositionen verwendet. Zusammengesetzte Präpositionen sind: *de post, de super, de inter.* Auch Präpositionalsätze fungieren als Präpositionen: z. B. 'per girum ipsius colliculi', 'in giro parites ecclesiae', 'de latus montem', 'de latus casa' *(Per. Aeth.).*

**Die Verben**

Die Verwechslung des Deponens und des aktiven Verbs dauert an: *sequis* (vgl. *loquis* von Petronius), *conarit, deprecebat, miraret;* aber *doleatur, dubitamur, uetor, obitus sum, iuuantur* (nach dem Vorbild von *auxilior, opitulor* gestaltet). Die charakteristischen Passivformen auf *-r* sind im Romanischen verschwunden, wo sie durch Periphrasen des Partizip Perfekt und des Verbs 'sein' *(amatur > amatus est)* oder durch reflexive Ausdrücke abgelöst werden. Beide Ersatzformen wurden im Vulgärlateinischen gefunden. Die reflexiven sind besonders häufig in der dritten Person, wo das Subjekt eine Sache ist, da der Prozeß auf Verkörperungen wie z.B. 'Myrina quae Sebastopolim se uocat' (Plinius *N. H.* 5. 121) beruht. Manchmal sind reflexive und passive Konstruktionen kontaminiert, z.B. *se extinguitur.*

Die Tendenz zur Unordnung in den Konjugationsklassen des Präsens besteht fort (s.o. über *sonĕre, tonĕre, fulgĕre, fervĕre* usw.). Aber während früher die dritte Konjugation Übertritte zur zweiten erlitt, wurde dieser Prozeß später umgekehrt und Veränderungen, veranschaulicht an *lugunt, pendunt, miscĕre* und *ridĕre*, resultieren in der faktischen Beseitigung des *-ēre* Typs in einigen Zweigen der romanischen Sprachen, obwohl er im Spanischen triumphierte. Man beachte jedoch, daß die vergleichende romanische Linguistik es für nötig hält, **sapēre* (basierend auf dem Perfekt *sapui*) und **cadēre* zu postulieren. Das letztere mag dem Einfluß von *iacēre* zuzuschreiben sein, aber diesem Verb bezeugen Inschriften *iacio* und *iacis.* Diese mögen natürlich phonetische Varianten sein, die der Verwechslung von *e* und *i* wie in *iubis* zuzuschreiben wären, aber der Übergang zur vierten Konjugation wird an *doliens, libiens* und an *florivit, florire* belegt, während *doleunt* wahrscheinlich eine graphische Wiedergabe von *doliunt* ist. Die vierte Konjugation übernimmt auch Abkömmlinge der dritten – *disciunt, serpio, *lucire, gemire.*

Ursprünglich waren die Flexionen allein ausreichend, um die Personen anzugeben, und die Pronomen *ego, tu* usw. wurden zur Betonung verwendet. In der geläufigen Sprache wurde ihr Gebrauch zur Gewohnheit und ihre Bedeutung geschwächt, so daß sie zuletzt auf den Status von Präfixen reduziert waren: *j'aime, tu aimes, il aime.*

Bei den Personalendungen verursachten phonetische Entwicklungen den Verlust des *i* beim Hiatus *(-io > -o, -iunt > -unt)* und die Auflösung der Unterscheidung in der Aussprache zwischen unbetonten *-ēs* und *-is* oder *-et* und *-it.* Die *Peregrinatio Aetheriae* weist eine Vorliebe für die Schreibweisen *contiget, benedicet, colliget, prendet* auf. Die entsprechenden Pluralformen *ponent, tendent, vadent, tollent, reponent* können natürlich keine phonetischen Äquivalente des korrekten *-unt* sein. Angesichts der Tatsache, daß die zweite Konjugation im Vulgärlateinischen dem Tode geweiht war, könnte vermutet werden, daß Aetherias Vorliebe die Reaktion überängstlicher Unwissenheit gegenüber dem donnernden *'pendent non pendunt'* des Schulmeisters gewesen ist, jedoch hat sich *-ent* in Spanien durchgesetzt, und es gibt Anzeichen dafür, daß Aetheria aus Galizien kam.

Unter den Tempora erfuhr das Imperfekt geringe Veränderungen und hat in den romanischen Sprachen nahezu unangetastet überlebt, außer daß *-iebam* > *-ebam* wurde. Jedoch bestanden die *-ibam* Formen in der gesamten Latinität fort.

Die Indikative des Futurs waren im Lateinischen ursprünglich entweder alte Konjunktivformen *(legam)* oder mit dem Verb 'sein' verbundene Formen *(-bo)* (s. S. 297f.). Die gesamte Geschichte des Lateinischen hindurch blieb dieses Tempus seinem modalen Ursprung ('voluntativ') treu: einerseits wurde der Indikativ des Futurs mit imperativischer Bedeutung verwendet, während der Konjunktiv andererseits die Zukunft ausdrückte. Auch im Romanischen, aus dem die alten Futurformen verschwunden sind, ist ihr Platz von Periphrasen mit modaler Bedeutung eingenommen worden: (1) *facere volo,* (2) *facere debeo,* (3) *facere habeo.* Im späten Latein finden wir ausreichende Spuren dieser Entwicklung: (1) ist im Rumänischen erhalten, (2) erscheint im Sardischen und (3) in den andern romanischen Sprachen. Diese letzte Konstruktion hatte ursprünglich die Bedeutung von 'müssen' (z.B. 'uallem nos trauersare habebamus', *Per. Aeth.* 2. I), jedoch sind Beispiele der reinen Bedeutung des Futurs häufig genug im späten Latein. Die klassischen Typen der verschiedenen Konjugationen wurden gelegentlich vertauscht: mit den atellanischen Formen *dicebo, vivebo* (s.o.) können wir z.B. *infereuit (= inferebit)* vergleichen, während die zweite Konjugation oft ihre Futurform auf *-am* bildet: z.B. *habeam, lugea(t).*

Im Perfekt neigen die unregelmäßigen ('starken') Stammformen dazu, durch regelmäßige ('schwache') Formen ersetzt zu werden: so tritt *praestaui* für *praestiti* auf und *saliui* für *salui.* Im geläufigen Sprechen wurden für den Perfekt mit *-v-* immer die verkürzten Formen *-asti, -astis, -arunt* bevorzugt. Da der Prozeß seinen Ursprung im rein phonetischen Verlust des *-v-* zwischen gleichartigen Vokalen *(deleuero > delero)* hatte, wurde er von entspechenden Einflüssen fortgeführt. So finden wir *-āi (probai, calcai)* nach dem Modell von *-ii.* In der dritten Person des Singulars belegen Inschriften die Form *laborait* (auch im Altsardischen erhalten). Am zahlreichsten aber sind Beispiele von *-aut* (*pedicaut, triumphaut, donaut* usw.), welche die Urform der romanischen Endungen ist (it. *amó, amao;* zur phonetischen Entwicklung vgl. *auca* < *avica*).

Unter den starken Perfektformen zeigt der reduplizierte Typ noch immer sein Expansionsvermögen: *impendidi, edidit, prandiderit.* Diese analogen Formen waren auf Dentalstämme beschränkt (Modell *credo, credidi*); woanders wurden die reduplizierten Formen ausgesondert, während im Romanischen nur *dedi* und *steti* überlebten. Auch der Typ mit langem Vokal verliert an Boden: z.B. *lexerit* für *lēgerit, capui* für *cēpi.* Der *-si* Typ war am stärksten, der im späten Latein und Romanischen beträchtlich an Boden gewann ('Im Vulgärlateinischen gab es wahrscheinlich an die dreißig oder mehr neue Zusammensetzungen', Grandgent). Der Typ auf *-ui* drang in die zweite und dritte Konjugation ein, wenngleich er seine Stellung in der ersten und vierten Konjugation verlor, wo er anomal war: der Prozeß kann früh entdeckt werden (z.B. *parcuit* (Naevius), *serui* (Ennius)). Beispiele, die von Inschriften geliefert werden, sind *reguit, coguit, conuertuit* und sogar *fecuit* während die romanische Philologie **bibui, lēgui, uīdui* usw. postuliert.

Unter den Flexionen des Perfekts gibt es im Romanischen keine Spur des archaischen *-ēre* oder der Form *-ērunt*, die in der klassischen Literatur vorherrscht. Folglich muß die Form *-ĕrunt* mit kurzem Vokal, die bei den Lustspieldichtern gefunden wurde, im geläufigen Sprechen fortbestanden haben.

## SYNTAX

Nur einige der wichtigsten Eigenschaften werden erörtert werden.

### Der Gebrauch der Fälle

Über die Evolution des Zwei-Fälle-Systems s.o.

Die ab Plautus zu beobachtende Tendenz, Präpositionalsätze für einfache Fälle zu verwenden, erhält neuen Anstoß vom phonetischen Verfall der Flexionen (s. S. 183f.): so ersetzte *ad* mit Akkusativ den Dativ (*ad eum dicit, ad febricitantes prosunt* usw.). Da die Begriffe für *wo* und *wohin* verwechselt worden waren (s. unten S. 200), tritt *ad* mit Akkusativ für Lokativausdrücke ein ('fui ad ecclesiam', *Per. Aeth.*), jedoch wurden Beispiele bei Städte- und Ländernamen schon seit Livius gefunden (s. Syntax).

Gleichermaßen wird der reine Ablativ durch Periphrasen mit *ex, ab* und *de* ersetzt, wobei dem letzteren in der geläufigen Sprache der Vorzug gegeben wird *(de nauibus egredi, de palatio exit, de marmore facta)*. Sogar der kausale und instrumentale Ablativ wurden so ersetzt: *fatigati de uigiliis, de oculis tangentes crucem, ungeatur . . . de illo oleo (Per. Aeth.)*. *In* mit dem Lokativablativ erscheint in Ausdrücken der Zeit im Gegensatz zum klassischen Gebrauch (s. Syntax).

Von Plautus an kann man Beispiele für *de* mit Ablativ als Ersatz für den Genitiv finden *(dimidium de praeda)*: später entwickelte sich dieser Gebrauch so weit, daß er ohne bestimmendes Substantiv verwendet werden konnte: 'ampullam in qua de oleo . . . continebatur' *(Vita Aridii)*.

Nach Präpositionen gab es häufig Verwechslungen zwischen Ablativ und Akkusativ *(ab hortu(m), con quen, cum libertos, ex donationem, pro salutem, pro hoc ipsud, sine lesionem, a monazontes, de hoc ipsud, de carnem; contra ipso loco, uenit in ciuitate sua)*. Aber viele dieser Beispiele haben natürlich nur orthographische Bedeutung angesichts des Verlustes von *-m*.

**Das Verb**

Das klassische lateinische Perfekt besaß zwei Funktionen – Aorist 'ich sagte' und Perfekt 'ich habe gesagt'. Die Bildung einer periphrastischen Form, um den 'gegenwärtigen Zustand' auszudrücken, begann früh, z. B. 'multa bona bene parta habemus' (Plautus) aber ihre volle Entwicklung wurde erst in einer späteren Periode erreicht: z. B. 'haec omnia probatum habemus' (Oribasius) und 'episcopum inuitatum habes' (Gregor von Tours). Von den nicht finiten Verbformen blieben nur der aktive Infinitiv Präsens sowie das Partizip Präsens und Perfekt unangetastet. Das Supinum wurde im allgemeinen durch den Infinitiv ersetzt, hat aber im Rumänischen überlebt. Am hartnäckigsten war es in bestimmten festgelegten Sätzen z. B. *dormitum ire*, für die spätere Autoren oft die Variante *dormito vadit* (vgl. 'reponent se dormito' von Aetheria) verwendeten. Auch das Gerundivum wurde durch den Infinitiv ersetzt, aber es diente im modalen Ablativ als Ersatz für das Partizip Präsens (z. B. 'redire . . . dicendo psalmos' von Aetheria), ein Sprachgebrauch, dessen Anfänge bis zu Plautus zurückverfolgt werden können (s. S. 350 f.). Das Gerundivum tritt im späten Latein als Ersatz für das passive Partizip des Futurs auf. Ursprünglich war es nicht von Aktiv oder Passiv abhängig (z. B. *secundus* = 'folgend') und Plautus benutzt es in einem Sinne, der dem eines aktiven Partizips der Zukunft nahekommt ('haecine ubi scibit senex, puppis pereundast probe', *Epid.* 73, 74). Auch im späteren Latein kommen Beispiele vor, wo ein Gerundiv wie *moriendi* gleichbedeutend ist mit *morituri*. Auch hier finden wir ein typisches Charakteristikum einer Übergangszeit, in der eine aussterbende Form ein Lebenszeichen von sich gibt: folglich wird *recepturus* für *recipiendus* und *scripturas* für *scribendas* verwendet. Schließlich tritt das Gerundiv im Nominativ auch als Ersatz für das Partizip Präsens auf: *iubandi sunt* 'sind hilfreich' = *iuuant* (Oribasius). Das aktive Partizip des Futurs ist im Vulgärlatein selten, wird aber in periphrastischen Ersatzformen für das Futur verwendet: z.B. *redditurus sit (Per. Aeth.)*. Auch das Partizip Präsens kommt in Periphrasen vor. Im Romanischen überlebt es als Adjektiv, da sich das Gerundium seiner partizipialen Funktion bemächtigt hat. Der passive Infinitiv des Präsens und der Infinitiv des Perfekt sind im Romanischen verschwunden. Daß der Infinitiv des Perfekt dem Tode geweiht war, wird an der Tatsache deutlich, daß späte Autoren es oft als Ersatz für den Präsens verwenden.

Die folgenden Punkte sind in der Syntax der Modi von Bedeutung. Der Konjunktiv wird in vielen Konstruktionen durch den Indikativ ersetzt, der seit frühen Zeiten in indirekten Fragen gefunden worden war. Später kommt er in vielen anderen Konstruktionen vor: in Konsekutivsätzen (z.B. 'ecclesia ualde pulchra . . . ut uere digna est esse domus Dei', *Per. Aeth.*); nach dem kausalen *cum* ('cum his omnes tam excelsi sunt'); nach Ausdrücken des Zweifels ('procul dubium est quod . . . permansit', Greg. T.). Der Konjunktiv wird jedoch für den klassischen Indikativ in verschiedenen Typen von Nebensätzen gefunden, und er tendiert dazu, ein bloßes Zeichen der Unterordnung zu werden. Wir finden ihn zum Beispiel nach dem kausalen *quod* ('Iulia . . . fecit quod Ambibolus frater negligendus facere noluerit', Diehl 1481); in Temporalsätzen, die durch *priusquam, dum* usw. eingeleitet werden ('tu dum esses ad superos nemo mihi formonsior ulla', Diehl 1373). Besonders charakteristisch für das späte Latein ist der Konjunktiv (obwohl auch Beispiele des Indikativ vorkommen) in Hauptsätzen, die durch *quod, quoniam* und *quia* nach Verben des Sagens usw. eingeleitet werden, als ein Ersatz für den klassischen Akkusativ und den Infinitiv.

### Der Wortschatz

Bevor man die Beziehung des Wortschatzes des allgemein gesprochenen Lateins mit dem der Literatur in Betracht zieht, wäre es angebracht, noch einmal daran zu erinnern, daß es im Lateinischen keinen uniformen literarischen Wortschatz gibt. Das Lexikon war sozusagen eine Kommode, die in jeder Schublade Wortkleider enthielt, die den verschiedenen Gelegenheiten angemessen waren. Löfstedt hat darauf hingewiesen, daß die

Unterscheidung, die von altmodischen Handbüchern der Synonyme zwischen *portāre* 'eine schwere oder lästige Last tragen' und dem farbloseren *ferre* gemacht wurde, nicht gültig bleibt. Die Unterscheidung ist eher eine des Stils. Der Autor des *Bellum Africanum* zum Beispiel verwendet *sarcinas in aceruum comportare* (69,2), wohingegen der strenge Klassizist Caesar *cōnferre* verwendet. Dieselbe Beziehung existiert zwischen *dēportāre* und *dēvehere* sowie zwischen *se reportāre* und *se ferre.* Also haben die romanischen Sprachen mit *portare, porter* usw. das Wort erhalten, das wir dem *genus demissum* zuschreiben können. Dasselbe gilt auch für die Synonyme *grandis* und *māgnus:* das *Bellum Africanum* gebraucht *grande praesidium* usw. wo Caesar *māgnus* vorzog, und die romanischen Sprachen bekräftigen die Unterscheidung (frz. *grand*, ital. *grande*). Nicht weniger erhellend ist die Beziehung von *occīdere* und *interficere.* Das ersterwähnte Verb mit seiner offenbaren etymologischen Verbindung mit *caedo* hatte eine drastischere Bedeutung, 'niederschlagen, abschlachten', gegenüber dem farblosen euphemistischen *interficere*, 'umbringen'. Es ist *occīdere*, das bei Plautus und Terenz, bei Petronius, Aetheria, der *Mulomedicina*, Oribasius und den *Defixiones* vorherrscht, wo wir auch die verstärkte zusammengesetzte Form *peroccīdere* finden (s.u.). Es bleibt hinzuzufügen, daß das Romanische *occīdere* erhalten hat (ital. *uccidere*), aber nicht *interficere.*

Mit dieser grundlegenden Unterscheidung von Stil und Genera im Gedächtnis können wir behaupten, daß der Grundwortschatz im allgemeinen Sprechen des frühen Imperiums kaum von dem des literarischen Lateins abwich. Die Umgangssprache wird natürlich durch ihre Vorliebe für farbenfrohe und drastische Ausdrücke, die mit dem Generationenwechsel ihre Bedeutung und Betonung verlieren, charakterisiert. Ein Kind, das von Anfang an und immerfort das Wort 'Visage' hört, wird es ganz unschuldig als den normalen Ausdruck gebrauchen. Durch diesen weltweiten Prozeß linguistischer Abnutzung verloren die lateinischen frequentativen und inchoativen Verben allmählich ihre ursprüngliche Bedeutung und ersetzten die einfachen Verben, von denen sie abgeleitet worden waren. So überdauern nur *cantāre, adiūtāre, iactāre, pēnsāre, saltāre* im Romanischen: z.B. frz. *chanter, aider, jeter, penser, sauter.*

Von großer Bedeutung für das Romanische sind auch die inchoativen Verben auf *-ēscere* und *-īscere (cānēscere, virīscere, flōrēscere, dormīscere).* Jedoch ist ein anderes deutliches Anzeichen für das fortwährende Streben nach kraftvollen Ausdrücken in der geläufigen Sprache deren Vorliebe für Wörter vollständigerer Form. Wie von Wackernagel hervorgehoben wurde, ist der Imperativ von *scīre* im Lateinischen *scīto* und nicht *scī.* So wird auch in der lateinischen Bibel *esto* für *es* verwendet und *vāde* tritt an die Stelle von *ī*, wohingegen im Plural *īte* erscheint und niemals *vādite. vadis vadit* verdrängen *is, it* auch im Indikativ, während eine Grammatik, die nur die Formen größter Häufigkeit registriert, im Konjunktiv *vadam, vadas, vadat, eamus, eatis, vadant* konjugieren würde. Sehr ähnliche Beobachtungen wurden über den Gebrauch der Verbformen von 'gehen' bei anderen 'vulgären' Autoren gemacht: die einsilbigen Formen wurden vermieden und durch die entsprechenden Formen von *vādere* und *ambulāre* ersetzt. So weicht auch *diū* Ausdrücken wie z.B. *longo tempore, tot* und *quot* weichen *tanti* und *quanti, vir* weicht *homo* usw. Wie stark diese Abneigung gegenüber sehr kurzen Wörtern war, wird anhand einer interessanten Beobachtung, die Löfstedt gemacht hat, gezeigt: der medizinische Schriftsteller Theodorus Priscianus gebraucht normalerweise das Präsens, wenn er die Behandlung von Patienten beschreibt (*nutrio, concedo* usw.), wo er jedoch das Verb 'geben' verwenden müßte, benutzt er den Futur *dabo*, um das einsilbige *do* zu umgehen. Ein wichtiges Resultat dieser Vorliebe für längere Wörter war die Vorherrschaft, die zusammengesetzte Verben über die entsprechenden einfachen Formen erzielt hatten. Ein vorhandenes Beispiel ist die Verdrängung von *edō* (das sowieso auch noch wegen seiner anomalen Konjugation *edo, ēs, ēst* benachteiligt war) zugunsten von *comedō*, dem das Präfix des Verbs ursprünglich die vollständige Bedeutung 'aufessen' verliehen hat. Die folgenden Beispiele sind einige von vielen für die Präferenz von zusammengesetzten Verben im Vulgärlateinischen: *pertrānsīre, perexīre, percōnfirmāre, dissēparāre, perdiscoperīre, condūcere, expandere.* Bei den Substantiven und Adjektiven wurden schon die Vorliebe der populären Sprache für vollständigere und ausdrucksstärkere Verkleinerungsformen und deren Widerspiegelung im Wortschatz der romanischen Sprachen erörtert. Es gibt eine Unzahl von Beispielen: *avicellus (oiseau), soliculus (soleil), genuculum (genou), agnellus (agneau), cultellus (couteau), vetulus,* auf *vetlus* reduziert und *veclus* ausgesprochen (it. *vecchio*, frz. *vieux*).

Der vulgärlateinische und romanische Wortschatz liefern viele andere Beispiele der Beseitigung von üblichen Gemeinplätzen und Höflichkeitsfloskeln durch höchst farbenfrohe Äquivalente aus dem Slang. Zum Beispiel wurde das Wort *testa* 'Steinguttopf' in dem übertragenen Sinn 'Schale' von Varro und Cicero verwendet. Später taucht es mit der Bedeutung 'Schädel' auf und schließlich bekam es die normale Bedeutung von 'Kopf' (frz. *tête* usw.). Eine Passage des atellanischen Schriftstellers Pomponius (179) liefert den Schlüssel zu der Art von Kontext ('Ich werde dir den Kopf abreißen'), in dem dieser Bedeutungswandel sich vollzog: 'iam istam caluam colapis comminuissem testatim tibi', wo *testatim* = 'in tausend Stükken'. So wird auch *bucca* '(aufgeblasene) Backe' (vgl. 'puls in buccam ueniet' von Pomponius) gelegentlich für 'Mund' verwendet (vgl. 'quod in buccam uenerit scribito' von Cicero, *ad Att.* I. 12. 4), während man in verschiedenen romanischen Dialekten Abkömmlinge anderer ausdrucksstarker Äquivalente findet: *gula, gurges, gurga, spatula* 'Schaufel' wurde für das 'Schulterblatt eines Schweins' gebraucht und dann zum gebräuchlichen Wort für 'Schulter' (vgl. *épaule* usw.). Als Parallele zu dieser Verallgemeinerung von Wortbedeutungen, die klar und deutlich Tiere betrafen (vgl. den Gebrauch im deutschen Slang von *fressen* für *essen*), können wir *gamba* (von griech. καμπή) zitieren, welches der Terminus technicus für ein Gelenk in der Hinterhand eines Pferdes war. Die romanische Bedeutung 'Bein' *(jambe)* erscheint in einer Glosse: *crura: gambe, tibie* (*CGL* 5, 495). Auch *perna*, genaugenommen 'der Schinken eines Schweins', erscheint im Spanischen als *pierna* und im Portugiesischen *perna* 'Bein'. Bedeutungsvolle Ausdrücke werden auch unter den Verben, die gemeinsame Aktivitäten betreffen, gefunden; z.B. 'sich unterhalten' *(gārrīre, gārrulāre, fābulārī, parabolāre);* ein anderes ausdrucksstarkes Wort dieser Gruppe, *muttīre,* basiert auf *muttum* (verwendet in dem Ausdruck *muttum nullum* 'halte den Mund!'), welches der Vorgänger des frz. *mot* ist; 'suchen' *(circāre, chercher)*; 'essen' (*mandūcāre, pappāre* vgl. *CGL* 5, 525, 15: 'ut dicamus infantibus papa', d.h. *manduca*); 'gehen, verlassen' *(salīre)*; 'ankommen, sich nähern' (*se plicāre*, vgl. span. *llegar*); 'sich beeilen' *(addēnsāre). mittere* und *conicere* treten an die Stelle von *pōnere* und *locāre*, während *ēicere*[6] nichts anderes als 'herausstrecken, herausziehen' bedeutet. Eine im klassischen Latein unterrichtete Hebamme würde über den Rat, den ihr Soranus gegeben hat, überrascht sein; aber sein *foras eiciat* bedeutete lediglich 'laß sie das Baby herausziehen' und nicht 'wirf es heraus'.

Das Streben nach Bedeutsamkeit spiegelt sich auch in pleonastischen Ausdrücken wider (s.o., S. 80f.): *par idem, omnes uniuersi, ceteri alii, omne totum, ambo duo, singulis diebus cottidie, sursum ascendere, intus penetrare, ante praeparatus, amplius augmentare* und sogar *muliebria feminarum*. Dieselbe Tendenz produziert doppelte Adverbien, Konjunktionen und Präpositionen, *tum deinde, itaque ergo, ergo igitur, deinde postea, paene uix, ita sic, sic taliter, ut quia, nec non etiam* usw.

Bestimmte charakteristische Züge des späten Lateins, die in der vorhergehenden Analyse erwähnt wurden und von denen einige im Romani-

[6] Siehe oben, S. 172.

schen überlebt haben, sind auch im frühen Latein nachgewiesen worden, wurden aber in der Sprache der klassischen Autoren nicht verwendet. Dieses Phänomen der 'klassischen Lücke' wurde schon vor langer Zeit von F. Marx erörtert. Zum Beispiel wurde *fābulārī*, wie wir in Kapitel IV sahen, andauernd von den Komödienautoren als eines der umgangssprachlichen Wörter für *dīcere* verwendet. Es wurde von Caesar und Cicero gemieden, aber dennoch ist durch die Tatsache, daß es heute im span. *hablar* weiterlebt, bewiesen, daß es in dauerhaftem umgangssprachlichem Gebrauch verblieb. Noch ein anderes spanisches Wort *mozo* (portugiesisch *moço*) 'junger Bursche' stammt von *musteus* ab, während *mustus* ein ländliches Wort mit der Bedeutung 'neu, frisch' von Cato für ein junges Lamm und von Naevius für ein Mädchen *(uirgo)* gebraucht wird. Jedoch kennt die klassische Literatur nur das substantivierte *mustum*, 'neuer Wein'. Unter den frühen griechischen Worten, die in die populäre Sprache gelangten, war *campsāre*, ein Seefahrtsbegriff, der 'ein Kap umsegeln' usw. bedeutete (s. o. S. 87). Dieses Wort tritt bei Ennius in Erscheinung, wird jedoch aus den Augen verloren, bis es nach vielen Jahrhunderten in der *Peregrinatio Aetheriae* wieder mit einer geringen Bedeutungsveränderung auftaucht, 'von einer Straße abbiegen', wobei der semantische Ablauf offensichtlich folgender ist: 'umrunden (ein Kap usw.)' > 'den Kurs, die Richtung ändern' (vgl. *CGL* iv. 227. 38, 'deverticulum, ubi camsatur'). Dieses Wort besteht im italienischen *cansare* fort. Löfstedt, der dieses Thema erörtert hat, bemerkt, daß das Adjektiv *cānūtus* in einem Fragment von Plautus gefunden wurde und daß es dann in den spätlateinischen *Acta Andreae et Matthiae* auftaucht und im italienischen *canuto* usw. überlebt. Auch *minăciae,* welches von Plautus ist und im *Liber ad Gregoriam* (5. Jh.) wiederauftaucht, ist der Vorfahr des frz. *menace* und ital. *minacci.* Die Abwesenheit solcher Wörter in klassischen Texten (außer insoweit sie durch den begrenzten Themenbereich, der von der klassischen Literatur abgedeckt wurde, erklärt werden könnte, daß also keine Gelegenheit bestand, bestimmte Wörter zu benutzen) mag puristischer Verwöhntheit in linguistischen Angelegenheiten zuzuschreiben sein, der *elegantia* und der Umgehung von *rusticitas*, die im vorhergehenden Kapitel erörtert wurden. Auf diese Art und Weise wird ein selektiver Schirm zwischen den modernen Beobachter und die lebende Sprache eingefügt. Später wurden Löcher in diesen Schirm gerissen, aber er wurde niemals vollkommen beseitigt, so daß ein großer Teil des gesprochenen Lateins unserer Einsicht entzogen war, bis es in den romanischen Sprachen in Erscheinung trat.

Schwieriger ist der offensichtliche Widerspruch zu erklären, daß viele 'Vulgarismen' in der Sprache der Poeten vorkommen. Zum Beispiel kommt das pleonastische *nec nōn et* besonders im späteren Vulgärlatein häufig vor. Beispiele findet man bei Varro, aber es ist bezeichnend, daß der Ausdruck viel häufiger in *de re rustica* als in *de lingua latina* anzutreffen ist, welche einen höheren stilistischen Anspruch hat. An Beispielen fehlt es jedoch auch bei Virgil, Lucan, Statius und anderen Dichtern nicht. Weiterhin sind Sammelwörter im Singular wie *mīles* eine häufige Ausdrucksweise bei den augusteischen und späteren Dichtern sowie in der dichterisch gefärbten Prosa von Livius und Tacitus. Am anderen Ende der Skala können Beispiele aus der *Mulomedicina Chironis* und der *Peregrinatio Aetheriae*, um nur zwei Quellen der vulgären Latinität zu nennen, zitiert werden. Beim Gebrauch des Dativs können wir ähnliche Zusammenhänge der beiden Gebrauchssphären beobachten. Adnominale Dative ähnlich wie Vergils *miseris uelamina nautis* und Tacitus' *ministros bello, seditioni duces* sind vergleichbar mit Catos *satui semen*, und der Befund im Romanischen zeigt, daß der Gebrauch in der populären Sprache fortbesteht. Auch der sogenannte 'sympathetische Dativ' ist ein deutliches Charakteristikum des populären Lateins, der bei Plautus, in den vulgärsprachlichen Dialogteilen des Petronius und in den späteren Quellen des Vulgärlateinischen beobachtet werden kann. Außerdem ist er auch noch eine Lieblingsausdrucksweise bei den Dichtern des augusteischen Zeitalters. Ein umgangssprachliches Beispiel für den adverbialen Gebrauch des prädikativen Adjektivs wurde schon aus den ciceronianischen Briefen *(nullus tu quidem domum)* zitiert, und er ist durch die gesamte Geschichte des umgangssprachlichen Lateins hindurch von Plautus (*is nullus uenit, citus e cuneis exsilit* usw.) bis hin zu späten Beispielen wie *festinus uenit (Vitae Patrum)* belegt. Aber die Dichter liefern nicht weniger eindrucksvoll eine Reihe von Beispielen: z.B. Livius Andronicus' *citi . . . uenimus* und Virgils *soluite uela citi.*

Die Erklärung des Phänomens wird durch die Beobachtung nahegelegt, daß der 'sympathetische Dativ' wärmer und vertraulicher vom Charakter her ist als die entsprechende Genitivkonstruktion – kurz gesagt: die Erklärung ist, daß die Übereinstimmungen im Gebrauch an entgegengesetzten stilistischen Polen gemeinsame psychologische Wurzeln haben. Unter dem Einfluß der persönlichen Situation greift der Sprecher, der nichts für Logik übrig hat, eher anspielend und elliptisch als klar und präzise auf jene lebhaften und warmen, anregenden und farbenfrohen Ausdrucksweisen zurück, die auch gut für die Dichtung geeignet sind. Populäre Ausdrücke waren unzweifelhaft ein bewußtes Hilfsmittel in bestimmten Genera der Dichtung (z.B. *unt, cūlus, uerpa, futuere, nummī* bei Catull = *pecūnia* und ähnliche Phänomene in den Satiren von Horatius), jedoch muß die Dichtung, die in der Technik so geregelt war wie die der Schriftsteller im augusteischen Zeitalter, nicht weniger vom Vorwurf der 'Vulgarismen' entlastet werden als die Prosa des Tacitus mit ihrer unablässigen Suche nach σεμνότης. In unserer stilistischen Analyse muß der Bindestrich aus der Bezeichnung 'vulgär-poetisch' weggelassen werden. Dasselbe gilt für 'vulgär-archaisch' (s. o.). Ländliche Dialekte erhalten oft im gemeinsamen Gebrauch viele Begriffe, die schon lange aus der Hochsprache verschwunden sind. Ein Gärtner aus Cheshire gab mir einmal den Rat, daß in meinem ausgelaugten Acker Gräben gegraben werden müßten ('trenchdelving'), wobei er ein Wort benutzte, das mir vorher nur von der Poesie her vertraut war ('the deep-delved earth'). Es waren sicherlich solche Beispiele, die Ciceros Aufmerksamkeit weckten: 'rustica uox et agrestis quosdam delectat, quo magis antiquitatem, si ita sonet, eorum sermo retinere uideatur' (*de or.* 3. II. 42). Solche Charakteristika verdanken ihre Einbeziehung in die gehobene Poesie und die majestätische Prosa ihrer *antiquitas*. Die Gesetze der Genera würden normalerweise einen strengen Ausschluß all dessen, was 'ländlich' oder 'vulgär' ist, mit sich bringen.

Das Vulgärlateinische, das wir kurz in der vorhergehenden Analyse charakterisiert haben, wurde von römischen Söldnern, Verwaltern, Siedlern und Händlern in die verschiedenen Gebiete des wachsenden Imperiums gebracht. Sizilien, Sardinien, Korsika, Dalmatien sowie die Süd- und Ostküsten Spaniens waren bis zum Ende des dritten Jahrhunderts v. Chr. unter römische Herrschaft gebracht worden, und die Expansion ging weiter, bis das römische Imperium mit der Eroberung Dakiens durch Trajan seine größte Ausdehnung erreichte, die Britannien im äußersten Westen und die hellenistischen Königreiche im Osten umfaßte, wobei die Nordgrenze am Rhein und an der Donau verlief. Der Druck des Lateins auf die einheimischen Völker dieses ausgedehnten Gebiets schwankte entsprechend dem Zivilisationsgrad, den sie erreicht hatten. Ganz allgemein kann man sagen, daß in jenen Regionen, wo die griechische Zivilisation und Sprache fest verankert waren, die lateinische Sprache geringe Fortschritte machte (s. u.). Im Westen jedoch unterwarfen sich die Einheimischen in nicht geringerem Maße der Kultur und der organisierenden Gabe ihrer neuen Herren, als sie sich ihrer überlegenen militärischen Technik unterworfen hatten. Die Folge war, daß eine gemeinsame Zivilisation entwickelt wurde, die nur wenig von Land zu Land variierte. Das Lateinische, als Sprache der neuen herrschenden Macht, wurde von den einheimischen Aristokraten und letztendlich von allen Teilen der Bevölkerung angenommen, bis die Muttersprachen, mit Ausnahme einiger vereinzelter Nischen, ausgestorben waren. Dieser Prozeß ging zweifellos stufenweise vor sich und betraf zuerst die neuen romanisierten Städte, bevor er sich von dort auf das Land ausdehnte. Obwohl die Expansion des Imperiums schnell vor sich gegangen war, waren darüber mehr als 300 Jahre zwischen der Einverleibung Sardiniens und der Eroberung Dakiens verstrichen. Während dieser Periode hatte sich das Lateinische wie alle Sprachen weiter entfaltet und es ist sicher, daß das Lateinische der Siedler im dritten Jahrhundert v. Chr. verschieden war von dem der Legionäre Caesars im ersten Jh. v. Chr. und Trajans im zweiten Jh. n. Chr. Wenn wir dazu die immense Verschiedenartigkeit der Rassen, Sprachen und Kulturen unter den unterworfenen Völkern sowie die merklichen Unterschiede der römischen Politik ihnen gegenüber hinzufügen, könnte der Philologe getrost davon ausgehen, beträchtliche Dialektunterschiede in einer Sprache zu beobachten, die über ein so ausgedehntes Gebiet verstreut war und als Fremdsprache von Völkern solch unterschiedlicher Hintergründe erworben worden war. Trotz gewissenhaftester Analyse der verfügbaren Dokumente aus den verschiedenen Teilen des Kaiserreichs belaufen sich jedoch die nachgewiesenen regionalen Besonderheiten auf nur wenige Nebensächlichkeiten. So bemerkt H. F. Muller *(A Chronology of Vulgar Latin)*, daß die Sprachwidrigkeiten in der Merowingerzeit, die zunehmend geschriebene Dokumente entstellten, praktisch in der gesamten westlichen Romania gleich waren. Entwistle bemerkt ebenfalls, daß 'jene Vulgarismen, die in den spanischen Inschriften vorkommen, eher typisch für die gesamte Romania als insbesondere für Spanien sind und nicht selten im Gegensatz zu den späteren Sprechgewohnheiten auf der Halbinsel stehen' (*Spanish Language*, 51). Es ist wahr, daß die vorrömischen Einwohner bestimmte begrenzte Beiträge zum Wortschatz des gesprochenen Lateins in ihren jeweiligen Territorien machten. Diese beziehen sich in der Hauptsache, wie man erwarten sollte, auf Gegensätze und Handlungen, die für die einzelnen Gegenden eigentümlich sind. So überdauern bestimmte Worte aus der gallischen Region in den gallisch romanischen Dialekten: das wallonische *dûhin* 'Gnom' wird zurückverfolgt bis *dusius* 'eine Art Dämon', während der Name der heiligen Eiche der Druiden, *cassanus,* im franz. *chêne* weiterlebt. Diesen kann man bestimmte Begriffe aus der Zimmermannsprache wie z. B. *charpente, copeau, tonneau* hinzufügen; topographische Worte wie *arpent, borne*; die 'Frauen-Wörter' *pièce* und *bercer.* Bezüglich der ländlichen Begriffe bemerkt von Wartburg (*Les origines des peuples romains*, 50) weiter, daß 'jener Teil der Terminologie, den Stadt und Land gemeinsam haben, lateinisch ist, der Teil aber, der ausschließlich den Landwirten gehört, gallisch ist'. Er zitiert als Beispiele *champ, pré, pierre, sable* einerseits und *raie, sillon, caillou, grève, boue* andererseits. Über die wenigen vorrömischen spanischen Wörter, die Bergbaubegriffe und topographische Charakteristika umfassen wie z.B. *nava* 'flach' (baskisch *naba*), *vega* 'bewaldeter Boden an einem Fluß' (baskisch *ibaiko*), siehe Entwistle, *Spanish Language*, 33ff. Der germanische Beitrag war beträchtlicher, was angesichts der wichtigen Rolle, die die germanischen Völker in der späteren Geschichte des Imperiums spielten, natürlich ist. Der gemeinsame Besitz vieler solcher Wörter von verschiedenen romanischen Sprachen deutet darauf hin, daß sie während der vulgärlateinischen Zeit entlehnt worden sein müssen. Es ist nicht überraschend festzustellen, daß viele von ihnen Wörter sind, die sich auf Krieg beziehen – *werra, helm, wardan (= obseruāre), sporo,* 'Sporn' – und die Farbnamen von Pferden bezeichnen *blank, brun, grisi, falwa.* Aber obwohl man schätzte, daß einige Hundert germanische Wörter vor 400 n.Chr. ins Vulgärlateinische entlehnt worden waren, sind überraschend wenige bei römischen Autoren nachgewiesen: *burgus* (von Vegetius als *castellum parvulum* definiert), *bandum* 'eine Fahne', *uargus* 'ein Vagabund', ein latinisiertes *dēraubāre* 'rauben', einige zoologische Begriffe wie *ganta* 'weiße Gans', *bisōn, carpa, ūrus, taxo* (Adj. *taxinus* > frz. *taisson*), und eine gemischte Gruppe, die *brādo* 'Schinken', *canna* 'eine Art Gefäß', *flasca* 'Trinkgefäß', *harpa* 'Harfe', *hosa* 'Hose' usw. beinhaltet.

H. F. Muller argumentiert, daß die geschriebenen Texte eine tatsächliche Uniformität des Sprechens in der westlichen Romania reflektieren, und er führt dieses Fehlen einer Dialektbildung auf das kolossale Werk der Kolonisierung und sozialen Umbildung zurück, das von der christlichen Kirche zwischen dem 5. und 8. Jh. geschaffen worden war. 'Zu keiner Zeit gab es eine gründlichere gegenseitige Durchdringung unter den Völkern dieser Regionen.' Dazu müssen wir anmerken, daß die Belege nur zu Schlußfolgerungen über des Lesens und Schreibens kundige Menschen berechtigen. Es ist in der Tat schwierig, die Gleichförmigkeit der Sprache, die durch Texte aus einem so großen Gebiet belegt ist, in Einklang zu bringen mit den dialektalen Differenzierungen der lebenden Sprachen, die Felduntersuchungen überall und gerade in den aufs Höchste organisierten und zentralisierten Staaten aufgezeigt haben. Wir sind somit zu der Schlußfolgerung gezwungen, daß die Sprache der verfügbaren vulgärlateinischen Dokumente eine geschriebene κοινή ist, eine Lingua franca, die zur Kommunikation administrativer und anderer Zwecke gebraucht wurde und überall mit nur geringen Modifikationen und Konzessionen an den allgemeinen Gebrauch der Personen, die lesen und schreiben konnten, niedergeschrieben wurde. Folglich verbergen unsere alleinigen direkten Quellen für das Vulgärlateinische des späteren Imperiums erfolgreich die dialektalen Unterscheidungen, die immer existiert haben müssen und weiterhin existieren werden, vor unseren Beobachtungen. Symptomatisch sind die den späteren Entwicklungen auf der Halbinsel widersprechenden Belege, die von spanischen Inschriften herstammen. Bedeutsam ist auch die Tatsache, daß wir ein analoges Phänomen in der griechischen Hälfte des römischen Reichs finden, wo es sich auch als unmöglich herausstellte, regionale Unterschiede in der κοινή zu entdecken, die die zahlreichen lokalen Dialekte gemäß den niedergeschriebenen Belegen (mit einer Ausnahme) verdrängt hatte.

In den vorhergehenden Kapiteln haben wir genügend Belege für den überwältigenden Einfluß des Griechischen auf die Sprache und Literatur der Römer gesehen. Von frühester Zeit an hatten die Griechen die italische Zivilisation durchdrungen und geformt. Griechische Handwerker und Übermittler gehobener und niederer Kultur hatten sich in Rom niedergelassen und führten somit Wörter aus den Bereichen ihrer verschiedenen Berufe ein. Römische Adelige hatten griechische Pädagogen mitgebracht, die ihre Kinder ausbilden sollten, die in späteren Jahren eine große Griechenland-Tour machten, um in vornehmer Lebensweise unterrichtet zu werden. Die Oberschicht war zweisprachig geworden, da sie im Griechischen sogar früher als in ihrer eigenen Sprache Unterricht erhielt. Mit der Expansion und Konsolidierung des Imperiums wurden die Bande enger geknüpft, und wir erreichen eine Zeit völliger Symbiose, als Rom genau so viel gab, wie es auch erhielt. Das Ergebnis ist eine eindrucksvolle Reihe von parallelen Entwicklungen im Lateinischen und Griechischen jener Zeit. Wir sollten vielleicht Phänomene ausschließen, die Produkte weltweiter linguistischer Kräfte sind, wie z. B. die analoge Angleichung der Morphologie, der Austausch von einfachen Fällen durch Präpositionalkonstruktionen, Hypercharakterisierung und Pleonasmen wie z. B. *postrēmissimus, extrēmior* sowie die andauernde Erneuerung des Wortschatzes durch die Vorliebe für farbenfrohe und bedeutungsvolle Ausdrucksweisen. Fragwürdiger ist der intransitive Gebrauch von transitiven Verben, der in beiden Sprachen zu beobachten ist (z. B. *auertere* und ἀποστρέφω), während im Lateinischen und Griechischen aussterbende Deponentien die Unversehrtheit aktiver Verben angreifen (s. S. 187 und vgl. ἐλπίζεσθαι). Auch im Griechischen finden wir das Verschwinden der Unterscheidung zwischen den Ausdrücken für 'wo' und 'wohin' (*ubi, quo* ποῦ und ποῖ). Gleichlaufend ist auch die zunehmende Vorliebe für zusammengesetzte Formen der Adverbien und Präpositionen (ἔκπαλαι, ὑπεράνω, ἀπέναντι, κατέναντι, ἕνεκεν χάριν; bezüglich des Lateinischen s.

S. 187). Wir können hier auch die wachsende Vorliebe für abstrakte und substantivische gegenüber konkreten und verbalen Ausdrucksweisen mitzählen. Unter den gemeinsamen syntaktischen Entwicklungen sind die Bildung eines periphrastischen Futurs und der Gebrauch von *ab* und ἀπό nach dem Komparativ zu erwähnen. Es gibt sogar bei den Suffixen einen Austausch: griech. -ισσα, welches mazedonischen Ursprungs ist, tritt in *abbatissa, prophetissa, ducissa* in Erscheinung und wurde reichlich produktiv in den romanischen Sprachen. Eine griechische Präposition κατά, die in Distributivsätzen verwendet wird ('cata singulos ymnos . . . orationes dicunt', *Per. Aeth.*), erscheint auch in *catunus*, einer 'Lehnübersetzung' des griech. καθείς (Spätform für ἕκαστος), und wird mit dem ursprünglich lateinischen Ausdruck *quisque unus* verschmolzen, so daß *cascunus* entsteht, der Vorgänger des ital. *ciascuno* und frz. *chacun*. Auch παρά wurde mit einem keltischen Wort *veredus* kombiniert, um dann den spätlateinischen Stamm des deutschen Ausdrucks *Pferd* zu bilden. Im Wortschatz kann man ähnliche Phänomene beobachten. Die lateinische Literatur war weiterhin weitgehend abhängig von der Übersetzung und Imitation des Griechischen. Jedoch unterscheiden sich die Wörter von Sprache zu Sprache innerhalb der Grenzen ihres semantischen Feldes. So hat das englische Wort *way*, obwohl es etymologisch identisch ist mit *Weg*, Anwendungsgebiete, die bei dem deutschen Wort nicht zu finden sind: im Englischen können wir 'a way of life' ('Lebensstil') sagen, jedoch hat *Lebensweg* im Deutschen eine andere Bedeutung. In einer auf Übersetzungen beruhenden Literatur kann aber das Wort der Empfängersprache einen Teil des semantischen Feldes vom übersetzten fremden Wort erwerben. Oft zitierte Beispiele sind die Fachbegriffe der Grammatiker. So kam es, daß πτῶσις 'ein Fall' mit der besonderen Bedeutung von 'der Fall der Würfel' im Griechischen einen grammatischen 'Fall' bezeichnete. Das lateinische Wort *cāsus*, welches eine wörtliche Übersetzung ist, nahm dieselbe Fachbedeutung in der romanischen Grammatikterminologie an. Auf die gleiche Weise nahm *pūnctum* eine neue Bedeutung von στιγμή an, *conquīrere* 'streiten' von συζητεῖν, *idōneus* 'richtig und angemessen' von χρηστός, *advocāre* 'trösten' von παρακαλεῖν, *crepāre* 'sterben' von ψοφίζειν, während *sēra* 'Abend' ὀψία entspricht. In der Syntax verursachen getreue Übersetzungen den Gebrauch von völlig unlateinischen Konstruktionen, z.B. *si percutimus in gladio?* (22. 49) für εἰ πατάξομεν ἐν μαχαίρῃ von Lukas; daß dieser instrumentale Gebrauch des *in* mit dem Dativ nicht lateinisch ist, wird ausdrücklich von Augustinus in seiner Erörterung der 'Itala'-Übersetzung von Exodus 17. 5 klargestellt; '„in qua percussisti" dixit pro eo quod dicimus „de qua percussisti"'. Dieser spätere

Ausdruck ist ein interessantes Zeugnis für den geläufigen Sprachgebrauch im Vulgärlateinischen, der mit dem instrumentalen Gebrauch des *de* im Französischen fortgesetzt wird. Es bleibt hinzuzufügen, daß die Beliebtheit der Konstruktion im späteren Griechischen einiges dem hebräischen Einfluß verdankt.

Die Gleichförmigkeit des Spätlateinischen, wie es in den verfügbaren Quellen in Erscheinung tritt, kann kaum, wie wir bereits sagten, die tatsächlichen Sprechgewohnheiten in den verschiedenen Gegenden von Rumänien wiedergeben. Jedoch muß das Postulat eines mehr oder weniger gleichförmigen Urromanischen, der Quelle der modernen romanischen Sprachen, durch die Gelehrten, zu der Frage bewegen, zu welchem Zeitpunkt dieser Bruch stattfand. Bevor wir versuchen zu antworten, wird es angebracht sein, über die in der historischen Linguistik angewendeten Methoden nachzudenken. Um eine solche chronologische Grenzlinie einzuführen, müssen wir zuerst entscheiden, welche Charakteristika eine vorhandene Sprachform als 'Französisch' und nicht 'Lateinisch' kennzeichnen. Solch eine Definition kann nur die Form einer Liste von Details aus der Phonologie, Morphologie, Syntax und dem Vokabular annehmen. In der Tat können ein Dialekt oder eine Sprache kaum zufriedenstellend, außer *in extenso*, als die Summe ihrer Charakteristika definiert werden. Wenn man einmal solche allgemeinen Eigenschaften festgelegt hat, wird eine chronologische Folge von Texten durchstöbert, um das erste Auftreten dieser Phänomene nachzuweisen, was uns eine Reihe von *termini post quos* liefern wird. Tatsächlich ist unsere Methode atomistisch, und die Daten des ersten Auftretens schwanken von Detail zu Detail. Dies wird an einer von R. A. Hall durchgeführten Erörterung über die Zeitangabe des Proto-Romanischen klar:

> Es ist vollkommen richtig, daß es unmöglich ist, das Proto-Romanische ohne die lateinische Sprache auf eine bestimmte Zeit festzulegen. Aber wie die Dinge liegen, müssen wir den Zeitpunkt früh genug ansetzen, um die Vereinfachung von *ei* zu *ī* (ca. 150 v. Chr.), von *ae* zu *ē* (erstes Jh. n. Chr.) sowie die Nasalierung von *n* vor *s* (erstes Jh. v. Chr.) und den Verlust von *h* (Catullus oder früher) mit einzubeziehen. Auf der anderen Seite müssen wir ihn weit genug zurückdatieren, um der Fusion von *ĕ* und *i* sowie *ŏ* und *u* (erstes bis zweites Jh. v. Chr.) voranzugehen und der Einführung einer neuen Reihe von palatalen Phonemen durch die Verschmelzung der palatalen Allophone von *k* und *g* vor Anfangsvokalen mit den Entwicklungen von *ki* und *i* in dieser Reihenfolge. Im großen und ganzen ist die Periode der späten Republik und des frühen Imperiums (Augusteisches Zeitalter) als die beste Zeit angezeigt, um das Proto-Romanische festzulegen. Bestimmte wahrscheinliche Überbleibsel von Charakteristika, die im früheren Latein nachgewiesen wurden (z. B. das plautinische *cūius, -a, -um* 'dessen' als

Adjektiv im Ibero-Romanischen; das plautinische *-nunt*, dritte Person Plural von Verben im Italienischen *-no*), würden angeben, daß der Beginn unseres Zeitalters wahrscheinlich bis auf 250-200 J. v. Chr. zurückdatiert werden müßte. (*Language*, XXVI, 1950, 19)

Während bestimmte der aufgezählten Tatsachen Zweifeln ausgesetzt sein mögen (es ist völlig unwahrscheinlich, daß die altlateinischen Formen wie *danunt* irgend etwas mit der italienischen Endung in der dritten Person Plural zu tun haben), mag Halls Aussage dazu dienen, die Art der Schlußfolgerung zu versinnbildlichen, zu der die im wesentlichen atomistische Methode der linguistischen Forschung unvermeidbar führen muß. Das Versäumnis, dies zu verstehen, hat so viele fruchtlose Diskussionen zur Folge gehabt, zum Beispiel über die Verwandtschaftsgrade zwischen Sprachen, über die Existenz und Position von Dialektgrenzen und, was uns hier interessiert, über die Zeitbestimmung des Bruchs des Proto-Romanischen in die verschiedenen romanischen Dialekte. Es ist nicht überraschend, daß Schätzungen zwischen dem fünften und neunten Jh. n. Chr. schwanken, da ja die verschiedenen Phänomene, die als definitiv für das 'Französische' und verschieden vom Lateinischen gewählt wurden, unterschiedliche Daten des ersten Erscheinens haben. Das Problem ist nicht denen der Unterscheidung in Dialekt und Sprache unähnlich. Dort wird eine Notlösung erreicht, indem das Kriterium der Verstehbarkeit benutzt wird (s. S. 7). Wenn wir dasselbe Kriterium benutzen, um eine Linie zwischen dem 'Lateinischen' und 'den romanischen Mundarten' zu ziehen, wird die Antwort auf die Frage 'Wann hörte das Lateinische auf, für die ungebildete Masse verstehbar zu sein?' vielleicht durch die Erfahrung von Karl dem Großen geliefert. In dem Glauben, daß Gott nicht weniger über richtiges Sprechen als über richtiges Verhalten erfreut sein würde und daß das Studium der Literatur die Geistlichen befähigen würde, tiefer in die Geheimnisse der heiligen Bücher einzudringen, verfügte Karl der Große eine Reform des Unterrichts: bald wurde ihm klar, daß man mit einem Volk nicht in einer Sprache kommunizieren kann, die es schon lange nicht mehr versteht, noch daß man mit ihr die Seelen retten kann. 813 wurde damit, daß der *sermo rusticus* für gültig erklärt wurde, der Tatsache der Unverständlichkeit des Lateins Rechnung getragen. Dieses Datum kann als brauchbare chronologische Grenzmarke zwischen den lateinischen und den gallo-romanischen Mundarten dienen. Es wird kaum nötig sein, daran zu erinnern, daß der Änderungsprozeß, der die Lücke zwischen der gesprochenen und geschriebenen Sprache ständig vergrößert hatte, viele Jahrhunderte gedauert hatte. Schließlich ist die Behauptung, daß 'vulgärsprachliches und mittelalterliches Latein ein

Auswuchs des klassischen Lateins sind, die durch verschiedene soziale Umstände hervorgebracht wurden'[7], nur dann wahr, wenn wir unter 'Vulgärlatein' die vulgarisierte geschriebene κοινή verstehen, die mit wenigen Abweichungen in den oben aufgeführten Quellen erscheint. Man wird im Gedächtnis behalten, daß das geschriebene Lateinische von seinem Anfang bis zu seinem Ende in all seinen Formen eine künstliche Sprache ist.

[7] Muller und Taylor, *Chrestomathy of Vulgar Latin*, Vorwort, S. III.

KAPITEL VII

# Sondersprachen: Das christliche Latein

Wir haben gesagt, daß das Sprechen eine soziale Aktivität ist, und daß die Sprache ein Instrument ist, mit dem ein Sprecher sein Verhalten mit dem seiner Mitmenschen abstimmt. Dieses Instrument und dessen Anwendung eignet sich der Sprecher von der Gesellschaft, in die er hineingeboren wird, durch Nachahmung an; in erster Linie natürlich im Kreise seiner eigenen Familie, dann von seinen Spielkameraden und Mitschülern und schließlich von den Partnern seines Lebens als Erwachsener. Obwohl die grundlegenden Sprechgewohnheiten früh im Leben festgelegt werden, hört der Anpassungsprozeß an die mannigfaltigen und sich ändernden Anforderungen des sozialen Umgangs niemals auf. In dieser Hinsicht reflektieren die Sprechgewohnheiten eines Menschen, seine Sprache, zuverlässig die Einflüsse, denen er während seines Lebens ausgesetzt war. Sie sind ein Produkt der Gruppenaktivität. Sprachliches Verhalten ist natürlich von Individuum zu Individuum verschieden. Dies ist teils eine Widerspiegelung der einzigartigen Persönlichkeit eines jeden Sprechers und teils das Ergebnis des Scheiterns im Bemühen um perfekte Nachahmung, weil, man mag sich erinnern, das Sprechen grundsätzlich ein nachahmender Prozeß ist. Solche persönlichen Eigenschaften behindern nicht das Funktionieren des Sprechens als ein Mittel zur Kommunikation. Sie überlagern nur eine grundsätzliche Gleichartigkeit der Gewohnheiten, die die unverzichtbare Vorbedingung für gegenseitiges Verstehen sind. Diese Gemeinsamkeit in den Sprechgewohnheiten der Individuen einer linguistischen Gemeinschaft ist die Sprache dieser Gemeinschaft. Eine 'Sprache' ist somit eine Abstraktion, eine Art Vielfachphoto, das durch die Überlagerung von unzähligen individuellen Abzügen zustande kam. Das Bild wird sich entsprechend den Individuen verändern, die gewählt wurden, die 'Partner' des ersten Sprechers zu repräsentieren. Denn jede Person geht soziale Beziehungen von unendlicher Kompliziertheit ein, die von der Vertrautheit in der eigenen Familie bis zur formellsten und entferntesten Bekanntschaft reichen. Ihr Sozialverhalten ist jeweils angepaßt und folglich sind ihre individuellen Sprechakte Teil einer Reihe verschiedenartiger 'Sprachen', die Unterschiede im Grad der Vertrautheit, lokale Unterschiede, Dialekte, Unterschiede der sozialen Stellung usw. reflektieren. Aber trotz all dieser Unterschiede können wir einen Grundstock an Wörtern und Ausdrücken zusammenstellen, der zusammen mit den nötigen grammatikalischen Hilfsmitteln im allgemeinen von der Mehrheit der Mitglieder einer bestimmten Gemeinschaft verwendet wird. Diesen nennen wir die 'Gemeinsprache' oder 'Koiné'. Jedoch sogar in den primitivsten Gesellschaften schließen sich Individuen als Mitglieder von Gruppen zusammen, die enger und abgeschlossener sind z.B. Priester, Wahrsager, Zauberer, Ärzte, Metallarbeiter usw. Solche Gruppen haben ihre eigenen exklusiven Interessen, eine spezielle Welt von Objekten und Begriffen, und sie entwickeln die nötigen sprachlichen Werkzeuge, um ihre besonderen Aktivitäten mitzuteilen und zu koordinieren. Solch eine Sprache einer Gemeinschaft innerhalb einer Gemeinschaft nennen wir 'Sondersprache'. Hauptsächlich wird sie aus einem Sondervokabular bestehen, aber Besonderheiten der Aussprache, der Wortformen und der Syntax werden auch manchmal gefunden (s.u. über das christliche Latein). Eine solche Spezial- und Fachsprache zeichnet sich durch größere Präzision und Exklusivität aus, was bewußt und absichtlich werden kann. Es gibt natürlich keine starre Trennungslinie zwischen einer Sondersprache und der Gemeinsprache, von der sie ein Abkömmling ist. Ein Jurist kann Familienvater sein und seine Abende in einer Gastwirtschaft verbringen. Dort wird er nicht vollständig auf seine besonderen juristischen Sprechgewohnheiten verzichten, wenn ein in einen Prozeß verwickelter Laie unter seinen Kumpanen versucht, seine Kenntnis des Rechts und der Rechtssprache zur Schau zu stellen. Auf diese Art und Weise existiert ein dauernder Austausch zwischen Gemein- und Sondersprache zur Bereicherung beider.

Um ihre eigenen Objekte, Vorgänge und Begriffe zu benennen, darf eine Gruppe von Fachleuten neue Wörter und Ausdrücke (Neologismen) prägen oder noch häufiger schon existierende Wörter aus der Gemeinsprache einer Bedeutungsveränderung unterziehen (semantische Verschiebung). So bezeichnete der römische Soldat[1] die verschiedenen Arten der Schlachtformation mit den Worten: *cuneus* 'Keil', *globus* 'Truppe', *forfex* 'Kneifzange', *serra* 'Säge', *turris* 'Turm', *caput porcī* 'Schweinekopf'. Eine Vielzahl von Tiernamen wurden für Belagerungsoperationen verwendet, z.B. *testūdō* 'Schildkröte', *mūsculus* 'Mäuschen', *ariēs* 'Widder, Sturmbock', *scorpius* 'Skorpion' (für eine Art Katapult), *cunīculus* 'Kaninchen' usw. Hier möchten wir *pāpiliō* 'Schmetterling' als Bezeichnung für

[1] Siehe W. Heraeus, A. L. L. 12. 255ff.

ein 'Zelt' erwähnen. Die farbenfrohe und bildhafte Qualität, die weltweit für die Soldatensprache charakteristisch ist, erscheint in *noverca* 'Stiefmutter' für 'unebener Boden in einem Lager', *mūlī Mariānī* 'gegabelte Stangen, die zum Tragen von Gepäck benutzt wurden', *turturilla* 'dicitur locus in castris extra vallum in quo scorta prostant' (*CGL* v. 524. 30), *tenebriō* 'Drückeberger', *litteriō* 'Federschieber', *mūger* 'Betrüger', 'is qui talis male ludit', *murcus* 'ein Mann, der seinen Daumen abgehackt hat, um dem Militärdienst zu entgehen', *focāria* 'Ehefrau des Soldaten'. Der Fachmann im Töten wird im allgemeinen eine Vielzahl von Ausdrücken benötigen, um die verschiedenen Arten eines Schlages zu unterscheiden. So erzählt uns Servius zu Vergil, *Aen.* 10, 314, daß *haurīre aliquem* bedeutet, 'von der Flanke aus erdolchen': 'cum a latere quis aliquem adortus gladio occidit'. Der Euphemismus *alleuāre* wird ausdrücklich von Augustinus (s. u., S. 216) als ein Soldatenwort angegeben. Übungen des Militärs oder der Gladiatoren wurden *battuālia* von dem vulgärsprachlichen Verb *battuere* genannt, welches oben behandelt wurde. Von der vulgärsprachlichen Substantivform dieses Wortes, *battālia*, stammen das französische *bataille* und das englische *battle*.

Von weit größerer Wichtigkeit für die Geschichte des Lateinischen und sogar der westlichen Kultur war die Sprache, die von einer anderen geschlossenen Gruppe entwickelt wurde. Die frühen christlichen Gemeinschaften führten ein Leben unter Bedingungen, die das Entstehen einer Sondersprache besonders begünstigten. Mit einer neuen Weltanschauung, die ihre ganze Welt durchdrang und umformte, führten die frühen Christen ein intensives und hochorganisiertes Gemeinschaftsleben mit rituellen gemeinsamen Mahlzeiten. Sie lehnten das traditionelle Heidentum und all seine Werke ab. Sie waren durch Verfolgung aufeinander angewiesen und wurden fast ein Geheimbund, der eine Art der lateinischen Sprache entwickelte, die weitgehend unverständlich für Außenstehende war. Da zusammen mit dem Triumph des Christentums dieses Sonder-Latein entstand, um die Sprache der westlichen Welt zu färben, müssen wir versuchen, die Umstände zu ermitteln, unter denen es sich entfaltete. Das Leben der frühesten christlichen Gemeinschaften ist jedoch in Dunkelheit gehüllt und alles, was wir tun können, ist, die Besonderheiten der Sprache zu analysieren, wie sie in den frühesten Dokumenten des christlichen Lateins erscheinen, und bemüht zu sein, die sozialen Umstände zu rekonstruieren, die darüber Rechenschaft ablegen könnten.

Man hat gesagt, daß die lateinische Sprache zweimal in die westliche Welt gebracht wurde, und bei beiden Gelegenheiten vermittelte sie eine Botschaft der Griechen. Cicero hatte den hellenistischen, heidnischen

Humanismus in sich aufgenommen, der noch weithin das System unserer geistigen Welt bestimmt, und hatte ihn in lateinische Ausdrücke gekleidet. Diese Sprache wurde dem westlichen Europa von den erobernden Legionen und militärischen Gouverneuren, Verwaltern und Handelsleuten auferlegt, die mit ihnen und nach ihnen kamen. Es ist nun von größter Wichtigkeit, zu begreifen, daß auch das christliche Latein genauso und noch mehr die Sprache von Übersetzungen aus dem Griechischen ist. Auf Griechisch wurde die christliche Botschaft von ihrer Wiege in Palästina zu den Heiden gebracht. Das unendlich anpassungsfähige Griechisch stellte sich als angemessen heraus, nicht nur um in einer einfachen Sprache die bewegende Geschichte des Erlösers und seiner Passion zu erzählen; es lieferte auch sehr rasch eine reiche Fachsprache für die Organisation und die Formulierung der Lehre der Kirche. Der Charakter dieses biblischen Griechisch liegt außerhalb des Themenbereiches des vorliegenden Bandes. Lassen wir es dabei bewenden, zu sagen, daß es in der Hauptsache das vulgärsprachliche Griechisch der Koiné war, das sich unter der Herrschaft Alexanders und seiner Nachfolger entwickelte, allerdings mit den unvermeidbaren Besonderheiten des Vokabulars einer Sondersprache und mit einigen Zügen hebräischer Herkunft. In seiner neuen hellenisierten Form drang das Christentum allmählich in die westliche Welt vor; die ersten Bekehrungen erfolgten unter den Griechisch sprechenden Einwohnern der großen Städte. So schrieb Markus für die römische Gemeinde auf Griechisch, und auch Paulus verfaßte seinen Brief an die Römer in griechischer Sprache. Vom Charakter der griechischen Bevölkerung Roms haben wir in den vorhergehenden Kapiteln geschrieben. 'Die griechische κοινή war die geläufige Sprache aller Entwurzelten; Kriegsgefangene, Freigelassene, Kleinhändler, Seeleute und viele andere, die orientalischer Abstammung waren, aber aufgrund von Kriegen, ökonomischen oder sozialen Ursachen aus ihrer Heimat vertrieben worden waren, hatten sich in den großen Städten und besonders in den Hafenstädten des Westens niedergelassen.'[2] In den Kreisen solcher ärmlichen Leute gewann das Christentum seine ersten Bekehrten. Das himmlische Königreich wurde den Armen versprochen. Diese zwei Tatsachen sind von größter Wichtigkeit für das Verständnis des christlichen Lateins: die neue Religion kam in griechischer Gestalt, und sie kam zum einfachen Volk der Hinterhöfe. Natürlich gab es im Rom dieser Zeit sehr viele zweisprachige Menschen. Die Frohe Botschaft muß bald lateinisch Sprechenden weitervermittelt worden sein. Zweifellos gab es unter

[2] Chr. Mohrmann, *Vigiliae Christianae*, iii, 1949, pp. 67f.

Freunden mit verschiedener Muttersprache viele holprige und verworrene Übersetzungen und Erklärungen. Die Sprache war im allgemeinen vulgärsprachlich, gespickt mit griechischen Fachausdrücken und verzerrt durch die Zugkraft des Originals, denn eine sorgfältige und idiomatische Übersetzung anzufertigen ist eine Aufgabe für Fachleute. Der soeben beschriebene Prozeß spiegelt sich in den frühesten lateinischen Übersetzungen der Bibel wieder, die zweifellos notwendig gemacht wurden durch die wachsende Zahl der Bekehrten, die kein Griechisch konnten. Solche Übersetzungen wurden wahrscheinlich stückweise und ohne zentrale Leitung oder Organisation erstellt: Augustinus schreibt (*De doctrina christiana* 2, II, 16): 'ut enim cuique primis fidei temporibus in manus venit codex graecus, et aliquantulum facultatis sibi utriusque linguae habere videbatur, ausus est interpretari.'[3] Einige Beispiele, die aus den erhaltenen Teilen dieser frühen Übersetzungen, der sogenannten *Itala* oder besser *Vetus Latina*, gewählt wurden, sollen ihre grundsätzlichen Eigenschaften, Vulgarität der Sprachform, Buchstabentreue und den Gebrauch von griechischen Lehnwörtern oder Lehnübersetzungen, zeigen. Wie gering das *aliquantulum* des Griechischen sein konnte, wird offensichtlich an einer Übersetzung ιδου ει καλη 'siehe, du bist schön' als *vide si speciosa*, wo ein Wort-für-Wort-Übersetzer εἰ 'wenn' mit εἶ 'du bist' verwechselt hat.[4] Die lateinische Übersetzung des Barnabas-Briefes zitiert aus dem Alten Testament (Is. 58, 8*a*) die Worte *vestimenta tua cito orientur*, welche verwirrend sind, bis ein Blick auf das griechische τὰ ἰάματά σου ταχὺ ἀνατελεῖ das Rätsel löst: ἰάματα 'Heilung' wurde für ἱμάτια 'Kleidung' gehalten. Derselbe Autor übersetzt χειροτονία mit *suadela malorum*, indem er augenscheinlich das griechische Wort fälschlicherweise mit χείρων 'schlechter' in Verbindung bringt. Übertriebene Buchstabentreue rührte zweifellos von der Pietät gegenüber der inspirierten Heiligen Schrift her, von der nicht eine Silbe verlorengehen sollte. Ein Beispiel dafür ist die Übersetzung von ὑπεράνω mit *super summum*; zusammengesetzte Präpositionen und Adverbien waren doch ein Merkmal des Lateinischen und des Griechischen während dieser Zeit (siehe vorhergehendes Kapitel), und ὑπεράνω war deshalb nur eine verstärkte Form von ἄνω. Ein lateinisches Äquivalent muß sogar für ἄρα, die Interrogativpartikel des Griechischen, gefunden werden; sie wird mit *putas* übertragen, während ἄραγε als *putasne*

[3] „Sobald jemandem in den ersten Zeiten des Glaubens eine griechische Schrift in die Hände kam und er glaubte, einigermaßen beider Sprachen mächtig zu sein, wagte er eine Übersetzung."

[4] Siehe F. Stummer, *Einführung in die lateinische Bibel*; diesem Buch bin ich in diesem Abschnitt sehr zu Dank verpflichtet.

erscheint, z.B. *putasne intelligis?* (Apg. 8, 30). Stummer zitiert sogar Beispiele falschen Genusgebrauchs. In Amos 6, *2* erscheint τὰς κρατίστας ἐκ πασῶν τῶν βασιλειῶν τούτων in einer frühen Übersetzung als *'quae sunt optimae ex omnibus regnis eorum'*, in der *optimae* im Femininum wie im Griechischen erscheint, trotz der Tatsache, daß es sich auf ein sächliches Substantiv *regnum* bezieht. Andere Beispiele extremer Buchstabentreue in frühen lateinischen Übersetzungen werden von C. Mohrmann in einem Artikel über die Ursprünge des christlichen Lateins in Rom zitiert.[5] Die lateinische Übersetzung des Clemens-Briefes an die Korinther behält gewissenhaft die Wortstellung bei, und die Treue zum Griechischen beeinflußt sogar die Wahl von Kasusformen, die der lateinischen Syntax fremd sind. So wird μᾶλλον ἀνθρώποις ἄφροσι . . . προσκόψωμεν ἢ τῷ Θεῷ mit 'magis hominibus dementibus . . . offendamus quam Deum' übersetzt. Auch in der Syntax sind zahlreiche Gräzismen anzutreffen: *dignārī* wird mit dem Genitiv wie καταξιοῦσθαι gebildet; *ut* gleicht ὥστε mit dem Genitiv; *quāliter* dient in Form einer Konjunktion als Vertreter für ὅπως ('obsecrationem facientes qualiter . . . custodiat' = ὅπως . . . διαφυλάξῃ); während sogar der substantivische Gebrauch des griechischen Partizips, das im Lateinischen normalerweise mit einem Relativsatz übersetzt wird, den Autor des Clemens Latinus nicht schreckt: für τοὺς . . . δουλεύοντας wagt er 'eos qui . . . seruientes'.

Viele der griechischen Fachausdrücke, die Dinge und Begriffe bezeichneten, die der heidnischen Welt fremd waren, hatten natürlich keine lateinischen Entsprechungen. Sie wurden deshalb einfach transliteriert und bürgerten sich unauslöschlich in der Sprache des lateinischen Christentums ein: *anathema, anathematizō, angelus, apostata, apostolus, baptisma (baptismum), baptizo, catechūmenus, charisma, clērus, diāconus, ecclēsia, episcopus, presbyter* usw. Sogar da wo es möglich gewesen wäre, eine Entsprechung zu finden, schlossen unerwünschte heidnische Assoziationen dies als indiskutabel aus. *uātes* oder *fātidicus* konnten nicht an die Stelle von *prophēta* treten, noch konnten *templum* oder *fānum* an die Stelle von *ecclēsia* treten. Aber es waren nicht nur solche Fachausdrücke, die von den Autoren der frühen Übersetzungen der Bibel aufgenommen wurden. Ob nur besorgte Frömmigkeit oder reine Inkompetenz die Ursache waren, viele griechische Wörter wie ἀκηδία wurden einfach transliteriert *(acēdia)*, und ein Denominativ *acēdiārī* wurde als ein Äquivalent von ἀκηδεῖν geprägt. Auch ἀγγαρεύειν erscheint als *angariāre.* Einigen dieser transliterierten Formen werden manchmal die nicht-fachsprachlichen

[5] *Vigil. Christ.* iii, 1949, pp. 67ff.

Bedeutungen der griechischen Äquivalente verliehen. So findet man *presbyter* für *senior, paradīsus* für *hortus, diabolus* für *accūsātor.* Aber das waren Ausnahmen. Wir haben gesehen, wie das Griechische die Sprache des alltäglichen Lebens überschwemmte, sowohl in seiner kultivierten als auch in seiner vulgären Form. Aber der Nationalstolz hatte griechische Eindringlinge weitestgehend von der offiziellen Sprache und der Sprache der seriösen Prosaliteratur ausgeschlossen. C. Mohrmann hat in einer Studie über die griechischen Wörter im christlichen Latein aufgezeigt, daß die Christen in ihren Lehnwörtern dieser Tradition des literarischen Lateins treu blieben. 'Die meisten der christlichen griechischen Lehnwörter sind sehr alt, und sie sind fast immer das Ergebnis vulgärsprachlicher oder eher „vorliterarischer" Entlehnung . . . Sie sind Reste der Zweisprachigkeit der frühen christlichen Gemeinden, und die meisten von ihnen wurden sozusagen geheiligt durch das Andenken an die mündlich überlieferte Lehre.' Derart fest verankert in der Wertschätzung des Volkes widerstanden diese griechischen Fachausdrücke allen puristischen Angriffen und wurden schließlich als ein Teil der künstlerischen christlich-lateinischen Prosa akzeptiert. Die Dichter verblieben länger unter dem Bann der traditionellen heidnischen Dichtkunst (siehe Mohrmann, *R.E.L.* xxv, 1947, pp. 285f.): *martyr, angelus, apostolus, episcopus, prophēta* usw. würden das Übermaß an 'glossae' produziert haben, das nach der Beurteilung des Aristoteles zu Barbarismen führt. Die ersten christlichen Dichter ersetzen die obigen Wörter oft durch *testis, nuntius* oder *minister, missus, antistes* und *uātēs* (oder *praeco*) *deī.* Aber allmählich brach sogar der Widerstand der Dichter zusammen, und Prudentius liefert Beispiele der meisten gebräuchlichen christlichen Lehnwörter aus dem Griechischen.

Abgesehen von diesen Fachausdrücken gab das christliche Latein die Transliterationen von einigen der frühen Übersetzungen auf und nahm Zuflucht zu dem viel subtileren Prozeß, den wir schon bei der Bildung des philosophischen Vokabulars durch Cicero untersucht haben, nämlich zum Phänomen der Lehnübersetzung, bei der ein einheimisches Wort bestimmte Bedeutungen erwirbt, die mit seiner wörtlichen Entsprechung in der Ausgangssprache verbunden sind. So bedeutet *uirtūtēs* als eine Entsprechung von ἀρεταί manchmal 'die Wundertaten'; *cōgitāns, cōgitātus* als Wiedergabe von μεριμνῶν, μέριμνα und φροντίς gewinnen die Bedeutung '*besorgter* Gedanke, Sorge'; *cōnspersiō* übernimmt von φύραμα die Bedeutung 'Teig/Zaster'; *dominicum* wie κυριακόν bedeuten '(das Haus) des Herrn'; *māgnālia* 'große Taten' = μεγαλεῖα; *mediātor* = 'Christus als der Mittler zwischen Gott und Mensch' = μεσίτης; *mundus* nimmt die Doppelbedeutung von κόσμος, und *uerbum* oder *sermō* nehmen die Bedeutung des unübersetzbaren λόγος mit seinen beiden Facetten 'Vernunft' und 'Wort' an.

Während solche Phänomene des christlichen Latein ohne jeglichen weiteren Beweis genügen würden, um die Tatsache nachzuweisen, daß die christliche Botschaft in griechischer Sprache nach Italien kam, ist es nicht weniger offensichtlich, daß sie zuerst den Armen und Schwachen überbracht wurde. Die Missionare, die zuerst das Evangelium im lateinischen Westen predigten, sprachen zu ihren Hörern wie die alten Propheten in der Sprache des Volkes (vgl. 'prophetae communi ac simplici sermone ut ad populum sunt locuti', Lactantius, *div. inst.* 5, 1, 15). Die literarische Sprache, die mit ihrem künstlichen Charakter ein Instrument der Salongespräche war, für deren korrekte Handhabung eine lange Ausbildung und ein langes Studium erforderlich waren, zerstörte die Aufrichtigkeit. Um Hoffnung und Trost zu spenden, Böses zu verbannen und Dunkelheit zu vertreiben, bedienten sich die Missionare der anheimelnden Sprache des alltäglichen Lebens. Die Konsequenz ist, daß ein grammatikalischer Überblick über die *Vetus Latina* und die *Vulgata* im großen und ganzen eine Wiederholung dessen sein würde, was in dem vorhergehenden Kapitel geschrieben worden ist. In der Wortbildung finden wir dieselbe Vorliebe für größere Wortkörper *(aerāmentum, corōnāmentum, factitāmentum, gaudimōnium, aegrimōnium),* Abstrakta auf *-tūdo (grossitūdō, rectitūdo, poenitūdo),* Diminutive *(ouiculus, agniculus, umerulus, leunculus, auricula, domuncula* (das οἶκος übersetzt!), *iuuencula)* usw. Gebräuchliche Bildungen unter den Adjektiven sind jene auf *-bilis (acceptābilis, odibilis, reprehēnsibilis), -ōsus (linguōsus, meticulōsus, statūrōsus)* und *-bundus (bīliābundus, famulābundus).* Weiter finden wir die Adverbien auf *-im* und *-ter (commixtim, particulātim, dūriter, granditer, sincēriter),* die Denominativverben der ersten Deklination (*aerūgināre, cibāre, cūstōdiāre, pōtiōnāre, nūtrīcāre, minōrāre, amāricāre, mānicāre* = ὀρθρίζειν), steigernd-frequentative Bildungen *(applotāre, febricitāre).* In der Morphologie erscheinen die nun vertrauten Phänomene: nom. sing. *lampada, rētia* für *rēte, ossum, ossuum* für *os, ossis,* die Tendenz zur Beseitigung von Neutra (*sīgnus, uerbus, uīnus* etc.); *famis, nubis* für *famēs, nūbēs* etc. 'Hypercharakterisierung' in den Steigerungsstufen *(plūriōra)* und der Gebrauch des Superlativs für den Positiv (daher die Komparative *infimior, proximior*). Das Verbalsystem unterliegt denselben Prozessen der analogen Anpassung (*odiō, odībō, odībam, odīuī;* man beachte auch die Perfektformen *accēdī, collexī, auertuī, sinuī, salīuī, silēuī*). Die Verben ändern ihre Konjugationsformen *(exercēre, lugēre, flōrīre, fugīre, serpīre*). Die vulgärsprachliche Unsicherheit in den Formen des Futurs zeigt sich *(augeam, doceam, diligēbit,* *metuebitis, sepelībō).* Aktive Formen und passivische Formen mit aktivischer Bedeutung wechseln sich ab (*admīrāre, exhortāre, certārī, paenitērī, taederī* und unvermeidlich erweise die antike und moderne Monsterform, *fierētur*). In der Syntax werden die Ausdrücke für 'wo' und 'wohin' verwechselt, *ad* und *apud* sind austauschbar, der Instrumentalis wird durch *dē* und *in* ausgedrückt, das Demonstrativum nähert sich dem bestimmten und *ūnus* dem unbestimmten Artikel. Substantivische Satzteile, die durch *quod, quia* und *quoniam* eingeleitet werden, vertreten den klassischen AcI, der Indikativ wird in indirekten Fragen benutzt und der Ablativ des Gerundiums dient als Partizip Präsenz. Kurzum, wir haben hier die gesamte Physiognomie des Vulgärlateins vor uns.

Wir haben gesagt, daß die vulgäre Prägung des biblischen Lateins die Sprechgewohnheiten der frühen lateinsprechenden Bekehrten, denen das Evangelium verkündet wurde, widerspiegelt. Aber der dauernde Gebrauch dieser Sprache im Gottesdienst verlieh diesen bescheidenen Sprechformen eine neue Würde und Heiligkeit, und die Sprache der Bibel und Liturgie sollte einen tiefen Eindruck auf die Sprache selbst der gebildetsten und kultiviertesten römischen Christen durch die Jahrhunderte hindurch haben. Dies wird ausdrücklich von Augustinus in *De doctrina christiana* 2, 14, 21 bescheinigt:

> quamquam tanta est uis consuetudinis etiam ad discendum, ut qui in Scripturis sanctis quodam modo nutriti educatique sunt, magis alias locutiones mirentur, easque minus Latinas putent quam illas quas in Scripturis didicerunt neque in Latinae linguae auctoribus reperiuntur.

Die vulgärsprachlichen Gepflogenheiten wurden durch dauerndes Hören und Sprechen und sogar durch Singen fest verankert. So schreibt Augustinus mit Bezug auf die vulgärsprachliche Futurform *floriet* (*De doct. christ.* 2, 13, 10):

> illud etiam, quod iam auferre non possumus de ore cantantium populorum: 'super ipsum autem floriet sanctificato mea', nihil profecto sententiae detrahit. auditor tamen peritior mallet hoc corrigi, ut non 'floriet' sed 'florebit' diceretur. nec quidquam impedit correctionem nisi consuetudo cantantium.

Dieselbe Ehrfurcht vor der Sprache der Heiligen Schrift wird von allen Schriftstellern des christlichen Lateins bekundet. C. Mohrmann beobachtet, daß selbst gebildete und kultivierte Autoren wie Cyprianus die traditionellen 'vulgären Ausdrücke' nicht zurückweisen (womit er sich den Zorn der Heiden zuzog, die ihn 'Coprianus' [zu κοπρός 'Scheiße'] titulierten). Minucius Felix, der bestrebt war, gebildete Kreise zu beeinflussen, gab sich Mühe, deren linguistische Empfindlichkeiten nicht zu verletzen, und vermied so die christlichen Sonderwörter und -redewendungen mit Ausnahme einiger unverzichtbarer Ausdrücke wie *carnālis, uīuificāre* und *resurrēctiō*. Von größerer Bedeutung ist die Einstellung von Lactantius, dem 'christlichen Cicero'. Trotz der gerühmten klassischen Güte seiner Sprache und seines Stils vermied sogar er die nun schon traditionellen Besonderheiten des christlichen Lateins nicht. Was Augustinus angeht, schreibt C. Mohrmann, so müssen wir eine klare Unterscheidung zwischen seinen verschiedenen Stilrichtungen machen. In seiner *Civitas Dei* kam es ihm darauf an, die Christen gegen die heidnischen Vorwürfe zu verteidigen, daß die neue Religion für die Katastrophen verantwortlich sei, die das Kaiserreich getroffen hätten. An heidnische Kreise gerichtet und geprägt vom antiken Humanismus weist dieses Werk größeren literarischen Glanz und größere literarische Verfeinerung auf als seine volkstümlicheren Predigten. Gleichwohl gilt auch für *De civitate Dei* das, was von Lactantius gesagt worden ist. Augustinus zieht freimütig den christlichen Sonderwortschatz heran, und sogar in der Syntax, wo er eine besorgtere Achtung vor korrektem literarischem Sprachgebrauch zeigt, fehlen die typischen christlichen Ausdrücke nicht. Schließlich wollen wir an die Vorgehensweise von Hieronymus bei seiner Überarbeitung der existierenden lateinischen Übersetzungen der Bibel erinnern, bei der er darauf bedacht war, so wenig Änderungen wie möglich zu machen. Bei der Vorbereitung auf diese Arbeit verhehlte er sich nicht den Sturm der Proteste, der sich wahrscheinlich auf dem Mann entladen würde, der es wagen sollte, in den bekannten und geliebten Text einzugreifen:

> quis enim doctus pariter uel indoctus, cum in manus uolumen assumpserit et a saliua quam semel imbibit uiderit discrepare quod lectitat, non statim erumpat in uocem me falsarium me clamans esse sacrilegum, qui audeam aliquid in ueteribus libris addere, mutare, corrigere? *(Praefatio in evangelistas ad Damasum.)*

Im allgemeinen blieb Hieronymus den festgelegten Prinzipien treu, und trotz aller Anstrengungen zu größerer linguistischer Verfeinerung hin ließ seine gottesfürchtige Hand klugerweise viele der 'Vulgarismen' der antiken Texte unberührt. Geheiligt durch jahrhundertelangen Kirchenbrauch waren sie jeglicher Andeutung der 'Vulgarität' selbst für den raffiniertesten und kultiviertesten christlichen Autor entledigt. Eben dieses Gefühl weckte den stolzen Trotz eines Augustinus angesichts des heidnischen Zorns über die Sprachverstöße und -widrigkeiten in der Heiligen Schrift und im Sprechen der Gläubigen. 'Ein Mensch, der Gott um Vergebung seiner Sünden bittet, kümmert sich nicht viel darum, ob die dritte Silbe von *ignoscere* lang oder kurz ausgeprochen wird . . . Was ist Korrektheit des Sprechens, außer der Befolgung des Sprachgebrauchs von anderen, der durch die Autorität früherer Sprecher aufrechterhalten wird?' (*De doct. christ.* 2, 13, 19); 'melius in barbarismo nostro uos intellegitis quam in nostra disertitudine uos deserti eritis'[6], ruft er in einem anderen Abschnitt aus (*serm.* 3, 6). Fast dasselbe Bewußtsein und dieselbe Verteidigung linguistischer Widrigkeiten war schon von Arnobius (*Adv. gent.* 1, 59) und sogar von dem ciceronianischen Lactantius ausgedrückt worden; und diese Lobrede auf den vulgären Ausdruck wurde etwas ähnliches wie ein *topos* unter christlichen Schriftstellern (vgl. Gregor der Große, *ep.* 5, 53a, p. 357, 33 E.-H.). Für unsere gegenwärtigen Absichten ist es wichtig, zu bemerken, daß bestimmte vulgäre Ausdrücke beinahe zwingend notwendige Bestandteile eines christlichen *Sonderidioms* geworden waren. Die Bekehrung des Augustinus hatte eine linguistische Bekehrung zur Folge.

Daß das Latein der Christen eine *Sondersprache* war, ist eine These, die zuerst von Mgr. J. Schrijnen vorgebracht wurde und energisch in einer Reihe von Studien seiner Schüler, besonders von Christine Mohrmann, unterstützt wurde. Diese wissenschaftliche Schule legt großes Gewicht auf die soziologische Tatsache, daß die frühen Christen eine eng verbundene soziale Gruppe waren mit Sonderinteressen und einer fast abgegrenzten Disziplin, wodurch jeder Aspekt ihres Lebens beeinflußt wurde, was sie selber von der Gesamtheit der heidnischen Gesellschaft abhob. Das Ergebnis war ein kohärentes System von linguistischen Unterscheidungen, das nicht nur das Vokabular, sondern die Morphologie und Syntax und sogar bestimmte metrische Phänomene betraf. Daß neue Fachausdrücke für christliche Ideen, Objekte und Institutionen geschaffen werden sollten, ist durchaus zu erwarten; Schrijnen bezeichnete sie als 'direkte Christianismen'. Erstaunlicher ist es, daß christliche Sonderbegriffe für Dinge geschaffen wurden, die nicht spezifisch christlich waren ('indirekte Christianismen'). Schrijnen und seine Schüler haben eine Anzahl von Anwendungsformen in dieser Kategorie aufgeführt, die ausschließlich bei christlichen Autoren vorkommen: *uērāciter, subsequenter, trānsgressor, exspoliātio, aporiārī, indēficiēns, cōnfortāre, supplantātiō honōrificāre, subintrāre, dēgradāre, cohabitāre, mortificāre, retribūtiō, fornicārī, prōstitūtiō, operātor, negātor* usw. Augustinus bezieht sich auf eine deutliche *ecclesiastica loquendi consuetudo*, die für die Christen verbindlich ist: 'hos [d.h. 'die Märtyrer'] multo elegantius, si ecclesiastica

[6] Besser, ihr versteht uns in unserer barbarischen Sprechweise, als daß ihr mit all unserer gepflegten Redekunst verlassen bleibt.

loquendi consuetudo pateretur, nostros „heroas“ vocaremus’[7] (*De civ. Dei* 10, 21). In einem anderen Abschnitt bezieht er sich auf das Sonderidiom der Schriften mit Bezug auf die Bedeutung von ‘schlau, listig’, die *sapiēns* in der Genesis 3, 1 hat, und er stellt stolz christlichem Gebrauch weltliches Idiom gegenüber: ‘nam quemadmodum loquantur auctores mundi quid ad nos?’[8] Daß solche Sonderwörter auch im alltäglichen Sprechen der Christen vorkam, scheint durch einen anderen Abschnitt von Augustinus angedeutet zu werden. Augustinus kommentiert (*Quaest. hept.* 7, 56) den Gebrauch von *occurrere* im Sinne von ‘töten’ in Richter und Könige (z.B. *vade, occurre illi*):

> quod ideo non intellegitur, quia non est consuetudinis apud nos ita dici. sic enim militares potestates dicunt: ‘uade, alleua illum’, et significat ‘occide illum’, quis intellegat, nisi qui illius locutionis consuetudinem novit?[9]

Der Kontext ist also die besondere Bedeutung, die Wörter in Fachkreisen (hier die Soldatensprache) haben können, die für jene, die nicht mit diesem Gebrauch *(cōnsuētūdō)* vertraut sind, unverständlich sind. Er fährt dann fort und gibt ein anderes Beispiel. ‘Solet uulgo apud nos dici: „compendiauit illi“, quod est „occidit illum“; et hoc nemo intellegit, nisi qui audire consueuit.’[10] Falls *uulgo apud nos* ‘gewöhnlich bei uns Christen’ bedeutet (und es ist schwer, es auf irgend eine andere Art und Weise zu interpretieren), dann haben wir in diesem Abschnitt einen direkten Beweis für die Existenz eines christlichen Sonderwortes, das sich nicht auf eine spezifisch christliche Sache bezieht – nach Schrijnens Terminologie ein ‘indirekter Christianismus’. Die Hauptvorgehensweise bei der Schaffung dieser neuen spezifisch christlichen Termini wurden schon erwähnt – Lehnwörter (*apostatās* usw.), Lehnübersetzungen (*lauācrum* ‘Taufe’), Neologismen *(trīnitās, incarnātiō, trībulātiō, saluātiō, ūniuira)* und vor allem der Gebrauch von existierenden lateinischen Wörtern mit neuen christlichen Bedeutungen. Dabei zeigten die Übersetzer und Erklärer oft eine große Empfindlichkeit für feine Bedeutungsabstufungen im Lateinischen. So wies Löfstedt darauf hin, daß von den zahlreichen Syno-

[7] Wir würden die Märtyrer eleganter unsere ‘Heroen’ nennen, wenn der kirchliche Sprachgebrauch das zuließe.

[8] Was geht es uns an, wie weltlich Schriftsteller reden?

[9] Man versteht das nicht, weil es bei uns nicht üblich ist, so zu sprechen. Genauso ist es, wenn militärische Befehlshaber sagen: ‘Geh, entferne ihn’, und meinen: ‘töte ihn’. Wer kann das verstehen außer jemandem, der die Redeweise kennt?

[10] Man sagt bei uns gewöhnlich: „er hat es ihm verkürzt“, und das heißt: „er hat ihn getötet“. Das versteht niemand, der es nicht zu hören gewöhnt ist.

nymen des Lateinischen für 'bitten, fragen' *ōrāre* allmählich von *rogāre, petere, precārī* usw. verdrängt wurde und nur in einigen schablonenhaften Sätzen überlebte. Auf diese Weise hatte *ōrāre* eine Aura der Ferne und des Archaismus erworben, eine 'glossierende' Qualität, die es befähigte, die demütige Bitte zu Gott auszudrücken. Daher die christliche Bedeutung von *ōrāre* 'beten'. Die pejorative Bedeutung von *saeculum* 'die heidnische, profane Welt' hatte auch ihre Wurzeln im 'weltlichen' Latein: wir finden in der lateinischen Sprache früh Kontexte, in denen dieses Wort in verzweifelten und verächtlichen Zusammenhängen benutzt wird, vielleicht wie 'die moderne Welt' oder 'die heutige Generation': z.B. 'noui hoc saeculum moribus quibus siet' (Plautus, *Trin.* 284) und die berühmte Passage von Tacitus 'nemo illic uitia ridet, nec corrumpere et corrumpi saeculum ['modern'] uocatur' (*Germania* 19, 1). Die Römer hatten einige Schwierigkeiten beim Übersetzen des Wortes σωτήρ 'Retter, Erlöser'[11]. Cicero hatte diesen Begriff definiert (*in Verrem* 2, 2, 154) 'is est nimirum „soter", qui salutem dedit'. Woanders prägt er das Wort *seruātor*, während wir in der Kaiserzeit das zusammengesetzte *cōnseruātor* als einen der Titel von Jupiter finden. Es war zweifellos dieser heidnische Beigeschmack, der die frühen Übersetzer der Bibel dazu brachte, *cōnseruātor* abzulehnen. Sie verwendeten manchmal das seltene *salūtāris*, das bei Cicero (*de fin.* 3, 20, 66) für Jupiter Anwendung findet. Vor allem aber wurde ein neuer Begriff von *saluāre* (selbst ein Neologismus) ausgeprägt – *saluātor.* Tertullian wagte *salūtificātor*, aber das war zum Scheitern verurteilt. *saluātor* gewann nicht sofort Zustimmung. Arnobius spricht von Christus als *sospitātor.* Augustinus wischte puristische Skrupel mit seinem charakteristischen gesunden Menschenverstand beiseite:

> Christus, inquit, Iesus, id est Christus Saluator. hoc est enim latine Iesus. nec quaerant grammatici, quam sit Latinum, sed Christiani, quam uerum. salus enim Latinum nomen est. saluare et saluator non fuerunt haec Latina antequam veniret saluator: quando ad Latinos venit, et haec Latina fecit. (*serm.* 299.6)[12]

Auch χάρισμα verursachte ein Wortexperiment im Bemühen, die mannigfachen Bedeutungen dieses zentralen christlichen Wortes zu erfassen:

[11] Siehe C. Mohrmann, *Vigiliae Christianae*, iv, 1950, 193ff.

[12] Christus Jesus, das heißt Christus Salvator; das bedeutet nämlich Jesus auf Lateinisch, und die Grammatiker sollen nicht ergründen, wie lateinisch das ist, sondern die Christen, wie wahr es ist. *salus* ist doch ein lateinisches Wort, und *salvare* und *salvator* gab es im Lateinischen nicht, bevor der Heiland, der salvator, kam; als er zu Lateinern kam, machte er es auch zu lateinischen Wörtern.

*dōnum, dōnātiō, mūnus* wurden versucht, aber die Wahl fiel schließlich auf *grātia.* Die Sondersprachen wurden herangezogen und ihre Termini mit christlichem Gehalt gefüllt. Insbesondere die Christen, die sich selbst als die Söldner Christi betrachteten, machten oft Gebrauch von militärischer Terminologie[13], 'uocati sumus ad militiam dei uiui iam tunc cum in sacramenti uerba respondemus'[14] (Tertullian, *mart.* 30, 1, 9). Das *sacrāmentum* ist der Schwur der Soldaten, die *catechumeni* sind die Rekruten *(tīrōcinium, novīcioli).* Der Klerus sind die *ducēs,* deren Truppe der *gregārius numerus.* Der Märtyrer stirbt nach seinem Exerzieren im Gefängnis, wenn er die *animae impedimenta* abgelegt hat, einen rechten und tapferen Soldatentod: 'huic sacramento militans ab hostibus prouocor. par sum illis, nisi illis manus dedero. hoc defendendo depugno in acie, uulneror, concidor, occidor' (*Scorp.* 4: RW. p. 153. 14). Die Belohnung, die er vom *Imperator Christus* erhält, ist das *donatiuum uitae aeternae.* Schließlich möchten wir erwähnen, daß *pāgānus* die verächtliche Bezeichnung der Soldaten für einen 'Zivilisten' war; indem es von den Christen benutzt wurde, um all jene zu bezeichnen, die nicht in die Armee Christi aufgenommen waren, erwarb es seine Bedeutung 'Heide'.

Ein letztes Beispiel aus Teeuwens Liste soll genügen, um dieses faszinierende Erscheinen einer neuen geistigen und geistlichen Welt zu illustrieren. In den ersten unruhigen Jahrhunderten bedeutete *pāx* für die Christen nicht so sehr das Ende des Krieges als das 'Aufhören der Verfolgung'. Aber es hatte eine andere und tiefere Bedeutung, die *pāx*, die Christus seine Anhängern verlieh, den Frieden zwischen dem Menschen und seinem Gott, den Christus als Mittler zustande gebracht hatte. Die Gläubigen waren *filii pacis*, Christus selbst ist *pāx* und jene, die im Glauben sterben, *dormiunt in pace* – ein Ausdruck, der die semantischen Unterscheidungen von *pāx* hervorrief (1) 'der Zustand der Seele nach dem Tode', (2) 'der Ort des ewigen Friedens'. Ein solcher Friede wurde nur denen gewährt, die 'im Glauben' starben. So impliziert *pāx* auch 'Glaube an Christus'. Ein derartiger Glaube wird nun bei der Taufe bekräftigt, die *pāx* bringt und deren Empfänger in die Gemeinschaft der Kirche aufnimmt, die *familia Christi.* So kommt *pāx* zu der Bedeutung 'die Gemeinschaft der Kirche'. Mitgliedschaft in der Kirche implizierte das Annehmen der orthodoxen Glaubenssätze, so daß *litterae pacis* 'Zertifikat der Rechtgläubigkeit' bedeuten konnte. Mitgliederschaft in der Kirche

[13] Vgl. W. J. Teeuwen, *Sprachlicher Bedeutungswandel bei Tertullian*, 1926.

[14] Wir werden zum Dienste des lebendigen Gottes einberufen, sobald wir die Worte des Schwures nachgesprochen haben.

schließt auch den gemeinsamen Gottesdienst ein, und in der frühen Kirche gaben die Mitglieder der Gemeinde einander während der Messe den Bruderkuß, *osculum sanctum*, zum Zeichen ihrer Brüderlichkeit. Dies war auch als *osculum pacis* bekannt und schließlich als *pāx*. Dieser Begriff wurde allmählich außerhalb des Rituals für 'einen Kuß' gebraucht, der von Verwandten oder Mitchristen ausgetauscht wurde. Dieser Brauch überlebte in altirisch *pôc* 'ein Kuß' und gälisch *pòg*.

Die Existenz eines Sondervokabulars ist somit über jeden vernünftigen Zweifel erhaben. Die Versuche, entsprechende Fakten der Morphologie und Syntax herauszuarbeiten, waren weniger überzeugend: die gesondert aufgeführten Phänomene wie z. B. *quia*- und *quod*-Konstruktionen für den AcI, der Indikativ in indirekten Fragen, der Infinitiv des Zwecks, der nominativus pendens usw. können alle in den zeitgenössischen weltlichen Texten ebenfalls gefunden werden (siehe vorhergehendes Kapitel). Das Auftreten einer begrenzten Gruppe von 'vulgären Ausdrücken', eine besondere Konstellation von 'umgangssprachlichen' syntaktischen Konstruktionen, mit anderen Worten eine 'Gestalt', die in dieser präzisen Form nur in christlichen Dokumenten auftaucht, könnte als positiver Beweis für ein christliches Sonderidiom akzeptiert werden. Aber das ist bis jetzt noch nicht nachgewiesen worden, und es würde sich zeigen, daß keine wichtigen Unterschiede der Syntax zwischen weltlich-lateinischer und christlich-lateinischer Prosa entdeckt werden können.

'Christliches Latein' ist ebenso wie 'Vulgärlatein' ein Anlaß für terminologische Auseinandersetzungen gewesen. Wir befassen uns mit einer besonderen Anwendung der lateinischen Sprache, um neue 'Dinge' – Objekte, Handlungen, Begriffe, Organisationsformen – auszudrücken und besonders um griechische Termini zu übersetzen, die schon entwikkelt waren, um diese Dinge zu bezeichnen. Es braucht kaum gesagt zu werden, daß das christliche Interesse an diesen spezifisch christlichen Dingen und die sprachlichen Hinweise darauf in Intensität und Konzentration von Gelegenheit zu Gelegenheit variieren. Die 'Christianismen' werden natürlich in der Heiligen Schrift und den liturgischen Texten in ihrer größten Dichte vorkommen. Dann gelangten viele dieser Sondertermini und -redewendungen in die allgemeine Sprache der christlichen Gemeinschaften, nachdem sie durch den dauernden Gebrauch im heiligen Gottesdienst, bei Bibellesungen, bei Predigten und in Hirtenbriefen bekannt gemacht worden waren. Es wäre vergeblich, zu versuchen, die verschiedenen Grade der Konzentration und Verwässerung festzulegen; noch vergeblicher wäre es, unterscheidende Etiketten anbringen zu wollen. Schrijnen gab sich jedoch Mühe, auf einer Unterscheidung zwischen

(1) der frühen christlichen Volkssprache, (2) dem kirchlichen Latein (wie es in der Itala und Vulgata, den *acta martyrum*, den Versöhnungsurkunden, den Hirtenbriefen gebraucht wurde) und (3) dem liturgischen Latein zu bestehen. Es ist schwierig zu erkennen, welchen Nutzen diese terminologische Haarspalterei haben soll, und wir brauchen uns auch nicht mit dem Problem aufzuhalten, ob die nachgewiesenen 'Christianismen' nur eine 'agglomération' oder ein 'einheitliches System' bilden. Es ist ein weiteres der Pseudo-Probleme, die von de Saussures verhängnisvoller Dichotomie in 'la parole' und 'la langue' geschaffen wurden. Die Forschung weist anhand der getrennten Studie von individuellen Details nach, daß diese oder jene Tatsache charakteristisch oder nicht charakteristisch für das Latein der Christen ist. Die Gesamtsumme solcher Tatsachen bildet das christliche Latein; deren systematische Präsentation durch den Grammatiker ist die christlich-lateinische 'Sprache'. Daß organisatorische Termini in Verwaltungsakten vorkamen, durfte erwartet werden, und es braucht auch kein Erstaunen hervorzurufen, daß liturgische Termini in der Liturgie vorkamen; ebenso klar ist es, daß die Verwässerung der christlichen Termini in der Alltagssprache der frühen Christen am größten war. Aber natürlich haben wir nicht die Möglichkeit, letzteres zu untersuchen.

Die Existenz eines christlichen Sonderidioms, selbst wenn wir diese vorläufig auf bestimmte Fakten des Wortschatzes beschränken, wirft die Frage auf, wie und wann es entstand. Wegen der Vorherrschaft der Afrikaner unter den ersten großen christlichen Autoren und wegen der Tatsache, daß die älteste der offiziellen Urkunden über die Märtyrer, die *acta sanctorum Scillitanorum* (180 n. Chr.), die sich auf die Christen der Stadt Scilli beziehen, zuerst in lateinischer Sprache geschrieben worden war, ist lange die Auffassung vertreten worden, daß die Wiege des christlichen Lateins in der römischen Provinz Africa stand und daß es sich nach Italien und in die anderen lateinischsprachigen Provinzen ausbreitete. Diese Ansicht wurde von Schrijnen bezweifelt und sie war auch kürzlich das Thema eines lehrreichen Artikels von Christine Mohrmann gewesen, die sich mit der Frage nach dem Wachstum des christlichen Lateins *in Rom* befaßt. Dessen erste Phase, das Auftauchen eines von Christen gesprochenen Idioms, ist unserer Beobachtung entzogen, aber gerade sie bestimmte die darauffolgende Evolution. Es muß entstanden sein – nach den großen Linien, die weiter oben skizziert wurden (siehe S. 208f.) – durch die allmähliche Zunahme von lateinischsprachigen Bekehrten innerhalb der Gemeinschaft, der zu Anfang nur griechische und zweisprachige Christen angehörten. Die zunehmende Anzahl von Lateinern verursachte eine unwiderstehliche Nachfrage nach lateinischen Übersetzungen der Heiligen Schrift und pastoraler Werke. Dies geschah während des zweiten Jahrhunderts. Die zweite Phase der Latinisierung der Römischen Kirche, der Gebrauch des Lateins in der offiziellen Korrespondenz der Kirche, kann auf die Mitte des dritten Jahrhunderts datiert werden, während die dritte und endgültige Phase erreicht war, als das Latein in das konservative Bollwerk der Liturgie eindrang, ein Ereignis, das während des Pontifikats von Papst Damasus zwischen 360 und 382 stattfand[15]. Von der ersten und entscheidenden Phase haben wir, wie gesagt, keinen Beweis aus erster Hand, aber es gibt einige Texte unter den in Rom geschriebenen lateinischen Übersetzungen, die Licht auf die zweite Phase werfen. Die Übersetzung des Clemens-Briefes an die Korinther wird mit einiger Sicherheit auf das zweite Jahrhundert n.Chr. datiert; damit ist er wahrscheinlich älter als das älteste *datierte* Dokument der christlichen Latinität, die *passio martyrum Scillitanorum*. Im *Clemens Latinus* gibt es zahlreiche Zitate aus dem Alten Testament in einem Latein, das merklich verschieden vom Text des Briefes selbst ist. Diese Proben aus einer lateinischen Bibel zeigen die extreme Buchstabentreue und 'Vulgarität' der ältesten Übersetzungen. Am wichtigsten ist, daß diese Übersetzung erheblich von dem Alten Testament abweicht, das vom Afrikaner Cyprianus benutzt wurde. Die Version des Briefes selbst weist die nun gebräuchlichen vulgärsprachlichen Ausdrücke auf. Aber obwohl die Übersetzung sehr getreu ist, ist sie den Feinheiten des Griechischen gegenüber empfindlich, und als ganzes bezeugt sie die Existenz eines reifen und reichen christlichen Idioms mit vielen der 'direkten christlichen Ausdrücke', die oben aufgeführt wurden, wie *apostolus, angelus, baptizāre, ecclēsia, episcopus* usw.; *caritas, confiteri* mit der Doppelbedeutung 'preisen' und 'bekennen', *grātia, ōrāre, passiō, pāx, saeculum* usw. Es gibt bestimmte Experimente, die später nicht in die Sprache des Christentums übernommen wurden, z.B. *minister* 'Diakon', *honōrātī* 'Amtsinhaber, Klerus', *scissūra* 'Schisma'. Auch ist *scrīptūrae* nicht eindeutig auf 'die Heilige Schrift' festgelegt worden. Christine Mohrmann folgert, daß wir in diesem Dokument der römischen Gemeinschaft des zweiten Jahrhunderts denselben Prozeß sprachlicher Differenzierung finden, wie er auch in christlichen Dokumenten afrikanischer Herkunft beobachtet worden ist. Die Unterschiede zwischen den beiden Idiomen sind unwichtig. Die 'Sondersprache', von der es ein rudimentäres Beispiel ist, ist schon vom Charakter her auf die Ökumene angelegt. Auch der *Pastor Hermae*, dessen Autor wahrscheinlich ein lateinischsprachiger

[15] Th. Klauser, *Miscellanea Mercati.*, i. 467ff.

Bewohner Roms war, liefert Beweise für die Existenz römisch-lateinischer Fachausdrücke, die das christliche Leben betreffen. Zum Beispiel benutzt er den Ausdruck στατίωνα ἔχω und er selbst erklärt diese Wendung mit dem griechischen νηστεύω 'ich faste'. Nun ist *statiō* als ein Fachausdruck für *iēiūnium* durch Tertullian bekannt und bezeichnet eine besondere Art des Fastens an den Tagen Mittwoch und Freitag. So bescheinigt der *Pastor Hermae* die Existenz eines ausgesprochenen terminus technicus, der die Organisation des christlichen Lebens betrifft; ein rein lateinischer 'direkter Christianismus' fünfzig Jahre vor Tertullian und wahrscheinlich 30 Jahre vor der Abfassung der *passio martyrum Scillitanorum*. Daß er in griechischer Sprache schrieb, ist nicht weniger bedeutend – ein christlich-lateinisches Idiom war gerade im Entstehen, während die offizielle Sprache der Kirche das Griechische blieb.

Erst in der Mitte des 3. Jahrhunderts finden wir römisch-christliche Texte, die keine Übersetzungen sind, sondern ursprünglich in lateinischer Sprache abgefaßt wurden. Die Werke des Ketzers Novatian, eines Schriftstellers von beträchtlichem literarischen Talent, der dem Purismus anhing, zeigen die normalen Elemente des christlichen Lateins. Bei einem Vergleich Novatians mit Tertullian betont Christine Mohrmann die Unabhängigkeit des ersteren von seinem Vorgänger. So zieht er das gebräuchliche *incorruptiō* dem *incorruptibilitās* Tertullians vor. Bei der Übersetzung des wichtigen Wortes λόγος in der Bibel zog das afrikanische Idiom die Wiedergabe mit *sermō* vor, während die antiken europäischen Übersetzungen *uerbum* benutzten. Dieses letztere Wort erscheint in den Zitaten Novatians aus der Heiligen Schrift, aber in seinen eigenen Texten wechselt er zwischen beiden Wörtern ab. Bestimmte Beiträge zum theologischen Vokabular sind anscheinend Novatian zu verdanken; *praedestinātiō* zum Beispiel findet sich zuerst in seinen Werken.

Die Briefe von Papst Cornelius, einem Zeitgenossen von Novatian, an Cyprianus sind konservativer in der syntaktischen Struktur, aber auch in ihnen, schreibt Mohrmann, 'finden wir das gesamte Fachvokabular, das Organisation und Leben der christlichen Gemeinschaften betrifft': z.B. *populus* und *plēbs, frāternitās, pāx* (im Sinne der Harmonie und der Einigkeit innerhalb der Kirche), *schīsma* (welches das frühere *scissūra* ersetzt), *catholicus* und die gesamte Begriffesammlung für die geistliche Hierarchie.

Schließlich haben wir einige Muster eines bekannteren Typs des christlichen Idioms. *Brief 8* aus der Korrespondenz von Cyprianus geht von der christlichen Gemeinschaft von Rom aus und betont die Notwendigkeit, jenen zu helfen und beizustehen, die in der Verfolgung, diesem Wettkampf mit dem Widersacher, unterlagen. Die Vulgarismen sind von extremer Art (z. B. 'discere poteritis a plures a nobis . . . quoniam ea omnia . . . et fecimus et facimus; excubat pro omnes; omnis periculus' usw.) und die Syntax ist äußerst schwerfällig und schlampig. Deshalb können wir vermuten, daß der Text dem gesprochenen Idiom nahekommt, welches unter den ungebildeteren Mitgliedern der römischen Gemeinschaft geläufig war. Es ist interessant, die termini technici zu beobachten; *pāpās* (Akkusativ *pāpātem*), ein Titel, der allen Bischöfen dieser Zeit verliehen wurde, *subdiaconus, ecclēsia, frāternitās, caticumeni* (vulgär für *catechumeni*), *presbyter, commūniō, saeculum, saeculāris.* Die Verfolgung hat ihre eigene Sonderterminologie hervorgerufen: sie ist ein *agōn*, ein *certāmen*, sie wird als Ringkampf mit dem *aduersārius*, einem der gebräuchlichen Euphemismen für den Teufel, vorgestellt. Jene, die gewinnen *(uincere, stare in fide(m))* erhalten die Krone des Märtyrers. Aber andere sind von Schwäche ergriffen *(adprehendi infirmitate)*, fallen *(cadere, ruere)* und bringen das heidnische Opfer *(ascendere)*. Jedoch können sie bereuen, sich bessern und wünschen, in den Schoß der Kirche zurückzukehren *(communionem desiderare)*. In den vorhergehenden Kapiteln wurde darauf hingewiesen, daß die Volkssprache der Römer mit griechischen Wörtern gespickt war. Es ist interessant, zu beobachten, daß wir in diesem römisch-christlichen Text vulgären Charakters ein griechisches Lehnwort finden, welches nirgendwo sonst vorkommt – *thlibomeni* 'die Bedrängten', und weiterhin den Ausdruck *zelus dei.* Obwohl dieser Text kurz ist, gewährt er uns einen faszinierenden Einblick in die unter den ungebildeten Christen geläufige Sprache im Rom des 3. Jahrhunderts n. Chr., ein Idiom, reich an termini technici und weitgehend unverständlich für Uneingeweihte; in einem Wort, eine Sondersprache.

Wir können nun kurz die Schlüsse zusammenfassen, die Christine Mohrmann aus der Untersuchung dieser Texte des christlichen Roms gezogen hat. Der *Clemens Latinus* mit einer schon charakteristisch christlichen Sprache fordert den Glauben an die Priorität des christlichen Lateins von Nord-Afrika heraus. Einhundert Jahre später offenbaren die Werke Novatians, die Briefe von Cornelius und die Briefe des römischen Klerus eine hoch entwickelte Sondersprache, die sich schon weitgehend der Reife angenähert hat, die sie bei Augustinus und Hieronymus erreicht. Interessant ist die Stabilität dieser Sondersprache. Trotz ihrer sehr abweichenden Stilhöhen haben die drei Textgruppen aus dem Rom des 3. Jahrhunderts einen gemeinsamen Kern: es ist z. B. symptomatisch, daß sogar Novatian mit all seiner literarischen Kultur die Konstruktion *quoniam* benutzt, um Hauptsätze einzuleiten. Darüber hinaus ist dieses

Idiom ökumenisch, da die Unterschiede zwischen Afrika und Rom unbedeutend sind. Wir dürfen als sicher annehmen, daß dieses selbe Idiom, das später in Spanien und Gallien auftauchen sollte, allmählich herausgearbeitet wurde, als die Geschichte des Evangeliums und die Grundlagen des christlichen Glaubens begannen, von zweisprachigen Christen an einsprachige lateinische Bekehrte weitergegeben zu werden. Es war zweifellos das Produkt eines langen, unseren Augen weitgehend verborgenen Prozesses großer Kompliziertheit, in den viele Menschen von größerer und geringerer Fähigkeit und Bildung verwickelt waren; man ging nach der Trial-and-Error-Methode vor, und jedes Wort und jede Redewendung hatte die Akzeptierung durch das Volk zu gewinnen. In diesem Sinne ist es richtig, zu sagen, daß die neue christliche Sprache eine Schöpfung des Volkes war (Mohrmann). Deren ökumenischer Charakter, die verhältnismäßige Uniformität, die unter den unbedeutenden Unterschieden in den Übersetzungen und Schriftstücken der verschiedenen Provinzen zu finden ist, wurde durch intensive Verständigung untereinander hergestellt, so wie sprachliche Uniformität immer zustande kommt. Wir sollten natürlich nicht jene fundamentale Übereinstimmung der Kultur und Sprache innerhalb des lateinischsprachigen Teils des römischen Reichs übersehen. Dieses Milieu begünstigte Gleichförmigkeit in der Reaktion der lateinischen Sprache auf die neuen christlichen Ideen. Aber die Entwicklung und Aufrechterhaltung eines universalen christlich-lateinischen Idioms rührte größtenteils vom dauernden Kommen und Gehen der Repräsentanten der verschiedenen Kirchen her, vom Gedankenaustausch durch persönliche Kontakte und nicht zuletzt durch Korrespondenz. Es ist folglich gesagt worden, daß der Brief eine charakteristische Form der christlichen Literatur ist.

Es wird jetzt hinreichend klar sein, daß das von der christlichen Gemeinschaft in Rom gesprochene Latein nicht als Geschenk von Nord-Afrika empfangen wurde. Diese These hatte ja von vornherein schon wenig Wahrscheinlichkeit. Es ist kaum denkbar, daß die lateinischsprachigen Christen Roms von dem normalen Mechanismus des Sprachaustauschs, mit seiner Anpassungsfähigkeit an neue Ideen und neue Situationen, ausgeschlossen gewesen und in sprachloser Hilflosigkeit verblieben wären, unfähig zu lernen, zu diskutieren und die Frohe Botschaft in der lateinischen Sprache weiterzugeben, bis Nord-Afrika das Siegel von ihren Lippen nahm. Insbesondere Tertullian ist von Schrijnen und seinen Schülern entthront worden und seines Ehrentitels als 'der Vater des christlichen Lateins' beraubt worden. 'Tertullian war weder der Vater des kirchlichen Lateins noch des frühen christlichen Lateins' (Schrijnen).

Nordens Ansicht über Tertullian ist wohlbekannt:[16] Er sei ein Kind seiner Zeit gewesen, ein Repräsentant des Asianismus, der damals schon ein halbes Jahrtausend alt war. Jedoch habe sein leidenschaftlicher und impulsiver Charakter der lateinischen Sprache Gewalt angetan. Dieser zweisprachige Autor habe vor allem so viele griechische Ausdrücke im Vokabular und in der Struktur importiert, daß er ohne Kenntnis des Griechischen kaum verständlich sei. Eine nähere Untersuchung des Werks von Tertullian hat jedoch gezeigt, daß diese Beurteilung durch Nordens Vertrauen auf eine zu enge Auswahl von Texten verzerrt wurde. Besonders die Dichte der griechischen Ausdrücke ist übertrieben. Aber die Charakterisierung seines Stils als eine Art des Asianismus ist noch immer gültig. Wir finden bei Tertullian all jene Tricks des 'modernen' Stils, die in Kapitel V analysiert wurden: Kürze, Nachdruck, Antithese, Asyndeton, Symmetrie und vor allem die Effekte der Assonanz, die alle große Bedeutung in gelehrter christlich-lateinischer Prosa annehmen werden. Einige Beispiele werden ihren eigenen Kommentar liefern. 'sordent silent stupent cuncta'; 'mulorum et miluorum carnes et corpora'; 'corrupti tam uitio ualetudinis quam senio sepulturae'; 'iustitia rarescit, iniquitas increbrescit, bonarum omnium disciplinarum cura torpescit' (Tricolon mit 'wachsender Größe' und Homoioteleuton); und schließlich ein prachtvolles Beispiel des Satzbaus des Asianismus mit *parison, anaphora, homoioteleuton* usw. (siehe Hoppe,[17] p. 141):

omnia iam peruia
omnia nota
omnia negotiosa
solitudines famosas retro fundi amoenissimi oblitterauerunt,
siluas arua domuerunt
feras pecora fugauerunt
harenae seruntur
saxa panduntur
paludes eliquantur
tantae urbes quantae non casae quondam.
iam nec insulae horrent
nec scopuli terrent
ubique domus
ubique populus
ubique respublica
ubique uita.
(*de An.* 30 (p. 350. 2 R.))

[16] *Die antike Kunstprosa*, ii. 608 ff.
[17] *Syntax und Stil des Tertullian* (Leipzig 1903).

In der Handhabung des Vokabulars zeigte Tertullian sein größtes Genie, aber auch seine Launenhaftigkeit. 'Es ist und bleibt ein schwer zu lösendes Rätsel', schreibt Hoppe, 'wie Tertullian die gewöhnliche und allgemeine Bedeutung vieler Wörter vollkommen ändern konnte.' Schrijnen bestritt Tertullians Priorität und behauptete, daß seine Sprache die Existenz einer beträchtlichen linguistischen Aktivität voraussetzt, die schon das charakteristische Vokabular des christlichen Lateins herausgearbeitet hatte. Daß Wörter zum ersten Mal bei Tertullian vorkommen, beweist natürlich nicht, daß er sie erfand. Jedoch kann man die kühne Virtuosität Tertullians nicht leugnen, die darin besteht, Wörter zu verdrängen und zu verzerren, um die stürmische und fast dämonische Intensität seines Herrscherwillens auszudrücken. Wenn wir ihm mit Schrijnen jeglichen Anteil an der Schaffung der christlichen Volkssprache abstreiten müssen, so bleibt doch gültig, daß Tertullian der erste war, der das christliche Latein in großen literarischen Werken verwendete. Seinen entscheidenden Beitrag zur christlichen Polemik und Theologie darzustellen, liegt nicht im Rahmen des vorliegenden Werks. Aber man kann seinen hervorragenden Einfluß auf das christliche Latein als Literatursprache nicht leugnen. Für den Sprachhistoriker ist und bleibt er die erste und hauptsächliche Quelle unseres Wissens über das christliche Latein (Teeuwen). Der 'Vater des christlichen Lateins' in Schrijnens Sinne ist er wohl nicht gewesen. Sollten wir eher sagen, daß er ein vielversprechendes Kind adoptierte, es pflegte und mit Reichtümern ausstattete, die es zum Meister einer neuen geistigen und geistlichen Welt machten?

Im Laufe der Jahrhunderte schritt die Organisation der Kirche und die christliche Lebensweise rasch voran. Der christliche Gedanke reifte und vertiefte sich. Sein Ausdrucks- und Kommunikationsinstrument wurde durch eine Reihe begabter Schriftsteller (Cyprian, Arnobius, Lactantius, Ambrosius) subtiler gemacht und verfeinert. Bei Hieronymus und Augustinus erreichte die Sprache des lateinischen Christentums ihre größte Blutezeit. Von der Arbeit des Hieronymus als Korrektor und Übersetzer haben wir bereits gesprochen. Wenn wir uns mit der 'Sprache' des Augustinus befassen, werden wir mit einer komplexeren Situation konfrontiert als bei Cicero. Denn er schrieb nicht nur in Genera mit verschiedenen stilistischen Ebenen; eine zusätzliche Komplikation besteht darin, daß er nach einer gründlichen Ausbildung in der traditionellen Rhetorik der heidnischen Schulen und nach seiner Bekehrung das neue lateinische Idiom erlernen mußte, welches zu benutzen für den Christen unumgänglich war: 'nec illa sane praetereo, quae catechumenus iam, licet relicta spe, quam terrenam gerebam, sed adhuc saecularium litterarum inflatus consuetudine scripsi'[18], *Retract.* prol. 3. Diese weltliche *consuetudo* beherrscht noch die frühen Dialoge, die durchaus ciceronianisch im Satzbau, im Wortschatz und sogar in den Klauseln sind. Aber nach seiner Bekehrung und Taufe fand eine Änderung statt. Es ist nicht ohne Bedeutung für die Entwicklung seines Stils, daß er in der *ep.* 24 nach seiner Priesterweihe Bischof Valerius um Erlaubnis bat, die Bibel zu studieren. Dieses Ereignis markiert wahrscheinlich den Wendepunkt in seiner stilistischen Entwicklung oder eher Bekehrung. Fortan wendete sich Augustinus von den *inlecebra suauiloquentiae* ab und erwarb allmählich die *ecclesiastica consuetudo* (dies wird schon in der sehr unterschiedlichen Sprache und dem Stil von *De vera religione*, die 389 geschrieben wurde, offenbar); völlige Meisterschaft erreicht er in den Werken, die nach seiner Inthronisierung geschrieben wurden. Aber sogar in diesen Werken können wir fast von 'einem Gesetz der Genera' sprechen, da Augustinus seinen Stil an die Wesensart seiner Rezipienten anpaßte. Den mehr heidnischen und literarischen Charakter von *De civitate Dei* haben wir schon erörtert. Seine *Confessiones* sind, obwohl sie noch stilisiert sind, loser im Satzbau, und ungewöhnlich verschieden sind die Kunstgriffe, um die Kadenzen der Sprechpausen zu markieren (siehe unten). Aber in seinen *sermones* nähert er sich am meisten dem volkstümlichen Sprechen, denn sie sind im Grunde freundliche Unterhaltungen. Die populären Predigten Augustinus' leben von einer engen Intimität zwischen einer Gemeinde und einem Prediger, der jeder Reaktion gegenüber feinfühlig ist und bemüht ist, sich sogar bei den schwerfälligeren *(tardiores)* der Brüder verständlich zu machen. Von den generellen Kennzeichen dieser Sprache können wir nun kurz sagen, daß sie all die Merkmale des christlichen Lateins mit seinen direkten und indirekten Christianismen verkörpern und veranschaulichen. Was Augustinus an neuen Beiträgen machte, paßte zu den generellen Tendenzen des christlichen und des späten Lateins.

Es gibt jedoch auch stilistische Aspekte seiner linguistischen Bekehrung, die eine Diskussion verdienen. Es wurde weiter oben erwähnt, daß die frühen ciceronianischen Werke den Kunstgriffen der Kadenz der heidnischen Rhetorik treu blieben. Der neue christliche Stil des Augustinus ist nicht nur durch die Aufgabe der klassischen Kanons im Vokabular, in der Syntax und der rhetorischen Struktur geprägt; er vermeidet auch die ciceronianischen Klauseln und gebraucht stattdessen jene populären stilisti-

[18] Ich übergehe auch das nicht, was ich noch als Katechume schrieb; ich hatte zwar meine weltlichen Erwartungen bereits abgelegt, aber war noch voll von weltlicher Literatur und schrieb, wie ich es gewohnt war.

schen Kunstgriffe, die, wie wir sahen, in Italien heimisch waren und in den Anfängen der lateinischen Prosa vorkamen – kurze balancierende Sätze, als Gegenstück oder Antithese zu den primitiven Verzierungen der Assonanz, der Alliteration und des Reims. Wir finden sie in den populären Werken des Augustinus, seinen Briefen und Predigten (Glaser, *Wiener Studien*, 46, 193ff.) und in geringerem Umfang in der *De civitate Dei*. Von den *epistulae* zitiert Glaser unter anderem (137.10):

> 'quid autem non mirum Deus facit in omnibus creaturae motibus, nisi consuetudine cotidiana uiluissent? denique quam multa usitata calcantur, quae considerata stupentur! sicut ipsa uis seminum, quos numeros habet, quam uivaces, quam efficaces, quam latenter potentes, quam in parvo magna molientes, quis adeat animo, quis promat eloquio?'

Vgl. 173. 2. 3, 11. 5ff:

> 'nam si ea in me reprehenderis, quae reprehendenda non sunt, te laedis magis quam me, quod absit a moribus et sancto proposito tuo, ut hoc facias uoluntate laedendi, culpans in me aliquid dente maledico quod mente ueridica scis non esse culpandum. ac per hoc aut beniuolo corde argues, etiam si caret delicto quod arguendum putas, aut paterno affectu mulceas quem adicere nequeas. potest enim fieri ut tibi aliud uideatur quam ueritas habet, dum tamen abs te aliud non fiat quam caritas habet.'

In den *sermones* sind Beispiele reichlich vorhanden, z.B. 316, 1, 1:

'quidquid uidetis quia fit per memoriam Stephani,
in nomine Christi fit,
ut Christus commendetur,
Christus adoretur,
Christus expectetur,
iudex uiuorum et mortuorum,
et ab eis qui illum diligunt
ad dexteram stetur.
quando enim uenerit,
stabunt ad dexteram,
stabunt ad sinistram.
beati qui ad dexteram,
miseri qui ad sinistram.'

Aber erst in den formaleren Predigten anläßlich der großen Ereignisse des christlichen Jahres wurden diese Kunstgriffe der populären Rhetorik zu einer neuen Kunstform erhoben. Zum Beispiel können wir aus *Sermo* 199 *in epiphania domini* zitieren:

'ipse enim natus ex matre,
de coelo terrae nouum sidus ostendit,
qui natus ex Patre

coelum terramque formauit.
eo nascente lux noua est in stella reuelata,
quo moriente lux antiqua est in sole uelata.
eo nascente superi nouo honore claruerunt,
quo moriente inferi nouo timore tremuerunt,
quo resurgente discipuli nouo amore exarserunt,
quo ascendente coeli nouo obsequio patuerunt.
celebremus ergo deuota solemnitate et hunc diem,
quo cognitum Christum Magi ex gentibus adorauerunt,
sicut celebrauimus illum diem,
quo natum Christum pastores ex Iudaea uiderunt.
ipse enim Dominus Deus noster elegit Apostolos ex Iudaea pastores,
per quos congregaret saluandos etiam ex gentibus peccatores.'

Wie tief verwurzelt in der antiken römischen Tradition solche stilistischen Effekte waren, kann an einem einzigen Zitat von Ennius gesehen werden:[19]

haec omnia uidi inflammari
Priamo ui uitam euitari
Iouis aram sanguine turpari. (*trag.* 106–8 W.)

Wir sind nun der Anpassung und der 'Verwandlung' des volkstümlichen Lateins in ein Ausdrucksmittel der neuen christlichen Welt gefolgt. Es war zuerst eine Sondersprache kleiner geheim organisierter und abgeschlossener Gruppen. Solche Gruppen haben jedoch ihre Kontakte mit der Welt außerhalb, und mittels solcher Kontakte gelangen Wörter aus den Sondersprachen in den allgemeinen Gebrauch. Die Christen konnten trotz all ihrer Exklusivität sich nicht gänzlich der heidnischen Welt entziehen. Tertullian schrieb in seiner *Apologia:*

non sine foro, non sine macello, non sine balneis, tabernis, officinis, stabulis, nundinis uestris ceterisque commerciis cohabitamus hoc saeculum. nauigamus et nos uobiscum et militamus et rusticamur et mercatus proinde miscemus, artes, operas nostras publicamus usui uestro. (ch. 42)[20]

[19] Vgl. auch den Zauberspruch für kranke Füße, zitiert von Varro, R. R. 1. 2. 27:
ego tui memini
medere meis pedibus
terra pestem teneto
salus hic maneto
in meis pedibus.

[20] Wir leben mit euch zusammen in dieser Welt nicht ohne Forum, ohne Fleischmarkt, nicht ohne Bäder, Gasthäuser, Werkstätten, Ställe, nicht ohne Markttage und nicht ohne sonstigen Handel. Wir fahren mit euch zur See und dienen mit euch zusammen beim Militär und treiben Landwirtschaft. Ebenso handeln wir und veröffentlichen unsere Werke für euren Gebrauch.

Durch diesen Umgang und diese Kontakte mit der heidnischen Welt könnte man sicher erwarten, christliche Wörter und Redewendungen zu finden, die in den Allgemeinbesitz der gesamten Sprachgemeinschaft übergingen. Augustinus übertreibt wahrscheinlich, wenn er sagt, daß die ganze Welt das Wort *natales* in seinem christlichen Sinn 'pretiosae martyrum mortes' also 'Todestag eines Märtyrers' gebraucht:

> quis enim hodie, non dicam in hac nostra ciuitate, sed plane per Africam totam transmarinasque regiones, non christianus solum, sed paganus aut Iudaeus aut etiam haereticus poterit inueniri qui non nobiscum dicat natalem martyris Cypriani? (*Serm.* 310. 1. 2)[21]

Aber solche Entlehnungen sind überaus selten. Eine Untersuchung der Sprache eines nichtchristlichen Schriftstellers, wie z.B. Ammianus Marcellinus, hat gezeigt, daß, obwohl er christliche Ausdrücke kennt, nur wenige von ihnen, wenn überhaupt welche, zu seinem normalen Wortschatz gehören. Wo er Gelegenheit hat, solche Termini, die mit christlichen Angelegenheiten zu tun haben, zu gebrauchen, fügt er gewöhnlich einen Kommentar der Art *ut Christiani appellant* ('wie die Christen sagen') hinzu. Nicht nur durch solche Prozesse wurde das allgemeine Latein christianisiert. Es gab keine eng gefügte Gruppe mit speziellen Interessen, die ihre sprachliche Münze in allgemeinen Umlauf brachte. Die Gruppe ließ dauernd neue Anhänger zu, und ihre Bekehrten wurden in der Sondersprache unterrichtet. Das Samenkorn wuchs sich zu einem mächtigen Baum aus. Sogar Tertullian konnte stolz verkünden (*Apol.* 37. 4): 'hesterni sumus et orbem iam et uestra omnia impleuimus, urbes, insulas, castella, municipia, conciliabula, castra ipsa, tribus, decurias, palatium, senatum, forum. sola uobis reliquimus templa'[22]. Am Ende wurden selbst die Tempel nicht ausgelassen. Die Gruppe absorbierte die gesamte Gemeinschaft, und ihre Sondersprache wurde zur κοινή der westlichen Welt. Sie ist das mittelalterliche Latein.

[21] Welchen Christen oder sogar Heiden oder Juden oder auch Ketzer könnte man heute in unserer Stadt oder sogar in ganz Africa und jenseits des Meeres finden, der nicht wie wir vom 'natalis' des Märtyrers Cyprianus spräche?

[22] Es gibt uns erst seit kurzem, und doch haben wir schon die Welt und alles, was euch gehört, überschwemmt, Städte, Inseln, Festungen, Gemeinden, Marktplätze, sogar die Kasernen, die Triben, die Dekurien, den Palatin, den Senat, das Forum. Nur die Tempel haben wir euch gelassen.

# ZWEITER TEIL

# Historisch-vergleichende Grammatik

KAPITEL VIII

# Lautlehre

In den folgenden Kapiteln werden wir ständig Formulierungen wie „indogermanisch **p* wird zu germanisch *f*“ benutzen. Es ist daher sicher angebracht, zuvor zu erklären, was derartige Formulierungen bedeuten.

Der Sprachwissenschaftler kennt zwei Methoden, um die Lautgeschichte einer Sprache darzustellen. In erster Linie untersucht er die verschiedenen Formen, die ein und dasselbe Wort in einer chronologisch geordneten Reihe von Texten annimmt. So kann man z. B. frz. *père* auf lat. *patrem* zurückführen. Wenn jedoch die ältesten verfügbaren Texte erreicht sind, muß die vergleichende Methode an die Stelle der historischen Methode treten. Die vergleichende Methode basiert auf der sprachwissenschaftlichen Grundvoraussetzung, daß die Beziehung zwischen Laut und Bedeutung arbiträr ist. Damit ist gemeint, daß nichts in der psycho-physiologischen Natur des Menschen dazu führt, daß er beispielsweise spontan *Gras* sagt, wenn er die entsprechende Pflanze sieht. Im Deutschen verwenden wir dieses lautliche Zeichen, weil wir das Verhalten der alten Mitglieder unserer Sprachgemeinschaft nachgeahmt haben, denn Sprache ist vor allem ein Nachahmungsprozeß. Wenn wir dann feststellen, daß in einer anderen Sprachgemeinschaft, z. B. der englischen, das lautliche Zeichen *grass* in derselben Bedeutung verwendet wird, müssen wir den Schluß ziehen, daß es höchst unwahrscheinlich ist, daß beide Sprachgemeinschaften unabhängig voneinander zu solchen arbiträren Zuordnungen von Klang und Bedeutung gekommen sind. Je größer die Zahl derartiger Übereinstimmungen ist, umso größer wird die Unwahrscheinlichkeit. Wenn wir sehen, wie englisch *grass, cow, milk, calf, ox, field* usw. zu deutsch *Gras, Kuh, Milch, Kalb, Ochse, Feld* usw. passen, dann dürfen wir den Schluß ziehen, daß es eine historische Verbindung zwischen beiden Systemen geben muß. Mit anderen Worten, wenn wir die mimetischen Prozesse durch die vergangenen Generationen hindurch verfolgen könnten, würden wir schließlich eine Form von Sprachgemeinschaft zwischen den Vorfahren der Engländer und der Deutschen finden, die die Ähnlichkeiten zwischen beiden Sprachen erklären würde. So kann man auch lat. *pater* zu einer Reihe von Wörtern in verwandten Sprachen stellen: oskisch *patír*, griechisch πατήρ, Sanskrit *pitár-*, gotisch *fadar*. Bei einer ganzen Reihe derartiger selbstverständlicher Gleichungen wird man bemerken, daß einem lateinischen *p* in vielen anderen Sprachen ein *p* entspricht, z. B. im Griechischen, im Sanskrit, im Balto-Slavischen usw., während die entsprechenden Wörter ein *f* in den germanischen Sprachen haben. Weil nun ein solcher Parallelismus in der Lautstruktur von Wörtern ähnlicher Bedeutung ebensowenig zufällig sein kann wie absolute Identität es wäre, müssen wir den Schluß ziehen, daß diese germanischen Wörter ebenfalls durch verschiedene mimetische Prozesse auf dieselbe Ursprungssprache zurückgehen. Die Rekonstruktion der Wörter und Formen dieser Ursprungsprache ist wiederum eine Frage der Wahrscheinlichkeit. Die Konsonanten des Wortes für „Vater" erscheinen in den meisten Sprachen als *p-t-r*, und folglich war das wahrscheinlich die Situation auch in der Ursprungssprache. Die Vokale sind schwieriger unter einen Hut zu bringen, man ist sich jedoch heute darüber einig, daß die indogermanische Grundform **pətēr* lautete. Man darf nicht vergessen, daß das nichts anderes darstellt, als eine bequeme Formulierung der komplizierten Gleichung.

> lat. *pater* = griech. πατήρ = Sanskrit *pitár-* = gotisch *fadar* = altirisch *athir* usw.

Ebenso kann man den Parallelismus, der in einer Serie von Entsprechungen festzustellen ist, für denjenigen, der die Geschichte der lateinischen Sprache erforscht, bequemer mit Formeln wie „indogermanisch **p* > lateinisch *p*" als mit dem komplizierten „lateinisch *p* = griechisch *p* = Sanskrit *p* = germanisch *f* = keltisch ø" ausdrücken. Man darf niemals außer acht lassen, daß die rekonstruierten indogermanischen Formen keine andere Realität besitzen als die, bequeme Formeln für Parallelismen zu sein; sie sind reine Zusammenfassungen von Verwandtschaften. Jeder Einwand gegen rekonstruierte Formen wie **stə'wHró-*, der davon ausgeht, daß menschliche Stimmorgane eine derartige Lautfolge niemals hätten aussprechen können, ist daher gegenstandslos; durch die Formel wird ja keineswegs eine phonetische Realität postuliert. Nichtsdestoweniger gibt es Laute, die wir – mit unterschiedlichem Wahrscheinlichkeitsgrad – der indogermanischen Ursprungssprache zuschreiben können, und zum Zwecke der Darstellung und des Verweisens ist es praktisch, Formeln wie „indogermanisch *p* > lateinisch *p*" zu verwenden und nicht bei jeder Gelegenheit die volle Gleichung aufzuführen, die durch diese Formel zusammengefaßt wird.

## Vokale

### *Akzent*

Die Behandlung der indogermanischen Vokale im Lateinischen hängt davon ab, in welcher Art von Silbe sie vorkommen; sie unterliegen besonders dem Einfluß der Betonung.

Der Akzent ist das Übergewicht, das einer Silbe eines Wortes durch verschiedene Mittel vor anderen desselben Wortes oder derselben Äußerung gegeben wird. Ein derartiges Übergewicht wird erzielt durch Aussprache mit einer gesteigerten Tonhöhe (Tonhöhenakzent oder musikalischer Akzent) oder durch eine stärkeren Atemausstoß (Betonung oder expiratorischer Akzent). In einigen Sprachen kann der Akzent auf jede Silbe des Wortes fallen; man spricht dann von einem „freien Akzent". In anderen Sprachen fällt er regelmäßig auf eine bestimmte Silbe; dann nennt man ihn „gebundenen Akzent". Der ursprüngliche indogermanische Akzent war ein freier musikalischer Akzent, aber dieses System wurde vom klassischen Latein aufgegeben, wo der Akzent auf die vorletzte Silbe fällt, wenn diese lang ist, und auf die vorvorletzte, wenn die vorletzte kurz ist. Also heißt es *dū́cĭmus*, aber *dūcā́mus* (zu den Ausnahmen siehe S. 246). Die wissenschaftlichen Auffassungen über die Art des lateinischen Akzents sind jedoch geteilt, und wir müssen daher kurz die Fakten betrachten. Wir haben zunächst die direkten Zeugnisse der lateinischen Grammatiker, die bei der Beschreibung der Akzente ihrer Sprache eine Terminologie verwenden, die eher Tonhöhen – als Betonungsunterschiede nahelegt. So kontrastiert Varro die Höhe, *altitūdō*, eines Lautes mit seiner Länge, *longitūdō* (L. L. 210, 10–16: „cum pars uerbi aut in graue deprimitur aut sublimatur in acutum). Man sollte meinen, daß ein derartiges Zeugnis es über jeden Zweifel erheben würde, daß das Lateinische einen musikalischen Akzent hatte. Die Praxis der klassischen Dichter, die ihre Rhytmen auf der Quantität der Silben aufbauten und den Akzent nicht beachteten, kann als indirekte Bestätigung für diese Auffassung angesehen werden. Die meisten französischen Sprachwissenschaftler vertreten dann auch diese Ansicht und glauben, daß der musikalische Akzent bis zum 4. Jh. n.Chr. bestand.

Außerhalb Frankreichs neigt man jedoch dazu, die Zuverlässigkeit der römischen Grammatiker in Frage zu stellen. In grammatikalischen Abhandlungen waren die Römer wie in so vielen anderen Dingen sklavische Nachahmer der Griechen. Schon die Wörter *accentus, grauis, acūtus* sind Lehnübersetzungen der griechischen Termini προσῳδία, βαρεῖα, ὀξεῖα. Man sollte also vorsichtig sein bei der Hinnahme von Beschreibungen des lateinischen Akzents, die in eine wissenschaftliche Terminologie gepreßt sind, die geprägt wurde, um eine Sprache ganz anderen Typs zu beschreiben. Es muß auch festgehalten werden, daß die griechischen Grammatiker auch dann noch von ὀξεῖα und βαρεῖα sprachen, als der griechische Akzent sich längst von einem musikalischen zu einem expiratorischen weiterentwickelt hatte. Es ist daher wohl sicherer, die gefärbten Zeugnisse römischer Grammatiker hintanzustellen und sich lieber auf Schlüsse aus Tatsachen, die wir selbst beobachten können, zu verlassen. Sehr wichtig ist in diesem Zusammenhang das Phänomen der Synkope, d. h. der Weglassung unakzentuierter Vokale, denn dabei haben wir es im allgemeinen mit der Begleiterscheinung eines starken expiratorischen Akzents zu tun. Schlagende Beispiele dafür sind englische Ortsnamen wie *Gódmanchester* und *Wávendon*, die als [gʌmstə] und [wɔndən] ausgesprochen werden. Auch im Altirischen erscheinen lateinische Lehnwörter wie *philosophus* und *apostolus* verkürzt als *felsub* und *apstal*[1]. Derartige Synkopen kamen in allen Epochen des Lateinischen vor (siehe unten): z. B. *auceps* < **auicaps, officīna* < **opificīna* (vgl. *opifex*), *ūndecim* < **ūnodēcem* usw. Auch wenn die Vokale von nicht anlautenden Silben durch die Synkope nicht völlig verlorengingen, wurden sie auf mancherlei Art geschwächt: z. B. *afficiō* < **ad-faciō*. Diese Veränderungen sollen unten im Detail besprochen werden. Im Augenblick genügt es, festzuhalten, daß niemals der Vokal der ersten Silbe eines Wortes von Synkope oder Schwächung betroffen wird. Diese Fakten sprechen dafür, daß das Lateinische einmal einen expiratorischen Akzent auf der ersten Silbe eines Wortes hatte und daß dadurch Synkopen wie *aetās* < **aeuitās* und Schwächungen wie *occĭdo* < **obcado* hervorgerufen wurden. Das von der Qualität der vorletzten Silbe ausgehende Pänultima-Gesetz des klassischen Lateins spiegelt eine spätere Veränderung der Aussprachegewohnheiten wider, die die Akzentsetzungen nach den oben genannten Regeln einschränkte. Es muß noch hinzugefügt werden, daß in Wörtern mit vier oder mehr Silben auch ein Nebenakzent vorkam: *aèdificā́uit, tèmpestā́tem*. Das erkennt man daran, daß 1.) im Italienischen dadurch die Verdoppelung des folgenden Konsonanten bewirkt wird *(scellerato* < *scèlerā́tus)* und daß 2.) der Nebenakzent in Versen als voller Akzent zählt (so im Saturnier[2] *dédet tèmpestátibus* || *aíde méretod* und im vierten Fuß eines Pentameters: *dìǎnī* | *ā́ntŭr ŏ* | *pēs*, siehe unten). Enklitika ziehen den Akzent auf die letzte Silbe

[1] W. Lindsay, *The Latin Language*, Oxford 1894, 170.

[2] Es bestehen allerdings viele Unsicherheiten über die metrische Basis des Saturniers.

des Wortes, dem sie folgen: *uidḗs-ne, egṓ-ne*; bei Synkope des Schlußvokals haben wir *uidén, egón*. Daß der Akzent im frühen Latein auf die erste Silbe fiel, wird durch das Oskisch-Umbrische gestützt, wo die Synkope kräftiger als im Lateinischen ist und wo ebenfalls alle Silben außer der ersten betroffen sein können. Auch einige Plantusverse implizieren die Beibehaltung der älteren Akzentuierung in einigen Wörtern: Wörter mit der rhythmischen Struktur ∪ ∪ ∪ ⊻ (z.B. *f᷄ăcĭlĭŭs, m᷄ŭlĭĕrĕm, s᷄ĕquĭmĭnī*) werden auf der ersten Silbe akzentuiert. Sonst zeigt Plautus' Prosodie jedoch bereits die Wirksamkeit des Pänultima-Gesetzes. Daß der Akzent noch expiratorisch war, wird durch die Synkope von Silben, die unmittelbar dem Akzent folgten, nahegelegt, z.B. *audā̆cter* < *audā́citer, sinistra* < **sinístera*. Ein expiratorischer Akzent wird auch durch das Jambenkürzungsgesetz *(breuis breuiāns)* nahegelegt, demzufolge die lange Silbe einer jambischen Folge gekürzt wird, wenn der Akzent unmittelbar vorausgeht oder folgt: *m᷄ŏdō > m᷄ŏdŏ, m᷄ĭhī > m᷄ĭhĭ, b᷄ĕnē > b᷄ĕnĕ* usw.

Daß der lateinische Akzent der Klassik sich vom musikalischen Akzent des klassischen Griechischen unterschied, wird durch die unterschiedlichen metrischen Gepflogenheiten nahegelegt, die von den römischen Dichtern in den von den Griechen entlehnten Versmaßen angewendet wurden. Plautus und Terenz neigen dazu, Übereinstimmung zwischen Versiktus und Wortakzent herzustellen, während im Griechischen der Wortakzent überhaupt keine Rolle spielt. Dasselbe gilt für die Hexameter von Plautus' Zeitgenossen Ennius. An dieser Stelle müssen wir eine allgemeine Bemerkung zum Rhythmus einfügen. Rhythmus entsteht durch die regelmäßige Wiederkehr von Sinneseindrücken. Eine zu große Regelmäßigkeit des wiederkehrenden Musters bewirkt jedoch bald Eintönigkeit, während Variationen des Grundschemas anregend wirken. Die eigentümliche Spannung zwischen Variationen und Grundrhythmus wird jedoch zerstört, wenn die Variationen so häufig oder so kompliziert sind, daß das Gefühl für den Grundrhythmus verlorengeht. Folglich muß der Hörer in Abständen an den Grundrhythmus erinnert werden, und derartige Erinnerungen passen am besten an das Ende komplizierter rhythmischer Muster, in die sogenannte Kadenz. So endet z.B. der Hexameter fast immer auf — ∪ ∪ | — —. Es konnte nun nachgewiesen werden, daß die römischen Dichter zwar in den ersten vier Füßen des Hexameters nicht auf den Zusammenfall von Iktus und Wortakzent achteten, ihn jedoch in den letzten beiden Versfüßen streng einhielten, wobei die Stimmigkeitsquote von 92,8% bei Ennius auf über 99% bei Vergil anstieg. Vergleichbares konnte für den Pentameter festgestellt werden, und es wurde vor einiger Zeit bemerkt, daß der Rhythmus, den Properz, Ovid und Martial für die zweite Hälfte des Pentameters anstrebten, eine starke Iktus-Akzent-Übereinstimmung im vierten Fuß und eine Iktus-Akzent-Nichtübereinstimmung in der zweiten Hälfte des fünften Fußes beinhaltete[3], z.B. *ŭ́ndĕ*[4] *mŏ|uĕ́tŭr*[5] *á|mŏ*[6]*r*; hier ist offenbar beabsichtigt, den daktylischen Rhythmus fest an den Anfang der zweiten Hälfte des Pentameters zu setzen, aber Eintönigkeit durch die Herbeiführung eines Anstoßes im nächsten Fuß zu vermeiden. Aus allem, was bisher gesagt wurde, wird es klar, daß zumindest ein Prinzip der Rhythmusvariation, das die römischen Dichter verwendeten, das Zusammenspiel von Versiktus und Wortakzent war, wobei im Kadenzteil des Verses Übereinstimmung angestrebt wurde, weil es dort wünschenswert war, den Grundrhythmus deutlich zu kennzeichnen. Vergleichbares läßt sich bei den Griechen bis zu den Choliamben des Babrios (der den Akzent immer auf die vorletzte Silbe fallen läßt) nicht finden, und zu seiner Zeit hatte das Griechische bereits den musikalischen Akzent zugunsten des expiratorischen aufgegeben. Man kann also nur schwer den Schluß umgehen, daß der Unterschied in der metrischen Praxis auf einen lateinischen Akzent deutet, der sich vom musikalischen Akzent des Griechischen unterschied, obwohl die Grammatiker eine Terminologie verwendeten, die musikalischen Akzent impliziert. Es ist natürlich nicht ausgeschlossen, daß eine akzentuierte Silbe im Lateinischen höher ausgesprochen wurde als eine unakzentuierte, aber dabei handelt es sich wie im Deutschen um eine sekundäre Begleiterscheinung der Betonung.

Für die Zeit nach 300 n.Chr. besteht Übereinstimmung darüber, daß das Lateinische durch einen expiratorischen Akzent charakterisiert wurde. Dafür haben wir das Zeugnis von Grammatikern wie Pompeius (5. Jh. n.Chr.): *ergo illa syllaba quae accentum habet plus sonat*[4] (5, 126 Keil). Auch hier liefert die Synkope unzweifelhafte Beweise: *domina* > *domna* (> it. *donna*), *oculus* > *oclus* (> it. *occhio*).

### *Vokale*

Das indogermanische Phonemsystem umfaßte die Vokale *a, e, o, i, u,* die entweder lang oder kurz sein konnten, sowie diphthongische Kombinationen der ersten drei davon mit den Halbvokalen oder Sonanten *i, u, r, l, m, n.* Die Behandlung dieser ererbten Laute ist im Lateinischen unterschiedlich, je nach Art der Silbe, in der sie vorkommen. Sie sollen hier in drei

[3] G. A. Wilkinson, *The Trisyllabic Ending of the Pentameter; Its Treatment by Tibullus, Propertius, and Martial,* Classical Quarterly 42, 1948, 68–75, bes. 74.

[4] Die Silbe, die den Akzent trägt, hat also mehr Schall.

Abschnitten behandelt werden: 1.) Anlautsilbe, 2.) Inlautsilbe, 3.) Auslautsilbe.

### Anlautsilben

Wie wir gesehen haben, wurden die Anlautsilben im ältesten Latein akzentuiert und daher blieben sie ziemlich durchgehend erhalten.

*ă* *aciēs* = griech. ἀκρός[5].
*agō* = griech. ἄγω.
*ager* = griech. ἀγρός, Sanskrit *ájras*, deutsch *Acker.*
*alius* = griech. ἄλλος.
*ā* *māter* = dorisch μά́τηρ, Sanskrit *mātár-*.
*frāter* = griech. φρά́τηρ.
*fāma* = dorisch φά́μα.
*ĕ* *ego* = griech. ἐγώ.
*genus* = griech. γένος.
*est* = griech. ἐστί.

1. Vor velarem Nasal [ŋ] wird *ĕ* zu *i: tinguō* = τέγγω, *quīnque* < **pengʷe* (mit Vokallängung in Analogie zu quīntus). Es bleibt festzuhalten, daß *gn* als [ŋn] ausgesprochen wurde, daher *dignus* < **dec-nos*, vgl. *dec-et.*
2. Ein *u*-Laut in der Umgebung bewirkte den Übergang von *ĕ* zu *ŏ: nouos* = νέ(ϝ)ος; *nouem* = (ἐν)νέϝα; *socer* = (σ)ϝεκυρός, vgl. Sanskrit *çváçuras*; soror < **swesōr*, vgl. deutsch *Schwester; somnus* < **swepnos*, vgl. Sanskrit *svápnas*, altwestnordisch *svefn; coquō* < **quequō* (s. unten, S. 250); *bonus* < altlateinisch *duenos.* Diese Tendenz muß bis in die Zeit von Roms ersten Kontakten mit Griechenland lebendig geblieben sein, wenn *ouāre* 'jubeln' wirklich vom Ritualschrei εὐοι der griechischen Bakchanten abgeleitet ist, was ganz wahrscheinlich ist.
3. *ĕ* wurde vor velarem [ɫ] zu *ŏ* (siehe unten). Das erklärt den Vokal von *uolō* im Gegensatz zu *uelim, uelle* usw.; vgl. weiter *soluō* < **se-luō, olīua* < **elaiwā.* Dieser Übergang wurde durch einen vorangehenden Palatalkonsonanten verhindert: wir haben also *scelus, gelu* usw., aber *holus* < altlat. *helus.*

[5] Das Griechische bewahrt die indogermanischen Vokale recht gut, so daß es genügt, die entsprechenden griechischen Wörter anzuführen. Es bleibt zu bemerken, daß = „verwandt mit" und nicht „identisch mit" bedeutet.

*ē* *fēmina* = griech. θη-λή usw.
*fēcit* = griech. ἔ-θη-κε.
*plēnus* = griech. πλή-ρης.

*ŏ* *octō* = griech. ὀκτώ.
*ouis* = griech. ὄ(ϝ)ις.
*potis* = griech. πόσις, Sanskrit *pátis.*

1. *ŏ* > *ŭ* vor velarem Nasal [ŋ] und vor [m]: *uncus* = ὄγκος; *unguis,* vgl. ὄνυξ; *umbō*, vgl. ὀμφαλός; *hunc*, altlat. *honc* < **hom-ce* (aber *longus*, gotisch *laggs*).
2. *ŏ* > *ŭ* vor verlarem [ɫ] + Konsonant: *sulcus* = ὅλκος; *uult*, aber *uolō* (siehe oben); *culpa*, altlateinisch *colpa; multa,* altlateinisch *molta.*
3. *ŏu* > *ău* in der dem Akzent vorangehenden Silbe: *cauḗre*, vgl. κο(ϝ)έω; *fauíssae*, aber *fóuĕa; lauā́re*, vgl. λό(ϝ)ω.
4. *uŏ-* > *uĕ-* vor *r, s, t*; dieser Übergang fand in der Mitte des 2. Jh. v. Chr. statt: *uorsus, uoster, uortex, uotō* > *uersus, uester, uertex, uetō.*
5. *ŭ* tritt statt *ŏ* in geschlossener Silbe vor *r* bei einigen Wörtern auf, die möglicherweise dialektalen Ursprungs sind (vgl. *i* statt *ĕ*, oben S. 63 f.): *ursus* statt **orsos* (vgl. ἄρκτος, Sanskrit *ṛ́kṣas*); *furnus*, aber *fornax.*

*ō* *dōnum* = griech. δῶ-ρον.
*ōcior* = griech. ὠκύς.
*(g)nōtus* = griech. γνωτός.

1. Auch hier finden wir vor *r* die Schließung zu *ū* bei *fūr*, vgl. φώρ, und *cūr*, altlat. *quōr.* Das kann durch den vorangehenden labialen oder labiovelaren Konsonanten verursacht sein, aber man dachte auch daran, daß *fūr* ein frühes, über das Etruskische vermitteltes griechisches Lehnwort ist (siehe S. 54).
2. *ōu* > *āu* in *octāuus*, ein Parallelfall zum Übergang von *ŏu* > *ău*; es handelt sich jedoch um einen Einzelfall, der hier nur der Vollständigkeit halber aufgeführt wird.

*ə* Dieser indogermanische Laut muß vorausgesetzt werden, um Gleichungen wie *păter* = griech. πατήρ = Sanskrit *pitā́* oder *stătus* = griech. στατός = Sanskrit *sthitás* zu erklären. Die lateinische Entsprechung ist *ă* wie in allen indogermanischen Sprachen mit Ausnahme des Indo-Iranischen.

*ĭ* *uideō* = griech. (ϝ)ιδέω, engl. *wit*, deutsch *wissen*, Sanskrit *vidmá*. **dix, dĭcis, dĭcāre* = griech. δίκ-η.

1. *ĭ* > *ĕ* vor aus intervokalischem *s* entstandenen *r* (siehe S. 255): **si-sō* > *serō; cinis, cineris* < **cinises.*

*ī* *uīs* = griech. (ϝ)ῖς.
*uīuus* = Sanskrit *jīvás* < **g$^{w}$īv-* (siehe S. 252)
*uīrus* = griech (ϝ)ιός *(*uīsos).*

*ŭ* *iuuenis* = Sanskrit *yúvan-*.
*iugum* = griech. ζυγόν, Sanskrit *yugám*, gotisch *juk* (deutsch *Joch*, engl. *yoke*).
*ruber* = griech. ἐ-ρυθρός, Sanskrit *rudhirás.*

1. Zwischen *l* und einem Labial wurde *ŭ* zu *i* entrundet (vermutlich über *ü*) = *lubet* > *libet* (siehe unten zu *oi*).

*ū* *mūs* = griech. μῦς, althochdeutsch *mūs* (> deutsch *Maus*).
*sūs* = griech. ὗς, althochdeutsch *sū* (> deutsch *Sau*).
*fūmus* = griech. θῦμός, Sanskrit *dhūmás.*

## Diphthonge

*ai* > *ai* im Altlateinischen, > *ae* im frühen 2. Jh. v.Chr.
*aedēs* (altlat. *aidīlis*) = griech. αἴθω, Sanskrit *édhas.*
*laeuus* = griech. λαι(ϝ)ός.
*scaeuus* = griech. σκαι(ϝ)ός.

*ei* Dieser Laut wird in frühen Inschriften klar von ererbtem *ī* getrennt, aber er wurde in der Mitte des 2. Jh. v.Chr. zu *ī*. Die Zwischenstufe geschlossenes *ē* tritt in Schreibungen wie *deuos* oder *uecos* auf, und diese Aussprache hielt sich offenbar in einigen ländlichen Mundarten. So schreibt Varro (*de re rust.* 1, 2, 14) den *rustici* z.B. *uella* für *uilla* zu.
altlat. *deicō* = griech. δείκνυμι.
*fīdo* = griech. πείθω (*φείθω).
*īt* = griech. εἶ-σι, Sanskrit *éti*, litauisch *eĩti.*

*oi* blieb im Altlateinischen erhalten, aber zur Zeit Plautus' war es zu *ū* monophthongiert worden, wenn wir aus seinen Wortspielen mit *Lydus* und *lūdus* (< *loidos*) Rückschlüsse ziehen dürfen. Es gab offenbar eine Zwischenstufe *oe*, die in archaischen Schreibungen erhalten blieb, wie wir sie z.B. in Ciceros *De legibus* finden (*coerāri* usw.).

altlat. *oino* > *ūnus* = griech. οἰνή 'Eins auf dem Würfel', gotisch *ains.*
altlat. *comoinem* > *commūnis* = altirisch *māin, mōin* < _*moini-._
altlat. *sūdor* = Sanskrit *svédas*, althochdeutsch *sweiz* < _*swoid._

1. In Anlautsilben wurde *oi* nach *u* durch einen Dissimilationsprozeß im Altlateinischen zu *ei*, das später zu *ī* wurde (siehe *ei*): *uīdī* = (ϝ)οἶδα, Sanskrit *véda; uīcus* = (ϝ)οἶκος; *uīnum* = (ϝ)οἶνος.
2. Derselbe Übergang findet nach *l* vor Labialkonsonant statt bei *līquit*, falls diese Form von _*leloiq_$^{u}$*et* kommt, was unsicher ist; das *ī* könnte auch vom Kompositum *relīquit* übernommen sein, wo *ī* das regelmäßige Ergebnis von *oi* in einer Inlautsilbe darstellt (siehe unten).
3. Die alte Schreibung wurde in einigen Wörtern beibehalten, die zur konservativen Sphäre von Gesetz und Religion gehörten: *poena* (griech. ποινή), aber *pūnīre, foedus* (altlat. *foidere*), *moenia* (aber *mūrus*, altlat. *moiros, moerus), Poeni*, aber *Pūnicus* (griech. Φοίνικες).

*au* bleibt unverändert erhalten.
*auris, aus-cultō* = litauisch *ausìs*, gotisch *ausō.*
*augeo, augur* usw. = griech. αὔξω, gotisch *aukan.*
*paucus* = griech. παῦρος.

1. *au* vertritt im Lateinischen auch synkopiertes *aui-: auceps* < _*auicaps; naufragus_ < _*nāuifragos._
2. In dialektaler und vulgärer Sprachform wurde *au* zu *ō*, z.B. *ōlla, plōstrum* usw. Publius Clodius nahm aus politischen Gründen die vulgäre Form seines Gentilnamens Claudius an. Die Reaktion gegen das als Kennzeichen vulgärer Sprache angesehene *ō* führte zum Hyperurbanismus *plaudō*, wie aus dem Kompositum *explōdō* zu erkennen ist, denn *explaudō* wäre zu *explūdō* geworden (siehe S. 245). Als Vespasian wegen seiner vulgären Aussprache *plōstra* statt *plaustra* getadelt wurde, soll er seinen Lehrer als *Flaurus* statt als *Flōrus* angeredet haben.

*eu* > *ou* in vielen Sprachen des alten Italiens einschließlich des Lateinischen (S. 10). Im Altlatein blieb *ou* erhalten, aber es wurde im klassischen Latein zu *ū* (früheste Beispiele im 3. Jh. v.Chr.).
altlat. *abdoucit*, lat. *dūcit* = got. *tiuhan* < _*deuk._
altlat. *Loucilios*, lat. *Lūcius, lūcem* = griech. λευκός, got. *liuhaþ* < *leuk
*ūrō* = griech. εὔω < _*eusō._

1. Im Lateinischen und im Faliskischen wurde *ou* zwischen *l* und einem Labialkonsonanten zu *oi* dissimiliert. So wurde z.B. **leudhro* 'frei' (vgl. griech. ἐ-λευϑ-ερός) im Urlatein zu **loufro-* (zu *-dh-* > *f* vgl. S. 253), was dann zu **loifro-* (vgl. faliskisch *loifirtato*) dissimiliert wurde; im Altlateinischen wurde dieser Laut zu *ei (leiber)* und schließlich zu *ī* (*līber*, siehe S. 241). Dieser Übergang ist eine Art Dissimilation, vergleichbar mit der von *u* zwischen *l* und Labialkonsonant (siehe oben, S. 241).

*ou* > *ou* im Altlateinischen, dann > *ū*.
altlat. *loucom, lūcus* = althochdeutsch *lōh* 'Lichtung', engl. *lea*, litauisch *laũkas*.
*noutrīx, nūtrīx* < altes Femininum **noutrī* < **sneu*

Im allgemeinen kann man sagen, daß das Lateinische die Tendenz hat, das erste Element von Diphthongen an das zweite zu assimilieren, obwohl in bestimmten Umgebungen das erste Element die Vorherrschaft bekommt (z.B. *oi* > *ei*).

Neben den Kurzdiphthongen besaß das Indogermanische eine Serie von Langdiphthongen, die im Indo-Iranischen am besten erhalten geblieben sind. Sogar im Urindogermanischen war jedoch das zweite Element in bestimmten Stellungen bereits verlorengegangen, z.B. vor einem *-m* (**g*$^{w}$*-ōus*, aber Akkusativ **g*$^{w}$*-ōm*). Im Lateinischen lassen diese Laute sich von den entsprechenden Kurzdiphthongen nur in Endstellung unterscheiden: vor Konsonanten erleiden sie Kürzungen, aber vor Vokalen schützte die *i*-Serie diesen Laut, so daß *āi* > *ā* und *ōi* > *ō* wurden.

*ēi* *rēs* = Sanskrit *rā́s* (Gen. Sg. *rayás*) < **rēis.*
*ōu* *duō* = Sanskrit *dvā, dvāu* < **d(u)wōu.*
*octō* = Sanskrit *aṣṭā́u*, gotisch *ahtau* <*oktōu.*

## Nicht anlautende Silben

Wie wir oben gesehen haben, erfuhren in nicht anlautenden Silben die kurzen Vokale und Diphthonge eine Hebung, die unterschiedlich ausfiel, je nachdem, ob die Silbe auf einen Vokal oder auf einen Konsonanten ausging, z.B. **ád-fa-ció, *ád-fac-tōs* > *af-fi-ciō, af-fec-tus.* Diese Erscheinungen sollen daher unter 1.) offene Silben (freie Stellung) und 2.) geschlossene Silben (gedeckte Stellung) aufgelistet werden.

### Offene Silben

Alle kurzen Vokale werden zu *i*.

*a* *faciō: conficiō; cadō: occidō; ratus: irritus; mācina* < **mācănā* (dorisch μᾱχανᾱ́).

*e* *sedeō: obsideō; medius: dīmidius; legō: colligō.*

*o* *(st)locus: īlicō* < *in stlocō* (siehe S. 257); *nouitās*, vgl. griech. νε(ϝ)ότᾱς; *hospitem* < **hostipotem.*

*i* *uideō: inuideō; citō: incitō; rigō: irrigō.*

*u* *caput: capitis; cornū: corniger; manus: manica.*

1. Vor *l* ist die Behandlung unterschiedlich, je nachdem, ob das *l* palatalen (*l* exilis) oder velaren (*l* punguis) Charakter hat. Vor palatalem *l* (also bei folgendem *i*) erscheint der kurze Vokal als *i*, vor velarem *ł* (also bei folgendem *e, a, o, u*) als *u: sēdulō* < *sēdolō; exilium: exulāns; familia: famulus; similis: simulāre;* gleiches Verhalten bei griechischen Lehnwörtern: *scutula* < σκυτάλᾱ; *crāpula* < κραιπάλᾱ; *paenula* < φαινόλης. Nach *u* oder einem Vokal tritt *o* auf: *paruolus, fīliolus, uiola.*

2. Die Hebung zu *i* blieb vor *r*, das in vielen Sprachen die Wirkung hat, benachbarte Vokale zu senken, auf der Zwischenstufe *e* stehen: *cinis: cineris; genus: generis; Faliscī: Faleriī; dāre: reddere; camera* < καμάρᾱ; *o* blieb vor *r* erhalten: *memoria, pectoris, temporis.*

3. Vor Labialen tritt der Vokal sowohl als *i* als auch als *u* auf, wobei die wirkliche Aussprache wohl *[y]* war: „medius est quidam *u* et *i* litterae sonus; non enim *optimum* dicimus aut *optumum*“[6] (Quint. 1, 4, 8). Dieses Zeugnis eines geschulten Grammatikers sollte man nicht ignorieren, aber es ist gut möglich, daß hinter durchgehenden Schreibungen wie *incipiō*, aber *occupō, regimentum*, aber *documentum* tatsächliche Ausspracheunterschiede stehen, vielleicht *i* nach *i, e, a* in der vorangehenden Silbe und *u* nach *o* und *u.*

### Geschlossene Silben

*a* > *e* und

*o* > *u; e, i, u* bleiben unverändert.

*a* *aptus: ineptus; castus: incestus; annus: biennis; arma: inermis; parcō: pepercī; damnō: condemnō*; griech. τάλαντον: *talentum.*

[6] Wir sagen nämlich weder *optimum* noch *optumum.*

1. Vor [ŋ] wird dieses *e* wie akzentuiertes *e* zu *i: frangō: confringō; tangō: contingō.*

2. Vor velarem [ɫ] (siehe oben) wird dieses *e* zu *u: calcō: inculcō; salsus: insulsus.*

*e* *sessus: obsessus.*

1. Vor velarem [ɫ] wird dieses *e* zu *u: percellō: perculsus* < **percelsos.*

*o* *onustus* < **onostos; euntis* < **eyontes; alumnus* < **alomnos; secundus* < **seq$^{w}$ondos; industrius* < **endostruos.*

1. Nach *u* blieb *o* bis ins 1. Jh. v. Chr. erhalten; die klassischen Schreibungen waren also *fruontur* (und nicht *fruuntur*) und *sequontur* (und nicht *sequuntur*).

*u* **ductos: adductus.*

## Diphthonge

*ei* und *ou* erfuhren dieselbe Behandlung wie in Anlautsilben, d. h. sie blieben im Altlateinischen erhalten und wurden dann zu *ī* und *ū: feidō: confīdō; doucō: addūcō.*

*ai* wurde im Altlateinischen zu *ei* und dann zu *ī inceideretis* < **encaid-; aestimō: exīstimō; aequōs: inīquōs*; griech. ἐλαίϝᾱ: olīva.

*au* > *ū*, wahrscheinlich über *ou: fraudō:* altlat. *dēfrūdō; claudō: inclūdō.* Eine befriedigende Erklärung für *audiō: oboediō* ist bisher noch nicht gefunden worden; vielleicht handelt es sich lediglich um eine aus der Gesetzessprache stammende arachaisierende Aussprache von **obūdiō.*

*oi* Das einzige Beispiel ist *pōmērium* < **postmoiriom.*

## Vokale und Diphthonge in Auslautsilben

### Offene Silben

*a* ist anscheinend erhalten in *ita, aliuta* (vgl. *itidem*). Diese Formen entstanden nach Meinung einiger Wissenschaftler durch Jambenkürzung aus **itā, *utā* (siehe jedoch S. 308).

*e* bleibt erhalten: *age, domine.*

*o* > *e: sequere* < **sequeso*, vgl. griech. ἕπεο. Zu *ille* vgl. S. 282 im Abschnitt „Pronomina".

*i* > *e: mare, mari-a; ante* < **anti* (griech. ἀντί). Ablative wie *pede* sind ursprünglich Lokative, die griechischem ποδί entsprechen.

In einigen Partikeln und in Schnellsprechformen fiel der kurze Vokal zuweilen weg: *quīn* < *quī-ne, sīn* < *sīne, uidēn* < *uidēsne, ain* < *ais-ne.* Dadurch kam es zu scheinbaren Ausnahmen von den Akzentuierungsregeln: *uidḗsne* y *uidḗn.*

Das Schluß-*i* fiel in den primären Verbindungen weg: *tremonti* > *tremunt, *sonti* > *sunt, *es-ti* > *est* (zu *ess* vgl. jedoch S. 289).

## Geschlossene Silben

*a* > *e: artifex* < **-fax, rēmex* < **-ags*, cornicen < **-can, prīnceps, auceps* < **-caps.*

*e* bleibt erhalten: *auspex, senex, nōmen* (mit *-en* < *n̥*), *decem* (mit *-em* < *m̥*).

1. Vor *-s* und *-t* wurde *e* mit 3. Jh. v.Chr. zu *i: agis* < **ages(i),* agit < *aget(i); vgl. die altlateinischen Genitive wie *Cereres* und das Perfekt *dedet.*

*i* bleibt in *ouis, lapis* < **lapid-s, salix* usw. erhalten. Die abweichende Behandlung, die in *iūdex* < **youz-diks, comes* < **comit-s* auftritt, ist wahrscheinlich als Analogie zu Formen wie *auspicem: auspex* oder *artificem: artifex* zu erklären.

*u* bleibt unverändert: *manus, manum.*

*o* > *u* in *aliud, istud.* Vor *-s* und *-m* blieb es im Altlateinischen erhalten: *Mānios, Lūciom* usw.; in klassischer Zeit wurde es außer nach *u* jedoch zu *u:* also *dominus,* aber *paruos, exiguos* usw.

1. Die abweichende Entwicklung von *hospes* < **hostipots* erklärt sich wieder als Analogie zu *artificem: artifex* usw.

## Diphthonge

Zu den Langdiphthongen siehe S. 242f. Die kurzen Diphthonge erfuhren dieselbe Veränderung wie in den Inlautsilben.

*-ai, -ei* und *-oi* wurden im Altlateinischen gleichermaßen zu *-ei* und im klassischen Latein zu *-ī* (Beispiele siehe bei den Kasusendungen im Abschnitt „Morphologie"). Die langen Vokale der Auslautsilben blieben im allgemeinen erhalten, aber im klassischen Latein erfolgte vor *-m, -t* und *-nt* sowie in Mehrsilbern auch vor *-r* und *-l* Kürzung. So haben wir *dūcās, dūcēs* usw., aber *dūcăm, dūcăr, dūcăt, dūcĕm, dūcĕr, dūcĕt.* Weiter müssen wir die vielen Beispiele der Jambenkürzung wie *ĕquă, bŏnă, ĕgŏ* usw.

hinzurechnen. Dieser ganze Vorgang erfuhr jedoch durch Analogieeinflüsse sowohl Extension als auch Restriktion. So hat z.B. Plautus die erwarteten Formen *rŏgă, căuĕ*, wir finden jedoch später auch *rŏgā, căuē*. In *mŏdŏ* und *bĕnĕ* sieht man regelmäßige Kürzungen, aber *ergŏ* und *contră* können natürlich – weil keine Jamben – nicht der Wirkung des Jambenkürzungsgesetzes zugeschrieben werden. Zur Vokallängung vor bestimmten Konsonantengruppen siehe S. 256.

## DIE SONANTEN

Einige Laute verhalten sich je nach der Umgebung, in der sie vorkommen, wie Vokale oder wie Konsonanten, d.h. silbisch oder nicht-silbisch. Zu dieser Gruppe gehören die indogermanischen Sonanten *y(i), w(u), r(r̥), l(l̥), m(m̥), n(n̥)*.

*y* (zu *i* siehe oben) blieb im Anlaut im Lateinischen erhalten: *iugum:* griech. ζυγόν, Sanskrit *yugám*, deutsch *Joch; iecur:* griech. ἧπαρ, Sanskrit *yakr̥t*. Intervokalisch erhielt sich *y* nicht: *trēs* < **treyes*, vgl. Sanskrit *tráyas; moneō* < **mone-yō*. Nachkonsonantisch wurde *y* zu *i* vokalisiert: *medius* = oskisch *mefiai*, griech. μέσ(σ)ος, Sanskrit *mádhyas* < **medhyos; alius* = oskisch *allo-*, griech. ἄλλος < **alyos; ueniō* < *gʷm̥-yō* (vgl. S. 252).

1. *-dy-, -gy-, -sy-* > *-iy-*, das *i* geschrieben wurde, z.B. *māius* (ausgesprochen *maiyus*) < **mag-yos; pēius* (ausgesprochen *peiyus*) **ped-yos*. Zu *quōius* < *quosyo-s* siehe S. 281. Quintilian sagt (1, 4, 11), daß Cicero in derartigen Worten die Schreibung *ii* vorgezogen habe.

2. *Iouis* < **dyewes* wird im Altlateinischen noch *Diouis* geschrieben.

*w* blieb im Anlaut vor Vokalen sowie im Inlaut intervokalisch erhalten:
*uīdi* = griech. (ϝ)οῖδα, Sanskrit *véda* usw.
*uicus* = griech. (ϝ)οῖκος.
*nouem* = Sanskrit *náva*.
*nouos* = griech. νέ(ϝ)ος, Sanskrit *návas*, deutsch *neu*.
*ouis* = griech. ὄ(ϝ)ις.

1. Zwischen gleichartigen Vokalen schwand das *w*, und die Vokale wurden kontrahiert: *sīs* < *sīuīs, lātrīna* < *lauātrīna, dītiās* < *dīuitiās* (hier wurde das *ui* oft durch Analogie restituiert).

2. *w* blieb nach *k* und *s* erhalten: *equos* = Sanskrit *áçvas* < **ekows; suāuis* = Sanskrit *svādús*, engl. *sweet* < **swādwi-s*.

3. _w_ wurde nach inlautendem _t_ vokalisiert: _quattuor_ = Sanskrit _catvā́ras_, walisisch _pedwar_ < _*q_$^{w}$_etwōres_ (siehe S. 286).

4. _w_ fiel nach den Labialen _p_ und _f: aperiō_ < _*ap-weriō; forēs_ = altslawisch _dvĭri_, engl. _door_ < _*dhwer-/dhwor-_.

5. _w_ bildet mit _d_ (S. 250), _gh_ (S. 254) und _g_$^{w}$_h_ (S. 254f.) eine Kombination.

6. _w_ fiel vor _u_ und außer im Anlaut vor _o: somnus_ < _*swopnos/swepnos_ (S. 256); _parum_ < _paruom; deorsum_ < _deuorsum; soror_ < _*swesōr̥-_ (siehe unten).

Zu _colō, cum, cūr_ siehe S. 251.

_r_ Konsonantisches _r_ blieb erhalten.
_ruber_ = griech. ἐ-ρυθρός, deutsch _rot_ (S. 253f.).
_ferō_ = griech. φέρω, engl. _bear_ (S. 253).

1. Wenn ein nachfolgender Vokal infolge Synkope fiel, wurde das _r_ silbisch und wurde im Lateinischen zu _-er: ter_ = τρίς _(tris > tr̥s > ters > ter); certus < *kritos; testis < *terstis < *tri-stis_ (vgl. oskisch _tristaamentud_ = _testāmentō_); _ager_ < _*agros_ (griech. ἀγρός); _ācer < *ācris; agellus < *agr̥los < *agrolos_.

_r̥_ Der indogermanische Sonant _r̥_ (zu unterscheiden von dem _r_, das sekundär im Lateinischen zum Sonanten wurde) tritt im Lateinischen als _or_ auf:
_fors_ = Sanskrit _bhṛtis < *bhr̥tis_.
_mors_ = Sanskrit _mṛtis < *mr̥tis_.
_poscō_ = Sanskrit _pṛcchā́mi_ „ich frage“, deutsch _forschen < *porc-scō < *pr̥k-skō_.
In Auslautsilben _-or > -ur: iecur_ = Sanskrit _yakṛt < yeq_$^{w}$_r̥-t_ (S. 251).

_l_ blieb im Lateinischen erhalten.
_linquō_ = griech. λείπω, engl. _leave < *leiq_$^{w}$ (S. 251).
_legō_ = griech. λέγω < _*leg_.
_in-clutus_ = griech. κλυτός, Sanskrit _çrutás < *klutos_.

_l̥_ tritt im Lateinischen als _ol_ auf:
_mollis_ = griech. ἀ-μαλδ-ύνω, Sanskrit _mṛdús < *moldwis < *ml̥du-_.

_m_ blieb erhalten:
_māter_ = dorisch μά́τηρ, deutsch _Mutter_.
_nōmen_ = griech. ὄνομα, Sanskrit _nā́ma_, deutsch _Name_.
_domus_ = griech. δόμος.

_m̥_ > _em_
_decem_ = griech. δέκα, Sanskrit _dáça < *dekm̥_.
_septem_ = griech. ἑπτά, Sanskrit _saptá < *sept-m̥_.

*centum* (*en* statt *em* infolge Assimilation an das folgende *t*) = griech. ἑ-κατόν, Sanskrit *çatám* < **(d)km̥tom.*

Auslautendes *m* wurde nur schwach ausgesprochen und war wenig mehr als eine Nasalierung des vorangehenden Vokals; so erklären sich altlateinische Schreibungen wie *oino, aide, duonoro* usw.

*n* blieb erhalten:
*nouem, nouus* (S. 239).
*genus* = griech. γένος, engl. *kin* < **genos.*

*n̥* > lat. *en:*
*tentus* = griech. τατός, Sanskrit *tatás* < **tn̥tós.*
Zu *nouem* für **nouen* < **newn̥* siehe S. 286.

Vor *s* fiel das lateinische *n* in Auslautsilben unter Längung des vorangehenden Vokals: *seruōs, mēnsās, rēgēs* < **serwons, *mensāns, *reg-n̥s.* Im Inlaut blieb das *n* länger erhalten *(mēnsis, ānser)*, aber eine Tendenz zum Schwund gab es während der ganzen Geschichte des Lateinischen und in den romanischen Sprachen gibt es kaum Spuren von *n* vor *s*. Schreibungen wie *cosol, cesor* treten bereits früh auf, und „stummes *n*" wurde oft fälschlich eingeführt, z.B. *thensaurus, formonsus.*

Wenn ein nachfolgender Vokal infolge Synkope fiel, wurde *n* wie *r* silbisch, und für dieses *n̥* trat *en* oder *in* ein: *Sabellus* < **Safn(o)los; sigillum* < **sign̥lom* < **signolom; pugillus* < **pugno-los; pāstillus* < **pastnilos (pānis* kommt von **pastnis).*

## KONSONANTEN

Die indogermanischen Konsonantenphoneme umfaßten eine große Varietät von Plosiven, stimmlos *(p, t, k, q, $q^w$)* und stimmhaft *(b, d, ǵ,* **g** und $\mathbf{g}^w$*)*, mit den entsprechenden Aspiratae (*ph* usw. und *bh* usw.). Der einzige Frikativ war *s*, der in bestimmten Umgebungen zu stimmhaftem *z* wurde.

| | stimmlos | stimmhaft | stimmlose Aspirata | stimmhafte Aspirata |
|---|---|---|---|---|
| Labiale | *p* | *b* | *ph* | *bh* |
| Dentale | *t* | *d* | *th* | *dh* |
| Palatale | *k* | *g* | *ch* | *gh* |
| Velare | *q* | **g** | *qh* | **g***h* |
| Labiovelare | $q^w$ | $\mathbf{g}^w$ | $q^w h$ | $\mathbf{g}^w h$ |
| Frikative | *s* | *z* | — | — |

Das Lateinische unterscheidet weder zwischen einer palatalen und einer velaren Reihe noch zwischen stimmlosen und stimmhaften Aspiratae. Aus dem obigen System blieben im Lateinischen *p, t, k, (q), q*$^{w}$ und *b, d, g,* **(g)** im wesentlichen erhalten, während die Hauptveränderungen die stimmhaften Labiovelare und die aspirierten Plosive betrafen.

*p* *pater* = griech. πατήε.
*potis* = griech. πόσις, Sanskrit *pátis.*
*septem* = griech. ἑπτά.
*clepere* = griech. κλέπτω.

1. Im Anlaut wird *p* assimiliert, wenn die folgende Silbe mit einem Labiovelar beginnt: **peq*$^{w}$*ō* > **quequō* > **quoquō* > *coquō; *peng*$^{w}$*e* > **quenque* > **quīnque* (langes *ī* nach *quīntus*).
2. Es gibt nur wenige Wortgleichungen, die diesen Laut aufweisen. *trābs* = oskisch *tríibúm* 'domum', litauisch *trobà* 'Haus', englisch *thorp*, deutsch *Dorf.*
*dē-bilis* = Sanskrit *balám* 'Stärke'.

Vgl. auch *trēs, pater, est, septem, tegō.*

1. *tl* > *cl: pōclom* < **pōtlom; saeclom* < **saitlom; ex-anclāre* < ἀντλεῖν. Es erscheinen auch Nebenformen mit anaptyktischem Vokal: *pōculum, saeculum.*
2. Nachkonsonantisch fällt Auslaut *-t: lac* < **lact.*
3. Nachvokalisch wird auslautendes *-t* zu *-d: feced* (siehe S. 290).

*d* *domus* = griech. δόμος.
*dōnum, dāre* = griech. δῶρον.
*edō* = griech. ἔδω, englisch *eat*, deutsch *essen.*
*cord-is* = griech. καρδ-ία, κραδ-ίη, engl. *heart* < **kerd/kr̥d.*

1. In einigen Dialektformen läßt sich eine Alternation von *d* und *l* beobachten: *lingua* und *dingua; lacruma* und *dacruma; oleō* und *odor; sedeō* und *solium* (siehe S. 41).
2. *dw* > *b-:* altlat. *duenos, duellum* > *bonus, bellum.*
3. Nach langem Vokal fällt Auslaut *-d: sē* statt *sēd,* Ablativ *-ō* statt *-ōd* (S. 268).
4. Nachkonsonantisch fällt Auslaut *-d: cor* < **cord.*

*k* Siehe *centum, decem, uīcus, dīcō* (altlat. *deicō* = griech. δείκ-νυμι).
*q* Dieser indogermanische velare Plosivlaut wird angesetzt, um Wortgleichungen zu rechtfertigen, in denen Satem-Sprachen (S. 33f.).

einen gutturalen Plosivlaut *k*, unterschieden von einem frikativen *s*, zeigen, das einem Nicht-Satem-*k* entspricht: z.B. *cruor* = griech. κρέας, Sanskrit *kravís* < **qrewəs*. Die Nicht-Satem-Sprachen unterscheiden nicht zwischen einer palatalen (*k* usw.) und velaren (*q* usw.) Reihe.

*g* *(g)nōscō* = griech. γι-γνώσκω, Sanskrit *jñā-* < **gnō*.
*genus* = griech. γένος, engl. *kin*, Sanskrit *jánas* < **genos*.
*agō* = griech. ἄγω, Sanskrit *ájāmi* < **agō*.
*augeō* = griech. αὔξω, gotisch *auka*, Sanskrit *ójas-* 'Stärke' < **aug*.

**g** Dieser velare Plosivlaut wird wie *q* angesetzt, um Wortgleichungen wie die folgende zu rechtfertigen, in denen ein Satem-*g* einem Nicht-Satem-*g* entspricht: *tegō* = griech. στέγος, litauisch *stógas* 'Dach' < **ste***g**.

## Die labio-velaren Plosivlaute

Diese Laute, die für das Indogermanische angesetzt werden, waren wahrscheinlich velare Plosive, die mit gleichzeitiger Lippenrundung artikuliert wurden. Im Griechischen erscheinen sie je nach Umgebung als Dentale (τ, δ, ϑ), Labiale (π, β, φ) und Palatale (κ, γ, χ). In den Satem-Sprachen kann man sie nicht von reinen Velaren unterscheiden. In den 'italischen Dialekten' sind sie durch Labiale repräsentiert (zum Vorkommen im Lateinischen siehe S. 40).

$q^w$ blieb im Lateinischen erhalten:
*quis* = oskisch *pis*, griech. τίς, Sanskrit *kás* < ***$q^w$*i-*.
*quod* = oskisch *po*, griech. ποῦ, πόδεν, ποδ-απός < $q^w$*o-*.
*quattuor* = oskisch *petora*, dorisch τέτορες, Sanskrit *catvā́ras* (siehe S. 286).
*sequor* = griech. ἕπομαι, Sanskrit *sácate* < **se*$q^w$.
*linquō, līquī* = griech. λείπω, Sanskrit *ri-ṇá-kti* < **lei*$q^w$.

1. Das labiale Element fällt:
   a) vor *o* und *u*: *secundus* < **sequondos*; *iecur* < **iequor* < **ye*$q^w$*r̥-t* (S. 248); *colō* < **quolō* < **quelō* (S. 248) < ***$q^w$*el*.
   Man beachte den Unterschied zwischen *incola* und *inquilīnus*;
   b) vor indogermanischem *y*: *socius* < **soqui̯os*; *laciō* < **la*$q^w$*yō* (vgl. *laqueus*);
   c) vor einem weiteren Konsonanten: *coctus* (vgl. *coquō*); *relictus* (vgl. *relinquō*); vgl. auch *nec* und *ac*, die die vorkonsonantischen Formen von *neque* und *atque* sind;
   d) vor *s*: *uōx* < **wo*$q^w$*s*, griech. (ϝ)έπος.

2. In bestimmten komplizierten Konsonantengruppen ist *-qu-* gefallen: *quīntus* < **quinqutus* (mit Vokallängung vor *-ŋkt* wie in *sānctus, iūnctus*), *tormentum* < **torqumentum.*

**g**ʷ Anlautend vor Vokal und inlautend intervokalisch > *w:*
*ueniō* = umbrisch *benust* 'uenerit', oskisch *kumbened* = 'conuenit', griech. βαίνω, Sanskrit *gam-*, gotisch *qiman* < *****g**ʷ*m̥yō.*
*uīuus* = oskisch *bivus* 'uiui', Sanskrit *jīvás* < *****g**ʷ*īwo-.*
*ueru* = umbrisch *berus* 'ueribus', gotisch *qairu*, altirisch *bir* < *****g**ʷ*eru*
*fīuō* (altlateinisch statt *fīgō*) = litauisch *dýgti* < **dhī***g**ʷ (das klassische *fīgō* wurde nach dem Perfekt *fīxī* gebildet).
*nūdus* = gotisch *naqaþs*, engl. *naked*, deutsch *nackt*, irisch *nocht.* Das lateinische Wort hat die Wurzel *no***g**ʷ mit dem Suffix *-edo:* **no***g**ʷ*-edos* > **novedos* > *nūdus.*

1. Nach Velarnasal [η] bleibt **g**ʷ erhalten: *inguen* = griech. ἀδήν < **n̥***g**ʷ*ēn; unguen, unguō* = umbrisch *umtu* 'unguito', Sanskrit *anákti*, altirisch *imb* 'Butter' < **e/on***g**ʷ*-.*
2. Vor *r* und *l* verlor **g**ʷ sein labiales Element: *grauis* = griech. βαρύς, gotisch *kaurus*, Sanskrit *gurús* < *****g**ʷ*r̥əw-.* Vgl. *grātus* = oskisch *brateis* 'gratiae', Sanskrit *gūrtás*, litauisch *gìrtas* < *****g**ʷ*r̥ətós; glāns, glandis* und griech. βάλανος kommen von derselben Wurzel und haben nur verschiedene Suffixe; das *d* des lateinischen Wortes taucht auch im slavischen *želǫdĭ* < *****g**ʷ*elə*/**g**ʷ*leə* auf.

## Die aspirierten Verschlußlaute

In prähistorischer Zeit wurden die stimmhaften aspirierten Verschlußlaute im Lateinischen und in den 'italischen Dialekten' stimmlos und gingen dann zu stimmlosen Spiranten über, außer nach *s*, wo sie ihre Aspiration verloren und zu stimmlosen Plosivlauten wurden: *bh* > *f, dh* > **ϑ* > *f, gh* > **χ* > *h.* Diese Laute blieben im wesentlichen in den italischen Dialekten erhalten, aber im städtischen Latein erfuhren sie je nach der phonetischen Umgebung unterschiedliche Behandlung.

*bh* anlautend > *f:*
*ferō* = griech. φέρω, Sanskrit *bhárāmi*, engl. *bear* < **bher.*
*flōs* = sabinisch *Flusare* 'Florali', engl. *blossom* < **bhlō-s.*
*fāma* = dorisch φᾱμα < **bhā.*
*fuī* = griechisch φῦ-ναι, Sanskrit *a-bhūt* 'er war', walisisch *bum i* 'ich war' < **bhū̆.*
*frāter* = griechisch φρᾱτηρ, Sanskrit *bhrātar-*, engl. *brother* < **bhrātēr.*

1. Dialektformen haben *h* statt *f*: *haba* = *faba*, *horda* = *forda* < **forida* (zu *ferō*) 'trächtige Kuh'.

Inlautend wurde der Spirant stimmhaft und ging dann zum stimmhaften Plosivlaut *b* über:

*nebula* = griech. νέφος, νεφέλη, Sanskrit *nábhas*, deutsch *Nebel* < **nebh.*
*orbus* = griech. ὀρφανός < **orbh.*
*ambō* = griech. ἄμφω.

*dh* (> *ϑ) > *f*, das im Anlaut erhalten blieb:
*fēci* = griech. ἔ-ϑη-κα, Sanskrit *adhāt* < **dhē.*
*fēmina, fēcundus* = griech. τιϑήνη, ϑῆλυς, Sanskrit *dhātrī* 'Amme' < **dhē* 'saugen'.
*fūmus* = griech. ϑῡμός, Sanskrit *dhūmás* < **dhūmos.*
*fingō, figulus* = oskisch *feihúss* 'muros', griech. τεῖχος, Sanskrit *dehas* < **dheigh* (S. 254).

Wenn im Griechischen und im Sanskrit zwei aufeinanderfolgende Silben mit einer Aspirata beginnen, so verliert die erste die Aspiration („Grassmannsches Gesetz").

Auch im Inlaut wurde dieser Spirant stimmhaft und ging dann zum stimmhaften Plosivlaut *d* über:
*aedēs* = griech. αἴϑω, Sanskrit *edhas* <* *aidh.*
*medius* = oskisch *mefiaí* 'mediae', griech. μέσ(σ)ος (< *μεϑγος), Sanskrit *mádhyas* < **medhyos.*
*fīdō* = griech. πείϑω (< *φείϑω, ein weiteres Beispiel für das Grassmannsche Gesetz) < **bheidh.*

1. Inlautendes *þ* aus *dh* wurde unter bestimmten Bedingungen *b*:
   a) vor und nach *r*: *glaber* = deutsch *glatt*, engl. *glad* (ursprünglich 'hell, klar'), litauisch *glodùs* < **ghladh-ro-; uerbum* = umbrisch *verfale*, deutsch *Wort* < **werdh-; barba* = deutsch *Bart*, englisch *beard*, altslavisch *brada* < **bhardhā*, das im Lateinischen *farba* hätte ergeben müssen; der erste Konsonant wurde an das zweite *b* assimiliert. Zu *līber* siehe S. 243;
   b) vor *-l-*: so erscheint das Instrumentalsuffix *-dhlo-* (griech. -ϑλο-) im Lateinischen als *-blo- (-bulo-): stabulum* < **stə-dhlom*, vgl. deutsch *Stadel; fābula* < **bhā-dhlā*;
   c) nach *u*: *ūber* = griech. οὖϑαρ, Sanskrit *ū́dhar*, engl. *udder*, deutsch *Euter* < **ūdh; rŭber* = griech. ἐ-ρυϑρός, Sanskrit

*rudhirás*, englisch *red* < **rudhro-* (das dialektale *rūfus* kommt von **roudho-*, vgl. deutsch *rot*, gotisch *rauþs*, litauisch *raũdas; rōbus* ist eine weitere Dialektvariante); *iubeō* = griech. ὑσμίνη, Sanskrit *yudh-* 'Kampf' < **yeudh/yudh*. Die Grundbedeutung dieser Wurzel scheint 'bewegen, erschüttern, erzittern' gewesen zu sein; *iubeō* ist kausativ: 'in Bewegung setzen'.

*gh* > *χ, dann vor- und intervokalisch > *h*:

*(h)anser* = griech. χήν, Sanskrit *haṃsás*, deutsch *Ganter, Gans* < **ghans-*.

*hiems (him-* in *bīmus* < **dwi-himo-s)* = griech. χίμαρος, χιών, Sanskrit *himás* < **ghi-em, *ghi-m*; eine andere Ablautstufe tritt auf in *hībernus* < **gheimrinos*, vgl. griech. χειμερινός. *humus, homō* = griech. χαμαί, got. *guma* < **ghem-, ghom-*.

*hostis* = engl. *guest*, deutsch *Gast*, altslavisch *gostĭ-* < **ghosti-*.

*ueho* = griech. (ϝ)οχέομαι, Sanskrit *váhati*, engl. *wagon* < **wegh-*.

1. Anlautendes *gh* vor *u* > *f* (vgl. $g^w h$): *fundō* = griech. χέϝω, χύ-το, gotisch *giutan* < **gheu-, ghu-; ferus* = griech. θήρ, altslavisch *zvěrĭ* < **ghwer-*.
2. Inlautend wird die Verbindung *-ghu-* über *-gw-* zu *-u-* (vgl. die Behandlung des labiovelaren $g^w$): *breuis* = griech. βραχύς < **mreghw-i* (das *m* wird wegen einiger hier nicht angeführten Glieder der Wortgleichung angesetzt).
3. Nach einem velaren Nasal [ŋ] wird *gh* zu *g*: *fingō* = griech. τεῖχος, engl. *dike*, deutsch *Deich* < **dheigh, *dhi-n-gh; lingō* = griech. λείχω, engl. *lick* < **leigh, li-n-gh; angō, angustus* = griech. ἄγχω, gotisch *aggwus*, deutsch *eng* < **angh-*

$g^w h$ anlautend > *f*:

*formus* = griech. θερμός, Sanskrit *gharmás* < *$g^w$ *he/orm. dē-fendō* = griech. θείνω, φόνος, Sanskrit *han ti* 'er schlägt zu' < $g^w$*hen-*.

inlautend

a) intervokalisch > *u*: *nīx, niuem* = griech. νίφα, νείφει, altslavisch *snĕgŭ*, engl. *snow*, deutsch *Schnee* < **snei*$g^w$*h, sni*$g^w$*h; uoueō* = umbrisch *vufetes* 'uotis', griech. εὔχομαι < **wo*$g^w$*h-eyō*; leuis < *le*$g^w$*hu-i-s*;

b) nach [ŋ] > *g*: *ninguit* < **sni-n-*$g^w$*h; anguis* = litauisch *angìs* (vgl. griech. ὄφις, Sanskrit *áhis*);

c) vor *r* finden wir eine Spur der *f*-Behandlung im 'alten' *nefrundinēs* (Festus), praenestin. *nefrōnēs*, während im Lanuvinischen *b* auftritt: *nēbrundinēs* = griech. νεφρός, deutsch *Niere* < **neg$^{w}$hro-*.

Die Glottisaspirata [h] war im Lateinischen von Anfang an ein unstabiler Laut, der dann auch im Laufe der Zeit eliminiert wurde. Intervokalisch war er seit dem 3. Jh. v. Chr. verschwunden (z. B. *nēmō* < **nehemō, bīmus* < **dwi-himos*); folglich war der Buchstabe *h* verfügbar als rein orthographisches Zeichen zur Silbentrennung, wie z. B. die Schreibung *ahēnus* beweist, wo das *h* etymologisch unberechtigt ist (< **ayes-nos*). Die Aspirata fiel in einigen Landdialekten auch im Anlaut (z. B. *arēna, ēdus, ircus, olus* usw.); halbgebildete Reaktion gegen dieses Zeichen von *rusticitās* führte zu Hyperurbanismen, die Catulls Spott über Arrius' *hīnsidiās* (84,2) hervorriefen; vgl. auch Nigidius' Bemerkung „rusticus fit sermo, si aspires perperam"[7] (ap. Aul. Gell. 13, 6, 3). Ein unetymologisches *h* tritt auch in *humerus, hūmor* und *hauriō* (griech. αὔω) auf.

*s* Dieser Laut blieb im Anlaut und im Auslaut unverändert (vgl. *septem, sūs, genus*), aber ebenso im Inlaut vor und nach stimmlosen Plosivlauten *(sistō, est, uesper, axis)* und nach *n (mēnsis, ānser)*. Intervokalisch wurde *s* zu einem stimmhaften *z*, das dann zu *r* wurde: *generis* < **genes-es, arborem* < **arbos-em, maiōrem* < **magyōs-em, flōrem* < **flōs-em* (vlg. *flōs, flōsculus*). Dieser Wandel war in der Mitte des 4. Jh. v. Chr. bereits vollzogen, aber eine Anzahl archaischer Fromen wie *arbosem, pignosa, lasibus* sind bezeugt. Wenn in rein lateinischen Wörtern *-s-* auftritt (zu *rosa, casa* siehe S. 60 und S. 72 f.), dann ist es das Ergebnis der Vereinfachung von *ss* nach Langvokalen und Diphthongen, z. B. *uīsus* < **uīssos* < **wid-tos, causa* < *caussa, quaesō* < *quaessō*.

Vor den stimmhaften Lauten *y, w, l, m, n, d, g* und nach *r* und *l* wurde *s* zu stimmhaftem *z*, das vor *r* zu *g* wurde (z. B. *mergō*, vgl. litauisch *mazgóti*) und vor allen anderen genannten Lauten unter Ersatzdehnung des vorangehenden Vokals schwand: *nīdus* < **nizdos* (deutsch *Nest*), *quīdam* < *quis-dam, prīmus* < **pris-mos, a(h)ēnus* < **ayes-nos, prēlum* < **pres-lom*.

*sr-* wurde anlautend zu *fr-* (*frīgus*, vgl. griech. ῥῖγος < **srīgos*) und inlautend zu *-br-* (*fūnebris* < **dhoines-ris, (con)sobrīnus* < **-swesr-īnos* (zu *soror* < **swesōr* siehe S. 239)).

[7] Die Redeweise wird bäurisch, wenn man überall aspiriert.

### Besondere lautliche Erscheinungen

Das Lateinische kennt die üblichen 'besonderen lautlichen Erscheinungen' (wie Assimilation, Dissimilation, Gleitlaute und Vereinfachung komplexer Gruppen), die zur Sprachökonomie und zur Erleichterung der Aussprache beitragen. Es wird reichen, ein paar Beispiele anzuführen, in denen derartige Vorgänge die etymologische Transparenz verdunkelt haben.

_Assimilation._ Benachbarte Konsonanten sind oft der Assimilation unterworfen. Sehr oft wird der erste Konsonant an den zweiten assimiliert ('regressive Assimilation'). Am auffälligsten ist das bei den Verbalpräfixen: _occīdō_ < _*ob-caedō, attineō_ < _*ad-teneō, sufficiō_ < _*sub-faciō, differō_ < _dis-ferō_ usw. Vgl. weiter _quippe_ < _*quid-pe, topper_ < _*tod-per, annus_ < _*at-nos_ (gotisch _aþn_), _somnus_ < _*swep-nos, summus_ < _*sup-mos, sella_ < _*sed-la, grallae_ < _*grad-s-lae, corōlla_ < _*corōn-la._ In den Formen des Partizip Passiv wird in den Fällen, in denen der auslautende stimmhafte Konsonant der Wurzel durch Assimilation an das _-t-_ des Suffixes stimmlos wird, der vorangehende Vokal gelängt: _āctus_ < _*ag-tos, lēctus_ < _*leg-tos, rēctus_ < _*reg-tos._ Als Beispiele für 'progressive Assimilation', bei der der erste Konsonant in der Verbindung die Oberhand behält, kann man _uelle_ < _*wel-se, collum_ < _*col-som_ (vgl. deutsch _Hals_), _torreō_ < _*torseō, ferre_ < _*fer-se, tollō_ < _*tol-nō_ anführen. Assimilation kann auch Vokale benachbarter Silben betreffen. So kommt _homō_ von _hemō_ (vgl. _nemō_ < _*nehemō_). In diesem Zusammenhang ist auch der Reduplikationsvokal von _pupugī_ (altlat. _pepugī_) und _momordī_ (altlat. _memordī_) zu nennen.

_Dissimilation._ Die Schwierigkeit, die darin besteht, zwei dicht aufeinanderfolgende Laute großer Ähnlichkeit auszusprechen, kann dadurch behoben werden, daß einer von ihnen sich ändert. Das ist im Lateinischen bei den Verbindungen _r-r_ und _l-l_ besonders häufig: so wurde z.B. _peregrīnus_ im Vulgärlateinischen _pelegrīnus_ (> it. _pellegrino_, frz. _pélerin_ und _caeruleus_ < _*caeluleus_ ist eine Adjektivbildung zu _caelum._ Die Folge einer derartigen Dissimilation ist etwa darin zu sehen, daß das normale Adjektivsuffix _-ālis_ (_nauālis_ zu _nauis, mortālis_ zu _mors_) zu _-āris_ wird, wenn es an Substantive tritt, die ein _l_ enthalten: _mīlitāris_ zu _mīlēs, cōnsulāris_ zu _cōnsul, lūnāris_ zu _lūna._ Genauso erscheint dann das Instrumentalsuffix _-lo-_als _-ro-: speculum_, aber _fulcrum_ und _flagrum._ Andere Dissimilationsbeispiele sind _carmen_ < _*can-men, germen_ < _*gen-men, merīdiē_ < _medī-diē_ (eine Form, die nach Varro _ling. Lat._ 6, 4 in Praeneste erhalten geblieben war). Dissimilation kann zuweilen zum Verlust eines Lautes führen: _agrestis_ < _*agrestris_ (vgl. _siluestris_). In einigen Fällen kann eine ganze Silbe wegfallen: _nūtrīx_ < _*nūtrī-tix._

*Gleitlaute.* Ausspracheerleichterung kann auch durch das Einschieben von Lauten zwischen die Glieder bestimmter Gruppen erreicht werden. Das ist etwa der Fall beim Anaptyxevokal in *dracuma* < **dracma* < griech. δράχμη, *pōculum* < *pōclom, mina* < *mna* < griech. μνᾶ. In anderen Fällen kann ein Konsonant eintreten (vgl. engl. *Thom-p-son*): *sūm-p-sī, dēm-p-sī, sūm-p-tus, exemplum* < **exem-lom.* Es ist auch auf die vulgäre Aussprache *autum-p-nus, som-p-nus* usw. zu verweisen. Vielleicht hatte sich bereits im Indogermanischen ein Gleitkonsonant zwischen zwei benachbarten dentalen Plosivlauten entwickelt: **t-t, *d-t* > *-t*$^{s}$*t-, -d*$^{s}$*t-*; diese Verbindung tritt im Lateinischen (und im Germanischen) als *ss* auf: *messis* < **met*$^{s}$*tis* (vgl. *metō*), *passus* < **pat*$^{s}$*tos* (vgl. *patior*), *quassus* < **quat*$^{s}$*tos (quatiō).* Nach einem Langvokal oder nach einem Diphthong wurde das *ss* vereinfacht: *uīsus* < **wīssos* < **wĭd-tos, cāsus* < *cāssus* < **căd-tus.* Ein Gleit-*t* entwickelte sich zwischen *ss* und einem nachfolgenden *r* (vgl. deutsch *Schwester*) in *rāstrum* < **rāssrom* < **rād-trom.*

Abschließend sollen noch einige Beispiele von Vereinfachungen komplexer Gruppen angeführt werden: *arsī* < **ard-sī; fulsī* < **fulg-sī; testis* < **terstis* < *tristis* (S. 248), *tostus* < **torstos, ultus* < **ulctos* (zu *ulciscor*), *tormentum* < **torq*$^{w}$*mentum, iūmentum* < altlat. *iouxmentum, sēuirī* < **sexu-irī, lūna* < **loucsna, cēna* < altlat. *cesna* < **cersna* (vgl. oskisch *kerssnaís* 'cenis'), *īlicō* < *in stlocō, poscō* < **porc-scō* < **pr̥k-skō, pruīna* < **pruswīna* (vgl. Sanskrit *pruṣvā* 'strenger Frost', althochdeutsch *riosan,* engl. *freeze*).

KAPITEL IX

# Formenlehre

## Vorbemerkungen

### *Flexionsendungen, Stamm und Wurzel*

Die Analyse eines lateinischen Wortes wie *dēditīcius* läßt die folgenden Bestandteile kenntlich werden. Zunächst stellen wir fest, daß das Ende des Wortes in verschiedenen Formen (*-m, -ī, -ō* usw.) je nach der Rolle, die das Wort in der Satzkonstruktion spielt, auftritt. Derartige Wortbestandteile, die syntaktische Funktion haben, heißen Flexionsendungen: das Deklinationsschema eines Nomens besteht z.B. aus einer vollständigen Liste derartiger Flexionsendungen. Der Wortkörper, der nach Abtrennung der Flexionsendungen übrig bleibt, heißt Stamm: *dēditīcio-*. Ein Vergleich mit anderen Wörtern wie *emptīcius, missīcius* usw. zeigt einen weiteren Bestandteil, der den Partizip-Perfekt-Stämmen *dēdit-, empt-, miss-*, angefügt wurde; dieses Element *-īcio* nennt man Suffix. Man kann in der Analyse noch weiter gehen. Wenn man *dēdit-* mit *dēdo, dēdere* einerseits und mit der Reihe *dict-, duct-* andererseits vergleicht, kommt ein anderes charakteristisches Element zum Vorschein, nämlich *-t-*, das Suffix, das im Lateinischen die Partizipien des Perfekts charakterisiert. Wenn wir das auch noch wegstreichen, kommen wir zu *dēdi-*, das ständiger Bestandteil einer Gruppe von Formen ist, die sich um die Bedeutung „geben" gruppieren. Aber unsere Analyse ist immer noch nicht zu Ende: im Verb *dēdō* ist nach Ausweis von *dē-ponō, dē-ducō, dē-doceō* usw. ein Präfix *dē-* enthalten. So kommen wir schließlich zu *dō*, das in einer ganzen Reihe von Wörtern vorkommt, die alle „geben" bedeuten: *dō-no-m, dōnāre, dōnātus, dōnātīuus, dōs, dăre, dătos* usw. Hierbei handelt es sich um die kleinste funktionale Einheit des lateinischen (und indogermanischen) Wortes, die sogenannte Wurzel.

Ein lateinisches Wort kann also drei Arten morphologischer Einheiten oder „Morpheme" umfassen: die Wurzel, ein oder mehrere Affixe (Präfixe und Suffixe), die an die Wurzel angefügt den Stamm ergeben, und schließlich die Flexionsendung, die die syntaktische Funktion des ganzen Wortes anzeigt.

**Ablaut**

Es wird der Aufmerksamkeit des Lesers nicht entgangen sein, daß die Wurzel selbst die Veränderungen zeigt, z.B. *dō* und *dă*. Es handelt sich hier um ein kompliziertes Beispiel für ein weitverbreitetes Phänomen, das Ablaut genannt wird. Man versteht darunter die Veränderung des Wurzelvokals (zu Ablauterscheinungen bei Suffixen und Flexionsendungen siehe unten) aus morphologischen Gründen. Im Deutschen finden wir Ablaut z.B. bei den sogenannten starken Verben: *singen, sang, gesungen.* Das Griechische weist ganz klar das ursprüngliche indogermanische System mit drei Ablautstufen auf, das sich im Deutschen weniger deutlich erkennen läßt: 1) Vokal *e*, 2) Vokal *o*, 3) Vokallosigkeit. Man spricht also von der *e*-Stufe, der *o*-Stufe und der Nullstufe. Ein gutes Beispiel ist: 1) γέ-νος, 2) γόνος, 3) γί-γν-ομαι. Wenn die Wurzel einen Diphthong aufweist, das heißt, wenn dem *e* einer der Sonanten *i, u, r, l, m* oder *n* folgt, dann wird in der Nullstufe beim Vokalschwund der Sonant silbisch, wenn ein Konsonant folgt: 1) λείπω, 2) λέλοιπα, 3) λιπ-εῖν oder 1) μένος, 2) μέ-μον-α, 3) μέ-μα-μεν *(*me-mn̥-men).* Bei *dō : dă* liegt eine komplizierte Ablautreihe vor, bei der die volle Wurzel keinen Kurzvokal oder Diphthong, sondern einen Langvokal aufweist, der nicht die Nullstufe, sondern nur eine reduzierte Form erreicht. Das unterscheidet sich natürlich prinzipiell nicht vom Verhalten eines Diphthongs, der ja ebenfalls seinen Sonanten in der Nullstufe bewahrt. Wir haben nun festgestellt, daß der Diphthong *en* in der Wurzel *men* in der Nullstufe ein *-n̥-* übrigläßt (zur Realisierung dieses indogermanischen Lautes im Lateinischen und anderswo vgl. S. 249). Wenn wir uns jetzt einer Wurzel mit einem Langvokal zuwenden, z.B. *stā* „stehen", dann finden wir beim Verbaladjektiv auf *-to*, das normalerweise die Nullstufe aufweist (siehe unten), im Lateinischen, im Griechischen und im Sanskrit die folgenden Formen: *stătus,* στατός, *sthitás.* Die hier vorliegende Gleichung *ă* = *ă* = *ĭ* kann auf indogermanisch **ə* zurückgeführt werden (siehe S. 240). Die Gradation der Wurzel kann als **stā : *stə* dargestellt werden. Ebenso führt lat. *dō : dă* dazu, **dō : *də* anzusetzen, und *fēcī : făciō* führt zu **dhē : *dhə.*

Aber so weit sind wir noch nicht. Wir wollen zunächst einmal annehmen, daß das *ə* der Nullstufe aus einem Diphthong resultiert, ebenso wie *i, u, r, l, m, n* von *ei, eu, er, el, em̥, en* herzuleiten sind. Mit anderen Worten, wir wollen den unbekannten indogermanischen Laut, der im Lateinischen und in anderen verwandten Sprache auftritt, nicht als **ē*, sondern als **eə* darstellen. Dann würde die Nullstufe mit Verlust des Hauptvokals *ə* sein, und das Verhältnis von *fēcī* zu *făciō* ließe sich auf indogermanisch **dheə :*

**dhə* zurückführen. Ebenso können wir für *stā : stă* ein **staə : *stə* und für *dō : dă* ein **doə : *də* ansetzen. Wenn wir jedoch einen vollständigen Parallelismus mit λείπω : λιπεῖν usw. erzielen wollen und ein *e* in der ersten Stufe haben wollen, dann müssen wir nur **eə, *aə* und **oə* durch **eə₁, *eə₂* und **eə₃* ersetzen. Diese drei indogermanischen Diphthonge sind als unbekannte Laute zu definieren, auf die das Vorhandensein von respektive *ē, ā* und *ō* in den untersuchten Wörtern zurückzuführen ist. Diese rein theoretische Analyse, die zur Ansetzung einer neuen Sonantenserie $ə_1$, $ə_2$, $ə_3$ („Laryngale") führt, wurde teilweise durch das Hethitische bestätigt, in dem ein als *ḫ* transkribiertes Phonem manchmal den postulierten indogermanischen Laryngalen entspricht. Es bleibt auch anzumerken, daß das $ə_2$ von **stə₂tos*, der Nullstufe von **steə₂ (= stā)*, eine Erklärung für die Aspirata bietet, die in Sanskrit *sthitas* auftaucht. Es liegt nämlich nahe, daß der anzusetzende indogermanische Laryngal $ə_2$ lautlich so beschaffen war, daß er die Aspiration des vorangehenden stimmlosen Verschlußlautes im Sanskrit bewirkte.

Nach dieser Analyse der anscheinend unregelmäßigen langvokalischen Stämme als ursprüngliche Diphthonge können wir jetzt eine einfache allgemeine Regel zu den Ablautstufen indogermanischer Wurzel aufstellen. Eine Wurzel kann in drei Stufen auftreten: *e*-Stufe, *o*-Stufe und Nullstufe. Bei Wurzeln, die einen Diphthong aufweisen, bleibt dessen zweites Element, der Sonant in der Nullstufe erhalten.

Im Lateinischen wurde der ursprüngliche Ablaut durch phonetische und analogische Veränderung getrübt. Einige klare Beispiele für die *e*- und *o*-Stufen sind *pendō : pondus, tegō : toga*, für die *e*-Stufe und die Nullstufe *es-t : s-unt, ed-ō : d-ens, genus : gi-gn-ō*. Weitere Beispiele folgen bei der Analyse der Nomina und der Verben.

Nachdem wir die hauptsächlichen morphologischen Mechanismen des Indogermanischen festgehalten haben, wollen wir zu den Suffigierungsprozessen übergehen, durch die Nominalstämme von Wurzeln und von anderen Stämmen aus gebildet werden. Dabei soll die von M. Leumann vorgeschlagene funktionale Klassifikation[1] angewendet werden.

### *Nominalbildung*

Das Suffix kann in der „Nullstufe" auftreten; dann handelt es sich um die sogenannten Wurzelnomina des Typs *dux (dŭc-s), lūx, pāx (pāc-s), pēs,*

[1] M. Leumann, *Gruppierung und Funktionen der Wortbildungssuffixe des Lateins*, Museum Helveticum 1, 1944, 129–151 (= M. Leumann, *Kleine Schriften*, Zürich/Stuttgart 1959, 84–107).

*uōx, ōs* usw. Derartige Wurzelnomina bilden oft den zweiten Bestandteil von Nominalkomposita: *iūdex* < **ious-dic-s, opifex* < **opi-fac-s, auceps* < **aui-cap-s* usw.

*A. Von Substantiven abgeleitete Substantive.*

1. Diminutive auf *-lo, -lā* (*-ulus, -culus, -ellus, -cellus* usw.): *fīliolus, foculus, homunculus; diēcula; asellus, gemellus; ocellus, agellus, puella; corōlla* usw.
2. Pejorative auf *-astro: fīliaster.*
3. Feminina:
   *a) -(tr)-īc: genetrīx, uictrīx.*
   *b) -īnā: rēgīna, gallīna, lībertīna.*
4. Kollektiva:
   *a) -to-: arbustum, arborētum.*
   *b) -ēlā: clientēla, parentēla.*
   *c) -ātu-: senātus, equitātus.*
5. Abstrakta:
   *a) -ia: mīlitiā.*
   *b) -īna: medicīna, doctrīna.*
   *c) -tūt-: uirtūs, inuentūs.*
   *d) -ātu-: prīncipātus.*
6. Von Sachbezeichnungen abgeleitete Personenbezeichnungen:
   *a) -ō* und *-iō: praedō, restiō* (auch bei Abstrakta: *lūdiō, lucriō*).
   *b) -no-: dominus.*
   *c) -ārio-: balneārius.*
   *d) -tōr-: uīnitor.*
7. Ortsbezeichnungen:
   *a) -īnā: figlīna.*
   *b) -ārio-: grānārium.*

*B. Von Verben abgeleitete Substantive.*

1. Verbalabstrakta:
   *a) -ti-: morti-s.*
   *b) -ti-ōn-: āctiō.*
   *c) -tu-: cantus.*
   *d) -tūrā: cultūra, pictūra.*
   *e) -io-: imperium.*
   *f) -iē-: speciēs.*
   *g) -ōr-: timor.*

2. Instrumente:
   *a) -tro-: arātrum, feretrum.*
   *b) -culo-: gubernāculum.*
   *c) -cro-: sepulcrum.*
   *d) -bulo-: stabulum.*
   *e) -bro-, -brā: lauābrum, dolābra, latebra.*
3. Ergebnis einer Tätigkeit:
   *a) -men-, -mento-: sēmen, carmen, fundāmentum, uestīmentum.*
   *b) -no-: dōnum, lignum, sīgnum.*
4. Agens:
   *-tōr-: uictor* (zu den Feminina auf *-trīc-* siehe oben).
5. Ortsangaben:
   *-tōrio-: dormītōrium, condītōrium.*

*C. Von Adjektiven abgeleitete Substantive.*

1. Abstrakta:
   *a) -iā: superbia, audācia.*
   *b) -tāt: dīgnitās.*
   *c) -itiā, itiēs: laetitia, malitia; plānitiēs.*
   *d) -tūdin-: magnitūdō, turpitūdō.*
   *e) -mōnia: ācrimōnia.*

*D. Von Adjektiven abgeleitete Adjektive.*

1. Diminutive (siehe oben): *aureolus; tenellus; minusculus.*
2. Pejorative (siehe oben): *caluaster, surdaster.*
3. Elativa (Komparative und Superlative, siehe unten).
4. Ableitungen von Partizipien auf *-to-*:
   *a) -īuo-: captīuus, ēmptīuus.*
   *b) -īcio-: dēditīcius, ēmptīcius.*
   *c) -ĭli-: textilis, fictilis.*

*E. Von Substantiven abgeleitete Adjektive.*

1. Ableitungen von auf Personen und Tiere bezüglichen Substantiven:
   *a) -io-: patrius.*
   *b) -ĭcio-: patricius, aedīlicius, tribūnicius.*
   *c) -īno-: dīuīnus, bouīnus, equīnus.*
   *d) -ĭco-: cīuicus, hosticus, poplicus.*

2. Ableitungen von auf Dinge bezüglichen Substantiven:
   *a) -āli-: annālis, nāuālis.*
   *b) -ārio-: argentārius, ferrārius.*
3. Ortsadjektive:
   *a) -āno-: urbānus, pāgānus, oppidānus.*
   *b) -tico-: rūsticus, aquāticus.*
   *c) -tili-: aquātilis.*
   *d) -stri-: campestris, palūstris; agrestis* (mit Dissimilation des *-r-*).
   *e) -ēnsi-: forēnsis, ātriēnsis.*
   *f) -tīmo-: maritimus, fīnitimus.*
   *g) -āti-: cūiās* (vgl. *optimātēs, nostrātēs*).
4. Zeitadjektive:
   *a) -tīuo-: tempestīuus, primitiuus.*
   *b)* Hierher gehören auch die von Temporaladverbien abgeleiteten Adjektive *crās-tinus, hodie-rnus* und *noctu-rnus.*
5. Materielle Adjektive:
   *a) e-yo-: aureus, argenteus, aēneus.*
   *b) -icio-: caementīcius.*
   *c) -no-: salignus, īlignus.*
   *d) -ino-* (griechischen Ursprungs): *prasinus.*
6. Adjektive der Bedeutung „versehen mit“:
   *a) -ōso-: aquōsus, herbōsus, morbōsus.*
   *b) -ulento-: lutulentus, uirulentus.*
   *c) -to-: barbātus, hastātus.*
   *d) -ido-: harbidus, fūmidus.*

*F. Von Verben abgeleitete Adjektive.*

1. Aktive Partizipien und Verbaladjektive:
   *a) -nt-: amant-, regent-.*
   *b) -tūrō-: amātūrus.*
   *c) -āc-: edāx, bibāx, rapāx.*
   *d) -ulo-: crēdulus, pendulus, bibulus.*
   *e) -bundo-: rīdibundus, uagabundus.*
   *f) -ido-* von Verben auf *-ēre: calidus, āridus, nitidus, timidus.*
2. Passive Partizipien und Verbaladjektive:
   *a) -to-: amātus.*
   *b) -ndo-: amandus.*
   *c) -bili-, -lis: amābilis; facilis, habilis.*
   *d) -uo-: aruos, pāscuus, caeduus, praecipuus, exiguus, irriguus.*

e) *-no-: plēnus.*

f) *-āneo-: praeligāneus, superuacāneus, cōnsentāneus.*

3. Instrumentale Adjektive und Ortsadjektive auf *-tōrio-: dēuersōrius, cubitōrius, sūdātōrius.*

Diese systematisch-funktionale Beschreibung sagt nichts aus über den Ursprung und die Geschichte der Suffixe. Viele stammen aus der indogermanischen Ursprache. Dazu gehören die Diminutive auf *-lo-*; die Agentia auf *-tōr-*; die Verbalabstrakta auf *-ti-* und *-tu-*; die maskulinen Deverbative auf *-ōs (-ōr-)*; die Instrumentalia auf **-tro-, *-tlo-, *-dhro-* und **-dhlo-*; die Adjektive mit dem weitverbreiteten *-yo*-Suffix; die Verbalpartizipien auf *-to-, -no-, -nt-* usw. Andere Suffixe sind Kombinationen oder Erweiterungen ererbter Suffixe, z.B. *-tōr-io-, -tū-din-, -tū-t-, -tā-t-, -tū-rā, -ti-ōn-* und *-culo-*, das eine Kombination eines alten Diminutivsuffixes **-qo-* mit *-lo-* darstellt.

Andere Erweiterungsformen ererbter Suffixe entstanden durch falsche Analyse, indem ein Teil des Nominalstammes zusammen mit dem Suffix abgetrennt wurde; so wurde z.B. *farrāgin-eus (< farrāgo)* fälschlich als *farr-āgineus* analysiert, und diese Suffixform kommt in *ole-āgineus* vor. Genauso tritt *-no-* als *-āno-, -īno-* und *-ūno-* auf, wobei *-ā-, -ī-* und *-ū-* ursprünglich die Vokale der Nominalstämme waren. Ein ähnlicher Fall: *nocturnus* kommt von einem *r/n*-Stamm **noctur* (vgl. griech. νύκτωρ, νύκτερος), dem das Suffix *-no-* angehängt ist. Dieses Wort wurde fälschlich als *noctu-rnus* analysiert, und das Suffix *-rno-* wurde dann für andere Zeitadjektive wie *diurnus, hodiernus* und *modernus* (Cassiodor, von *modo* „soeben") verwendet. Ein anderer häufiger Prozeß, der erläutert werden muß, ist die Analogiebildung. So gehört zum Beispiel zu *iūdex* ein substantiviertes Adjektiv auf *-ium, iūdicium* und andererseits gibt es zu *iūdex* das denominative Verb *iūdicāre.* Historisch besteht keinerlei direkte Verbindung zwischen *iūdicium* und *iūdicāre*, aber natürlich kümmerten sich die Sprecher des Lateinischen nicht um historische Grammatik; sie stellten einen Zusammenhang zwischen dem Substantiv und dem Verb her, und so wurde *-ium* zu einem Deverbalsuffix: *dēsīderium, dēlīrium, imperium.*

Schließlich sollte noch festgehalten werden, daß ein Suffix infolge der Übertragung von einem Wort auf das nächste durch enge Assoziation in Redezusammenhängen seinen Anwendungsbereich ausdehnen kann. Um das zu verdeutlichen, wollen wir zu unserem Anfangsbeispiel *dēditīcius* zurückkehren. Das Suffix *-īcio-* stammt vielleicht aus dem Wort *nouīcius*, das als *-io*-Ableitung von einer Form **nouīx* erklärt werden könnte. Von da wurde es in *emptīcius* übernommen und breitete sich in der juristischen Sprache aus, um Personen zu bezeichnen, die auf verschiedene Art in den Besitz anderer Personen übergegangen waren: *adoptātīcius, adscrīptīcius, conductīcius, dēditīcius.* Derartige Adjektive wurden auch auf in Besitz genommene Dinge angewendet (z.B. *aduectīcius*), und in der Handelssprache wurden sie üblich für die Beschreibung verschiedener Sorten von Waren, z.B. *panis depstīcius.*

In letzter Instanz ist die Geschichte eines Suffixes also die Summe der Geschichte aller Wörter, die es aufweisen. Eine solche Darstellung würde natürlich die engen Grenzen des vorliegenden Kapitels weit überschreiten.

### *Deklinationsklassen und Kasusflexion*

Das Indogermanische hatte acht Kasus: Nominativ, Genitiv, Dativ, Akkusativ, Ablativ, Lokativ, Soziativ-Instrumentalis und Vokativ (zur Funktion vgl. das folgende Kapitel). Dieses System wurde in den verschiedenen Nachfolgesprachen durch einige Verschmelzungsprozesse, die „Synkretismus" genannt werden, vereinfacht. So fielen im Griechischen Genitiv und Ablativ einerseits, Dativ, Lokativ und Instrumentalis andererseits zusammen. Der lateinische Ablativ erfüllt die Funktionen des ursprünglichen Ablativs, des Soziativ-Instrumentalis und des Lokativs, obwohl einige Lokativformen in ihrer traditionellen Funktion überlebten. Einzelheiten werden bei der Behandlung der Deklinationsklassen besprochen.

Als Deklinationsklasse betrachtet man eine Gruppe von Nomina, die einander in der Flexionsart ähneln. Das Flexionsverhalten unterscheidet sich in den indogermanischen Sprachen je nach dem Typ des Stammes: *-ā, -o* (Ablaut auf *-e*), *-ei/-i, -eu/-u, -ī, -ū, -ēi, -ēu, -āu,* auf Konsonanten ausgehende Stämme. Diese vielfältigen Deklinationsklassen wurden im Lateinischen auf die fünf Deklinationen, die die Schulgrammatik kennt, aufgeteilt.

### *Die -ā-Deklination (Erste Deklination)*

Singular

Nominativ **-ā*[2]: χώρᾱ usw. Im Lateinischen wurde der Vokal zunächst in iambischen Wörtern gekürzt („breuis breuians":

[2] Formen mit Sternchen bezeichnen die indogermanischen Kasusendungen.

_rŏtā_ > _rŏtă, tŏgā_ > _tŏgă_), dann setzte sich die Kürze bei allen Wörtern dieser Klasse durch.

Genitiv *_-ās_: χώρᾱς, umbrisch _tutas_ usw. Diese Endung erhielt sich in altlat. _ēscās, uiās_ usw. und in der Verbindung _pater familiās_. Als Ersatz trat jedoch die neue Endung _-āī_ ein (bei Vergil z.B. _pictāī_), die nach dem _-ī_-Genitiv der _o_-Deklination (s. unten) gebildet ist. Wahrscheinlich begann dieser Prozeß in Sätzen, wo ein Adjektiv der zweiten Deklination mit einem Maskulinum der ersten Deklination kombiniert wurde: _bonī agricolās_ > _bonī agricolāī_. _-aes_ (_Aquiliaes_ usw.) ist eine Kombination von _-ae_ und _-ās_.

Dativ *_-ā_ + _-ei_ > _-āi_: χώρᾱι. Diese Form ist in altlat. _Meneruāi, Fortūnāi_ erhalten. Im Italischen wurde das Schluß-_i_ vor vokalisch anlautenden Wörtern weggelassen: daher altlat. _matūtā_. Die normale Endung _-ae_ (zum Phonetischen siehe S. 246) geht auf die vorkonsonantische Form zurück, die generalisiert wurde. Bemerkenswert sind Provinzformen wie _Fortune_ (siehe S. 64f.).

Akkusativ *_-m_: χώρᾱν, Sanskrit _açvām_ usw. Im Lateinischen wurden Langvokale vor Schluß-_m_ regelmäßig gekürzt (siehe S. 246), also _rēgīnăm_ usw.

Ablativ: Im Indogermanischen war der Ablativ mit dem Genitiv identisch (wie bei griechisch χώρᾱς). Im Italischen wurde eine neue Endung _-ād_ nach der Analogie von _-ōd_ (siehe unten) gebildet. Das Schluß _-d_ fiel etwa 200 v.Chr., daher die klassische Endung _-ā_. Altlateinische Beispiele sind _sententiād, praidād_ usw.

Lokativ *_-ĭ_: Durch die Anfügung der Lokativendung an den Stamm entstand im Altlateinischen _-āi_ (_Rōmāi_ usw.), das regelmäßig zu _-ae_ wurde (_Rōmae_). Es bleibt zu bemerken, daß die im klassischen Latein identischen Endungen im Genitiv, Dativ und Lokativ in dieser Deklination ursprünglich unterschieden wurden: *_-ās_, *_-āei_, *_-āi_.

Vokativ _-ă_ νύμφᾰ. Zugrunde liegt anscheinend ein indogermanisches *_-ə_.

Plural

Nominativ **-ās* < **-ā* + *-es*: Sanskrit *açvās,* oskisch *scriftas, aasas 'ārae'.* Diese Endung liegt vielleicht in Pomponius' *laetitiās īnspērātās* noch vor (siehe jedoch S. 173). Die pisaurische Form *matrona* zeigt „ländlichen" Verlust des Schluß-*s* (S. 139f.). Sonst finden wir im Altlateinischen jedoch *-ai (tabelai),* das dem Einfluß des *-oi* der *o*-Stämme (siehe unten) zuzuschreiben ist.

Genitiv **-ōm* < **-ā-ōm*: Sowohl das Griechische als auch das Lateinische ersetzten diese Endung durch *-sōm*, das vom Demonstrativpronomen abgeleitet ist (Sanskrit *tāsām*, griech. τᾱ́ων, lat. *is-tārum* mit Rhotazismus des intervokalischen *-s-*, vgl. oskisch *egmazum*), also *deārum* usw.

Dativ und Ablativ: Die ursprünglichen Endungen *-bhos* (gallisch Ναμαυσικαβο) oder *-bhyos* (Sanskrit *açvābhyas*) wurden im Italischen durch die neue Endung *-āis* (oskisch *kerssnaís*) ersetzt, die auf dem *-ōis* der *-o-* Stämme beruht (siehe unten; zur phonetischen Entwicklung von *-ais* > *-eis* > *-īs* im Lateinischen siehe S. 246). Altlateinische Beispiele für die Zwischenstufen sind *soueis* = *suīs* und *nuges* = *nūgīs.* Bei einigen Substantiven wurde die Unterscheidung zwischen Maskulina und Feminina durch Rückgriff auf das *-bus* der anderen Deklinationen wiederhergestellt: *deābus, fīliābus*; in vulgärer Sprechweise waren derartige Bildungen relativ erfolgreich: *fēminābus.*

Akkusativ **-ās* < **ā* + *ns*: Sanskrit *açvās.* Im Italischen wurde *-ns* analogisch restituiert, und im Lateinischen wurde dieses *-āns* regelmäßig zu *-ās.* Aus dem Lateinischen allein könnte man die Zwischenstufen nicht entdecken, aber das *-ss* des Oskischen *(víass)* und das *-f* des Umbrischen *(vitlaf)* beruhen auf *-ns.* Auch das Griechische zeigt eine ähnliche Entwicklung: kretisch τιμάνς = attisch τιμάς.

Die Maskulina der *-a-* Deklination werden genauso wie die Feminina dekliniert, aber bei einigen Komposita erscheint ein *-s*: *hosticapas, parricīdas.*

*Die -o-Deklination (zweite Deklination)*

Singular

Nominativ **-s*: *dominos* > *dominus* (zu *-os* > *-us* siehe S. 246).

Genitiv **-o-syo*: ἵπποιο, Sanskrit *açvasya*. Diese Endung wurde im Keltischen und Italischen durch ein *-ī* unklaren Ursprungs ersetzt, das nicht etwa an den Stammvokal *-o-* angehängt wurde, denn im Altlateinischen wird noch klar zwischen einem ursprünglichen *ī* und dem Diphthong *ei* unterschieden: *Latīnī* (Genitiv Singular), aber *uirei* (Nominativ Plural). Das *-ī* kommt also nicht von *-oi*, sondern ist ein Derivationssuffix, das denselben Status wie das stammbildende *o* hat. Man hat es mit dem Adverbialsuffix *-ī* des Sanskrit (siehe S. 320) und auch mit femininbildendem *-ī- (rēg-ī-na)* in Verbindung gebracht. Wahrscheinlich war das Genitiv *-ī* ursprünglich ein Adjektivsuffix mit der allgemeinen Bedeutung „gehörend zu, verbunden mit"; das würde zum syntaktischen Gebrauch des Genitivs als adjektivischem Kasus passen. Die denominativen Maskulina des Typs *rathī* „Wagenlenker" und die Feminina wie *rājñī*, lat. *rēgīna*, stellen weitere Sonderverwendungen desselben Suffixes dar[3].

Dativ **-ōi* < **o + ei*: ἵππωι. Im Italischen wurde das *o* gekürzt, wenn das nächste Wort mit einem Konsonanten begann. Ein altlateinisches Beispiel ist *Numasioi* = *Numeriō*. Vorvokalisch fiel das *-i*, und diese Form wurde generalisiert.

Akkusativ **-m*: *dominom* > *dominum* (zu *-om* > *-um* siehe S. 246).

Ablativ **-ōd*: Sanskrit *açvad*. Die ursprüngliche Endung blieb in altlat. *Gnaiuod, poplicod* usw. noch erhalten. Zum Verlust des *-d* vgl. S. 250.

Lokativ **-o + ĭ*: οἴκοι; im Oskischen findet man hingegen *-ei*: *lúvkeī* „in der Grube". Lat. *-ei (Delei)* und *-ī (domī, bellī)* können sowohl auf *-oi* als auch auf *-ei* zurückgehen Der Lokativ ist im Lateinischen nur in Ausnahmefällen erhalten geblieben; normalerweise wurde er durch den Ablativ ersetzt.

Vokativ: Dieser Kasus zeigt den reinen Stamm mit der *e*-Stufe des Ablautes: *domine*, vgl. ἄδελφε.

[3] T. Burrow, *The Sanskrit Language.*

Plural

Nominativ **ōs* < **o + es*: Sanskrit *açvās*, oskisch *Núvlanús = Nolani*. Im Lateinischen wurde diese Endung wie im Griechischen unter dem Einfluß der Demonstrative durch *-oi* ersetzt. Zur phonetischen Entwicklung *oi* > *oe* (z. B. *poploe* im Salierlied) > *ei* (*seruei* usw.) > *e (ploirume)* > *ī (seruī)* siehe S. 245. In Texten provinzieller Herkunft tritt eine Endung *-eis, -es, -is* mit dem *-s* der dritten Deklination auf: *leibereis, magistres, duomuires, ministris.*

Genitiv **-ōm* < **o + om*: Mit regelmäßiger Kürzung des *ō* vor *m* ist diese Form im Altlateinischen erhalten: *Rōmānom* usw. Im Altlatein waren diese Formen noch häufig, vgl. bei Plautus *uerbum, inimīcum*, und sie blieben in der konservativen Phraseologie von Religion und Recht erhalten: *deum, triumuirum, nummum* usw. Die normale *-ōrum*-Endung ist der Analogie zu den *ā*-Stämmen (siehe oben) zu verdanken.

Dativ und Ablativ: Die lateinische Endung kann bis zum indogermanischen Instrumentalis auf *-ōis* zurückverfolgt werden: ἵπποις, Sanskrit *açvāis*. Der ursprüngliche Diphthong liegt in paelignisch *suois cnatois* noch vor. Festus zitiert altlat. *privicloes*. Weitere phonetische Stufen waren *-eis (castreis), -ēs* (Praenestine *sueque = suīsque*) und schließlich das *-īs* des klassischen Lateins.

Akkusativ **-o-ns*: Kretisch ἐλευϑερονς. Zur phonetischen Entwicklung von *-ons* zu *-ōs* siehe S. 249.

Die Neutren der *o*-Deklination zeigen die alte Nominativ- und Akkusativ-Singular-Endung *-m*. Im Plural ist die Endung *-a* auf einen femininen kollektiven Singular auf *-ā* zurückzuführen (daher im Griechischen die Konstruktion mit dem Verb im Singular). Bei iambischen Wörtern wie *iŭgā* erfolgte die normale Kürzung zu *iŭgă* und diese Form wurde verallgemeinert.

Nomina auf *-io- (-ius)* haben dialektale Nominative des Singulars auf *-is*: *Caecilis* usw. Der Vokativ Singular lautet bei diesen Nomina *-ī*: *fīlī* (*mī* erklärt sich als enklitischer Genitiv **mei* oder **moi*); spätere Formen wie *filie* sind analogische Neubildungen. Im Genitiv wurde *-iī* zu *-ī* kontrahiert, aber auch hier wurde durch Analogie die Einheitlichkeit des Deklinationsschemas wiederhergestellt (bei Porperz tritt das erste Beispiel für *-iī* auf). Die Kontraktion erfolgte im Lokativ Singular sowie im Nominativ und Dativ Plural nicht vor der Entwicklung von *-ei* zu *-ī*; folglich ist im frühen Latein der Lokativ *-iei* klar vom Genitiv *-ī* unterschieden. Dasselbe gilt vom Nominativ Plural *-iei* sowie vom Dativ und Ablativ Plural *-ieis*, wo die Kontraktion nicht erfolgen konnte, bevor *ei* zu *ī* geworden war.

Phonetische Entwicklungen waren für die Herausbildung einer Reihe von Dubletten verantwortlich, die in der Deklination von **deiwos* auftreten. Regelmäßig ergeben **deiwos* und **deiwom* > **deios, *deiom* > **deus, deum*; wo jedoch kein *o* folgte, blieb das *w* erhalten: *deiwī* > *dīuī*. Von beiden phonetischen Varianten aus wurde ein vollständiges Paradigma neu gebildet: *deus* und *dīuus*.

Nomina auf *-ro-s* verloren das *-o-* durch Synkope und erhielten über die phonetischen Zwischenstufen *-r̥s* > *ers* > *err* die Endung *-er*: **agros* > *ager, *sacros* > *sacer*. Der Vokativ **-ere* verlor seinen Auslautvokal, der jedoch in vulgäre Sprechweise restituiert wurde: *puere* usw. bei Plautus.

### *Die dritte Deklination*

Die Endungen der dritten Deklination sind im Lateinischen das Resultat einer Amalgamierung der Endungen der konsonantischen Stämme auf der einen und der *-i*-Stämme auf der anderen Seite. Die folgende Übersicht zeigt die ursprüngliche Situation im Indogermanischen:

| | Singular | | Plural | |
|---|---|---|---|---|
| | konsonantische Stämme | *i*-Stämme | konsonantische Stämme | *i*-Stämme |
| Nom. | **duk-s* | **owi-s* | **duk-ĕs* | **owei-es* |
| Gen. | **duk-es* oder **duk-os* | **owei-s* oder **owios* | **duk-ōm* | **owi-ōm* |
| Dat. | **duk-ei* | **owei-ei* oder **owiei* | **duk-bhos* | **owi-bhos* |
| Akk. | **duk-m̥* | **owi-m* | **duk-n̥s* | **owi-ns* |
| Abl. | wie Gen. | wie Gen. | wie Dat. | wie Dat. |
| Vok. | wie Nom. | wie Nom. | wie Nom. | wie Nom. |

Bei den *i*-Stämmen muß man zwischen der substantivischen Deklination mit Stammbetonung, z. B. **ów-i-os* und der adjektivischen Deklination mit Betonung des Suffixes, das die Vollstufe annimmt, z. B. **ow-eí-s*, unterscheiden. Die oben dargestellte Deklination umfaßt beide Serien. Nomina mit *-i*-Suffix spielen eine wichtige Rolle im indogermanischen Derivationssystem[4].

*Konsonantische Stämme* (zu den Eigentümlichkeiten von Liquidastämmen siehe unten)

Singular

Nominativ **-s*: *uōx, rēx, index* usw. Dunkle Plosiva des Stammauslautes werden assimiliert: *pēs* < *pĕd-s, ferēns* < **ferents.*

Genitiv **-es*: altlat. *Apolones, Veneres; -es* wurde dann zu *-is* (S. 246). Die Ablautstufe **-os* (φύλακος usw.) findet sich in Provinztexten, besonders in Praeneste und in Süditalien, bis zur Kaiserzeit: *nominus, regus, Venerus, Diovos.*

Dativ **-ei*: Wir finden den Diphthong noch im Altlatein (z. B. *Apolonei, salūtei, virtūtei*); im klassischen Latein tritt nach S. 246 *-ī* auf: *rēgī.*

Akkusativ **m̥* > *ĕm*: *rēg-em, iūdicem*; vgl. φύλακα.

Ablativ: Es gab (außer bei den *o*-Stämmen) im Indogermanischen keine besondere Endung für diesen Kasus. Das lateinische *-e* geht auf den Lokativ auf *-ĭ* zurück, der im Griechischen als Dativ erhalten blieb (φύλακι). In den *i*-Stämmen entwickelte sich eine Form *-id* nach dem Vorbild von *-ōd* (woher ja auch *-ād* kommt, siehe oben). Die Endung *-īd* fand auch gelegentlich Eingang in konsonantische Stämme, z. B. *opīd, conuentiōnīd.*

Lokativ: Einige wenige Wörter haben eine besondere Lokativform, die durch *-ī* charakterisiert wird, das aus der *o*-Deklination stammt: *rūrī, Carthāginī, temperī.*

[4] Weitere Einzelheiten siehe T. Burrow, *The Sanskrit Language.*

Plural

| | |
|---|---|
| Nominativ: | Das ursprüngliche *-*ĕs*, das im Oskischen greifbar blieb (*humuns*, mit Verlust des *ĕ* durch Synkope = *hominēs*), wurde im Lateinischen durch -*ēs*, das eigentlich in die *i*-Stämme gehört (siehe unten), ersetzt: *rēgēs* usw. |
| Genitiv *-*ōm*: | φυλάκων. Das ursprüngliche -*ōm* wurde regelmäßig über -*ŏm* zu -*um*: *rēgum*. |
| Dativ und Ablativ: | Ursprünglich wurde *-*bhos* direkt an den Stammauslautkonsonanten angehängt; vgl. z. B. Sanskrit *vāg-bhyas* zu *vāc* = *uōx*; man müßte also **rēgbus* erwarten. Das -*ĭ*- von *rēg-i-bus* stammt von den *i*-Nomina. |
| Akkusativ *-*n̥s*: | φύλακας mit α < *n̥*. Im Italischen wurde *-*n̥s* zu -*ens*, welches im Lateinischen regelmäßig -*ēs* ergab: *uōcēs, rēgēs*. |

Der Nominativ Singular der Neutra zeigt den reinen Stamm: *lac* < **lact*. Im Plural deutet der Vergleich mit griechisch φέροντα und mit Sanskrit *bharanti* darauf hin, daß die ursprüngliche Endung -*ə* war (vgl. S. 240)[5]. Auch das Lateinische hat -*ă (nomina)*, aber man kann das nicht direkt mit Sanskrit *nāmāni* gleichsetzen, weil es eine Vorstufe dieser Kasusendung gibt, von der noch einige Spuren nachweisbar sind. So zeigt das Wort für „dreißig", *trīgintā*, eigentlich „drei Zehner", die Pluralendung -*ā*, vgl. umbrisch *trioper* „dreimal" und oskisch *petiro-pert* „viermal", bei denen -*o* auf italisch *-*ā* zurückgeführt werden kann. Wir müssen also den Schluß ziehen, daß die indogermanische Endung des Neutrums Plural, -*ə*, die zu lateinisch -*a* führten sollte, zunächst durch das -*ā* der Neutra der zweiten Deklination ersetzt wurde und dann, wie oben dargestellt, gekürzt wurde.

[5] Diese Gleichsetzung wurde von T. Burrow (*Trans. Phil. Soc.* 1949, 46) bestritten. Die Plurale des Neutrums variieren beträchtlich und könnten recht rezent sein. Im Vedischen und Hethitischen kommen Formen mit gelängten Vokalen vor (heth. *widār* „Gewässer"), und diese zeigen manchmal eine Verlängerung mit -*i*, vgl. heth. *kururi*, Sanskrit *nāmāni*. Es könnte sein, daß -*i* Suffixcharakter hat und eine Parallele zum Laryngalsuffix -*H* darstellt, das hinter dem Kollektiv -*a* < **aH* steht. Wenn diese Analyse richtig ist, dann muß *-*ə* aus den Handbüchern verschwinden.

## Ablaut in der Deklination der konsonantischen Stämme

Die Konsonantenstämme des Indogermanischen zeigen oft Vokallaut in der letzten Silbe des Stammes. Man kann die folgenden Typen unterscheiden. Einige Plosivstämme haben einen gelängten Vokal im Nominativ Singular, hingegen normalen Vokal in dem anderen Kasus. Lateinische Beispiele sind *pēs: pĕdis, abiēs: abiĕtis, pariēs: pariĕtis.* Normalerweise wurde allerdings analogischer Ausgleich durchgeführt: *uōx, uōcis,* vgl. jedoch das denominative Verb *uŏcāre.*

Mehrsilbige *s*-Stämme der maskulinen und femininen Nomina zeigen vergleichbare Alternationen: *Cerēs: Cerĕris, pubēs: pubĕris, arbōs: arbŏris.* Aber auch hier ist analogischer Ausgleich üblich: *honōs: honōris.* Es bleibt zu bemerken, daß intervokalisches *-s-* dem Rhotazismus unterliegt; das daraus resultierende *-r* wird analogisch in den Nominativ eingebracht: *honor, arbor* (mit regelmäßiger Kürzung des *o* der Schlußsilbe, vgl. S. 246f.). Auch *mulier* scheint von **muliēs* zu kommen, denn das dazugehörige Adjektiv *muliebris* kann auf **muliēs-ris* (S. 255) zurückgeführt werden. Der ursprüngliche *s*-Stamm derartiger Nomina taucht häufig bei den Ableitungen auf: *honestus* (mit *e*-Stufe), *arbus-tum.*

Neutrale s-Stämme zeigen die *o*-Stufe im Nominativ Singular, sonst die *e*-Stufe; also **genos: *genes-es > genus: generis.* Auch hier findet analogischer Ausgleich statt: *rōbur,* aber *rōbus* bei Cato, außerdem die Ableitung *rōbus-tus*; vgl. *fulgur,* aber altlateinisch (Festus) *fulgus.*

Auch maskuline und feminine *n*-Stämme bildeten den Nominativ Singular durch Dehnung des Stammvokals, und im Indogermanischen verschwand dann der Nasal. Die anderen Kasus haben entweder die Normalstufe (φρήν, φρενός) oder die Nullstufe (ἀρήν, ἀρνός). Im Lateinischen gibt es nur ein Beispiel für die Nullstufe: *carō, carnis.* Für die Normalstufe sind *homō: hominis* und *ōrdō: ōrdinis* typische Beispiele. Aber auch hier wurden die meisten Ablautalternativen durch analogischen Ausgleich beseitigt: *sermō: sermōnis; liēn: liēnis.* Bei den Neutra weist Sanskrit *nāma: namnas* auf eine ursprüngliche Deklination **nōm-n̥: *nōmn-e/os* hin, die im Lateinischen **nōmen: nōmnis* hätte ergeben müssen; *nōmin-is* ist jedoch das Ergebnis von **nōmen-is,* bei dem *en* durch das ganze Paradigma gezogen ist.

Bei den *r*-Stämmen wird der Nominativ Singular durch Dehnung des Stammvokals gebildet: griech. πατήρ (lat. *patĕr* zeigt regelmäßige Kürzung des Vokals in der Anlautsilbe). Die Normalstufe kam ursprünglich im Akkusativ und im Vokativ Singular sowie im Nominativ Plural vor (πάτερα, πάτερ, ἀνέρες). In den anderen Fällen war die Nullstufe die Regel (πατρός). Im Lateinischen wurde jedoch die Nullstufe überall außer im Nominativ generalisiert: *pater, patrem, patris* usw. Die Substantive auf *-tōr* zeigten ursprünglich ebenfalls Ablaut, aber der Langvokal wurde im ganzen Paradigma generalisiert, natürlich mit regelmäßiger Kürzung in der Auslautsilbe des Nominativs Singular.

*i*-Stämme

Die Tabelle auf S. 270 zeigt die Variationen des Stammvokals *ei: i.*

*Singular*

Nominativ **-s*. Die zu erwartende Form zeigt sich in *hostis, ouis* usw. Bei einigen Wörtern wie etwa *monti-, pari-, morti-, ponti-* erscheint der Nominativ als *mōns, pars, mors, pōns* usw. Es ist schwierig zu entscheiden, ob das phonetische Gründe hat (Synkope) oder dem Einfluß der Konsonantenstämme zuzuschreiben ist. Synkope ist sicherlich die Ursache für den Wandel von *-ri-s*-Adjektiven wie *ācris* zur *ācer*, was ursprünglich sowohl als Maskulinum als auch als Femininum fungierte, bis eine eigene Femininform *ācris* neu gebildet wurde. *pugil, uigil* und *mūgil* werden als *i*-Stämme angesehen trotz der Genitiv-Plural-Formen *pugilum, uigilum, mūgilum*. Der Verlust der Schlußsilbe wird als Analogiebildung nach dem Genitiv *pugil-is* oder als eine Dialektform angesehen (vgl. oskisch *aidil* = *aidīlis*). Einige *i*-Stämme haben einen Nominativ Singular auf *-ēs*, z.B. *aedēs, caedēs, famēs* usw., wo *ē* die Langstufe *-ēi-s* repräsentieren könnte.

Genitiv. **eis* müßte *-īs* ergeben; *-ĭs* ist in Analogie zu den konsonantischen Stämmen eingeführt worden.

Dativ. **-eiei* wurde regelmäßig zu *-eei* > *-ēi*, dessen vorkonsonantische Form *-ĕi* die Grundlage der klassischen Endung *-ī* darstellt: *partī, ouī* usw.

Akkusativ. Die alte Form *-im* blieb in einigen Wörtern technischer Art erhalten, z.B. *sitim, tussim, puppim, restim,* außerdem in den Adverbien *statim* und *partim*. Im allgemeinen haben *i*-Stämme das *-em* der konsonantischen Stämme angenommen.

Ablativ. Auch hier schuf sich das Lateinische eine besondere Kasusendung *-īd* in Analogie zu *-ōd, -ād*, etwa altlat. *loucarīd*, klass. *partī* usw. Aber im allgemeinen trat das *-ĕ* der konsonantischen Stämme ein; zum Auftreten von *-īd* bei konsonantischen Stämmen siehe oben. Es bleibt zu bemerken, daß das Partizip Präsens *-ĕ* hat, wenn die verbale Funktion vorherrscht, und *-ī*, wenn der adjektivische Charakter stärker ist.

*Plural*

Nominativ. **-ei̯-ēs* wurde regelmäßig zu *-ēs: partēs, ouēs* usw.

Genitiv. **-i-ōm > -ium: cīuium, partium* usw.

Dativ-Ablativ. **-i-bhos > -ibus: cīuibus, partibus.*

Der Nominativ-Akkusativ der Neutra der *i*-Deklination war der reine Stamm, wobei das Auslaut-*i* zu *-e* wurde (siehe S. 246): **mari > mare, *dulci > dulce; *leui > leue.* Einige substantivierte Adjektive auf *-ri* und *-li* weisen den Verlust des Auslautvokals auf: *animal, tribūnal, exemplar, calcar.* Der Nominativ-Akkusativ-Plural endet auf *-ia*, aber im Indogermanischen wurde dieser Kasus durch Längung des Stammvokals gebildet, vielleicht aus einer Kontraktion von **-iə-*. Diese alte Endung lebt in *trī-gintā* fort. Das *-ă* des Lateinischen (und des Griechischen) rührt vermutlich vom *-ā* der *o*-Stämme her (siehe oben). Dies kam schon früh vor, wie man an der isolierten Form *quiă* sehen kann, die ursprünglich den Akkusativ Plural Neutrum des Fragewortes *qui-s* darstellt.

Akkusativ. **-i-ns > -īs*, was die regelmäßige Form ist: *partīs, ciuīs* usw. Die Einführung des *-ēs* der konsonantischen Stämme fing früh an, setzte sich aber erst in der Kaiserzeit allgemein durch.

*u*-Stämme (vierte Deklination)

Die Ablaut-Stufen dieser Klasse ähneln denen der *i*-Stämme: **-u-s, *-u-m, -u-os* oder **-eu-s, *(u)u-ei, *[-ūd], *-eu-es, *-u-ns, *-u(u)ōm, *-u-bhos.* Nur die folgenden Punkte müssen erläutert werden. Der Genitiv Singular *-eu-s* wurde im Italischen regelmäßig zu *-ous* und von da zu lat. *-ūs: manūs* usw. Einige sporadische Neuerungen analogischen Ursprungs kommen vor: *domu-is, senatu-is* haben die Endung der konsonantischen Klasse, während altlat. *senātuos* das oben erklärte *-os* hat. Außerdem findet man im Vulgärlatein *senāt-ī* usw. mit der Endung der *o*-Stämme. Der Dativ auf *-uī* (altlat. *senātuei*) kann auf **-(u)u-ei*, die indogermanische Endung, oder auf **-eu-ei*, eine Dativform mit Parallelen in anderen Sprachen, zurückgeführt werden. Der Dativ auf *-ū* war ursprünglich ein Lokativ, der im Indogermanischen den reinen Stamm auf *-eu* oder vielleicht *-ēu* hatte. Das Lateinische schuf sich eine besondere Form für den Ablativ Singular auf *-ū-d* (siehe oben): *castūd, manū* usw.

Der Nominativ **-eues* sollte über **-oues* (S. 240) zu **-uis* geworden sein. Das tatsächlich bezeugte *-ūs* wird von einigen Gelehrten auf eine synkopierte Form **-ou-s* zurückgeführt, die keine Parallele in den anderen Nominalklassen hat. Es ist wahrscheinlicher, daß wir bei den *u*-Stämmen eine Vermischung der Nominativ-Plural-Endung mit der Akkusativ-Plural-Endung vor uns haben, die auf der zufälligen Ähnlichkeit des Nominativ- und Akkusativ *-ēs* der konsonantischen Stämme beruht (siehe oben). *-ūs* ist also auf die Akkusativ-Plural-Endung zurückzuführen, wo es das regelmäßige Resultat aus *-u-ns* ist. Der Genitiv Plural wurde aus **manu̯-ōm* über *manu̯-ōm* und *manōm* zu *manum; passum, exercitum* usw. Die zweisilbige Form *-uum* ist der Analogie zu den *i*-Stämmen zu verdanken: *cīuīs: cīuium,* also *manūs: manuum.* Im Dativ/Ablativ-Plural ist das zu erwartende *-u-bus* gelegentlich belegt (*arcubus, quercubus* usw.), aber im allgemeinen ist das *-i-* der *i*-Stämme eingedrungen: *manibus* usw.

Bei den Neutra kann das Singular-*ū* im Nominativ und Akkusativ Singular *(genū)* statt des erwarteten **-ŭ* (also **genŭ*) auf die alten Plural- oder Dualformen zurückgeführt werden. Im Plural ist die indogermanische Kasusendung **-ū* durch *-ua* ersetzt worden, weil das *-a* der *o*-Stämme zum Charakteristikum der Neutrum-Plural-Endung im Nominativ und Akkusativ geworden war.

## Die fünfte Deklination

Diese Flektionsklasse entstand im Lateinischen aus einem Sammelsurium verschiedener Substantive. Es handelt sich um Verbalabstrakta auf *-iē* (alternierend mit *-ī*): *aciē-s, faciē-s, maciē-s*; weiter um denominale Abstrakta mit Nebenformen auf *-ia* (*luxuriēs* usw.); sodann um auf einen Langdiphthong endende Stämme: **diēu-m* (siehe unten zu *Iuppiter*), **rēi-m* (Sanskrit *rā-m* usw.). *spēs* ist ein alter *s*-Stamm (vgl. altlat. *spēres* und das denominale Verb *spērāre*). *quiēs* ist ein alter *l*-Stamm **qui-el-*. Es gibt schließlich einige Nomina, deren Klassenzugehörigkeit uneinheitlich ist, z.B. *famēs* und *lābēs.* Eigentlich weisen nur wenige Substantive der fünften Deklination das volle Paradigma auf, das in den Grammatiken steht. Wir sind Zeugen, wie die Sprache sich langsam durch Analogievorgänge eine neue Deklinationsklasse langer Vokalstämme schafft, aber nur *diēs* und *rēs* zeigen wirklich das vollständige Paradigma.

Der Ausgangspunkt ist im Akkusativ **diēm* < **diēu-m* (siehe unten) zu sehen, von dem aus der Nominativ gebildet wurde, der durch das übliche *-s* charakterisiert wird: *diēs.*

Der Genitiv Singular der *-iē*-Stämme lautete ursprünglich *-iē-s*, wie es im Altlateinischen noch belegt ist: *rabiēs, diē-s.* Diese Endung wurde jedoch durch das *-ī* der *o*-Stämme ersetzt: *diē-ī* (mit verschiedenen phonetischen Weiterentwicklungen: *diei̤, diē, diī*). Im Dativ Singular finden wir **rēi-ei* > **rēī* > *r̤ēi̯͜* > *rei* > *re* (alle Formen ohne Stern sind wirklich bezeugt). Im Ablativ tritt das italische *-d* im faliskischen *foied* = lat. *hodiē* auf, während es sonst verschwunden ist: *diē* usw.

*Plural*

*rēs*, Nominativ und Akkusativ, kommt regelmäßig von **rēi̯es* bzw. **rei̯-n̥s.* Im Genitiv findet man das oben besprochene *-rum*: *diē-rum.* Das Dativ *-bus* wird direkt an den *ē*-Stamm angehängt: *diē-bus.*

## Stämme auf *-i* und *-u*

Alle Substantive mit ursprünglichen *ī*-Stämmen traten im Lateinischen in die Klasse der *ĭ*-Stämme über mit Ausnahme von *uī-s*, das einen regelmäßigen Akkusativ *uĭ-m* und Ablativ *uī* hat (der Genitiv *uī-s* kommt bei Varro vor). Im Plural verhält es sich wie ein *s*-Stamm *(uīrēs)*, Analogie zu anderen Einsilbern wie *mōs: mōrēs* oder *spēs: spērēs.*

*sūs* erhielt seinen Genitiv *suis* durch regelmäßige Entwicklung aus **suu̯es.* Die übrige Deklination wurde aus einem konsonantischen Stamm **suu-* neu gebildet: *su-em* (für **sū-m*) usw. Statt *su-ibus* finden wir auch *sŭbus.* Die Nebenform *sūbus* stammt vermutlich nicht direkt von indogermanisch **sū-bhos*, sondern ist eine Neubildung unter dem Einfluß von *bū-bus* (siehe unten).

## Diphthongische Stämme

Indogermanisch **nāus* „Schiff" wurde zu einem lateinischen *i*-Stamm: *nāuis.*

**g$^w$ōus* „Kuh, Ochse" (Sanskrit *gāus*, dorisches Griechisch βῶς) hatte im Indogermanischen im Akkusativ Singular das zweite Element des Diphthongs verloren: **g$^w$ō-m* (Sanskrit *gā-m*, dorisches Griechisch βῶν). Von da aus wurde im Oskisch-Umbrischen ein neuer Nominativ *bōs* geschaffen, den die Römer entlehnten (S. 40). In den anderen Kasus taucht der Stamm wie folgt auf: **g$^w$ow-es* > *bouis, *g$^w$ow-ei* > *bouī.* Die lateinische Deklination wurde nach dieser Form des Stammes neu gebildet: *bouem, bouēs* usw. Im Dativ und Ablativ Plural führt *būbus* indogermanisches

_*$g^w$ou-bhos_ fort; _bōbus_ hat seinen Vokal entweder aus den anderen Kasus, oder es kommt aus einem Dialekt, in dem _ou_ zu _ō_ wurde.

_*dyēus_ hat eine ähnliche Geschichte. Das zweite Element des Diphthongs fiel im Akkusativ Singular: _*dyē-m_ (Griechisch Ζῆν, Sanskrit _dyām_). Von da aus wurde ein neuer Nominativ _diēs_ gebildet (siehe oben). _Iū-piter_ ist ein alter Vokativ von _*dyeu-pəter_ = griech. Ζεῦ πάτερ. In den obliquen Kasus wurde _*dyew-es_ zu _Iouis_ (vgl. S. 242 zu _eu_ > _ou_) usw. Dieser Stamm wurde generalisiert, so daß _Iouem_ das ursprüngliche _diem_ verdrängte, das auf die Bedeutung „Tag“ festgelegt wurde.

## Einige unregelmäßige Substantive

Eine sehr alte Klasse von Neutra wies _-r_ im Nominativ und Akkusativ Singular und _-n_ in den anderen Kasus auf. So haben deutsch _Wasser_ und englisch _water_ ein generalisiertes _-r_, während schwedisch _vatn_ das _-n_ verallgemeinert hat. Der gotische Nominativ/Akkusativ ist _wato_, der Genitiv Singular _watins_. Im Griechischen finden wir ὕδωρ und im Umbrischen _utur_ mit _-r_, während das Sanskrit _-n_ hat (z. B. Genitiv Singular _ud-nás_). Dieser Deklinationstyp tritt in hettitischen Paradigmata häufig auf, während es sonst nur zerstreute Fragmente gibt. Das eindeutigste lateinische Beispiel ist _femur, feminis_ „Schenkel“. Auch _iecur_ „Leber“ muß einen Genitiv _*iecinis_ gehabt haben (vgl. Sanskrit _yaknás_), aber ein Genitiv _iecoris_ wurde neu gebildet und verschmolz mit der älteren Form zum klassischen _iecinoris_. Ebenso entstand bei _iter_ „Weg“ aus der Verschmelzung des alten _*itinis_ mit dem analogischen _*iteris_ das klassische _itineris_, von wo aus sogar ein neuer Nominativ _itiner_ gebildet wurde.

_iuuenis_ „Jüngling“ ist im Gegensatz zum äußeren Erscheinungsbild kein _i_-Stamm; man kann am Genitiv Plural _iuuen-um_ und der Ableitung _iuuen-cus_ vielmehr sehen, daß es sich um einen _n_-Stamm handelt, vgl. Sanskrit _yúvā, yúvānam, yūnás_. Der lateinische Nominativ wurde vom Genitiv _iuuen-is_ aus neu gebildet. Dasselbe gilt von _canis_ „Hund“ (altlat. _canēs_, Varro _ling. Lat._ 7, 32), aber hier ist die Entwicklung der Deklination komplizierter. Aus griech. κύων, Sanskrit _çvā_, litauisch _šuõ_ können wir den indogermanischen Nominativ _*ku(u)ō(n)_ rekonstruieren; der Genitiv war dann _*kun-os_ (griech. κυνός, Sanskrit _çunás_). Im Lateinischen müßte der Stamm eine Schwundstufe _*ku̯ən_ aufgewiesen haben. Auf Grund der phonetischen Entwicklung hätte sich dann eine äußerst unregelmäßige Deklination entwickelt: _*cō, *conem, *quanis_ usw. Durch analogischen Ausgleich entstand _canem, canis_ usw., und wie im Falle von _iuuenis_ wurde ein neuer Nominativ _canis_ geschaffen. Am Genitiv Plural _canum_ kann man jedenfalls deutlich sehen, daß man es nicht mit einem *i*-Stamm zu tun hat.

*Adjektive*

## Die Steigerungsstufen

*Komparativ.* In den indogermanischen Sprachen dienen zwei Suffixe zur Bildung des Komparativs der Adjektive. Eines ist *-ios* (mit Dehnstufe *-iōs* und Schwundstufe *-is-*), dem man ein weiteres Suffix *e/on* (griech. -ιων < **-is-ōn*) an die Seite stellen kann. Diese Form des Adjektivs bedeutete nicht ursprünglich „mehr", sondern das Suffix zeigte an, daß die durch das Adjektiv bezeichnete Eigenschaft in unbestimmter Menge vorhanden war: **mag-i̯os* bedeutete „von einiger Größe", woraus sich je nach Kontext die Bedeutungen „ziemlich groß", „zu groß" usw. entwickelten. Beim Vergleichskasus (siehe Syntax, S. 327) entstand aus der Bedeutung „ziemlich groß von einem bestimmten Standpunkt aus gesehen" die neue Bedeutung „größer als". Das Suffix wurde nicht einfach an den Stamm des Positivums angehängt, das „absolutive" Bedeutung hatte: *magnus* „groß" im Gegensatz zu **mag-i̯os* „von einiger Größe", vgl. *nēquam: nēquior* oder *senex: senior.* Der Komparativ ist bei einigen Wörtern von einem anderen Stamm aus gebildet, etwa *bonus: mel-i̯os.* Im Falle von *minus* haben wir es eigentlich überhaupt nicht mit einem Komparativ zu tun, sondern mit einem Substantiv im Neutrum, **minu̯os*, von dem auch das Verb *minuere* abgeleitet ist.

Der Nominativ weist die Dehnstufe auf, die wie bei *honōs* in der ganzen Deklination generalisiert wurde; das intervokalische *-s-* wurde regelmäßig zu *-r-*, das dann auf den Nominativ Singular übertragen wurde: **maiōs, *maiōsem* usw. > *maiŏr, maiōrem.* Neutrum Singular *maius* ist das regelmäßige Ergebnis von **mai̯os* < **mag-ios* (S. 247).

Das zweite Komparativsuffix *-tero* wurde ursprünglich an das zweite Element von Gegensatzpaaren angehängt, vgl. griech. δεξιός „rechts": ἀρισ-τερός „links". Es hatte kontrastive und separative Funktion, was sich noch beim Adverb *inter* zeigt, das die kontrastiv-separative Form von *in* darstellt, vgl. etwa *inter-ficere* „wegtun, beseitigen", *inter-dīcere* „zu einer ausgesonderten Gruppe rechnen" usw. Das Suffix, das auch in englisch *other, further* usw. vorliegt, wurde im Lateinischen zur Bezeichnung von Gegensatzpaaren verwendet: *dexter* „rechter", *alter* „anderer", *uter* „welcher von beiden", *māter-tera* „Tante mütterlicherseits" (im Gegensatz zu *amita* „Tante väterlicherseits"). In einigen wenigen Wörtern wurde es auch mit dem soeben erörterten *is-* verbunden: *sin-is-ter, mag-is-ter, min-is-ter.*

*Superlativ.* Auch hier haben wir es mit zwei Suffixen zu tun, die ursprünglich unterschiedliche Funktionen hatten. *-to-* tritt in den Ordinalzahlen auf (siehe unten), wo es das Glied bezeichnet, das eine bestimmte Gruppe vervollständigt; das Suffix hatte also kompletive Funktion (nach Benveniste). In Verbindung mit *-is-* entstand das Suffix *-isto-* (vgl. deutsch *süß-est*, englisch *sweet-est*, griech. ἥδ-ιστος). Das Lateinische zog jedoch das Suffix *-mo-* (bzw. in bestimmter phonetischer Umgebung *-$_e$mo-*) vor, dessen ursprüngliche Funktion nach Benveniste die Bezeichnung des letzten Gliedes einer Gruppe war; das Suffix hatte also ursprünglich räumliche Bedeutung wie in *summus (< *sup-mo-s)* „ganz oben", *dēmus* „letzter", *īnfimus* „unterster", *prīmus (< *prīs-mo-s)* „erster". Bei *suprēmus* und *extrēmus* wurde das Suffix an alte Instrumentalformen angehängt (siehe unten zu den Adverbien). Das Suffix *-mo-* wurde mit *-to-* kombiniert bei *intimus* „innerster", *extimus* „äußerster", *ultimus* „letzter", *optimus* „bester".

Eine zweite erweiterte Form des Suffixes ist *-simus*, wo das *s* verschiedensten Ursprungs ist: 1. *-t-t$_e$mo > -ssimo-* (z.B. *pessimos > *ped-t$_e$mo-*); 2. möglicherweise synkopierte Formen des *-is*-Suffixes. Die charakteristischste Form des lateinischen Superlativ, *-is-simo-*, entstand aus der Kombination von *-is-* mit *-s$_e$mo-*. Wenn das Subjekt an auf *-r* oder *-l* endende Nominalstämme angehängt wurde, wurde es durch phonetische Veränderungen weniger klar erkennbar: **facil-s$_e$mo-s > facillimus* (zu *-ls-* vgl. S. 256), **acri-s$_e$mo-s > *acr̥s-samos > *acers-samos* (S. 248) > *ācerrimus*; genauso *pulcherrimus > *pulchro-s$_e$mos.*

Für *plūs, plūrimus* ist noch keine völlig befriedigende Erklärung gefunden worden. Es ist offenkundig, daß diese Formen in Beziehung stehen zu den Adjektiven, die in anderen Sprachen „viel" heißen (z.B. griech. πολύς) und die zur Wurzel **pel* „voll" (lat. *plēnus*) gehören. Der Komparativstamm *plē-yes-, plē-is*, der im griechischen Akkusativ πλεῖν und im Superlativ πλεῖστος erscheint, bietet eine befriedigende Basis **pleis-$_e$mo-* für das bei Festus bezeugte altlat. *plīsima.* Andererseits gibt es von derselben Wurzel ein Substantiv im Neutrum, **plewes* (homerisch πλέος), das die Basis des altlateinischen *plous* sein könnte, so daß das klassische *plūs* ursprünglich genauso wenig ein Komparativ wäre wie sein Gegenstück *minus.* Der wirkliche Komparativ **ple-yos* könnte hinter dem *pleores* des Carmen Arvale liegen, obwohl der Rhotazismus darauf schließen läßt, daß die traditionelle Form teilweise modernisiert wurde; auch Festus hatte ja **pleisima* zu *plīsima* modernisiert. Man kann also von folgender Hypothese ausgehen: **plēyōs-* > *plēor-*, **ple-is-*$_{e}$*mo* > *plīrimo-*. Schließlich trat das Neutrum *plous*, häufig neben *minus*, für den Komparativ ein und beeinflußte dann die Form des Superlativs: daher *plūs, plūrimus.* Die Form *ploirume* (*CIL* I$^{2}$, 9) könnte einfach ein weiteres Beispiel für bewußtes Archaisieren durch Ersatz des normalen *ū* durch *oi* sein (vgl. S. 241).

*Pronomina*

Wir haben zwei Gruppen zu unterscheiden: 1. Demonstrative und relativ-interrogativ-indefinite Stämme; 2. Personalpronomina.

Die erste Gruppe hat *e/o*-Stämme für das Maskulinum und *ā*-Stämme für das Femininum, während Nominativ und Akkusativ des Neutrums Singular auf *-od (> -ud)* ausgehen: *is-te, is-ta, is-tud.* Im Genitiv und Dativ Singular haben alle Genera nur eine Form: *-īus, -ī* (zum vulgärlat. Femininum *illae* usw. siehe S. 186).

In vielen Sprachen neigen Demonstrativa dazu, verstärkte Formen aufzuweisen, und zwar entweder durch die Kombination verschiedener Demonstrativstämme oder durch das Anhängen deiktischer Elemente (was man als *„das-da = dies-hier =* Phänomen" bezeichnen könnte). Im Lateinischen gibt es beides. *is-tud* ist eine Zusammensetzung aus dem anaphorischen Stamm *i-* und dem Demonstrativum **tod. ille* hat älteres *olle* ersetzt, das *ol* (vgl. *ul-tra, ōl-im*) und den Stamm *-se* (siehe unten) vereinigt. Die hauptsächlichen deiktischen Partikel, die an Pronominalstämme angehängt werden, sind *-ce* und *-i* (siehe unten zu *hic, istuc* usw.).

Der Genitiv Singular *-īus* (bei Plautus oft als *ēius* gemessen, was eine Aussprache *ei̯i̯us* impliziert, die auch von inschriftlichen *EIIVS* nahegelegt wird) hat keine Parallelen in anderen Sprachen. Im Indogermanischen lautete die Form *e-syo* (Sanskrit *asya*), und man hat vorgeschlagen, daß das Lateinische an diese Form das *-s* der üblichen Genitive anhängte (siehe oben); **esyos* wäre dann regelmäßig zu *eiius* geworden. Entsprechend *hūius* < **gho-syo-s, cūius* < **quo-syo-s* (vgl. Sanskrit *kásya*). Nach einer anderen Ansicht geht die Form auf *cūius* zurück, das ein Adjektiv auf *-ios* ist, das im plautinischen *quōius* noch fortbesteht; das wäre in die Deklination eingegliedert worden (zum Genitiv als adjektivischem Kasus siehe unten, S. 316ff.). Die anderen pronominalen Genitive konnten dann einfach nach *quōius* gebildet werden. Aus *quōius*, das als *quoi-us* analysiert wurde, wurde ein Stamm *quoi-* bezogen, der unter Hinzufügung der normalen Dativendung altlat. *quoiei*, plautinisch *quoīī* und *quoi* ergab; letzteres ist die klassische Form, die Schreibung *cui* taucht erst in der

Augustäischen Zeit auf. Von den anderen Kasus verlangt nur der Genitiv Plural eine Erläuterung. *-rum* kann auf die femininen Formen zurückgeführt werden, die im Indogermanischen **-ā-sōm* (z.B. Sanskrit *tāsām*) lauteten. Maskulines *-ōrum* ist eine analogische Neuerung, denn das Indogermanische hatte **oi-sōm* (Sanskrit *tēṣām, kēṣām = (is)-tōrum, quōrum*).

*hic.*

Der Stamm ist **ghe/o, ghā-* (S. 254), an das die Partikel *-ce* angehängt wurde. Das Maskulinum zeigt im Singular *-ĭ-* beim plautinischen *hĭc*, und daraus wurde *hicc* in Analogie zum Neutrum *hocc* < **hod + ce.* Der *i*-Stamm tritt auch in den inschriftlichen Pluralformen *heis, heisce*, bei Plautus *hīsce* auf. Sonst erscheint der Stamm als *ho-, hā-,* und daraus entsteht durch Anhängen des deiktischen *-ce* (im Altlatein oft in der vollen Form) die normale klassische Deklination dieses Pronomens: **hom-ce, *hām-ce, *hod-ce > hunc, hanc, hoc(c).* Das Altlateinische hatte die künstliche Unterscheidung zwischen *hae* (Femininum Plural < *hā-ī*) und *haec* (Neutrum Plural < **ha + ī + ce*) noch nicht durchgeführt. Zum Genitiv und Dativ Singular siehe oben. Die Ablativ Singular Formen *hōc* und *hāc* kommen von **hod + ce* und **had + ce.*

*ille.*

*ille* stellt eine Modifikation von altlat. *olle* (vgl. *ul-trā, ōl-im*) unter dem Einfluß von *is, iste, ipse* dar. *olle* ist eine Zusammensetzung aus *ol* und *se* (siehe unten). Formen mit adjektivischer Flexion sind ebenfalls bezeugt: *ollus, olla.* Gelegentlich werden deiktische Partikel angehängt: *illaec, illūc, illunc* usw. Eine Nominativ-Plural-Form *illisce* (vgl. *heisce*) ist bei Plautus belegt. Zum Genitiv und Dativ Singular siehe oben.

*iste.*

Auch hier haben wir es mit einer Zusammensetzung aus zwei Demonstrativa zu tun, von denen nur das zweite dekliniert wird. Auch hier können deiktische Partikeln angehängt werden: Nominativ Singular Maskulinum *istic*, Femininum *istaec*, Neutrum *istuc* usw. Der Genitiv geht normalerweise auf *-īus* aus (siehe oben), aber es gibt auch eine Form *istī* (mit der normalen Genitivendung der *o*-Stämme), die in *istīmodī* auftritt. Altlat. *istīs* ist wahrscheinlich nicht eine synkopierte Form von *istīus*, sondern *istī* + Genitiv-*s*.

*is.*

Dieser Stamm, der im Indogermanischen in Korrelation mit dem Relativpronomen gebraucht wird, tritt in den Ablautstufen *i/ei* auf. Die Schwachstufe taucht im Nominativ-Maskulinum und Neutrum auf, *i-s* und *i-d*; der zu erwartende Akkusativ *im* ist nur in den Zwölf Tafeln belegt. In einer Nebenform des Nominativs wurde eine Partikel *om* an die Vollstufe angehängt: **ei̯-om* (Sanskrit *ayam*); diese Bildung wurde im Lateinischen für den Akkusativ Singular Maskulinum gebraucht: **ei̯om* > *eum*, von wo aus ein neuer Stamm **ei̯o-* mit einem entsprechenden Femininum **ei̯ā-* gebildet wurde. Im Nominativ Plural des Maskulinums wurde **eioi* regelmäßig über **eiei* und *ei* zu *ī*. Das zweisilbige *eī* wurde in Analogie zu *eum* usw. neu gebildet. Auch hier finden wir Nominative auf *-s: īs, eis, eeis* und *ieis*. Die Formen des Dativs und Ablativs Plural sind die zu erwartenden Ergebnisse von **eiois* und **eiais*, nämlich *eis* und *īs* mit den zweisilbigen Restaurationsformen *eeis* und *ieis*. Altlat. *ībus* ist wohl das zu erwartende Resultat von **ei-bhos* (Sanskrit *ebhyás*). Zum Genitiv und Dativ Singular siehe oben.

An diesen Stamm wurde die Partikel *-em* angehängt: *idem*, der Singular des Nominativs Neutrum, wurde falsch zerlegt und ergab eine Partikel *dem*. Diese wurde an *is, eā* usw. angehängt und ergab *īdem, eādem* usw. Zu den Adverbien mit *ibi* usw. siehe unten.

*so-, to-.*

Das Indogermanische besaß ein Demonstrativpronomen **so, *sā, tod*, das unter anderem in griechisch ὁ, ἡ, τό(δ) weiterlebt. Ennius hat Akkusativformen *som, sam, sōs, sās*, die vielleicht hierhergehören. *to-* ist in *tum* und *topper (< *tod-per)* enthalten. Auch *sī(c)* gehört zu dieser Gruppe: es handelt sich um den Lokativ **sei(ce).*

*ipse.*

In den altlateinischen Formen *eumpsum, eampsam* haben wir es mit einer Kombination des Stammes *eio-* mit *som, sam* zu tun (das *p* ist ein Gleitkonsonant wie in *sumpsī < sum-sī*). Dieses *som, sam* ist wahrscheinlich mit dem soeben besprochenen nicht identisch, sondern geht auf das Reflexiv **su̯os* zurück. Aus den Akkusativformen wurde ein Stamm *-pso, -psā* gebildet, der im Nominativ Femininum *eapsa* und im Maskulinum *ipsus* erscheint. Die letztere Form wurde an *iste* und *ille* angeglichen und ließ so die normale Deklination *ipse, ipsa, ipsum* entstehen. Die Assimilation des Neutrums an *illud*, die zu *ipsud* führte, tritt erst spät auf. Zum vulgärlat. *isse, issa* siehe S. 182.

*Interrogativpronomina / Indefinitpronomina / Relativpronomina*

Der interrogativ-indefinite Stamm hatte im Indogermanischen die Form *qui-, quei-,* die für alle drei Genera identisch war: *quis, quid.* Der zu erwartende Akkusativ **quim* erhielt das *-em* der konsonantischen Stämme (siehe oben). Instrumentales *quī* existiert noch als Adverb, und der Nominativ Plural **quei̯-es* liegt dem *quēs* des Senatus Consultum de Bacchanalibus zugrunde. Das Neutrum Plural *quia* blieb nur als Konjunktion erhalten. Der Dativ und der Ablativ Plural *quibus* blieb als Bestandteil der regelmäßigen Deklination erhalten.

Ein entsprechender Relativstamm *quo-, qua-* wurde im Italischen gebildet. Das Maskulinum (*quoi* > *quei* > *quī*) und das Femininum (*quae*) weisen die deiktische Partikel *-i* auf. *quod* zeigt das übliche *-d* der Neutra. Der Akkusativ *quom* lebt nur als Konjugation fort; er wurde durch *quem* (siehe oben) ersetzt. Zum Genitiv (*quoius*) und Dativ Singular siehe oben. Die Pluralformen sind regelmäßige Ergebnisse von **quoi, *quai, *quāi* usw. Der Nominativ Plural *quās* ist dialektal für *quae* (siehe S. 267). Die Nebenform *quīs* im Dativ und Ablativ Plural setzt **quois* und **quais* fort.

*Personalpronomina*

*egō* und *tū* sind ererbte indogermanische Formen (griech. ἐγώ, τύ bzw. σύ). Eine erweiterte Form auf *-om* tritt in griech. ἐγών und in Sanskrit *ahám* (die Aspirata legt **egH-om* nahe) auf, und sie ist die Basis von lat. *egom-et*, woraus durch falsche Analyse ein Suffix *-met* gewonnen wurde, z.B. *mihimet* usw. Im Akkusativ *mē* und *tē* leben betonte indogermanische Formen fort (das Griechische hat unbetontes με und σε). Im Indogermanischen wurden die enklitischen Formen **moi, *mei, *toi, *tei* in der Funktion des Genitivs, Dativs und Lokativs gebraucht. Unter Zufügung des Genitiv-*s* wurden **mei-s* und **tei-s* zur Basis des altlateinischen *mīs* und *tīs*. Die klassischen Formen *meī* und *tuī* kommen von den Possessivpronomina. *mihī* und *tibī* gehen auf **meghei* und **tebhei* zurück (umbrisch *mehe, tefe*). Das Sanskrit zeigt dieselben Konsonanten in *mahyam* und *tubhyam*, aber diese Formen setzen indogerm. **meghi* und **tubhi* mit einer dem *-om* von **eg-om* verwandten Partikel voraus. Im Ablativ hatte das Indogermanische unbetontes **mĕd* und betontes **mēd*; ersteres ist in Sanskrit *măt* erhalten, letzteres in altlat. *mēd* (vgl. *tēd* < **tu̯ēd*). Diese Formen müssen von den altlateinischen Akkusativformen *mēd* und *tēd* unterschieden werden, deren *-d* ungeklärten Ursprungs ist; es ist jedenfalls schwer zu glauben, daß eine Vermischung des Akkusativs mit dem Ablativ vorliegen könnte oder daß das *-d* aus den Neutra kommen sollte.

Die Formen des Reflexivpronomens sind denen der ersten und zweiten Person Singular ähnlich. *sē(d)* kommt von **su̯ē*, während griech. ἕ die kurze unakzentuierte Form fortsetzt. Der Genitiv *suī* kommt vom Possessivpronomen. *sĭbĭ* kommt von **sebhei* mit Assimilation von *e* zu *i* und Jambenkürzung wie bei *mĭhĭ* und *tĭbĭ*. Auch der Ablativ *sē-d* paßt zu *mēd* und *tēd*.

*nōs* und *uōs* sind betonte Erbformen, die unbetontem *nas* und *vas* im Sanskrit entsprechen. *nostrum* und *uestrum* sind Genitive im Plural von *noster* und *uester*. *nostrī* und *uestrī*, die entsprechenden Singularformen, wurden besonders als „objektive" Genitive verwendet und treten zum ersten Male bei Terenz auf. Das Lateinische schuf sich einen neuen Dativ und Ablativ, indem die Flexionsendung *-bhei* an die aus *nōs* und *uōs* gewonnenen Stämme *nō-* und *uō-* angehängt wurde. An **nōbhei* und **vōbhei* wurde in Analogie zur üblichen Endung *-bus* ein *-s* angehängt.

### *Possessivpronomina*

Die Possessivpronomina wurden durch Anhängen des Themavokals *-o-* an die Pronominalstämme gebildet: **mei̯-o-s* > *meus*; **teu̯-o-s* (griech. τεϝός) > altlat. *touos* > *tuus*; **seu-os* (griech. ἑϝός) > *souos* (vgl. altlat. Dat. Abl. Pl. *soueis*) > *suus*. Im Plural wurde das Kontrastivsuffix *-ter(o)* an die kurze Form *nŏs* und *uŏs* angehängt. Altlat. *uoster* wurde zu *uester* (S. 240). Der maskuline Vokativ Singular *mī* kann auf den oben erörterten enklitischen Genitiv **mei* zurückgeführt werden.

## Zahlwörter

### *Kardinalzahlen*

Zu *ūnus* < **oino-* siehe S. 242. Die Wurzel **sem* (zu der griech. εἷς, μία, ἕν gehört) erscheint in *sem-el* „einmal", *sim-plex* „einfach", *sin-gulī* „einzelne" und *sem-per* „immer".

*duō* (*duŏ* durch Jambenkürzung) ist aus indogerm. **duu̯ō(u)* ererbt. Dieses Zahlwort hatte ursprünglich die Flexionsendungen des Duals, wovon im Lateinischen die folgenden erhalten sind: Akkusativ Plural im Maskulinum *duo* (Plautus), Neutrum *duo*. Die Pluralendungen *duōs,* *duom* und *duōrum*, der Dativ und der Ablativ *duōbus* sowie alle femininen Formen (*duae* usw.) sind Neuerungen, denn *duō* war ursprünglich sowohl Maskulinum als auch Femininum. *ambō* ist ein weiters Erbwort (griech. ἄμφω).

*trēs* (Maskulinum und Femininum) ist das regelmäßige Ergebnis von **treįes* (griech. τρεῖς, Sanskrit *trayas*).

Das Wort für „vier“ zeigt Vokalabstufung mit der Verallgemeinerung verschiedener Formen in verschiedenen indogermanischen Idiomen. Lateinisch *quattuor* geht auf indogerm. **qʷₑtuores* zurück (reduzierter Vokal in der ersten Silbe und die für den Nominativ charakteristische *o*-Stufe in der zweiten Silbe, vgl. dorisch τέτορες). Im Lateinischen ist dieses Wort indeklinabel geworden. Für die in Komposita verwendete Form *quadru-* gibt es keine überzeugende Erklärung.

Zu *quīnque* < italisch *qʷenqʷe* < indogerm. **penqʷe* siehe S. 250.

*sex* kann sowohl **seks* als auch **sweks* fortsetzen; griech. ἕξ, ϝέξ.

Zu *septem* < **septm̥* (griech. ἑπτά) siehe S. 250.

*octō* < **oktō(u)* ist die Dualform eines Wortes, das „Gruppe von vier Fingern“ bedeutet (vgl. avestisch *ašti* „vier Finger breit“).

*nouem* kommt von **new-n̥* (vgl. *nōnus*, deutsch *neun*). Das zu erwartende **noven* wurde im Auslaut von *septem* und *decem* beeinflußt.

Die Zahlwörter von 20 bis 90 sind von einem Nominalstamm **(d)km̥ti* abgeleitet, der „eine Gruppe von zehn“ bedeutet. Der Dual tritt in *uī-gintī* auf, wo *uī-* (vgl. dorisch ϝῖ-κατι) mit dem Sanskrit-Adverb *vi* „abgesondert“ identisch sein könnte. Die übrigen Zahlwörter der Gruppe zeigen den Plural des Neutrums auf *-ā* (siehe S. 269). *trī-* und *quadrā-* (mit unerklärtem *-d-*) sind Plurale des Neutrums, und das *-ā* wurde analogisch auf *quinquāgintā, sexāgintā, septuāgintā, nonāgintā* ausgedehnt. *octōgintā* ersetzte möglicherweise **octuāgintā* (vgl. griech. ὀγδο(ϝ)ήκοντα), welches die Form von *septuāgintā* beeinflußte.

Zu *centum* < **(d)km̥tom* siehe S. 249.

Die Zahlwörter von 200 bis 900 sind einfache Komposita der Grundzahlen von 2 bis 9 mit *centum*. Sie waren ursprünglich indeklinabel, werden aber im Lateinischen als Adjektive behandelt. *ducentī, trecentī, sescentī* haben *c* erhalten, das in *nōngentī* (< **novem-gentī*) und *quīngentī* in nasaler Umgebung stimmhaft wurde; von da an erklärt sich das *-ingentī* von *quadringentī, septingentī, octingentī*.

Das Indogermanische hatte anscheinend kein Wort für „tausend“; lat. *mīlle* hat keine Verwandten.

*Ordinalzahlen*

Die Ordinalzahlen zeigen die Suffixe *-to-* und *-mo-*, die bereits bei der Steigerung der Adjektive behandelt wurden.

*prīmus* < **prīs-mo-s* (Superlativ von *prius*).

*secundus* ist ein Verbaladjektiv (siehe Gerundium) zu *sequī:* < **seqʷondo-s.*

*tertius* < **trityos* über **tr̥tyos* (vgl. S. 248).

*quārtus.* Die ursprüngliche Form dürfte **qʷtru-tós* (mit der Nullstufe der Zahl, vgl. oskisch *trutum* = *quārtum*) gewesen sein. Das lateinische Wort könnte auf **qʷatwor-tos* beruhen, bei dem die volle Form der Kardinalzahlen unter haplologischem Verlust des ersten Dentals wiederhergestellt wurde. Das Praenestinische weist die zu erwartende Kontraktion *quor̥ta* auf, die im Lateinischen unter Einfluß der Kardinalzahlen zu *quārtus* umgeformt wurde.

*quīntus (< *qui̯nqʷtos)* und *sextus* zeigen das Suffix *-to.*

*septimus, octāuus* (zu *ōv* > *āv* siehe S. 240) und *decimus* sind Adjektive, die durch Anhängen des thematischen *-o-* an die Grundzahl gebildet wurden. Derselbe Bildungstyp liegt bei **novenos* vor, das regelmäßig zu **nūnus* geführt haben müßte; unter dem Einfluß von *nouem* blieb jedoch der Vokal erhalten.

Die Ordinalzahl zu 20 wurde durch die Anfügung des Suffixes *-t$_e$mo* (siehe zum Superlativ) gebildet: *vī-km̥t- t$_e$mo* > **vīcenssimos* (zu *t-t* > *ss* vgl. S. 257) > *uīcēsimus.*

Die multiplikativen Zahladjektive sind Komposita, deren zweites Element entweder *plo-* von der Wurzel *plē-* „voll" ist (*duplus* „zweifach", *triplus* „dreifach") oder *plek-* von einer Wurzel, die „falten" bedeutet, ist *(simplex, duplex).* Von den entsprechenden Adverbien enthält *semel* das Zahlwort *sem-*, das Suffix ist jedoch ungeklärt. *bis (< *dui̯s), ter (< *tris)* und *quater (<*qʷatrus)* enthalten ein adverbiales *-s.* Die Endung *-iēns*, die bei anderen Adverbien dieser Klasse auftritt, kommt wahrscheinlich von den Ableitungen zu Pronomina *quotiēns, totiēns*, in denen wir auf Grund von Sanskrit-Entsprechungen ein Suffix **-in̥t* > lat. **-ient-* isolieren können. In Verbindung mit dem soeben besprochenen adverbialen *-s* mußte daraus *-iēns* entstehen.

Die distributionellen Zahladjektive sind mit Ausnahme des alleinstehenden *singulus (< *sem-g$_e$lo)* mit dem Suffix *-n-* der multiplikativen Adverbien gebildet: **dui̯s-noi* > *bīnī, *tris-noi* > *ternī* (mit *ter* statt der zu erwartenden phonetischen Entwicklung **trīnī*).

*Das Verb*

## Flexionsendungen

### Aktiv

Die Flexionsendungen des indogermanischen Verbs dienten in erster Linie der Angabe der Person, worin die Kategorie des Numerus (Singular und Plural) eingeschlossen war. So repräsentierten *-m, -s, -t* die erste, zweite und dritte Person Singular und *-me/o, -te, -(e/o)nt* die entsprechenden Pluralformen. Irgendwann wurde eine Partikel *-i* angefügt, um „hier und jetzt“ auszudrücken; so entstand die Unterscheidung zwischen primären und sekundären Endungen mit temporalem Bezug auf Gegenwart bzw. Vergangenheit: *-mi: -m, -ti: -t, -nti: -nt.* Es darf vermutet werden, daß die Partikel *-i* ursprünglich frei verfügbar war: sie erscheint nicht in der 1. und 2. Person Plural des Verbs, und es ist zweifelhaft, ob das *-si* der 2. Person Singular dem Indogermanischen zugeschrieben werden kann.

Wir müssen außerdem zwischen thematischen und athematischen Formen des Verbs unterscheiden. In Verbalparadigmata wie **bhero-mes, *bhere-te, *bhero-nti* usw. geht der Stamm, den man nach Abtrennung der Flexionsendung erhält, auf Vokal, *e* bzw. *o*, aus. Dieser stammbildende Vokal heißt Themavokal. Verben, bei denen der Stamm keinen Vokal aufweist (z.B. **ei-mi, *i-mes*), heißen athematische Verben. Diese auf den ersten Blick triviale Unterscheidung ist für die indogermanische Verbalmorphologie von fundamentaler Bedeutung, denn die beiden Verbklassen unterscheiden sich unter anderem in der Art, die verschiedenen Modi zu bilden (siehe unten). Bei den Flexionsendungen gibt es jedoch nur beim Aktiv der ersten Person Singular einen Unterschied: *-o* ist in erster Linie thematisch und *-mi* in erster Linie athematisch.

### Medium

Das Indogermanische unterscheidet zwei Genera verbi. Im Aktiv richtet sich die durch das Verb ausgedrückte Aktion vom ergativen Subjekt aus gesehen nach außen (siehe Syntax S. 311), im Medium stellte man sich die Aktion als im Subjekt wirkend oder auf das Subjekt einwirkend vor. die Aktion findet in der Person des Subjekts oder im Interesse des Subjekts statt. So steht *uertō* „ich wende (etwas)“ im Gegensatz zu *uertor* „das Wenden findet in mir statt“; πορίζω „ich schaffe herbei“ steht im Gegensatz zu πορίζομαι „ich schaffe für mich herbei“. So wurde das Medium, das unter anderem die Aktionen, die in der Person des Subjektes stattfinden, bezeichnet, gebraucht, um das Passiv auszudrücken, für das es im Indogermanischen keinen besonderen morphologischen Ausdruck gab. Die Flexionsendungen des Mediums wurden durch die Anfügung verschiedener Partikel an die ursprünglichen Personalendungen geschaffen, und es ist auch hier wahrscheinlich, daß die Tempusunterscheidung zwischen primären und sekundären Formen eine spätere Entwicklung in der Geschichte des Indogermanischen darstellt. Die einzigen indogermanischen Endungen des Mediums, die für die Geschichte des Lateinischen von Bedeutung sind, sind *-so, -to, -nto*, die im Griechischen als sekundäre Endung im Medium in der zweiten und dritten Person Singular und der dritten Person Plural auftreten und im Gegensatz zu den primären Endungen *-sai, -tai, -ntai* stehen. Der Perfektstamm hatte im Singular andere Endungen: *-a, -tha, -e.* Wir kommen nun zur Erörterung der lateinischen Verbalendungen.

### *Erste Person Singular*

*Primäre Endung.* Das athematische *-mi* blieb nur bei *sum* erhalten, wo das *-i* unterging. Sonst ist das ursprünglich thematische *-ō* generalisiert worden: *eō, ferō, āmō, moneō.* Dieselbe Endung liegt im futurischen **-bhō* (siehe S. 298) vor. Lat. *erō* ist ein alter Konjunktiv **esō* (siehe S. 298).

*Sekundäre Endung.* Im Lateinischen hat sich *-m* erhalten: *āmābam, ferēbam, āmāueram* usw. Diese Endung erscheint auch in den Formen des Konjunktivs und des Operativs: *amem, regam, siem* usw.

### *Zweite Person Singular*

Infolge des Verlustes des Auslaut-*i* gibt es im Lateinischen keinen Unterschied zwischen primären und sekundären Formen: *dūcis, āmās, erās, āmābās, sies* usw. Es ist schließlich sogar zweifelhaft, ob es im Indogermanischen überhaupt besondere sekundäre Endungen für die zweite Person Singular gab; sie fehlen ja auch im Plural. Das plautinische *ess* wird häufig mit dem homerischen ἐσσί gleichgesetzt. Es gibt jedoch Hinweise auf älteres homerisches εἱς, das nur eine Längung von ἐς < ἐσ-ς darstellt. Diese ältere Form erhielt ein Auslaut-*i* unter dem Einfluß von ἐστί: das Resultat war ἐσσί. Das plautinische *ess* kann also mit der archaischeren homerischen Form gleichgesetzt werden.

*Dritte Person Singular*

Das Altlateinische unterschied noch primäres *-t* (< **-ti*) von sekundärem *-d* (< **-t*, siehe S. 250), z.B. *esed, fēced, sied.* Denselben Unterschied finden wir im Oskisch-Umbrischen: *fust = erit, fusíd = foret.* Im klassischen Latein wurde das primäre *-t* generalisiert: *dedit, fēcit, siet, esset* usw.

*Erste Person Plural*

Es gibt keine Spur des sekundären *-mo*; das Lateinische hat **-mos* > *-mus* generalisiert: *ducimus, ducebāmus, duximus* usw. Eine andere Ablautstufe **-me* liegt in dorisch φέρομες vor.

*Zweite Person Plural*

Lateinisch *-tis* kommt von **-tes*, das aus der Hinzufügung des *-s* der zweiten Person Singular an die Endung **-te* (vgl. griech. φέρετε) entstand.

*Dritte Person Plural*

Das Oskisch-Umbrische unterschied zwischen primärem *-nt* < **-nti* (z.B. *sent = sunt*) und sekundärem *-ns* < **-nt* (z.B. *deicans = dicant, sins = sint*). Das Lateinische hat nur *-nt* aus generalisiertem **-nti*, das vielleicht in dem allerdings unsicheren *tre-monti* des Salierliedes direkt belegt ist. Die erweiterte Endung *-nont*, die in archaischen Formen wie *danunt, explēnunt, redīnunt* oder *nēquīnont* vorkommt, ist unerklärt. Wenn das *-n* ein stammbildendes Suffix ist (siehe S. 294), dann ist es schwierig zu erklären, warum es nur in dieser Person auftreten sollte. Vielleicht kommt diese Endung aus Dialektformen, in denen das Schluß-*t* weggefallen war (z.B. *dedron = dedēront*). Man hatte dann bei **dan, *explen* usw. das Gefühl, daß das charakteristische *-nt* fehle, und erweiterte die Formen durch das übliche *-ont.*

*Medio-Passiv*

Im Italischen und Keltischen sind die Flexionsendungen im Medio-Passiv durch ein *-r* charakterisiert, das im Griechischen, im Sanskrit, im Germanischen usw. fehlt. Dieses *-r* kann in erster Linie mit den Endungen auf eine Stufe gestellt werden, die im Oskisch-Umbrischen das unpersönliche Passiv auszeichnen, z.B. *ferar* „es muß ein Tragen geben, man sollte tragen"; diesen Typ gibt es auch im Altirischen, und er entspricht dem unpersönlichen Gebrauch des Passivs im Lateinischen: *pugnātur* „ein Kampf geschieht". Man kann also die lateinischen Endungen *-tur, -ntur* usw. als die Kombination der Endungen des Mediums mit dem *-r* des unpersönlichen Passivs auffassen. Die Beziehung dieses Bildungselements zu dem *-r-*, das in einer Vielzahl von Funktionen in den Verbalparadigmata anderer indogermanischer Sprachen (Indo-Iranisch, Phrygisch und Armenisch, Tocharisch, Hettitisch) auftritt, ist unklar. Es ist möglich, daß die reinen *r*-Formen des Italischen und Keltischen ursprünglich Verbalnomina zur Bezeichnung der Aktion waren.

*Erste Person Singular*

In *-or* (altlat. *-ōr*) ist das *-r* einfach an die primäre Endung *-ō* angehängt worden. Sonst ist es an den Verbalstamm angehängt worden: *amer, regar, amābar* usw.

*Zweite Person Singular*

Die frühe lateinische Form ist *-re*, das regelmäßig aus *-so*, der sekundären Endung des Mediums, entstanden ist (S. 245); also entspricht *sequere* anscheinend griech. ἕπεο < **seq$^w$e-so*. Abgesehen vom Imperativ wurde in Analogie zum Aktiv ein *-s* angehängt: **sequere-s* > *sequeris*. Bei den gelegentlichen Dialektformen wie *spatiarus* oder *utarus* muß das *-s* vor der Entwicklung des auslautenden *-o* zu *-e* an das *-so* angehängt worden sein.

*Dritte Person Singular*

*-tur* entstand aus der Verbindung der sekundären Endung des Mediums, *-to*, mit *-r*.

*Erste Person Plural*

*-mur* < sekundäres *-mo* + *-r*.

*Zweite Person Plural*

Die Formen auf *-minī* werden gewöhnlich als Nominative des Präsenspartizips im Medium erklärt, die in Periphrasen vorkamen: **feromenoi este* = griech. φερόμενοί ἐστε. Daraus wäre dann ein Suffix *-minī* gewonnen und an verschiedene Verbalstämme angehängt worden: *regebāminī* usw. Das ist unwahrscheinlich; nach einer anderen Auffassung handelt es sich um imperativisch gebrauchte Infinitive auf *-menai*. Weil die Form identisch ist mit der des Imperativs, soll sie später besprochen werden.

*Dritte Person Plural*

*-ntur* entstand durch die Anfügung des *-r* an *-nto*, die sekundäre Endung des Mediums.

Zu den Personalendungen des Perfekt siehe S. 301f., zum Imperativ siehe S. 302f.

*Bildung der Verbstämme*

### Die Tempusstämme

Wer griechisch lernt, muß sich an die Unterscheidung von drei Tempusstämmen gewöhnen: z.B. Präsensstamm λειπ-, Aoriststamm λιπ-, Perfektstamm λε-λοιπ- (entsprechend unserem *treib-en, trieb, ge-trieb-en*, vgl. S. 258ff.). Man lernt weiter, daß diese Stämme außer im Indikativ keinen temporalen Bezug haben, sondern nur die Aktionsart bezeichnen, wobei der sogenannte Präsensstamm die andauernde Aktion bezeichnet (durativer Stamm), der Aoristenstamm die momentane Aktion und der Perfektstamm einen Zustand, der aus einer Aktion resultiert. So bedeutet der Präsensstamm θνῄσκειν „im Sterben liegen", der Aoriststamm θανεῖν „sterben" und der Perfektstamm τεθνάναι „tot sein". Diese Angaben, die sich in jeder Schulgrammatik finden, müssen nur in einem Punkte modifiziert werden: der Stamm als solcher hat nicht einmal im Indikativ temporale Funktion; der Bezug auf die Vergangenheit wird erst durch das vorangestellte Augment und die sekundären Endungen erzielt. Man kann also von ein und demselben durativen Stamm λεγe/o eine auf die Gegenwart bezogene Form λέγ-ω und eine auf die Vergangenheit bezogene Form ἔ-λεγ-ον bilden. Diese verschiedenen Darstellungen der verbalen Aktion, nämlich durativ, aoristisch und perfektiv, durch verschiedene „Tempus"-Stämme sind als „Aspekte" des Verbs bekannt. Die Situation im Griechischen spiegelt die indogermanischen Verhältnisse wider. Die Beschreibung der Funktion des Präsensstammes als „durativ" im Gegensatz zum „momentanen" Aoriststamm erfaßt jedoch nicht alle Fakten. In Platons Phaidon warten zum Beispiel Sokrates' Freunde vor dem Gefängnis, nachdem das Todesurteil ergangen ist. Der Wärter läßt sie eintreten, und Platon sagt: „Wir fanden Sokrates soeben von seinen Fesseln befreit." Das Verb, das hier mit „finden" übersetzt ist, lautet καταλαμβάνειν, das „fangen", „ergreifen", „überraschen" bedeutet. Die Aktion, auf die Bezug genommen wird, ist eindeutig momentan, und doch steht im Text die durative Form κατελαμβάνομεν. Das ist nur eines von vielen Beispielen, die es nahe legen, daß der wesentliche Unterschied zwischen „Präsens-" und „Aorist-"Aspekt nicht in der andauernden und momentanen Aktion liegt, sondern darin, daß der durative Stamm größere Direktheit und Lebendigkeit hat: er stellt das berichtete Ereignis plastisch vor Augen wie in einem Film. Man könnte daher vom „Augenzeugen-Aspekt" oder vom „Präsentations-Aspekt" sprechen. Der Aorist beinhaltet demgegenüber einen unplastischen Bezug auf das berichtete Ereignis als historisches Faktum. Dasselbe Ereignis kann also, wie momentan es auch sein mag, als vor unseren Augen ablaufend mit κατελαμβάνομεν „wir waren da und fanden Sokrates" oder distanziert mit κατελάβομεν „wir fanden Sokrates" ausgedrückt werden. Ebenso führt uns θνῄσκειν den Toeskampf plastisch vor Augen, θανεῖν betont das Eintreten des Todes und τεθνάναι den Zustand des Todes.

Im Lateinischen erfolgte eine Beschränkung der drei Aspekte des indogermanischen Verbs auf zwei: das Verbalsystem zeigt nur einen Gegensatz zwischen *infectum* und *perfectum*, wobei das letztere die Funktionen des ursprünglichen Aorists und des Perfekts kombiniert. Für jeden dieser beiden Aspekte wurde ein vollständiges System mit Gegenwart, Vergangenheit und Zukunft entwickelt: *dīcō, dīcam, dīcēbam* und *dīxī, dīxerō, dīxeram.* Unsere Darstellung des lateinischen Tempussystems zerfällt in zwei Teile: die Bildung der Stämme des *infectum* (1) und der des *perfectum* (2).

## Stämme des infectum

Wir wollen damit beginnen, einige der hauptsächlichen morphologischen Mittel zu exemplifizieren, mit denen das Indogermanische den progressiven Aspekt (Augenzeugenaspekt) bildete. Wir wählen die Züge aus, die für das Lateinische besonders wichtig sind.

1. Wurzelstämme. Diese können entweder (a) athematisch (z.B. **ei-mi*) oder (b) thematisch (z.B. **deik-ō*) sein. Der athematische Typ zeigt Ablautwechsel, wobei die Vollstufe im Singular und die Schwachstufe im Plural erscheint: **ei-mi, *i-m$^{e}$/ós.* Das Lateinische zeigt noch einige Spuren des athematischen Typs, z.B. *ī-s (<*ei-s), ī-t (< *ei-ti); uolt, uult (< *uel-ti); uī-s* vom Stamm **u̯ei* „wünschen"; *ēs (< *ed-s), ēst*

(< **ed-ti*), zu *ēdere* „essen"; *fer-s* < **bher-s*, *fer-t* < **bher-ti*; bezüglich **es* „sein" vgl. S. 296. Die meisten lateinischen Wurzelstämme gehören jedoch zum thematischen Typ wie *dūcō, dīcō* usw.

2. Stämme mit Reduplikation. Diese können ebenfalls (a) athematisch und (b) thematisch sein, wobei (a) Ablautstufung aufweist wie im Griechischen: τί-θη-μι: τί-θε-μεν bzw. δί-δω-μι: δί-δο-μεν. Beim thematischen Reduplikationstyp erscheint die Wurzel normalerweise in der Nullstufe: *gi-gn-ō* (Wurzel **gen*), *sīdō* < **si-zd-ō* (Stamm **sed*), *serō* < **si-s-ō* (Stamm **sē/sə*, vgl. *sē-ui, să-tus*).
3. Stämme mit Nasalinfix, z.B. *iu-n-gō* (Stamm **yeug/yug*), *li-n-quō* (Stamm **leiqʷ/liqʷ*), *scindō, rumpō.*
4. Stämme mit Nasalsuffix, z.B. griech. κάμ-ν-ω, δάκ-ν-ω, lat. *cer-n-ō* (< **krinō*), *ster-n-ō, si-nō* (Perfekt *sī-uī*), *pellō* < **pel-nō, tollō* < **tl̥-nō* (vgl. das Perfekt *tūlī*).
5. Inchoative Verben auf *-skō*: griech. βάσκω, lat. *poscō* (< *pr̥k*, Nullstufe zu *prek* + *sko*). Dieser Typ tritt auch mit Reduplikation auf: γι-γνώ-σκω. Auch lat. *gnōscō* könnte auf eine reduplizierte Form zurückgehen. Lautliche Entwicklungen haben *discō* < **di-dk-skō* unklar gemacht: die Nullstufe der Wurzel tritt in *dec-et, doc-eō* auf.
6. Sehr wichtig ist das Suffix *-ye/-yo*. I. Es kann an Verbalwurzeln angehängt werden, z.B. *spec-iō* (Wurzel in der Normalstufe), *ueniō* (Wurzel in der Nullstufe **gʷm̥-yō*, vgl. βαίνω). Das Suffix kann auch an bereits charakterisierte Präsensstämme angehängt werden: *uinc-io*. II. Mit Hilfe dieses Suffixes werden Verben von Nomina aus gebildet (denominale Verben). Wenn das Suffix zu einem vokalischen Stamm tritt, fällt das intervokalische *-y-* weg. Wir erhalten also die folgenden Typen:
   a) Von *a*-Stämmen: *fugō, fugāre* < **fugā-yō*;
   b) von *e/o*-Stämmen: *albeō, audeō* (von *auidus*);
   c) von *ī*-Stämmen: *fīniō*;
   d) von *u*-Stämmen: *metuō*;
   e) von konsonantischen Stämmen: *custōdiō*.

   Von denominalen Bildungen wie *albeō* usw. sind zu trennen: 1. kausative Verben auf *-éyō*, die an die *o*-Stufe der Wurzel wie bei *moneō, doceō, torreō* angehängt sind; 2. Zustandspräsentia, die durch das Anhängen eines Suffixes *-ē* (im Griechischen zur Bildung von passiven Aoristen wie ἐ-μάνη-ν verwendet) an die Verbalwurzel entstanden sind: *uidēre, tacēre, iacēre* (im Gegensatz zum transitiven *iacĕre*) usw.

Diese vielfältigen Stammbildungen wurden im Lateinischen auf die vier aus den Schulgrammatiken bekannten Konjugationen aufgeteilt.

Die erste Konjugation besteht weitgehend aus Denominalbildungen auf *-yo* vom Typ *fuga: fugāre.* Davon abgesehen gibt es einige athematische Verben von Wurzeln mit langem *ā*, z.B. *fāri*, vgl. *fātum*, dorisches Griechisch φᾱ-μί. Auch *stāre* könnte hierhergehören. Die unregelmäßigen Verben dieser Konjugation wie *domāre* oder *sonāre* mit den Perfekta *domuī* und *sonuī* kommen von zweisilbigen Wurzeln **domā* bzw. **sonā* mit dem Suffix *-ye/yo.* Die Schwachstufen dieser Wurzeln, **domə* und **sonə*, treten im *-to*-Partizip (vgl. S. 307) auf: *domitus, sonitus.*

Die zweite Konjugation umfaßt 1. athematische Verben mit Wurzeln, die auf *-ē* ausgehen, z.B. *plēre, flēre*; 2. denominale *ye/yo*-Bildungen von *e/o*-Stämmen; 3. kausative des Typs *moneō*; 4. ursprüngliche intransitive *ē*-Bildungen wie *uidē-re.*

Die vierte Konjugation umfaßt 1. Wurzelstämme *(sciō, fīō)*; 2. denominale Bildungen von *i*-Stämmen *(finiō, uestiō)*; 3. eine Gruppe von Verben, bei denen die Wurzel durch das Suffix *-i* erweitert ist, das nach einem merkwürdigen rhythmischen Prinzip mit *-ĭ* alterniert: Stämme, die aus einer langen Silbe oder aus zwei kurzen bestehen, haben *ī (audīre, sāgīre, uāgīre, farcīre, sarcīre, sĕpĕlīre, ŏpĕrīre, ăpĕrīre)*, sonst steht *ĭ* bzw. (nach S. 244) *ĕ* statt *ĭ* vor *r (iăcĕre, iăcĭō; căpĕre, căpĭō; făcĕre, făcĭō; fŭgĕre, fŭgĭō; quătĕre, quătĭō).* Bei *ferīre, salīre, uenīre* folgt dem kurzen Vokal ein Sonant. Ausnahmen sind *parere, pariō* und *mori, morior.* Die Verteilung, die ein klares rhythmisches Prinzip erkennen läßt, könnte vermuten lassen, daß das *i* von *capis* usw. aus Jambenkürzung von **capīs* zu erklären wäre; dieser Typ ist jedoch bereits indogermanisch, z.B. gotisch *hafja* „ich hebe", Sanskrit *kupyati* = lat. *cupiō.* Wir müssen also zwei Formen dieses ursprünglichen Suffixes ansetzen: *ĭ* und *ī* (vielleicht aus *ĭ* + Laryngal zu erklären).

Bei der Flexion verschmolzen in den drei Konjugationen die Vokale *ā, ē* und *ī* nach dem Ausfall des intervokalischen *-y-* mit den nachfolgenden Vokalen. So wurde **amāye-s* zu *amās* und **amāye-t* zu *amāt* (im klassischen Latein zu *amăt* gekürzt), und diese Form des Stammes *amā-* wurde abgesehen von *amō* < **amāy-ō* generalisiert. Dasselbe geschah bei den Denominal- und Kausativbildungen der zweiten Konjugation: **moneye-s* usw. Die Generalisierung dieser Form des Stammes *monē-* auf die anderen Personen (abgesehen von *moneō* < **money-ō*) wurde erleichtert durch das Vorkommen von *uidē-s, uidē-mus, uident* usw., wo die Flexionsendungen direkt an den Stamm *uidē-* angehängt wurden. In der vierten Konjugation sind *audiō* und *audiunt* die regelmäßigen Ergebnisse von *audī-ō* und *audī-ont.* Bei den anderen Personen (*audīs* usw.) finden wir eine Entwicklung, die der in der ersten und zweiten Konjugation gleicht.

Die dritte Konjugation umfaßt die Reste der auf S. 293f. aufgeführten Typen: 1. wurzelthematische Verben wie *dicō, agō* usw.; 2. reduplizierte Stämme wie *gignō* usw.; 3. Stämme mit Nasalinfix wie *rumpō* etc.; 4. Stämme mit Nasalsuffix; 5. Inchoativa auf *-scō*; 6. einige oben nicht angeführte weniger häufige Suffixe, z.B. *-to (nectō), -dō (tendō), -sō* (in *quaessō* und *uīsō* auftretendes Desiderativsuffix; von *quaessō* aus wurde ein Suffix *-sse/ō* gebildet, das in *petessō, lacessō, capessō* auftritt).

In dieser Konjugation zeigt der Themavokal *e/o* die normale Abschwächung zu *i* in unbetonten Silben (vgl. S. 244): **-esi* > *-is, *-eti* > *-it, *ete-s* > *-itis, *-omos* > *-imus, *-onti* > *-unt.*

*Einige unregelmäßige Verben*

*sum.* Die Wurzel *es* „sein" hatte als athematisches Verb ursprünglich die Vollstufe im Singular **es-mi, *es-s, *es-ti* und die Nullstufe im Plural **s-mos, *s-te, *s-enti. es* und *est* sind regelmäßige Ergebnisse dieses Systems. Die Vollstufe wurde in der 2. Ps. Pl., *estis*, in Analogie zum Singular eingeführt. *s-enti* bekam die thematische Endung *s-onti* (woraus *sunt* entstand), und dadurch wurde die Form der 1. Ps. Pl. beeinflußt: **somos* > *sumus.* Daraus entstand wiederum eine neue 1. Ps. Sg., *sum*, die **esmi* ersetzte.

*possum* enthält in Adjektiv *pote* oder *potis* + *sum*; z.B. altlat. *potisit, potis est. potest* resultiert aus der Kontraktion der Neutrumform *pote* mit *est.*

*uolō* ist ein altes athematisches Verb: **wel.* Die 3. Ps. Sg. *uolt* ist das regelmäßige Ergebnis von *uel-ti* (siehe S. 239 zu *el* > *ol*). Im Plural ergab sich *uoltis* aus nullstufigem **vl̥-te-s.* Die thematischen Formen *uolumus* und *uolo* resultieren aus der 3. Ps. Pl. auf *-ont. uīs* geht von einer anderen Wurzel, nämlich **wei,* aus, die etwa in *in-uī-tus* „unwillig" auftritt. *nōlō* und *mālō* sind Kontraktionen aus *ne-uolō* und *mag(i)s-uolō*; unkontrahierte Formen wie *ne uīs, ne uolt, mā-uolō, mā-uellm* kommen im Altlatein vor.

*ferō* zeigt ebenfalls athematische Formen: *fers, fert, fertis* (vgl. griech. φέρτε). Man darf annehmen, daß der Ursprung der thematischen Formen in der 3. Ps. Pl., *ferunt*, zu suchen ist, es bleibt aber zu bedenken, daß das Verb im Griechischen und im Sanskrit abgesehen von einigen isolierten Formen zur thematischen Klasse gehört.

*edō* hat athematische Formen (*ēs, ēst, ēsse* usw.), aber das Verb ging zunehmend in die thematische Klasse über: *edunt, edimus, edō*, schließlich *edis, edit, edere.*

*fīō*. Der Stamm *fī* entstand aus der Hinzufügung des Suffixes *-ī* zur Nullstufe der Wurzel „sein“: **bhw-ī-*. Das Verb war ursprünglich athematisch, ging aber weitgehend zur vierten Konjugation über. Erwähnenswert ist der altlateinische Infinitiv *fīere* (siehe unten).

### *Die Tempora des Infektums*

#### Imperfektum

Im Indogermanischen wurde die Vergangenheit des durativen Stammes einfach durch das Anhängen sekundärer Endungen und (in einigen Dialekten) durch die Präfigierung mit einer Adverbialpartikel (Augment) gebildet, obwohl letzteres wegfallen konnte. Das Lateinische verlor diese Möglichkeit und verwendete ein neues Vergangenheitssuffix *-ā* (auch im Keltischen und Litauischen zu belegen), das an die Wurzel angefügt wurde: **es-ā-m* > *erām* (zur Kürzung zu *erăm* vgl. S. 246f.). Dieses Suffix wurde an die Wurzel *bhu* angehängt, woraus das Präteritum **bhu̯ām* entstand, das in den neuen lateinischen Durativ-Präterita (= Imperfekta) auftritt: *amā-bā-m, monē-bā-m, regē-bā-m, audiē-bā-m.* Der Ursprung des ersten Elements dieser periphrastischen Zusammensetzung ist ungeklärt. Möglicherweise handelt es sich um ein Partizip, denn **amans-bhwām* würde bei Zugrundelegung regelmäßiger phonetischer Entwicklung die bezeugten Singularformen ergeben, von wo aus *amā-* dann auf den Plural übertragen worden wäre. Nach einer anderen Erklärung wären *amā-, regē-* usw. Kasusformen (vielleicht Lokative) eines Verbalsubstantivs auf *-ā* oder *-ē*: *legē-bām* „ich war bei der Tätigkeit des Lesens“. Dieselbe Verbalform scheint im Komposita wie *arē-facere* oder *putrē-facere* vorzukommen. Ein dritter Erklärungsversuch geht von der regelmäßigen Infinitivendung *-si* (vgl. S. 305) aus: **regesi-bām* > **regezbām* (Synkope des unbetonten Vokals) > *regēbam.*

In der vierten Konjugation ist die häufigste Form des Imperfekts *audiēbam*, obwohl der weniger frequente Typ *audībam* ebenfalls während der ganzen Geschichte des Lateinischen vorkommt. Hierbei handelt es sich wahrscheinlich um eine Analogiebildung zu *amāre: amābam* und *monēre: monēbam.* Es wurde auch eine entsprechende Futurform *audībō* gebildet, die nicht weniger oft als das Imperfekt *audībam* vorkommt.

#### Futur

Das Indogermanische besaß kein Indikativ des Futurs; die indogermanischen Sprachen haben daher unabhängig voneinander eigene Formen aus

Ausdrücken des Wollens, des Wünschens, der Wahrscheinlichkeit usw. gebildet. Dazu gehörte auch der indogermanische Konjunktiv mit seiner doppelten Funktion, Ausdruck des Wollens und der Wahrscheinlichkeit zu sein (voluntativer und prospektiver Konjunktiv, vgl. Syntax S. 337ff.). Die Morphologie des Konjunktivs soll unten besprochen werden. Im Augenblick muß die Feststellung, daß das Lateinische zwei Konjunktivformen, *-ā* und *-ē*, hatte, genügen. Die erste wurde bei den ererbten Konjunktivfunktionen verwendet und die zweite spezialisierte sich, um Zukünftiges auszudrücken. Hieraus resultiert die Teilung zwischen den beiden Gruppen von Formen in der 3. und 4. Konjugation: *regās, regăt* usw. sind Konjunktiv, *regēs, regĕt* Futur. In der 1. Ps. Sg. war das *regō* der zweiten Gruppe mit dem Indikativ Präsens identisch, so daß *regam* aus dem anderen System in dieser Form beide Funktionen übernahm.

In der 1. und 2. Konjugation neutralisierten jedoch phonetische Entwicklungen eine der beiden Konjunktivserien: *amāy-ās* wurde identisch mit dem Indikativ *amās*, und in der 2. Konjugation ereilte dieses Schicksal die *ē*-Form: *money-ēs, monēs.* So konnten in diesen beiden Konjugationen nur die Typen *amēs* und *mone-ās* jeweils die Funktion des Konjunktivs erfüllen. Die entstandene Lücke wurde durch ein neues, am Imperfekt ausgerichtetes, periphrastisches Futur gefüllt: es handelt sich um die Kombination der Verbalstämme *amā-* und *monē-* mit einem kurzvokalischen Konjunktiv (S. 303f.) der Wurzel **bhu: *bhwō, *bhwĕs* usw., woraus *amā-bō, amā-bis* usw. *monē-bō, monē-bis* usw. bzw. entstand. Zur Analogiebildung *audībō* statt *audiam* vgl. den vorigen Abschnitt.

*erō, eris* usw. kommen von einem kurzvokalischen Konjunktiv der Wurzel **es: *esō, *ese-s, *ese-ti.*

In einer Anzahl Sprachen wird das Futur aus desiderativen Formen des Verbs mit dem Suffix *-s* gebildet (vgl. *quaes-sō* und das griechische Futur des Typs λύ-σ-ω). Das dürfte der Ursprung der lateinischen Formen *capsō, faxō, dixō* sein. Im Altlateinischen werden gelegentlich auch bei *ā-* und *ē-*Stämmen *s*-Future gebildet. Dieses *-s-* unterlag nicht dem Rhotazismus und wurde *-ss-* geschrieben: *amāssō, enicāssō, commonstrāssō.* Damit kann man desiderative Verben des Typs *quaessō, capessō, lacessō* und „Optative" wie *seruāssint* (S. 304) vergleichen. Plautus verwendet manchmal Infinitive auf *-āssere* statt des Futurs auf *-tūrum*, z.B. Capt. 168:

*illum confido domum in his diebus me reconciliassere.*

Perfekt

Das lateinische Perfekt umfaßt Stämme, die aus dem indogermanischen Aorist und Perfekt, deren Funktionen es ja in sich vereinigt, herzuleiten sind. Die indogermanischen Perfektstämme sind am klarsten durch den Reduplikationstyp vertreten, den man aus griech. λέ-λοιπ-α kennt: *ce-cin-ī, pe-pul-ī, pe-per-ī* usw. Der Reduplikationsvokal ist hier wie im Indogermanischen *-e-*. In einigen Fällen erfolgte jedoch Assimilation an den Wurzelvokal: *momordī* (altlat. *memordī*), *poposcī* (altlat. *peposcī*), *cucurrī* (altlat. *cecurrī*), *tutudī* (altlat. *tundo*). Bei Komposita mit Akzent auf der ersten Silbe konnte der Reduplikationsvokal durch Synkope verlorengehen: *cecidī*, aber *occidī* (< **obcecaidī*); *tetigī*, aber *contigī; spopondī*, aber *respondī. rettulī* entspricht altlateinischem *tetulī*, das durch *tulī*, welches aus den Komposita neu gebildet wurde, ersetzt wurde.

Von redupliziertem Perfekt ist der lateinische Typ mit gelängtem Wurzelvokal zu unterscheiden. Diese Formen sind unterschiedlichen Ursprungs. Einige, wie *līquī* und *fūgī*, werden einfach als Perfekta des ersten Typs angesehen, die ihre Reduplikation verloren haben. Andere, wie *uēnī, sēdī, lēgī, ēdī* haben Entsprechungen in germanischen Präterita (wobei dort nur der Plural gelängte Vokale hat, z.B. Sg. *sat*, Pl. *sētum*): *qēmum* „wir kamen“, *sētum* „wir saßen“. Andere wiederum gehen auf ursprüngliche starke Aoriste zurück: *fēcī*, griech. ἔ-θηκ-α; *iēcī*, griech. ἧκα. Hierher kann man *pēgī* (zu *pangō*), *cēpī* (zu *capiō*), *frēgī* (zu *frangō*) stellen, die in Analogie zu den ersten beiden gebildet sind. Bei vokalisch anlautenden Wurzeln kann der Langvokal aus der Wirkung eines sonantischen Laryngals herrühren, und diese Formen können auf den Reduplikationstyp zurückgeführt werden: wenn *em* < *$ə_1$*em* kommt, dann führt das reduplizierte Perfekt *$ə_1$*e*$ə_e$*em-ai* zu lat. *ēmī*. Innerhalb der Struktur des lateinischen Systems entspricht jedoch die gelängte Stufe des Perfekts in all diesen Fällen der Normalstufe des Präsens. Die vergleichbare Beziehung *scābī: scăbō* bzw. *fōdī: fŏdiō* kann ebenfalls erbwörtlich sein und wurde dann vielleicht auf andere Verben ausgedehnt: *cāuī: căueō, mōuī: mŏueō* usw. Ein *ōdī* entsprechendes Präsens fehlt, aber in *ŏdium* tritt ein Kurzvokal auf; *ōdī* könnte auf eine reduplizierte Form der Wurzel *$ə_3$*ed* > **od* zurückgeführt werden.

Schließlich stellt *uīdī* ein isoliertes Problem dar; es gibt Entsprechungen in griech. ϝοῖδα und Sanskrit *véda*. Wir haben es mit einem nicht reduplizierten Perfekt des Stammes **weid* zu tun. Die Entsprechung *uīdī: uideō* könnte als Modell für das soeben besprochene *cāuī: caueō* gedient haben.

Der sigmatische Typ *dīxī* entspricht dem sigmatischen Aorist anderer Sprachen wie z.B. griech. ἔδειξα < **e-dēik-s-m̥*. Derartige Aoriste hatten im Indogermanischen eine gelängte Stufe der Wurzel im aktiven Indikativ Singular und die Nullstufe in den anderen Formen des Indikativs; im Lateinischen wurde die Form mit dem gelängten Vokal verallgemeinert:

*uēxī* (Stamm **wegh*), *rēxī (regō), scrīpsī (scrībō), tēxī (tegō), fīxī (fīgō*, altlat. *fīuō), dūxī (dūcō)* usw. Eigentlich gehörten derartige Stämme zu Wurzeln, die auf einen Plosiv oder auf *-s* ausgingen: *cēdō: cessī, claudō: clausī, rādō: rāsī, clēpō: clēpsī, repō: rēpsī.* Dieser Typ wurde auf Wurzeln anderer Formen ausgedehnt, z.B. *maneō: mānsī.* Das *-p-* in *sūmpsī* oder *dēmpsī* ist lediglich ein Gleitkonsonant. Es gab auch einige Analogiebildungen. So geht *uīuō* nicht auf einen Plosiv aus *(<* *g$^w$*īv)* und verdankt sein Perfekt *uīxī* dem Beispiel von altlat. *fīuō: fīxī*, wobei *fīuō* das regelmäßige Ergebnis von **dhīg*$^w$ (S. 252) darstellt. Die Form des Perfektstammes wurde zuweilen durch den Präsensstamm beeinflußt: so weist *iunxī* das Nasalinfix auf, das eigentlich nur in den Präsensstamm *(iungō)* gehört, vgl. *pingō: pinxī* oder *uinciō: uinxī.*

Die Kurzformen des *s*-Perfekts (*dīxtī, dīxem, dīxe, mīstī, accestis* usw.) entstanden durch haplologischen Verlust einer Silbe.

Die für das Lateinische typische Perfektform, das *-uī*-Perfekt, kommt sonst nirgendwo vor. Sie dürfte dennoch alt sein, denn sie zeigt oft eine vom Präsens abweichende Ablautstufe: *sēuī* gegen *serō (< *si-s-ō)* usw. Die wahrscheinlichste Theorie besagt, daß an den starken Wurzelaorist **bhū* (vgl. griech. ἔ-φῡν) die Endung *-ai* des Perfekt (siehe unten) angehängt wurde: **bhū-ai > fu(u)-ei.* Das wurde dann als *fu-uei* interpretiert, und *-uei* wurde zunächst auf andere Wurzelaoriste wie **gnō-* oder **plē-* übertragen: *gnōuī, plēuī.* Dann trat es auch an andere auf Langvokal ausgehende Stämme, wodurch der regelmäßige Perfekttyp *amāuī, fīnīuī* entstand. Bei auf Kurzvokal ausgehenden Stämmen *-e-uei, -a-uei, -o-uei > -uī* (vgl. *denuo < *denouō*) entstand der Typ *moneō: monuī.* Ähnlich war der Vorgang bei zweisilbigen Basen wie *domā/domə* usw.: **domə-u̯ei > domuī.* Nach einer anderen Erklärung liegt der Ursprung des *-u-* Perfekts in dem *-u*, das in Sanskrit-Perfekta wie *jajñāu* „ich wußte" oder *paprau* „ich füllte" auftritt. Diese Erklärung ist jedoch weniger befriedigend, weil im Sanskrit das *-u* nur in reduplizierten Perfekta vorkommt, während sich im Lateinischen die beiden Typen gegenseitig ausschließen. Außerdem wird so die Bildung der langen Wurzelvokale von *gnōuī* und *plēuī* nicht geklärt.

Zwischen ähnlichen Vokalen schwand das *-u-* unter nachfolgender Kontraktion der Vokale: *consuēueram > consuēram, audīuistī > audīstī.* Diese gekürzten Formen des Stammes wurden dann auf Formen ausgedehnt, wo der Wegfall des *-u-* phonetisch nicht berechtigt war: *amāstī, amāsse* usw., *dēlēstī, dēlēsse, nōram, nōrunt.*

Die Perfekta auf *-īuī* sind ein Sonderfall, denn die kontrahierten Formen vertreten immer nur *-īui* (z.B. *audīstis*), während wir nie **audīrō, *audīrunt, *audīram* finden, das *amārō, amārunt, amāram* entspräche.

Andererseits fiel das *u* besonders vor *e* seit Terenz weg: *audieram*; eine entsprechende Form **amaerō* fehlt jedoch. Man muß also eine andere Erklärung suchen. Man könnte vermuten, daß derartige Formen aus *audii, audiit* entstanden; hier handelt es sich um ein Zwischenstadium, in dem das *-u* gefallen ist, die beiden Vokale aber nicht verschmolzen sind. Bei Plautus finden sich jedoch nur wenige derartige Formen, und außerdem nur solche, die wie etwa *periĕrunt, sierint* parallel zu den Formen des Verbes *īre* gebildet sind: *iī, īeram* usw. Nun ist *iī* bei Plautus die regelmäßige Form, während *īuī* eine spätere Bildung ist. Andererseits ist das *u* in *scīuī, sīuī* usw. regelmäßig erhalten. Diese Tatsachen legen den Schluß nahe, daß der Ursprung der Perfekta auf *-iī* bei *iī, ieram* usw. zu suchen ist. Nach dem Vorbild von *perit, periit, perieram* wurde *audit, audiit, audieram* gebildet.

*Perfektendungen*

Das indogermanische Perfekt war „intransitiv", drückte also einen Zustand aus, der in der Person des Subjekts liegt (siehe oben). Die Endungen des lateinischen Perfekts lassen sich ebenfalls auf die intransitiven Endungen zurückführen, die im Medium des Griechischen und Indo-Iranischen sowie in der *ḫi*-Konjugation des Hethitischen weiterleben.

*Erste Person Singular.* Das Indogermanische hatte die Endung *-a* (griech. ϝοῖδα, Sanskrit *véda*). Das lateinische *-ī* (altlat. *-ei*) entspricht der Medium-Endung *-ē* des Sanskrit und des Slavischen; es vertritt indogermanisch *-(H)ai.*

*Zweite Person Singular.* Die indogermanische Endung war **-tha* (griech. ϝοῖσ-θα) mit einer möglichen Nebenfom **-thai*, analog zur ersten Person Singular. Hieraus entstand regelmäßig *-tī: uīdis-tī* (zu *-is* siehe unten).

*Dritte Person Singular.* Das indogermanische *-e* (griech. ϝοῖδε usw.) wurde im Italischen durch die sekundäre Endung *-t* erweitert, die zu *-d* wurde: altlat. *feced.* Später wurde das *-d* wieder durch *-t* ersetzt. Altlateinische Formen wie *fuueit, redieit* (Plautus *uīxīt* usw.) gehen auf die alte intransitive Endung **ai* zurück, die durch das normale *-t* der 3. Person Singular erweitert wurde: **-ai-t* > *-ei-t* > *-īt.*

Die *erste* und *zweite Person Plural* bedürfen keines Kommentares.

*Dritte Person Plural.* Es tauchen drei verschiedene Endungen auf: 1. *-ĕrunt* < **-is-ont,* wobei *-ont* die primäre thematische Endung darstellt (zu *-is-* siehe unten.) 2. *-ēre* bewahrt eine Spur der *r*-Endung, die in immerhin sechs indogermanischen Sprachgruppierungen vorkommt (siehe S. 14f.). Im Augenblick möge die Feststellung genügen, daß *-r* die sekundäre Aktivendung war, die erwartetem primärem *-ri* entspricht. *-ri* müßte im Lateinischen zu *-re* werden; dort scheint die Endung an den einen Zustand darstellenden Verbalstamm auf *-ē* (S. 294) angehängt worden zu sein. 3. *-ērunt* stellt wahrscheinlich eine Kontamination aus *-ĕrunt* und *-ēre* dar.

In der zweiten Person Singular und Plural und in der dritten Person Plural tritt ein Element *-is-* auf, das auch in anderen Perfektformen wie *amāuis-se, amāuerō (< *amāuisō), amāueram (< *amāuisam)* usw. auftritt. Man nimmt an, daß *-is-* aus dem *s*-Aorist zweisilbiger Wurzeln stammt: **weidi-s.* Von da muß es analogisch auf Verben verschiedenen Typs übertragen worden sein.

### *Die Tempora des Perfekts*

Das Perfektfutur ist ursprünglich ein kurzvokalischer Konjunktiv des *s*-Aorists des soeben besprochenen Typs: **weidi-s-ō > uīderō, *weidi-s-es > uīderis* usw. In der dritten Person Plural trat die Endung des Konjunktiv Perfekt (siehe unten) ein, um Verwechslungen mit dem Indikativ *uidĕrunt* auszuschließen.

Im Plusquamperfekt finden wir dasselbe Suffix *-ā-* wie im Imperfekt. Entweder wurde dies an den mit *-is-* erweiterten Stamm angehängt *(*weidis-ā-m > uīderām)*, oder wir haben es mit einer Analogiebildung zum Perfektfutur nach dem Modell von *erō: erām* zu tun.

### *Die Modi*

#### *Imperativ*

Im Lateinischen kann ein Imperativ nur vom Präsensstamm aus gebildet werden; die einzige Ausnahme ist *mementō* (< **memn̥tōd*, vgl. griech. μεμάτω; zu *-tōd* siehe unten). Der Imperativ zeigt den reinen Stamm: *es, dā, plē* (athematisch), *age, lege, rege* (thematisch). Einige sehr häufig gebrauchte Imperative haben den Schlußvokal verloren: *dic, duc, fac* usw. Die Pluralendung ist *-te.*

Die Passivformen *amāre, monēre, sequĕre* gehen auf die Endung *-so* zurück (siehe oben, S. 291). Die entsprechende Pluralendung *-minī* entspricht entweder dem -μενοι der griechischen Partizipien des Mediums oder der griechischen Infinitivendung -μεναι (δό-μεναι). Es kann wohl wenig Zweifel darüber geben, daß *-min-* mit dem weitverbreiteten Suffix *-men-* identisch ist, das Verbalnomina bildet (z.B. griechische Infinitive wie δό-μεν; siehe auch S. 305f.). Eine thematische Form mit der reduzierten Stufe *-mno-* zeichnet die medialen Partizipien des Typs *alumnus* aus (siehe unten). Das Suffix müßte also einmal medio-passive Funktion gehabt haben. Weiter erscheint in anderen indogermanischen Sprachen im Imperativ und im Infinitv eine Partikel *-ī/-ĭ*, die möglicherweise mit der deiktischen Partikel identisch ist. So könnte man also einen Imperativ wie *agiminī* analysieren als Verbalnomen **age-men* + Partikel *-ī* (zum passiven Infinitiv siehe unten).

Der Imperativ auf *-tō* (*agitō* usw.) wird im Altlateinischen klar vom Präsens unterschieden: *hanc a me accipe atque illi dato* (Plaut.). Entsprechende Formen findet man in anderen indogermanischen Sprachen (z.B. griech. ἀγέ-τω), und es ist klar, daß das Indogermanische nur eine Form dieses Imperativs besaß, die sowohl in der zweiten als auch in der dritten Person Singular und Plural gebraucht wurde. Im Lateinischen wurde durch Anhängen der charakteristischen Endung *-te* eine besondere Pluralform geschaffen: *agitō-te*; so blieb *agitō* auf die zweite und dritte Person Singular beschränkt. *-tōd* (altlat. *statod, licetod, datod* usw.) war ursprünglich der Ablativ des Demonstrativums *to-*; er bedeutet „von diesem (Moment usw.)".

Von einem *es-tō* das fälschlich als *est-ō* analysiert wurde, schuf man neue Formen für die dritte Person Plural: *sunt-ōd, feruntō* usw. Bezüglich der besonderen Dialektformen *fundatid, parentatid, proiecitad*, die sich in einer lukerischen Inschrift finden, siehe unten beim Konjunktiv. Die passiven Formen des Imperativs Futur werden durch Anhängen des charakteristischen *-r* and *-to* gebildet. Die seltene Form auf *-minō* (altlat. *progredimino*) hat offenbar dieselbe Herkunft wie *-minī*, jedoch ist das *-ī* durch das *-ō* der *-tō*-Formen ersetzt.

### *Konjunktiv*

Der lateinische Konjunktiv erfüllt die Funktionen des indogermanischen Konjunktivs und Optativs (siehe Syntax) und umfaßt formal Bildungen, die auf beide indogermanische Modi zurückgehen. Im Indogermanischen gab es zwei Arten, den Konjunktiv zu bilden. In athematischen Tempora wurde der Konjunktiv durch Hinzufügung von *ĕ/ŏ* gebildet: griech. ἴ-μεν (Indikativ), ἴ-ο-μεν (Konjunktiv). Dieser Kurzvokaltyp liegt Futura wie *erō, uiderō* usw. zugrunde (siehe oben).

Der Konjunktiv thematischer Tempusstämme wurde durch Längung des Themavokals gebildet: *ē/ō*. Im Lateinischen wurde *-ē-* generalisiert: *amē-m, amē-s, amē̆-t, amē-mus, amē-tis, ament.* Wie wir schon gesehen haben, leistete dieser Konjunktivtyp schließlich Dienst als Indikativ Futur der dritten und vierten Konjugation. Das *-ē* wurde auch an den *s*-Aorist angehängt und bildete so das *-sē-*, das charakteristisch ist für den sogenannten Konjunktiv Imperfekt (vgl. Syntax, S. 339): *es-sē̆-m, amà-rē-m* usw. Bemerkenswert ist *forem* < **bhu-se-m. -sē-* erscheint auch im Konjunktiv Plusquamperfekt: *uidis-sē-m* usw.

Der dritte Typ des indogermanischen Konjunktivs betrifft auf Vokal ausgehende athematische Stämme; hierbei wurde der Stammvokal gelängt, vgl. griech. δύνᾰται (Indikativ), δύνᾱται (Konjunktiv). Auf diesen Typ kann man vielleicht die typisch italischen *-ā*-Konjunktive zurückführen. Zuweilen hält man dieses Suffix für identisch mit dem oben besprochenen präteritalen *-ā*; es ist jedoch unklar, wie ein Modussignal, das in erster Linie auf die Zukunft deutet, präteritale Funktionen angenommen haben sollte. Es bleibt noch zu bemerken, daß es im Altlateinischen vorkam, daß das *-ā-* an die Wurzel und nicht an den Präsensstamm angehängt wurde: *fuat, attigas* (von *tag-*, nicht *tang-*), *abstulas, aduenat, duas.*

Der indogermanische Optativ wurde durch Anhängen von *-ī* an thematische Stämme gebildet (griech. φέρο-ι-μι usw.). Das Optativsuffix athematischer Stämme zeigte Ablautwechsel: *-yē-* im Singular und *-ī-* im Dual und im Plural. Der einzige Rest des zweiten Typs im Lateinischen ist der archaische Konjunktiv von *esse: *s-iē-* in *siem, siēs, siet; *s-ī-* in *sīmus, sītis, sient.* Dieses Paradigma wurde jedoch durch die Generalisierung des Stammes *-sī* normalisiert: *sim, sīs, sit.* Das *-ī* tritt auch in den Konjunktivformen *uelim, edim, duim* (zugrunde liegt **dou*, eine Erweiterung der Wurzel *dō*, die man auch im Griechischen findet), *creduīs* auf, weiter in den Optativen, die vom *s*-Aorist aus gebildet sind: *faxim, faxīs, faxit, ausim, curassīs, celassīs, prohibessīs* (vgl. S. 297 f.). Derartige Bildungen stecken hinter dem Konjunktiv Perfekt: *uiderim* < **woidis-ī-m.* Aus *uiderim* wurde ein Suffix *-eri-* bezogen, das an alle Typen des Konjunktiv Perfekt angehängt wurde: *ēgerim, dixerim, amāuerim* usw. Im Lateinischen hat sich der thematische Typ auf *-oi-* nicht erhalten können.

Wir müssen noch die merkwürdigen Imperativformen *fundatid, parentatid, proiecitad*, die in einer lucerischen Inschrift vorkommen, besprechen. Offenkundig bietet diese Inschrift einen Dialekt, der vom Oskischen beeinflußt ist. Im Oskischen erscheint der Konjunktiv der *ā*-Stämme als *-āīd (-ā-ē-d)* und der des *iaciō*-Typs als *-iād. parentatid* und *proiecitad* können also als Kontamination des *-tōd*-Imperativs mit dem jussiven Konjunktiv **parentāīd, *proieciād* gedeutet werden.

*Verbalnomina*

*Der Infinitiv*

Der Infinitiv ist genaugenommen gar kein Modus, sondern er besteht in allen indogermanischen Sprachen aus isolierten Kasusformen (vor allem Dative und Lokative) von Verbalnomina. Derartige Verbalnomina können als reine Wurzel auftreten *(*ag)* oder eine Anzahl Suffixe bzw. Erweiterungen aufweisen. Von besonderer Bedeutung sind Verbalnomina im Neutrum auf *-i, -s, -r, -n* sowie der komplexen Formen *-wer/wen, -mer/men*, bei denen die Suffixe *er/en* an durch *-w* und *-m* erweiterte Wurzeln angehängt sind.

Der lateinische Infinitiv Präsens zeigt *-se (es-se, *uel-se > uelle, *fer-se > ferre)* und kann als Lokativ Singular eines *s*-Stammes interpretiert werden, wobei das Schluß-*i* regelmäßig zu *-e* wurde (vgl. S. 246). Bei vorangehendem Themavokal unterlag das *-s-* dem normalen Rhotazismus: **age-se > agere.* Das Altlateinische zeigt noch einige Beispiele für den Verlust des Auslautvokals: *biber, tanger.*

*-se* wurde auch an den Perfektstamm auf *-is-* angehängt und ergab den Infinitiv des Perfekts auf *-isse* (*amauisse, dixisse* usw.).

Der Infinitiv Passiv geht auf *-ī* aus. Einige Gelehrte sind der Ansicht, dem liege *-ei* zugrunde, das als Dativ eines Wurzelnomens **ag-ei* oder als Lokativ eines thematischen Nomens **ago-* angesehen werden kann, dessen Akkusativ im oskischen Infinitiv *acum < *ago-m* erscheint. Gegen diese These spricht die Duenos-Inschrift, deren Form *pacari* vermuten läßt, daß das lateinische *-ī* ein ursprünglicher Langvokal und nicht das Resultat eines Diphthonges ist. Die obige Erklärung gibt auch keine befriedigende Deutung für die Spezialisierung dieses Kasus eines Verbalnomens auf den Ausdruck des Passivs. Es drängt sich also eine andere Erklärung auf. Wir haben gesehen, daß ein langes *-ī* auch die zweite Person Plural im Passiv auszeichnet: *-minī.* Vielleicht sollte man in der Partikel *-ī* den Ausdruck einer medio-passiven Funktion sehen. Bei den Imperativen wurde das *-ī* an ein Verbalnomen auf *-men* angehängt; im Falle der Infinitive trat es an die Wurzelnomina (*ag-, dūc-, dīc* usw.). *ī* könnte auf **iH* zurückgehen; vgl. den Wechsel von *i* und *ī* bei der Bildung der Verbalstämme *faci-* und *audī.*

Bei den altlateinischen Formen des präsentischen Infinitivs Passiv (*agier, uortier* usw.), die von den Dichtern aus metrischen Gründen als bequeme Alternativbildung verwendet wurden, erklärt man die Endung *-ier* gemeinhin als *-ī*, das durch die Endung des Infinitivs Aktiv erweitert wurde und dann den Endvokal (wie bei *biber, tanger*) verlor. H. Pedersen nimmt jedoch an, daß wir es hier mit einem zusammengesetzten Suffix *-i-er* zu tun haben, das ein Verbalnomen darstellt, das mit hethitischen Verbalabstrakta auf *-š-ar, -tar, -mar, -war* (vgl. *i-ter*) zu vergleichen ist.

### *Der Infinitiv Futur*

Bei der Betrachtung der Morphologie dieses Infinitivs müssen wir uns durch die Tatsache leiten lassen, daß er im Altlateinischen als unveränderliche Form *-tūrum* ohne Berücksichtigung des Genus, Numerus oder Kasus des Substantivs, auf das er sich bezieht, auftreten kann (Cato ap. Prisc. 2, 475, 23 Keil: *illi polliciti sese facturum omnia*; Cic. in Verr. 2, 5, 65 = 167: *hanc sibi rem praesidio sperant futurum*). Dieser Infinitiv ist folglich nach der Meinung einiger Gelehrter nicht identisch mit dem Partizip Futur Aktiv (siehe unten), sondern das Ergebnis der Verbindung des Supinums mit einem Infinitiv des Verbs „sein", **esom*, der im oskischen *ezum* belegt ist: **factu-esom* > *factūrum.* Diese unveränderliche Form wäre dann in Verbindung mit einem maskulinen Akkusativ oder einem Neutrum im Singular als Adjektiv empfunden worden und wäre in die Adjektivdeklination übergegangen. Die Schwäche dieser Erklärung liegt in der Tatsache, daß ein derartiger Infinitiv im Lateinischen nicht vorkommt. Man könnte ihn natürlich der „italischen" Periode zuschreiben, aber wir haben ja schon im Kapitel I unsere Zweifel an der Existenz des „Gemeinitalischen" geäußert.

*fore*, das als Infinitiv Futur dient, ist der normale lateinische Infinitiv von der Wurzel **bhu: *bhu-s-i.* Zu den Infinitiven der desiderativen Verben auf *-āssō* siehe S. 298.

Auf der Grundlage der periphrastischen aktiven Infinitive des Futurs wie *cubitum ire* hat das Lateinische einen passiven Infinitiv des Futurs gebildet: *factum irī.*

### *Das Supinum*

Die Supina auf *-tum* und *-tū* sind Akkusative und Dative (bzw. Lokative oder Ablative) von Verbalnomina auf *-tus* (S. 261). Man findet auch gelegentlich Dativformen auf *-uī: memoratuī* (Plautus).

### *Die Partizipien*

Das Partizipium Präsens ist ein mit dem Suffix *-nt-* gebildetes Verbaladjektiv; in Verbindung mit dem Themavokal *-o-* erscheint es als *-ont-*. Das einzige lateinische Beispiel dafür sind die Deklinationsformen von *iens* *(euntem < *e̯ontem)* und *sons, insons,* worin das Partizip Präsens des Verbes „sein", *s-ont-,* zu finden ist. Sonst hat das Lateinische *-ent-*, was entweder **-ent-* oder **-n̥t-* ist, wobei letzteres die Schwachstufe darstellt, die im Indogermanischen in der Deklination von auf Konsonant endenden athematischen Stämmen auftritt. In *dens* finden wir das Partizip Präsens, das die Schwachstufe der Wurzel *ed* bietet: *d-ens.*

Das Partizip Perfekt Passiv des Lateinischen ist ursprünglich ein Adjektiv auf *-to-*. Im Indogermanischen trug es den Akzent, wobei der Verbalstamm in die Schwachstufe zu stehen kam: *dĭc-tós, dŭc-tós, ŭs-tós* (Wurzel **eus,* wie in *ūrō*), *stă-tós* (von *stə-tós*, Wurzel **stā*), *sătus (*sē).* Bei den Verbaladjektiven, die auf *-itus* ausgehen, stellt das *-i-* die Schwachstufe zweisilbiger Wurzeln des Typs *domā / domə, tacē / tacə* dar: *domitus, tacitus.* Bei auf dentalen Plosiv ausgehenden Wurzeln ergaben *-t-t-* und *-d-t-* ein *-ss-* (S. 257), das nach Langvokal oder Diphthong degeminiert wurde: **claud-tos > claussus > clausus; *fid-tos > fissus; *fod-tos > fossus; sed-tos > sessus.*

Obwohl das *-to-* ursprünglich an die Wurzel angehängt wurde und das Adjektiv vom Tempusstamm unabhängig war, bewirkte seine Einbeziehung in die Verbalkonjugation viele analogische Interferenzen, z. B. *mānsus* (Perfekt *mansī*), *flexus (flexī), sparsus (sparsī), fluxus (fluxī).* In Verbindung mit dem Verb „sein" ergab dieses Partizip die periphrastische Konjugation des Perfekt Passiv: *amātus est.*

Das Partizip Futur Aktiv ist ein Adjektiv mit dem Suffix *-ro-*, das an den Stamm des Verbalnomens auf *-tū-* angehängt ist: *futū-ro-s.*

### *Das Gerundium*

Es gibt noch keine befriedigende Erklärung für die lateinischen Verbaladjektive auf *-ndus.* Das Suffix *-do-* erscheint jedoch in anderen Verbaladjektiven *timidus*, wo es an ein Verbalnomen auf *-i-* angehängt ist. Die Bedeutung der Gerundiva war „in eine Tätigkeit einbezogen". Bei intransitiven Verben lag natürlich intransitive Bedeutung vor; bei transitiven Verben, z. B. *agnus caedundus*, konnte die Bedeutung „ins Töten einbezogen" leicht je nach dem Kontext variieren: „geeignet, getötet zu werden", „im Begriff, getötet zu werden", „bestimmt dazu, getötet zu werden" usw. In der dritten und vierten Konjugation erscheint das Suffix im Altlateinischen in der Form *-undus.* Daß der Übergang zu *-endus* dem Einfluß des Partizip Präsens zu verdanken ist, wird dadurch evident, daß *eundum*, das niemals auf *-endus* ausgeht, seine Parallele im Partizip Präsens *euntem* hat.

Das Gerundium besteht aus verschiedenen Kasus des substantivierten Gerundiums im Neutrum (vgl. jedoch S. 350f.).

Im Lateinischen gibt es nur wenige Spuren des Partizips Medium auf *-meno-: fēmina* (von **dhē* „saugen"), *alumnus* (von **al* „nähren"). Weiter oben wurden die Gründe aufgezählt, die daran zweifeln lassen, daß die medio-passive Imperativendung *-minī* mit der Pluralform des Partizips Medium identisch sein sollte.

*Indeklinabilia*

Unter dieser Überschrift fassen wir Adverbien, Präpositionen, Präfixe und Partikel zusammen, die die syntaktische Beziehung von Wörtern markieren oder verstärken und örtliche, zeitliche und eventuell logische Hinweise geben. Einige davon sind extrem alt und entziehen sich einer Analyse, z. B. **en (in), *anti (ante), *op(i) (ob, obs), *apo (ap, ab, abs), prō, *eks (ex, ē)* usw. Bei anderen lassen sich 1. demonstrative Stämme (*to-* in *tum, tam, tandem, topper* usw.; *i-* in *ita, item; iam* usw.; *no-* in *nam, dō-ni-cum, dō-ni-que* usw.) und 2. der interrogativ-relative Stamm *quī/quo-* (*quid-em, quip-pe, quom, quōr* usw.) feststellen.

Viele dieser Formanten sind typisch für Adverbialbildungen. So enthält beispielsweise *ut* nach Ausweis von *aliuta* und *uti-nam* sowie des Korrelativs *i-ta* ein Suffix *-ta*, welches auf indogermanisch **-tə* (vgl. Sanskrit *iti*) zurückgehen könnte. Dieses Suffix wurde an die Wurzel *$q^w$*u* angehängt. An *uta* wurde die Lokativendung bzw. deiktische Partikel *-i* angehängt, so daß *utei, utī* < **uta-i* entstand. *$q^w$*ut-* konnte durch ein adverbiales *-s* erweitert werden (oskisch *puz* < *$q^w$*ut-s*); so kann man *uspiam, ūsque, usquam* erklären. Dieselbe Wurzel *$q^w$*u-* liegt *(c)ubi (ali-cubī, nē-cubī)* zugrunde. Das Oskisch-Umbrische (umbrisch *pufe*) und andere indogermanische Sprachen zeigen, daß die ursprüngliche Form *$q^w$*u-dhe* war; sie wurde durch eine lokative Endung erweitert, so daß *$q^w$*u-dhei* entstand, das regelmäßig zu *(c)ubī* wurde (vgl. S. 253f.). Durch *ubi* wurde sein Korrelativ *ibi* beeinflußt, wofür man nach Sanskrit *iha* eigentlich **idī* < **i-dhe-i* hätte erwarten sollen. *cūr*, altlateinisch *quōr*, enthält einen Adverbialformanten *r*, der auch in englisch *where* und litauisch *ku-r̃* vorkommt.

Die Mehrzahl der Adverbien sind erstarrte Kasusformen von Nomina. Nominative sind *uersus* und *secundus*. Akkusative sind 1. *parum, prīmum, multum, nimium, magis, minus, plūs* usw. (Neutra); 2. *quom, tum, dum, nunc* < **num-ce, partim, statim, ōlim* (Maskulina und Feminina). Die charakteristischen lateinischen Adverbia *iam, nam, tam, quam, clam, palam* sind möglicherweise feminine Akkusativformen von *i-*, *no-*, *to-* usw. Temporale Genitive sind *nox* und *dius.* Ablative sind die normalen Typen auf *-ō(d), -ē(d), -ā(d): prīmō, meritō(d), intrō, retrō; bene, facilumēd; extrād, īnfrā.* Das *-tos* von *intus* (griech. ἐντός), *penitus, funditus, subtus* usw. ist ebenfalls eine alte Ablativendung. Lokative sind *hīc, noctū, temere, temperī, penes.* Derartige Kasusformen werden zuweilen mit Affixen kombiniert, z.B. *-per* in *parumper, semper, topper (< *tod-per)* oder *-em* in *quidem* (vgl. *idem*, S. 283). Das *dō-* von *dōnec* (altlat. *dōnicum, dōnique*) ist identisch mit englisch *to*, deutsch *zu.* Wieder andere Adverbien sind versteinerte Formeln: *quārē, intereā, hāctenus, interim, adfatim, scīlicet (< scīre licet), dumtaxat* (*taxat* ist der Konjunktiv eines *s*-Aorists oder einer desiderativen Form der Wurzel **tag, ta-n-gō*). Der normale Adverbtyp auf *-ter* wird für identisch mit dem gegensatzbildenden Suffix *-ter* (S. 279f.) angesehen. Der Ausgangspunkt war *aliter*, von wo das Suffix zunächst an Wörter verwandter Bedeutung wie *pariter* oder *similiter* und dann an andere Wörter angehängt wurde.

KAPITEL X

# Syntax

Die Syntax einer Sprache wie Latein beschäftigt sich mit der funktionalen Seite der Morphologie (vgl. das vorige Kapitel). Ihr Gegenstand sind in erster Linie die gegenseitigen Beziehungen der Wörter eines Satzes, die ihren Ausdruck in Kasus-, Tempus- und Modusendungen finden. Wer jedoch Latein lernt, bemerkt bald, daß es keine klaren und eindeutigen Funktionen beispielsweise der verschiedenen Kasusendungen gibt; man wird vielmehr mit einer verwirrenden Vielfalt konfrontiert, beispielsweise mit Dativen der Wirkung, des Vorteiles und des Nachteiles *(dativus commodi)*, mit ethischen, finalen und prädikativen Dativen. Der Grund dafür ist in einer einfachen sprachlichen Tatsache zu suchen, die zu kennen im Bereiche der analytischen und historischen Syntax sehr wichtig ist. Es gibt im Geiste eines Sprechers keine isolierten Wörter, sondern nur assoziative Gruppierungen. Alle Glieder einer solchen Gruppierung zeigen die Neigung zu gleichem synktaktischen Verhalten. Wenn also *imperāre* den Dativ regiert, dann ist es wahrscheinlich, daß sich das synonyme *iubēre* genauso verhält, und tatsächlich finden wir *iubēre* mit dem Dativ bei Catull und sogar in einem Cicero-Brief (ad Att. 9, 13, 2), obwohl die Schulgrammatik den Akkusativ vorschreibt. Ebenso folgt *laedere* dem Beispiel von *nocēre*, weiter *sinere* und *patī* dem Beispiel von *permittere* und *impedīre* (beim Grammatiker Varro, *de lingua Latina* 9, 20) dem von *obstāre*. Die syntaktische Entwicklung kann also mit dem allmählichen Wachsen eines Hexenringes, der ja durch die Ansammlung von Pilzen um einen ursprünglichen Mutterpilz entsteht, verglichen werden. Derartige syntaktische „Hexenringe“ können sich auch überschneiden: ein Wort kann nämlich zu verschiedenen Assoziationsgruppen gehören und verschiedenen Konstruktionen unterworfen sein. Die Syntax einer Sprache bietet also dem Auge des Beobachters eine komplizierte Anordnung solcher „Hexenringe“ dar; seine Aufgabe besteht darin, zuerst ihr Gebiet abzustecken und zu definieren und dann daran zu gehen, ihr Wachstum bis hin zum Ausgangspunkt der Entwicklung zurückzuverfolgen. Der Untersucher wird dann entdecken, daß der schließlich gefundene „Mutterpilz“ seinerseits wieder Teil eines weiteren „Hexenringes“ war, denn assoziative Gruppierung von Wörtern kommt in allen Sprachen vor. Das bedeutet, daß man niemals beispielsweise bis zur ursprünglichen Funktion eines Kasus kommt; man findet vielmehr ein miteinander verbundenes System von „Hexenringen“. Um die Beschreibung und Klassifikation zu erleichtern, wird man sich in der Syntax genereller Formeln bedienen, die die beobachteten Verwendungsweisen erfassen, z.B. „ein Substantiv im Dativ bezeichnet die Person oder Sache, die bei dem Vorgang, auf den sich das Verb bezieht, beteiligt ist“. Diese Formel sollte nicht verwechselt werden mit der „ursprünglichen einzigen Funktion“, die es wahrscheinlich niemals gegeben hat. Zu allen Zeiten besteht eine Sprache in syntaktischer Sicht aus Assoziationsgruppen („Hexenringe“) konkreter Verwendungsweisen. Im Laufe der Generationen wachsen und schrumpfen die Ringe und ihre Zusammensetzung ändert sich. Die Abgrenzung solcher Ringe und die Beschreibung der Geschichte ihres Wachsens sind die Hauptaufgaben der deskriptiven, historischen und vergleichenden Syntax.

## Nomina

### *Nominativ*

Der Nominativ ist der „Nennkasus“, bei dem das Wort als reines Etikett auftritt wie etwa in Listen, Aufzählungen usw. In dieser Funktion kann der Nominativ auch prädikativ verwendet werden: *cognomen habuit 'Coruinus'* „er hieß Corvinus“, vgl. auch *per ualle illa quam dixi ingens* in der Peregrinatio Aetheriae. Der Nominativ als Nennkasus bewirkt eine Vorankündigung und eine Konzentrierung des Interesses auf das momentane Zentrum des Interesses, das „Subjekt“ der Aussage. Ein primitiver Aussagetyp besteht aus zwei solchen Nominativen, wobei das eine als „Subjekt“ und das andere als „Prädikat“ fungiert: *ille seruus.* Einige Verben werden gebraucht, um die Beziehung zwischen Subjekt und Prädikat klarzumachen: *est, factus est, creātus est, adest* usw. Wenn das Zentrum des Interesses bereits festgestellt ist und kein besonderer Bezug darauf mehr nötig ist, dann dienen derartige prädikative Nominative als Ausruf: *nūgae! fābulae!* Zuweilen haben sie einen deiktischen Ausdruck bei sich: *em tibi anus lepida!* (Plautus Curc. 120).

Bei vielen Aussagen, die sich auf ein Ereignis beziehen, ist die Person oder die Sache, die als Zentrum des Interesses „genannt“ wird, als Ausgangspunkt der Handlung gedacht: so kommt es zur „ergativen“ Funktion des Nominativs, der folgendermaßen dargestellt werden könnte: ✣.

Bei den vorankündigenden „Nennausdrücken" finden wir zuweilen zwei Nominative in Apposition: *homō adulēscēns, homō seruus, mulier meretrīx.* In solchen Fällen wird ein vager Allgemeinbegriff näher präzisiert, sozusagen durch einen Nachgedanken, vgl. z.B. *nōs lībertīnae sumus, et egō et tua māter.*

In lockerer Unterhaltungssprache fällt der Satz oft aus seiner ursprünglich beabsichtigten Konstruktion, wenn der Gegenstand, über den man reden will, einmal genannt ist; zu diesem sogenannten „Nominativus pendens" vgl. S. 000.

### *Vokativ*

Der Vokativ ist der Anredekasus, der die Aufmerksamkeit des Zuhörers erregen will. Er ähnelt in seiner Funktion dem Imperativ des Verbs, dem er auch in morphologischer Hinsicht ähnelt, denn beide bestehen aus dem reinen Stamm. Im Lateinischen hat der Vokativ nur in der zweiten Deklination eine morphologische Kennzeichnung (siehe Kapitel IX), und besonders in der Dichtung kann er zuweilen auch dort durch den Nominativ ersetzt werden. Syntaktisch ist das Nomen im Vokativ von der übrigen Äußerung abgesetzt, und ursprünglich stand sogar ein qualifizierendes Adjektiv im Nominativ: *salue, prīmus omnium* (Plinius, nat. hist. 7, 117). Wir finden zwar schon im frühen Latein ein Beispiel für den Übergang in den Vokativ, wenn *macte*, was wahrscheinlich ist, den Vokativ zu *mactus* darstellt (siehe S. 70f.), aber im allgemeinen ist dieses Phänomen ein Gräzismus der augusteischen Dichter: *prīmā dicte mihī, summā dīcende Camēna, . . . Maecēnās* (Hor. ep. 1, 1, 1–3). Derartige Beispiele kommen hauptsächlich in der Dichtung vor, während man in der Prosa Ausdrucksweisen wie *ō tū, quī* vorzieht. Ähnliche Attraktionsphänomene treten auch beim prädikativen Adjektiv auf: *quō moritūre ruis* (Verg. Aen. 10, 811) oder *tū quoque . . . miserande iacērēs* (ib. 10, 324–325).

### *Akkusativ*

Der Akkusativ zeigt Verwendungsweisen, die grob definiert werden können als Zweck oder Ziel, worauf eine Aktion sich richtet. Die Beziehung kann also mit dem Symbol →| umschrieben werden. Am deutlichsten sieht man das bei Verben der Bewegung, weil das Lateinische den reinen Akkusativ zur Bezeichnung dieser Beziehung bewahrt hat, und zwar bei Ausdrücken wie *domum* „nach Hause", *rūs* „aufs Land", bei Namen von Städten und kleinen Inseln sowie bei gewissen anderen Formeln wie *exse-*

*quiās īre* „zu einem Leichenbegängnis gehen“, *infitiās īre* „ableugnen“, *pessum īre* „zugrunde gehen“, *uēnum dūcere* „verkaufen“ usw. In den meisten Fällen ist jedoch ein Stützadverb zur unverzichtbaren „Präposition“ geworden, die den Kasus „regiert“. Das Perfekt derartiger Verben drückt den Zustand aus, der das Ergebnis der Aktion ist, aber der Präpositionalausdruck, der eigentlich nur zu den anderen „Aspekten“ (siehe S. 292f.) paßt, bleibt unverändert: *ad urbem uenīre* > *ad urbem uenisse*; von dort ist es nicht mehr weit zu einer analogischen Verbindung wie *ad urbem adesse*. So bekam die Präposition *ad* + Akkusativ eine Anzahl *lokativer* Funktionen: *ubi summus imperātor nōn adest ad exercitum* (Plaut. Amph. 504), *esse ad sorōrem* (Ter. Heaut. 979), *tōtam hiemem ipse ad exercitum manēre dēcrēuit* (Caes.bell. Gall. 5, 53, 3), *habes hortōs ad Tiberim* (Cic. pro Cael. 36), *mihī . . . est ad portum negōtium* (Plaut. Merc. 328), *egō ad forum illum conueniam* (Plaut. Mil. 930). So wurde *ad* mit *apud* austauschbar.

Verbalkomposita entstanden aus der Fusion einfacher Verben mit Adverbien, die zuvor ein unabhängiger Bestandteil der Aussage gewesen waren. Nachdem eine solche Fusion einmal stattgefunden hatte, schien das Verbalkompositum einen direkten Akkusativ zu regieren, weil ja der Zielakkusativ beibehalten wurde (siehe unten): *aliquem ad* + *īre* > *aliquem adīre*. So erklärt sich die sogenannte transitivisierende Funktion der Verbalpräfixe: *accēdere, aduenīre, aggredī, antecēdere, circumīre, incurrere, irrumpere, introīre, percurrere, subīre, trānsmittere, oppugnāre* usw. Die Reihe wurde noch erweitert durch analogische Einflüsse verschiedener Art. So sollte man nach *ēgredī* und *exīre* „herausgehen“ den Ablativ erwarten; der Akkusativ kann aus einer Verbindung zum Antonym *inīre* „hineingehen“ oder aus Ausdrücken ähnlicher Bedeutung wie *relinquere* „verlassen“ erklärt werden.

Bei einigen Verben meint der Akkusativ des Zieles oder des Zweckes, worauf die Aktion gerichtet ist, ein externes Ding oder eine externe Person: „Wild schießen“, „Brot essen“, „Getreide pflanzen“. Hierbei handelt es sich um die „externen Akkusative“, die das direkte Objekt des Verbs ausdrücken. Traditionellerweise ist man geneigt, diesen Gebrauch von der „lativen“ Verwendung „des Zieles oder Zweckes“ zu trennen, aber eigentlich gibt es hier keinen großen Gegensatz. Die Reihe der Verben, die derartige Akkusative regieren, wuchs im Lateinischen durch Analogieeinflüsse beständig. So schlug *amāre* eine ganze Reihe synonymer Ausdrücke in seinen Bann: *hic tē . . . dēperit, ea dēmoritur tē* (Plaut. mil 970) und sogar *amāre eum haec perditast* (Plaut. cist. 132). Durch ähnliche Vorgänge wurden einige Verben, die Gefühlszustände ausdrücken, transitiv: Furcht *(timēre, metuere, abhorrēre)*, Hoffnung und Erwartung *(spērāre, dē-*

*spērāre, manēre, expectāre, morārī*[1]), Freude und Bedauern (*laetārī, rīdēre, gaudēre, flēre, lūgēre, gemere, dolēre, maerēre, plōrāre, fremere, tremere* usw.). Genauso werden unpersönliche Verben, die Gemütszustände ausdrükken, konstruiert: *mē miseret, mē paenitet, mē pūdet, mē taedet, mē piget.* Viele Verben, die ursprünglich mit anderen Kasus (Genitiv, Dativ, Ablativ) konstruiert wurden, kamen durch Analogieeinfluß in den Bereich des Akkusativs: *abūtī, carēre, fungī, superāre, indulgēre, seruīre, cūrāre, studēre, auscultāre* usw. Infolge dieser vielfältigen Vorgänge weitete der Akkusativ allmählich seinen Anwendungsbereich aus, bis er schließlich von seiner konkret-räumlichen Bedeutung „Ziel oder Zweck" aus sich weiterentwikkelte zum allgemeinen grammatischen Ausdruck der Ergänzung zum Verb.

Im Altlateinischen findet man auch externe Akkusative nach Verbalnomina: *quid tibi hanc adītio est?* (Plaut. Truc. 622); *quid tibi hanc cūrātiost rem?* (Plaut. Amph. 519). Alt ist auch der Akkusativ nach medialen Verben des Be- und Entkleidens: *quid erat indūta?* oder *lōrīcam induitur.* Alternativ erschien der Teil des Körpers, um den es ging, im Akkusativ (*caput uēlātī*) und das Kleidungsstück o.ä. im instrumentalen Ablativ: *togae parte uēlātī* (Cato), *succinctī corda machaeris* (Enn. ann. 400 Vahlen). So entstand der einheimische lateinische Rahmen für dem Griechischen nachgebildete poetische Ausdrucksweisen wie *exūta pedem* (Verg. Aen. 4, 518), *suspensī oculōs* (Hor. sat. 1, 6, 74), *concussa metū mentem* (Verg. Aen. 12, 468) oder die vielbesprochene Stelle Verg. Buc. 1, 53–54: *saepes | Hyblaeīs apibus flōrem dēpasta salicti.* Schließlich wurde die Konstruktion auch auf Adjektive ausgedehnt: *exūta pedem* führte ganz natürlich zu *nūda pedem.* Hiermit haben wir den Akkusativ der Beziehung, eine Kategorie, zu der auch andere Entwicklungslinien, die wir jetzt nachzeichnen wollen, hinführen.

In einigen Ausdrücken bezieht sich der Akkusativ des Zieles nicht auf ein äußeres Objekt, sondern auf den Inhalt des Verbs, auf das Resultat, auf das die im Verb ausgedrückte Handlung hinstrebt. Derartige Verwendungsweisen werden in der Grammatik unter der Überschrift „innerer Akkusativ" zusammengefaßt, im Gegensatz zum „äußeren Akkusativ", der soeben besprochen wurde. Wie so oft bei syntaktischen Erscheinungen verschmolzen die beiden Anwendungsbereiche jedoch miteinander:

[1] Der Akkusativ nach *morārī* wird am besten hier zusammen mit dem Synonym *manēre* eingeordnet: *id modo morātus, ut consulem percontārētur* (Liv. 23, 47, 1) wird von Ernout und Thomas als adverbieller innerer Akkusativ (siehe unten) betrachtet.

„ein Haus bauen“, „ein Feuer entzünden“, „ein Schwert schmieden“, „eine Lüge erzählen“, „einen Schlag versetzen“ usw. Lateinischen Beispiele sind: *facinus audēre, mendācium dīcere, foedus ferīre, uerbum muttīre, lapidēs loquī, propīnō tibī salūtem.* Ein alter Typ, der in indogermanische Zeit zurückreicht, ist der Akkusativ des Inhaltes, die die vom Verb bezeichnete Aktion bezeichnet: *aetātem uīuerem.* Eine stilistische Untergruppe ist die „figura etymologica“, bei der das Substantiv denselben Stamm wie das Verb zeigt: *uōta uouēre, donum dare, cēnam cēnāre, dicta dīcere, auspicium auspicāre.* Der Akkusativ des Inhaltes ist aus dem Indogermanischen ererbt, aber er entwickelte sich unter griechischem Einfluß weiter: der Prototyp ist Ennius Ann. 375 Vahlen *uīcit Olympia.*

Einige Typen des inneren Akkusativs pflanzten sich fort und erzeugten „Hexenringe“, die wichtig genug sind, um eigene Etiketten zu verdienen. Aus Ausdrücken wie *longam uiam īre* und *noctem pernoctāre* entwickelten sich Akkusative der Raum- und Zeiterstreckung. Von der Durchmessung eines Raumes wie bei *nōn pedem discēdat* ist der Übergang zur Entfernungsangabe bei *abesse, distāre* usw. leicht. Entsprechende zeitliche Angaben sind z.B. *abhinc ducentōs annōs mortuus est*, und, noch freier, *iam multōs annōs est, quom possideō* (Plaut. Anl. 4). Schließlich erscheinen derartige Akkusative bei Adjektiven des Maßes: *pānem trīs pedēs lātum*, vgl. *annōs octingentōs nātus.* Zum Eindringen des Ablativs von „wie lange Zeit“, *tōtā uītā*, siehe unten.

Die Singulare des Neutrums der Pronomina wurden mit besonderer Freiheit als innere Akkusative verwendet: *istuc pessumē consulīs; istuc crucior; sī quid errō; sī id fallō; animum aduorte, ut, quod egō ad tē adueniō, intellegās* „merk auf jetzt, daß, warum ich komme, du erfährst“ (Plaut. Epid. 456). Beispiele wie *in maeret* geben Anlaß zu Konstruktionen wie *id misera maesta est* „darüber härmt und grämt sie sich“ (Plaut. Rud. 397), wo es sich um einen Akkusativ der Beziehung handelt (siehe oben). In echt lateinischen Konstruktionen sind diese Akkusative auf Pronomina im Neutrum beschränkt, z.B. *nesciō, quid tristis est.* Seit den augustäischen Dichtern entwickelte sich diese Konstruktion in Nachahmung griechischer Ausdrucksweisen freier: *quī genus?* „wer dem Geschlechte nach?“ (Verg. Aen. 8, 114); *maculōsus aluum* „am Bauch mit Flecken bedeckt“ (Verg. Georg. 3, 427); *nigra pedēs* „schwarz an den Füßen“ (Ov. Met. 7, 468). Tacitus war der erste Prosaiker, der diese Ausdrucksweise verwendete: *clārī genus* „berühmt in bezug auf ihr Geschlecht“ (Ann. 6, 9); *manum aeger* „krank in bezug auf seine Hand“ (Hist. 4, 81).

Im Altlateinischen bilden auch die Neutra einiger Adjektive innere Akkusative. Plautus beschränkt sich hauptsächlich auf Adjektive der

Quantität – *multum, nimium, magnum, maxumum.* Auch hier wirkte das Griechische stimulierend auf die einheimische lateinische Ausdrucksweise: Catull war der erste, der *dulce rīdentem* (51, 5) gebrauchte, um Sapphos γελαίσας ἰμέροεν wiederzugeben. Die Prosa verwendete derartige Konstruktionen erst nach Livius.

Verschiedene Typen des Akkusativs können in ein und demselben Satz auftreten: *quid nunc tē litterās doceam?* (Cicero). Zu den Verben des Informierens kann man ihr Gegenteil, die Verben des Verschleierns, stellen, die ebenfalls zwei Akkusative bei sich führen können: *ut cēlem patrem tua flagitia* (Plaut. Bacch. 375). Verben der Begriffsfelder „machen, denken, rufen" regieren einen Akkusativ des direkten Objekts und einen prädikativen Akkusativ: *is mē hērēdem fēcit* (Plaut. Poen. 1070). Auch hier drückt der prädikative Akkusativ in vielen Fällen das Resultat der Handlung aus. Zuweilen stehen die beiden Akkusative auch in Apposition: *melam fortūnam in aedīs tē adduxī meās* (Plaut. Rud. 501). Von derselben Art sind auch die „Akkusative des Ganzen und des Teiles", z.B. Plaut. Mil. 93 *meretrīces . . . māiōrem partem uideās ualgīs sāuiīs*, wo der zweite Teil nur einen korrigierenden Nachgedanken ausdrückt: „das heißt, den größten Teil von ihnen".

Innere und appositionelle Akkusative sind oft zu Adverbien erstarrt. Beispiele sind *nimium, plūs, multum*; Adverbien des Typs *partim, statim* usw. (siehe voriges Kapitel); ursprünglich appositionelle Fügungen wie *id genus, omne genus,* z.B. *corōnamenta – omne genus – facitō ut serantur* (Cato); *aliquid id genus solitum scrībere* (Cit. ad Att. 13. 12, 3); *in hoc genus praediīs* (Varr. r. r. 1, 16, 4). Hierher gehören auch Ausdrücke wie *id aetātis,* zB. *egō istuc aetātis nōn amōri operam dabam* (Ter. heaut. 110). Schließlich gibt es Akkusative des Ausrufes, die von einem unausgesprochenen Verb abhängen: *nūgās! hercle rem gestam bene! artificem probum!*

### *Genitiv*

Es ist schwer, eine Formel zu finden, die alle Verwendungen des Genitivs erfaßt. Deswegen wollen wir mit einigen der am besten verankerten Gebrauchsweisen beginnen, deren Alter über jeden Zweifel erhaben zu sein scheint.

Genitivus possessivus
Dieser Terminus spricht für sich: *aedēs erī* „das Haus des Herrn", *fīlius erī* „der Sohn des Herrn", *patris amīcus* „der Freund des Vaters" usw. In gewisser Weise konkurrieren die abgeleiteten Adjektive *(fīlius erīlis, Campus Martius = Campus Martis, uirgō Vestālis = uirgō Vestae)* mit diesem

Genitiv, und teilweise dachte man, dies sei die ältere Ausdrucksweise. Aber schon in den ältesten lateinischen Texten kommt der rein possessive Sinn des Genitivs ganz regelmäßig vor, wobei die Adjektive die weitere und unpräzisere Bedeutung „verbunden mit“ hatten, so daß der Bereich des Genitivs darin inbegriffen war. Der Ersatz des Genitivs durch ein Adjektiv gehört einem höheren Stilniveau an (z.B. in den Langversen bei Plautus). Genitivi possessivi können prädikativ verwendet werden: *fratris igitur Thāis tota est* oder *agrum numquam sīris fierī gnātī tuī* (Plautus). Die Ellipse eines leicht ergänzbaren Substantivs erklärt Ausdrücke wie *ad Diānae* sc. *fānum.*

Genitivus partitivus

Von „gehörig zu“ führt ein leichter Weg zu „Teil von“. Hier steht der Genitiv zu dem von ihm bestimmten Substantiv in der Beziehung, die das Ganze zu seinen Teilen hat. Am deutlichsten wird das bei Mengenausdrücken: *grānum salis* „ein Korn Salz“, *uīni gutta* „ein Tropfen Wein“, *pānis pondō quattuor* „vier Pfund Brot“, *cadus uīni* „ein Krug Wein“ usw. Partitive Genitive sind besonders häufig nach Pronomina und nach Adjektiven im Neutrum Singular, z.B. *aliquid, quid, multum, plūs* (*negōti, reī, acetātis, animī* usw.). Es handelt sich meistens um Genitive von Substantiven, aber es kommen auch einige substantivierte Adjektive im Neutrum vor: im Altlateinischen herrschen *malī* und *bonī* vor, Cicero erweiterte jedoch die Zahl solcher im partitiven Genitiv verwendbaren substantivierten Adjektive. In bestimmtem Umfang ist die Verwendung dieses Genitivs auch nach Ausdrücken, die keine Menge angeben, möglich. Zur Umgangssprache gehört der Genitiv nach Ausdrücken von Raum und Zeit: *ubi terrārum, nusquam gentium* (und von dort aus auch *minume gentium*). Andere Beispiele nach Adjektiven im Neutrum ohne quantitativen Sinn gehören hauptsächlich in den Bereich der Dichtung und der poetisch gefärbten Prosa: *incertō noctis* (Sallust), *sub obscūrum noctis* (Vergil). Partitive Genitive sind noch seltener nach substantivierten Adjektiven im Neutrum, wenn diese im Plural stehen: Cicero hat *summa pectoris* und *interiōra aedium.* Diese Verwendungsweise wurde jedoch unter griechischem Einfluß häufiger: *in infera noctis* (Ennius), *per caua terrae* (Sallust), *strāta uiārum* (Vergil), *angusta uiārum* (Tacitus).

Ursprünglich konnte ein Genitivus partitivus im Satz frei als Subjekt, Objekt usw. figurieren („‘einige der Feinde’ wurden getötet“, „ich trank ‘ein wenig Wein’), und es gibt einige Spuren davon im Altlateinischen: *aquae . . . addito* (Cato). Die klassischen Puristen unterdrückten diese Ausdrucksweise, aber sie tauchen im Vulgärlateinischen wieder auf, wo sie in Gestalt der Ersatzform *dē* + Ablativ zum Ausgangspunkt romanischer Konstruktionen des Typs *de l'eau* wurden.

Man findet den Genitivus partitivus bei einigen Verben, die „voll" und Vergleichbares bezeichnen: *complēre* „anfüllen", *abundāre* „im Überfluß vorhanden sein", *egēre* „Mangel leiden", *indigēre* „bedürfen", *carēre* „benötigen", *leuāre* „befreien von" (vgl. Plaut. Rud. 247: *mē omnium iam labōrum leuās* „du befreist mich von all meinen Leiden"). Die entsprechenden Adjektive haben dieselbe Konstruktion bei sich: *plēnus, largus, refertus, onustus, particeps, expers, iēiūnus* usw. Vom festen lateinischen Boden des Genitivs bei Ausdrücken des Mangels und des Entziehens ausgehend glitt Horaz unmerklich in den folgenden Gräzismus hinein: *dēsine mollium | tandem querellārum* „laß endlich von den unmännlichen Klagen ab" (Hor. Carm. 2, 9, 17–18). Ursprünglich hatten auch *potīrī* „sich einer Sache bemächtigen" und die entsprechenden Adjektive *compos* und *impos* den Genitiv bei sich: *impos animī, compos animī, expers consiliī* usw. führen leicht zu vergleichbaren Ausdrücken des Erstaunens und der Unsicherheit: *incertus consiliī* und bei Terenz sogar *falsus animī*. Adverbielle Genitive wie *dēsipiēbam mentis* (Plautus), *animī excruciārī, animī pendēre* usw. reihen sich ganz natürlich in diesen „Hexenring" ein, und es ist kaum nötig, sie als „Lokative" abzusondern. Die rein lateinische Konstruktion *potīrī* + Genitiv ermöglichte es Horaz, Carm. 3, 30, 12 *regnāuit populōrum* in Nachahmung des Griechischen zu wagen.

Die partitiven Genitive wurden ursprünglich auch bei Ausdrücken des Essens und Trinkens verwendet; von dort aus kam man ganz natürlich zu „hungrig auf etwas sein, durstig nach etwas sein". So kann man vielleicht die Genitive, die nach Verben des Wünschens und deren Gegenteil stehen *(domī cupiō, meīn fastīdis?, studeat tuī)*, als Genitivi partitivi klassifizieren, und das mag sogar bei den Verben des Erinnerns und Vergessens möglich sein; zu den Genitiven dieses Bereiches siehe jedoch unten.

Genitivus qualitatis

Possessive Genitive waren nicht auf die Ausdrücke des physischen Besitzes beschränkt. Possessive Genitive bei Ortsnamen, die sich auf den Namen der besitzenden Gottheit beziehen *(lacus Auernī, urbs Patauī)*, führten zum sogenannten epexegetischen oder appositionellen Genitiv, wozu auch das Steckenpferd aller Lateinlehrer, die Verbindung *urbs Rōmae*, gehört, die am Ende der Republik auftaucht. Genitivi possessivi wurden jedoch auch auf weitere Verbindung ausgedehnt, bei denen die Vorstellung des Besitzes immer schwächer wurde: *corporis candor* „das Weiß des Körpers", *aduentus hostium* „die Ankunft der Feinde", *fidēs clientium*

„die Treue der Klienten", *iniustitia lēnōnum* „die Ungerechtigkeit der Kuppler"; schließlich umschreibt bei *supplicium uirgārum* der Genitiv nur noch die Art der Bestrafung. Also ist *Poenōrum bellum* ein „Punierkrieg", wobei aus dem Kontext erschlossen werden muß, ob es sich um einen Krieg handelt, den die Punier führen oder den man gegen die Punier führt; man braucht allerdings deswegen noch nicht spezielle grammatische Kategorien wie „Genitivus subiectivus" und „Genitivus obiectivus" einzuführen. Auch die Genitivi partitivi erweiterten ihren Anwendungsbereich: *uirga laurī* führte zu „appositionellem" *arbor fīcī* (Livius).

Bei einigen Ausdrucksweisen verschmolz der Genitivus partitivus mit dem Genitivus possessivus und bildete einen wichtigen „Hexenring", nämlich den Genitivus qualitatis. Die Beziehung vom Ganzen zu seinen Teilen läßt sich leicht ausdehnen auf die Beziehung von Genus zu den Spezies, von Klasse zu den Individuen usw. Genitivi possessivi wie *patris fīlius* führten demnach zu *Graecī generis homō*. Hier liegt der Ursprung des Genitivus qualitatis, der im Altlateinischen vor allem bei Ausdrücken des Ursprunges und der Zugehörigkeit sowie bei Preisen, Maßen usw. auftrat: *talentum . . . rem decem, uir . . . minimī pretī, trium litterārum homo* (Plautus). Die einzigen Belege für einen außerhalb dieses engen semantischen Bereiches liegenden Gebrauch im Altlatein sind *homo īrācundus, animī perditī* „ein jähzorniger Mensch von großer Kopflosigkeit" (Plaut. Menaechm. 269) und *tam iners, tam nullī consilī sum* „ich bin so albern, so ganz ratlos" (Ter. Andr. 608). Sogar bei Cicero und Caesar sind derartige Genitivi qualitatis praktisch auf Substantive, die durch die Adjektive *magnus, tantus, summus, maximus* bestimmt sind, beschränkt. Später gewann jedoch diese Konstruktion die Oberhand über die Konkurrenzkonstruktion, den Ablativus sociativus (siehe unten).

Die definierenden Genitive können auch prädikativ verwendet werden: *magni sunt oneris* „sie sind von großem Gewicht" (Plautus). Hier haben wir es mit einem wichtigen Ableger des 'typisierenden' Genitivs zu tun: *est miserorum, ut . . . inuideant bonis* „es ist typisch für die Elenden, auf die Guten neidisch zu sein" (Plautus); *ea exquirere iniqui patris est* „so etwas zu verlangen ist typisch für einen ungerechten Vater" (Terenz). Hier wird der Beitrag des Genitivus possessivus besonders deutlich.

Der Genitiv des Bereiches (Genitiv des Bezuges)

Der Genitivus partitivus und der Genitivus possessivus sind nur zwei Beispiele aus einer Anzahl einander überlappender Genitivfunktionen, die „Genitiv des Bereiches" genannt werden. Wir haben bereits gesehen, wie der Genitivus partitivus Gruppenzugehörigkeit ausdrücken kann (*iuniō-*

*rum est* „er gehört zu den *iuniōres*") und wie der Genitivus possessivus ausgedehnt wurde, bis er zu dem Kasus wurde durch den ein Substantiv ein anderes bestimmen kann. In einem Satz wie *ei non fidem habui argenti* ist der Genitiv adnominal und bestimmt *fidem*; wenn aber die adnominale Bindung abgeschwächt wird, dann wird es möglich, durch 'Beziehungsverschiebung' den Satz im Sinne von „ich vertraue ihm nicht in Geldangelegenheiten" zu interpretieren. Vielleicht ist der Genitiv des Bezugs auf eine derartige Art entstanden; jedenfalls war er im Altlateinischen schon fest etabliert. Er kommt besonders in der Rechtssprache mit Verben des Anklagens, Vorladens und Verurteilens vor: *iniūriārum inducī* „Unrecht angetan bekommen", *quem mendācī prendit manifestō* „den er offenkundig einer Lüge überführt", *probrī accusāre* „der Unzucht anklagen", *quarum rerum, litium, causarum condixit pater patratus* „die Dinge, Streitigkeiten und Angelegenheiten, über die der Eidesvater eine Einigung erzielt hat" (Liv. 1, 32, 11). Die Anzahl derartiger Verben erweiterte sich allmählich (*interrogāre, postulāre, arcessere, urgēre* usw.). Ein etwas isolierter Ableger dieser Gruppe ist der Genitiv, der manchmal bei *crēdere* steht: *quoii omnium rerum ipsus semper credit* „er vertraut ihm alle seine Sachen stets selbst an" (Plaut. *Asin.* 459). Eine andere bekannte Gruppe, die hierhergehört, sind die Genitive, die bei unpersönlichen Ausdrücken wie *paenitet, pudet, piget* usw. stehen: *facti piget* „die Tat tut mir leid", *taedet tui sermonis* „ich bin deine Rede leid". Auch Genitive des Ausrufes wie *mercimōni lepidī!* „was für eine anmutige Ware!" oder *o mercis malae!* „was für ein übler Gewinn!" gehören hierher.

Der Genitiv der Rubik

Hierzu wird von den Grammatikern eine kleine Gruppe von Genitiven gerechnet, die sich sozusagen in buchhalterischen Zusammenhängen finden: *lucrī facere* „unter der Rubrik 'Gewinn' eintragen", „als Gewinn betrachten" (*compendī facere* „einen Vorteil erzielen", *dispendī facere* „Unkosten machen", *sumptī facere* „einen Aufwand veranstalten", *aequī bonīque facere* „als gerecht und gut betrachten"). Hier sollte man auch die wohlbekannten Genitive der Einschätzung (*floccī, naucī, nihilī, tantī, quantī, plūris, minōris*) einordnen. Es handelt sich hier meistens um Genitive auf *-ī*, und Wackernagel glaubte, daß dieses *-ī* ein besonderer, ursprünglich nicht mit dem Genitiv in Verbindung stehender Adverbialkasus sei, den es in vergleichbarer Verwendung auch im Sanskrit gebe.

Diese Ansicht hat sich nicht durchgesetzt, und es scheint wahrscheinlicher, daß diese Genitive aus den oben behandelten Genitivverbindungen herzuleiten sind. Man kann *dōtis dare* „als Mitgift geben" kaum von partitiven Verbindungen wie *et dōtis quid prōmiseris* „und was du an Mitgift versprochen hast" (Plaut. Poen. 1279) trennen. Auch einige Genitivi qualitatis wie *uir minimī pretī* „ein nichtswürdiger Mann" (vgl. *homo trium litterarum* „ein ungebildeter Mann", wörtlich „ein Mann von drei Buchstaben") sind hierherzustellen, denn der sogenannte Genitivus pretii ist nicht mehr als eine besondere lexikalisch bestimmte Untergruppe des Genitivus qualitatis. Folglich ist der Genitiv der Rubrik, also „als etwas betrachten, einordnen", zum Genitiv der Sphäre zu rechnen.

Wir können jetzt als eine allgemeingültige Formulierung der Funktion des Genitivs versuchen: Ein Substantiv im Genitiv definiert und bestimmt den Bezugsbereich eines anderen Substantivs oder Verbs. In adnominaler Verwendung kann man das mit ⊙, in adverbialer mit ⊖ darstellen. Später wurde der Genitiv mehr und mehr durch präpositionale Wendungen *(ex, dē)* ersetzt; in der possessiven Funktion wurde er weiter bedrängt durch den wärmeren, farbenfroheren und persönlicheren possessiven Dativ. Am längsten hielt sich der Genitiv in seinen possessiven, partitiven und qualitativen Funktionen.

### *Dativ*

Der Dativ zeigt an, daß die durch ihn bezeichnete Person betroffen oder einbezogen ist bei dem Ereignis oder Zustand, worauf das Verb sich bezieht. Diese Funktion wurde sekundär auf Substantive, die keine Personen bezeichnen, übertragen, aber man hat festgestellt, daß im Altlateinischen nur ein Zwölftel der Substantive und Pronomina im Dativ sich auf Sachen beziehen. Die Funktion des Dativs kann folgendermaßen dargestellt werden: → .

Die vom Dativ angedeuteten Beziehungen, in denen eine Person (oder Sache) zu einem Ereignis oder Zustand stehen kann, sind äußerst zahlreich. Im folgenden wollen wir einige der semantischen „Hexenringe" nennen, die von den Grammatikern für deutlich genug unterscheidbar gehalten wurden, um eine besondere Bezeichnung zu verdienen. Man sollte jedoch daran denken, daß es sich genaugenommen nicht um grammatikalische, sondern um lexikalische Unterteilungen handelt.

Die Person ist betroffen als Gewinner oder Verlierer (Dativus commodi bzw. detrimenti): *tibi aras, tibi ocas, tibi seris* „du pflügst für dich, du eggst für dich, du säst für dich" (Plautus), *si quid peccat, mihi peccat* „wenn er sich falsch verhält, verhält er sich mir gegenüber falsch" (Terenz), *mihi ego uideo, mihi ego sapio* „ich sehe in meinem Interesse, ich bin für mich klug" (Plautus), *saluti uestrae prouidere* „für euer Wohl sorgen" (Cicero), *pacem exposcere Teucris* „Frieden für die Teukrer verlangen" (Vergil), *uobis arabitur ager* „für Euch wird der Acker bestellt werden" (Livius). Hierher gehören vor allem die Verben des Gebens (*dare, mandāre, praebēre, largīrī, soluere, sacrīficāre, ferre* usw.) und Wegnehmens (*dēmere, adimere, erīpere, dēfendere, dēesse*). Dieser wichtigen semantischen Gruppe verdankt der Dativ auch seinen Namen: *datīuus*, griech. δοτικἡ, „Gebe-Kasus". Derartige Dativi commodi oder detrimenti stehen oftmals bei lateinischen Verben, deren deutsche Entsprechungen transitiv sind: *parcēre alicui* „jemanden schonen", *inuidēre alicui* „jemanden beneiden", *medicārī alicui* „jemanden ärztlich behandeln" (diese Verben sind auch im Altlateinischen transitiv), *fauēre alicui* „jemanden begünstigen", *nocēre alicui* „jemanden schädigen", *cōnsulere alicui* „jemanden beraten", *nūbere alicui* „jemanden heiraten" usw. Die Verwendung dieses Dativtyps wurde von den Dichtern noch sehr ausdehnt: Verg. Georg. 3, 154–155 *hunc . . . arcebis grauido pecori.*

Im Lateinischen wird häufig ein Dativus commodi mit dem Verb „sein" verbunden, um Besitz auszudrücken. In der Mehrzahl der Beispiele im Altlatein und bei Cicero ist das Subjekt ein abstraktes Nomen. Das ist regelmäßig auch im Germanischen der Fall, und so könnte es sein, daß wir es hier mit einem altererbten Phänomen zu tun haben. Schon im Altlateinischen waren jedoch diese possessiven Dative auf Konkreta ausgedehnt worden: *est ager nobis* „uns gehört ein Acker", *quot digiti tibi sunt* „wieviele Finger gehören dir?", *illi duae fuere filiae* „ihm gehörten zwei Töchter" usw. Durch relationale Verschiebung wurden derartige Dative dann auf Substantive bezogen. Der Prozeß wird aus den folgenden Beispielen deutlich: *quis est homo? / amicus uobis,* „Wer ist der Mensch? / Für euch ein Freund" (Plaut. Poen. 1213), vgl. *quis erat igitur? / Philocomasio amator* „Wer war er also? / Der Liebhaber von Philocomasium" (Plaut. Mil. 1431). Zu den adnominalen Dativen der Bestimmung wie *pābulum ouibus* siehe unten.

Der Dativ der Personalpronomina wurde häufig in der Umgangssprache verwendet, um physische oder emotionale Einbeziehung in die Handlung anzuzeigen: *animus mihi dolet* „es tut mir in der Seele weh", *minatur mihi oculos exurere* „er droht, mir die Augen auszureißen", *occuli splendent mihi* „die Augen glänzen mir". Von dieser Art ist der „Dativ der Anteilnahme", der aus dem Indogermanischen ererbt ist. Was die Bedeutung anbetrifft, so ist sie nicht allzu weit vom Genitivus possessivus entfernt, und man kann im Lateinischen sowohl *nostris animus augetur* (Caesar) als auch *ea animum eius non augebant* (Cicero) sagen. Der Unterschied zwischen beiden Ausdrucksweisen liegt im Ton. Der Dativ ist emotionaler und wird in volkstümlicher Sprache bevorzugt. Folglich kommen bei Petronius die meisten derartigen Dative in den „vulgären" Dialogabschnitten vor, und im Romanischen hat sich die Konstruktion erhalten. Der wärmere Ton des Dativs machte ihn auch für die Dichtung geeignet. Die klassische Prosa hingegen vermeidet diesen Dativ bei Substantiven, während Caesar ihn bei Pronomina zuläßt; er ist darin weniger engherzig als Cicero. Der Gedanke des Besitzes wird weiterhin in volkstümlicher Redeweise durch die Verwendung von Possessivpronomina unterstrichen: *meas mihi ancillas inuito me eripis* „du entreißt mir gegen meinen Willen meine Dienerinnen" (Plautus). Solche häufigen Verbindungen von Possessivpronomen und „Dativ der Anteilnahme" in der dritten Person führten zu einer Verbindung *suus sibi*, die sogar dann verwendet wurde, wenn das Reflexivpronomen nicht korrekt war: *reddam suom sibi* „ich will ihm das Seine zurückgeben" (Plautus Trin. 156), *cum suo sibi gnato* „mit seinem eigenen Sohn" (Plautus Asin. 825), *priusquam tu suum sibi uenderes* „bevor du das Seine verkaufst" (Cicero Philipp. 2, 96).

Die Einbeziehung der Person oder Sache ist nicht notwendigerweise materiell: die Betroffenheit kann vielmehr ganz schwach sein. Durch die Verwendung des Dativs, besonders bei Pronomina der zweiten Person, holt der Sprecher den Hörer sozusagen an sich heran und bezieht ihn in den Handlungsbereich ein, sichert ihm Interesse und Sympathie zu und legt ihm nahe, daß die Angelegenheit ihn wirklich angeht. Es handelt sich hier um den sogenannten Dativus ethicus, der vor allem in warmer, mitfühlender, intimer Umgangssprache vorkommt: *em ergo hoc tibi* oder *atque eccum tibi lupum in sermone* (Plautus). Auch *mihi* wird ähnlich gebraucht: *quid mihi Celsus agit?* „was macht mir mein Celsus?" (Horaz). Wenn das angedeutete Interesse das eines reinen Beobachters ist, spricht man vom Dativus indicantis: *quasi piscis est amator lenae* „in den Augen des Kupplers ist der Liebhaber sozusagen ein Fisch" (Plautus), *ut me purgarem tibi* „wie sollte ich mich vor dir reinwaschen?" (Plautus), *erit ille mihi semper deus* „jener wird für mich immer ein Gott sein" (Vergil). Dieser Dativ wurde später besonders ausgebaut bei Partizipien mit unbestimmter Beziehung in Ausdrücken der Richtung. Diese im Griechischen so häufige Ausdrucksweise fehlt im Altlateinischen und bei Cicero; das erste Beispiel steht in Caesars *bellum Gallicum* 3, 80 (*quod est oppidum primum Thessaliae uenientibus ab Epiro* „das ist die erste Stadt Thessaliens für Leute, die vom Epirus kommen"). Es bleibt festzuhalten, daß das Lateinische den Plural, das Griechische den Singular vorzieht. Diese Ausdrucksweise kann seit Horaz und besonders Livius verwendet werden, um

Ansichten auszudrücken: *uere aestimanti Aetolium magis bellum fuit* „für jemanden, der es richtig überlegt, war es eher ein Krieg der Aetoler" (Livius).

Bei Ausdrücken der Verpflichtung wird die betroffene Person als handelnd gesehen: *faciendum est tibi* „es muß etwas getan werden, und das ist deine Sache". Derartige Dative stehen vor allem beim Gerundium: *abeundum est mihi, tibi cauendum censeo, uirtus nobis est colenda.* Von dort dehnte sich der Gebrauch auf das passive Partizip Perfekt aus (*argenti quinquaginta mihi illa emptast minis* „ich habe sie für 50 Minen Silber gekauft" Plautus), wobei die Verbindung mit dem Dativus commodi noch spürbar ist. Schließlich wurden auch finite Verbformen einschließlich des Infectums betroffen: *dissimillimis bestiis communiter cibus quaeritur* „den unterschiedlichen Tieren ist die Suche nach Nahrung gemeinsam, Cic. nat. deor. 2, 123). Im Altlateinischen können Dative bei Verbalabstrakta als handelnd aufgefaßt werden, obwohl doch eine klare Affinität zur Besitzkategorie vorliegt: *quid tibi . . . hic . . . clamitatiost?* „Was ist das hier für ein Geschrei von dir?" (Plautus). Dative der handelnden Person findet man auch bei den Verbalabstrakta auf *-bilis: amico exoptabilem* (Lucilius), aber das kann genausogut ein *Dativus indicantis* („erwünscht in den Augen des Freundes") oder eine Analogiebildung zum Dativus commodi nach *ūtilis* sein. Derartige Schwierigkeiten beim Ziehen scharfer Abgrenzungen zeigen aber nur, daß der lateinische Dativ im wesentlichen eine einheitliche Funktion erfüllt.

Eng verbunden mit den Verben des Gebens und Wegnehmens ist die semantische Gruppe der Ausdrücke des Bringens und Schickens (*hominem alicui adducere* „einen Menschen jemandem zuführen" Plautus; *iussit Euclioni haec mittere* „er befahl, dies dem Euclio zu schicken" Terenz) sowie des Näherkommens und sich-Entfernens *(occurrere, appropinquāre, cedere)*. Bei derartigen Sätzen hat der Dativ der Person die übliche Funktion, Vorteile oder Nachteile auszudrücken. Als sich aber diese Verwendung auf Substantive, die Sachen bezeichnen, ausdehnte, fand eine neue Entwicklung statt: der Bezug der betreffenden Sache wurde als Zweck der Handlung konstruiert. Das ist der Ursprung des Dativs des Zweckes. Zu den frühesten Beispielen gehören die Dative von Abstrakta auf *-tus,* z.B. *receptui canere, cibatui offas positas.* Dieser Typ ist besonders für die militärische und landwirtschaftliche Sondersprache charakteristisch. Weitere Beispiele sind: *ager oppositust pignori* „der Acker ist zum Pfand gegeben" (Terenz), *arraboni dare* „zum Pfand geben", *pecuniam doti dare* „Geld als Mitgift geben", *auxilio uenire* „zur Hilfe kommen". Derartige Dative können mit einem persönlichen Dativus commodi verbunden werden, z.B.

die übliche Ausdrucksweise *dare alicui pecuniam faenori* „jemandem Geld als Zins geben“ (Cicero), *emit eam dono mihi* „er kaufte sie mir als Geschenk“ (Terenz), *res et fortunae tuae mihi maximae curae sunt* „deine Angelegenheiten und dein Besitz liegen mir sehr am Herzen“ (Cicero).

Die Dativi commodi führten mit Verben der Bewegung einen neuen „Hexenkreis“, nämlich den Richtungsdativ, ein: Es begann mit persönlichen Dativen des Typs *tun mihi huc hostis uenis* „Kommst du als mein Feind hierher?“ (Plautus, Stichus 326). Auch hier bot die Ausdehnung der Konstruktion auf Substative, die Sachen bezeichnen, die Grundlage für eine neue Interpretation, die zum Kern weiterer Entwicklungen wurde. Das früheste Beispiel ist die alte Formel *Quiris leto datus* „ein verstorbener Bürger“, vgl. *me morti dabo* „ich werde mich dem Tode weihen“ (Plautus, Merc. 476). Von *dare* ist der Weg nicht weit zu *mittere*, also *morti mittere* (Plautus). Ennius sagt: *conueniunt . . . tela tribuno.* Ein instruktives Beispiel sind die Konstruktionen bei *manus tendere.* Klassische Prosaautoren beschränken sich auf den Dativ der Person, *Romanis de muro manus tendebant* „sie streckten von der Mauer aus den Römern ihre Hände entgegen“ (Caes. bell. Gall. 7, 48, 3), *manus diis immortalibus tendere* „den unsterblichen Göttern die Hände entgegenstrecken“ (Cicero). Vergil ersetzt dann *diis* durch *caelo: caelo palmas tetendit* „er streckte seine Hände zum Himmel“. Nachdem diese syntaktische Möglichkeit einmal im Lateinischen etabliert war, erfuhr sie Verstärkung durch den freien griechischen Gebrauch derartiger finaler Ortsdative: Vergil sagt also *it clamor caelo* „der Ruf geht zum Himmel“, *facilis descensus Auerno* „leicht ist der Abstieg zum Avernus“, *pelago dona praecipitare* „Geschenke eilig ins Meer stürzen“ (Aen. 5, 451; 6, 126; 2, 37).

Bisher haben wir den Dativ als Ausdruck des Bezuges der im Verb ausgedrückten Handlung betrachtet. Dieser Gebrauch dehnte sich auf die entsprechenden Verbaladjektive aus, die als Kern dienten, um den herum sich eine große Zahl lateinischer Adjektive sammelten, die den Dativ regieren. Es geht hier vor allem um die Adjektive, die Nähe *(propinquus, adfīnis, uicīnus)*, Ähnlichkeit *(similis, par, aequālis, congruēns, aptus)*, Freundschaft *(amīcus, cārus, beneuolus, fīdus)* und das Gegenteil davon bezeichnen.

### *Ablativ*

Der lateinische Ablativ ist, wie wir bereits im vorigen Kapitel gesehen haben, ein synkretischer Kasus, der die Funktionen des ursprünglichen Ablativs, des Instrumentals und des Lokativs übernommen hat. Unsere

Analyse des lateinischen Ablativs muß daher nach diesen drei Fällen vorgehen.

Der reine Ablativ

Dieser Kasus bezeichnet den Ausgangspunkt einer Handlung und kann also durch ↦ symbolisiert werden. Der reine Ablativ ist erhalten bei Städtenamen und bei den Namen einiger Inseln, bei den Ausdrücken *domō* „von zu Hause" und *rūre* „vom Lande" sowie bei einigen festen Formeln wie *manū mittere* „freilassen" und *cēdere locō* „Platz machen". Im allgemeinen wurde jedoch die Bedeutung durch Präpositionen wie *ab, ex, dē* verstärkt. In den Fällen, in denen diese im Verb als Verbalpräfix enthalten sind, konnte der reine Ablativ weiterbestehen: *patriā hāc ecfugiam* „ich will aus diesem Vaterlande fliehen", *oppidō ēicere* „aus der Stadt vertreiben", *portū exīre* „aus dem Hafen auslaufen". Bei einfachen Verben steht der reine Ablativ nur selten (*prīmus cubitū surgat* „er soll als erster aus dem Bette aufstehen" Cato), aber diese Verwendung steht natürlich unter dem Einfluß der Dichtung, die immer dazu neigt, sich von Wörtern zu befreien, die nicht mit Emotionen befrachtet werden können.

Der Ablativ wird weiter in Ausdrücken verwendet, die die Herkunft bezeichnen: *genere, quo sim natus* „die Familie, aus der ich stamme", *sanguen dis oriundum* „auf die Götter zurückzuführendes Blut", *humana matre natus* „von einer sterblichen Mutter geboren". Der reine Ablativ ist auch hierbei in der Dichtung und im Altlateinischen erhalten, aber schon im Altlateinischen finden wir auch die Verwendung von Präpositionen (*quo de genere natus est*, Plautus), die später ganz normal wurde. Durch Bezugsverschiebung entstanden adnominale Ablative der Herkunft: *Periphanes Rhodo mercator diues* „der reiche Kaufmann Periphanes aus Rhodos" (Plautus), *uideo ibi hospitem Zacyntho* „ich sehe dort den Gast aus Zacynthos" (Plautus).

Der sogenannte Ablativus separativus ist nur eine lexikalische Untergruppe des reinen Ablativs. Er wird bei Verben des Fernhaltens und Wegnehmens verwendet: *interdicere igni et aqua* „von Feuer und Wasser ausschließen = verbannen", *abstinere nupta, uidua, uirgine* „sich von der verheirateten Frau, der Witwe, der Jungfrau fernhalten", *anima priuabo uirum* „ich werde den Mann seiner Seele berauben" usw. Derartige Ablative findet man auch nach Adjektiven entsprechender Bedeutung: *expers metu* „frei von Furcht", *uirginem dote cassam* „eine Jungfrau ohne Mitgift" (Plautus Aul. 191), *arce et urbe orba sum* „ich bin ohne Burg und Stadt" (Ennius scenica 88 Vahlen), *te pidaque recentem caede locum* „und die Stätte, von lauem Morde noch frisch ist" (Verg. Aen. 9, 455/456).

Der Ablativ des Vergleichs (ablativus comparationis) entwickelte sich aus dem reinen Ablativ, der den Standpunkt bezeichnete, von dem aus ein anderes Objekt beurteilt wurde. Die Vergleichsablative sind im Altlateinischen seltener als die *quam*-Konstruktion; sie sind hauptsächlich beschränkt auf 1. negative oder negativ gedachte Ausdrücke des Typs *nihil hoc homine audacius* „nichts ist wagemutiger als dieser Mensch" und *quis homo est me hominum miserior* „wer von allen Menschen ist ärmer als ich", 2. feststehende Ausdrücke wie *melle dulcior* „süßer als Honig", 3. Zahlenangaben nach *plūs, minus* usw. In normalen Vergleichen des Typs „Cicero ist beredter als Caesar" wird im Altlateinischen jedoch kein Ablativ des Vergleiches benutzt. Sogar bei den klassischen Prosaschriftstellern besteht die Hauptmasse aus negativen oder quasi-negativen Ausdrücken. Die Dichter zeigen eine gewisse Vorliebe für den einfachen Ablativ gegenüber der etwas schwerfälligen *quam*-Konstruktion, obwohl hier auch der Einfluß des griechischen Vergleichsgenitivs nicht auszuschließen ist. Aber in der gesamten Latinität blieb die Tendenz bestehen, echte Vergleiche mit *quam* auszudrücken und die Vergleichsablative für elative Ausdrücke des Typs *niue candidior*, was man auch mit „schneeweiß" übersetzen könnte, zu reservieren. Als phonetische Entwicklung im Spätlatein die Kasusunterschiede verwischt hatten, wurde der Ablativus comparationis durch präpositionelle Wendungen ersetzt. Schon früh kommt *ab* vor; es steht nach *secundus* bei Horaz (serm. 2, 3, 193 *Aiax, heros ab Achille secundus* „Aiax, nach Achille der zweite im Heer") und nach *alter* bei Vergil (*tu . . . eris alter ab illo* „du wirst der zweite nach jenem sein"). Ein frühes Beispiel nach einem Komparativ stellt auch Ovid Her. 15, 85: *nec Priamost a te dignior ulla nurus* „Priamus kann keine würdigere Schwiegertochter als dich finden". Als später *ab* und *ad* zusammenfielen, nahm *de* ihren Platz in Ausdrücken des Vergleiches ein. Das erste Beispiel für diese Konstruktion, die zum romanischen Typ *plus de* führte, kommt im 4./5. Jh. in den Vitae Patrum 5, 16, 16 vor: *plus facitis de nobis.*

Der instrumental-soziative Ablativ

Mit dem instrumental-soziativen Ablativ wird Zusammengehörigkeit ausgedrückt; man kann ihn mit → ← symbolisieren. Diese Funktion ist am deutlichsten bei Verben des Zusammenfügens und Mischens; *tignum inunctum aedibus* „ein an einem Haus befestigtes Holz" (XII Tab. 6, 7), *uinum miscere aqua* „Wein mit Wasser vermischen". Von „zusammenfügen" kommt man leicht zu „vergleichen", „zustimmen" und „anderer Meinung sein": *oratio uerbis discrepat sententiis congruens* „die Rede weicht den Worten nach ab, sagt aber dem Sinne nach dasselbe" (Cicero).

Von „zusammen mit" kommt man leicht zu „teilhaben an"; *quin sermone suo aliquem participauerit* „daß er nicht jemanden an seiner Geschichte teilhaben ließ" (Plautus Mil. 263); *communicabo semper te mensa mea* „ich werde dich immer an meiner Mahlzeit teilhaben lassen" (Plautus Mil. 51). Der Ablativus sociativus, mit dem wir es hier zu tun haben, wird auch in bezug auf die Person(en) gebraucht, in deren Beisein eine Handlung erfolgt. Der reine Ablativ steht noch bei militärischen Ausdrücken des Typs *omnibus copiis*: Plautus Amph. 219 *postquam utrimque exitum est maxuma copia* „nachdem man auf beiden Seiten mit größter Truppenmenge ausgerückt war". Von den ältesten Zeiten an erfolgte jedoch Verstärkung durch *cum*, was zur Regel wurde im Falle von nicht von Adjektiven begleiteten Substantiven, die sich auf Personen beziehen.

Einen Sonderfall stellt der Ablativ der Begleitumstände dar: *Caesare duce* „unter Caesar als Führer", *magno comitatu* „unter großer Begleitung", *clamore magno* „unter großem Lärm", *inimico omine* „unter feindlichen Vorzeichen". Auch hier besteht eine Neigung zur Einfügung von *cum: magno cum periculo optuma opportunitate aduenis* „ganz wie gerufen kommt ihr zwei mir in den Weg" (Plaut. Merc. 964). Derartige Ablative der Begleitumstände können durch Bezugsverschiebung näher an Substantive angeschlossen werden; hier ist der Ursprung der Ablativi qualitatis zu suchen: *summa uirtute adulescens* „ein junger Mann von höchster Tüchtigkeit", *cano capite atque alba barba miserum me* „ich armer Mann mit kahlem Kopf und weißem Bart" (Plautus Bacch. 1101). Auch prädikativer Gebrauch ist möglich: *forma lepida et liberali est* „sie ist von hübscher und edler Gestalt" (Plautus Epid. 43). Auch hier ist *cum* sogar im Altlateinischen zu finden: *quis hic est homo cum cunlativo ventre atque oculis herbeis?* „wer ist der Bursche mit dem aufgetriebenen Bauch und Augen grün wie Gras?" (Plaut. Curc. 231); *probo et fideli et fido et cum magna fide* „einem braven, zuverlässigen, treuen und ganz ehrlichem" (Plaut. Trin. 1096).

Die instrumentalen Verwendungsweisen des Ablativs sind eng verbunden mit den soziativen: *nostro seruire nos sibi censet cibo* (Plautus Poen. 810) kann als „er denkt, wir seien seine Sklaven, Ernährung inbegriffen" interpretiert werden. Grundsätzlich war der Instrumentalis auf Substantive, die Personen bezeichnen, anwendbar; das Lateinische tendierte jedoch dazu, den reinen Instrumentalis auf Sachen zu beschränken und bei Personen *per* mit dem Akkusativ zu verwenden: *uirgis caedere* „mit Stöcken schlagen", *oculis cernere* „mit den Augen wahrnehmen", *senio confectus* „vom Alter geschwächt", *maledictis deterrere* „durch böse Worte abschrecken". Einige lexikalische Untergruppen verdienen besondere

Erwähnung. Instrumentale Ablative stehen bei Verben des Füllens, des Überflusses usw. (*amōre abundās* „du quillst über von Liebe", *frūmento affluere* „von Getreide überfließen", *uīnō scatēre* „von Wein überschwemmt sein") und bei den entsprechenden Adjektiven (*plēnus, refertus, fēcundus* usw.). Der Ablativus instrumentalis steht auch bei Verben des Ernährens und des Genießens, z. B. *uēscī*; aber es ist unklar, ob diese Konstruktion im Falle der Verben *fruī* und *ūtī* (früheste Beispiele bei Cato) ererbt war. An *ūsus est* + Ablativ schloß sich *opus est* an, das eigentlich den Genitiv regieren sollte. Ursprünglich wurde *potīrī* instrumental konstruiert: „sich mit Hilfe von etwas zum Herrn machen"; im Altlateinischen regiert es auch den Akkusativ (zum Genitiv siehe oben). Der indogermanische Instrumentalis ist bei *fungī* im Altlateinischen nicht bezeugt; dort regiert das Verb den Akkusativ; vielmehr ist die Wiedereinführung des Instrumentalis bei *fungī* (Erstbeleg: Terenz Ad. 603) anscheinend dem analogischen Einfluß von *ūtī* und *fruī* zu verdanken. Der reine Ablativus instrumentalis wurde ebenfalls im späteren Latein durch Präpositionen gestützt: *ab, ex, cum, in,* vor allem aber *de.*

Ebenfalls in die Kategorie der instrumentalen Verwendungsweise gehören lokale Ablative, die den Weg bezeichnen (*recta porta inuadam* „ich will geradewegs hineingehen", *ire publica uia* „auf der öffentlichen Straße gehen"; *eā, hāc, rēcta* mit Ellipse von *uiā*) und die Ablative, die das Geld usw. bezeichnen, für das man etwas erwirbt: *quantillo argenti te conduxit?* „für wie wenig Geld hat er dich gekauft?" (Plaut. Pseud. 1192). Dieser Anwendungsbereich wurde etwas eingeschränkt durch die Genitive des Wertes (siehe oben): *tantī, quantī, plūris* und *minōris* sind ebenfalls bei Preisausdrücken belegt. Andererseits tritt im Spätlatein ein Ablativ des Wertes bei Verb *ualēre* auf.

Der Instrumentalis tritt mit Ausdrücken des Übertreffens (durch, an) auf: *diuitiis superare* „an Reichtum übertreffen", *caue sis te superare siris faciendo bene* „sei auf der Hut, dich im Wohltun übertreffen zu lassen" (Plaut. Bacch. 402), *uincere ceruom cursu* „einen Hirsch im Laufen übertreffen" (Plaut. Poen. 530). Aus dem Instrumental in derartigen Ausdrükken entwickelte sich der Ablativ der Hinsicht: *numquam uictus est uirtutei* „er wurde niemals übertroffen in Hinsicht auf die Virtus" (CE 9, 4); *sicut . . . praestitimus pulchritudine* „wie wir in bezug auf die Schönheit uns auszeichneten" (Plaut. Poen. 1193). Dieser Instrumentalis steht auch bei Vergleichsadjektiven: *maior natu*; daraus entwickelte sich ganz natürlich *natu grandis.* Auch einige Ablativi qualitatis mögen zu dieser Kategorie beigetragen haben: *nescio ut moribus sient uostrae* „ich weiß nicht, von welchem Charakter ihr Frauen seid" (Plaut. Mostr. 708) kann kaum getrennt werden von *antiquis adulescens moribus* „ein Jüngling von alten Sitten" (Plaut. Capt. 105). Von Verben, die Über- oder Unterlegenheit bezeichnen, ist der Weg zu Verben der Entfernung nicht weit: *alio interuallo distare* „einen anderen Abstand haben" (Phil. 2, 67). Hier liegt der Ausgangspunkt für die Verwendung in Entfernungsbezeichnungen: *milibus passuum sex a Caesaris castris sub monte consedit* „er ließ sich sechs Meilen von Caesars Lager entfernt am Fuße des Berges nieder" (Caes. bell. Gall. 1, 48, 1); ein ähnlicher Ablativ steht auch bei *consistere* (ib. 2, 23, 4). Später wurde diese Verwendung auf Verben der Bewegung (Rückzug) ausgedehnt: *XVII milibus passuum ab urbe secessit* „er zog sich 17 Meilen vor die Stadt zurück" (Plin. ep. 2, 17, 2).

Der Ablativ der Art und Weise ist eine lexikalische Varietät des Ablativus der Begleitumstände oder des Instrumentalis: *dolo* „durch einen Trick", *arte* „durch einen Kunstgriff", *astu* „durch Schlauheit", *audacia* „durch Kühnheit", *iniuria* „ungerechterweise", *uitio* „fehlerhafterweise", *silentio* „schweigend", *adire blandis uerbis* „mit schmeichelnden Worten sich an jemanden wenden", *cum ea tu sermonem nec ioco nec serio tibi habeas* „mit ihr sollst du weder im Spaß noch im Ernst sprechen" (Plaut. Am. 906). Häufig wird *cum* hinzugefügt: *cum clamore; cum inuidia summa* „mit Lärm"; „mit höchstem Neid" (Plaut. Amphitr. 245; Cist. 28). Im klassischen Latein bildete sich die Regel heraus, daß *cum* bei einfachem Substantiv stehen mußte, während ein durch ein Adjektiv näher bestimmtes Substantiv auf das *cum* verzichten konnte. Die scheinbaren Verstöße gegen diese Regel kommen daher, daß einige der häufigsten Ablative der Art und Weise zu Quasi-Adverbien versteinert sind: *arte, modo, casu* usw. Ein altes Stilmittel war die nähere Bestimmung des Verbs durch ein etymologisch verwandtes Substantiv im Ablativ der Art und Weise: *aequo . . . censetur censu* „er soll mit einer gerechten Steuer besteuert werden" (Plaut. Trin. 494); *fugit maxima fugella* „er flieht in schneller Flucht" (Cato orat. 81). Derartige feste Formulierungen erhielten sich in den Sondersprachen, in volkstümlicher Redeweise und bei den Archaisten.

Der Ablativus causae kann sowohl mit dem Instrumentalis als auch mit dem reinen Ablativ der Herkunft in Verbindung gebracht werden: *amore perire* „vor Liebe sterben", *lacrumare gaudio* „vor Freude weinen", *nimis sermone huius ira incendor* „ganz toll macht dies Geschwätz mich" (Plaut. Pseud. 201). Die Ablative, die „aus einem bestimmten Material" bezeichnen, können ebenfalls doppelter Herkunft sein. Beispiele wie *cupam materia ulmea . . . facito* „er soll eine Schüssel aus Ulmenholz machen" (Cato agr. 21, 5) und *nescit quid faciat auro* „er weiß nicht, was er aus dem Gold machen soll" (Plaut. Bacch. 334) sprechen für eine Herkunft aus dem

Instrumentalis. Derartige reine Instrumentalis-Ablative waren vergleichsweise selten, und im klassischen Latein wurde meistens *ex* verwendet (*statua ex aere facta* „eine Statue aus Erz"), was dafür spricht, daß zumindest für das römische Sprachgefühl diese Ausdrucksweise zu den Ablativen der Herkunft gehörte. Die Verwendung mit Substantiven, die Personen bezeichnen, gehört der Umgangssprache an: *quid eo fecisti puero?* „was hast du mit diesem Knaben gemacht?" (Plaut. Truc. 799), *de fratre quid fiet* „was soll mit dem Bruder geschehen?" (Ter. Ad. 996).

Der Ablativus locativus

Der lokative Ablativ drückt den „Ort, wo" und die „Zeit, als" aus. Die alten lokativen Ablative wurden in der vorliterarischen Periode weitgehend durch präpositionale Wendungen mit dem Ablativ ersetzt, während die reinen Ablative in erster Linie bei Städtenamen und bei einigen Örtlichkeiten bezeichnenden Substantiven fortlebten. Das einzige sichere Beispiel im Altlateinischen betrifft das Wort *locus*: Plautus Am. 568 hat *homo idem duobus locis ut simul sit* „der gleiche Mann soll zugleich an zwei Orten sein". Später folgten *parte* (Rhet. ad Her.) und *regiōne* (Caesar) dem Vorbild von *locō*. Der klassische Sprachgebrauch begnügte sich mit diesen drei Fällen und mit durch *medius, īmus* und *summus* näher bestimmten Substantiven, aber in der nachklassischen Prosa wurde die Reihe der lokalen Ablative ohne Adjektive erheblich erweitert. Die Dichtung und die dichterische Prosa erlaubte sich mehr Freiheiten: *densantur campis horrentia tela uirorum* „die schrecklichen Waffen der Männer sind zahlreich in den Gefilden" (Enn. ann. 285 Vahlen), *nebula campo quam montibus densior sederat* „der Nebel hatte in der Ebene dichter als auf den Bergen gelegen" (Liv. 22, 4, 6). Der Ablativ mit *tōtus* bedeutet auch „Ort, innerhalb dessen": *toto me oppido exanimatum quaerere* „er sucht mich atemlos in der ganzen Stadt" (Ter. Andr. 342). Diese Verwendung klingt an die Instrumentale des Typs „Weg, auf dem" (siehe oben) an.

Reine lokative Ablative der Zeit sind häufig bei Substantiven temporaler Bedeutung: *aestāte* „im Sommer", *hieme* „im Winter", *prīmulō crepusculō* „in der ersten Morgendämmerung", *māne* „morgens", *nocte* „nachts" usw. Der Lokativ kann auch die „Zeit, innerhalb derer" bezeichnen, aber es sollte festgehalten werden, daß nahezu alle Beispiele negative oder negativ gemeinte Ausdrücke betreffen: *neque edes quicquam neque bibes his decem diebus* „innerhalb dieser zehn Tage sollst du weder etwas essen noch trinken" (Plaut. Most. 238); *anno uix possum eloqui* „das könnte ich kaum innerhalb eines Jahres erzählen" (Plaut. Most. 505). Wenn diese Konstruktion in positiven Sätzen gebraucht wurde, ergab sich eine neue

Interpretation: *me hoc triduo expecta* „erwarte mich in drei Tagen" und *hoc triduo uenit* „er kam innerhalb von drei Tagen", also „vor drei Tagen". Frühe Beispiele sind *emi istanc anno uxori meae* „ich habe diese vor einem Jahre meiner Frau gekauft" (Plaut. Men. 205) und *his annis paucis ex Asia missues est* „vor wenigen Jahren ist er aus Asien geschickt worden" (C. Gracchus). In negativen Sätzen wie *ut triduo hoc perpetuo e lecto nequeat surgere* (Ter. Ad. 520) kann der Ablativ als Zeitdauerangabe interpretiert werden: „er kann sich schon seit drei Tagen nicht aus dem Bett erheben". Wie bei der entsprechenden räumlichen Konstruktion erfolgte diese Entwicklung zuerst in den Fällen, in denen das Substantiv durch *tōtus* gestützt wurde: *quoi bini custodes semper totis horis occubant* „dem zwei Wächter Tag und Nacht zur Seite liegen" (Plautus Mil. 212); *tota perducere uita . . . foedus amicitiae* „das ganze Leben lang den Bund der Freundschaft bewahren" (Catull. 109, 5), vgl. *tota nocte continenter ierunt* „sie gingen die ganze Nacht hindurch beständig" (Caesar. bell. Gall. 1, 26). Diese Verwendungsweise gewann allmählich an Boden, bis *uixit annis . . .* zur vorherrschenden Grabinschriftenformel wurde. Sogar Caesar hat Beispiele wie *hoc cum esset modo pugnatum continenter horis quinque* „als auf diese Weise andauernd fünf Stunden lang gekämpft worden war" (bell. Gall. 1, 46, 1). Es ist auffällig, daß das durative Element durch *continenter* unterstrichen wird (vgl. *perpetuo* im obigen Beispiel aus Terenz).

Substantive nichttemporaler Bedeutung verlangten auch im Altlateinischen normalerweise die Unterstützung durch die Präposition *in*, obwohl bei Plautus sowohl *nuptiīs* als auch *in nuptiīs* vorkommt. Diese Verwendungsweise dehnte sich in volkstümlicher Redeweise auf temporale Substantive aus (Terenz sagt z.B. *in tempore*), bis im Spätlatein *in nocte* usw. zum Normalausdruck wurde. Die Präposition *in* kommt auch in Ausdrükken, die die „Zeit, innerhalb welcher" bezeichnen, vor: *illum confido domum in his diebus me reconciliassere* „ich hoffe fest, in diesen Tagen ihn zurück ins Haus zu bringen" (Plaut. Capt. 168), vgl. *in diēbus paucīs* „innerhalb weniger Tage" (Terenz). Die Präposition *in* ist klassisch die Regel bei distributiven Ausdrücken: *ter in annō* „dreimal jährlich", *bis in diē* „zweimal täglich". Bei unklassischen und besonders bei nachklassischen Autoren kommt auch der Typ *bis diē, septiēns diē* vor.

### Der Ablativus absolutus

Der *Ablativus absolutus* entstand aus Äußerungen, bei denen ein Substantiv im Ablativ durch ein Adjektiv, besonders durch ein Verbaladjektiv, definiert wurde. Der Ablativ konnte jede der oben besprochenen Funktionen haben. Der größte Anteil kam von den instrumental-soziativen Ablativen begleitender Personen oder Umstände: *me quidem praesente numquam factumst* „in meiner Gegenwart ist das niemals gemacht worden" (Plaut. Amphitr. 749); *tute istic (dixisti) etiam astante hoc Sosia* „du hast das auch in Gegenwart des Sosias gesagt" (Plaut. Amphitr. 747); *Atticus quidam olim naui fracta ad Andrum eiectus est* „ein gewisser Atticus ist einst nach einem Schiffbruch in Andros ans Land gespült worden" (Ter. Andr. 923). Aber auch die Ablative des Instruments, der Art und Weise, des Grundes, der Zeit, der Qualität usw. spielten ihre Rolle. Das Substantiv kann durch ein Adjektiv *(mē uīuō)* oder durch ein weiteres Substantiv näher bestimmt werden. Was die Partizipien anbelangt, so herrscht das Partizip Perfekt vor, weil das Partizip Präsens im Altlateinischen außer in festen Formeln wie *mē praesente* oder *mē absente* selten ist. Gelegentlich finden wir absolute Konstruktionen, in denen das Subjekt nicht ausgedrückt wird; das zeigt eine gewisse Verwandtschaft zu den Ablativen der Art und Weise bei substantivierten Partizipien des Perfekts wie *meritō, cōnsultō, sortītō* usw. Bei Plautus Pers. 607 ist *auspicātō* ein solcher Ablativ der Art und Weise: „wunschgemäß". Bei Terenz Andr. 807 kann *haud auspicātō* jedoch als „ohne die Auspizien einzuholen" gedeutet werden. Das erste zweifelsfreie Beispiel ist Claudius Quadratus fr. 12: *impetrato prius a consulibus, ut in Gallum pugnare se permitterent.* Die Konstruktion ist in klassischer Prosa selten (nie bei Caesar), sie wird jedoch bei Livius und nachfolgenden Autoren häufiger.

## Verben

### *Die Tempora*

Wie wir in den vorangehenden Kapiteln gesehen haben, hat das Indogermanische keine grammatische Kategorie „Tempus" entwickelt; die sogenannten Temporalstämme zeigen nur verschiedene Aspekte der Verbalaktion. Das Lateinische bildete jedoch ein vollständiges grammatisches System von Beziehungen auf Gegenwart, Zukunft und Vergangenheit heraus, wobei jedesmal zwei Aspektstämme auftreten; das Lateinische zeigt auch sorgfältig die chronologischen Beziehungen von Ereignissen, die in der Zeit einzuordnen sind, an, wobei es sich um eine Neuerung des Lateinischen handelt, die im Griechischen fehlt.

*Der durative Stamm*

*Das Präsens.* Das Präsens zeigt an, was im Moment des Sprechens abläuft, auch wenn die Handlung bereits früher eingesetzt hat: *iamdudum tacitus te sequor* „schon lange folge ich dir schweigend“ (Plautus Bacch. 109), *triennium iam hinc abest* „er ist schon ein Jahr von hier fort“ (Plautus Most. 79). Vergangene Ereignisse können als vor den Augen des Zuschauers geschehend geschildert werden, wobei der zeitliche Bezug aus dem Kontext bezogen wird. Dieses „Praesens historicum“ entspricht funktional einem Aorist Perfekt (siehe unten) und ersetzt nur sehr selten ein Imperfekt. Später, etwa seit Petronius, wurde das Praesens historicum jedoch genereller gebraucht. Diese Ausdrucksweise kam von alters her in der Umgangssprache vor und wurde von den Annalisten häufig verwendet. Die Lebendigkeit und Einfachheit des Praesens historicum machte es geeignet für die Dichtung, und es ist besonders häufig bei den Dramatikern, wobei der temporale Rahmen durch die einleitenden und abschließenden Perfecta gebildet wird. Genauso kann mit dem Präsens auch auf die Zukunft Bezug genommen werden, besonders bei Verben der Bewegung: *ego hos conueniam; post huc redeo* „ich werde mich mit ihnen treffen; dann kehre ich hierher zurück“ (Ter. Ad. 766); *mane istic: iam exeo* „bleibe hier; ich komme schon heraus“ (Plaut. Bacch. 1052); *in ius uoco te / non eo* „ich lade dich vor / ich komme nicht“ (Plaut. Asin. 480), vgl. *tuemini, inquit, castra; ego reliquas portas circumeo et castrorum praesidia confirmo* „Schützt das Lager, sagte er; ich gehe zu den übrigen Toren und verstärke den Schutz des Lagers“ (Caesar bell. Gall. 3, 94, 5). Schließlich gibt es noch den sogenannten achronischen Gebrauch des Präsens („jetzt und immer“): *facile omnes, quom ualemus, recta consilia aegrotis damus* „leicht geben wir alle Kranken gute Ratschläge, wenn wir gesund sind“ (Ter. Andr. 309), *dulce et decorum est pro patria mori* „es ist süß und ehrenvoll, für das Vaterland zu sterben“ (Hor. carm. 3, 2, 13).

*Das Imperfekt.* Die durative Vergangenheit, das Imperfekt, hatte genau genommen nichts mit der tatsächlichen Dauer des betreffenden Ereignisses zu tun. Das Imperfekt, die Vergangenheit des Augenzeugen-Aspektes, wird in erster Linie in lebhaften Beschreibungen verwendet, z. B. *lacrimans tacitus auscultabat* „unter Tränen hörte er schweigend zu“ (Plaut. Bacch. 983). Aus dieser Grundfunktion entwickelte sich die Bezeichnung der gewohnheitsmäßigen Handlung: *optumi quique expectabant a me doctrinam sibi* „jeweils die Besten erwarteten sich von mir einen Rat“ (Plaut. Most. 155) sowie der wiederholten Handlung (*cottidie accusabam* „ich habe täglich Anschuldigungen erhoben“, Ter. Heaut. 102, vgl. jedoch das übliche *saepe dīxī* „ich habe oft gesagt“). Die Verwendung des Imperfekts als Ausdruck relativer Zeit, also einer Handlung, die gleichzeitig mit einer anderen Handlung verläuft, ist ebenfalls ein sekundäres Phänomen. Es ist auch zweifelhaft, ob man Subkategorien wie ingressives Imperfekt und Imperfectum de conatu etablieren soll; sie werden herausgefordert durch die Schwierigkeiten, die beim Übersetzen in Sprachen auftreten, die keinen Aspekt oder einen ganz anders entwickelten Aspekt kennen. So bedeutet *tunc dentes mihi cadebant primulum* eigentlich „ich war damals zum ersten Male in einem Zustand, daß mir die Zähne ausfielen“ (Augenzeugen-Aspekt); normalerweise übersetzt man „damals begannen mir die Zähne auszufallen“, und in der Grammatik wird diese Verwendungsweise als „ingressiv“ katalogisiert. Ebenso bedeutet *eōs captābant* „sie waren dabei, sie zu fangen“, man übersetzt jedoch normalerweise „sie versuchten, sie zu fangen“, und das entsprechende Grammatikkapitel ist „imperfectum de conatu“ überschrieben.

*Das Futur.* Wie wir gesehen haben, hat sich das Tempus für den tatsächlichen Bezug auf zukünftige Ereignisse aus alten Konjunktiven und Desiderativen entwickelt. Man kann noch zahlreiche Reste der alten modalen Möglichkeiten beobachten. Die prospektive Kraft (siehe unten) wird deutlich in Beispielen wie: *haec erit bono genere nata* „es wird sich herausstellen, daß sie aus gutem Hause stammt“ (Plaut. Pers. 645); *dicet aliquis* „es könnte jemand sagen“. Derartige prospektive Future werden auch in gnomischen Ausdrücken verwendet: *uirgo atque mulier nulla erit, quin sit mala* „es wird kein Mädchen und keine Frau geben, die nicht schlecht wäre“ (Plautus Pers. 365). Auch volutativer Gebrauch ist häufig, besonders in der Umgangssprache: *tu, miles, apud me cenabis* „du, Soldat, wirst bei mir zu Abend essen“ (Plaut. Curc. 728); *tu cauebis, ne me attingas* „du wirst dich hüten, mich anzurühren“ (Plaut. Asin. 373); *quae opus sunt, dominus praebebit* „was nötig ist, wird der Herr gewähren“ (Cato). Manchmal wechselt dieses voluntative Futur mit dem Imperativ: *depsito bene . . . postea magis depset* „walke es gut, danach walke es noch mehr“ (Cato).

### *Der Perfektstamm*

Das lateinische Perfekt vereinigt in sich die Funktionen des indogermanischen Aorists und des indogermanischen Perfekts. Wie ein Aorist bezieht sich der Indikativ Perfekt auf Geschehnisse als historische Gegebenheit ohne nähere Qualifikation, unabhängig von ihrer tatsächlichen Dauer (*hae permansere aquae dies complures* „diese Feuchtigkeit hielt mehrere Tage an“) (Caesar. bell. civ. 1, 50). Das Perfekt kann sogar zur Bezeichnung ständiger Eigenschaften (*qui proximi Oceano fuerunt, hi insulis sese occultauerunt* „diejenigen, die nahe am Ozean wohnten, verbargen sich auf Inseln", Caesar. bell. Gall. 6, 31) und wiederholter Aktionen *(saepe dīxī)* dienen.

Ein gnomischer Gebrauch kommt schon bei Plautus vor (*saepe is cautor captus est* „der Sorger ist oft gefangen worden", Capt. 256), aber das Beispiel des Griechischen wirkte hier sehr stimulierend. Unter den Prosaikern verwenden besonders Sallust, Seneca und Tacitus das gnomische Perfekt (*auaritia pecuniae studium habet, quam nemo sapiens concupiuit* „die Habsucht strebt nach Geld, das doch kein kluger Mann sich jemals wünschte", Sall. Cat. 11, 3).

Das Perfekt bezeichnet den Zustand, der aus einer Aktion hervorgeht. Das wird klar aus alten Formen wie *meminī* oder *ōdī*, die nur präsentische Bedeutung haben: „ich erinnere mich, ich hasse", vgl. *periī* „ich bin tot". Oft zeigt das Perfekt an, daß eine Aktion vorbei und erledigt ist: *āctum est, uīximus, flōruimus* „es ist aus, wir haben gelebt, wir haben geblüht". Die Exekution der katilinarischen Verschwörer wurde mit *uīxērunt* „sie haben gelebt" angekündigt. Die geflohenen Trojaner sagen bei Vergil Aen. 2, 325: *fuimus Troes, fuit Ilium.* Ein Zustand in der Zukunft kann durch das Perfekt als gegenwärtig verlebendigt werden: *si te offendero, . . . periisti* „wenn ich dich treffe, wird es mit dir vorbei sein" (Ter. Eun. 1064). Zu den Periphrasen für das Perfekt vgl. S. 190f.

Das Plusquamperfekt als die Vergangenheit des Perfekt bezeichnet den vergangenen Zustand. Im Lateinischen zeigt sich diese Funktion jedoch nur in den Vergangenheitsformen von präsentischen Perfekta wie *meminī, ōdī.* Hauptsächlich dient dieses Tempus dazu, die Priorität eines vergangenen Ereignisses gegenüber einem anderen vergangenen Ereignis anzuzeigen: *alium me fecisti, alius ueneram* „du hast mich zu einem anderen gemacht, als ein anderer war ich gekommen" (Plaut. Trin. 161). Diese Zeitreihung konnte im Indogermanischen nicht formal ausgedrückt werden, und sie wird im Lateinischen oft nicht beachtet: *quam duxit uxorem, ex ea natast haec* „die Frau, die er genommen hat, gebar dieses Mädchen" (Plaut. Cist. 611). In bezug auf vorzeitige Ereignisse ist auch im klassischen Latein nach *postquam, ubī, ut* (S. 000) das Perfekt, nicht das Plusquamperfekt die Regel. Die Ellipse des den *terminus ante quem* liefernden Ausdrucks in Außerungen wie *fugitiuos ille, ut dixeram ante, uendidit* „jener flüchtige Sklave verkaufte ihn, wie ich schon sagte" (Plaut. Capt. 17) oder *non hercle te prouideram* „ich habe dich wahrhaftig nicht vorher gesehen" (Plaut. Asin. 450) bot den Ausgangspunkt für eine allmähliche Funktionserweiterung des Plusquamperfekts gegenüber dem Perfekt: *eam pot tu osculantem hic uideras* „die hast du hier schon küssen gesehen" (Plaut. Mil. 474); *quanti hosce emeras?* „wie teuer hast du die gekauft?" (Plaut. Most. 822). Daß diese Ausdrucksweise umgangssprachlichen Charakter hatte, wird aus der Tatsache deutlich, daß Cicero sie außer in seinen Briefen nur selten verwendet. Ihre steigende Häufigkeit im späteren Latein wurde durch die phonetische Uneindeutigkeit von Formen wie *uīdit* usw. (z.B. Verlust des Auslaut-*t*, vgl. S. 182) gesteigert.

Das Futur II., also das Perfektfutur, drückt nur selten einen zukünftigen Zustand aus, wenn man einmal von der Verwendung als Futur präsentischer Perfekta wie *meminerō, nōuerō, ōderō* absieht. Das Futur II. wurde in erster Linie verwendet, um die Priorität eines zukünftigen Ereignisses auszudrücken; dazu bedarf es keiner Exemplifizierung. Die Unterscheidung zwischen Futur I. und Futur II. ist schon bei Plautus nicht immer klar, wobei bei ihm oft metrische Gesichtspunkte entscheidend sind, denn die Endungen des Futur II. bieten einen geeigneten Schluß für einen Trimeter oder Septenar: *uos tamen cenabitis, | cena ubi erit cocta; ego ruri cenauero* „ihr werdet doch essen, wenn das Essen fertig ist; ich esse auf dem Lande" (Plaut. Cas. 780). Als Futur eines Aoriststammes bildet das *futurum exactum* manchmal aspektuell einen klaren Gegensatz zum *infectum: hanc miserrimam uitam uel sustentabo uel, quod multo est melius, abiecero* „dieses durch und durch elende Leben werde ich entweder aushalten müssen oder ich werde es, was viel besser ist, endgültig von mir werfen" (Cic. Alt. 3, 19, 1). Diese Verwendungsweise ist umgangssprachlich und archaisch. In der nachklassischen Periode läßt sich weiter die Herausbildung einer deliberativen Verwendung erkennen: *occidi iussero?* „soll ich ihn töten lassen?" (Seneca).

## DIE MODI

### *Der Konjunktiv*

Das indogermanische Verb hatte, wie wir in den vorigen Kapiteln gesehen haben, eine Anzahl morphologischer Möglichkeiten, um verschiedene Arten der Bezeichnung zu Ereignissen auszudrücken. Durch Verwendung des Indikativs etablierte der Sprecher einen objektiven Bezug zu Fakten und konstatierte, daß etwas so-und-so ist oder war. Die anderen Modi drückten verschiedene Verhaltensweisen gegenüber den Ereignissen oder Zuständen, auf die Bezug genommen wurde, aus. Der Konjunktiv drückt grob gesagt a) Willen (voluntativer Konjunktiv) und b) Wahrscheinlichkeit oder Erwartung (prospektiver Konjunktiv) aus, der Optativ a) Wunsch und b) Möglichkeit (potentialer Optativ). Diese beiden Modi waren, wie wir gesehen haben, im Lateinischen durch Synkretismus zu einem einzigen Modus, dem Konjunktiv, verschmolzen, der morphologische Charakteristika hatte, die aus dem ursprünglichen Konjunktiv und Optativ stammten; daneben gab es viele eigenständige Neuerungen. Eine derartige morphologische Vielfalt sollte eine funktionale Vielfalt erwarten lassen, und die tritt in den frühesten Texten auch auf. Es wäre daher widersinnig, die „Einheit des lateinischen Konjunktivs" aufdecken und durch eine plausible, aber arbiträre Auswahl von Beispielen eine Entwicklung von ursprünglichen Funktionen her aufzeigen zu wollen; das entspräche der Arbeit von Etymologen, die die genaue Bedeutung eines Wortes in einem bestimmten Kontext auf Grund einer vagen Urbedeutung festlegen wollten. Angesichts der Beziehung zu anderen indogermanischen Sprachen wie Griechisch und der offenkundigen morphologischen Reste des indogermanischen Konjunktivs und Optativs wird es sicherer sein, anzunehmen, daß einige Funktionen dieser Modi ursprünglich im Lateinischen überlebten; man kann diese alten Funktionen zur Basis unserer kurzen und summarischen Analyse und Klassifikation machen, so wie die vielfältigen Funktionen des Ablativs als Ablativ, Lokativ und Instrumentalis klassifiziert wurden. Die funktionale Unterscheidung zwischen Wille und Wunsch sowie zwischen Prospektiv und Potential ist natürlich delikat, und viele Beispiele lassen verschiedene Interpretationen zu. Es soll noch einmal daran erinnert werden, daß die „Tempus"-Stämme ursprünglich keine Zeitverhältnisse ausdrückten; es ist jedoch besonders charakteristisch für das Lateinische, daß es in den Modi beständig eine genaue Differenzierung der zeitlichen Verhältnisse anstrebte.

1. *Voluntativ (Befehle, Ratschläge usw.)*

Die erste Person Plural (z.B. *eāmus* „laßt uns gehen", „wir müssen gehen") ist üblicher als der Singular, z.B. *ostende: inspiciam* „zeig es; ich möchte es mir ansehen (Plaut. Poen. 1075), vgl. *uideam modo mercimonium* (Plaut. Pers. 542); *quod perdundumst properem perdere* (Plaut. Bacch. 1049).

In der zweiten Person Singular ist der Konjunktiv im Altlateinischen ein häufiges, vielleicht milderes Äquivalent des Imperativs. Später galt dieser Typ (*faciās* „du hast das zu tun") als umgangssprachlich und dichterisch. Bei Cicero findet er sich praktisch nur in den Briefen (vgl. jedoch auch de sen. 33: *isto bono utare, dum adsit, cum absit, ne requiras* „gebrauche dieses Gut, solange es vorhanden ist, verlange aber nicht nach ihm, wenn es fehlt"). Die dritte Person ist zu allen Zeiten häufig. Viel seltener ist die zweite Person Plural: *uelitis inbeatis Quirites.* Das normalerweise gebrauchte Tempus ist das Präsens: *perierint* „sie sollen zu Grunde gehen" (Plaut. Stich. 385) ist der Imperativ zum Perfekt *periī.* Das Perfekt ist im Passiv etwas üblicher: *hoc sit nobis dictum* „das sei von uns gesagt" (Cicero de invent. 2, 50). Diese jussiven Konjunktive werden im Altlateinischen oft durch *ut(i)* eingeleitet, das ursprünglich „irgendwie" bedeutete: *proin tu ab eo ut caueas tibi* „hüte dich also irgendwie vor ihm" (Plaut. Bacch. 739). In dieser Verwendungssphäre finden wir Beispiele für die systematische lateinische Entwicklung von Zeitstufen. So wird das Imperfekt für den Voluntativ in der Vergangenheit verwendet: *si uolebas participari, auferres dimidium domum* „wenn du hättest teilhaben wollen, solltest du das halbe Haus weggetragen haben" (Plaut. Truc. 748); vgl. auch Cicero pro Rab. Post. 29. Das Plusquamperfekt ist im klassischen Latein häufiger als das Imperfekt: *quid facere debuisti? rettulisses!* „Was hättest du tun sollen? Du hättest es zurückbringen sollen!" (Cicero in Verr. 2, 3, 195). Nachdem diese Verwendung des Plusquamperfekts einmal üblich geworden war, wurde das als Opposition dazu empfundene Imperfekt üblich für den Voluntativ der Gegenwart.

Um Verbote auszudrücken, hatte das Altlateinische die folgenden Möglichkeiten:

I. *nē time.* Das blieb immer umgangssprachlich und dichterisch.

II. *nē faciās (cāue faciās).* Auch das war umgangssprachlich. Das einzige sichere Beispiel aus klassischer Prosa ist die oben zitierte Passage aus *de Senectute,* wo die Begründung in der sorgfältigen Konzinnität und in der chiastischen Ausgewogenheit des Satzes zu suchen ist. Das häufigere Vorkommen dieses Typs bei Fronto und Apuleius ist vermutlich einer ihrer zahlreichen archaisierenden Manierismen.

III. *nē fēceris.* Dieser Typ ist in der dritten Person Singular selten, obwohl es eine Anzahl Beispiele mit *nēmō* gibt: *satui semen . . . mutuum dederit nemini* „man soll niemandem Saatgut leihen" (Cato Agr. 5, 3). Die Unterscheidung zwischen dem Konjunktiv Präsens und Perfekt bei Verboten könnte ursprünglich ein Aspektunterschied gewesen sein: *nē faciās* „hör auf zu tun", *nē fēceris* „tu niemals"; dieser Unterschied war jedoch im Altlateinischen bereits weitgehend verwischt. Der Konjunktiv Perfekt wird im klassischen Latein nicht häufig gebraucht. Caesar vermeidet ihn, und es gibt nur ein Beispiel in Ciceros Reden, während in den Briefen sowie in den philosophischen und rhetorischen Werken häufigeres Vorkommen festzustellen ist.

IV. Der für die klassische Urbanität charakteristische Ausdruck *nōlī facere* war im Altlateinischen schon gut ausgebildet.

Der Konjunktiv in Fragen ist oft schwer zu klassifizieren. So deuten A. Ernout/F. Thomas, *Syntaxe latine*, Paris $^2$1953, 238 *an ego occasionem . . . amitterem?* (Terenz Eun. 604–605) als potentialen Konjunktiv und übersetzen: „pouvais-je laisser échapper l'occasion?" Aber Fragen nehmen im allgemeinen in einer Art vorweggenommener Assimilation die Form der erwarteten Antwort an oder sind beeinflußt durch die Form der Äußerung, die die Frage auslöst. Diese Überlegung mag unsere Analyse leiten. So läßt *eloquar an sileam?* eine Antwort *sile (sileas)* erwarten, d. h. einen Befehl oder einen Rat, nicht eine Vorwegnahme von Ereignissen. Derartige dubitative Konjunktive sind also deutlich voluntativen Charakters. Dasselbe gilt für Konjunktive, die durch einen Befehl ausgelöst werden: *sequere.* | *quo sequar?* (Plaut. Bacch. 406). Die inhärente voluntative Kraft des Konjunktivs kann durch ein eingeschobenes *uīs* unterstrichen werden: *redde huc sis.* | *quid tibi uis reddam?* Auch in dieser Verwendungsweise wird das Imperfekt gebraucht, um die Handlung in die Vergangenheit zu setzen: *quid agerem?* | *adulescentuli morem gestum oportuit.* „Was hätte ich tun sollen? | Man hätte dem Jüngling seinen Willen tun müssen" (Ter. Adel 214); *an tu tetigisti has aedis?* | *cur non tangerem?* „Hast du diese Türe berührt? | Warum hätte ich sie nicht berühren sollen?" (Plaut. Most. 454). Das Plusquamperfekt in diesem Sinne ist sehr selten: *egone ut beneficiu, accepissem contumeliam?* „hätte ich diese Beleidigung als Gnade auffassen sollen?" (Cicero ad Att. 15, 11, 1). Der voluntative Indikativ Futur ersetzt zuweilen den Konjunktiv Präsens: *salta sic.* | *ego saltabo?* „Tanz so! | Ich soll tanzen?" (Plaut. Men. 198). Die dubitative Erwiderung auf einen Befehl kann durch Entrüstung und Protest geprägt sein. Typische Beispiele sind: *intus serua.* | *ego intus seruem!* „Bediene drinnen! | Ich soll drinnen bedienen!" (Plaut. Aul. 81); *meum collum circumplecte.* | *ten complectatur!* „Umarme meinen Hals! | Dich soll er umarmen!" (Plaut. Asin. 696). Diese Verwendung wird auch in die Vergangenheit projiziert. Imperfekt *ille daret ille* (Ter., Phor. 120), Perfekt *ille aedis emerit* (Plaut. Most. 1026d).

Der entrüstete und protestierende Beigeschmack entsteht aus dem Kontext und aus dem Ton, er ist aber keineswegs dem Konjunktiv inhärent, der, wie wir gesehen haben, voluntativen Charakters ist. Da jedoch diese Ausdrucksweise nicht nur beim Widerspruch gegen Befehle üblich wurde, sondern auch bei der Ablehnung von Feststellungen, so gibt es einen Grund, eine Subkategorie „Konjunktiv der Zurückweisung" zu erstellen: *uir ego tuos sim!* (Plaut. Amph. 813), *egon haec patiar aut taceam!* (Plaut. Asin. 810), *tecum fui.* | *tun mecum fueris!* (Plaut. Amph. 818). Auf diese Weise schwächte sich die Verwendung langsam in Richtung „Zitat“ ab, der sogenannte Conjunctivus obliquus: *quid fecit?* | *quid ille fecerit?* „Was tut er? | Du fragst, was er getan haben soll?“ (Ter. Ad. 84).

Einige Beispiele, die unter dieser Überschrift zitiert wurden, sind mehrdeutig. Plaut. Bacch. 375 *egone ut haec conclusa gestem clanculum? ut celem patrem . . . tua flagitia* würde man ganz natürlich als „wie könnte ich deine Missetaten verbergen“, also als Potentialis, übersetzen. Genauso ist *somnium! utine haec ignoraret suom patrem* entweder potential als „Unsinn! Wie könnte sie ihren Vater nicht kennen“ oder ablehnend als „was für ein Gedanke, daß sie ihren Vater nicht kennt“ übersetzen.

Ein weiterer Ableger des voluntativen Konjunktivs ist der Conjunctivus permissivus: *ubi illum quaeram gentium?* | *dum sine me quaeras, quaeras mea causa uel medio in mari* „Wo in aller Welt soll ich ihn suchen? | Solange du ihn ohne mich suchst, kannst du ihn von mir aus in der Mitte des Meeres suchen“ (Plaut. Epid. 678). Der eng damit verwandte konzessive Gebrauch hat sich bis zur klassischen Zeit nicht vollkommen ausgebildet. Das früheste Beispiel ist Cato, p. 25, 4 Jordan: *sane sint superbi: quid id ad nos attinet?* Mögen sie auch stolz sein – was kümmert uns das?“. Die entsprechende Verwendung des Konjunktiv Perfekt mit Bezug auf die Vergangenheit taucht zum ersten Male bei Cicero auf: *fuerint cupidi, fuerint irati* „mögen sie gierig, mögen sie zornig gewesen sein“ (pro Q. Lig. 18). Die konzessiven Konjunktive werden mit *ne* vereint, was ein deutliches Zeichen ihres voluntativen Charakters ist.

### 2. *Optativ (Wünsche)*

Der reine Konjunktiv hat sich nur in wenigen Formeln erhalten: *di te ament, di bene uortant, ualeas, saluos sis* usw. Meistens werden solche Wünsche jedoch durch die Partikel *ut(i)* (altlateinisch) oder ihre verstärkte Form *uti-nam* eingeleitet, die ursprünglich „irgendwie“ bedeutete. Das ist auch der Sinn der seltenen Form *quī*, die den Instrumentalis des Indefinitpronomens darstellt: *qui illem di omnes deaeque perdant* „mögen ihn alle Götter und Göttinnen vernichten“ (Plaut. Cas. 279). Das einzige klassische Beipiel ist *qui illi di irati [sint]* „die Götter mögen ihm zürnen“ (Cicero ad Att. 4, 7, 1). Gelegentlich, besonders in der Dichtung, findet man auch *sī* und *sīc*; die Häufigkeit dieser Partikel bei Petronius und in den romanischen Sprachen spricht dafür, daß es sich um eine volkssprachliche Ausdrucksweise handelte. Als Tempus wird im allgemeinen der Konjunktiv Präsens verwendet. Die erste Person wird selten ohne *utinam* gebraucht, abgesehen von Flüchen wie *moriar, peream* usw. Die zweite

Person kommt in klassischer Prosa selten vor. Der Konjunktiv Perfekt ist selten; die meisten altlateinischen Beispiele sind *s*-Aoriste: *ita di faxint, di te seruassint.* Die *r*-Formen des Konjunktiv Perfekt sind bei Plautus viel seltener (*ne di siuerint*, Merc. 323). Die Verneinung ist normalerweise *nē* bzw. *utinam nē*; auch *nōn* kommt vor, aber nicht im Altlateinischen. Auch bei Wunschsätzen findet man gelegentlich das voluntative Futur, das den Konjunktiv ersetzt: *dabunt di, quae uelitis, uobis* „die Götter werden euch geben, was ihr wollt" (Plautus Asin. 623); *di fortunabunt uostra consilia* (Plautus Trin. 576). Die klassische Verwendung, nach der „irreale" oder unmögliche Wünsche bei Bezug auf die Gegenwart mit dem Konjunktiv Imperfekt und bei Bezug auf die Vergangenheit mit dem Konjunktiv Plusquamperfekt ausgedrückt werden, war im Altlateinischen bereits wohletabliert. Es gibt jedoch auch Beispiele für den Konjunktiv Präsens bei Bezug auf gegenwärtige Wünsche (*utinam nunc stimulus in manu mihi sit* „hätte ich doch jetzt einen Sporn zur Hand", Plautus Asin. 418) und für den Konjunktiv Imperfekt bei Bezug auf vergangene Wünsche (*utinam te di prius perderent quam periisti e patria tua* „hätten die Götter dich doch getötet, bevor du aus deinem Vaterland entschwunden bist", Plautus Capt. 537). Irreale Wünsche werden fast immer durch *utinam* eingeleitet; die einzige Ausnahme ist Catull 2, 9.

### 3. *Prospektiv*

Diese alte Verwendungsweise des indogermanischen Konjunktivs hat nur wenige Spuren hinterlassen, und es gab sogar Gelehrte, die die Existenz des Prospektivs im Lateinischen geleugnet haben. Die Unterscheidung zwischen „ich nehme an, daß dies und jenes geschehen wird" und „unter den gegebenen Umständen könnte dies und jenes geschehen" ist natürlich delikat. In der ersten Person (*quid ego cesso hos conloqui? sed maneam etiam opinor*, Plautus Trin. 1135) kann man entweder eine voluntative („ich will warten") oder eine prospektive („ich denke, ich werde warten") Interpretation vornehmen. Ein klar prospektiver Gebrauch ist Plautus Epid. 92: *ubi senex senserit sibi data esse uerba, uirgis dorsum dispoliet meum* „wenn der Alte merkt, daß ich ihn genarrt, fegt er mit Ruten mir den Rücken spiegelglatt" (Plautus Epid. 92). Hauptsächlich ist die Verwendung des lateinischen Konjunktivs der vorsichtigen Aussage über zukünftige Ereignisse jedoch aus dem alten indogermanischen potentialen Optativ zu erklären. Ein uneindeutiges Beispiel ist: *nec me miserior femina est neque ulla uideatur magis* „so elend wie ich ist keine Frau, so elend wurde keine je gesehen" (Plautus Amph. 1060).

4. *Potentialis (Optativ)*

Dieser Modus dient dem Ausdruck möglicher Ereignisse: dies und jenes könnte, sollte, würde geschehen oder der Fall sein unter diesen und jenen Umständen. Es gibt erstaunlich wenig Beispiele im Altlateinischen oder begleitende Konditionalklausel, und die meisten davon gehen auf das Konto von *uelim* und dessen Komposita *nōlim* und *mālim*. Diese im Vergleich zum freieren Gebrauch im Griechischen und im Sanskrit enge Restriktion hat einige Gelehrte (z. B. W. Kroll, *Die wissenschaftliche Syntax im lateinischen Unterricht*, Berlin [3]1925, 67–72) dazu gebracht, den lateinischen Potentialgebrauch aus Ausdrücken des Willens, des Wunsches und der Zukünftigkeit herzuleiten. Entsprechend dieser Auffassung wäre *uelim* nur eine höfliche Ausdrucksweise. Aber um höflich zu wirken, muß der Modus eine vom Indikativ, also von der direkten Feststellung abweichende Bedeutungsschattierung aufweisen; man muß also den Unterschied zwischen „ich hätte gern“ und „ich will“ heraushören. Die Erklärung als Höflichkeit rechtfertigt diese Auffassung.
Daß eine alte indogermanische Ausdrucksweise nur in ein paar feststehenden Wendungen überlebt haben sollte, bietet keine theoretischen Probleme; es sei daran erinnert, daß der Optativ im Spätgriechischen vor allem in Formeln wie χαίροις oder μὴ γένοιτο überlebt hat. Unsere Darstellung muß also die Form eines Kataloges der wenigen Verwendungsnischen annehmen. Es gibt nur wenig Anlaß dafür, einen „sollte/würde“ – Potentialis von einem „kann“ – Potentialis zu trennen, denn dieser Unterschied liegt nicht im Modus, sondern wird hervorgerufen durch die Schwierigkeiten der Übersetzung in Sprachen, denen derartige grammatikalische Möglichkeiten fehlen. Hier kann man einmal die übliche Klage, deutsche Grammatik werde über den Leisten der lateinischen geschlagen, umkehren und die Betrachtungsweise des Lateinischen durch deutsche Augen bemängeln. Der Potentialis kommt also vor:

a) in den Formen *uelim, mālim, nōlim;*
b) in der indefinit verwendeten zweiten Person Singular besonders bei Verben des Wissens und Wahrnehmens: *uideās, audiās, cernās, sciās, inueniās, cēnseās, possīs;*
c) im Altlateinischen nur selten in der dritten Person Singular: *id flagitium meum sit* (Plaut. Bacch. 97) wird gefolgt durch einen Infinitivausdruck, der einer Protasis entspricht; *quid sit hoc hominis?* „Was könnte das für ein Mensch sein?“ (Plaut. Amph. 576) resultiert aus dem Konjunktiv der Zurückweisung (vgl. *bonus est hic uir* | *hic uir sit bonus?* „Dieser Mann ist gut. | Dieser Mann soll gut sein“, Ter. Andr. 915). Bei Verben

des Sagens und Glaubens stammen die frühesten Belege von Terenz: *roget quis*[2] (Eun. 511); *quis non credat* (Andr. 489). In klassischer Prosa war jedoch der Konjunktiv Perfekt in diesem Sinne viel häufiger. Das erste Beispiel, *dixerit aliquis*, kommt bei Cato vor, aber Cicero verwendete es besonders in seinen rhetorischen und philosophischen Werken sowie in seinen Briefen als lateinische Entspechung des griechischen Optativs, während Caesar die Konstruktion vermied. Cicero fing bei den Verben des Sagens und Denkens an und kam dann zu anderen Verben, vgl. z.B. de fin. 1, 32: *quis eum iure reprehenderit?* In der nachklassischen Latinität dehnte sich die Konstruktion auf untergeordnete Sätze aus (siehe unten).

Auch für den Potentialis entwickelte das Lateinische eine entsprechende Vergangenheit. Diese Verwendung des Konjunktivs Imperfekt ist bei Plautus außer in vollständigen Konditionalsätzen selten: *scires* „du hättest wissen können" (Plaut. Curc. 331); *quo nunc ibas | exsulatum | quid ibi faceres?* „Wohin gingst du jetzt? | Ins Exil. | Was hättest du dort tun können?" (Plaut. Merc. 884); *mare uelis florere uideres* „Du hättest das Meer von Segeln blühen sehen können" (Cato 34, 4 J.). Diese Verwendung der indefinit gemeinten zweiten Person Singular ist noch sehr selten bei Plautus und wird erst seit Terenz häufiger. Die erste und die dritte Person waren in einfachen Hauptsätzen zu allen Zeiten selten: der Typ *quis crederet* kommt bei Cicero zum ersten Male vor. Der Konjunktiv Perfekt mit Vergangenheitsbedeutung war immer selten: *non illam uir prior attigerit* (Cato 67, 20); *hoc dixerit potius Ennius* (Cic. de fin. 2, 41); *Themistocles nihil dixerit* (Cic. de off. 1, 75); *qui ambo saltus eum . . . deduxerint* (Liv. 21, 38, 7).

Die Zeitstufen wurden am systematischsten in „irrealen" (d. h. den Tatsachen widersprechenden) potentialen Äußerungen entwickelt. Das Indogermanische hatte keine besonderen Ausdrucksmittel für die Irrealität, und die Verwendung des Konjunktivs Präsens, Imperfekt und Plusquamperfekt für respektive Zukunft, Gegenwart und Vergangenheit ist eine

[2] Der Sinn ist hier: „angenommen, jemand fragt"; das könnte man auch jussivisch auffassen. Genau entsprechend ist: *atqui aliquis dicat* „angenommen, jemand sagt" (Ter. Andr. 640), womit zu vergleichen wäre *uendat aedes uir bonus* „angenommen, ein guter Mann verkauft ein Haus" (Cic. de off. 3, 54). Für eine jussivische Interpretation spricht die Tatsache, daß in vergleichbarer Verwendung auch der Imperativ vorkommt (siehe unten). Auch hier läßt sich die Vergangenheit bilden: *diceret 'quid feci'* „angenommen, er hätte gesagt: 'Was habe ich getan!' (Ter. Andr. 138).

lateinische Neuerung, die der entsprechenden Serie beim Ausdruck des Wunsches entspricht. Zunächst wurde der Konjunktiv Imperfekt, wie wir gesehen haben, für die Vergangenheit verwendet. Die Verschiebung zum Bezug auf die Gegenwart geschah in einem Umordnungsprozeß als Gegengewicht zum Konjunktiv Plusquamperfekt, der im Altlateinischen besonders außerhalb vollständiger Konditionalsätze (siehe unten) selten ist (siehe unten). C. E. Bennett, *Syntax of Early Latin* 1, Boston 1910, 205 nennt nur zwei unabhängige Beispiele bei Plautus und sechs bei Terenz.

*Der „irreale“ Indikativ*

In einigen Wendungen wird der Indikativ in irrealer Funktion verwendet. In erster Linie haben wir es mit rhetorischen Ausdrucksweisen zu tun, die in lebhafter Weise ein Ereignis als ablaufend oder vollendet darstellen, wobei dann das anscheinend Unvermeidliche durch unerwartete Umstände verhindert wird: *praeclare uiceramus, nisi spoliatum, inermem, fugientem Lepidus recepisset Antonium* „wir hätten einen aufsehenerregenden Sieg erzielt, wenn Lepidus nicht den mittellosen, unbewaffneten und fliehenden Antonius aufgenommen hätte“ (Cic. ad. fam. 12, 10, 3); *at ille . . . ferrum . . . deferebat in pectus, ni proximi prensam dextram ui attinuissent* „aber er hätte sich das Schwert in die Brust gestoßen, wenn die Umstehenden nicht seine Rechte gewaltsam zurückgehalten hätten“ (Tac. Ann. 1, 35). Hierher gehört auch Ovid Am. 1, 6, 34: *solus eram, si non saeuus adesset Amor* „ich war allein – abgesehen von der Gegenwart des grausamen Amor“.

In anderen Fällen ist die auf den ersten Blick im „irrealen“ Indikativ liegende Widersprüchlichkeit auf das Konto der größeren Präzision des Lateinischen zu setzen, denn wo eine Möglichkeit, Wahrscheinlichkeit, Verpflichtung oder Notwendigkeit bestand oder besteht, muß die darauf bezügliche Äußerung im Indikativ stehen: *possum* „ich kann“, *potuī* „ich konnte“, „ich hätte können“. Daher erklärt sich der „irreale“ Gebrauch des Indikativs bei Verben wie *possum, dēbeō, oportet,* in Sätzen wie *parest, satius est, melius est* sowie beim Gerundium und beim periphrastischen *futūrus fuit* „er war im Begriff“. Auf der anderen Seite mußte die Aussage die „irreale“ Färbung des Konjunktivs annehmen, wenn die Möglichkeit von einer unerfüllten Bedingung abhing. Es liegt auf der Hand, daß diese feine logische Unterscheidung im Lateinischen nicht getreulich eingehalten wurde. In der Praxis wurde *potuī* und *potuissem* austauschbar, wobei in der klassischen Prosa der Konjunktiv häufiger ist: *quid facere potuissem, nisi consul fuissem? . . . consul esse qui potui, nisi eum uitae cursum tenuis-*

*sem* „Was hätte ich tun können, wenn ich nicht Konsul gewesen wäre? Wie hätte ich Konsul werden können, wenn ich nicht diese Lebensweise eingehalten hätte?“ (Cic. de re p. 1, 10). Im Altlateinischen ist die Tempusverwendung logisch: *melius est* „es wäre besser“, *melius erat/fuit* „es wäre besser gewesen“. Als aber in der klassischen Periode die Verschiebung der Tempusbezüge stattgefunden hatte, von der wir beim „irrealen“ Konjunktiv gesprochen haben, verschoben sich auch die Bedeutung von *melius erat* zu „es wäre besser“; für die Vergangenheit blieb jedoch das Perfekt beliebter als das Plusquamperfekt. Bei Plautus kommen *par fuerat* und *aequum fuerat* vor, und Terenz hat *potuerat*, aber noch bei Cicero waren *potueram, dēbueram, oportuerat* selten.

*Der Imperativ*

Zur Unterscheidung zwischen präsentischem und futurischem Imperativ vgl. „Morphologie“, S. 302f. Der Imperativ hat einen weiten Bedeutungsumfang: er kann in Befehlen, Ratschlägen, Wünschen (*bene ambula* „mach einen schönen Spaziergang“), Gebeten usw. verwendet werden. Besonders interessant ist seine Verwendung bei einem Vorbehalt oder in Vermutungen: *ausculta, scies* „hör zu, dann wirst du's wissen“ (Plaut. Asin. 350); *uerbum etiam adde unum: iam in cerebro colaphos apstrudam tuo* „sag noch ein Wort, und ich schlage dir das Hirn aus dem Kopf“ (Plaut. Rud. 386); *modo sis ueni huc: inuenies infortunium* „komm nur her, du wirst dich unglücklich machen“ (Plaut. Amph. 286), vgl. *lacesse: iam uidebis furentem* „reize mich nur, du wirst meine Wut kennenlernen“ (Cic. Tusc. 4, 54). Diese Verwendung des Imperativs als Ausdruck der Vermutung verleiht der Interpretation von Konjunktiven wie *aliquis dicat* „angenommen, jemand sagt“ als Jussive (und nicht als Potentiale) einige Wahrscheinlichkeit.

## DIE VERBALNOMINA

*Der Infinitiv*

Morphologisch sind die lateinischen Infinitive Neuerungen, die mit den Infinitiven des Griechischen oder sogar des Oskisch-Umbrischen und des Keltischen nichts gemeinsam haben. Folglich müssen die vielen Ähnlichkeiten im Gebrauch zwischen dem Lateinischen und dem Griechischen das Resultat unabhängiger Entwicklung sein. Die lateinischen Infinitive waren ursprünglich Kasus von Verbalnomina, die allmählich einige ihrer nominalen Funktionen ablegten und sich enger an das Verbalsystem anschlossen; bei diesem Prozeß erwarben sie morphologische Unterscheidung für Tempus und Genus verbi. Bei einigen lateinischen Verwendungsweisen ist der nominale Charakter noch deutlich: Der Infinitiv nennt einfach die Aktion, die durch die Verbalwurzel bezeichnet wird. Das ist am offenkundigsten beim sogenannten historischen Infinitiv, der verwendet wird, wenn die Erzählung mit breiten, schnellen Strichen skizziert wird, die die Einzelheiten von Person und Zeit dem Kontext überlassen. Derartige Nominalsätze sind eine urtümliche Ausdrucksweise, die sogar Plautus nur selten verwendet. Es ist charakteristisch, daß der historische Infinitiv bei archaisierenden Historikern wie Sallust oder Tacitus häufig ist, während Caesar dazu neigt, ihn zu vermeiden. Die meisten Beispiele bei Cicero stammen aus seinen frühen Reden. Hier zwei der frühesten Belege: *consonat terra, clamorem utrimque ecterunt, imperator itrimque Ioui uota suscipere, hortari exercitum* „die Erde hallt wider, von beiden Seiten tönt das Kriegsgeschrei; beide Feldherrn wenden mit Gelübden sich an Jupiter und muntern ihre Scharen auf" (Plaut. Amph. 228–230); *circumstabant nauem uenti; imbres atque procellae frangere malum, ruere antennas, scindere uela* „die Wirbelwinde umlagerten das Schiff, Fluten, Orkane, Regengüsse brachen schon den Mast, zerknickten die Rahen, zerschlitzten die Segel" (Plaut. Trin. 836). Das zuletzt angeführte Beispiel sollte ausreichend sein, die oft wiederholte Behauptung zu widerlegen, daß der historische Infinitiv niemals aoristische Funktion habe, sondern immer dem Imperfekt entspreche. Der historische Infinitiv ist vielmehr neutral; die Aktionsart wird durch die Bedeutung des Verbs festgelegt.

Der ein Ereignis benennende Infinitiv kann je nach dem Kontext und dem Ton, in dem die Äußerung stattfindet, Ausrufs- oder Befehlscharakter haben: *uae misero mihi: propter meum caput labores homini euenisse* „o weh mir Armem, daß um meinetwillen solche Qual den besten Menschen traf" (Plaut. Capt. 945).

Der Infinitiv wird in einer Anzahl indogermanischer Sprachen imperativisch gebraucht, aber diese Verwendung hat sich im Lateinischen unabhängig davon aus der Nennung einer Aktion im Befehlston herausgebildet; es handelte sich um eine Eigentümlichkeit der Volkssprache, die in der Literatur bis Valerius Flaccus nicht vorkommt: *tu socios adhibere sacris* (3, 412). Bei vulgärsprachlich geprägten Prosaikern gibt es viele Beispiele, und die Verwendung lebt in den romanischen Sprachen bei Verboten weiter. Das Vorkommen dieser Konstruktion bei den Kirchenschriftstellern könnte zu den Vulgarismen des christlichen Lateins gerechnet werden, aber die Möglichkeit griechischen Einflusses ist nicht auszuschließen.

Die substantivische Natur des Infinitivs wird ganz deutlich durch die Verwendung qualifizierender Pronomina: *tuom conferto amare* „richte deine Liebe so ein“ (Plaut. Curc. 28); *istuc nihil dolere* „dieser Mangel an Schmerz“ (Cic. Tusc. 3, 6, 12); *me hoc ipsum nihil agere et plane cessare delectat* „mich erfreut es gerade, nichts zu tun und mich völlig auszuruhen“ (Cic. de or. 2, 24). Dieser Typ Infinitiv, der geeignet war, den griechischen Infinitiv mit Artikel wiederzugeben, kam in der philosophischen Literatur in Mode. Er war jedoch eigentlich umgangssprachlich, was daraus deutlich wird, daß Cicero ihn sonst vor allem in seinen Briefen an Athicus verwendet und daß er bei Petron häufig ist. Der substantivisch verwendete Infinitiv kann sogar von einer Präposition abhängen. Das früheste Beispiel steht bei Cicero: *inter optime ualere et grauissime aegrotare nihil interesse* „es gebe keinen Unterschied zwischen blühender Gesundheit und schwerster Krankheit“ (de fin. 2, 43). Im nachklassischen Latein erweiterten sich die nominalen Funktionen, so daß der Infinitiv durch einen Genitiv (*cuius non dimicare uincere fuit*, Val. Max. 7, 3, 7) und durch ein Adjektiv statt eines Adverbs (*illud iners quidem, iucundum tamen nihil agere*, Plinius ep. 8, 9, 1) näher bestimmt werden konnte.

Der Infinitiv als Verbalnomen kann als das Subjekt, das Prädikat oder das Objekt eines Verbes fungieren.

*Subjekt*

*petere honorem pro flagitio more fit* „Ehre suchen in der Schande ist allgemeine Sitte“ (Plaut. Trin. 1035); *quos omnes eadem cupere, eadem odisse, eadem metuere in unum coegit* „die gleiche Gier, der gleiche Haß, die gleiche Furcht hat sie alle geeint“ (Sall. Jug. 31, 14). In dieser nominativischen Funktion figuriert der Infinitiv meistens als Subjekt oder als Objekt von unpersönlichen Verben wie *decet, libet, licet, oportet, piget, pudet* usw. und von Ausdrücken wie *bonum est, aequum est, difficile est* usw.

*Objekt*

*hic uereri perdidit* „er hat alles Schamgefühl verloren“ (Plaut. Bacch. 158); *Gallia duas res persequitur, rem militarem et argute loqui* „Gallien hat zwei Ziele, das Militärwesen und das schlaue Reden“ (Cato 9, 12 J.); *hoc uolo, meam rem agere* „das will ich, meine Sache betreiben“ (Plaut. Curc. 670). Derartige Infinitive waren besonders häufig als Objekt zu *uelle*, und die Analogie weitete diese Konstruktion auf eine wachsende Gruppe von Verben, die Wunsch, Bemühung und das Gegenteil davon bezeichnen, aus:

*cupere, studere, cogitare, experiri, intendere, eniti, quaerere, ardere* usw.; *nolle, dubitare, cessare, uereri, omittere* usw. sowie auch *posse* boten einen fruchtbaren Kern, der sich auf *scire, callere, ualere* usw. ausdehnen konnte. In diesen Konstruktionen steht der Infinitiv normalerweise im Präsens. In der juristischen Phraseologie steht auch manchmal das Perfekt: *neiquis eorum Bacanal habuisse uelet* (Sen. Cons. de Bacch.).

Die Infinitive nach Verben des Abzielens können ebenfalls auf die ursprünglichen Kasusfunktionen des Infinitivs zurückgeführt werden. Sie waren ja formal entweder alte Dative oder Lokative, und in beiden Fällen konnten sie Zweck und Ziel ausdrücken. Diese Funktion ist im Ausdruck *dare bibere* offenkundig, der zu allen Zeiten häufig war, obwohl entsprechendes *dare edere* und *dare manducare* erst im Spätlatein vorkommt. Derartige Infinitive des Abzielens sind nach Verben der Bewegung besonders in umgangssprachlichen und dichterischen Texten häufig: *turbare qui huc it* „wer hierher kommt, um Unruhe zu stiften“ (Plaut. Bacch. 354); *eamus uisere* „gehen wir nachschauen“ (Ter. Phorm. 102); *uenerat aurum petere* „er war gekommen, um Geld zu fordern“ (Plaut. Bacch. 631). In klassischer Prosa vermied man diese Konstruktion, aber die Dichter seit Lukrez und archaisierende Prosaschriftsteller liebten diesen Archaismus. In der Umgangssprache blieb die Konstruktion üblich; sie lebt in den romanischen Sprachen weiter.

Der Infinitiv des Abzielens wird auch nach den kausativen Verben *iubere, cogere, monere, subigere* und nach anderen Verben des Drängens, Überzeugens und Zwingens verwendet, obwohl die klassische Prosa hier meistens jussivische Konjunktive bevorzugte. Aus Sätzen wie *iussit eum manere*, wo *eum* ursprünglich das direkte Objekt zu *iussit* war, soll die Accusativus cum infinitivo (ACI)-Konstruktion durch Beziehungsverschiebung entstanden sein, also *iussit: eum manere* (*eum* aufgefaßt als Subjekt des Infinitivs). Die Konstruktion dehnte sich allmählich durch die Bildung von Analogieketten oder „Hexenringen“ (siehe S. 310f.) aus (*postulare, dehortari, decernere* usw.). Auch Verben, die einen doppelten Akkusativ regieren, lieferten ihren Beitrag: *quanti istuc unum me coquinare perdoces* „wieviel verlangst du, wenn du mich das eine zu kochen lehrst?“ (Plaut. Pseud. 874).

Der Nominativus cum infinitivo (NCI) nach Verben des Sagens und Denkens kommt im Altlateinischen nicht vor. Seine Einführung ins Lateinische ist völlig griechischem Einfluß zuzuschreiben. Der Erstbeleg findet sich bei Catull: *phaselus ille . . . ait fuisse nauium celerrimus* „jener Kahn behauptet, das schnellste aller Schiffe gewesen zu sein“ (4, 1–2). Im Griechischen kann der Infinitiv auch ein Adjektiv bestimmen (θέειν ἄριστος). Diese Konstruktion kommt bei Plautus außer nach Partizipien in Verbindung mit Formen von *esse* nicht vor. So ist *animatust facere* (Truc. 966) eindeutig synonym zu *cupit facere* bzw. *uult facere.* Auch *potens* steht in enger Verbindung zu *potest* und *consuetus, insolitus, peritus* zu *solet.* Durch solche Analogieprozesse wurden allmählich die einheimischen Grundlagen für den ausgedehnten Gebrauch gelegt, der besonders von den augustäischen Dichtern in Nachahmung des griechischen Vorbildes angestrebt wurde. Das erste rein adjektivische, dem Griechischen nachgebildete Beispiel steht bei Lucilius *(soluere nulli lentus)*, aber auch hier könnte noch ein Einfluß von *piget* spürbar sein.

Die Infinitive können auch von Substantiven abhängen. In Sätzen wie *nunc adest occasio bene facta cumulare* (Plaut. Capt. 423) ist der Infinitiv die Ergänzung zu *ades occasio = licet:* „jetzt ist die Gelegenheit da (ist es möglich), Wohltaten anzuhäufen". Durch Beziehungsverschiebung schien jedoch das Substantiv *occasio* den Infinitiv zu regieren; daraus resultieren Beispiele wie: *ut haberent faculatem . . . pugnare* „damit sie die Möglichkeit zu kämpfen hätten" (Caes. bell. Afr. 78, 4).

### *Gerundium und Gerundivum*

Weil es im Lateinischen keinen Artikel gibt, ist ein ebenso flexibler Gebrauch des substantivierten Artikels wie im Griechischen ausgeschlossen. Stattdessen trat ein anderes Verbalnomen als Ersatz für die obliquen Casus des Infinitivs ein, das Gerundium: *mittere, mittendi: mittendo, mittendum.* In der ganzen Latinität gab es starke Einschränkungen bezüglich der Benutzbarkeit dieses Verbalnomens, und seine Verwendung muß im Zusammenhang mit dem morphologisch ähnlichen Verbaladjektiv auf *-ndus* betrachtet werden, das „fähig zu, geneigt zu, bereit zu, reif zu" bedeutet. In einigen Bedeutungen ist es kaum vom Partizip Präsens *(secundus, oriundus, uoluendus)* zu unterscheiden. Dieses Adjektiv war ursprünglich nicht an die Aktiv-Passiv-Unterscheidung gebunden und konnte also sowohl von transitiven als auch von intransitiven Verben gebildet werden: *pereundus, placendus, caedendus.* Meistens hat es jedoch passivische Bedeutung, doch es gibt einige intransitive Beispiele, in denen die Funktion des Verbaladjektivs sich der eines aktiven Partizips im Futur annähert, z.B. *puppis pereunda est probe* (Plaut. Epid. 74). Die Bedeutung „Notwendigkeit" und „Verpflichtung" war das Resultat einer sekundären Entwicklung, die in bestimmten Kontexten entstand. So bedeutete *agnus caedundus* „schlachtbereites Lamm"; in prädikativer Verwendung, *agnus est caedundus*, ging die Bedeutung „das Lamm ist zum Schlachten bereit" leicht in „das Lamm ist zum Schlachten da", „muß geschlachtet werden" über. In Verbindung mit *esse* bildet das Gerundivum ein periphrastisches Tempus. Das Neutrum wird häufig unpersönlich verwendet *(agendum est)* und kann sogar ein direktes Objekt im Akkusativ regieren: *agitandumst uigilias* (Plaut. Trin. 859), eine Konstruktion, die bei späteren Schriftstellern (Lukrez, Catull, Vergil; nur ein Beleg bei Cicero) als Archaismus vorkommt. Zum Gerundivum als Partizip Futur im Spätlatein siehe oben (S. 190f.).

Ausgehend von seinem verbalen Charakter konnte das Gerundium an sich gut ein direktes Akkusativobjekt regieren, aber von dieser Möglichkeit wurde nur selten Gebrauch gemacht. Caesar läßt Substantive im Akkusativ nur von Gerundien im Genitiv abhängig sein. Cicero läßt die Konstruktion auch nach dem Gerundium im Ablativ zu. Aber auch in diesen Fällen zog man gerundivische Konstruktionen vor; das Gerundium wurde hier nur zur Erzielung besonderer Effekte wie Klarheit, Nachdruck oder Wohlklang eingesetzt. Im Altlateinischen wurde das Gerundium freier als das Gerundivum verwendet, hinter dem es im Laufe der Zeit zurücktreten mußte. Es gibt jedoch Spuren einer älteren Konstruktion, bei der das Substantiv nicht vom Gerundium regiert wird, sondern in Apposition steht: *lucis das tuendi copiam* (Plaut. Capt. 1008), wo *copia* durch zwei Genitive, *lucis* und *tuendi*, näher bestimmt wird, wobei der zweite epexegetischen Charakter hat, also die Aussage präzisiert: „Du gibst die Möglichkeit des Lichtes, d.h. es zu sehen". Wenn das Substantiv Maskulinum oder Neutrum war (z.B. *operis fruendi causa*), dann war es möglich, das Gerundium als mit dem Substantiv übereinstimmendes Verbaladjektiv zu interpretieren. Man nimmt teilweise an, daß die Gerundivkonstruktion so entstanden sei. Zur Unterstützung dieser Theorie kann man anführen, daß 1. das „Gerundivum" im Altlateinischen unveränderlich auch bei Personalpronomina steht, die sich auf Feminina beziehen (*tui* (fem.) *uidendi copiast*, Plaut. Truc. 370) und daß 2. der Genitiv des Gerundivums im Altlateinischen nur einen engen semantischen Bereich abdeckt, denn er steht meist bei Verben des Wahrnehmens, Wissens, Strebens und Bekommens. Gegen diese Theorie spricht aber, daß es keinen Zweifel am hohen Alter des Verbaladjektivs geben kann: *secundus* ist so alt, daß es jede Beziehung zu dem Verb *sequi*, von dem es kommt, abgebrochen hat, und in den von Cato in *de agri cultura* bewahrten urtümlichen Gebeten ist die Gerundivkonstruktion häufig: *te hoc ferto ommouendo bonas preces precor* (134, 2). Es gilt jedoch festzuhalten, daß in attributiver Verwendung das Gerundivum praktisch auf Verben, die Zustimmung oder Ablehnung ausdrücken, beschränkt ist: *mīrandus, expetendus, pudendus, miserandus, amandus, contemnendus* usw. Der prädikative Gebrauch nach Verben des Gebens und Nehmens, des Bittens und Gewährens usw. ist bei Plautus noch in der Anfangsphase (Asin. 444: *quos utendos dedi*), während die wohlbekannte klassische Konstruktion nach *cūrāre* bei Terenz zum ersten Male auftritt.

Der Akkusativ des Gerundiums wird nur nach bestimmten Präpositionen verwendet: bei Plautus kommt nur *ad* vor, aber im klassischen Latein ist auch *in* möglich (nicht bei Caesar), während Cicero in juristischer Phraseologie auch *ob* hat, das mit dem Gerundium zum ersten Male bei Cato vorkommt. Es gibt auch sporadische Beispiele anderer Präpositionen: *ante* (Vergil), *inter* (Ennius), *propter* (zuerst bei Varro), *circā* (nachklassisch, zuerst bei Quintilian). Das Gerundium kommt nach Substantiven (*canes ad uenandum*, Ter. Andr. 57), Adjektiven (*doctus . . . ad male faciendum*, Plaut. Epid. 378) und Verben (*quo conductus uenio / ad furandum quidem*, Plaut. Pseud. 850) vor. Es gibt kein sicheres altlateinisches Beispiel für ein Gerundium im Akkusativ, das ein direktes Objekt regiert. Varro war der erste, der diese Konstruktion wagte (ling. Lat. 9, 42: *ad discernendum uocis uerbi figuras*); in spätlateinischer Übersetzungsliteratur dient die Konstruktion zur Wiedergabe des griechischen εἰς + Artikel + Infinitiv (εἰς τὸ ἰᾶσθαι αὐτούς = *ad sanandum eos*, Luc. 5, 17); das klassische Latein verwendete in diesen Fällen wie das Altlatein das Gerundivum (*ad aquam praebendam*, Plaut. Amph. 669).

Der Genitiv des Gerundiums ist im Altlateinischen stets adnominal, wobei die regierenden Substantiva ein paar Abstrakta sind (*occāsiō, tempus, cōpia, causa, grātia* usw.), z. B. Plaut. Epid. 162: *non enim nunc tibi dormitandi neque cunctandi copia est* „jetzt darfst du weder schlafen noch zögern". Das klassische Latein kennt den Genitiv auch nach einigen Substantiven, die Personen bezeichnen, wie *auctor, dux, artifex*. Auch einige Adjektive regieren den Genitiv des Gerundiums. Am Anfang der Tradition steht Terenz' *cupidus* (Plautus bietet kein Beispiel), und die Liste erweiterte sich allmählich bis zur nachklassischen Zeit, wenn auch nicht erheblich.

Der Genitiv des Gerundiums und Gerundivums kann auch das Ziel ausdrücken. Das früheste Beispiel stammt von Terenz (Ad. 270: *ne id adsentandi mage quam quo habeam gratum facere existumes* „du könntest glauben, solches sei mehr Schmeichelei als Dankbarkeit"), und wegen der Stärke ähnlicher Konstruktionen im Oskisch-Umbrischen wird die Ausdrucksweise der „italischen" Periode zugeschrieben. Das Terenz-Zitat ist jedoch nicht über den Verdacht erhaben, ein Anakoluth zu sein, und weil Sallust der erste ist, der die Konstruktion wirklich frei verwendet, haben wir es wahrscheinlich mit einer eigenständigen lateinischen Entwicklung zu tun. In *res euertendae rei publicae* „Dinge, die die Umwälzung des Staates betreffen" hat der Genitiv seine normale Funktion; in prädikativer Verwendung *(euertendae rei publicae sunt)* kommt man in die Nähe einer finalen Bedeutung (vgl. Cic. in Verr. 2, 132: *quae res euertendae rei publicae sunt*). Nachdem ein Genitiv des Zwecks sich einmal in einheimischem Gebrauch etabliert hatte, erwies er sich als bequemes Äquivalent zum griechischen Infinitiv mit Artikel in finalem Sinne. Sallust führte die Konstruktion, die bei Caesar und Cicero fehlt, in die Historiographie ein, und Livius, Tacitus und andere folgten ihm (Tac. Ann. 2, 59: *Aegyptum proficiscitur cognoscendae antiquitatis* „er bricht nach Ägypten auf, um das Altertum kennenzulernen").

Der Dativ wird final gebraucht nach Verben wie *studēre, poenam dare* (*auscultando operam dare*, Plaut. Amph. 1006) und nach einigen Adjektiven wie *nātus, optimus, firmus.* Hier ist das Gerundivum viel häufiger als das seltene Gerundium. Plautus gebraucht das Gerundium mit direktem Objekt (*hominem inuestigando operam . . . dabo*, Mil. 260), aber bei Cicero tritt es nur in traditioneller juristischer Phraseologie auf *(scirbendo adesse, soluendo non esse)*, und bei Caesar kommt kein Beispiel vor. Auch das Gerundivum blieb ziemlich selten, bis Livius und Tacitus in Nachahmung der Dichter die Anzahl der dieser Konstruktion zugänglichen Adjektive erheblich erweiterten (*intentus, prōmptus, exiguus, leuis* usw.).

Der ablativische Gebrauch ist im Altlateinischen beschränkt auf den Instrumentalis, wobei das Gerundium häufiger ist als das Gerundivum (*legiones . . . ui pugnando cepimus,* Plaut. Amph. 414). Bei Verben, die Überlegenheit ausdrücken, verschmilzt der Instrumentalis mit dem Ablativ der Hinsicht (*mendicum . . . mendicando uincere*, Plaut. Bacch. 514; dann freiere Beispiele wie *astu et fallendo callet*, Accius fr. 475 W.). Die instrumentale Kraft ist manchmal so gering, daß das Gerundium nur einfach eine gleichzeitige Handlung ausdrückt. Im Altlateinischen und sogar bei Cicero gibt es nur wenige klare Beispiele (*hic exspectando obdurui*, Plaute. Truc. 916). Diese Verwendungsweise konnte sich erst seit Sallust und den kaiserzeitlichen Schriftstellern durchsetzen; hier fungiert das Gerundium als Äquivalent des Partizip Präsens: *noui consules populando usque ad moenia peruenerunt* (Liv. 8, 17, 1); *exturbabant agris captiuos seruos appellando* (Tac. Ann. 14, 31, 2). Diese Verwendungsweise gewann auch in der Umgangssprache an Boden, und nur in der Funktion als Partizip Präsens hat sich das Gerundium bis in die romanischen Sprachen halten können.

Die Ablative des Gerundiums und des Gerundivums können von Präpositionen regiert werden. Die häufigsten sind *in* und *dē*, die bei Plautus vorkommen und auch von Caesar gebraucht werden. Cicero hat auch *ex* und *prō* (beide auch bei Plautus) sowie *ab*, das bei Cato zum ersten Male belegt ist. Das Gerundium im Ablativ hat im Altlateinischen häufig ein direktes Objekt, aber das klassische Latein zeigt sich da reservierter. Die Dichter sowie Sallust und Tacitus erlauben sich mehr Freiheit, und im Spätlatein gibt es keine Restriktionen mehr.

### *Die Supina*

Die Supina sind Reste von Verbalabstrakta auf *-tus* (siehe S. 306). Das Supinum I. ist der Akkusativ, der verwendet wird, um das Ziel oder den Zweck einer Handlung vor allem nach Verben der Bewegung auszudrükken: *commissatum ibo* (Plaut. Most. 317); *abiit ambulatum* (Plaut. Mil. 251). Von Verben des Bedeutungsfeldes „schicken" u. ä. gab es eine leichte analogische Verbindung zu „geben", „nehmen", die einen zweiten Bedeutungskern bilden: *nuptum . . . daret* (Plaut. Aul. 27); *nuptum conlocet* (Plaut. Trin. 735); *coctum ego, non uapulatum, dudum conductus fui* (Plaut. Anl. 457). Diese Verwendungsweise blieb bei archaisierenden Schriftstellern erhalten, aber die klassischen Puristen zeigten sich reservierter; Cicero hat eigentlich nur stehende Wendungen wie *cubitum ire*, was sich in der gesprochenen Sprache bis in die Spätantike hielt. Das Supinum I. kann im Altlateinischen ein direktes Objekt annehmen (*it petitum . . . gratiam*, Plaut. Aul. 247), und auch bei späteren Schriftstellern einschließlich Caesar und Cicero gibt es Beispiele dafür. Mit *ire* bildet das Supinum eine periphrastische Konjugation, die durch *-tum iri* den fehlenden Infinitiv Futur Passiv ersetzt; diese Form blieb jedoch immer vergleichsweise selten.

Die Morphologie des sogenannten Supinum II. ist mehrdeutig (siehe S. 306). Einige Verwendungsweisen sind eindeutig ablativisch: *primus cubitu surgat* (Cato agr. 5, 5); *ita dictu opus est* (Ter. Heaut. 941); andere können am besten als Dative erklärt werden: *hoc mihi factust optumum* (Plaut. Aul. 582); *dictu facilius* (Ter. Phor. 300). Es ist nicht ohne Bedeutung, daß Plautus einmal die Form *-tuī* hat: *istaec lepida sunt memoratui* (Bacch. 62). Es ist jedoch möglich, die *-tu*-Formen als Ablative der Beziehung zu deuten.

### *Die Partizipien*

Die Partizipien „partizipieren" sowohl an den Eigenschaften der Verben als auch der Substantive. Folglich würde die Bezeichnung strenggenommen auch auf die oben besprochenen Verbalpronomina passen. Man beschränkt das Wort aber normalerweise auf die Verbaladjektive, die näher zur Verbalkonjugation gehörten. Von den indogermanischen Partizipien blieb im Lateinischen nur das Partizip Präsens Aktiv erhalten, und auch das hatte im Altlateinischen nur wenige verbale Funktionen. Im Perfekt verwendete das Lateinische wie das Oskisch-Umbrische das Verbaladjektiv auf *-to-* als Partizip Perfekt, aber es gab keine entspechende aktive Form. Das Partizip Futur auf *-tūrus* war eine lateinische Neubildung (S. 306f.).

*Das Partizip Präsens*

Im Altlateinischen war das Partizip Präsens praktisch auf adjektivische Funktionen beschränkt, und es trat vor allem im Nominativ auf: *uigilans* „wach", *maerens* „sorgenvoll", *sedens* „sitzend", *sapiens* „weise", *intellegens* „klug", *cupiens* „begierig" usw. Das gilt für die Umgangssprache während der ganzen Antike, und auch in den romanischen Sprachen lebt das Partizip Präsens nur als Adjektiv weiter. Zur allmählichen Entwicklung partizipialer Konstruktion in der Literatursprache vgl. S. 146f.

Derartige Adjektive können substantivisch verwendet werden, aber dieser Gebrauch ist bis zur Zeit Senecas im Nominativ-Singular selten. Frühe Beispiele sind *quot amans exemplis ludificetur* „auf wieviele Arten ein Geliebter verspottet wird" (Plaut. Truc. 26) und *stulto intellegens quid inter est?* „welch ein Abstand zwischen klug und dumm?" (Ter. Eun. 232). Die Adjektive werden auch mit *esse* prädikativisch gebraucht und bilden dann eine Art periphrastische Konjugation, die den durativen Aspekt betont: *tu ut sis sciens* „wissend wie du bist" (Plaut. Poen. 1038), vgl. *utei scientes esetis* (Sen. Cons. de Bacch.); *te carens dum hic fui* „während ich hier dich entbehrte" (Plaut. Capt. 925).

Als Adjektiv beschrieb das Partizip Präsens ursprünglich nur die Umstände, in denen das Subjekt (und seltener das Objekt) des Hauptverbs sich befindet. Daher bestand kein ausdrücklicher Zeitbezug und keine logische Beziehung; der Kontext war ausschlaggebend. Meistens liegt ein Bezug auf ein gleichzeitiges Ereignis oder einen gleichzeitigen Zustand vor, aber gelegentlich, besonders bei Verben des Ankommens und Weggehens, bezieht sich das Partizip auf die Vergangenheit: *puerum seruos surpuit eumque hinc profugiens uendidit* „den einen stahl ein Sklave, entfloh mit ihm von hier und verkaufte ihn" (Plaut. Capt. 8–9). Derartige Beispiele gibt es auch bei Sallust und Cicero, aber das Partizip Präsens wurde bis zu Livius und noch mehr Tacitus nicht freizügig in dieser Art gebraucht. Im Spätlatein erwies es sich als passender Ersatz für das fehlende Partizip Perfekt Aktiv. In einigen Fällen muß man eine futurisch-finale Bedeutung annehmen: *dicto me emit audientem, haud imperatorem sibi* „er kaufte mich, damit ich auf sein Wort höre, nicht zum Herrschen über sich" (Plaut. Men. 444); *missitare supplicantis legatos* „er schickte immer wieder Gesandte" (Sall. Jug. 38, 1). Andere logische Beziehungen (kausal, modal, konzessiv, konditional usw.) wurden im Altlateinischen nicht ausgedrückt. Erst im klassischen Latein finden wir beim Partizip Präsens Partikeln wie *quamquam, etsi, ut* usw., wobei hier Nachahmung von griechisch καίπερ, ὡς, ἅτε usw. vorliegen dürfte.

Das Partizip Futur entwickelte sich aus einem Adjektiv, das die Bedeutung „im Begriff zu" hatte. Es steht im Altlateinischen nur bei *esse* und bildet ein periphrastisches Futur: *quid nunc es facturus* „was wirst du jetzt machen" (Plaut. Bacch. 716); *immortalis est, uiuit uicturaque est* „sie ist unsterblich, sie lebt und wird leben" (Plaut. Trin. 55). Die Abtrennung des Partizips Futur von dieser engen Assoziation zu *esse* und seine Verwendung als attributivisches Adjektiv war ein langer, langsamer Prozeß. Cicero verwendet so nur *futūrus* und einmal *uentūrus*; die Loslösung wurde für die Dichtung von Vergil und Ovid und für die Prosa von Livius erreicht. In prädikativer Verwendung stammt das älteste Beispiel von C. Gracchus (*qui prodeunt dissuasuri,* orat. 41), aber der Text ist nicht über jeden Verdacht erhaben; dann folgt Cicero *Seruilius adest de te sententiam laturus* „Servilius ist hier, der über dich urteilen wird", (in Verr. 2, 1, 56). Erst Vergil und Livius waren in der Verwendung freier.

### *Das Partizip Perfekt*

Die Verbaladjektive auf *-to-* beziehen sich auf Eigenschaften oder Zustände: *tacitus, doctus, scītus.* Als solche gerieten sie in die Einflußsphäre des Perfekts. Ursprünglich waren sie von der Aktiv-Passiv-Unterscheidung nicht betroffen, und eine Form mit aktiver Bedeutung wie *pōtus, prānsus, cēnātus, adultus, nupta, iūrātus, lautus* usw. blieb erhalten. Ebensowenig lag zunächst ein Vergangenheitsbezug vor. Bei Partizipien Perfekt von Deponentien ist Gegenwartsbezug häufig: *qui complexus cum Alcumena cubat* „der in den Armen Alkmenes ruht" (Plaut. Amph. 290). Gegenwärtiger Zustand impliziert jedoch vergangene Ereignisse, und das lateinische Perfektsystem besaß diese doppelte Bezugsmöglichkeit. So kam es, daß das Partizip Perfekt mehr und mehr für Ereignisse verwendet wurde, die vor den durch das Hauptverb bezeichneten stattgefunden hatten: *acceptae bene . . . eximus* „nachdem wir gut aufgenommen worden sind, gehen wir jetzt“ (Plaut. Cas. 855). Einige Beispiele zeigen infolge der Eigentümlichkeit der verbalen Handlung uneindeutigen Zeitbezug: so ist in *coactus legibus eam uxorem ducit* „von den Gesetzen gezwungen nimmt er sie zur Frau“ (Ter. Andr. 780) der Gesetzeszwang etwas, was zur Haupthandlung gleichzeitig ist. Ausgehend von derartigen Beispielen erweiterte sich diese Verwendungsweise im kaiserzeitlichen Latein, so daß das Partizip Perfekt als Ersatz für das fehlende Partizip Präsens Passiv verwendet werden konnte: *quo saepe modo obsessi in obsidentes eruperunt* „von wo sie, die belagert wurden, gegen die Belagerer einen Ausfall machten“ (Liv. 9, 4, 9); *seruum sub furca caesum medio egerat circo* „er hatte seinen Sklaven mitten auf dem Rennplatz unter dem Galgen ausgepeitscht“ (Liv. 2, 36, 1); *prae se actam praedam ostentantes* „sie zeigten die vor sich hergeführte Beute“ (Liv. 23, 1, 6).

Wie die Partizipien des Präsens und des Futur bilden auch die *-to*-Adjektive mit *esse* ein periphrastisches Tempus, nämlich das Perfekt Passiv des Typs *ille est oneratus*. Nach einigen, besonders nach kausativen, Verben kommt es auch im Akkusativ vor: *missum facio Teresiam senem* (Plaut. Amph. 1145); *tam frictum ego illum reddam* (Plaut. Bacch. 767); *factum et curatum dabo* (Plaut. Cas. 439). Mit dem Partizip Perfekt hat *habēre* oft seine volle Kraft: *abstrusam habebam* „ich hielt sie verborgen“ (Plaut. Merc. 360); *domitos habere . . . oculos* „gezähmte Augen haben“ (Plaut. Mil. 564). An anderen Stellen ist kaum ein Unterschied zum Perfekt feststellbar: *hasce aedis conductas habet* „er hat dieses Haus gemietet“ (Plaut. Cist. 319). Zum Eintreten dieser Periphrase anstelle des Perfekts im Romanischen siehe S. 190f.

## DAS SATZGEFÜGE

Das Satzgefüge stellt in der Sprachgeschichte eine relativ junge Erscheinung dar. Ursprünglich wurden einfach getrennte Sätze ohne explizite Angabe ihres logischen Zusammenhanges nebeneinander gestellt. Man spricht hier von Parataxe, z.B. *ich weiß: er kommt.* In solchen deutschen Äußerungen genügt es, die Pause zwischen den beiden Sätzen wegfallen zu lassen, um das ganze zu einer Einheit zu verschmelzen, bei der die zweite Hälfte von der ersten abhängt. Aus praktischen Gründen soll der Terminus „Parataxe“ jedoch immer dann verwendet werden, wenn keine Konjunktion als äußeres Unterordnungsmerkmal steht. Es gibt im Lateinischen viele Spuren ursprünglicher Parataxe. Beispielsweise wird in *uelim facias* einfach ein potentialer Konjunktiv *uelim* neben ein jussivisches *facias* gestellt; vgl. *fac fidelis sis; sine amet; taceas oportet; licet abeas; seruos iube hunc ad me ferant.* Jussive und Optative wurden nun oft von einem adverbialen *ut(ī)* begleitet, das ursprünglich „in irgendeiner Weise“ hieß, gelegentlich auch von *quī* „durch irgendeine Weise“. Die Partikel *ut(ī)* wurde üblich und verlor ihre volle Bedeutung; so entstand die Konjunktion *ut*, die jetzt so aussah, als regiere sie den Konjunktiv. Das möge als Beispiel für eine kurze Zusammenfassung der Geschichte der Nebensätze im Lateinischen dienen. Es folgt daraus, daß die Modi in den Nebensätzen dieselbe Funktion wie in den Hauptsätzen hatten. In indirekten Fragen blieb also im Altlateinischen der Unterschied zwischen dubitativem Konjunktiv und Indikativ der Tatsache weitgehend bestehen. In vielen Situationen waren jedoch beide Ausdrucksweisen möglich, und der Unterschied wurde allmählich verwischt. Die Assoziierung der untergeordneten Frage mit dem (ursprünglich dubitativen) Konjunktiv wurde zur Gewohnheit, und man glaubte dann, das einleitende Fragepronomen regiere den Konjunktiv. Dieser Prozeß verlief analog zu dem, bei dem ursprünglich unabhängige Adverbien zu Präpositionen wurden, die Kasus regieren. Wir wollen dieses Phänomen „Gewöhnungsprozeß“ nennen. Im Laufe der Zeit brachten derartige Gewöhnungsprozesse eine Reihe semantisch gleichwertiger Konjunktionen unterschiedlicher Konstruktion hervor, z. B. *quamquam* mit dem Indikativ und *quamuīs* mit dem konzessiven Konjunktiv. Semantisch äquivalente Ausdrücke neigen jedoch zur Assimilation, und *quamquam* geriet langsam unter den Einfluß von *quamuīs* und anderen konzessiven Konjunktionen, bis es ebenfalls den Konjunktiv regierte. Vergleichbare Tendenzen gab es bei anderen Nebensätzen, bis die ursprünglichen inhaltlichen Funktionen des Konjunktivs weitgehend untergegangen waren und er einfach zum Modus der Unterordnung (daher die lateinischen Namen *subiunctiuus* bzw. *coniunctiuus*) wurde. Bei der Darstellung der Hauptentwicklungslinien wollen wir mit zwei klaren Fällen beginnen, 1. mit dem voluntativ-optativen und 2. mit dem prospektiv-potentialen Konjunktiv. Dann wird es in Hinsicht auf die Gewöhnungsprozesse und die Abhängigkeit von bestimmten Konjunktionen angebracht sein, die Funktion der verschiedenen Konjunktionen zu besprechen und ihre wechselseitige Beeinflussung unter der Überschrift „Funktionale Äquivalenz“ aufzuzeigen.

### *Der voluntative Konjunktiv*

Der jussivische Konjunktiv ist natürlich am klarsten in indirekten Befehlen zu erkennen. Er kommt nicht nur nach Verben des Befehlens vor, sondern auch nach Ausdrücken des Ratschlages, der Forderung, der Erlaubnis und vergleichbarer Bedeutung: *lex est, ut orbae . . . nubant* „es ist Gesetz, daß Waisenmädchen heiraten“ (Ter. Phorm. 125), *optumum est, ut loces* „es wäre am besten, du würdest einen mieten“ (Plaut. Aul. 568), *opus est, ut lauem* „ich muß mich waschen“ (Plaut. Truc. 328), *fac Amphitruonem, ut abigas* „tu etwas, um den Amphitruo zu vertreiben“ (Plaut. Amph. 978-9), *feci, ut fierent* (Ter. Andr. 603); *uenit in mentem mihi, argumentum ut petam* „es kam mir in den Sinn, das Geld zu holen“ (Plaut. Curc. 558). Die Verneinung ist wie in den entsprechenden unabhängigen Konstruktionen *nē* (und gelegentlich *ut nē*).

In enger Verbindung zu den jussiven Konjunktiven nach Verben des Anstrebens (*efficiō, ut; cūrō, ut* usw.) stehen die Konjunktive in Zwecksätzen, die normalerweise durch *ut* bzw. *ne* eingeleitet werden: *me praemisit, ut hoc nuntiem* „er hat mich vorgeschickt, damit ich das melde“ (Plaut. Amph. 195); *seruate istum, . . . ne quoquam pedem ecferat* „paßt auf diesen auf, damit er nicht irgendwohin entflieht“ (Plaut. Capt. 456).

In Ergebnissätzen haben die Konjunktive verschiedenen Ursprung. So ist in Petronius Satz: *ut mentiar, nullius patrimonium tanti facio* „ich würde lügen, wenn ich jemand anderen für so reich hielte“ (62, 6), der Konjunktiv der Zurückweisung noch deutlicher. Der nach *efficiō, ut* stehende jussive Konjunktiv wurde natürlich auf das Perfekt *ita effectum est, ut* übertragen, und die Synonyme *(ēuenit, ut; accidit, ut)* zogen nach. Nach Verben des Wollens und Anstrebens ist es schwierig, Zweck und Resultat zu unterscheiden, z.B. *sīc in timōrem dabō, ut teneat*; der Konjunktiv kann hier voluntativ oder sogar prospektiv sein. In *ita ego te hinc ornatum amittam, tu ipsus te ut non noueris* „ich werde dich so verziert hier wegschicken, daß du dich selbst nicht wiedererkennst“ (Plaut. Rud. 730), ist der Konjunktiv potentialen Charakters. Aus derartigen Kontexten entstand die Gewohnheit, *ut* mit dem Konjunktiv zu konstruieren, bis es zu den im klassischen Latein üblichen Regeln kam. Dieser Gewöhnungsprozeß fand im Lateinischen vor der Fixierung der frühesten Texte statt, so daß die im Griechischen übliche Unterscheidung zwischen wirklichem und möglichem Resultat nicht mehr gemacht werden konnte.

Der jussivische Konjunktiv konnte auch im Sinne einer Bedingung verwendet werden: *ueniat, quando uolt, atque ita: ne mihi sit morae* „er soll kommen, wenn er will, aber unter der Bedingung: er darf mich nicht warten lassen“ (Plaut. Bacch. 224); *duae condiciones sunt . . .: uel ut aurum perdas uel ut amator perierit* „es gibt zwei Möglichkeiten: du verlierst das Gold oder der Liebhaber kommt um“ (Plaut. Bacch. 1041/1042). Eng verwandt mit diesem Bedingungskonjunktiv ist der konzessive Gebrauch

(„vorausgesetzt, daß") des voluntativ-optativen Konjunktivs. Derartige Konjunktive sind in altlateinischen Nebensätzen noch selten (*licet laudem Fortunam: tamen ut ne Salutem culpem* „ich lobe Fortuna und will doch Salus nicht schelten" [Plaut. Asin. 718] und *sint sane superbi: quid id ad nos attinet* „sie sind zwar übermütig: was aber kümmert uns das?" [Cato orig. 5, 7 Jordan] sind noch parataktisch), und erst bei Terenz führt die Universalkonjunktion *ut* konzessive Nebensätze ein: *iam in hac re, ut taceam, quoiuis facile scitu est, quam fuerim miser* „hierbei kann jeder leicht erfahren, wie schlecht es mir ging, auch wenn ich nichts sage", (Ter. Mecyr. 296).

*Der optative Konjunktiv*

Die optative Funktion des Konjunktivs wird deutlich in Sätzen wie den folgenden: *eueniant uolo tibi, quae optas* „dir möge zuteil werden, was du dir wünschst" (Plaut. Pers. 293); *ut ille te uideat, uolo* „ich möchte, daß er dich sieht" (Plaut. Bacch. 77); *deos quaeso, ut tua sors effugerit* „ich bitte die Götter, daß dein Los herauskomme" (Plaut. Cas. 396). Hier liegt auch der Ursprung der Konstruktion nach Verben des Fürchtens, denn *metuo, ne redeat* kann analysiert werden als „ich fürchte: er soll nicht zurückkehren", vgl. *metuo, ne techniae meae perpetuo perierint* „ich fürchte, meine Tricks sind ein für allemal am Ende" (Plaut. Most. 550). Daraus folgt, daß die lateinische Entsprechung einer deutschen „ich fürchte, daß der Herr nicht wiederkommt" die Form hat: „ich fürchte: der Herr könnte zurückkehren", also *metuo, ut erus redeat.* Im Altlateinischen ist das die normale Form: *uereor, ut placari possit* „ich fürchte, er kann nicht besänftigt werden" (Ter. Phorm. 965); *id paues, ne ducas: tu autem, ut ducas* „du hast Angst davor, zu heiraten, du aber davor, nicht zu heiraten" (Ter. Andr. 349). Cicero sagt jedoch lieber *nē nōn* also *ut.*

Der Konjunktiv in einigen Konditionalsätzen ist ebenfalls optativischen Ursprungs. Das wird aus parataktischen Beispielen wie dem folgenden deutlich: *uirum me natam uellem: ego ostenderem* „wäre ich doch als Mann geboren: ich würde es ihnen zeigen!", Ter. Adelph. 986. Andere Fälle können auf die Verwendung des Jussivs in Annahmen (vgl. S. 344) zurückgeführt werden: *prosit obsit, nil uident, nisi quod lubet* „ob es hilft oder schadet, sie sehen nur, was ihnen gefällt", Ter. Meaut. 643. Solche Annahmen und Wünsche wurden durch den Lokativ des indogermanischen Demonstrativums *so-*, also *sī(c)*, eingeleitet: *sic: gladium quis apud te sana mente deposuerit, repetat insaniens, reddere peccatum sit* „nehmen wir an, jemand hat sein Schwert bei dir zurückgelegt, solange er bei klarem Verstand war, und fordert es im Zustand der Unzurechnungsfähigkeit zurück; es wäre falsch, es ihm zu geben" (Cic.); *meam rem non cures: sic recte facias* „kümmere dich nicht um meine Angelegenheiten, dann handelst du richtig" (Plaut. Capt. 632). Hierher gehört auch die von Livius (10, 19, 17) zitierte alte Formel: *Bellona, si hodie nobis uictoriam duis, ast ego templum tibi uoueo* „Bellona, wenn du uns heute den Sieg schenkst, dann gelobe ich dir einen Tempel". In anderen Fällen kann man auf den prospektiv-potentialen Konjunktiv zurückgehen: so läßt sich *si sapias, eas ac decumbas domi* (Plaut. Merc. 371) leicht wie folgt zerlegen: „Folgendermaßen wärest du weise: geh' und leg' dich zu Hause nieder".

Wie wir gesehen haben, konnte sich der Konjunktiv Präsens im Altlateinischen sowohl auf die Zukunft als auf die Gegenwart beziehen: *si neget, amittat; si sciat, suscenseat* (Zukunft); *si sit domi, dicam tibi; si habeat aurum, faciat, si nunc habeas, quod des* (Gegenwart). Das Imperfekt konnte sich andererseits auf die Vergangenheit beziehen: *si esset, unde id fieret, faceremus* „wenn die Mittel vorhanden gewesen wären, hätten wir es getan" (Ter. Adelph. 106); *ni uellent, non fieret* „wenn sie es nicht gewollt hätten, wäre es nicht getan worden" (Plaut. Aulul. 742). Im klassischen Latein leben Reste dieses Zustandes weiter, aber die Umorganisierung, die dazu führte, daß der Konjunktiv Präsens sich auf die Zukunft, der Konjunktiv Imperfekt auf die Gegenwart und der Konjunktiv Plusquamperfekt auf die Vergangenheit bezieht, hatte im Altlateinischen schon angefangen: *si equos esses, esses indomabilis* „wärest du ein Pferd, wärest du unzähmbar" (Plaut. Cas. 811); *si appellasses, respondisset, nomine* „wenn du ihn beim Namen gerufen hättest, hätte er geantwortet" (Plaut. Trin. 927).

Infolge dieser Umorganisierung der Zeitbezüge wurde es möglich, daß der Konjunktiv seine Irrealisfunktion („entgegen den Tatsachen") erhielt. Eine derart subtile Unterscheidung, wie sie sich in der disziplinierten Literatursprache herausbildete, konnte allerdings in der volkstümlichen Umgangssprache kaum Bestand haben. Plautus zeigt sogar in ein und demselben Satz Fluktuation (*compellarem, ni metuam* „ich würde ihn ansprechen, wenn ich nicht befürchtete . . .", Aulul. 523), und auch in der Klassik werden die Regeln der Schulgrammatik nicht streng befolgt, denn der Konjunktiv Präsens hat oft Gegenwartsbezug und der Konjunktiv Imperfekt Vergangenheitsbezug: *si ego cuperem, ille uel plures [dies] fuisset* „wenn ich gewollt hätte, wäre er länger geblieben" (Cic.). Im Spätlatein ersetzte, wie bereits gesagt, der Konjunktiv Plusquamperfekt allmählich den Konjunktiv Imperfekt.

Wir haben bereits über die Verwendung des Indikativs in gewissen Typen potentialer Ausdrücke gesprochen (S. 345). Daneben gibt es zahlreiche Wechsel in der Art der Darstellung in ein und demselben Satz, die zum sogenannten gemischten Konditional führten: *quingentos simul ni hebes machaera foret, uno ictu occideras* „wenn das Schwert nicht stumpf gewesen wäre, hättest du fünfhundert auf einen Streich erledigt" (Plaut. Mil. 53/53); *praeclare uiceramus, nisi . . . fugientem Lepidus recepisset* „wir hätten einen aufsehenerregenden Sieg erzielt, wenn Lepidus den Fliehenden nicht aufgenommen hätte (Cic.); *perieramus, si magistratus esset* „wir wären so gut wie tot, wenn es einen Magistrat gäbe" (Sen.). Derartige Ausdrucksweisen wurden im späteren Latein normal, mit dem Resultat, daß der Indikativ Imperfekt und der Indikativ Plusquamperfekt dazu neigten, den Konjunktiv in der irrealen Apodosis zu ersetzen.

*Die Konjunktionen*

Der erste Schritt in der Entwicklung von Konjunktionen war im Indogermanischen gemacht worden. In Sätzen wie „Ich sah Hirten: sie weideten ihre Herden", wurde „sie" durch das „anaphorische" Pronomen **i-* (lat. *is*) ausgedrückt, woraus sich ein Relativstamm **yo-* bildete (griech. ὅς). Das Lateinische gab jedoch diese Form des Relativums auf und bildete wie das Germanische eine neue Reihe von Relativpronomina aus dem interrogativ-relativen Stamm *qui-, quo-* usw. (siehe S. 284). Daraus bildet sich die große Mehrheit der lateinischen Konstruktionen: *quod, quia, quam, quando, quoniam, quom* > *cum, quamuīs, quamquam, ubī, ut* (zur Morphologie der beiden letztgenannten siehe S. 308). Der Relativsatz war die am lockersten verbundene Form von Subordination, denn hier liegt ja wenig mehr als der Beiordnungstyp „und sie" vor. Folglich hatten die Modi und die Tempora in derartigen Nebensätzen ursprünglich denselben Wert wie in Hauptsätzen. Wir finden also konsekutive, adversative, kausale und konditionale Relativsätze. Schließlich enthält der bekannte Typ *legatos miserunt, qui pacem peterent* einen voluntativen Konjunktiv, z. B. *gubernatorem arcessat, qui nobiscum prandeat* „er soll den Steuermann rufen, damit er mit uns speise" (Plaut. Amphitr. 950); *perfodi parietem, qua commeatus esset* „ich habe ein Loch in die Wand gemacht, um einen Durchgang zu haben" (Plaut. Mil. 142–143); *eme lanam, unde tibi pallium . . . conficiatur* „kauf Wolle, um dir davon einen Umhang machen zu lassen" (Plaut. Mil. 687). Es ist jedoch festzuhalten, daß viele der normalerweise hier eingeordneten Beispiele auch eine andere Deutung zulassen: *eam [rem] narrabo, und' tu pergrande lucrum facias* (Plaut. Pers. 494) ist ein

„verallgemeinernder" Nebensatz (siehe unten); die Übersetzung ist eher potential („ich werde dir eine Sache erzählen, aus der du großen Gewinn schlagen könntest") als jussiv („. . . aus der du großen Gewinn schlagen sollst").

Der Konjunktiv in den sogenannten verallgemeinernden Relativsätzen, der normalerweise zu den „konsekutiven" Verwendungsweisen gerechnet wird, ist deutlich potentialer Herkunft, wie die folgenden plautinischen Beispiele zeigen: *consilium dederim, quod laudetis; ecquis est, qui possit; quid est, quod me uelis; pauci sunt, qui certi sient; mihi adsunt testes, qui adsentiant; conclaue dedit, quo nemo inferret pedem; numquam hominem conueni, unde abierim lubentius; nihil est, quo me recipiam.*

Der Konjunktiv in kausalen Relativsätzen könnte sich aus beschreibender (verallgemeinernder) Verwendung entwickelt haben: *ego inscitus [sum], qui domino me postulem moderarier* „ich bin ein Dummkopf, wenn ich glaube, meinen Herrn beraten zu können" (Plaut. Men. 443); *sanus tu non es, qui furem me uoces* „du bist verrückt, mich Dieb zu nennen" (Plaut. Aulul. 769); *ego stultior, qui isti credam* „ich bin ja noch dümmer, ihm zu glauben" (Plaut. Merc. 920); *ebriast, quae hominem ignotum compellet me tam familiariter* „die Frau ist betrunken, wenn sie mich als Wildfremden so vertraulich anspricht" (Plaut. Men. 373-374). In vielen dieser Beispiele liegt jedoch auch der Ton des Protestes vor, der an den Konjunktiv des Widerspruches (S. 340f.) denken läßt: „Du bist verrückt: mich einen Dieb zu nennen!". In derartigen Sätzen fluktuieren das Altlateinische und das klassische Latein noch: *sed sumne ego stultus, qui rem curo publicam?* „bin ich verrückt, mich um öffentliche Angelegenheiten zu kümmern?" (Plaut. Pers. 75); *nos quidem contemnendi, qui auctorem odimus* „wir sind zu verachten, die wir den Urheber hassen" (Cic. Phil. 2, 96). Diesen Relativsätzen konnte *quippe* vorangestellt werden, das seinen Ursprung in einer eingeschobenen Frage **quid pe?* „warum?" hatte, wie aus Cic. de fin. 4, 7 noch deutlich wird: *a te quidem apte. quippe? habes enim a rhetoribus.* Im Altlateinischen wird *quippe quī* meistens mit dem Indikativ konstruiert, im klassischen Latein ist jedoch der Konjunktiv die Regel. Ein Beispiel, das den Interjektionscharakter von *quippe quī* noch deutlich zeigt, ist Cic. Rosc. Am. 18, 52: *conuiuia cum patre non inibat: quippe qui ne in oppidum quidem nisi perraro ueniret* „Er ging mit dem Vater nicht zu Gastmählern. Wie hätte er aber auch, wo er doch nur ganz selten in die Stadt kam".

Jetzt müssen wir die Konjunktionen besprechen, die sich aus dem interrogativ-relativen Stamm entwickelt haben.

*quod, quia*

Die verschiedenen Funktionen von *quod* in der lateinischen Syntax stammen aus Relativsätzen, in denen das Neutrum Singular des Relativpronomens als Subjekt oder Objekt fungierte. So bietet sich in *quod male feci, crucior* (Plaut. Capt. 996) eine kausale Deutung („es tut mir leid, weil ich übel handelte") an, obwohl *quod* deutlich das innere Objekt zu *feci* ist und zu *crucior* leicht ein *id* ergänzt werden konnte. So ist es auch mit dem verallgemeinernden *quid sit id, quod sollicitere ad hunc modum?* „was ist es, das dich so erregt?" (Ter. Hec. 676). Hier ist die Herkunft von *quod* als Kausalkonjunktion zu suchen. Die Unterscheidung der Modi, die wie in anderen Relativsätzen zu erklären ist (siehe oben), wurde später aufgegeben.

In Anlehnung an andere Kontexte, in denen die Relativfunktion von *quod* noch deutlich ist (*mitte id, quod scio* „kümmere dich nicht darum, was ich weiß" Ter. Andr. 764; *istuc times, quod ille operam amico dat* „du bist in Furcht, weil er etwas für seinen Freund tut" Ter. Heaut. 910), kam es dazu, daß *quod* Nebensätze nach Verben des Sagens, Denkens und Wissens einleitete (*scio iam, filius quod amet* „ich weiß, daß mein Sohn verliebt ist" Plaut. Asin. 52). In *id iam lucrum est, quod uiuis* bedeutet der Relativsatz „die Tatsache, daß du lebst". In *ego quod mala sum, matris opera mala sum* „was die Tatsache anbetrifft, daß ich schlecht bin, so bin ich durch die Schuld meiner Mutter schlecht" (Plaut. Truc. 471) liegt der Übergang zu „wenn ich schlecht bin . . ." nahe. Im vergleichbaren *quod dicat allatam epistulam* „was die Tatsache betrifft, daß sie sagt, ein Brief sei da" (Plaut. Asin. 761), so legt der Zusammenhang „obwohl" nahe. Durch diese vielfachen Übergänge wurde *quod* im Laufe der Zeit zur Universalkonjunktion, zu einem farblosen Unterordnungssignal wie englisch *that* oder französich *que.*

Ursprünglich war *quia* das Neutrum Plural des Interrogativums: vgl. *quianam* „warum?". Es wurde infolge seiner Verwendung in eingeschobenen Fragen zur Kausalkonjunktion: *discrucior animi, quia? abeundumst* „Ich bin in einem Zwiespalt. Warum? Ich muß gehen". Vergleichbar ist der Ursprung von frz. *car* aus eingeschobenem *quārē.* Im Altlateinischen ist *quia* als Kausalkonjunktion häufiger als *quod,* das jedoch von den klassischen Autoren bevorzugt wird. Im Spätlatein gewann *quia* jedoch seine Beliebtheit wieder. Auch in anderen Funktionen entsprechen sich *quia* und *quod: at nos pudet, quia cum catenis sumus* „wir schämen uns über die Tatsache, daß wir in Ketten sind" (Plaut. Capt. 203), vgl. *istuc acerbumst, quia ero carendumst* „die Tatsache, den Herrn entbehren zu müssen, ist bitter" (Plaut. Mil. 1210). Die Verwendung von *quia* zur Einleitung von

Nebensätzen nach Verben des Sagens und Denkens bürgerte sich viel später als bei *quod* ein; erst Petronius bietet die frühesten Belege.

*cum (quom)*

Die Konjunktion *cum* < *quom* war ursprünglich der Akkusativ Singular Maskulinum des Relativstammes; diese Herkunft ist noch in Korrelativausdrücken wie *tum . . . cum* und *eo tempore, cum* erkennbar. Auch hier entwickelten sich neben der rein temporalen Bedeutung viele weitere Verwendungsmöglichkeiten (kausal, konzessiv), aber bei Plautus regiert *cum* in allen seinen Bedeutungen noch den Indikativ. Die Indikativkonstruktion hielt sich nach temporalem *cum* bis in die klassische Zeit bei eindeutig relativischer Verwendung (ob ein *tum* o. ä. vorausgeht oder nicht); das gilt auch für lose angeschlossene Relativsätze des Typs *cum inversum* und *cum interea: plus triginta annis natus sum, quom interea loci numquam quicquam facinus feci peius* „schon über dreißig Jahre bin ich alt, und doch hab' ich noch nie einen solch dummen Streich gemacht" (Plaut. Men. 446–447). Der Konjunktiv kam zuerst in kausalem und konzessivem Zusammenhang auf. Ein Eindringen in Temporalsätze liegt im Dunkeln, obwohl es recht plausibel ist, daß der Konjunktiv hier analog zum Konjunktiv in verallgemeinernden Nebensätzen zu sehen ist: „zu *einer* Zeit, als" im Gegensatz zu „zu *der* Zeit, als". Die ersten Belege finden sich bei Terenz: *magistratus quom ibi adesset, occeptast agi*; am Ende der republikanischen Periode hatte sich die klassische Regel herausgebildet, nach der *cum* „als" den Konjunktiv Imperfekt und Plusquamperfekt nach sich zieht, außer wenn es eindeutigen Relativcharakter hat. Ausnahmen von dieser Regel finden sich jedoch bei den besten Autoren: *accepit agrum temporibus eis, cum iacerent pretia* „er bekam das Land zu der Zeit, als die Preise niedrig waren" (Cic. Quint. Rosc. 33); *neque enim, si tibi tum, cum peteres consulatum, studui, nunc, cum Murenam ipsum petas, adiutoreodem pacto esse debeo* „wenn ich auf deiner Seite stand, als du das Konsulat anstrebtest, so muß ich dir jetzt, wo du Murena selbst angehst, doch nicht genauso helfen" (Cic. Mur. 3, 8); *fuit antea tempus, cum Germanos Galli uirtute superarent* „es gab früher eine Zeit, als die Gallier die Germanen an Tüchtigkeit übertrafen" (Caes. 6, 24, 5). Mit einiger Spitzfindigkeit könnte man hier eine generalisierende Bedeutung finden, aber es bleibt doch eine Tatsache, daß bei *cum*-Konstruktionen wie sonst der Konjunktiv der Unterordnung den realen Indikativ allmählich zurückdrängt, und sogar in der klassischen Periode gibt es Fluktuationen.

*dum*

Die etymologische Herkunft dieser Konjunktion ist dunkel; die Grundbedeutung scheint jedoch „eine Weile“ (vielleicht mit *durare* zu verbinden) gewesen zu sein: *manedum* „warte eine Weile“, *interdum* „zuweilen“, *nondum* „keine Weile“. Viele der Funktionen, die englisch *while* hat („während“, „bis“), hatte auch *dum*. Das rein zeitliche *dum* „während, solange wie“ bedarf kaum eines Kommentars: wahrscheinlich hat es seinen Ursprung in korrelativen Ausdrucksweisen wie: *sic uirgo, dum intacta manet, dum cara suis est* „so ist die Jungfrau, erhält sie sich rein, den Ihrigen teuer“ (Catull 62, 45). In Ausdrücken wie „während der Zeit, als dies und jenes stattfand, etwas geschah“ wurde ein nichtzeitbezogenes duratives Präsens im *dum*-Satz verwendet, auch wenn Vergangenheitsbezug vorlag. Das logischere Imperfekt kommt jedoch in einer frühen Cicero-Rede (Rosc. Am. 32, 91) einmal vor; bei späteren Autoren wurde es häufig. Die funktionale Gleichwertigkeit von *dum* mit dem *cum historicum* führte zur Konstruktion mit dem Konjunktiv, die besonders bei Livius und bei späteren Prosaikern häufig wurde.

Finale Nebensätze werden ebenfalls durch *dum* eingeleitet. Diese Verwendung könnte aus Juxtapositionen wie *mane dum: scribam* „warte eine Weile: ich möchte schreiben“ entstanden sein; von da aus war der Weg zu „warte, bis ich geschrieben habe“ nicht mehr weit. Diese Verwendungsweise findet sich seit dem Altlateinischen: *obseruauit, dum dormitarent canes* „er wartete, solange die Hunde wachsam waren“ (Plaut. Trin. 170); *opperiar erum, dum ueniat* „ich will warten, bis der Herr kommt“ (Plaut. Rud. 328).

Schließlich finden wir *dum* bei Konjunktionen der Bedingung wie im deutschen „so lange, wie = vorausgesetzt, daß“: *oderint, dum metuant* „mögen sie hassen, solange sie nur fürchten“. Beispiele gibt es schon im Altlateinischen: *me etiam uende, dum saturum uendas* „verkaufe auch mich ruhig, wenn ich nur satt bin“ (Plaut. Pers. 146); *quid mea refert . . ., dum mihi recte seruiant?* „was kümmert mich das, solange sie mir anständig dienen?“ (Plaut. Rud. 746). Eine vergleichbare Konjunktion ist *modo* „mit der Einschränkung, daß“: *scies, modo ut tacere possis* „du sollst es wissen unter der Einschränkung, daß du schweigen kannst“ (Ter. Phorm. 59). Beide Konjunktionen können kombiniert werden: *absit, dum modo laude parta domum recipiat se* „er darf ruhig weggehen, wenn er nur ruhmvoll wieder heimkehrt“ (Plaut. Amph. 645).

Der terminative Sinne von *dum* „bis“ wurde durch *dōnec* stärker ausgedrückt. Im Altlateinischen wird diese Konjunktion selten mit dem Konjunktiv verwendet, während die klassischen Puristen sie überhaupt zu vermeiden trachteten. Die augustäischen und die späteren Prosaiker bevorzugen jedoch *dōnec* gegenüber *dum* und konstruieren es mit dem Konjunktiv. Die teilweise funktionale Gleichwertigkeit mit *dum* führte dazu, daß auch *dōnec* die Bedeutung „so lange, wie" annehmen konnte (Lukrez, dann augustäische und spätere Dichter und Prosaiker). In dieser Funktion steht nach *dōnec* der Indikativ. Zum iterativen Konjunktiv siehe unten.

*quam (tamquam, quasi, priusquam, antequam)*

*quam* ist eine Kasusform des interrogativ-relativen Stammes mit der Bedeutung „in welcher Art, bis zu welchem Grade". Als Relativum wurde es zusammen mit dem korrelativen *tam* des demonstrativen Stammes verwendet: *tam ille apud nos seruit, quam ego nunc hic apud te seruio* „er dient so bei uns, wie ich jetzt hier bei dir diene" (Plaut. Capt. 312). Später wurde das vorangehende *tam* weggelassen: *non edepol pisces expeto, quam tui sermonis sum indigens* „ich warte auch gar nicht so sehr auf deine Fische, wie ich auf ein Wort mit dir begierig bin" (Plaut. Rud. 943). Da die beiden Hälften des Vergleiches gleichgeordnet sind, folgt auf *quam* natürlich derselbe Modus wie in der vorangehenden Satzhälfte: *tam duim, quam perduim* (Plaut. Aulul. 672).

*tam . . . quam* verschmolz zu einer einheitlichen Konjunktion *tamquam*, die hypothetische Vergleiche einleitet: „als ob". In den frühesten Beispielen ist der Konjunktiv klar jussivisch: *inde tamquam restim tractes facito; facito tamquam faex fiat* (Cato). In dieser Funktion stand *tamquam* in Konkurrenz zu *quasi (= quam sī)*, wobei *tamquam* von Cicero, aber nicht von Caesar verwendet wird. Aus der Bedeutung „als ob" entwickelte sich bei *tamquam* (und seltener bei *quasi*) eine kausale Verwendung, die nach Verben des Anklagens, Behauptens und Fürchtens den Grund dafür angibt. Livius bietet das erste Beispiel: *plus ira . . . ualebat, quia non ut hostibus modo, sed tamquam indomitae et insociabili genti suscensebat* „der Zorn behielt die Oberhand, weil er ihnen nicht nur als Feinden, sondern als einem seiner Meinung nach unzivilisierten und asozialen Volk übel gesonnen war" (37, 1, 4).

In Sätzen wie *nic tam beatus est quam ille* konnte die Bedeutung von *tam beatus* leicht durch *non beatior* wiedergegeben werden. Wahrscheinlich kam es durch derartige Ersetzungsvorgänge (Kontamination), vielleicht zunächst in negativen Sätzen, dazu, daß das eigentlich unlogische *quam* im Sinne von „als" nach dem Komparativ eintrat. Wie auch immer der Ursprung sein mochte, *quam* war bereits im Altlateinischen nach den

Komparativen von Adjektiven und Adverbien wohl etabliert: *hau magis me cupis, quam ego te cupio* „du verlangst nicht mehr nach mir als ich nach dir" (Plaut. Curc. 305); *citius abeunt, quam in cursu rotula circumuortitur* „sie gehen schneller weg, als sich ein Rad im Laufe dreht" (Plaut. Pers. 443). Auch hier tritt in beiden Hälften des Vergleiches derselbe Modus auf. Beispiele mit dem Konjunktiv sind: *plus uiderem quam deceret* „ich würde mehr sehen, als sich gehörte" (Plaut. Bacch. 488); *hercle aufugerim potius quam redeam* „ich würde sicher eher entfliehen als zurückkehren" (Plaut. Men. 881); *dem potius aurum quam illum corrumpi sinam* „ich würde eher Gold geben als zulassen, daß er verdorben wird" (Plaut. Bacch. 1040). Man kann jedoch einen „Hexenring" entdecken – die semantische Gruppe um *mālō (< magis uolō)*, bei der die Verben durch das Adverb *potius* näher bestimmt werden. Nach einem Verb des Wollens wie *mālō* war es ganz natürlich, einen voluntativen Konjunktiv zu verwenden: *taceas malo quam tacere dicas* „ich wollte lieber, du schwiegest, als sagtest nur, daß du es tust" (Plaut. Pseud. 209). Diese Konstruktion dehnte sich dann auf die anderen Bestandteile des „Hexenringes" aus: *quid mihi melius est, quam ilico hic opperiar erum?* „was ist besser für mich, als den Herrn hier zu erwarten?" (Plaut. Rud. 328); *mussitabo potius quam inteream* „ich schweige lieber als umzukommen" (Plaut. Mil. 311); *inopem optauit potius eum relinquere quam commonstraret* „er ließ ihn lieber arm zurück als ihm den Schatz zu zeigen" (Plaut. Aulul. 12). In anderen Beispielen ist der Konjunktiv der Zurückweisung deutlich: *nam hercle ego quam illam anum inridere me ut sinam: satius mihi quouis exitio interire* (Plaut. Cist. 662–663).

Nachdem *quam* einmal in Verbindung mit Komparativen die Bedeutung „als" angenommen hatte, konnte es auch ohne Komparativ so verwendet werden, z.B. nach *statuere, certum est* usw. Ein extremes Beispiel ist Plaut. Men. 726: *quin uidua uiuam quam tuos mores perferam* „warum lebe ich nicht als Witwe, statt deine Eigenheiten zu ertragen"; das entspricht „ich wäre lieber eine Witwe als . . .". Ausgehend von derartigen berechtigten Fällen des Konjunktivs bürgerte es sich ein, nach *quam* den Konjunktiv zu verwenden, auch wenn es keine innere Begründung gab.

*priusquam* ist einfach ein Sonderfall der *quam*-Konstruktion nach einem Adverb im Komparativ (*antequam* tritt zuerst bei Cato und Terenz auf; Cicero zieht es *priusquam* vor, das jedoch Caesars Gunst genoß). Folglich war die Verwendung der Modi dieselbe wie in den zuvor besprochenen Beispielen. Daß der Konjunktiv ursprünglich voluntativ war, wird daraus deutlich, daß er im Altlateinischen abgesehen von Fällen von Attraktion und obliquer Verwendung nur nach voluntativen Ausdrücken steht: *dicamus senibus legem censeo, priusquam abeamus* „wir wollen ein Gesetz für die Alten erlassen, bevor wir gehen" (Plaut. Merc. 1015); *haec facito, antequam incipias* „mach' das, bevor du anfängst" (Cato agr. 50, 2); *prius resicato, quam ad arborem ponas* „schneide es zuerst zurück, bevor du es beim Baum einsetzt" (Cato agr. 47, 1). Eine scheinbare Ausnahme, *animam omittunt, priusquam loco demigrent* „sie geben eher ihr Leben als ihren Platz zu verlassen" (Plaut. Amph. 240), steht eindeutig in Beziehung zu den soeben besprochenen Beispielen mit *potius quam*. Es besteht also kein Grund, diese Konjunktive als antizipatorisch anzusehen. Die analogische Ausdehnung auf andere Fälle begann jedoch früh (auch im klassischen Latein steht der Konjunktiv oft mit rein temporaler Bedeutung), und im Spätlatein wurde der Konjunktiv die normale Konstruktion.

*quamquam, quamuīs*

Wir haben den Konjunktivgebrauch in konzessivem Sinne schon besprochen. Im Altlateinischen war jedoch *quamquam* (ursprünglich „wie immer, in welcher Weise auch immer, bis zu welchem Grade auch immer") die häufigste Konjunktion, und sie wurde wie im klassischen Latein mit dem Indikativ konstruiert: *inde obseruabo, . . . quamquam hic manere me erus sese iusserat* „von dort werde ich beobachten, obwohl der Herr mir befahl, hier zu bleiben" (Plaut. Aul. 679). Im Altlateinischen ist *quamuīs* noch eng mit einem Adjektiv oder Adverb verbunden: *audacter quamuis dicito* „sag es so kühn du willst" (Plaut. Epid. 16); *locus hic . . . quamuis subito uenias, semper liber est* „komm so plötzlich du willst, dieser Ort ist immer frei" (Plaut. Bacch. 82). Das erste Beispiel ohne Bezug auf ein Adjektiv oder Adverb findet sich Cic. in Verr. 2, 3, 209: *quamuis res mihi non placeat, tamen . . . pugnare non potero* „obwohl die Sache mir nicht gefällt, werde ich dennoch nicht kämpfen können". Caesar und Livius vermeiden diese Konjunktion noch. Auch *licet* bleibt bis zur Zeit von Martial, Juvenal und späten Prosaautoren als konzessive Konjunktion selten. Die funktionale Gleichwertigkeit von *quamuīs* und *quamquam* führte zu einiger Fluktuation im Modusgebrauch, wobei *quamuīs* manchmal mit dem Indikativ (nachklassisch) und *quamquam* mit dem Konjunktiv (seit Cornelius Nepos) steht.

*quōminus* und *quīn*

Nach Verben des Verhinderns stand im Altlateinischen der voluntative Konjunktiv, dem *nē* vorausging. Die charakteristische klassische Konjunktion *quōminus* wird von Plautus kaum je gebraucht. Die klassische Vorliebe für *quōminus* nach Verben des Verhinderns war vielleicht eine bewußte Maßnahme im Interesse der σαφήνεια, um die Überlastung von *nē* zu verhindern (zu diesem Aspekt des Purismus vgl. S. 141 f.). Es handelt sich um einen Sonderfall des Gebrauches des instrumentalen *quō* mit Komparativ in finalen Relativsätzen: *id ea faciam gratia, quo ille eam facilius ducat* „das tue ich deswegen, damit er sie leichter heiraten kann“ (Plaut. Aulul. 32–33); *si sensero hodie quicquam in his te nuptiis fallaciae conari quo fiant minus* . . . „wenn ich heute entdecke, daß du Tricks anzuwenden versucht hast, um diese Hochzeit zu verhindern . . .“ (Ter. Andr. 196–197). Nach negativen Ausdrücken des Verhinderns verwendete das klassische Latein *quīn*, dessen Ursprung im Instrumentalis des Interrogativums liegt: *quī nē* „wie nicht?“. Es konnte unabhängige ungeduldige Fragen imperativischen Charakters (*quīn tū tacēs?* „warum hälst du nicht den Mund?“), Imperative (*quīn audī* „so hör doch“) und auch abwägende Konjunktive (*quīn rogem?* „soll ich bitten?“) einleiten. Daß *quīn* nach Ausdrükken des Verhinderns aus deliberativen Äußerungen herzuleiten ist, wird aus folgenden Beispielen klar: *quin loquar, numqum me potes deterrere* „Warum sollte ich nicht sprechen? Du wirst mich nie abhalten können“ (Plaut. Amphitr. 560); *quid causae est, quin proficiscar* „Welchen Grund gibt es? Warum sollte ich nicht aufbrechen? (Ter. Andr. 600), vgl. *quid obstat quor non fiant [nuptiae]* „Was steht im Weg? Warum geschieht die Hochzeit nicht?“ (Ter. Andr. 103). Derartige *quīn*-Sätze waren nur nach anderen Ausdrücken als denen des Verhinderns angebracht, besonders nach verneinten Ausdrücken des Zweifels *(haud dubium est, quīn . . .).* Die Sphäre dieser negativen Ausdrücke wurde durch Analogieprozesse erweitert, bis die ursprüngliche Bedeutung von *quīn* verlorenging: *numquam egredior, quin conspicer* „ich gehe nie aus, ohne gesehen zu werden“ (Plaut. Vidul. 68), vgl. *nec recedit loco, quin statim rem gerat* „keiner weicht vom Platze, ohne sogleich zu kämpfen“ (Plaut. Amphitr. 239); *nullum adhuc intermisi diem, quin aliquid ad te litterarum darem* „ich habe nie einen Tag verstreichen lassen, ohne dir irgendeinen Brief zu schreiben“ (Cic.). Später wurden die klassischen Regeln nicht mehr beachtet, und *quīn* wurde auch nach positiven Ausdrücken des Verhinderns o.ä. verwendet.

### *Der Konjunktiv in der oratio obliqua*

Auf den vorangegangenen Seiten haben wir die Verwendung und die Herkunft des Konjunktivs in Befehls-, Frage-, Begründungsnebensätzen erörtert. Von da aus wurde der Konjunktiv durch Analogie- und Attraktionsprozesse in allen Nebensätzen üblich, die indirekte Rede enthielten, die durch ein Verb des Sagens, Fragens, Befehlens usw. eingeleitet wurden. Das ist im klassischen Latein die Regel; die Hauptausnahme bilden erklärende Bemerkungen des Autors, die nicht zur berichteten Äußerung gehören: *per exploratores certior factus est ex ea part uici, quam Gallis concesserat, omnes noctu discessisse* „ihm wurde durch Kundschafter mitgeteilt, die Gallier hätten alle in einer Nacht ihre Dorfhälfte verlassen" (Caes. bell. Gall. 3, 2, 1).

*Der iterative Konjunktiv*

Das Lateinische hatte ursprünglich keinen Modus, um Wiederholung auszudrücken. In *saepe dīxit* wird die Wiederholung nur durch das Adverb und nicht durch Modus oder Tempus des Verbs angezeigt. So drückt auch in Sätzen wie *ut quisque acciderat, eum necabam* (Plaut. Poen. 486) das Plusquamperfekt, da es den vergangenen Zustand anzeigt, die Priorität des ersten Ereignisses gegenüber dem zweiten aus, wobei die Wiederholung nur durch *quisque* klar wird. Grammatisch unterscheidet sich das Plusquamperfekt nicht von dem in *iam ut me conlocauerat, uentus exoritur* (Plaut. Curc. 647), wo ein einmaliger Vorgang bezeichnet wird. Im klassischen Latein jedoch hatte sich beim Indikativ Plusquamperfekt nach *cum, ubī* und *ut*, wahrscheinlich zunächst in Sätzen, die explizite Iterativausdrücke wie *quisque* enthielten, die Sonderbedeutung, wiederholte Ereignisse zu bezeichnen, herausgebildet: *Messanam ut quisque nostrum uenerat, haec uisere solebat* „immer wenn einer von uns nach Messina kam, pflegte er das zu besichtigen" (Cic. in Verr.); *hostes ubi . . . conspexerant, adoriebantur* „sobald die Feinde sie sahen, griffen sie an" (Caes. bell. Gall. 4, 26, 2).

In der augustäischen Prosa läßt sich eine vergleichbare Spezialisierung des Konjunktiv Plusquamperfekt beobachten. Es ist schwierig, die Herkunft dieser Konstruktion zu skizzieren. Der Konjunktiv Plusquamperfekt nach *cum* bezog sich auch in der klassischen Prosa in gewissen Zusammenhängen auf wiederholte Ereignisse: *cum cohortes ex acie procucurissent, Numidae effugiebant* „sobald die Kohorten aus der Schlachtreihe vorstürmten, wichen die Numider aus" (Caes. bell. Civ. 2, 41, 6). Aber wie beim soeben besprochenen Indikativ Plusquamperfekt ist auch hier die iterative Bedeutung nicht dem Konjunktiv Plusquamperfekt inhärent, sondern man muß sie aus dem Kontext erschließen. Nachdem aber einmal *ubī* in die Einflußsphäre von *cum* gezogen worden war und mit dem Konjunktiv konstruiert werden konnte (erstes Beispiel: Ps. Caes. bell. Afr.

78, 4), hatte das Lateinische zwei Konstruktionen: *ubī uīdit* und *ubī uīdisset.* Die zweite spezialisierte sich seit Livius auf die iterative Funktion. Es ist nicht ausgeschlossen, daß die Verwendungsweise zunächst ein bewußter literarischer Kunstgriff seitens einiger Schriftsteller war, die auf die vulgäre syntaktische Nebenform des Lateinischen zurückgriffen, um ein Äquivalent zum griechischen Optativ in iterativen Nebensätzen der Vergangenheit zu gewinnen. Für die Haupttempora gab es im Lateinischen keine vergleichbare Nebenform, und das könnte der Grund dafür sein, warum bei diesen Tempora kein iterativer Konjunktiv steht.

# Bibliographie


GESAMTBIBLIOGRAPHIEN

J. Cousin, *Bibliographie de la langue latine 1880–1948,* Paris 1951.
*L'Année Philologique,* Paris 1927 ff. (Jahresbände).

EINFÜHRUNGEN UND SPRACHGESCHICHTEN

F. Altheim, *Geschichte der lateinischen Sprache von den Anfängen bis zum Beginn der Literatur,* Frankfurt 1954.
J. Collart, *Histoire de la langue latine,* Paris 1967.
J. Cousin, *Evolution et structure de la langue latine,* Paris 1944.
G. Devoto, *Geschichte der Sprache Roms,* Heidelberg 1968.
M. Hammond, *Latin. An Historical and Linguistic Handbook,* London 1976.
G. Jäger, *Einführung in die Klassische Philologie,* München 1975.
B. Kramer/J. Kramer, *La filologia classica,* Bologna 1979.
P. Kretschmer, „Die Sprache", in: A. Gercke/E. Norden (edd.), *Einleitung in die Altertumswissenschaft,* Leipzig [3]1923.
M. Leumann/J. B. Hofmann/A. Szantyr, *Lateinische Grammatik* 2, München 1965, 10*-50* („Geschichte der lateinischen Sprache").
A. Meillet, *Esquisse d'une histoire de la langue latine,* Paris [4]1966.
V. Pisani, *Manuale storico della lingua latina* 1–4, Torino 1960–1964.
F. Stolz/A. Debrunner/W. P. Schmid, *Geschichte der lateinischen Sprache,* Berlin [4]1966.

KAPITEL I.

VERWANDTSCHAFTSVERHÄLTNISSE DES LATEINISCHEN

M. S. Beeler, „The Relation of Latin and Osco-Umbrian", *Language* 28, 1952, 435–443.
D. M. Jones, „The Relations of Latin to Osco-Umbrian", *Transactions of the Philological Society,* London 1950.
M. Lejeune, „La position du latin sur le domaine indo-européen", *Mémorial des études latines offerts à Jules Marouzeau,* Paris 1943, 7–43.
M. Leumann/J. B. Hofmann/A. Szantyr, *Lateinische Grammatik* 2, München 1965, 10*-31*.

ITALISCHE SPRACHEN

C. D. Buck, *A Grammar of Oscan and Umbrian,* Boston [2]1928 (deutsche Übersetzung der ersten Auflage: *Elementarbuch der oskisch-umbrischen Dialekte,* Heidelberg 1905).
O. Haas, *Das frühitalische Element,* Wien 1960.
G. Bottiglioni, *Manuale dei dialetti italici,* Bologna 1954.

A. Maniet, „La linguistique italique", in: Hildegard Temporini (ed.), *Aufstieg und Niedergang der römischen Welt* I 2, Berlin/New York 1972, 522-592.
G. Meiser, *Lautgeschichte der umbrischen Sprache,* Innsbruck 1986.
V. Pisani, *Le lingue dell'Italia antica oltre il latino,* Torino ²1964.
R. von Planta, *Grammatik der oskisch-umbrischen Dialekte* 1-2, Straßburg 1892-1897.
A. Prosdocimi, „Lingue e dialetti", in: M. Pallottino/G. Mansuelli/A. Prosdocimi/O. Parangèli (edd.), *Popoli e civiltà dell'Italia antica* 6, Roma 1978.
E. Pulgram, *The Tongues of Italy,* New York ²1969.
E. Pulgram, *Italic, Latin, Italian,* Heidelberg 1978.
E. Vetter, *Handbuch der italischen Dialekte,* Heidelberg 1953 (Ergänzungen: P. Poccetti, *Nuovi documenti italici a complemento del Manuale di E. Vetter,* Pisa 1979).

## KAPITEL II.

### VORGESCHICHTE UND SPRACHWISSENSCHAFT

J. Whatmough, *The Foundations of Roman Italy,* New York ²1971.

### EINWANDERUNG DER INDOGERMANEN

R. A. Crossland, „Immigrants from the North", in: *The Cambridge Ancient History* I 1, Cambridge ²1971, 824-876.
H. Krahe, *Die Indogermanisierung Griechenlands und Italiens,* Heidelberg 1949.

### DIE NICHTITALISCHEN SPRACHEN DES ALTEN ITALIENS (mit Ausnahme des Griechischen)

C. Battisti, *Sostrati e parastrati nell'Italia preistorica,* Firenze 1959.
R. S. Conway/S. E. Johnson/J. Whatmough, *The Pre-Italic Dialects of Italy* 1-3, Boston 1933 (Nachdruck Hildesheim 1968).
H. Krahe, *Die Sprache der Illyrier* 1-3, Wiesbaden 1955.
H. Krahe, *Das Venetische,* Heidelberg 1950.
M. Lejeune, *Manuel de langue vénète,* Heidelberg 1974.
G. B. Pellegrini/A. L. Prosdocimi, *La lingua venetica,* Padova 1967.
G. B. Pellegrini, „Reti e retico", in: Adriana Quattordio Moreschini (ed.), *L'etrusco e le lingue dell'Italia antica,* Pisa 1985, 95-128.
U. Schmoll, *Die vorgriechischen Sprachen Siziliens,* Wiesbaden 1958.
Maria Grazia Tibiletti Bruno, „Note leponzio-ligure", *Athenaeum* 42, 1964, 168-196.

### ETRUSKISCH

C. De Simone, *Die griechischen Entlehnungen im Etruskischen,* Wiesbaden 1968-1970.
A. Ernout, „Les éléments étrusque du vocabulaire latin", BSL 30, 1930, 82-124 (= A. Ernout, *Philologica,* Paris 1946, 21-51).
E. Fiesel, *Etruskisch,* Berlin 1931.

M. Pallottino, *Etruscologia,* Milano [7]1984.
A. J. Pfiffig, *Die etruskische Sprache,* Graz 1969.
A. J. Pfiffig, *Einführung in die Etruskologie,* Darmstadt 1972.
A. Quattordio Moreschini (ed.), *L'etrusco e le lingue dell'Italia antica,* Pisa 1985.
H. Rix, „Zum Ursprung des römisch-mittelitalischen Gentilnamensystems", in: Hildegard Temporini (ed.), *Aufstieg und Niedergang der römischen Welt* I 2, Berlin/New York 1972, 700–758.
H. Rix, *Schrift und Sprache der Etrusker,*
*Testimonia linguae Etruscae* (ed. M. Pallottino), Firenze [2]1968.

GRIECHISCH

Beatrice Friedmann, *Die ionischen und attischen Wörter im Altlatein,* Helsingfors 1937.
R. Giacomelli, *Graeca Italica,* Brescia 1983.
G. Pasquali, *Preistoria della poesia romana,* Firenze 1936.
O. Weise, *Die griechischen Wörter in der lateinischen Sprache,* Leipzig 1882.

## KAPITEL III.

A. Ernout, *Les éléments dialectaux du vocabulaire latin,* Paris 1909.
A. Ernout, „Le parler de Préneste d'après les inscriptions", MSL 13, 1905/1906, 293–349.
Gabriella Giacomelli, *La lingua falisca,* Firenze 1967.
E. Norden, *Aus altrömischen Priesterbüchern,* Lund 1939.
W. P. Schmid, „Zur Goldfibel von Praeneste", *Indogermanische Forschungen* 70, 1965, 200–208.

## KAPITEL IV.

J. T. Allardice, *Syntax of Terence,* London 1929.
E. Fraenkel, *Plautinisches im Plautus,* Berlin 1922.
H. Haffter, *Untersuchungen zur altlateinischen Dichtersprache,* Berlin 1934.
J. B. Hofmann, *Lateinische Umgangssprache,* Heidelberg [4]1978 (= [3]1951).
G. Jachmann, „Terentius", RE V A 1, 1934, 598–650.
F. Skutsch, *Plautinisches und Romanisches,* Darmstadt [2]1970 (= Leipzig [1]1892).

## KAPITEL V.

S. F. Bonner, *Roman Declamation,* Liverpool 1949.
A. Cordier, *Etudes sur le vocabulaire épique dans l'Enéide,* Paris 1939.
A. W. de Groot, *La prose métrique des anciens,* Paris 1937.
W. Kroll, *Die Entwicklung der lateinischen Schriftsprache,* Glotta 23, 1933, 1–27.
W. Kroll, *Die Sprache des Sallust,* Glotta 15, 1927, 280–305.

M. Leumann, „Die lateinische Dichtersprache“, *Museum Helveticum* 4, 1947, 116–139 (= M. Leumann, *Kleine Schriften,* Zürich/Stuttgart 1959, 131-156).
J. Marouzeau, „Pour mieux comprendre les textes latins“, *Revue de Philologie* 45, 1921, 149.
J. Marouzeau, *Traité de stylistique latine*, Paris $^{2}$1946.
J. Marouzeau, *Quelques aspects de la formation du latin littéraire,* Paris 1948.
E. Norden, *Die antike Kunstprosa* 1-2, Darmstadt $^{9}$1983 (= Berlin $^{3}$1915).
E. Norden, *Vergilius: Aeneis Buch VI,* Darmstadt $^{4}$1984 (= Leipzig $^{3}$1934).
R. Till, *Die Sprache Catos,* Leipzig 1935.

## KAPITEL VI.

W. A. Baehrens, „Skizze der lateinischen Volkssprache“, *Neue Wege zur Antike* 2, 45-66.
E. Diehl, *Vulgärlateinische Inschriften,* Bonn 1910.
C. H. Grandgent, *An Introduction to Vulgar Latin,* Boston 1907.
J. Herman, *Le latin vulgaire,* Paris $^{3}$1975.
J. Kramer, *Literarische Quellen zur Aussprache des Vulgärlateins,* Meisenheim 1976.
E. Löfstedt, *Philologischer Kommentar zur Peregrinatio Aetheriae,* Darmstadt $^{3}$1971 (= Uppsala $^{1}$1911).
E. Löfstedt, *Syntactica* 2, Lund 1933, 373–405 („Spätlateinische und romanische Sprachentwicklung“).
E. Löfstedt, *Late Latin,* Oslo 1959.
Irene Mannheimer, *Sprachliche Beziehungen zwischen Alt- und Spätlatein,* Diss. Zürich 1975.
F. Marx, „Die Beziehungen des Altlateins zum Spätlatein“, *Neue Jahrbücher* 23, 1909, 434ff.
H. F. Muller/P. Taylor, *A Chrestomathy of Vulgar Latin,* Boston 1932.
M. Niedermann, „Über einige Quellen unserer Kenntnis des späteren Vulgärlateinischen“, Neue Jahrbücher 15, 1912, 313ff. (= *Recueil Niedermann,* Neuchâtel 1954, 29-64).
G. Rohlfs, *Sermo vulgaris Latinus,* Tübingen $^{2}$1956.
F. Slotty, *Vulgärlateinisches Übungsbuch,* Berlin $^{2}$1960.
J. Sofer, *Zur Problematik des Vulgärlateins,* Wien 1963.
V. Väänänen, *Introduction au latin vulgaire,* Paris $^{3}$1981

## KAPITEL VII.

Christine Mohrmann, *Etudes sur le latin des Chrétiens* 1–4, Roma 1961–1977.
J. Schrijnen, *Charakteristik des altchristlichen Lateins,* Nijmegen 1932 (unveränderter Nachdruck in Chr. Mohrmann, *Etudes* . . . 4, Roma 1977, 377–404).

LATEINISCHE BIBELÜBERSETZUNGEN

A. Ceresa-Gastaldo, *Il latino delle antiche versioni bibliche*, Roma 1975.
B. Fischer, *Das Neue Testament in lateinischer Sprache*, in: K. Aland (ed.), *Die alten Übersetzungen des Neuen Testaments*, Berlin 1972, 1-92.
W. E. Platen/H. J. White, *A Grammar of the Vulgate*, Oxford 1926.
H. Rönsch, *Itala und Vulgata*, München [3]1965 (= Marburg [2]1875).
F. Stummer, *Einführung in die lateinische Bibel*, Leipzig 1928.

# Teil II.

STANDARDWERKE

M. Leumann/J. B. Hofmann/A. Szantyr, *Lateinische Grammatik*.
Bd. 1: M. Leumann, *Lateinische Laut- und Formenlehre*, München 1977.
Bd. 2: J. B. Hofmann/A. Szantyr, *Lateinische Syntax und Stilistik*, München 1965.
R. Kühner/C. Stegmann, *Ausführliche Grammatik der lateinischen Sprache*, Hannover 1912-1914.

ETYMOLOGISCHE WÖRTERBÜCHER

A. Ernout/A. Meillet/J. André, *Dictionnaire étymologique de la langue latine*, Paris [4]1985.
A. Walde/J. B. Hofmann, *Lateinisches etymologisches Wörterbuch* 1-3, Heidelberg 1938-1956.

DIDAKTISCHE WERKE

C. D. Buck, *Comparative Grammar of Greek and Latin*, Chicago 1948.
E. Kieckers, *Historische lateinische Grammatik* 1-2, Berlin 1930/1931.
W. Lindsay, *A Short Historical Latin Grammar*, Oxford [2]1915.
A. Meillet/J. Vendryes, *Traité de grammaire comparée des langues classiques*, Paris [2]1948.

LAUTLEHRE

W. S. Allen, *Vox Latina*, Cambridge [2]1978.
R. G. Kent, *The Sounds of Latin*, Baltimore [3]1945.
A. Maniet, *La phonétique historique du latin*, Paris [2]1975.
M. Niedermann, *Historische Lautlehre des Lateinischen*, Heidelberg [3]1953.
F. Sommer/R. Pfister, *Handbuch der lateinischen Laut- und Formenlehre* 1, Heidelberg 1977.

FORMENLEHRE

A. Ernout, *Historische Formenlehre des Lateinischen,* Heidelberg $^{3}$1920.
R. G. Kent, *The Forms of Latin,* Baltimore 1946.
F. Sommer, *Handbuch der lateinischen Laut- und Formenlehre,* Heidelberg $^{3}$1948.

SYNTAX

C. E. Bennet, *Syntax of Early Latin* 1-2, Boston 1910–1914.
A. Ernout/F. Thomas, *Syntaxe latine,* Paris $^{5}$1972.
W. Kroll, *Die wissenschaftliche Syntax im lateinischen Unterricht,* Berlin $^{3}$1925.
E. Löfstedt, *Syntactica* 1, Lund $^{2}$1942; 2, Lund 1933.
F. Sommer, *Vergleichende Syntax der Schulsprachen,* Darmstadt $^{5}$1971.
J. Wackernagel, *Vorlesungen über Syntax* 1-2, Basel 1926–1928.

# Anhang

## ALTLATEINISCHE TEXTE

### A. Inschriftliche Zeugnisse

1. *CIL* I.$^2$ 3. E 1. Fibel von Praeneste. Etwa 600 v. Chr. (wohl Fälschung)

Manios med vhe vhaked Numasioi

2. *CIL* I.$^2$ 4. E 3. Inschrift auf der aus drei Gefäßen zusammengesetzten Duenos-vase. Fundort: Quirinal. 6. Jh. v. Chr. (?).

iouesat deiuos qoi med mitat, nei ted endo cosmis uirco sied |
asted noisi ope toitesiai pacari uois. |
duenos med feced en manom einom dze noine med maao statod

3. *CIL* I.$^2$ 1. E 2. Cippus vom Forum Romanum. Etwa 500 v. Chr.

quoi hoi[. . .]
[. . .] sakros ⁝ es-
ed sorḷ[. . .]

[. . .]ia[.]ias
regei ⁝ ig[. . .]
[. . .] euam
quos ⁝ re[. . .]

[. . .]m ⁝ kalato-
rem ⁝ haị[. . .]
[. . .]iod ⁝ iouxmen-
ta ⁝ kapia ⁝ dotau[. . .]

m ⁝ ite ⁝ ri[. . .]
[. . .]m ⁝ quoi ha
uelod ⁝ nequ[. . .]
[. . .] od: iouestod

loiuquiod [. . .]

4. *CIL* I.$^2$ 2. E 146. Lied der Fratres Arvales aus dem Jahre 218 v. Chr. Siehe oben, S. 66f.

enos Lases iuuate,
[e]nos Lases iuuate,
enos Lases iuuate.
neue luae rue Marma sins incurrere in pleores,
neue lue rue Marmar [si]ns incurrere in pleoris,
neue lue rue Marmar sers incurrere in pleoris.

satur furere Mars, limen [sal]i, sta berber,
satur fu, fere Mars, limen sali, sta berber,
satur fu, fere Mars, limen sa[l]i, s[t]a berber.
[sem]unis alternei aduocapit conctos,
semunis alternei aduocapit conctos,
simunis altern[ei] aduocapit [conct]os.
enos Marmor iuuato,
enos Marmor iuuato,
enos Mamor iuuato.
triumpe triumpe triumpe trium[pe tri]umpe

5. *CIL* I.[2] 366. E 64. Spoleto.

honce loucom | ne qu(i)s uiolatod | neque exuehito neque | exferto quod louci || siet, neque cedito, | nesei quo die res deina | anua fiet. eod die, | quod rei dinai cau(s)a | [f]iat, sine dolo cedre || [l]icetod. sei quis | uiolasit, Ioue bouid | piaclum datod. | sei quis scies | uiolasit dolo malo, || Iouei bouid piaclum | datod et a. CCC | moltai suntod. | eius piacli | moltaique dicator[ei] || exactio est[od]

6. *CIL* I.[2] 401. E 91. Luceria.

in hoce loucarid stircus | ne [qu]is fundatid neue cadauer | proiecitad neue parentatid. | sei quis aruorsu hac faxit, [in] ium || quis uolet pro ioudicatod n. [L] | manum iniect[i]o estod. seiue mac[i]steratus uolet moltare, | [li]cetod

7. *CIL* I.[2] 361. Rom.

Iunone Loucinai | Diouis castud facitud

8. *CIL* I.[2] 581. E 126. Bronzetafel aus dem Jahre 186 v. Chr. mit einer Abschrift des *Senatus Consultum de Bacchanalibus.*

[Q.] Marcius L. f., S. Postumius L. f. cos. senatum consoluerunt n. Octob. apud aedem | Duelonai, sc. arf. M. Claudi. M. f., L. Valeri. P. f., Q. Minuci. C. f.

de Bacanalibus quei foideratei | esent, ita exdeicendum censuere:

'neiquis eorum ⟨B⟩acanal habuise uelet. sei ques | esent, quei sibe, deicerent necesus ese Bacanal habere, eeis utei ad pr. urbanum || Romam uenirent, deque eeis rebus, ubei eorum u⟨e⟩r⟨b⟩a audita esent, utei senatus | noster decerneret, dum ne minus senatoribus C adesent, [quom e]a res cosoleretur. | Bacas uir nequis adiese uelet ceiuis Romanus neue nominus Latini neue socium | quisquam, nisei pr. urbanum adiesent, isque [d]e senatuos sententiad, dum ne | minus senatoribus C adesent, quom ea res cosoleretur, iousisent. ce[n]suere. ||

sacerdos nequis uir eset. magister neque uir neque mulier quisquam eset. | neue pecuniam quisquam eorum comoine[m h]abuise ue[l]et. neue magistratum, | neue pro magistratu⟨d⟩, neque uirum [neque mul]ierem quiquam fecise uelet. | neue posthac inter sed conioura[se neu]e comuouise neue conspondise | neue conpromesise uelet, neue quisquam fidem inter sed dedise uelet. || sacra in ⟨o⟩quoltod ne quisquam fecise uelet. neue in poplicod neue in | preiuatod neue exstrad urbem sacra quisquam fecise uelet, nisei | pr. urbanum adieset, isque de senatuos sententiad, dum ne minus | senatoribus C adesent, quom ea res cosoleretur, iousisent. censuere. |

homines plous V oinuorsei uirei atque mulieres sacra ne quisquam || fecise uelet, neue inter ibei uirei plous duobus, mulieribus plous tribus | arfuise uelent, nisei de pr. urbani senatuosque sententiad, utei suprad | scriptum est.'

haice utei in couentionid exdeicatis ne minus trinum | noundinum, senatuosque sententiam utei scientes esetis, – eorum | sententia ita fuit: 'sei ques esent, quei aruorsum ead fecisent, quam suprad || scriptum est, eeis rem caputalem faciendam censuere' – atque utei | hoce in tabolam ahenam inceideretis, ita senatus aiquom censuit, | uteique eam figier ioubeatis, ubei facilumed gnoscier potisit. atque | utei ea Bacanalia, sei qua sunt, exstrad quam sei quid ibei sacri est, | ita utei suprad scriptum est, in diebus X, quibus uobeis tabelai datai || erunt, faciatis utei dismota sient. in agro Teurano

9. *CIL* I.[2] 614. E 125. Cadiz. 189 v. Chr.

L. Aimilius L. f. inpeirator decreiuit, | utei quei Hastensium seruei | in turri Lascutana habitarent, | leiberei essent. agrum oppidumqu., | quod ea tempestate posedisent, | item possidere habereque | iousit, dum poplus senatusque | Romanus uellet, act. in castreis | a. d. XII k. Febr.

10. *CIL* I.[2] 586. E 127.

L. Cornelius Cn. f. pr. sen. cons. a. d. III nonas Maias sub aede Kastorus. | scr. adf. A. Manlius A. f., Sex. Iulius [. . .], L. Postumius S. f. |

quod Teiburtes u(erba) f(ecistis) quibusque de rebus uos purgauistis, ea senatus | animum aduortit ita utei aequom fuit – nosque ea ita audiueramus, || ut uos deixsistis uobeis nontiata esse –: ea nos animum nostrum | non indoucebamus ita facta esse, propterea quod scibamus, | ea uos merito nostro facere non potuisse, neque uos dignos esse, | quei ea faceretis, neque id uobeis neque rei poplicae uostrae | oitile esse facere. et postquam uostra uerba senatus audiuit, || tanto magis animum nostrum indoucimus (ita utei ante | arbitrabamur), de eieis rebus af uobeis peccatum non esse. | quonque de eieis rebus senatuei purgati estis, credimus, uosque | animum uostrum indoucere oportet, item uos populo | Romano purgatos fore

11. *CIL* I.[2] 25. 147. Inschrift auf der *columna rostrata* des C. Duilius (restauriert oder zusammengestellt unter Augustus oder Claudius)

. . . . . . . . . . . . . . . . . . .
. . . . . [Secest]ano[sque . . . . . . . . . . . . . op-]
[sidione]d exemet lecione[sque Cartaciniensis omnis]
[ma]ximosque macistr[a]tos l[uci palam post dies]
[n]ouem castreis exfociont, Macel[amque opidom]
[p]ucnandod cepet. enque eodem mac[istratud bene]
[r]em nauebos marid consol primos c[eset copiasque]
[c]lasesque nauales primos ornauet pa[rauetque],

cumque eis nauebos claseis Poenicas omn[is, item ma-]
[x]umas copias Cartaciniensis praesente[d Hanibaled]
dictatored ol[or]om in altod marid pucn[andod uicet]
[u]ique naue[is cepe]t cum socieis septer[esmom I quin-]
[queresm]osque triresmosque naueis X[XX, merset XIII].
[auro]m captom: numei ⵀ ⵀ ⵀ CID
[arcen]tom captom praeda: numei I [. . . . . . . .]
[omne] captom aes [. . . . . . . .]
[. . . .] [. . . . . . pri-]
[mos qu]oque naualed praedad poplom [donauet pri-]
[mosque] Cartacini[ens]is [ince]nuos d[uxit in]
[triumpod . . . . . .] eis [. . . . . .] capt[. . . . . .]

12. *CIL* I.[2] 6. 7. E 13. Sarkophag des L. Cornelius Scipio Barbatus, Konsul des Jahres 298 v. Chr.

[L. Corneli]o Cn. f. Scipio |
Cornelius Lucius Scipio Barbatus
Gnaiuod patre | prognatus, fortis uir sapiensque,
quoius forma uirtutei parisuma | fuit,
consol, censor, aidilis quei fuit apud uos,
Taurasia, Cisauna | Samnio cepit,
subigit omne Loucanam opsidesque abdoucit

13. *CIL* I.[2] 8. und 9. E 14. Sarkophag des Konsuls des Jahres 259 v. Chr.

L. Cornelio L. f. Scipio | aidiles, cosol, cesor
honc oino ploirume cosentiont R[omane]
duonoro optumo fuise urio,
Luciom Scipione. filios Barbati
consol, censor, aidilis hic fuet a[pud uos].
hec cepit Corsica Aleriaque urbe,
dedet Tempestatebus aide mereto[d]

14. *CIL* I.[2] 10. E 15. Sarkophag des Augurs des Jahres 180 v. Chr.

quei apice insigne Dial[is fl]aminis gesistei, |
mors perfe[cit] tua ut essent omnia | breuia,
honos, fama uirtusque, | gloria atque ingenium.
quibus sei | in longa licu[i]set tibe utier uita, |
facile facteis superases gloriam | maiorum.
qua re lubens te in gremiu, | Scipio, recip[i]t
Terra, Publi, | prognatum Publio, Corneli

15. *CIL* I.[2] 11. E 16. Möglicherweise vom Sarkophag des Bruders von Cn. Scipio Hispanus (siehe Nr. 16).

L. Cornelius Cn. f. Cn. n. Scipio
magna sapientia | multasque uirtutes
aetate quom parua | posidet hoc saxsum.

quoiei uita defecit, non | honos, honore,
is hic situs, quei nunquam | uictus est uirtutei.
annos gnatus (uiginti) is | l[oc]eis mandatus,
ne quairatis honore | quei minus sit mandatu[s]

16. *CIL* I.$^2$ 15. E. 18. Sarkophag des Cn. Scipio, Praetor peregrinus des Jahres 139 v. Chr.

Cn. Cornelius Cn. f. Scipio Hispanus | pr., aid. cur., q., tr. mil. II, Xuir sl. iudik., | Xuir sacr. fac. |
uirtutes generis mieis moribus accumulaui,
progeniem genui, facta patris petiei.
maiorum optenui laudem, ut sibei me esse creatum
laetentur: stirpem nobilitauit honor

17. *CIL* I.$^2$ 1861. E 134. Amiternum.

Protogenes Cloul(i) | suauei heicei situst | mimus,
plouruma que | fecit populo soueis || gaudia nuges

18. *CIL* I.$^2$ 1211. E 133. Rom.

hospes quod deico, paullum est, asta ac pellege.
heic est sepulcrum hau pulcrum pulcrai feminae.
nomen parentes nominarunt Claudiam.
suom mareitum corde deilexit souo.
gnatos duos creauit. horunc alterum
in terra linquit, alium sub terra locat.
sermone lepido, tum autem incessu commodo.
domum seruauit. lanam fecit. dixi. abei

19. *CIL* I.$^2$ 1202. E 135. Rom.

hoc est factum monumentum | Maarco Caicilio. |
hospes, gratum est, quom apud | meas restitistei seedes:
bene rem geras et ualeas, | dormias sine qura

20. *CIL* I.$^2$ 1600. E 92. Capua.

Pesceniaes | C. l. Laudicaes | ossa heic sita sunt

21. *CIL* I.$^2$ 1249. E 93. Rom.

Aquilliaes C. l. Tertiae | C. Aquillius | Sosander l.

22. *CIL* I.$^2$ 37. E 24. Rom.

M. Mindios L. fi., | P. Condetios Va. fi. | aidiles uicesma parti Apolones dederi

23. *CIL* I.[2] 59. E 22. Praeneste.

Apolon[e C. Q.?] | Metilio [C. f. ?] | magistere | coraueron. | C. Anicio l.(?) st|riando | [. . .]

24. *CIL* I.[2] 975. E 121. Trastevere.

deuas | Corniscas | sacrum

25. *CIL* I.[2] 376. E 73. Pisaurum.

Cesula | Atilia | donu | da Diane

26. *CIL* I.[2] 42. E 29. Nemi.

Poublilia Turpilia Cn. uxor | hoce seignum pro Cn. filiod | Dianai donum dedit

27. *CIL* I.[2] 610. Nemi. 202–200 v. Chr.

C. Aurilius C. f. | praitor | iterum didit, | eisdim consl || probauit

28. *CIL* I.[2] 48. E 31. Tusculum.

M. Fourio C. f. tribunos | [milita]re de praidad Fortune dedet

29. *CIL* I.[2] 60. E 34. Praeneste.

Orceuia Numeri (uxor) | nationu cratia | Fortuna, Diouo fileia | primocenia, || donom dedi

30. *CIL* I.[2] 980. E 123. Trastevere.

Forte Fo[rtunai] | uiolaries, | rosaries, | coronaries. || [m]ac[istres] coe[rauere]

31. *CIL* I.[2] 394. E 86.

T. Vetio | duno | didet | Herclo || Iouio | brat. | data

32. *CIL* I.[2] 30. E 21. Rom.

M. C. Pomplio No(ui) f(ilii) | dedron | Hercole

33. *CIL* I.[2] 62. E 37. Praeneste.

L. Gemenio L. f. Pelt[.] | Hercole dono | dat lubs merto | pro sed sueq. || ede leigibus | ara Salutus

34. *CIL* I.[2] 1531. E 128. Sora. *Etwa* 150 v. Chr.

M. P. Vertuleieis C. f.
quod re sua di[f]eidens asper | afleicta
parens timens | heic uouit, uoto hoc | solut[o]
[de]cuma facta | poloucta leibereis lube|tes

donu danunt | Hercolei maxsume | mereto.
semol te | orant, se [u]oti crebro | condemnes

35. *CIL* I.$^2$ 626. E 129. Rom.

L. Mummi L. f. cos.
duct(u) | auspicio imperioque | eius Achaia capt(a),
Corinto | deleto Romam redieit | triumphans.
ob hasce | res bene gestas quod | in bello uouerat, |
hanc aedem et signu | Herculis Victoris |
imperator dedicat

36. *CIL* I.$^2$ 632. E 130. Reate.

sancte,
de decuma, Victor, tibei Lucius Munius donum
moribus antiqueis pro usura hoc dare sese
uisum animo suo perfecit, tua pace rogans te
cogendei dissoluendei tu ut facilia faxseis,
perficias decumam ut faciat uerae rationis,
proque hoc atque alieis donis des digna merent.

37. *CIL* I.$^2$ 360. E 61. Norba.

P. Rutilius M. f. | Iunonei Loucina | dedit meretod | Diouos castud

38. *CIL* I.$^2$ 378. E 75. Pisaurum.

Iunone rec(inai) | matrona | Pisaurese | dono dedrot

39. *CIL* I.$^2$ 364. E 62. Falerii.

Iouei Iunonei Mineruai | Falesce, quei in Sardinia sunt, | donum dederunt.
magistreis | L. Latrius K. f., C. Salu[e]na Voltai f. coiraueront
gonlegium quod est aciptum aetatei aged[ai],
opiparum a[d] ueitam quolundam festosque dies,
quei soueis aastutieis opidque Volgani
gondecorant sai[pi]sume comuiuia loidosque,
ququei huc dederu[nt i]nperatoribus summeis,
utei sesed lubent[es be]ne iouent optantis

40. *CIL* I.$^2$ 49. E 32. Tusculum.

M. Fourio C. f. tribunos | militare de praidad Maurte dedet

41. *CIL* I.$^2$ 379. E 76.

Matre | Matuta | dono dedro | matrona || M'. Curia, | Pola Liuia deda

42. *CIL* I.$^2$ 365. E 63. Falerii.

Menerua sacru. | [L]a(rs) Cotena, La(rtis) f., pretod de | zenatuo sententiad uootum | dedet, cuando datu rected || cuncaptum

43. *CIL* I.$^2$ 675. E 94. Capua. 108 v.Chr.

| | |
|---|---|
| N. Pumidius Q. f. | M. Raecius Q. f. |
| M. Cottius M. f. | N. Arrius M. f. |
| M. Eppilius M. f. | L. Heioleius P. f. |
| C. Antracius C. f. | C. Tuccius C. f. |
| L. Sempronius L. f. | Q. Vibius M. f. |
| P. Cicereius C. f. | M. Valerius L. f. |

heisce magistreis Venerus Iouiae murum | aedificandum coirauerunt ped. CCXX et | loidos fecerunt Ser. Sulpicio M. Aurelio co[s.]

44. *CIL* I.$^2$ 383. E 78. Firmum Picenum.

L. Terentio L. f., | C. Aprufenio C. f., | L. Turpilio C. f., | M. Albani. L. f., || T. Munatio T. f. | quaistores | aire moltaticod | dederont

45. *CIL* I.$^2$ 1511. Cora.

M. M[.]ṭlius M. f., L. Turpilius L. f. duomuires de senatus | sente[n]tia aedem faciendam coerauerunt eisdemque probauere

46. *CIL* I.$^2$ 1529. E 132. Aletri. Zwischen 130 und 90 v.Chr.

L. Betilienus L. f. Vaarus | haec quae infera scripta | sont de senatu sententia | facienda coirauit: semitas || in oppido omnis, porticum qua | in arcem eitur, campum ubei | ludunt, horologium, macelum, | basilicam calecandam, seedes, | [l]acum balinearium, lacum ad || [p]ortam, aquam in opidum adqu. | arduom pedes CCCX, fornicesq. | fecit, fistulas soledas fecit. | ob hasce res censorem fecere bis, | senatus filio stipendia mereta || ese iousit, populusque statuam | donauit Censorino

47. *CIL* I.$^2$ 1722. Aeclanum. Zur Zeit Ciceros.

C. Quinctius C. f. Valg. patron. munic., | M. Magi. Min. f. Surus, A. Patlacius Q. f., | IIIIuir., d(e) s(enatus) s(ententia) portas, turreis moiros | turreisque aequas qum moiro || faciundum coerauerunt

48. *CIL* I.$^2$ 1471. E 58. Praeneste.

M. Saufeius M. f. Rutilus, | C. Saufeius C. f. Flacus | q. | culinam f(aciendam) d(e) s(enatus) s(ententia) c(uraverunt), eisdem|q. locum emerunt de | L. Tondeio L. f. publicum. | est longu p. CXVIIIS, | latum af muro ad | L. Tondei uorsu p. XVI

49. *CIL* I.$^2$ 638. E 131. Forum Popillii (Lucania). 132 v.Chr.

uiam fecei ab Regio ad Capuam, et | in ea uia ponteis omneis, miliarios | tabelariosque poseiuei. hince sunt | Nouceriam meilia I, Capuam XXCIIII, || Muranum XIIII, Cosentiam CXXIII, | Valentiam CXXX[.], | ad fretum ad | statuam CCXXXI[.], | Regium CCXXXVII. | suma af Capua Regium meilia CCCXXI[.]. | et eidem praetor in | Sicilia fugiteiuos Italicorum | conquaeisiuei redideique | homines ECCCCXVII. eidemque | primus fecei, ut de agro poplico | aratoribus cederent paastores. | forum aedisque poplicas heic fecei

50. *CIL* I.[2] 584. E 138. Aus der Umgebung von Genua. 117 v. Chr.

Q. M. Minucieis Q. f. Rufeis de controuorsieis inter | Genuateis et Veiturios in re praesente cognouerunt et coram inter eos controuosias composeiuerunt, | et, qua lege agrum possiderent et qua fineis fierent, dixserunt. eos fineis facere terminosque statui iuserunt; | ubei ea facta essent, Romam coram uenire iouserunt. Romae coram sententiam ex senati consulto dixerunt eidib. || Decemb. L. Caecilio Q. f. Q. Muucio Q. f. cos. – qua ager priuatus casteli Vituriorum est, quem agrum eos uendere heredemque | sequi licet, is ager uectigal. nei siet. – Langatium fineis agri priuati: ab riuo infimo, qui oritur ab fontei in Mannicelo ad flouium | Edem; ibi terminus stat. inde flouio suso uorsum in flouium Lemurim. inde flouio Lemuri susum usque ad riuom Comberane(am). | inde riuo Comberanea susum usque ad comualem Caeptiemam; ibi termina duo stant circum uiam Postumiam. ex eis terminis recta | regione in riuo Vendupale. ex riuo Vindupale in flouium Neuiascam. inde dorsum fluio Neuiasca in flouium Procoberam. inde || flouio Procoberam deorsum usque ad riuom Vinelascam infumum; ibei terminus stat. inde sursum riuo recto Vinelesca; | ibei terminus stat propter uiam Postumiam. inde alter trans uiam Postumiam terminus stat. ex eo termino, quei stat | trans uiam Postumiam, recta regione in fontem in Manicelum. inde deorsum riuo, quei oritur ab fonte en Manicelo | ad terminum, quei stat ad flouium Edem. – agri poplici quod Langenses posident, hisce finis uidentur esse: ubi comfluont | Edus et Procobera, ibei terminus stat. inde Ede flouio sursuorsum in montem Lemurino infumo; ibei terminus || stat. inde sursumuorsum iugo recto monte Lemurino; ibei termin(u)s stat. inde susum iugo recto Lemurino; ibi terminus | stat in monte pro cauo. inde sursum iugo recto in montem Lemurinum summum; ibi terminus stat. inde sursum iugo | recto in castelum, quei uocitatust Alianus; ibei terminus stat. inde sursum iugo recto in montem Iouentionem; ibi terminus | stat. inde sursum iugo recto in montem Apeninum, quei uocatur Boplo; ibei terminus stat. inde Apeninum iugo recto | in montem Tuledonem; ibei terminus stat. inde deorsum iugo recto in flouium Veraglascam in montem Berigiemam || infumo; ibi terminus stat. inde sursum iugo recto in montem Prenicum; ibi terminus stat. inde dorsum iugo recto in | flouium Tulelascam; ibi terminus stat. inde sursum iugo recto Blustiemelo in montem Claxelum; ibi terminus stat. inde | deorsum in fontem Lebriemelum; ibi terminus stat. inde recto riuo Eniseca in flouium Porcoberam; ibi terminus stat. | inde deorsum in flouiom Porcoberam, ubei conflouont floui Edus et Porcobera; ibi terminus stat. – quem agrum poplicum | iudicamus esse, eum agrum castelanos Langenses Veiturios po[si]dere fruique uidetur oportere. pro eo agro uectigal Langenses || Veituris in poplicum Genuam dent in anos singulos uic(toriatos) n(umos) CCCC. sei Langenses eam pequniam non dabunt neque satis | facient arbitratuu Genuatium, quod per Genuenses mo[r]a non fiat, quo setius eam pequniam acipiant: tum quod in eo agro | natum erit frumenti partem uicensumam, uini partem sextam Langenses in poplicum Genuam dare debento | in annos singolos. – quei intra eos fineis agrum posedet Genuas aut Viturius, quei eorum posedeit k. Sextil. Li Caicilio | Q. Muucio cos., eos ita posidere colereque liceat. e⟨i⟩s que. posidebunt, uectigal Langensibus pro portione dent ita, uti ceteri || Langenses, qui eorum in eo agro agrum posidebunt fruenturque. praeter ea in eo agro ni quis posideto nisi de maiore parte | Langensium Veituriorum sententia, dum ne alium intro mitat nisi Genuatem aut Veiturium colendi causa. quei eorum de maiore parte | Langensium Veiturium sententia ita non parebit, is eum agrum nei habeto niue fruimino. – quei | ager compascuos erit, in eo agro quo minus pecus [p]ascere Genuates Veituriosque liceat ita, utei in cetero agro | Genuati compascuo, niquis prohibeto, niue quis uim facito, neiue prohibeto, quomins ex eo agro ligna materiamque || sumant utanturque. – uectigal anni primi k. Ianuaris secundis Veturis Langenses in poplicum Genuam dare | debento. quod ante k. Ianuar. primas Langenses fructi sunt eruntque, uectigal inuitei dare nei debento. – | prata quae fuerunt proxuma faenisicei L. Caecilio Q. Muucio cos. in agro poplico, quem Vituries Langenses | posident et quem Odiates et quem Dectunines et quem Cauaturineis et quem entouines posident, ea prata | inuitis Langensibus et Odiatibus et Dectuninebus et Cauaturines et Mentouines, quem quisque eorum agrum || posidebit, inuiteis eis niquis sicet niue pascat niue fruatur. sei Langenses aut Odiates aut Dectunines aut Cauaturines | aut Mentouines malent in eo agro alia prata inmittere, defendere, sicare, id uti facere liceat, dum ne ampliorem | modum pratorum habeant, quam proxuma aestate habuerunt fructique sunt.

Vituries, que controuorsias | Genuensium ob iniourias iudicati aut damnati sunt, sei quis in uinculeis ob eas res est, eos omneis | soluei, mittei leiber(are)ique Genuenses uidetur oportere ante eidus Sextilis primas. – sei quoi de ea re || iniquom uidebitur esse, ad nos adeant primo quoque die et ab omnibus controuersis et hono. publ. li. | – leg(ati) Moco Meticanio Meticoni f., Plaucus Peliani. Pelioni f.

51. *CIL* ɪ.[2] 1831. E 81. Cliternia.

uia inferior | priuatast | T. Vmbreni C. f., | precario itur. || pecus plostru | niquis agat

## B. Literarische Zeugnisse

52. Varro, *de lingua latina.*

(ɪ) 5. 97. Hircus, quod Sabini fircus; quod illic fedus, in Latio rure hedus, qui in urbe ut in multis A addito haedus.

(ɪɪ) 5. 101. Lepus, quod Siculi, ut Aeolis quidam Graeci, dicunt λέποριν: a Roma quod orti Siculi, ut annales veteres nostri dicunt, fortasse hinc illuc tulerunt et hic reliquerunt id nomen.

(ɪɪɪ) 5. 159. Vicus Cyprius a cypro, quod ibi Sabini cives additi consederunt, qui a bono omine id appelarunt: nam cyprum Sabine bonum.

(ɪv) 5. 173. In argento nummi, id ab Siculis.

(v) 6. 2. Sic, inquam, consuetudo nostra multa declinavit a vetere, ut ab solu solum, ab Loebeso Liberum, ab Lasibus Lares.

(vɪ) 6. 4 Meridies ab eo quod medius dies. D antiqui, non R in hoc dicebant, ut Praeneste incisum in solario vidi.

(vii) 6. 13. Februm Sabini purgamentum, et id in sacris nostris verbum non ignotum.

(viii) 6. 28. Idus ab eo quod Tusci Itus, vel potius quod Sabini Idus dicunt.

(ix) 6. 68. Vicina horum quiritare, iubilare. Quiritare dicitur is qui Quiritum fidem clamans inplorat. Quirites a Curensibus; ab his cum Tatio rege in societatem venerunt civitatis. Ut quiritare urbanorum, sic iubilare rusticorum: Itaque hos imitans Aprissius ait:

Io bucco! – Quis me iubilat?
Vicinus tuus antiquus.

(x) 6. 86. Nunc primum ponam de Censoriis Tabulis:

Ubi noctu in templum censor auspicaverit atque de caelo nuntium erit, praeconi sic imperato ut viros vocet: 'Quod bonum fortunatum felix salutareque siet populo Romano Quiritibus reique publicae populi Romani Quiritium mihique collegaeque meo, fidei magistratuique nostro: omnes Quirites pedites armatos, privatosque, curatores omnium tribuum, si quis pro se sive pro altero rationem dari volet, voca inlicium huc ad me.'

87. Praeco in templo primum vocat, postea de moeris item vocat. Ubi lucet, censores scribae magistratus murra unguentisque unguentur. Ubi praetores tribunique plebei quique inlicium vocati sunt venerunt, censores inter se sortiuntur, uter lustrum faciat. Ubi templum factum est, post tum conventionem habet qui lustrum conditurus est.

88. In Commentariis Consularibus scriptum sic inveni:

Qui exercitum imperaturus erit, accenso dicito: 'C. Calpurni, voca inlicium omnes Quirites huc ad me.' Accensus dicit sic: 'Omnes Quirites, inlicium vos ite huc ad iudices.' 'C. Calpurni,' cos. dicit, 'voca ad conventionem omnes Quirites huc ad me.' Accensus dicit sic: 'Omnes Quirites, ite ad conventionem huc ad iudices.' Dein consul eloquitur ad exercitum: 'Impero qua convenit ad comitia centuriata.'

(xi) 7. 29. Idem ostendit quod oppidum vocatur Casinum (hoc enim ab Sabinis orti Samnites tenuerunt) et nostri etiam nunc Forum Vetus appellant. Item significat in Atellanis aliquot Pappum, senem quod Osci casnar appellant.

(xii) 7. 42. Olli valet dictum illi ab olla et ollo, quod alterum comitiis cum recitatur a praecone dicitur olla centuria, non illa; alterum apparet in funeribus indictivis, quo dicitur

Ollus leto datus est.

53. *Carmen Saliare.*

*a* divum empta cante! divum deo supplicate!
*b* quome tonas, Leucesie, prae tet tremonti
quot ibe tet e nubi deiscunt tonare
*c* cozeulodorieso. omnia vero adpatula coemisse. ian cusianes duonus ceruses.
dunus Ianusve vet pom melios eum recum

*a* = Varro, *L. L.* 7. 27. Statt *empta* schlug Bergk *em pa* = 'in patrem' vor.
*b* Ter. Scaur.; *Grammatici Latini* 7, 28.
*c* = Varro, *L. L.* 7. 26.

54. Cato, *agr.* 141.

Mars pater, te precor quaesoque uti sies volens propitius mihi domo familiaeque nostrae, quoius rei ergo agrum terram fundumque meum suovitaurilia circumagi iussi, uti tu morbos visos invisosque, viduertatem vastitudinemque, calamitates intemperiasque prohibessis defendas averruncesque. utique tu fruges, frumenta, vineta virgultaque grandire beneque evenire siris, pastores pecuaque salva servassis duisque bonam salutem valetudinemque mihi domo familiaeque nostrae: harumce rerum ergo, fundi terrae agrique mei lustrandi lustrique faciendi ergo, sicuti dixi, macte hisce suovitaurilibus lactentibus inmolandis esto: Mars pater, eiusdem rei ergo macte hisce suovitaurilibus lactentibus esto!

55. Fragmente der *leges regiae.*

(I) Pellex aram Iunonis ne tangito. Si tagit, Iunoni crinibus demissis agnum feminam caedito.
(II) *(a)* Si hominem fulmen Iovis occisit, ne supra genua tollito.
*(b)* Homo si fulmine occisus est, ei iusta nulla fieri oportet.
(III) Si qui(s) hominem liberum dolo sciens morti duit, paricidas esto.
(IV) Si quisquam aliuta faxit, ipsos Iovi sacer esto.
(V) Si parentem puer verberit ast olle plorassit paren⟨s⟩, puer divis parentum sacer esto.

56. Fragmente der Zwölftafelgesetze. E 114ff.

(I) 1. Si in ius vocat, ito. Ni it, antestamino: igitur em capito. 2. Si calvitur pedemve struit, manum endo iacito. 3. Si morbus aevitasve vitium escit, [qui in ius vocabit] iumentum dato: si nolet, arceram ne sternito.
(II) Adsiduo vindex adsiduos esto; proletario [iam civi] quis volet vindex esto.
(III) Rem ubi pacunt orato. 2. Ni pacunt, in comitio aut in foro ante meridiem caussam coiciunto, cum peroranto ambo praesentes. 3. Post meridiem praesenti litem addicito. 4. Si ambo praesentes, sol occasus suprema tempestas esto.
(IV) Morbus sonticus . . . aut status dies cum hoste . . . quid horum fuit vitium iudici arbitrove reove, eo dies diffensus esto.
(V) Cui testimonium defuerit, is tertiis diebus ob portum obvagulatum ito.
(VI) Aeris confessi rebusque iure iudicatis triginta dies iusti sunto. 2. Post deinde manus iniectio esto. In ius ducito. 3. Ni iudicatum facit aut quis endo eo in iure vindicit, secum ducito. Vincito aut nervo aut compedibus. XV pondo ne minore aut si volet maiore vincito. 4. Si volet, suo vivito. Ni suo vivit, [qui eum vinctum habebit,] libras farris endo dies dato. Si volet, plus dato.
(VII) Tertiis nundinis partis secanto. si plus minusve secuerunt, se fraude esto.
(VIII) Adversus hostem aeterna auctoritas esto.
(IX) Si pater filium ter venumdavit (?) filius a patre liber esto.
(X) uti legassit super pecunia tutelave suae rei, ita ius esto.

(xi) si intestato moritur, cui heres nec escit, adgnatus proximus familiam habeto. si adgnatus nec escit, gentiles familiam habento.
(xii) vias muniunto: ni sam delapidassint, qua volet, iumenta agito.
(xiii) qui malum carmen incantassit. occentassit.
(xiv) si membrum rupsit, ni cum eo pacit, talio esto.
si iniuriam alteri faxsit, viginti quinque aeris poenae sunto.
(xv) si nox furtum faxsit, si im occisit, iure caesus esto.
(xvi) si adorat furto quod nec manifestum erit, duplione damnum decidito.
(xvii) patronus si clienti fraudem fecerit, sacer esto.
(xviii) qui se sierit testarier libripensve fuerit, ni testimonium fariatur, inprobus intestabilisque esto.
(xix) si telum manu fugit magis quam iecit, ⟨aries subicitur⟩.
(xx) neve aurum addito. at cui auro dentes iuncti escunt, ast im cum illo sepeliet uretve, se fraude esto.
(xxi) si servus furtum faxit noxiamve noxit.

# Lateinischer Wortindex

Zusammengestellt von Ute Mehren

## Sachindex

Zusammengestellt von Ute Mehren